本书系国家社会科学基金重大项目
"德国古典哲学与德意志文化深度研究"
（批准号12&ZD126）成果之一

邓晓芒作品 · 句读系列

第
一
卷

黑格尔
《精神现象学》句读

邓晓芒 著

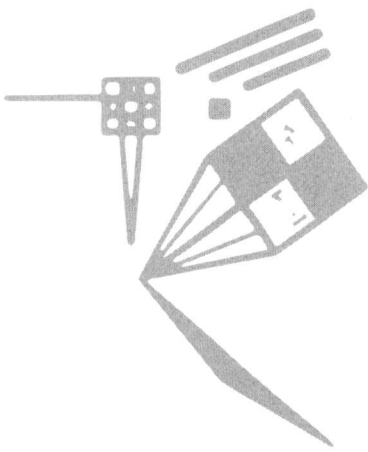

人民出版社

目　录

句读绪论……………………………………………………………1
一、《精神现象学》的读法…………………………………14
二、《精神现象学》的结构…………………………………22
三、《精神现象学》的目的…………………………………25
四、阅读《精神现象学》的态度……………………………31

序言：论科学认识…………………………………………………43
　［一、当代的科学任务］…………………………………43
　　［1.真理之为科学的体系］……………………………43
　　［2.当代的教养］………………………………………82
　　［3.真理之为原则及其展开］…………………………112
　［二、从意识到科学的发展过程］………………………151
　　［1.绝对即主体的概念］………………………………151
　　［2.认知的生成过程］…………………………………224
　　［3.个体的教养］………………………………………244
　［三、哲学的认识］………………………………………303
　　［1.真实与虚假］………………………………………303

　　　　［2.历史的认识和数学的认识］……………………… 340

　　　　［3.概念的认识］……………………………………… 381

　　　［四、哲学研究中的要求］………………………………… 485

　　　　［1.思辨的思维］……………………………………… 486

　　　　［2.天才的灵感与健康的常识］…………………… 560

　　　　［3.结语，作者与读者的关系］…………………… 593

德汉术语索引……………………………………………………… 608

汉德词汇对照表…………………………………………………… 615

后　记……………………………………………………………… 621

句 读 绪 论

　　我们开始关于黑格尔《精神现象学》的第一次讲课。我们的课叫作"黑格尔《精神现象学》句读"。句读，顾名思义就是一字一句地读，它跟中国古代传统的那种句读不太一样。传统的句读也是这两个字，读作"句逗"，它的意思是说标点、点断句子，仅仅是这么个意思。我这个句读就是引申了一下，就是一句一句地阅读，把它的意思搞清楚。为什么要开这样一门课？我想把我的想法在这里跟大家说一下。第一，这个想法很早就在我的计划之中了，要对《精神现象学》做一个全面的梳理和研究。当时想的是写一本著作，那是 20 世纪 90 年代初。90 年代初我写了一本书叫《思辨的张力——黑格尔辩证法新探》。那是 1990 年底、1991 年初开始写的，后来是 1992 年出版的。《思辨的张力》里面谈到对黑格尔辩证法的新探，就是副标题，如果谈黑格尔辩证法，不谈黑格尔《精神现象学》，那是不行的，你只讲逻辑学，那是不行的。最重要的就是两部，一部是逻辑学（大小逻辑学），一部是《精神现象学》。当时也精读了《精神现象学》，而且有的地方精读了很多遍，觉得非常难。那时候我就有了一种欲望，对这样一部作品进行一个详细的解读。因为你这里挑一段那里挑一段，毕竟觉得心里不踏实。你跳过了一些你不懂的地方。这个地方并不是不能搞懂的，而是你没有时间去搞懂。因为当时的任务并不在于专门研究《精神现象学》这本书，而是要从里面把它的辩证法思想总结出来，所以有些比较难的地方实际上没有突破。当时就有这样一种想法：

将来有时间的话，我一定要坐下来把这些地方好好消化掉，仔细地咀嚼一番。1992年这书出版的时候是请我的导师杨祖陶老师写的序。在序里面杨老师就帮我做了一个预告，说在完成了这部书之后，邓晓芒将马不停蹄地进行黑格尔的另外一部书《精神现象学》的新探。但是不知不觉地，从那个时候到现在已经过去了将近二十年，我预告中的《精神现象学新探》至今还没有问世。经常有学生看过《思辨的张力》的序言、导言，就来问我，你的《精神现象学》研究进行得怎么样了？我只好愧对了，没办法交待，或者就是用没有时间来推托。的确，从那时候以来，将近二十年，我想做的事情太多，或者说我的手伸得太长，以致到今天我几乎忘记了我当初立下的誓言。

最近终于有机会来兑现这样一个20年来的夙愿。一个机会就是上个学期我在武汉大学讲康德哲学可以说告一段落，因为康德三大批判我基本上就是在武汉大学完成了大体的解读。当然也不是全部的解读，全部的解读工作量太大了，主要是根据杨祖陶老师和我编的《康德三大批判精粹》，人民出版社出的一本选本，里面选了三大批判。《纯粹理性批判》选了20多万字，然后《实践理性批判》和《判断力批判》都选了一些，一共有50多万字。完成那个解读我已经花去了十几年时间，《纯粹理性批判》二十多万字我就花了七年时间。七年时间是每个学期连续地讲授，以往只是一个学期讲到某个地方讲不完了，那么第二个学期又从头来，因为按照习惯讲一本书总得从头道来。但是我从2000年开始就放弃了这种讲法，就采取连续讲，每个学期连着一直讲下去，每一届的研究生大概只听到其中的一段。但是我跟他们说，我的目的不是要把它的全部跟你们讲出来，那个花的时间太多，如果大而化之地讲一下概论又不够具体，所以我的目的是重在训练，就是你们跟着我一起读，我也在读，我每堂课备课的时候我自己就在读，那么你们跟着我一起读，在这个读的过程中受到训练。西方哲学要有一些基本的训练，大而化之地讲你也可以讲，你也可以讲西方哲学史，一个学期下来，两个学期下来，你可以把两千年的西方哲学史全部讲完，当然也不能说没有一点用。但实际上，如果人家拿一本原著来，不要说外文版的，就算是中文版的，让你来解释一下，这一句什么意思，你会木然。你虽然读过西方哲学史，但是从《纯粹理性批判》中拿出一句来让你解释，你解释不了。为什么解释不了？你不习惯于西方人的那样一种行文方式，翻译成中文是翻译体，翻译体里面有术语、有背景，还有它的名词、逻辑，这些东西你都没有习惯。我的意图就是带着大家去"习惯"，一方面交待它的术语、背景、时代，它针对的对象，它背后的言外之意，另外一方面把语法、逻辑给你理清楚。也就是说西方哲学无论多么难读，《纯粹理性批判》难不难读？出了名难读的书，但是经过我的解释，我要让你明白不是不可解释的，主要是我们没有下工夫。经过这样的讲课，《纯粹理性批判》20 多万字讲了七年，14 个学期，然后《实践理性批判》接着讲，又是三年。《判断力批判》不是句读，有一部分是句读，我在陕西师范大学给他们讲过九讲《判断力批判》，连续 9 次讲座，挑着把一些难点做了一些句读，然后出了一本书，叫作《康德〈判断力批判〉释义》，那个我就不叫句读了，实际上里面包含一些句读，但是一些相对容易的地方我还是采取大而化之的方式。那么三大批判基本上就是这样过了，然后上个学期就把《道德形而上学奠基》讲完了。《道德形而上学奠基》是上上个学期开始讲，在北京，在中央财经大学，我跟他们讲了前面一段，然后上个学期我是在武汉大学讲了后面一段，这就讲完了。这是我对康德的解读，基本上就作了这样一些工作。当然还有一些，比如康德《单纯理性范围内的宗教》，还有《历史理性批判文集》，实际上也需要一句句地来讲解，但是主要的东西，三大批判已经基本上完成了。现在考虑到时间已经不多了，因为今年（2010 年）我已经 62 岁了，我要把有限的时间用在我最有兴趣和最有体会的事情上面。现在人家都说我是专门研究康德的，但是我自己感到自己最有体会的还是黑格尔哲学和马克思哲学，这是连着的，如果继续在康德里面泡下去的话，那么我最有兴趣的事情就完不成了。所以我就下决心暂时放下康德解读，当然放下不等于说就不搞了，不研究了，我以后还要写这方面的文章，也还要继续做这方面的研究，但是讲课我就暂时放下了，就开始转向对黑格尔的句读。

黑格尔《精神现象学》这部书是有名的难读，难度甚至还要超过康德哲学。康德哲学也难读，但是康德哲学是可以读的，就是你只要有耐心，只要仔细，只要你有起码的逻辑训练，你不会脑子里一锅粥、一团浆糊，你就可以进去。康德的书是这样的，你全部读完，一遍读完再读第二遍，反反复复地读，总是可以读懂的；但是黑格尔的书，有人把它称作"天书"，像国内著名的研究黑格尔的专家萧焜焘先生，已经去世了，他可以说研究了一辈子黑格尔哲学，特别是黑格尔《精神现象学》，后来写了一本小册子叫作《精神世界掠影》，就是他一辈子的心得。他在那本书里就讲到了，《精神世界掠影》为什么只是一个"掠影"呢？他研究了一辈子，发现这部书是一部"天书"，他只能掠一下影，真正要解释的话，那是做不到的。当然萧先生是那个时代的学者，我们现在应当有所长进，学问不是一代人可以做得成的，它总是有一代一代的继承关系，后人在前人的基础上再往上再往前进。所以我现在就是想，用讲课的这个机会，把《精神现象学》这部"天书"进行一次全面的解读、句读。当然这跟原来最初的想法有一些出入，原来是想写一部著作，但是现在看来没有时间让我真正坐下来花个两三年时间写一部书，那么我就只好采取这种方式，在课堂上讲课，一边讲一边做研究，利用备课的时间来做研究，用这种方式来把《精神现象学》重译一遍，把它分析一遍，一句句地讲一遍。这种方式经过对康德哲学多年的解读，我觉得还是挺有效的。当然从学术性的方面，可能比那些专著要略逊一点，引经据典，介绍它的来龙去脉、历史背景，以及第二手、第三手资料，当前英美德法他们对这个问题的研究有些什么成果，这都是专著所要求的。那么在课堂上就不可能作那么详细的介绍，当然也要介绍一点，但是我这个课以及我最初的想法并不是作那种考订性的学者，那种朴学式的、汉学式的，中国人叫作考据式的，对每一个字的来历,当时有哪些人用过这些词,是些什么意思,已经有哪些解释,这样去推敲。这个工作应该有人去做,我也会做一点,但是我现在的目的、我最关注的还不是这个。我最想做的是:黑格尔这本书究竟是在讲些什么东西,一句一句地给大家辨清楚。

这个里面包含有一种启蒙的意义在里头。中国人的思维方式就现有的情况来说非常不适合于解读西方的经典,那么通过我的这样一些讲授,包括康德哲学讲授,我已经做过的并且我已经感到它有成效的,在这些方面,你也可以说是做一种普及工作,或者通俗化的工作,把西方最难懂的东西普及开来,通俗化。比如我的《康德哲学讲演录》,那是非常通俗化的,当然那也是大而化之的。比如《康德〈纯粹理性批判〉句读》,这部《句读》今年4月份马上要出了①,人民出版社已经说了,部头很大,因为我讲了十四个学期嘛,大概有200万字,要出两个16开本的大部头。每个学生买一套几乎是不可能的,最好是图书馆、资料室收藏几部放在那里,哪句话读不懂了就跑去查一下,那还是很有效的。当然不是绝对的,只是做一种参考,但是毕竟比自己一个人在那里冥思苦想要强一点。这种工作都属于一种普及工作,一种通俗化,把高深的东西解释得让中国人能懂,并且从中训练起中国人的一种思维能力和思维方式。我们长期以来缺乏这方面的思维能力,也缺乏这方面的思维方法,所以我们进不去,我们拿着一部西方的经典著作想读懂它,就是进不去。包括亚里士多德的《形而上学》、康德、黑格尔这样的经典著作,都不能读。我们只能读一读像《培根论人生》、叔本华的格言、蒙田的随笔,似乎我们只能看看这些东西。这些东西当然也很好,比较幽默,但是真正经典的东西放在那里,那些永恒的东西,当然不是说它们是绝对真理,但是它放在那里,就是你过不了的东西,那还是这些大部头的经典著作。这些东西你

---

① 本讲座始于2010年2月。《康德〈纯粹理性批判〉句读》分上下两卷,由人民出版社2010年出版。

能不能进去啊？那些讲幽默的、讲人生的、讲格言的，小品文式的，当然也很有趣，也很需要知道，但是西方文化的根底还是在这些经典性的著作里面。我们要训练这样一种能力，能够进去，包括《精神现象学》，这就是经典性的著作。虽然很有一些人对它瞧不起，但是瞧不起你还不得不承认它，你还必须要把它搞清楚，甚至于你之所以瞧不起它就是因为你没读懂，你读懂了你就不敢瞧不起它。

那么我想做的工作主要是在这方面，做句读，这是我的一个心得，经过多年研究我摸索出来的一条路。原来总以为要写大部头的著作来对西方哲学经典做一番研究，做一番考证。考证当然是需要的，但是句读也是需要的，要一句句读懂。但句读不等于完成了研究，在句读的基础之上，在懂了的基础之上你还得回过头来面对那些考证。我在句读里面有些地方也会涉及这个问题，考证当时那样写有什么背景，这个词、这个命题的来龙去脉，这些还有待于进一步研究，但是句读提供了进一步研究的基础。你如果读都没有读懂，你说你去研究，你看了很多二手资料、三手资料，外国人怎么怎么说的，你自己没有读懂，那就入不了门了。所以句读是研究的一个基础和入门，中国人在研究西方哲学经典的时候有一个毛病，就是往往是过于急躁，读到人家的一两句语录，马上就联系我们熟悉的或者古已有之的思想或者学说，这是我们的一个毛病。我们以前读中国古代的典籍的时候就是这样读的，比如说我们拿到一本《庄子》，庄子说了什么，庄子说了一个寓言、一个故事，那么我们就可以大加发挥了，庄子讲得真是好真是好，确实是不错。然后又读了另外一篇，我们又可以发另外一番感慨。它跟我们的人生的关系非常密切，它告诉我们在遇到某些问题的时候如何处理，大而化之，无为、坐忘，这些都很有用的。但是如果用这种阅读语录的方式来对付西方哲学经典，往往是失效的。我经常看到一些研究德国哲学的，比如说研究黑格尔的，或者研究海德格尔的，这样一些人，他们采取的方式就是今天啃它两句，明天啃它另外两句，坐在那里冥思苦想，写出了很多心得，甚至于可以出书了，有的人是把书拆成一页一页的，每天身上带一两页，有空的时候就拿出来看一看，采取这种感悟式的或者顿悟式的方式来读西方哲学的书，往往是事倍功半。有的人搞了很多年，有的人把黑格尔的《精神现象学》、康德的《纯粹理性批判》全部抄下来，全部抄了一遍，这个工夫下得很深了，但是你要问他一个问题，他却不懂。到底为什么我下了这么多工夫仍然进不去？我如果把《庄子》抄一遍或者抄两遍，甚至背下来，那我对庄子已经可以说是熟透了，但是我把《纯粹理性批判》抄一遍、抄两遍，没用。为什么没用？它是另外一种思维方式，它跟我们中国传统的感悟式的、人生体验式的这样一种方式是很不一样的。当然有一些也一样，比如说随笔，《蒙田随笔》、《培根论人生》，那些名言警句你把它抄几遍当然还是会有作用的，但是你把《纯粹理性批判》抄几遍是没有用的，不要去抄，它有另外一种思维。我们要把这种急于求成的、顿悟的、当下即得的方式暂时放到一边，这些东西有它的用处，但是是用在别的地方，用在别的对象上面，而不能用在西方哲学的经典上，我们要明白这一点。所以我主张，对西方经典的哲学著作必须首先要句读，要老老实实的，不要想玩花俏，也不要想一下子就有所得；要沉下心来、沉住气，耐心地像做数学题一样，首先一个问题一个问题一句话一句话地搞懂，它究竟在讲什么。只有经过这样的句读，读通了，才有完全的资格对西方哲学加以评价和发挥，只有这样才说明你已经真正读懂了，你的评价、你的发挥才有根据。

当然这是时代向我们提出的要求，我今天提出这样一个句读的要求是着眼于我们今天这样一个时代，就是说我们进入到21世纪了，我们应当比上个世纪的学者有所长进。上个世纪的学者基本上就是中国式的阅读，读了然后对其中哪几个命题、哪几个观点有体会，他就可以谈了，他甚至于可以写一本书了，以往作学问都是这样的，甚至于浅尝辄止也可以作学问。像于丹那样，我有体会我就把我的体会写出来，写出一些"心得"，有什么不好呢？至于那些我不懂的地方我放在那里，让别人去研究也可以，我只说我懂了的地方。但实际上这是很危险的，因为在西方哲学里面，你把那些难点放在那里，你这个懂了的地方是不是真懂就有问题。但是在上个世纪以前，我们中国人还无暇顾及，因为一百年以来可以说我们都处在危难之中，处在各种各样的历史条件之中，处在各种运动之中，我们没有空余时间真正好好坐下来啃一部经典著作，这个受历史条件所限，所以在当时的情况下浅尝辄止已经不容易了。不是你要浅尝辄止，因为时代不允许你，你还刚刚没坐下来搞几天学问，又来个运动了，又把你下到一个农村里面去，跟贫下中农同吃同住同劳动，那你怎么作学问呢？作学问是要在一个地方坐冷板凳十几年、几十年，没人打搅，这才作得出来的。所以那个时代的学问家在那样的情况下，我们是可以谅解的。但是到了21世纪，我们应该要更上一层楼，就是的确应该有一些人，哪怕这些人不很多，应该好好坐冷板凳，坐个十几年、二十几年，我们现在有这个条件了。我们现在不搞运动了，你只要真正作学问，没问题的，甚至你也可以做到衣食无忧，虽然不能说发财，那个不是作学问的人想的事情，但是你至少可以有碗饭吃。有碗饭吃就可以做学问了，现在的资料到处都有，你买不起书你可以到图书馆去看，上网去查，那个是没问题的。所以我们现在应当提出更高的要求，就是必须要通读、句读，然后在这个基础上才有资格来评价一个哲学家的思想，来发挥一个哲学家的思想。

我们这个句读我估计，至少要五年，也就是十个学期。《精神现象学》要把它一句句地读下来，解释下来，没有五年，那是做不到的。这五年就是十个学期，每个学期十七八周，每周是三个小时，起码三个小时，我是按照这个速度来估计的。那么如果按照这个速度，上下两册《精神现象学》按照中译本有560多页，那每学期必须讲56页。但是根据我读康德的经验，这是做不到的，很难达到，康德哲学我每学期只能讲20多页，那么这样算下来，按照这个速度算下来，就要拖到十年，就要十年二十个学期才能把《精神现象学》一句句地讲完。但是我希望黑格尔能讲得快一点，因为我打算把课堂讨论的环节全部省略掉，这就可以节约下来一半的时间。当然这也很可惜，课堂讨论也是很有意思的，原来讲康德的时候，所有的课堂讨论都没有能够录下音来，其实有些讨论十分精彩，甚至比我讲的更精彩。但是没有办法，全部录下来，那个量太大了。最后的结果，我想可能就是一部句读，外加一本新译的《精神现象学》。康德跟黑格尔一样，一句一句，每一句你掉了一个词都不行的，我们重新把康德的著作翻译一遍，就特别关注这个问题，每个词你都不能掉，而且每个词你都不能加，你既不能减少一个词也不能增加一个词，你减少一个增加一个那个意思就变了。黑格尔也是如此，像贺麟、王玖兴的这个译本，我把前面部分对照了一下，似乎很多还是根据英译本，英译本加了很多东西，我在讲的时候可能会把那些东西都删掉，只根据德文原本。我可能有很多地方是要改译的，我讲下来之后我的新译的《精神现象学》就完成了。但是我讲课除了德文本以外，还是要依据他们这个中译本。他们这个应当说是译得相当不错的，在现有的外国哲学的译著里面这一本是相当不错的。特别是王玖兴先生的德语，他多年在德国教书，1957年在朋友的鼓动之下回国，回来就碰上了运动，就被打成右派，这个一点办法都没有。但是他扎扎实实地在做学问，我曾经对照过，这个译本是相当不错的。有的人说要重新翻译，我说你重新翻译如果不能超过贺麟先生、王玖兴先生，你不如不搞。我不太赞同现在这种重译的风气，最近出的《精神现象学》英汉对照三卷本，基本上还是按照贺先生和王先生的行文，包括很多用语和用词都是延续下来的，但是它根据的是英译本，逐字逐句地把英译本原文把它复制过来。这个英译本是1933年的英译本，已经过去七八十年了，早就过时了，它翻译得不是很可信，它往往根据自己的理解随便乱加一些词在里面，这个不对的。英美的这个作学问的方式往往有这个问题，实用主义嘛！他觉得自己看不懂，那老百姓也看不懂，老百姓看不懂了他就需要解释，他一解释就坏了，因为他的解释究竟有什么水平？很难说。虽然英译本很好看，你要看的话，你觉得他又流畅，又有文采,但是,是不是传达出了原作者的意思?这个就很难讲,所以我对英译本一般不太看好,听说后来有好几个英译本更好些。也许。我还是认为,我们读德国哲学的书最好是读直接从德文翻译过来的作品,没有办法的时候我们去读读英译本,但是要有保留,不可全信。

《精神现象学》初次发表于1807年,1806年底拿破仑侵入到耶拿,当时黑格尔在耶拿,刚刚把自己的稿子寄出去。1806年冬天他站在自己的窗前看到拿破仑骑着白马进城,给他留下了很深的印象,所以后来他把拿破仑称为"马背上的世界精神"。他看到拿破仑进城,心里面涌起一股感慨,这是"世界精神"坐在马背上进城了。另外这个书他寄给了出版社,他已经寄出了,他已经没有什么可损失的了,所以他从耶拿逃出来以后,只身一人,什么也没带,稿子已经寄出了,他无牵无挂,在朋友的接济之下跑到其他地方谋生。在这个书的第一版上它有一个副标题,或者说前标题,就叫做"科学体系第一部",《科学体系第一部——精神现象学》,这样一个标题。也就是说他当时打算把这部书作为自己的科学体系的第一部分,科学体系在他心目中就是哲学体系了,哲学是科学之科学,严格意义上的科学就是哲学,所以他讲科学体系就是哲学,哲学体系第一部分就是精神现象学。这部书在1807年出版,在他生前没有出过第二版,在他1831年死后,1832年出了第二版,其中包括他自己修订过的一部分,他没有修订完就去世了,他修订的时候,他把"科学体系第一部"这个副标题去掉了。他后来自己写的那个《哲学百科全书》,包括三大卷,第一卷是《逻辑学》,我们叫做《小逻辑》,第二卷是《自然哲学》,第三卷是《精神哲学》——这些都有中译本。所以在《哲学百科全书》里面第一部并不是《精神现象学》,而是《小逻辑》,是《逻辑学》。这就有一个问题了,他最初写《精神现象学》的时候,他把《精神现象学》作为《哲学百科全书》的第一部,科学体系的第一部,他的哲学百科全书就是科学体系了,但是它第一部为什么不是《精神现象学》而是《逻辑学》呢?"精神现象学"只是把它归到第三卷《精神哲学》其中的"主观精神"里面的第二个环节。《精神哲学》是三个部分，主观精神、客观精神和绝对精神，那么在主观精神里面又有三个环节，叫作人类学、精神现象学和心理学。精神现象学只在这么一个位置，它已经早就不是科学体系的第一部了，而是成为他科学体系里面一个环节中的一个小环节，已经下降到这样一个地位。这里头有什么秘密？为什么他要这样安排？为什么有这样的变动？这是一个大的改变了，原来他是打算把《精神现象学》作为他的哲学体系的第一部，然后改成了《逻辑学》作为第一部，《精神现象学》只是他哲学体系里面的一个小小的环节，为什么要这样改变？长期以来众说纷纭。

我曾经在《思辨的张力》里面提出过一个观点，黑格尔这样做是为了掩盖自己全部哲学的最初的起源，最初的起源是《精神现象学》，但是在正式的哲学体系里面他把这个起源掩盖了。所以他对早年的《精神现象学》在晚期做了更加逻辑化的理解，它属于逻辑体系的一个环节，它要从整体逻辑学的角度才能加以把握。《精神现象学》至少他自己不是这样说，他不认为是一种逻辑化的描述，而是一种经验性的描述，所谓"意识的经验科学"，这是他对精神现象学的定义。精神现象学就是意识的经验科学，这当然就不是一种逻辑化的理解，它是一种经验化的理解，经验式的理解。当然背后是有逻辑的。那么进入到《哲学百科全书》的时候就完全变成了一种逻辑化的理解，于是它就只能作为逻辑体系中的某个环节，因为它本身是经验性的嘛，它只有在逻辑环节的这样一个背景之下才能够得到保留。因此它不能够再放在第一部，这个经验性的《精神现象学》在这个逻辑体系里面，我在《思辨的张力》里面提出来，它在逻辑体系里面得到了一种"拯救"。经验的东西在黑格尔看来是一种世俗的东西，一种堕落，按照基督教的观点，道成肉身，道是神圣的，堕落为肉身，堕落于经验性的，那就是一种下降了，但是如果重新从道的角度、从逻辑的角度来理解堕落了的肉身，那么世俗的生活就得到了拯救。这是基督教的一种观点，而在黑格尔这里，背后实际上有这种观点在起作用。什么是道？什么是上帝？就是逻辑，只有从逻辑的角度才能对世俗的生活加以拯救，《精神现象学》这个世俗的东西要想得到拯救，必须要拿到逻辑的立场上来加以理解，我是这样来解释的。因此在正式的哲学体系里面，黑格尔想要阐述的是真理本身、逻辑本身，也就是上帝本身。逻辑学在黑格尔的《小逻辑》中曾经讲到，它是上帝在创造世界的时候所事先设计的一个蓝图，世界是按照逻辑学创造出来的，上帝在创造世界的时候，他先有了一个蓝图，就是逻辑学，道成肉身，泰初有道，道就是上帝。《约翰福音》里面是这样讲的，上帝就是道，上帝就是逻各斯。而逻各斯就是逻辑，所以上帝就是逻辑。逻辑就是创造世界的蓝图、图纸，世界还没有创造出来，上帝在创造这个世界之先已经想到了这个世界应该怎么创造，所以他事先心中已经有了一个逻辑体系。黑格尔阐述的是这个，而在这个逻辑体系之下上帝创造世界是怎么创造出来的，那《精神现象学》当然只能退居到其中的一个环节——主观精神，主观精神里面的第二个环节。人类学、精神现象学和心理学，精神现象学居中。所以他就没必要在他的哲学体系中基于《精神现象学》这样一个过于人性化的立场，他已经立足于上帝的立场，神的立场。马克思指出来，《精神现象学》是"黑格尔全部哲学的真正的诞生地和秘密"，也就是说黑格尔用上帝创世说这样一套基督教的框架，篡改了他最初写《精神现象学》的意图，或者说掩盖了他早期的这样一个意图，把他的全部哲学的诞生地和秘密掩盖起来了。所以马克思揭示出来，《精神现象学》表面上的诞生地是逻辑学，在《哲学百科全书》里面第一部就是《逻辑学》，但是这种设计是虚假的，其实他是从《精神现象学》出发的，他还是从世俗的经验科学出发的。马克思的这样一个揭示是对黑格尔的一个非常有力的批判，你讲上帝，上帝是从哪来的？上帝当然是信仰，你不能问上帝是从哪来的，你只能问人的精神现象从哪来的，但实际上黑格尔最开始并没有提到上帝，他就是从人的精神现象出发，而且是主观精神，黑格尔就是从主观精神、从自我意识出发，来建立他的体系的。他好像是建立起了一个神学体系,一个世界的结构,但其实这个世界结构只是在他的主观精神之中,他是从主观精神建立起客观精神、客观理性的,马克思揭示出来这一点,也就是对他的一种批判:你不要说得那么神乎其神,你无非就是从你自己、你的意识、自我意识和理性的历程出发,你把它发挥出来,你就说这是世界的结构,你想让所有的人都相信,你凭什么让人家相信?所以马克思在《1844年经济学—哲学手稿》里面谈到,黑格尔好像是在谈世界,实际上是在谈关于世界的意识,谈宗教实际上是谈宗教意识,谈政治是谈政治意识、谈国家意识,他并没有谈到现实的国家、现实的历史,这是马克思的批判。

但是马克思的这样一种批判同样也是对它的价值的一种揭示。如果它完全是一种神学的理解,逻辑学就是上帝,那很多人就要怀疑,你的逻辑学是从哪来的?天上掉下来的?没有根据啊!因此,你可以把黑格尔完全否定掉。黑格尔后来很长时间变成一条"死狗",人家不提他,觉得它是一套神学的呓语,说胡话。但是马克思这样一个批判把它的根源揭示出来了,就是说他的那一套神学呓语,其实还是立足于人的主观精神,人的主观精神至少有一种主体性,当然是唯心主义的,但是他在主体性里面发挥了人的能动的一面。所以马克思的这种揭示又是对它的真正价值的一种肯定,我们只有从《精神现象学》入手,才能评价黑格尔的全部哲学,你如果从逻辑学入手,你就是从神学入手,你怎么评价他的全部哲学?他的全部哲学你就可以把它全部抛弃,我们不信神,就是信神,你也不是神。但是如果你把它的诞生地、把它的根源揭示出来的话,那情况就不同了,不管你信神也好,不信神也好,自我意识你总有,理性你总有,主观精神你总有,那么从这里头就可以做很多文章,作为他的哲学的全部价值所在。当然它的这个价值不是完全的,按照马克思的说法,它的这个价值还必须颠倒过来,你讲了很多主观精神,讲得很有理,但主观精神他还有一个客观的基础,所以马克思提出他的历史唯物主义的观点,要把黑格尔的辩证法颠倒过来,使它真正恢复它完全的价值。

一、《精神现象学》的读法

下面我们来看一看《精神现象学》的读法，我们要读《精神现象学》，那么对这个读法首先要有一个大致的把握，我们如何去读《精神现象学》？《精神现象学》我们刚才讲了，按照黑格尔的讲法，叫作"意识的经验科学"，是谈意识的。那么在这本书里，意识是以经验的方式呈现出来的，这里讲的经验，"Erfahrung"，在德文里面又有一个"经历"的意思，经历、经验、体验等等，也就是说意识就是这样一路走过来的。我们谈意识不要抽象地谈，我们要具体地谈，意识是怎么样走过来的？我们要谈这样一个过程，但是我们又不能把《精神现象学》单纯地理解为一种历史科学，当然它具有历史性，但是我们不能把它理解为一种现实的历史科学，类似于人类从古到今的意识发生学，我们不能这样理解。恩格斯曾经讲到过"精神的胚胎学"，当然一般可以这样说，但是这是一种象征的说法，它并不是真的一个个地去考察人的意识的发生、发生结构，从基因开始，胚胎学，一个人的意识怎么样发生的？这个是黑格尔并不关心的。虽然他讲经验，意识的经验科学，但是并不是意识的发生学，也不是心理学，而是地地道道的一种哲学。它考察的是一般意识本身的层次结构。一般意识在经验中它是这样走过来的，如果在现实的历史中走过来的话，它会有很多偶然性；那么意识的经验科学把所有这些偶然性都撇开了，它要探讨的是意识本身的一种内在的、必然的层次结构。《精神现象学》我们要谈它的考据的话，也可以考证它的来源。现象学这个词很早就有人提出过，不是黑格尔第一个提出来的，这个我们可以参考一下贺麟先生在《精神现象学》中译本译者导言里面说的，他追溯了黑格尔思想的这样一个发生过程。具体的我们就不详细谈了，从兰伯尔特、康德，一直到费希特、谢林、席勒，这些人都有过类似的想法，而且还用过"自我的现象学说"这样一个说法，这是费希特已经有的说法。费希特已经提出过"自我的现象学说"。谢林和席勒都提出过"人类的理性发展史"，或者是"意识的发展史"，意识的发展史跟黑格尔的意识的经验科学、意识的经历已经非常相近了。所以他的这个意识的经验科学是有来历的，有前人做了很多工作，然后黑格尔自然而然地把它再往前推进一步，就成了《精神现象学》。为什么他能构成一部《精神现象学》，而前面的人都没有能形成一部《精神现象学》呢？是因为前人都没有以逻辑学作为精神现象学的前提，都没有以逻辑学作为一个框架来分析意识的发展史或者理性的发展史，这种发展史在他们那里都变成一种历史，古希腊人怎么样，中世纪人又怎么样，近代人又怎么样，变成一种历史的描述，但是没有上升到一种逻辑的层次结构，没有成为哲学。所以他们只停留在历史学或者心理学意义上的一种分析。像席勒也讲到过，古代跟近代不同，古代人是朴素的，近代人是感伤的，朴素的诗和感伤的诗，诗歌经历了这样一种发展历程，不一样。古代人是比较感性的，近代人是比较理性的，到席勒就主张要把理性和感性结合起来，统一起来。这样一种历史的描述都是根据西方现实的历史来加以总结，总结出一些历史的规律，历史发展的阶段，但是它们没有逻辑关联，没有哲学的普遍意义。

为什么会这样呢？你从历史上看到有这样一些迹象，你能不能在逻辑的意义上对于意识的经验进行一番科学的整理呢？科学的整理也是哲学的整理，因此，意识的经验科学也就是意识的经验哲学，这个是黑格尔才做到的。因为黑格尔的哲学是用纯粹的逻辑层次来整理历史发展的阶段，在黑格尔那里明确地提出了历史和逻辑相一致。历史和逻辑有不一致的地方，历史是偶然的，逻辑是必然的，历史是可以倒退的，逻辑不能倒退，你不能倒因为果，你不能混淆不同的层次，逻辑一旦上到一个层次，它就不会掉下去了，它就会一直往前。因为黑格尔有了逻辑学，所以他的《精神现象学》才得以超越他以前的一些历史性的描述。所以《精神现象学》在黑格尔那里他是意识本身在一般意义上具有逻辑必然性的结构，这跟以前是不一样的。意识不仅仅是古希腊、近代西方人的意识，而是一般意识。我讲"一般意识"的意思就是说它不光是西方人的意识，甚至不光是人类的意识。人类是一个经验的产物，在地球上三百万年以前产生了人类，这是一个经验事实，然后人类又有意识，你对这样一种意识加以考察，那只是一种经验的考察。但是黑格尔不停留在这种经验的考察，他是从一般意识的结构来考察的，这个一般意识，无论是上帝的意识，还是人类的意识，还是外星人的意识，总之是一切可能有的意识形态，它都有一种共同的、必然的逻辑结构。所以我们不考虑人，我们先考虑的是意识本身，它的逻辑结构。所以它有一点像康德讲到的"有理性者"，康德在《纯粹理性批判》里面到处讲有理性者，他那个有理性者，你不要以为他讲的就是人，它包括人，但它也包括上帝、天使，或者是外星人，非人类的人，反正只要是有理性者都是康德所考察的对象，所以说是"纯粹理性"的批判。纯粹理性批判当然对于人来说很有用，但是他批判的对象不是单纯地局限于人，而是凡是有理性者都是这样一种结构，另外一种生物如果一旦有了理性，也会按照这样一种方式来思考问题，这是一种普遍的一般意识的结构、一般理性的结构。黑格尔也有这个意思，所以它是一般意识的这样一种逻辑结构。后来的胡塞尔也有这个意思，胡塞尔讲的这个"意向性"和"意向对象"，现象学的还原，都是这样。胡塞尔讲的现象不只是指的人的心理现象，不仅仅是说我心目中呈现出这样一种现象，我就把它抓住了，那只是心理学。胡塞尔要超越心理学，心理学只是一个入门。你当然可以从心理学入门，有的人讲胡塞尔是主观唯心主义的，在某种意义上也没错；但是他一旦入了门以后他要把这个主观心理现象存在括弧里面存而不论。你要考察的不是人的心理，而是一般意识、一般可能的意识，凡是可能的意识，不管是人也好，上帝也好，还是什么非人的存在也好，凡是有意识的存在者它都要符合这样一个意识的结构。胡塞尔的现象学就是从这样一个角度来谈问题的，这个跟康

16

德一脉相承，就是我要探讨的不是人类的意识，而是一般意识。黑格尔在《精神现象学》里面至少也有这个意识，当然黑格尔跟康德、胡塞尔都已经不一样了，因为他的《精神现象学》背后有一个本质，黑格尔的现象和本质是分裂的，分层的，这个康德的现象和本质更是分裂的，到胡塞尔，现象和本质就是一回事情了，在现象里面就有本质。康德的现象是现象，本质是本质，本质是不可知的，那么黑格尔，现象和本质是分裂的，但是本质是可能通过现象了解的，它有一种辩证关系，本质可以通过现象来深入，从现象可以发现本质，但是它还是两回事，你不能把现象等同于本质。在胡塞尔那里，现象就等于本质，现象学就是本质之学，现象本身它就构成本质。他们三个人都有共同的地方，但是又有不同之处。

我们刚才讲了，黑格尔的现象学已经超越了历史，既然是一般意义的逻辑结构，那就超越了历史，它看起来好像是历史，是经验科学，是经历，是在时间中一步步形成起来的，好像是一个历史，但是它已经超越了历史。因为在历史中充满着偶然性，充满着倒退的可能性。有时进一步退两步，我们发现历史又重复了，又回到了原点。我们经常这样讲，经常有这样的情况，历史不断地在重复，虽然我们讲历史不可重复，但是实际上历史不断地在重复。像中国的历史，几千年以来不断地又回到原点，没有多少长进。黑格尔讲东方的历史是一个停滞的历史，严格意义上不能够称为历史，它只是存在着，在那里，还没有灭亡而已。真正讲到历史，它必须总体上是不能重复的，有一个从低到高进步的过程，有一个进化的过程、进步的过程，不断地要对前面的东西有所超越、有所否定、有所创新，这才叫作历史。但是就算有所超越、有所创新、有所进步，还是充满着偶然性的倒退，你可以说倒退是为了更好地前进，你当然可以这样说，但是未见得，在现实的历史中，有时倒退不是为了更好地前进，它就是为了退到原点，重复，不断地重复，这个在历史中是不足为奇的。西方历史也有这种情况，也有长期的停滞，但是西方历史总的来说还是在进化，不过进化常常也是由偶然因素引起的。所以你不能否认在历史中

17

有偶然性。但是如果一种历史具有逻辑必然性，那就是不可倒退不可重复的，比如说一个小孩子长大成人，我们说它里面充满着偶然性，但如果从逻辑的眼光来看，我们就会认为一个小孩子长大成人了，他不可能退回到童年，他已经长大了，他的心理已经成熟，已经是个成人了，你怎么能够让他退到童年？所以这个里头有一种逻辑必然性，小孩子要长大这是不可抗拒的，除非你把他毁了，你当然可以把他毁了，比如他遇到车祸成了植物人，或者他的智力就退到了婴儿时期等等，那当然也可以，但那是意外情况。一般情况之下小孩子要长大是不可抗拒的，意识一旦发生，它就有它自己的发展规律，这是必然的，由于这种规律，它可以自己建立起自己的层次结构。意识有它的层次结构，这个层次结构是它一步步建立起来的，不是一开始就有。小孩子的意识很单纯，成年人意识就比较复杂，它有它的层次结构，这个层次结构是意识自己形成的。这是一般意识的层次结构，我们来考察它是如何形成的，我们已经把那些历史的、偶然的因素扬弃掉了，全部撇开了，我们只抓它本质的东西，这就形成了一般意识的这样一种必然性结构，意识的经验科学是在这个意义上讲的。

所以，我们读黑格尔《精神现象学》，怎么去读它？我们不能仅仅停留于历史的眼光，把他所说的跟我们所了解的历史事实一个一个地对号入座。我们有的人研究《精神现象学》喜欢这样，黑格尔这一段讲"主奴意识"，那么前面讲的肯定是史前时代，主奴意识讲的是奴隶社会，然后讲到斯多葛派讲的是封建社会了，然后讲启蒙就是近代了等等，一个个对号入座。当然这样对号入座表面上看起来符合黑格尔叙述的步骤，但实际上是一种误读，就是他仅仅停留在跟历史对号入座来了解黑格尔的那些理论分析，这个是把黑格尔降低了，把不太重要的东西当作重要的核心。我们必须把历史保持在自己的视野之中，当然对历史你要有了解，比如古希腊、罗马、中世纪、近代究竟是一种怎样的境况？你要把它保持于视野之中，但是你要把它放在括弧之内，存而不论，像胡塞尔说的，加括弧。胡塞尔的现象学还原就是加括弧，对这些东西你不是否定它，你先把它括起来，先不谈它，但你可以把它保持在视野之内。在这个前提之下，你着重要关注什么呢？要关注事情本身，也就是意识本身它们的逻辑关系，意识形态本身它们相互之间的层次关系，它们的必然的结构，你要关注这个。你不要老是这个讲的是古希腊，那个讲的是康德，这个讲的是费希特了，黑格尔有的时候引用歌德，这就是讲的歌德，讲的狂飙突进，讲的德国启蒙运动。这些当然也不算错，但是如果你老是这样去想的话，你就把重要的东西丢掉了。这些东西它们是有作用的，但是它们的层次是比较低的，它们是借用来理解逻辑关系的一种线索、一种向导。当你对这个逻辑关系理解不了、把握不住的时候，参考一下历史的事实，这是可以的，但参考历史事实不是为了确认它在谈什么，而是为了帮助你理解意识本身的这种结构。那么在这方面，我们又要提到胡塞尔现象学，胡塞尔现象学就是要把人类学、心理学等等都放进括号里，超越自然主义嘛。自然主义一个是物理主义，再一个是人类学主义、心理主义，这都属于自然主义，都属于自然科学。人类学在胡塞尔眼里也属于自然科学，心理学也属于自然科学，我们今天的心理学在很大程度上还是属于自然科学，心理学学科我们是归在中国科学院底下，而不是归在中国社会科学院底下。就是说我们把心理学基本上当作是一门自然科学，人类学作为一种自然考察，人种学、民俗学、民族学，这样一种考察，当然跟自然科学非常接近，它采用的是自然科学的方法，统计的方法，定量的方法，数学模式的方法，这些都属于自然主义。胡塞尔要讲现象学就必须要把这些东西都放进括弧里，我们不去谈那些事实，我们要谈的是意识本身的结构，现象学要谈的是意识本身的结构。

我们看看黑格尔的《精神现象》。在《哲学百科全书》里面，它属于主观精神，主观精神三个环节，一个环节是人类学，一个环节是精神现象学，还有一个是心理学，精神现象学是介于人类学和心理学之间的这样一门学问。那么我们由此看出来，精神现象学既没有人类学那样的一种自然的客观性，又不像心理学那样完全是一种主观的心理，它介于人类学和心理学之间，它是主观精神的客观结构。它已经是主观精神了，但是它展示出来的是客观结构，或者说逻辑结构。那么在这方面，应该说精神现象学在主观精神的这个环节里它是最典型地代表了主观精神的特点，人类学还不完全是主观精神，它只是有了主观精神；进入精神现象学，我们的精神现象学要从人类学里面产生，但它已经完全是主观精神了，和人类学那些体质、生物特性没有关系。那么心理学代表主观的特点，但是它不代表精神的特点，因为精神这个概念还是一个比较大的概念，这个心理学就太主观了，它把精神已经分解为每一个个体的心理。

所以我们读《精神现象学》，首先要把目光向内，你不要纠缠于那些历史、事实，你要反思，你要把你的目光首先向内，作为我们每个人自己的意识和精神层次的反思，你读它的时候实际上是在读自己。我们每个人的精神和意识的层次在精神现象学里面都有反映，你要把它当作自己来读，这是第一步。第二步，你要从内又要向外，——首先要从外向内，然后要从内向外，把它当作人类精神的一种普遍结构来读。我对我自己精神结构的分析，实际上也是对人类精神结构的分析，不光是我自己，张三、李四，我就是这样一个精神结构，当你读出了我这样的一个精神结构，如果它是有逻辑性的，如果它有逻辑的层次、必然的层次，那么每个人的精神都是这样，所以它又是带有普遍性、客观性的。我曾经主张读《精神现象学》就像读小说，《精神现象学》就是一系列的小说，每一个精神层次就像一部小说。我们读小说的时候就是这样，每一部小说都是作者的人生和思维的结晶，他的经历，特别是长篇小说，每一部长篇小说都凝聚了作者的一生的经历，那么我们读一部长篇小说，就把自己有限的人生扩展开来了，我们把作者的人生纳入到我自己的人生。我曾经讲，你读了一部长篇小说，你就等于活了两辈子，你读了别人的一辈子，你的人生经历就扩展了，就丰富了，就复杂化了，就多了一个层次。所以我们读得越多，我们经历就越丰富，层次就越细腻。在读的过程之中，在读小说的过程之中，有些小说满足不了我们的胃口了，我们经常有这种经历，早年的时候、年轻的时候读一部小说激动得不得了，但是大了以后、老了以后再来读它，觉得不过如此。当年为什么那么激动？不可理解，是因为你已经丰富了，你已经超越了那个阶段。等你把所有的小说都读完了，你还觉得满足不了，那么你就得自己去写一部小说了，你又得去创造了，你就希望要寻求层次更高的、更加复杂的精神。那么阅读《精神现象学》的过程就是一个人精神成长、成熟的过程，也是一种回忆的过程，如果对某些精神你曾经走过，那么就是你的回忆，如果有些精神你还没有达到，那就是你的开拓，那就是你的成熟。当然最后我们不会以黑格尔所达到的高度为满足，我们今天已经超越黑格尔了，黑格尔已经是一百多年以前，将近两百年以前的人物了，但是你要超过黑格尔走过的道路，那你对黑格尔走过的道路还得走一遍，要加以熟悉，最简便的方法就是读他的《精神现象学》。当然你不必真的把他走过的道路走一遍，每个人都不可能走别人的道路，但可以通过读他的书，把他的道路走一遍，就像读一个作者的长篇小说你就等于把他的生命的历程走了一遍，一样的。经过这样一种训练，——你走了他的道路，你把他的道路走了一遍，这是一种训练，——在经过了这个训练的情况下，我们就可以深入地来探讨历史，我们可以下降到历史。我刚才讲了不要完全执着于历史，但是你经过这种训练以后，你的确可以对历史有更深的把握，因为历史归根到底是由人所创造的，人的精神生活的逻辑决定着历史的逻辑。马克思的历史唯物论并没有否认这一点，他只是确定了这种决定作用的一种方式，生产力决定生产关系。但生产力是什么？生产力是人创造出来的，生产力是人不是物，工具也是人创造出来的工具，代表人，不代表物。如果人类没有精神生活，如果人类就像牛马一样，那就不会有社会和历史，就算有某种生产力、某种技术。牛马也有一定的技术，你让他习惯之后它就知道怎么做了。乡下人犁田，那个老牛就知道，你不用喊，它自己知道，到了一块田边，从哪里下犁，它自己就走到那个地方去了，到什么地方该停下来，什么地方该回头，那个老牛它知道的，你可以说这是它的技术，但它是牛。所以说你要理解历史的改变，马克思说不光要解释世界，而且要改变世界，你要改变世界，除了要建立马克思的历史唯物主义，你还要建立马克思主义的精神现象学，这个是我曾经提出过的一个想法，建立起一门马克思主义的精神现象学。那么黑格尔的《精神现象学》当然是撇不开的一个必要的参考对象。

二、《精神现象学》的结构

我们再来大体看一下精神现象学的结构。这部书上下两卷，是一种什么样的结构？精神现象学从大的部分可以分成五个部分，按照它的划分，五个部分，一个是意识，一个是自我意识，一个是理性，一个是客观精神，一个是绝对精神，这五大部分。意识、自我意识，当然意识里面包含感性确定性、知觉、知性，都包括在意识里面；还有自我意识，第二是自我意识；第三是理性；第四是客观精神，伦理道德什么的；第五是绝对精神，那么绝对精神又分成两个部分，叫做宗教和绝对认知，绝对认知就是哲学了，宗教和哲学，这都属于绝对精神。所以也可以看成六大部分，如果把绝对精神这两部分独立起来看，是六大部分，有的人是这样分。那么这种划分方式实际上是从精神出发来进行划分的，以精神为标准来划分的，因为意识、自我意识和理性这三个部分都属于主观精神，都可以归入到主观精神，那么它跟后面的客观精神和绝对精神形成了一个三段式。我们知道黑格尔的辩证法是三段的，主观精神、客观精神和绝对精神，主观精神包括意识、自我意识和理性，这是用精神作为划分的标准。到了《哲学百科全书》里面呢，精神现象学只限于主观精神，就是意识、自我意识和理性，而把客观精神和绝对精神都分出去了，都分到后面去了。但是黑格尔本人又有另外一种分法，黑格尔曾经有一部手稿就是《精神现象学》的目录，是这样分的：里面把前三项，就是意识、自我意识和理性，作为主要的划分阶段，分别标为A、B、C，大A、大B和大C，A就是意识，B就是自我意识，C就是理性；然后C后面又分为三个环节，C就是理性，C本身就是理性，C底下有一个C（AA）、C（BB）、C（CC）、C（DD）。就是C这个环节里面，理性这个环节里面，一个是理性本身，理性本身就是C（AA），一个是作为精神的理性C（BB），也就是精神（客观精神），再一个，作为宗教的理性C（CC），就是宗教，最后呢，作为绝对认知的理性C（DD）。也就是说在理性之下，分为理性本身，然后呢再分为精神、宗教跟绝对认知。那么这样划分的标准，它就是以理性为标准来划分了，它不是以精神为标准来划分了，精神只是理性底下的一个环节：作为精神的理性就是C（BB），精神，然后C（CC）是宗教，C（DD）是绝对认知。这三者都是作为理性，作为精神的理性、作为宗教的理性、作为绝对认知的理性，它们都属于理性，都属于C。所以大的分法是A、B、C，这个C最大，里面包含其他的三个环节。所以在他手稿里面的这样一个目录，这个三段式是以理性作为标准的。那么以理性为标准也就是以主观精神为标准，主观精神包括意识、自我意识和理性，意识自我意识都是理性的形成过程，而后面作为精神的理性它已经是客观精神了，作为宗教的理性已经是绝对精神了，作为绝对认知的理性已经也是绝对的了，也是绝对精神了。所以这种分法是以主观精神为标准的，特别以主观精神作为理性来当作划分一切的标准，那么这样一个目录已经预示了后来精神现象学在《哲学百科全书》里面的位置了，它只剩下了意识、自我意识和理性三大部分，而客观精神、绝对精神都是理性的一种外化、一种客观化，不再属于精神现象学。后来的精神现象学已经把客观精神、绝对精神给排除掉了，只剩下主观精神，也就是只剩下理性了。

这两种划分的方式，一种是在《精神现象学》里面，另一种是在《哲学百科全书》里面的划分方式，那么前者是以精神为线索，为纲要，为标准，后者是以理性为线索，为标准。这两种划分的不同历来引起了学界长期的争论,众说纷纭,莫衷一是,但是好像人们都把它当成黑格尔到底是怎么想的一种形式上的考虑,似乎我还没有看到一种观点,分析黑格尔这样做的深层次的原因,为什么会这样?为什么会有这种不一致的划分?我在《思辨的张力》里面提出了黑格尔哲学的两大要素即努斯精神和逻各斯精神,我认为可以用来解释黑格尔的这种矛盾,他早期和后期这种不一致。早期是以精神为标准来划分精神现象学,后期是以理性为标准,把精神现象学限定在主观精神、理性这个范围之内,那么我们就可以这样解释黑格尔的这种矛盾做法:一般来说"精神"这个概念,Geist 这个概念接近于努斯,古希腊的努斯,Nous,相当于灵魂,Geist,这个德文词也可以翻译成圣灵,基督教的圣灵,圣灵它就是普遍灵魂了,Nous 正是普遍灵魂、理性灵魂。Geist 这个概念更接近于古希腊的 Nous;而理性更接近于 Logos,相当于德文的 Verstand 和 Vernunft。那么这样一来就很清楚了,黑格尔为什么要做这种改动?在按照努斯精神还是按照逻各斯精神来划分精神现象学的章节这个问题上,黑格尔表现出举棋不定,或者说有所改变,恰好表现出他的辩证法有着根本性的张力,一种矛盾性。努斯精神与逻各斯精神,你到底是按照什么样的一种精神来划分《精神现象学》?这个里头他是有矛盾的,他一会儿觉得要按照精神来划分,《精神现象学》当然要按照精神来划分了,早年是这样来理解的;但是到了他的《哲学百科全书》的这个时候,要建立一个完整的逻辑体系的时候,他发现不行,精神现象学还得按照理性、按照逻各斯来划分,要符合整体的逻辑结构。这时逻辑学是第一部,精神现象学已经不是第一部了。既然第一部是逻辑,他当然要以理性作为整个体系的划分标准,这样一来精神现象学在他的后期就成了理性逻辑体系中的一环,而失去了用自身来囊括其他这样一种作用了。当然精神并没有脱落,精神只是退后一步,成为了逻辑的化身,而逻辑最后是把它的世俗性、经验性拯救了,就像上帝拯救世界一样,逻辑、逻各斯拯救了努斯精神。所以《精神现象学》本来是要以精神作为线索的,但是当精神显现出它背后的逻辑范畴这样的一种力量的时候，它就让位于逻辑理性，因此黑格尔的想法在后期发生了转变，从《精神现象学》向《逻辑学》转化，就连"精神现象学"的划分也不是以精神为纲，而是以理性为纲，以逻辑为纲了。到了《逻辑学》，那就完全以逻辑理性作为它的框架。这就是我对它的结构所发生的改变的一种解释。

三、《精神现象学》的目的

首先说精神现象学它到底是干什么的？如果说它是哲学体系的导言，那它又是一个怎么样性质的导言？前面讲到黑格尔把精神现象学看作它的整个哲学体系的第一部分，第一部分也就是相当于他整个体系的导言了，它最直接的任务就是要引出逻辑学。也就是说精神现象学最后的环节是绝对认知，逻辑学就是从绝对认知开始的，把所有的日常的经验知识扬弃了、抛到后面去了以后，从绝对认知开始。在《小逻辑》里面有一个很长的引言，就是"逻辑学概念的初步规定"，就是逻辑学要从什么开始？里面就谈到精神现象学。比如说有这样一段话，他说："在我的《精神现象学》一书里，我是采取这样的进程，从最初最简单的精神现象、直接意识开始，进而从直接意识的辩证进展逐步发展以达到哲学的观点，完全从意识辩证进展的过程去指出达到哲学观点的必然性（也就是因为这个缘故，在那本书出版的时候，我把它当作哲学体系的第一部分。）"①这段话明确地说出来了，其实哲学科学，也就是逻辑学，它的前提就是精神现象学。虽然他没有再把《精神现象学》当作科学体系的第一部分，但是他实际上还是承认，他的《逻辑学》是以《精神现象学》为前提的。他

---

① [德] 黑格尔：《小逻辑》，贺麟译，商务印书馆 1980 年版，第 93 页。

在《哲学百科全书》里面并没有否认《精神现象学》还是哲学体系的第一部分，但他已经不再把它作为第一部分列入到哲学全书里面去了。那么他所采取的上述进程是这样的，从最初最简单的精神现象（直接意识）开始，进而从直接意识的进展逐点发展以达到哲学的观点，它是这样一个历程。那么它作为第一部分，它就是一个导言，它的作用就在这里，就是要达到哲学科学，达到逻辑学。从最简单的精神现象，从直接意识开始，来达到逻辑学，来导出逻辑学，逻辑学是整个体系的第一部分；但是第一部分本身也要有个导言，从什么东西导出来呢？必须从最初最简单的精神现象或者说直接意识开始。

　　根据这种解释，《精神现象学》似乎就相当于整个哲学体系的入门，一种预热，一种事先的安排，它本身还不是哲学，因为它没有进入到哲学，没有进入到哲学体系，它只是为了将读者引入到哲学的一种教学法的手段。因为直接把你的体系端出来，人家接受不了，那么你就要给人家一个台阶。而这个台阶它还没有入门，它是引导你入门的一种教学法手段。如果这样地理解的话，那么精神现象学就是仅仅为了引导普通人进入到哲学门槛的入门手段。有的研究者有这种说法，说精神现象学就是起这样一种作用，它就是引进门的一种手段。那么这种手段它考虑的是什么？是教学效果嘛，教学法它考虑的是教学效果，怎么样才能引入门？既然考虑教学效果，那么它本来还可以有其他的选择，不一定要以精神现象学作为入门的向导。比如说从美学你也可以进去，有的人说，研究读黑格尔的哲学最好是从黑格尔的《美学》入手，因为《美学》比较容易，大家都知道有很多艺术品可以作为例证，举得出很多例子来，我们还可以放PPT，直观地教给大家哲学，从《美学》入手是最好的。还有就是从自然科学开始也可以，从自然科学、牛顿物理学开始，牛顿最后不是推出了上帝的第一推动吗？从这个物理学入手，从自然科学入手也可以，作为哲学的入门，那更加显得科学化。经过启蒙运动以后，每一个有知识的人都懂得物理学，都受过牛顿的教导。或者说从宗教信仰开始也可以，黑格尔不是也有宗教哲学吗？每个人都有信仰，那么我们分析一下这个信仰，这不是最直接的吗？甚至于从激动人心、最激动人心的欲望、冲动开始都可以，这个非理性主义者从直觉、欲望、情感开始都可以，为什么一定要从精神现象学开始？你要讲通俗的话，那精神现象学可能是最不通俗的，其他都比精神现象学要通俗。所以这里就有点解释不太清楚，你要说《精神现象学》仅仅是作为一种教学法的入门，那么这种教学法的手段还可以有别的选择，为什么一定要以《精神现象学》作为选择？但是黑格尔就是选择了从最初最简单的精神现象（直接意识）开始，他就选择了这一点，他没有说明任何理由。所以你要讲他是一种教学法手段的选择，这个是不太能够说得通的。

最初最简单的精神现象，固然它是一种直接意识，但并不是每个人都可以直接意识到、并且必然就能够认可的，最直接的东西并不是每个人直接可以认可的，相反它经常需要经过繁琐的证明才能确立起来。比如说笛卡尔的"我思故我在"，这是最直接的了，它是一种理智直观，直观的知识，它没有证明的，每个人只要他有意识就可以意识到我思，我的一切思维里面都有一个我思。但是笛卡尔通过什么方式才达到了这个我思？他通过了漫长的论证，比如说首先怀疑一切，这个也可以怀疑，那个也可以怀疑，把所有的怀疑都怀疑了以后，最后才推出了这样一个最直接的意识。可见笛卡尔的我思并非真正最直接的，而是经过了间接的中介才得以建立起来的，而且就算他建立起来了，仍然有很多人不同意笛卡尔。经验派就不同意笛卡尔，休谟他认为最直接的是印象，但是他要论证最直接的是印象，他还要作很多论证，他还得把所有的其他东西都排除了以后，而且也有很多人不同意休谟。所以这个最直接的东西究竟是不是应该作为前提？它作为前提有没有遇到反驳？这个东西他难道能够不考虑吗？黑格尔当然比笛卡尔更老练，他把笛卡尔的怀疑也纳入进来了，不光是从直接的我思出发，费希特是从直接的我思出发，但是黑格尔他知道笛卡尔的我思前面还有怀疑，那么从怀疑出发，行不行？比如说感性确定性，黑格尔实际上是从感性确定性出发的，但是从感性确定性出发是为了对感性确定性进行怀疑，这个是笛卡尔的思路。我们看感性确定性我们就想到了笛卡尔，笛卡尔说，普通人最不可怀疑的就是感性确定性，我就偏要对它加以怀疑，比如最直接的，我现在躺在床上，我有一个身体等等，这是不是最直接的、最不可怀疑的呢？笛卡尔说这也是可以怀疑的，因为我昨天晚上做梦我起来了，我在屋子里走来走去，但是我醒来以后发现我躺在床上，那么到底我做梦的时候是真实的，还是我醒来以后是真实的？这有点像庄周梦为蝴蝶，到底是蝴蝶梦为庄周，还是庄周梦为蝴蝶？怀疑到这个地步，一切感性都没有什么确定性。那么黑格尔也走到这一步，就是把这种感性确定性的怀疑都纳入了他这种直接的、最直接的意识。但是为什么要这样做？为什么要把这种怀疑纳入进来？他后面有一个没有说出来的目的，黑格尔精神现象学的目的，是什么呢？就是要绝对必然地把最后那个客观真理（逻辑学）引导出来。否则的话你像庄周一样怀疑了，那就什么都不要去想了。庄子就是这样，既然什么东西都不确定，那什么都是一样的，那就不要追求知识了，那让它听之任之就够了。但是笛卡尔的态度要比庄子积极，他的怀疑不是为怀疑而怀疑，他是要推出我思。那么黑格尔的这种怀疑就是让感性确定性建立起来，又把他推翻掉，又建立起知觉，又把它推翻掉，又建立起知性，又把它超越掉等等，所有这一切，这样一个怀疑的历程，最后一个目的就是要把真正的真理的确定性确立起来，他的目的在这里。《精神现象学》的目的最后是要确立绝对认知，不再怀疑。绝对知识就是不再怀疑的，其他的知识都是可以怀疑的，都是一路怀疑过来的，怀疑到最后引出了《逻辑学》。所以《精神现象学》是《逻辑学》的引路路标，因为需要这个引路的路标，才要首先从最直接的意识出发，然后从直接意识的辩证进展逐点发展以达到哲学的观点。这是黑格尔的原话，逐步逐步地发展，按照秩序、按照等级一步步来，最后达到哲学观点，也就是构成一个严密的逻辑体系，有层次有结构有必然性的这样一个逻辑体系。这就是

《精神现象学》的目的。

只有在这个意义上我们才可以说，《精神现象学》仅仅是黑格尔的教学法的权宜之计。这个佛教里面也有，有些话是师父引进门的权宜之计，"方便说法"，你不要完全相信，进了门以后你就知道，那些话都是废话，但是在当时不得已，因为要引进门嘛，不得已而用之。但《精神现象学》不仅仅是这样一种权宜之计，而是它本身成了一种哲学，它本身就是哲学，当然它还不是逻辑学，但是它是关于逻辑学的形成的一种哲学。《逻辑学》是真实的哲学，但是《精神现象学》也是哲学，因为它是关于哲学如何形成起来的，它不是引导外行进入哲学之门的一个外在的教学法手段，而是绝对认知本身的一部形成史，描述绝对认知本身是怎么形成起来的？那它就已经是哲学了。不过这种意识在《精神现象学》的每一个段落都是看不出来的，所以我们说它是隐藏的目的，只有从《精神现象学》的整体历程和方法上面才可以看出来。你经过了，你从感性确定性开始经过了各个阶段、各个历程，那么你从里面悟出了一点方法，它每一步进展是如何进展的？你要关注的是如何？是方法。那么你关注了这一点你就能看出，这就是绝对认知在里面起作用了，现象学的目的就是要通过意识的这样一种逐点发展，就是一个层次一个层次按部就班的发展，把它所依据的方法展示出来。《精神现象学》的重点、真正目的是在这里，在不断地犯错误、不断地纠正错误、不断地超越自身的过程中，把它的方法展示出来，而这种方法其实已经是逻辑学，逻辑学就是这样形成起来的。现象学的目的并不在过程的结尾，更不在彼岸，现象学最后一章是绝对认知，我们就说现象学的目的已经达到了，在绝对认知里面达到了，但其实不是。它的目的并不是在过程的结尾，并不是最后才达到它的目的，更不在彼岸，而是一开始就在实现目的的过程之中，它的目的一开始就在实现，一步步地实现，整个现象学都是目的的这样一个自我实现过程，就是哲学、逻辑学的这样一个自我实现过程。

这就是《精神现象学》的目的，这个目的一开始就有，并且一开始就在实现，但是还没有完成，到最后的绝对认知就完成了；但是绝对认知不是一下子蹦出来的，它就是对前面整个历史过程的一个概括。所以我们在读《精神现象学》的时候发现，黑格尔自己也经常会提醒和暗示，就是在每一个环节中都展示着逻辑学中的某一个范畴。比如说感性确定性，它后面展示的是存在，存在是一个范畴，存在和定在（Dasein），Dasein在海德格尔那里我们把它翻译成"此在"，此在也是一个范畴。感性确定性里面就是在搞这些范畴，展示这些范畴，但是没有明说，因为它是意识的经验科学，它不是逻辑学。但是它展示着逻辑学中的某一个范畴，现象学进程的背后是由逻辑范畴及其辩证关系所操纵的。但是这并不是黑格尔的狡计，而是理性的狡计。黑格尔经常谈到理性的狡计，说这不是我在玩什么花招，是理性本身在玩花招，我本人黑格尔也受理性的狡计的支配，也受这种狡计的操纵，它是客观事情本身的狡计。所以我们经常要把《精神现象学》和《逻辑学》对照着来读，我们在读《精神现象学》时经常去翻一翻《逻辑学》在这个问题上是怎么讲的，它们有一种对照的、对应的关系。同时我们也不可过分关注那些具体的环节背后到底暗示着什么具体的事实，这个地方在批判费希特，那个地方在批判康德，某个地方在讲谢林等等，那都是一些具体的事实，我们很多人把主要的注意力放在这些事实上面，其实，有些偏离了。我们要把主要的注意力放在这些环节的过渡和转化之上，从一个环节过渡到另一个环节，它的这种必然性，它的转化的这个契机。它这种理性的狡计怎么玩的？也就是要有一种逻辑学的眼光。我们读《精神现象学》要有一种逻辑的眼光。

当然黑格尔的《精神现象学》已经包含他整个哲学体系的雏形，很多人这样讲，黑格尔哲学的诞生地、秘密、雏形，这些说法都没错，因为《精神现象学》里面已经无所不包了，我们在黑格尔的哲学体系里面到处都可以看到，很多都是《精神现象学》里面已经讲过的，它涵盖了当时几乎一切的知识。所以我们要读《精神现象学》，一定的知识储备是必须的，特别是关于西方文化的知识、西方历史的知识，包括宗教，包括文学艺术，包括政治、法律，包括哲学史等等，都要有所了解。如果缺乏这个基础，读起来就会非常困难。当然你读的时候临时去补课也可以，那你是恶补了，你不了解，那你就得找点参考书来看一看。但是我们要知道，这都只是一种铺垫，我们不能说黑格尔的这种说法就是针对基督教的某个说法，就完了，那还不行，你找到了对应物，你还必须通过这样一种历史事实来进入更深层次的逻辑思考，他怎么会把它放在这个地方讲？这些东西你要得搞清楚。所以说，阅读《精神现象学》要了解它的目的，它的目的是想通往逻辑学，是要通往纯粹的哲学。

四、阅读《精神现象学》的态度

《精神现象学》之所以难读还有一个重要的原因，就是人们通常摆脱不了读其他作品的那种习惯。读其他的哲学著作我们有一种习惯，就是总是不由自主地把书中写的看作就是作者自己所持的固定的观点。当然一般来说是这样的，否则你写书干嘛？你写出来就是表明你的观点，你写书，里面的观点就是你的观点，我们通常看书都是这样的。那么黑格尔在《精神现象学》里面写出的那些观点难道不就是他的一些观点吗？但是我们不能这样看，我们在读《精神现象学》的时候跟读其他作品的时候，一个很重要的区别就在于，我们对《精神现象学》里面的每一句话都不能当真。这是几乎没有一部作品是这样的，我们读所有的哲学著作，没有一部作品像《精神现象学》这样，每一句话你都不能当真。甚至可以说，黑格尔的目的就是要激起读者对书中每一环节起疑心，抱一种怀疑的态度，由此形成一条"怀疑之路"，这是黑格尔自己讲的，《精神现象学》是一条"怀疑之路"。虽然很多地方他都在讲"真理"，说这个时候我们就达到真理了，这个时候我们就进入到真理的王国了，这个事就是有确定性了等等，你都不要相信，你都要姑妄言之、姑妄听之。但这个怀疑与通常的怀疑又有一个根本的不同，就是它不是站在一边指手画脚，或者心怀恐惧，拒绝加入，而是要求你勇敢地投身于其中，以身试法，有一种牺牲精神和献身精神。这是黑格尔在导言里面讲到的，就是要勇于牺牲。牺牲当然不是牺牲你的肉体，是牺牲你的思想，牺牲你的观点，你建立起一个观点，但是你要勇于牺牲你这个观点，要投身于其中。牺牲这个观点不是为了放弃这个观点，而是为了投身于其中，你就在其中，你失败了，但是你成功了，正因为你失败了，所以你才成功了，因为你通过失败，你往前迈出了一步，你超越了原来的观点。

所以这是很不同的，当然跟另外一种怀疑的观点更不同，就像庄子那样的观点，庄子是无所作为的怀疑。西方的怀疑论有一种冒险精神，我们看到古希腊的这个皮浪，皮浪的怀疑论就有一种牺牲精神、献身精神和冒险精神，他怀疑一切，理性也好，感性也好，他一个都不相信。他不相信怎么办呢？他不是说就"坐忘"了，就什么也不干了，反正一切都不值得信赖，那我就什么都不干了，不是的，他要去尝试。他要试一试，看看我的怀疑是不是真的。怎么尝试呢？他就把头对着墙壁撞过去，看能不能把我撞死，没有撞成，别人把他拉住了，他又跑到大街上站在车道上面，远处马车飞驰而来，他想看看这个马车能不能把我压死，又被他的同伴拉开了。他就是有这个以身试法的冒险精神，这样一种牺牲精神，我死了不足惜，但是我证明了这个马车是能压死人的，这一点我的怀疑就被解除了嘛。所以他的怀疑是为了不怀疑，笛卡尔的怀疑其实也是这样，他怀疑一切，最后也是为了得到一个绝对知识，得到"我思故我在"。这样一种怀疑精神在黑格尔《精神现象学》里面是非常突出的，就是他不是站在一边，单纯去评价，站着说话不腰疼，而是勇敢地投身于其中。所以我们读《精神现象学》的正常的态度应该是这样的，也就是黑格尔所希望的态度是这样的，就是我们刚才讲的，姑妄言之，姑妄听之，姑妄信之。光是讲姑妄言之，姑妄听之，你还是不信了，我们通常讲姑妄听之，你心里是有怀疑的。但是黑格尔要求你姑妄信之，你先把你这个怀疑去掉，你相信它，姑妄信之。既然是姑妄信之，还是有怀疑，你让自己去相信它，但是你在让自己去相信的时候，是姑妄、姑且让自己相信它。我们在日常生活中也有这种情况，我姑且相信你，就是把有怀疑的东西暂时当作真的那样去处理。当然心里面仍然是有最后一道防线的，就是说万一要信错了人怎么办呢？万一相信你，结果你不值得相信，怎么办呢？所以还有退路，就是在信和不信之间，要抱一种"有意识的自欺"这样一种态度。

我经常讲，所谓自我意识就是一种有意识的自欺，就是姑妄信之的态度，你完全都不相信，那不行，你就会什么事情都做不成，你完全怀疑，像庄子那种怀疑，那就不用做什么了。但是怀疑里面有相信，怀疑是一种相信的态度，我相信总有一些什么东西是真的，哪怕怀疑本身是真的也行。皮浪的献身精神就是建立在这个之上的，我相信总有一些东西是不可怀疑的，所以我要尝试我的怀疑，这是一种非常高的信仰。怀疑主义与信仰主义不是完全对立的，实际上两极相通，最高的怀疑其实是最高的信仰，所以是最终极的知识。最终极的知识是什么呢？就是自杀，就像加缪讲的，最终的哲学问题就是自杀问题。西方人有些自杀的，是要通过自杀来检验最终的真理、终极的真理，以身试法。但在自杀之前，在没有死之前，你还活着，那么你是生活在一种有意识的自欺的过程之中。自欺就是使自己相信，强迫自己相信，但这个相信是有意识的，我知道这个是自欺，但是我必须得相信，我必须要相信，我不相信我会什么也做不成。我做任何事情都要有一定的信念，都要有一定的信仰，我要相信它能做成，我才能做成，但是我又知道我的这种信念是有限的，我的知识是有限的，我的信仰很可能不是那么回事儿，但是我现在需要有个信仰，所以我就去相信他。如果缺乏这样一种有意识的自欺的态度，你就会觉得黑格尔这个人真的会折腾人，他好不容易给人建立起了某种信心，但随之就摧毁了这种信心。很多人听黑格尔的讲演，当时就有这种反应，黑格尔一个一个把自己所论证所建立的所有的观点都摧毁了，所以学生们就起哄，说你讲了这么多，什么都是不对的，那你讲什么是对的？黑格尔说所有这些都是对的，对不对不在于某个观点，而在于你把所有东西都建立起来又摧毁了这个过程本身，这就是绝对认知。绝对认知是一条怀疑之路，它一路都在怀疑，但它毕竟有一条路，只有这个路是对的。所以黑格尔把人经常抛在一种无助的状态之中，一种完全丧失信仰的状态之中，这个不能怪黑格尔，只能怪你自己，这说明你的创造力贫乏，你好不容易建立起来的信心，一旦被摧毁，你就无所适从了，这说明你创造力贫乏，你的想象力受限制，你的胸襟不够开阔。你要有那种开阔的胸襟，你要能够容得下犯错误，包括自己犯错误，你自己犯错误没关系，你不要满足于某些具体的命题和概念，你要给未来的可能性留下足够的空间。所以我们相信某一个观点，都不要迷信，这才是科学的态度，不要以为这个才是我唯一的标准，然后我就用它来衡量一切，很可能你那个标准是错误的。

所以黑格尔《精神现象学》是一种训练，我经常把它理解为一种训练，它是对人的精神的一种反复的打磨和激发，反复的折腾。黑格尔很会折腾，黑格尔总是把人们信以为真的东西讲出它的道理来，然后又摧毁掉，先让你信以为真，然后又把你的信心加以摧毁、加以打击。这种打击实际上是一种激发，它鼓励读者对每一个问题产生怀疑，但这种怀疑不会让你无所作为，而是鼓舞你的创造力去突破旧的命题，去建立新的命题，也就是它为你的创造力提供了有力的指导。一般来说，既然是创造，就不可能有指导，我们通常理解的创造就是没有指导，无师自通，你自己突然想出来的，这叫创新能力。我创新，我脑筋急转弯，别人没有想到的，我一下想到了，我比别人来得快，这就是创新。其实不是的。创新也要有指导，黑格尔《精神现象学》就是一种指导，这种指导是一种点拨，这种指导不是手把手教你怎么做，它是点拨，看你有没有悟性，它像是苏格拉底式的精神接生术。创造力每个人都有，只是没有激发出来，苏格拉底的精神接生术就是在对谈的时候通过某种点拨，让你的创造力爆发出来。所以苏格拉底不断提问，他不把答案直接说出来，就算有，他也不直接说出来，何况他经常没有，苏格拉底自己也没有答案，但他会点拨，他会提问。我们经常讲，提出一个问题比解答一个问题更难，你能提出一个问题，这很了不起，你不要说这个人只会提问题，他能提问题就是了不起的，他能够把问题提到点子上，这就已经了不起了。当然真正的创造还看各人自己，你怎么回答？这个问题你怎么回答？你心中其实是有答案的，但是你没有经过点拨，答不出来，所以它不代替你思考，它只是点拨你，这叫精神的接生术，要靠每个人的悟性、领悟来接受。但是一般人不习惯于这种阅读，特别是我们中国人不习惯于这种阅读，他们总是希望在书里面找到现成的真理，认为书里面都有现成的真理。中国古代的那些原典都是一些现成的真理，反正你去读、去背、去朗诵，然后朗诵多了，你就自然地可以会心了，你心里就有感悟了，你就觉得它确实是不可超越的。你反复读它，你就觉得那是经典，那就是一些现成的真理，人们不愿意借助于书本自己去寻找真理。如果有一本书，它没有提供现成的真理，它只是提供了你去寻找真理的一种方法、一种道路，那么我们通常就觉得这本书不值得读，因为它没有真理。

2009 年程炼到了武大，他原来是北大哲学系的，我们在一起讨论问题，他就举过这样一个例子，说他在一次课堂上，听国内的一个教授讲哲学，讲辩证法，程炼对辩证法是很不感兴趣的。说他听了半天，很多例子，对立统一，这一方面要看到，那一方面也要看到，这一方面有缺陷，那一方面也有缺陷。程炼就向教授提出一个问题：你讲了半天，到底哪个是对的、哪个是错的，你能不能指出来？那个教授说我指不出来，辩证法不是这样讲的，不是讲哪个是对的，哪个是错的。程炼就说，那你讲这些有什么用呢？你为什么要跟我们讲这些？在课堂上老师不是就要把真理告诉学生吗？你讲了半天没有真理，那我何必来听你的课呢？程炼就是作为一个例子来跟我们讲这个问题。我当时就给他做了这样一个回答，就是说你如果在课堂上讲一个真理出来，结果后来事实证明这个真理不是真理，那你不是更错吗？你还不如给人指一条寻找真理的道路、一种方法或者说一种眼光，这个本身更重要。当然程炼有他的专业，他是学英美哲学的，语言分析哲学，他是讲这一套的，这一套是比较反黑格尔的，他们最讲究的是你的表达、你的表述，逻辑上是否能够成立？并且是否言之有物？在这方面确实还需要一个非常有价值的基本功，你要做哲学，这个基本功还是要有的。我经常在课堂上也在实践这样一种做法，每一句话它的逻辑你要搞清楚，它的意思你要搞清楚，该区分开来的，你要区分清楚。但这不是绝对真理，这只是真理的一个前提，一种基本训练，它的真正的目的还是要进入到事情本身。黑格尔在《精神现象学》里面经常提到"事情本身"，什么是事情本身？事情本身是你真正要达到的一个真理，真正要进入到的那个事情内部，而不是它的外围。分析哲学、现代实证主义哲学都是在外围，清除外围的一些障碍，这个是必要的，但是怎么来进入到核心里面？应该说有另外一条方法和道路。如果你只是希望在书里面找到现成的真理，那么《精神现象学》对你来说就毫无价值，因为你这个人是属于不受教，你不想别的，你只是想要找到现成的真理，那你就是不受教，因为《精神现象学》对你来说没有任何教益。所以你必须把你自己的心胸放宽一点，就是说你没有找到不要紧，苏格拉底很少有最后得出结论的，一般来说都是不了了之，但是你说他的对话没有价值吗？他很有价值，你读它觉得很有味，你为什么会觉得有味呢？它告诉你怎么思维，虽然没有最后得出结论，但是你可以提高你的思维层次，你虽然没有得到真理，但是你排除了错误，你排除了很多误解，很多低级的错误，这个是通向高级真理的一条道路。

所以我们读《精神现象学》不能抱着一种被动的态度去接受某种知识，而是要主动地调动自己全部的内心体验。我刚才讲了，你要像读小说那样，读小说你是有兴趣你才去读，它不是功课，小说不是功课，而是有一种兴趣，你觉得他这个人、他这本书我还没有读过，我对他的小说历来有好感，我觉得它很能激动人心，这个很有热情，很能够打动人，于是我就去读他的小说，这是你的主动的行为。当然哲学不会有这样一种主动的兴趣，但是也有兴趣，我们在座的对哲学都有兴趣，都不是被动的，不是说别人要你读哲学，像中学生那样，高中生那样，要你背，要你应付考试，不是的，还是想要得到些东西，得到一些自己想要的东西。那么你就必须要有主动性，要调动起自己全部的内心体验，追寻着黑格尔所提出的问题方向，努力地去开拓。我刚才讲了，黑格尔的《精神现象学》里面没有一个命题是能够当真的，没有一个观点是可以当真的，所谓不能当真就是说它是一个问题，它不能当真也就是说它是一个疑问，但是这个疑问它是有方向的，这个方向我把它称作问题方向。你要沿着他所提出的问题方向去努力开拓，而且在这种开拓中要有思想准备，你准备失败，你在相信之前就要准备失败。马克思有一句名言：我首先怀疑我准备相信的东西。那么黑格尔这里，是我首先相信我准备怀疑的东西，你要首先相信，你要投入进去，然后你要预计到它可能会失败，而且，你要期望着它的失败，你预期着它的失败，从失败中，你才可以吸取经验和教训，你才能够东山再起。这个是读《精神现象学》的一个态度。这种怀疑是追求知识的一个过程，我曾经写过一篇文章《中西怀疑论的比较》，中国人的怀疑论导致人的无所作为，西方的怀疑论它是一个追求知识的过程，怀疑就是为了追求知识，不追求知识你干嘛怀疑呢？不追求知识就一切都无所谓了，你怀疑不怀疑都无所谓了。所以马克思从黑格尔的精神现象学里面挖掘出来的一个最宝贵的精神是什么呢？用马克思的话来说呢，就是"作为推动原则和创造原则的否定性的辩证法"，否定性的辩证法就是一种怀疑的辩证法，黑格尔称为消极的辩证法，就是否定性的辩证法，这个消极的辩证法就是怀疑。这个康德已经提出来了，怀疑的作用就在于把独断论打碎，你进入到怀疑，这是一种境界，已经进入了一种怀疑的境界。康德在《纯粹理性批判》的"方法论"部分就提到了，怀疑作为对抗或者打破独断的一种必要的手段，一种训练，这就是消极的辩证法。这种境界就叫做辩证法的境界，但这种辩证法是作为推动原则和创造原则的，去怀疑，去否定，是为了去创新，创造新的东西。

所以我们读《精神现象学》实际上就是在过一种哲学生活，我们讲要投入进去，要在思想上投入，那就是一种哲学生活，或者说是进行一种哲学实践，生活就是实践嘛。苏格拉底有句话讲到，未实践过哲学的灵魂在离开肉身的时候不是绝对纯洁的，就是说你的灵魂要实践哲学，要进行一种哲学思维，要实际地去进行一种哲学训练，要去"哲学一番"，进行一种哲学活动，philosophieren，这个动词就是"哲学一番"、"爱智慧一番"。如果是没有实践过哲学的灵魂，你在离开肉身的时候，在死后到天堂的时候，它不是绝对纯洁的，为什么不是绝对纯洁的？你上不了天堂，你还带有肉身的残余。其实我们读黑格尔任何一部著作都有这样一种特点，都是一种哲学生活，或者是一种哲学实践，都是要你自己投入。马克思把它称作"用头立地"，说曾经有一个时代，人们用头立地。当然马克思是采取批判的态度，用头立地，我们现在把它颠倒过来，双脚立地。我们通常把马克思讲的这个用头立地，完全从消极的方面去理解，其实它还是有它的积极意义的。用头立地也就是要过一种纯粹精神的生活，纯粹哲学的生活，这就是用头立地，用头脑来支配自己的肉体，来支配自己的行动。只有经过了这样一种训练，那么当我们回到现实生活中来，我们重新用脚立地的时候，我们才会有一种高于世俗生活的眼光。所以我们不能完全否定用头立地，一个有文化、有知识的人必须要训练自己用头立地，要能够过一种纯粹精神的生活。当然这不是说要进象牙之塔，不是说要不食人间烟火，是说我们用头立地，经过这样一种思维的训练之后，我们然后回到现实生活中来，我们的思维境界就有一个大的提高，才会超越前马克思或者前黑格尔的那种庸俗唯物主义或者机械唯物主义的水平，才能够真正上升到马克思所建立起来的历史唯物主义的水平，或者进入实践唯物主义的水平。

所以马克思的这样一种唯物主义不是我们通常所理解的那样庸俗，

它是经过黑格尔的洗礼以后的新唯物主义。马克思承认自己是黑格尔的学生，我们看马克思的《资本论》第一章，马克思自己称之为"卖弄黑格尔的辩证法"，它的第一章就是用头立地，用抽象概念来建立他的政治经济学批判，来建立起他的资本论体系。马克思本人是经过这样一种训练的，用头立地的训练，纯粹精神生活、纯粹概念的思辨的训练。所谓思辨就是从概念到概念，从概念到概念这种思维方式，这种思维能力，马克思是充分具备的，所以他才能建立起实践唯物主义或者历史唯物主义。这个是马克思已经给我们作出来的榜样，迄今为止我觉得真正读通了黑格尔的还是马克思，其他那些黑格尔专家在考据方面、在历史方面、在背景方面、在资料方面也许要远远超出马克思，但是真正把握黑格尔的精神的，那还是马克思。特别是《精神现象学》，马克思是认真读过的，从头至尾，对黑格尔《精神现象学》逐段分析过的。我们看《1844年经济学—哲学手稿》的内容，后面讲"黑格尔的辩证法和一般哲学的批判"，它主要的就是批判的黑格尔的《精神现象学》，他把《精神现象学》看成黑格尔全部哲学的秘密和真正的诞生地，这说明马克思非常重视《精神现象学》。那么通过对《精神现象学》的分析，马克思第一个完全把握了黑格尔的精神，当然一些细节也许不在马克思的视野之中，但是从总的精神来说，他是完全把握了黑格尔，所以他也才能够真正地超出黑格尔。后来的那些新黑格尔主义从别的方面来引申黑格尔，其实有很多是没读通的，至于那些批判黑格尔的人，更是多半没有读懂。黑格尔本人曾经预言，我的这个哲学一百年以后才能有人懂，在他当时是没有一个人懂他的哲学。当然他不知道马克思了，他死的时候，马克思还很年轻，但是至少他是有这个预见的。真正能够读懂《精神现象学》的、完全把握的，除了马克思之外，至今还没有。马克思也只是大致粗线条地把握了，没有深入到细节。所以它还是一个课题，我们当代的一个课题，不要说发展黑格尔的哲学。当代是有一些发展，在某些方面，比如说伽达默尔的解释学，在某些方面有发展、有进展，但是全面地来说，透彻地来发展黑格尔、来把握黑格尔的，至今还是一个课题。我们今天在作这个课题，为什么他的哲学至今还有魅力？就在这个地方，所以对于黑格尔的哲学，特别是《精神现象学》，我们是不能小看的。

最后，我还是先讲一讲这个版本，我用的这个是贺麟和王玖兴翻译的《精神现象学》，1979年商务印书馆出版的，现在这个书买不到了，[①]买不到是不是采取这种办法，你们先找有书的人把前面二十多页复印一下，我们一个学期也就是讲二十多页、顶多三十页，把前面几十页复印一下，暂时用着。这个书终究要再版的，这个商务印书馆的这一套汉译世界学术名著丛书，终究是要再出的。还有一个本子，就是中国社会科学出版社去年出的，有点参考价值，但是我基本上不用这个，只是作参考，如果大家在底下读这个英汉对照本有什么疑问的话，可以在课堂上提出来，就是说对照一下它的这个德文原文究竟是怎么样的，可以提起讨论。德文本呢，我是用的这个，是武汉大学的何卫平教授从德国带回来的，2009年他从德国回来，买了一本苏尔坎普的这个版本，就是 suhrkamp taschenbuch wissenschaft 版的，俗称"口袋书"。德国长期以来有这个传统，几十年了，就是出那种口袋书，很小一本的，它这个《精神现象学》也不是很小，也就是小32开的那样的，有这么厚一本，排得非常的密，我把它复印下来了，这个是比较新的版本，1986年的版本，是根据格罗克纳版来的。但是它有一个好处，就是它把一版和二版（A版、B版）里面的改动都在底下的注释里面注出来了，第一版和第二版的一些变化，是黑格尔自己改的，可以作参考。这个版本下面我将简称为"袖珍版"。后来又有学生刘漫从德国回来，赠给我另一个重要的版本，即费利克斯·迈纳出版社1988年出版的哲学丛书版第414号（2006年重印），是按照权威的黑格尔全集考订版第9卷（1980年）编的，书后有大量的编者注释和提示，非

----

① 该书2011年由商务印书馆重印了，但字体排得疏一些，页码与前一版不一致。

常有用，下面将简称为"丛书版"；然后考订版第9卷也由我的博士生龙沛林提供给我了，下面称之为"考订版"，这个目前被认为是最权威的。本书在最后订正时黑格尔的原文将全部根据丛书版（即考订版，因为它基本上就是考订版）校订一遍。所以，我们的这个解读主要是以中译本作引线，但是根据德文本对译文加以推敲，有些地方改动很大。这些修改，除了修正某些误译和译得不清楚的地方外，一个很重要的工作就是译名的统一。原来的翻译还是很不错的，我们刚才讲了，但是它有一个不尽人意的地方，在当时也是不必去那样要求的，因为刚刚介绍进来嘛。有个什么不尽人意的地方呢？就是它往往有一词多译现象，在德文里面是一个词，但是在中文里面在不同的地方翻成好几个不同的词，缺乏一种"术语意识"。我们今天对德国哲学的研究已经有比那个时候强得多的术语的意识了，比如 Dasein 这个词，你可以翻译成生活、存在、此在、定在，黑格尔哲学里面有时候还翻译成限有、实有，"在"就是"有"，那你就要高度注意，也就是说在黑格尔《精神现象学》里，虽然它不是《逻辑学》，但是它里面已经引入了哲学范畴。所以这个时候你要注意，如果是在日常意义上来用的，你要翻译成"生活"很通俗，也没有什么错，但是最好还是保持它的范畴的原样，所以我们经常遇到这种情况，就把它改成"定在"，这个就不通俗了。"我们人类过去的定在"，翻译成"我们人在过去的生活"，那很通俗，翻译成"定在"就不通俗了，但是它有一个好处，就是提醒你这个地方有一个范畴。这是一种很重要的改动。不光是这个词，还有许多其他的词，我力图保持它在德文里面的那种术语感。这是一个术语，虽然它本来是日常生活的用语，Dasein 这个词在德语里面经常用，老百姓也讲，它绝对没有海德格尔的意思，也没有黑格尔的意思，但是你在这个地方翻译的时候你就不能太老百姓化了，你还是要顾及到将来遇到这个词的时候，你可以连贯起来看，它其实早就已经在讲这个范畴了。这是一个很重要的修改。再一个，就是原来的中译本有一些地方，大概有些是从英译本译过来的，王玖兴学德语的，他看这个地方也可以，就没有改,可能是这样;但是我还是对照德文本把这些地方都改过来了,凡是根据英译本而德文本没有的,我都把它去掉,严格按照德文本。我们不能再借助英译本作为中介,我们要直接从德文本翻译,我们从德文本译出来的中译本应该与英译本有平等的地位,你可以比较哪个好、哪个不好。如果完全借助于英译本,那你就是一种不平等的地位了,你是从英译本转过来的。所以这一次我就是完全按照德文本来讲,在讲课的时候,我们会将现有的贺先生和王先生的中译本作为引线,而最终以德文本作为根据,就是以我自己根据德文本所做的翻译来逐句讲解。

序言：论科学认识

［一、当代的科学任务］

［1.真理之为科学的体系］①

我们今天开始进入到《精神现象学》的序言。我们上一次课已经把一些必要的预先了解作了一个大致的交待，上一堂课主要是这堂课的绪论，还没有进入到《精神现象学》这本书，那么现在我们开始进入到《精神现象学》的文本。这文本主要是用贺麟和王玖兴先生翻译的商务印书馆出版上下卷，1979 年版，这个译本很多地方也是从英译本过来的，经过德文本做了一些校正，根据书后的说明，就是贺先生和王先生各人译一部分，然后互相作校对。我们根据的德文本呢是 1970 年版、1986 年重印的"口袋书"（袖珍版），它主要是根据格罗克纳本，格罗克纳本是经典的版本，虽然也有一些毛病，但是大家还是比较公认的。② 此外，这个《精神现象学》中译本里面有很多标题是打了方括号的，凡是打了方括号的

---

① 以下凡引黑格尔的原文，以及拉松本所加的带方括号的标题，第一次出现时均加下划线以示区分。另，所注边码大括号 {} 中为德文考订版页码；方括号 [] 中为贺麟、王玖兴中译本 1979 年版上册的页码，后面转入下册时则代表下册页码。

② 费利克斯·迈纳 1988 年丛书版以及考订版，我是在讲面相学和头盖骨相学的部分时才得到，并引入作为参考文本的；但最后依据这两个版本对全部新译文作了校订，并据考订版标注了页码（见边码）。

标题都不是黑格尔原来的标题，而是拉松本为了便于阅读由编者加上去的，后来有的版本沿用了（如依波利特 1939 年的法文译本），但后来的德文版通常都去掉了（如袖珍版、考订版和费利克斯·迈纳版）。虽然这种带方括号的小标题都是编者为了便于理解加上去的，但是我们也可以看出，黑格尔的思维、思路是非常清晰的，为什么能够加上这些小标题，而且这些小标题是非常有层次感的？好像是一个层次一个层次，层层递进，而且基本上是三段式的，这个是非常严谨的。黑格尔的思想、他的思维模式已经定下来了，在写这个《精神现象学》的时候黑格尔对逻辑学已经有深入的研究。他在此之前有过一本《耶拿逻辑》，这个现在我们没有翻译过来，① 后来的《逻辑学》和《小逻辑》是在耶拿逻辑的基础上加以进一步改进充实的，但是大体上的写作模式已经形成了，所以他的精神现象学里面实际上有一个逻辑框架。我们了解这一点，就不会惊异，他写这一本书，为什么好像逻辑学那样那么地严谨？它是有来历的。所以我们为了阅读的方便，还是根据这些小标题，我们不要把它看得太无所谓，当然有的加得不是太恰当，我们后面会有些改动，但这些小标题基本上还是比较准确地把握了黑格尔的每一段的中心思想，他的足迹。在这个序言中，第一个主题是"当代的科学任务"，这个是在中译本的顶部、页眉上面已经注明的。它里面分成三个小标题，第一个是"真理之为科学的体系"；第二个是"当代的文化"，谈真理的时候跟文化分不开；第三个是"真理作为原则及其展开"，这是第一个主题，当代科学的任务。第二个主题是"从意识到科学的发展过程"。第三个是"哲学的认识"。第四个主题是"哲学研究中的要求"。总的来说这四个主题就是他的序言"论科学认识"的四个主题，所有这四个主题以及它们下面的小标题都是拉松版所标明的，而不是黑格尔自己这样划分的。他自己在目录上对序言

---

① 《耶拿体系 1804—1805：逻辑学和形而上学》已由杨祖陶先生译成中文，由人民出版社 2012 年出版。

的内容有比较详细的提要,与拉松版的划分大同小异。① 我们注意到"科学"在黑格尔这里,它的意思实际上就是哲学,谈科学认识也就是谈哲学认识。所以他首先要谈的是:"当代科学的任务",也就是当代哲学的任务。那么我们首先看他的第一小段,第一个小标题:"真理之为科学的体系",就是说首先要从体系上进入到真理。真理它不是零星的,真理是整体的,这是黑格尔的一个很著名的观点。通常很多人,特别是现代很多人不太同意这个说法,认为真理不是整体。像阿多诺写了一本《否定的辩证法》,它里面就讲,真理不是整体,凡是整体就已经不是真理了,这是针对着黑格尔来的。但是按照黑格尔的观点,只有整体才能够称为真理,只有体系才能称为真理,你零零星星的不能称为真理。这就是他这一段要讲的主题,所以他一开始就强调这一点,就是说你要是不从整体、不从过程、不从一个完成了的体系来把握真理本身,就接近不到真理,因

---

① 在德文版的《精神现象学》中,考订版(包括丛书版)有两个目录,一个是黑格尔自己做的,还一个是编者做的,把黑格尔的目录作为目录的第一项包括进来,并在正文前重载了黑格尔的目录。但在黑格尔的目录中,"序言"(Vorrede)在冒号后面挂了一大串有关序言内容的简介,相当于序言本身的内容提要,而编者目录中却没有这些简介,只标了一个"序言"。袖珍版没有编者目录,只有黑格尔原来的目录。现根据考订版将黑格尔的目录中的序言项翻译如下:

　　序言:论科学知识。真实的东西的元素就是科学体系的概念及其真实的形态,第七页;精神的当代立足点,第八页;原则不等于完成,反对形式主义,第十五页;绝对就是主体,第二十页;并且什么是主体,第二十一页;认知的元素,第二十九页;精神现象学就是提升到认知,第三十二页;被表象和被熟知的东西转化为思想,第三十六页;并且将这些东西转化为概念,第三十九页;在何种意义上精神现象学是否定性的,或者说包含谬误,第四十四页;历史的和数学的真理,第四十八页;哲学真理及其方法的本性,第五十五页;反对图型化的形式主义,第五十九页;在哲学研究上的要求,第七十一页;形式推理的思维在其消极态度中,第七十二页;在其积极的态度中;它的主体,第七十四页;自然的哲学研究作为健全的人类知性和作为天才,第八十四页;结论,作者和大众的关系,第八十八页。

　　上列汉字页码数原文为罗马数字,是考订版所标,应为黑格尔《精神现象学》1807 年第一版中序言的页码;其他如丛书版、袖珍版则另外各标有自己版本相应的页码。显然,在序言中,拉松本编者所加的小标题就是按照上面这个内容提要稍作修改而形成的。

为真理是体系。

在一本哲学著作中，正如按照习惯常在一个序言里为一本书预先所做的那样作出一个说明，——关于作者在书中为自己所预设的目的，以及关于起因，和作者所认为的这著作与这同一对象上以前和同时代其他论著所处的关系，——那么这样的一种说明似乎不仅是多余的，而且由于事情的本性之故也是不适宜、不合目的的。

这里要注意这个"事情的本性"，它涉及一个词，叫"事情"，Sache。Sache 这里没有特别表明是一个术语，但是国外有人专门拿它作过文章，写过《论黑格尔的"事情自身"》。黑格尔的《精神现象学》谈到的这个"事情的本性"，这是很重要的一个词，我们后面在很多地方都会看到。下面我们来解释这句话。他这部《精神现象学》当然是一部哲学著作了，在一部哲学著作里，如果像普通的书那样先作一个序言，也就是做一个说明，Erklärung——一般的书、一般的科学理论书都是这样的，一开始你要有自己的序言嘛，说明一下你的目的、你的方法、你的视野、你的一些基本概念作一个简单的说明，——以表明作者这本书"预设的目的，以及关于起因"，你的目的和起因，是什么东西引起你来写这部书的？这是在一部理论著作、科学著作的序言里必须要首先交待的；"和作者所认为的这著作与这同一对象上以前和同时代其他论著所处的关系"。我们今天作博士论文，一开始就需要说明，你的资料，你的同一问题，以前有哪些人作过研究，你必须交待清楚，否则的话，人家怎么知道你有哪些创新？你是不是重复了人家的？或者你跟人家的观点有哪些主要的冲突？你对前人的观点有哪些主要的发展？就是把你的论著跟其他相关论著的关系要说清楚，这也是在序言里面必须要交待的。"那么这样的一种说明似乎不仅是多余的，而且由于事情的本性之故也是不适宜、不合目的的"。就是说在一般的科学著作里面，——当然哲学是真正的科学，这是黑格尔的观点，——但是一般来说通常的那些科学著作里面所需要的那样一套程序，在作序言的时候要交待的那些问题，就一部哲学著作而言"似乎不仅是多余的",为什么是多余的? 我们等下看他的分析,"而且由于事情的本性之故也是不适宜、不合目的的",不合适,而且不合目的。你想通过一个序言把你的这本书的目的、起因把它交待清楚,你达不到这个目的。就是说,你想要把你这部书的目的一开始就说出来,那是达不到的。为什么达不到? 当然按照黑格尔的辩证法来说,这个目的是在历史过程中逐步展现出来的,你不能一开始就端出来。就算你端出来了,它也还是抽象的,你还必须要经历过这样一个历史过程,你才能懂得这句话它的意思是什么。黑格尔不是有句名言吗? 同一句格言在老人嘴里说出来和从年轻人、小孩子嘴里说出来,是大不一样的,从老人嘴里说出来,有它全部的丰富性,它才是真理。所以同一句格言,同一句话,你一开始就把它写出来,那还不是真理,你达不到你的目的。因为你达不到"事情的本性"。什么是事情的本性? 事情的本性就是历史,就是在历史中逐渐展开的,从潜在的到现实这样实现出来的,这就是事情的本性。下面就作进一步的解释了。

　　<u>因为,在一篇序言里,不论对哲学如何恰当地说和说什么,——比如说,历史地**叙述**一下倾向和立场、普遍内容和结果,把这里那里说出来的各种主张和对真实性的各种担保结合起来,——都不能看作是应该用来陈述哲学真理的方式和方法。</u>①

　　我们这里要注意,它这里讲到"历史地叙述",我们刚才讲到真理本身是在历史中展开的,但他这里讲历史性的**叙述**是一般意义上的,注意这个"叙述"打了着重号,是指在叙述方式上是历史性的。在西方哲学史上,自古以来,比如说从亚里士多德以来,历史和哲学是完全不一样的,是两码事,甚至是对立的概念。亚里士多德甚至于讲,诗比历史更具有哲学意义,历史跟诗歌相比,诗倒更具有哲学意义,历史反倒没有哲学意

---

① 为了读起来醒目,原文每一整句在本《句读》中都另起一行,带起对它的解释也另起一行;而原文换行分段之处,本《句读》则空一行。下同。

义！这就是说你讲到历史，人们印象中就是一些琐琐碎碎的东西，是偶然的事实堆积，这就是历史的叙述。叙述就是描述了，那就是有什么说什么了。他说"在一篇序言里，不论对哲学如何恰当地说和说什么，——比如说，历史地**叙述**一下倾向和立场"，哲学有怎样的倾向和立场？从什么走向什么？大致上可以说哲学在古希腊立足于自然哲学，研究自然界；后来中世纪是研究上帝；近代以来才转向人和自然的关系，最后转向人本身，这是一种宏观的倾向和立足点。叙述一下"普遍内容和结果"，如历史上有哪些哲学家？提出过哪些观点？结果、结论怎么样？对这些东西作一些历史性的叙述。黑格尔是不赞成这样搞的。我们可以看看，通常讲的哲学史是不是就是这样的历史描述？也许它的资料很丰富，该有的它都有了，你把它描述出来，它是不是就是哲学的历史了呢？是不是就是真正的哲学史了呢？当然有的人认为这就是哲学史了，有人主张哲学史你不要加任何东西，你就把历史上发生了一些什么情况摆在那里，那就是哲学史了。当然你也不能说它不是哲学史，但是它不是真正适合于哲学的一种办法。下面就讲了，"把这里那里说出来的各种主张和对真实性的各种担保结合起来，——都不能看作是应该用来陈述哲学真理的方式和方法"。我们说，这里头有两个层次，一个是"历史地**叙述**一下倾向和立场、普遍内容和结果"，哲学的倾向和立场，也就是哲学一般的这个趋势，它的目的，这个层次跟上一句讲的这个"目的和起因"可以对照或对应；下面这个"把这里那里说出来的各种主张和对真实性的各种担保结合起来"，跟上面那句中"这著作与这同一对象上以前和同时代其他论著所处的关系"，也就是说对各家各派的主张的关系，可以对照或对应，这就是你的著作与其他论著的关系。所以，我们从开始到现在一直在读的这两句话里面，实际上有两个层次，一个在一篇哲学著作的序言里面，是不是要一开始就把它的目的和起因摆出来？另外一个主题，是不是要把你的著作、你的观点和历史上其他的著作和观点的关系确定下来？这两句话里面都是在讲这两件事。但是他说：这些"都不能看作是应该用来陈述哲学真理的方式和方法"，这里是明确作出了一种批评。就是说，按照一般的著作、科学理论的著作，一开始在序言里面就作这样一种说明，不能看作是应该用来陈述哲学真理的方式和方法，这是不适合讲哲学真理的。当然也不是说完全不能讲，上一周我们已经讲到了，我们在读黑格尔《精神现象学》的时候，每一句话都你都要当心，也就是说每一句话你都几乎都不能当真，你不要把它看死了，这里的说法都是很活的。"不能看作是应该用来陈述哲学真理的方式和方法"。但是实际上，如果有人对他的这个序言事先预习过的话，你就会发现，他实际上还是在这样做，虽然不适合于陈述哲学真理，但是他还得这样做。比如说小标题"真理作为科学的体系"，说真理只有达到科学体系才是真理，不是一开始就讲出了哲学的目的吗？所以他的话你不能读得很死，你读得很死，那你可能就走偏了。他说这个不适合，你以为黑格尔就不干这件事情了，其实他自己也在干。当然他自己干的时候他是特别说明的：这本来是不适合的，但是你如果从它里面看出更深刻的意思，他特别提醒更深一层的意思，只要你不从表面上、从字面上去理解，那它就会是适合的。我们在后面读到他的一些论述的时候往往会发现，他自己违背了他自己一开始说的这些东西。其实，仔细说起来，他也没有违背，是你理解得太死。他很多地方都不是说得那么死的，都是一些活话，但是你一旦把它钉死了的话，你就自己走偏了。好，我们再看下面。

　　——而且由于哲学本质上存在于那种本身就包含着特殊的普遍性的元素之中，所以在哲学里比在其他科学里更多地发生这样的假象，仿佛在目的或最终结果里事情自身甚至其全部本质都已得到了表达，至于实现过程，与此结果相比，则根本不是什么本质的事情。

　　"由于哲学本质上存在于那种……普遍性的元素之中"，也就是说普遍性的元素是哲学的本质所在，哲学的本质就是在普遍性里面表达出来的，因为它不考虑、不探讨具体的问题，所以它的本质所在是普遍性的元素；但是这些普遍性的元素本身已经包含着特殊，就是哲学的普遍性它

49

是包含着特殊的普遍性。我们说哲学它无所不包，形而上学无所不包，所有的特殊都包含在它的普遍的本质里面。我们为什么要把本质的东西提取出来？就是因为它可以包含特殊的东西嘛，哲学就是干这个事情。既然普遍性的元素本身就包含着特殊，"所以在哲学里比在其他科学里更多地发生这样的假象，仿佛就在目的或最终结果里事情自身甚至其全部本质都已得到了表达"。既然万物都在哲学的道理里面已经包含着了，那么哲学就比其他的科学更容易产生一个假象，使人觉得事情自身，——我们刚才已提到了"事情本身"——，事情本身及全部本质都已得到了表达。就是普遍和特殊它在哲学里面是不可分的，它跟其他的科学不一样，其他的科学往往是经过一种抽象，把普遍的东西抽出来以后，然后再把它当作一种工具，用在这个和那个具体的场合之下。但哲学它本身不是工具，它是世界观，我们通常讲，哲学就是世界观，它不是用来把握某一门科学的工具，它的概念不是一个抽象概念，不是一个工具性的概念，而是一个具体概念，一个无所不包的概念。因此你把这个概念把它摆出来，就会容易使人觉得，仿佛你把目的和最终结果都摆出来了，那事情本身和它的全部本质都在其中得到了表达。也就是会产生这样一种误解，以为只要你把你的观点、你的结果摆出来，一切都在这里了。你讲了半天，你不用讲那些，你把你的结果摆出来，你到底想主张什么嘛？你用一句话把你的概念摆出来。我们经常讨论哲学问题的时候也遇到这种情况，就是说你说那些我都不感兴趣，我只关心你主张什么，你把你的观点摆出来，用一句话。当然他可以一句话摆出来，说他的观点就是什么什么。但是你如果只是抓住这一句话，是不是就能把所有的本质都抓住了呢？是不是把事情本身抓住了呢？那还不一定。有的哲学可能是这样，但是黑格尔哲学它不是这样，黑格尔哲学是真正的哲学，他的哲学你不能用一个目的、一个观点、一个三段式概括无遗。黑格尔哲学无非就是三段式、正反合、辩证法，这样一说，你好像就把黑格尔的整个哲学概括了。当然在某种意义上也可以概括，但那其实是远远不够的。所以他比较反对这种做法。他说"至于实现过程，与此结果相比，则根本不是什么本质的事情"，通常认为，过程是为了论证结果的，结果出来了，事情就完了。当然你有兴趣也可以去查，你要知道这句话是怎么来的，但是更重要的是结果，过程只不过是一种工具，用完就可以丢掉。但是在黑格尔那里不是这样的，过程不是用完即可以丢掉的工具，过程才是事情本身，结果或结论反倒是不太重要的。比如苏格拉底的对话，苏格拉底讲来讲去，最后没有得出结论，我们就说苏格拉底白讲了，失败了，失败了吗？苏格拉底的谈话的价值就在过程本身，而不在这个结果。结果也许是会被推翻的，——苏格拉底的那些结论后来都被推翻了，什么"知识就是美德"，什么美就是美的理念，这些结果都可以被推翻；但是过程是事情本身，过程是不会被推翻的。所以黑格尔特别重视的就是这个实现的过程，这个目的是在实现的过程中才具有全部的意义的。但是通常的看法就认为，实现的过程与结果相比，根本不是什么本质的东西，跟本质没有什么关系，那只是一个手段而已。我们再看下面。

相反，例如在解剖学是什么这样一种普遍的表象中，对身体各部分的知识按照其无生命的定在去加以考察时，人们确信自己尚未占有事情本身，尚未占有这门科学的内容，而必须在此之外尽力去获取特殊的东西。

他在这里举了一个反例。前面讲的是哲学，哲学不能采取这种方法，那么下面举的这个例子，解剖学，解剖学当然也是科学，在解剖学里面，在序言里面，它的"普遍的表象"就是它的定义，你当然要交待清楚，什么是解剖学啊？解剖学是干什么的啊？他这里讲："对身体各部分的知识按照其无生命的定在去加以考察"，这就是解剖学的定义。解剖学就是把人的身体大卸八块，看它由哪些部分组成的，不是就生命的过程来看它，比如说肠胃，它在消化过程中才能显示出它的功能，解剖学不考虑这些东西。解剖学家研究的东西就是肠胃的具体位置是在哪个地方？它附近有哪些其他的器官？它们之间是和什么东西连接起来的？至于它的功能、它的生命过程，都不是解剖学所要考虑的，所以它是各部分按照无生命的定在，也就是按照其僵死的存在状态而取得的知识。当然也需要。你当一个医生，如果不懂得解剖学，你给人家动阑尾炎手术，找不到阑尾炎在什么地方，那是不行的，你必须要找到那个地方，这个解剖学还是有它的用处的。但是，在这样一个表象里，"人们确信自己尚未占有事情本身，尚未占有这门科学的内容"。我们在讨论解剖学的时候，我们知道我们没有占有各个器官的"事情本身"。它们的事情本身是什么？是生命，它是生命，不是僵死的存在、僵死的器官。就僵死的器官来研究，它还不是事情本身，事情本身的这些器官它都是活的，这就是事情本身。那么在解剖学里面我们不要求掌握事情本身，我们确信我们尚未占有事情本身，尚未占有这门科学的内容，所以要"在此之外尽力去获取特殊的东西"。所以我们在解剖学的研究过程中，特别是在它的序言中，我们知道，这还不是事情本身，我们这只是为了占有事情本身所采取的第一个步骤；采取了这个步骤以后，我们掌握了解剖学的这个内容以后呢，我们还必须进一步去探讨它的特殊情况，它的生命过程。这是解剖学的例子。很多人做哲学就像做解剖学一样，把各个部分看成僵死的存在物，去获得各种各样的概念，这个概念跟那个概念之间，它们是不同的，我划一个界限来分析。解剖学主要是分析的，不是综合的，分析一个人体有哪些部位，每个部位所占据的位置，它们之间的关联，这都是分析的。但是你要探讨整个生命过程，你就必须综合，综合起来看，它们是牵一发而动全身的。你不能每个地方割裂开来孤立地去看它，它跟整个身体是有关的。这样一种分析的方式在哲学里面，它是非常片面、非常不适合的。当然在哲学里面也要有分析，但分析只是一个初步，真正的哲学是分析与综合要统一起来。这是举了一个反例，那么这个反例就是针对的这个对象，就是在序言里面是不是要把目的和起因把它摆出来？解剖学在它的序言里面把它的目的和起因都摆出来了，但是它还没有接触到事情本身。下面：

　　——再者，在这样一种不配冠以科学之名的知识堆积里，谈论目的之类普遍性的东西时，通常与说到内容本身如神经、肌肉等等时的那种历史性的无概念的方式并无不同。

就是说解剖学这样一门知识堆积的学问，不配称之为科学。我们刚才讲了，黑格尔的哲学就是科学，而在解剖学这样一门孤立的、僵死的学问里面，只是一种知识的堆积，你可以说它是知识（Kenntnis），但是它不值得称之为科学（Wissenschaft）。解剖学是不是科学？按照黑格尔的说法，严格说来，它还不是科学，它只是知识。知识、科学这两者之间有层次上的区别。那么科学是什么呢？科学是绝对认知（das absolute Wissen）。我们在《精神现象学》的最后部分、最后一章，我们看到它的标题就是"绝对认知"，绝对认知才进入到了科学，也就是进入到了逻辑学。从《精神现象学》通往《逻辑学》，我们上次已经讲到了，它最后的绝对认知就是要建立《逻辑学》的起点。当然《精神现象学》里面都是知识，但是还未成为科学，只有达到绝对认知才成为科学，那么其他的知识还没有达到绝对认知，那它是什么知识呢？它是一种知识的堆积，特别是像解剖学这样的知识，它只是一种堆积。当然在《精神现象学》里面，它已经不是一种知识的堆积了，它是知识有意识地向科学生长、生成，它是"认知"（Wissen）。而在这样一种不配被称之为科学的知识堆积里，"谈论目的之类普遍性的东西时"所采用的方式，通常与"历史性的无概念的方式"没有什么不同。这里又出现了"历史性的"，历史是偶然事实，它是没有概念的，这个历史是通常的历史。西方人自古以来所认为的那种日常意义上的历史，跟黑格尔本人所认可的历史还不太一样，我们要注意黑格尔在谈论这些问题的时候往往有一种交错，就是有时候他采用日常的含义，有时候他采用自己特殊的含义。那么在这个地方采用的日常的含义，像解剖学这样知识的堆积，你要谈论它的目的，解剖学的目的何在？解剖学的目的就是把人体的各个部位搞清楚，它的位置、它的机械的关系，你首先把它处理清楚，这样一种谈论目的这种普遍性的东西，它当然也有普遍性的东西，那么这样的一种普遍性，它采用的是一种历史性的无概念的方式。解剖学也有很多概念，也是抽象的、具有一定的概括性的概念，但是解剖学的概念它是采取一种无概念的方式、历史描述的方式。就是你解剖尸体，在医学院里面要解剖尸体，那么你就指着这个部位，指着那个部位，你把你那些概念加在它之上，你针对事实来形成概念。所以这种方式是无概念的方式，也就是这里讲的，叙述神经啊、肌肉啊等等，这时是一种无概念的方式，是就事论事。那么什么是有概念的方式呢？有概念的方式就是概念自己要活起来，要自己运动起来，不是被动地从事实中总结出、抽象出某个概念，而是概念自己在运动。你把历史描述为概念自己的运动，那就不是一种单纯历史性的方式了，那就是概念的进展，或者说，那就是概念的历史，那就是黑格尔自己的历史。历史和逻辑相一致，和逻辑统一起来的这种历史，跟一般的、日常的这个历史，其中的含义就完全不一样了。这个就提升到了方法论的层面，里面是讲目的本身，比如说，在解剖学里面，你提出了一些一般的观念，提出了一般的表象，但是你还没有占有这门科学的内容，没有占有事实本身，你只是一个抽象的概念，这个时候你谈解剖学的目的，当然可以谈，但是这样一种谈法，它本身是无概念的方式，只是一种历史事实的描述。

{10}　　相反，在哲学里就会产生这种不同一性，即假如对这种方式加以运用，则这种方式毕竟又由哲学本身表明为不能够把握真理的。

就是哲学说到底，要把这种方式加以否定，就是这样一种简单机械的知识的堆积，这种历史性的、无概念的描述，它是非哲学的，它可以用来描述一些具体的科学，解剖学、心理学、力学、化学等等，但是不能用来描述哲学；如果你在哲学里面使用了这样一套方法，最后你又讲出来这种方法是不适宜的，那岂不是自相矛盾了吗？因为哲学这个东西跟其他的部门科学不一样，就是说它是没有前提的，它是世界观，它不需要以别的科学作为前提，它是科学的科学。所有其他的科学都要以某些既定的知识为前提，比如说解剖学，解剖学你必须要以其他的，比如说物理学、化学或者电磁学为前提，你要描述神经，生物电的传导，你要描述这个大脑,你必须要有化学等等这样一些知识。所以解剖学本身是以其他的科学作为前提的,跟其他的科学有千丝万缕的联系。很多科学它们都是关联着的,一个科学以另外一个科学作为前提,唯独哲学它至高无上,它没有前提,它是其他一切科学的前提。所以你把一般的科学那种描述方式用到哲学上来,那是完全不适宜的。一般的、普通的科学,有些东西是认可的、自明的,你首先必须要承认。比如说物理学、几何学、数学,这些东西如果你都不承认,那你谈解剖学没有前提了,当然解剖学里面不一定要谈这些,但它是以这些为前提的。所以它谈法就不一样,前因后果,上面的和下面的、上位的和下位的这些概念、这些科学、门类,都把它夹在中间,所以它的目的只是一个很狭隘的目的,你要把这个目的说清,那是可以说得清楚的,这个里头它处于一个什么位置。但是哲学是不行的,哲学以什么东西为前提呢? 它没有前提,所以你不能一开始就把起因、目的就在序言里面摆出来。这是讲了上面第一个主题,就是著述的目的和起因。第二个主题是哲学的著作与这同一问题上早期和同时的其他论著的关系,这下面一段接着要谈的就是这一层意思。我们看,他逻辑上很严密的,跟康德有一点类似,是一层一层谈下来的。首先把这一层意思谈了:在序言里面是不是要把它起因和目的摆出来呢? 这个不行,不合适。那么你是不是要把你的著作与同类其他著作的关系把它扯清楚呢? 也不行,下面就谈这一层意思。①

　　同样,由于对某一哲学著作与讨论同一对象的其他论著拥有的那种关系进行规定,也就引进来一种外来的兴趣,而使真理认识的关键所在 [2] 模糊起来。

　　某一哲学著作与讨论同一对象的其他论著所拥有的关系,你要把这种关系规定下来,说明你的著作、你的观点跟同时代或不同时代其他人

---

① 凡是原文中分段另起一行的,在本书中均空一行。

的观点有什么异同。一般的哲学著作是这样的。科学著作反而还不必如此，比如说解剖学，它不一定一开始就摆出来，我们今天有哪几种解剖学的观点？那倒不一定，他把他的解剖学观点摆出来就够了。但在哲学著作里面往往需要摆出其他的哲学观点，加以比较。我的观点跟这个相近，但是不同，我的观点跟那个不同，但是又有相近的地方，这样一些往复的关系往往是在一部哲学著作的序言里面必须要阐明的。其实黑格尔也在谈，下面就会看到了，但是他这里讲到了，对这种关系进行一种规定，这样一种规定就会引进来一种"外来的兴趣"，也就是说这样一种关系的阐述只是一种外来的兴趣，"使真理的关键所在模糊起来"。一旦引进了外来的兴趣，那么真理的关键、最重要的地方，事情本身，就会受到影响变模糊，一个哲学体系就变成了一个大杂烩，有可能是这样。如果你在一开始的时候把这些东西摆出来，仅仅是摆出来而已，不作深入的分析的话，有可能人家就会认为，哦，你黑格尔也不过是把各种观点把它拼凑起来。我们通常讲"取其精华，去其糟粕"，把精华的东西都集中在你这里，把糟粕的东西都去掉了，那就是你的哲学了，真理就是这样的吗？真理的关键所在难道就在这里吗？就是把现有的东西经过一番挑选，把最好的东西选出来吗？这是一种外来的兴趣，这种外来的兴趣是接触不到事情本身的。

　　对真理与错误的对立这种意见愈是成为固定的，它就愈习惯于期待对某一现成的哲学体系的态度不是赞成就是反对，而且在一篇关于某一哲学体系的说明里也就愈习惯于只看到赞成或反对。

　　也就是说这样一种外来的兴趣啊，它是把真理和错误的对立是看作固定的。一种观点，我把它跟其他的观点相比较，我就可以确定哪个观点是正确的，哪个观点是错误的，或者其他人都是错的，我完全是对的，就是把真理跟错误的对立看作固定的，把它们截然分开。人们越是习惯于这样做，就越是习惯于对某一现有的哲学体系的态度不是赞成就必是反对，"而且在一篇关于某一哲学体系的说明里也就愈习惯于只看到赞成或反对",那么你这样一种习惯就导致了你在某一个哲学体系的说明里面,你只看到作者的立场,好像这个哲学体系写出来就是为了赞成或反对一个观点似的。但是我们刚才讲了,对黑格尔哲学体系的每一个命题、每一个观点,你都不能当真,你既不能无条件地赞成它,你也不能无条件地反对它,它都处于这种辩证的模棱两可之中。在某种意义上,黑格尔对他谈到的观点是不赞成的,它是怀疑之路,整个《精神现象学》都是怀疑之路,可以说它每一步都是错的,真理在错误中开辟道路,每一个观点,就它本身来说,都是错的。但是就它的整体来说,它显现出一条真理之路,追求真理之路。怀疑之路正是因为不断地怀疑,才不断地接近真理,这样来看每个观点都有对的方面。但是一般的观点就是喜欢在它的体系里面看到赞成或者反对,当黑格尔在某个地方不同意某个观点的时候,那你马上就把它撇开了。比如说,前面讲到的,在一篇哲学序言里面不适合于怎么怎么做,那你就把这些做法都把它抛开了,我们在序言里面那就不要谈目的了,那也不要跟其他的哲学观点做比较。但是你看到黑格尔自己后来又谈了目的、谈了其他的哲学观点,而且进行了批评,那黑格尔不是自相矛盾了吗?其实,黑格尔的观点就是你不要单纯地赞成或反对,你要进入到事情本身,去理解,去体会,去把握它内在的线索。不要做外在的批判或者是赞同,不要引进外在的兴趣,那么同一样事情,它可以是内在的。如果要讲目的,一开始就要讲到,这目的只是一个起点,一个开端,你不要把它当作全部,这是黑格尔自己的表述了。所以一开始是可以谈目的的,但是看你怎么谈,你不要把它当作一个固定的东西。

　　<u>这种意见把各种哲学体系的差异不那么理解为真理的进步发展,而是在这种差异中只看见矛盾。</u>

　　前面批评了这种意见了,这种习惯"把不同的哲学体系的差异不那么理解为真理的进步发展",当然他们也许口头上可能这样承认,认为不同的哲学体系一个比一个更高,今天的哲学体系要比古代的高,但是只是泛泛而谈,作些高低比较,这还不够。它究竟是怎么样在前进发展?

这个过程不是你一两句话能够说得清楚的，所以他这里讲"不那么理解为真理的进步发展，而是在这种差异中只看见矛盾"，他们只看见了这个体系跟那个体系不同，互相矛盾，两派打得不可开交，那么我们就看热闹，或者作点判断，哪个是对的哪个是错的，但是没有把这种矛盾理解为真理本身的前进发展，没有理解为过程。正是在这种矛盾中，真理前进和发展了，但你只看见了矛盾，你没有把矛盾本身理解为真理的前进发展，这就是一种外在的兴趣。下面这个例子非常形象、非常生动，他说：

花蕾在花朵开放的时候消逝了，人们可能会说花蕾是被花朵驳倒了；同样地，花朵在结果的时候被解释为植物的一种虚假的定在，而果实是作为植物的真理来取代花朵的。

Dasein 我们翻译成"定在"，这是他的一个常用术语。翻译成客观存在、具体存在等等看起来比较通俗，但是我们要强调，它这里是一个术语。真理也是黑格尔经常使用的，我们经常看到黑格尔说某某是某某的真理，果实作为植物的真理，意思就是说果实才是真正的植物。"果实是作为植物的真理来取代花朵的"，真理就是 Wahrheit，又译真理性。这是一个很形象的例子，一株植物开花，花蕾含苞欲放，然后开花，然后结果，用这样一个过程比作真理发展的过程。不同的哲学观点之间的关系是这样发展起来的，不能把它们看作一种并列的矛盾关系、一种冲突关系，一种正确与错误的关系，不是的。那么用植物的这个例子说明真理是生命，植物是有生命的，生命是有过程的，在这样一个过程中，它有不同的阶段。首先是花蕾，开花的时候花蕾就消失了，花蕾就被否定了，花朵又被果实所否定，一个比一个更加接近事情本身，到了最后，果实那就是事物本身，因为果实它孕育着新的植物，它意味着新的植物的产生。通常认为这些形式、这些阶段之间一个代替一个、一个取代一个，好像它们之间完全是一种否定关系、一种取代关系，你今天看到花朵，你认为植物就是花朵，你明天看到果实，你恍然大悟，原来植物并不是花朵，而是果实，这种日常的观点、外在的观点是这样来看这些形式的，当然它们都是植物的形式，但是前面这句话没有用形式这个词，下面这句话用了形式这个词：

这些形式不仅彼此区别，而且互相排斥互不相容。

当然是互相排斥互不相容的，花蕾不消失，花朵怎么产生出来呢？花朵不凋谢，果实又怎么产生出来呢？当然是互相否定的，互相冲突的，这个没错。他说：

但是它们的流动本性却使它们同时成为有机统一体的诸环节，它们在有机统一体中不但不互相抵触，而且彼此都同样是必要的，并且正是这种同样的必要性才构成整体的生命。

这句的解释就转过来了，从日常的观点转到黑格尔的辩证观点上来了。"但是它们的流动本性"，花蕾、花朵、果实这些形式都具有一种流动的本性，它们的流动本性"使它们同时成为有机统一体的诸环节"，一株植物就是一个统一体，它有各个环节，它是一个生命过程。你不能说，其中的某个阶段就是真理，其他的都是错的，这种观点是非常机械的。有机统一体你不能用机械的观点来肢解它，在有机统一体中，各环节"不但不互相抵触，而且彼此都同样是必要的"，就是说看起来一个否定了另外一个，但是它们彼此都同样是必要的，对于一株植物来说，没有哪一个过程是可以省掉的。花朵不能省掉，花蕾也不能省掉，果实当然也不能省掉，每一个环节都是同样必要的。而"正是这种同样的必要性才构成整体的生命"。你不能说我最终要得到的是果实，所以花是不重要的，我要看的是花，所以花蕾是不重要的，这都不行。如果只有一个环节，你所有的过程都完成不了。没有花蕾就没有花，没有花就没有果实，没有果实，当然也就没有新的植物，植物就灭绝了。所以"正是这种同样的必要性才构成整体的生命"。我刚才讲了，在黑格尔看来，科学是一个整体，真理也是一个整体，而整体就意味着它里面有各种有机的环节，每一个环节都是同样必要的，所以它整体上是有一种必然性。这里是举了一株植物的例子，各种哲学观点也要在这样一种有机统一中来加以考察。你看到黑格尔不同意这个、不同意那个、批评这个、批评那个，但是实际上呢，黑格尔在《哲学史讲演录》导言中说过一句话：没有一个哲学体系是真正地被否定了的。在哲学史上没有一个哲学是被否定了的，全都被保留着，因为它是有机整体的一个环节，你缺了这个环节，其他环节就产生不出来。所以你不能采取这种机械的方式把正确和错误截然划分开来，把错误的丢掉，把正确的东西留下来，所谓"取其精华，去其糟粕"，那是很幼稚的，你要把它看成一个有机的过程。下面讲：

但对一个哲学体系的反驳一方面不习惯于以这样的方式把握自身，另一方面，那进行统握的意识通常也不知道把这种反驳从其片面性中解放出来或保持其无片面性，并且不知道在看起来冲突和相违背的东西的形态里去认识自己那些相互都是必要的环节。

"对一个哲学体系的反驳"，Widerspruch，这个德文词有两个意思，矛盾、反驳。这种反驳"一方面不习惯于以这样一种方式把握自身"，也就是把自己理解为一个有机的统一体，其中的矛盾各方都是这个有机统一体中不可缺少的一个环节，进行反驳的人一般不是这样去理解，不习惯于这样理解，也懒得这样去理解，这样理解是很累的。"另一方面，那进行统握的意识通常也不知道把这种反驳从其片面性中解放出来或保持其无片面性"，统握，auffassen，"从上面把握"的意思，译作"统握"。进行统握的意识，比如像康德的二律背反，康德的二律背反也是看到了矛盾双方的片面性，并且想要对双方都加以反驳而保持无片面性，但是不知道怎么做。这种意识不知道把矛盾双方从其片面性中解放出来，他只是看到了它们的片面性，然后呢就认为双方都是错误的，双方都是幻相。康德讲二律背反是理性的幻相，就算承认它有它的道理，也是在不同层面上面，比如第三个和第四个二律背反，双方在某种意义上都可以是对的，但是分别处在现象和本体两个不同的层面上。你要把它们拿到同一个层面上来，就会造成矛盾。所以归根结底，康德还是否定了矛盾的正当地位，他不知道把这个矛盾从它的片面性中解放出来，什么叫"解放出来或保持其无片面性"？怎么样才能解放出来，保持其无片面性？你就是要把矛盾双方看作是一个整体中不可或缺的环节,它们因此构成了一个整体。所以下面讲,这种意识"不知道在看起来冲突和相违背的东西的形态里去认识自己那些相互都是必要的环节",这就是保持意识的无片面性。互相矛盾着的观点是相辅相成的,每一方对于对方都是必要的,互相依赖的,都说出了片面的真理,因此它们都可以作为必要环节保持在哲学体系里面。所以在哲学史上,每一个片面的哲学观点,当然今天我们都不同意它了,今天有人如果说自己还完全同意亚里士多德,或者是信奉柏拉图,人家会笑他的。在打比方的意义上当然可以这样说,但严格地说,今天没有一个真正的柏拉图主义者或亚里士多德主义者,因为那个早就被超越了。所以今天如果你讲我是一个海德格尔信徒,那人家也许还会佩服你,甚至说你是个马克思主义者,你是个黑格尔主义者,今天人家也许都还对你有点佩服。但是你说你是个赫拉克利特主义者、毕达哥拉斯主义者,人家没有人佩服你,因为那些人很简单,就那么几句话,你把它当圣经,那已经过去了。但是它们尽管已经过去了,在哲学里面,它们有它固有的地位,你还撇不开它,谈到某个观点的时候,你还必须追溯到它,所以它们的生命力还在。正是这样一些被抛弃了的、被超越了的、甚至被看成是错误的哲学观点,在今天使我们的哲学保持了它的生命力,一系列的哲学家共同促成了哲学的生命力。为什么西方大学里面哲学系的学生还要反反复复地去读柏拉图、亚里士多德、康德、黑格尔?动不动要回到经典,现在的哲学家老是讲这些,包括海德格尔这么新潮的,德里达这么新潮的,动不动就讲黑格尔,就讲康德,你为什么老讲别人?就是说所有古往今来的那些哲学家,他们的思想都被融化在他的血液里了,哲学才因此有生命,如果你不谈这些,那是没有生命的。这个是黑格尔的一个哲学史观,其实在这里已经蕴含着了,哲学史就是哲学,我们今天的哲学其实就是哲学史形成起来的,一个环节就相当于哲学史上的一个观点,它孤立起来看是片面的,但是你如果把它当作一个环节,只是一个阶段,那它就无片面性了。怎么样能够保持其无片面性？康德曾经讲过，一句片面的话，如果你把它片面的前提设定在先，那它就是无片面性的了。片面为什么是片面的？因为它有限嘛，它的限度在那里，但是你如果把这个限度设定在先，那你再说这句话就不片面了。哲学史也是这样，每一个哲学家在当时认为他的哲学至高无上，是全体，但是后来看起来，它不是全体，它只是其中的一个环节，你把它安放在它恰当的位置上，它就不片面了，它就会发挥它的积极作用。所以每个哲学家在当时都是片面的，因为每个哲学家都认为自己是顶峰，但是过后、后来的哲学家一看，你是在某一个位置，你把它规定好了，那它这种狂妄自大就消失了，它的片面性也就消失了。它只是作为其中的一个环节，但它并不是完全错误的，它可以在它那个位置上发挥作用，这就不片面了。我们再看下面一段：

对这一类说明的要求以及对这种要求的满足很容易被看作是本质的东西。

"对这一类说明的要求"，就是一开头第一句话所要求的那种"说明"（Erklärung），实际上就是两个方面，一个方面是预先把目的和起因把它展示出来，我为什么要提出我的观点？我要达到什么目的？另一方面呢，我提出我的观点，我跟同时代的以及以前的类似的观点有什么不同？在序言里面，这些似乎从来都是一开始就要交待的。所以"对这一类说明的要求以及对这种要求的满足很容易被看作是本质的东西"，就是你在序言里面这样一说，往往人们就以为这就是哲学的本质的东西了。我们看一本哲学书，往往序言一翻，哦，它就是这个目的，然后它跟其他哲学家有这样一种关系，有这样一些不同的意见，这就是它要证明的，结论已经在这里了。所以简便的方法，通常看一本哲学书就是先看看它的序言，或者翻到最后看看它的结论，这就完了，中间我们就不看了。哲学的主要目的就在序言跟结论中，这就抓住了本质。但是唯独对黑格尔体系不能这样看，看黑格尔体系很累人的，就是说你要去经历，你要去自己走一遍,他带着你走一遍,你才能够真正把握它的事情本身。在前言和结论里面呢,都是外来的兴趣,要么还未进入本题,要么已从中出来了,你浅尝辄止,你只能拾取一些皮毛。我们看到很多批评黑格尔的,特别是英美哲学家批评黑格尔的,都是捡到一点皮毛,捡到他一句话,用这种科学主义的眼光,在序言里面去找,找到一句话,哦,这很荒谬嘛,然后就把他批倒了。但是没有自己去经过那个艰苦的历程,不去领会这么荒谬的命题他是如何使它成为合理的。所以看黑格尔的书是要去经历的,不能看看前言后语,他更重视的是过程。我最初读黑格尔的书的时候就有种感觉,就是一开始也不知道他要干什么,最后这个结论我也看不懂,但是我经历了这个过程,我感觉非常有收获。所以我经常说,第一次读我是没有看懂,但是我有收获。什么叫没看懂有收获? 我不知道他要干什么,他要说这些东西干什么,那是 20 世纪 70 年代初,最初读《小逻辑》的时候就有这种感觉,我觉得他这个过程很有意思,三段论、正反合,他说起来好像还头头是道,我有体会。他确实是一个阶段一个阶段一个层次一个层次走过来的,后面的层次要比前面的层次更高,你会有这种感觉。但是他最后要达到什么? 就是要达到绝对精神,绝对精神是什么东西? 他自己也说不清楚,所有的人批评黑格尔就是说他的绝对精神不清楚。确实不清楚,他结论不清楚,那么他的目的也不清楚。黑格尔的目的和结论都不清楚,不要紧,他的重点不在目的。我们读黑格尔书的重点不在他的目的,不在他的绝对精神从哪里来的,从天上掉下来的,还是从他的脑子里面转出来的? 这个都不要紧,你去经历这个过程,你就会有收获。其实马克思也就是这样读的,虽然他认为那些"醉醺醺的思辨"、神学的呓语,都是很令人反感的,但是他还是很有兴趣地读了。我们读他也应该这样。但是一般人以为那就是哲学的主要任务。你要讲黑格尔哲学,你讲什么呢? 你不就是要讲他的绝对精神吗? 那么我们就要讨论一下,绝对精神究竟是从哪来的? 是从天上掉下来的吗? 不是;是头脑里面固有的吗? 也不是,那就是胡说八道了。对一个胡说八道的体系,你还有什么可说的？那就没有什么可说的了。所以这一类导言的要求，往往被人们当成本质的东西，这其实是错位的。他的绝对精神你可以撇开不管，你可以存而不论，就像苏格拉底一样，苏格拉底的结论你不必认真去对待，你要认真对待的就是他的对话的过程，那里面充满着智慧。下面还是讲通常的观点：

在什么地方一本哲学著作的内在东西会比在该著作的目的和结论里表述得更多，并且该著作通过什么会比通过与同时代其他同领域著作说出的东西的差别得到更确定的认识？

一本哲学著作，它的内在含义在该著作的目的和结果里面通常都认为是表达得最清楚的，你讲了半天，我要问你，你究竟想要达到什么目的？你要把上帝引出来，那你就是理性神学，我就把你归到理性神学这一类，归到基督教那一类，就完了，我就把握你的本质了。所以，"在什么地方一本哲学著作的内在东西会比在该著作的目的和结论里表述得更多"？这是反问，是借用一般的市俗的眼光来提问。下面还有一个提问："该著作通过什么会比通过与同时代其他同领域著作说出的东西的差别得到更确定的认识"？这两问对应于上面的两个主题，第一个主题就是，我们在序言里面是不是应该先把目的和结果交待出来？再一个主题，就是与同类著作相比较，这比任何东西都能够使你的哲学得到更确定的认识。你要确切地把握一个哲学，那么你必须通过比较，它所针对的对象有很多人已经谈到过了，形而上学、存在论、本质论等等，那么能不能通过一种比较给这个哲学定位？它是在谁和谁之间？或者说，它是在谁和谁之上？你也可以说你的哲学在所有人之上，但要通过比较才能够得到一种精确的定位。所以他这两问与前面两段所讲的内容是对应的。

但是如果这样一种行为被视为不止是认识的开端，如果它应当被看作就是现实的认识，那它实际上就必须归于那些虚构之列，这些虚构回避事情自身，并在装出一副认真严肃地努力探索事情自身的样子的同时，又现实地免除了这种努力。

64

　　这个地方多次提到"事情自身"，事情自身就是黑格尔真正想要表达的那个过程。"但是如果这样一种行为被视为不止是认识的开端，如果它应当被看作就是现实的认识，那它实际上就必须归于那些虚构之列"，"这样一种行为"，就是上述为一部哲学著作规定目的和关系的行为，如果不被视为仅仅是认识的开端，还想得到更多的收获，那么它就是一种回避事情自身的虚构。那么反过来可以讲，只要它被视为仅仅是认识的开始，它就还有希望进入到事情本身，它还是有希望的，那就是黑格尔的观点。黑格尔并不是一开始就一概地排斥对目的和结果加以说明，或者一开始就反对与其他的哲学体系作比较，他只是说看你怎么样说明，怎么样去与其他哲学著作作比较，如果你把它仅仅视为事情的开始，你不要把它视为已经是实际的认识，那是可以的。黑格尔所批评的序言的那两种做法都是可以的，但是有条件，看你怎么做。你以为我在序言中讲的就是实际的认识了，那实际上你已经把事情本身撇开了，你已经走偏了，你必须把它仅仅当作一种开始。我们现在开始上路了，我们从这里上路，我们的目标在前方，但我们还没有经过，那它只是一个空洞的、抽象的概念，还不是事情本身。我的现在所说的目的，它的涵义究竟如何？我们还得走着瞧，你不要把我的话抓住，以为这就是全部真理，你要把它当作一个上路的信号。否则的话，这样的一种做法就是一种偷懒，我懒得去走那些崎岖的小道，我只要把那个目标抓住就够了。我们读黑格尔的书的时候，往往也容易犯这种毛病，就是喜欢找捷径，这就"在装出一副认真严肃地努力探索事情自身的样子的同时，又现实地免除了这种努力"。我抓住了事情的目的，那难道还不是事情自身吗？我把它跟其他的哲学著作作比较，找出了它的差别，我给它定了位，难道还不是在认真努力吗？其实是"免除了这种努力"，并不是认真的。下面就加以解释了：

　　——因为事情并不穷尽于它的**目的**，而穷尽于它的**实行**，而且**现实的整体**也不仅是**结论**，而是结论连同其形成过程；

　　"事情并不穷尽于它的**目的**"，我开始提出一个目的，但是事情并不穷尽于它，一个目的并不包含全部事情；"而穷尽于它的**实行**"①，它的实行过程，这个实行（Ausführung）打了着重号。我们刚才讲了事情本身，事情本身就是实现的过程，事情穷尽于它的实行。"现实的整体也不仅是结论，而是结论连同其形成过程"，这里"现实的"也打了了着重号。什么是现实？我们经常把已经存在的东西当成现实。黑格尔讲过，"凡是合理的都是现实的，凡是现实的都是合理的"，我们很多人直接就讲，哦，黑格尔说了，存在的东西都是合理的，合理的都是存在的，现成的存在的东西都是有它的理由的，都是合理的。这个就把他误解了。我们很多人，包括作西方哲学专业的一些学者都这样说，笼而统之地把现实的等同于存在的、现成的，这说明他们没有读黑格尔的书。黑格尔非常明确地区分开了这两个概念。在这个地方他就区分了，"**现实的**整体也不仅是**结论**"，而是要加上它的"形成过程"。结果就是现成的存在，但是现实不是，你讲现成的都是合理的，这不是黑格尔的思想。黑格尔的思想是现实的都是合理的，就是在事情实际的形成过程中有它的合理性，没有任何形成过程是不合理的，它总是有它的道理的。反过来，凡是合理的东西都会实现出来，形成起来，所以凡是合理的都是现实的。这个现实的，wirklich，是从动词 werken 变来的，werken 就是工作，做一件事情，劳动，它是一个动词，那么在它变成一个形容词的时候呢，就翻译成现实的，名词就是现实性，Wirklichkeit，但是它的动词的意思还是很强烈的，就是在实现过程中的。所以它不仅是结果，而是结果连同其形成过程，这是他非常强调的。下面，

{11}　　　　自为的目的是无生命的共相，正如倾向是一种还缺少自身现实性的纯然冲动一样；而赤裸裸的结果则是失落了倾向的那具死尸。

　　"自为的目的是无生命的共相"，für sich 应该翻译成自为的，这个在黑格尔那里是有他特定的含义的。黑格尔有自在、自为和自在自为，即

---

① 凡德文原文中用异体字排的，中译文都加粗来表示，相当于打着重号。

an sich; für sich; an und für sich。最开始是自在的，跟康德的自在之物有一点类似，在自身；然后是为自身，自为的；最后是自在自为的，自在自为是最高境界。这是黑格尔的三段式，最开始总是自在的，自在的是潜在的；自为的是已经意识到的，自觉的，已经在做了，但是还没有做出来；到了自在自为，自为本身变成了自在，本身有了它的结果，那么这是最高境界。而单纯一个自为的目的本身，它是无生命的共相，你单独把它孤立起来看，它是无生命的。当然它是共相，所有的东西都在这个目的之中，都是由这个目的所形成的，但是你把这样一个共相把它抽出来，它就是僵死的。但是自为的目的已经是一种倾向了，自为嘛，它要去"为"，它要为自己，这个目的要实现自己，但是还没有，所以它只是一种倾向，"正如倾向是一种还缺少自身现实性的纯然冲动一样"，它有一种冲动，它有一种决心，现在它要去做了，它有目的了，有方向了，所以它要付之于行动了，但是还没有做，还在它的开端。"而赤裸裸的结果则是失落了倾向的那具死尸"，最后的那个结果，你把它赤裸裸地抽出来，把它当作全部，它就是失落了倾向的那具死尸。开端虽然是无生命的共相，但它还有一种倾向；结果则是连这种倾向都丢失了，成了死尸。所以目的和结果，或者说动机和结果，单独孤立起来看，省掉中间的过程，那么两者都是无生命的。其实目的就是结果了，目的就是将要达到的结果，结果就是实现了的目的，但是中间有个过程，目的和结果分处于两端。这两端，你把它们单独切下来如果没有中间这个过程的话，它们都是僵死的。这是关于目的跟结果的这样一个主题，黑格尔作了这样一种分析和批判。下面说：

　　——同样，**差别**毋宁说是事情的**界限**；界限就是事情终止的地方，或 [3]
者说，界限就是那种不是这个事情的东西。

　　这个"同样"，意思是第二个主题和第一个主题同样，就是说你把你的体系跟其他同类哲学著作加以比较，去寻找两者的差别，这个差别不能简单看作正确跟错误的差别，"毋宁说是事情的界限"。差别就是界限，就是一件事情跟另外一件事情交界的地方，而"界限就是事情终止的地

67

方"。就是你把界限划出来,定下来这个不是那个。那么你在划这个界限时,实际上你已经把事情撇开了,你只抓住了差别,你只抓住了界限。界限是事情终止的地方,过去的事情已经结束了,将来的事情还没有开始,将来的事情从什么开始? 它还得从过去开始,所以你只抓住这个差别,只抓住这个界限,事情已经终止了,"或者说,界限就是那种不是这个事情的东西",不再是这个事情了,你仅仅抓住这个界限,那么这个界限已经不再是这个事情。这个事情是什么呢? 这个事情就是跨越界限。前面的那个东西也是事情,后面这个东西也是事情,跨越了这个界限,你才能找到事情本身,而界限就已经不再是这个事情。这是他对后面一种倾向的批评,就是你仅仅找出界限来,你划出界限来,你说这是真理,但结果只有界限存在,而事情本身被绕过去了。下面讲,

因此,像这样地去说明目的或结果以及对此一体系或彼一体系的差别和评判所花费的力气,要比这类工作或许会显得那样更轻易。

这是总结了,"因此,像这样地去说明目的或结果",这是前面一个主题,在序言里面主要谈目的、结果;"以及对此一体系或彼一体系的差别和评判",这是后一个主题,比较各种体系,对此一体系或彼一体系进行区别、判断、划分这样一种工作,"所花费的力气,要比这类工作或许会显得那样更轻易",就是说看起来好像是一件很难的事情,那么样的复杂,那么样的繁琐,高度的抽象,看起来很难,其实很容易。与哲学本身、事情本身相比较,它是一件非常容易的工作,你不要把它看得太重。很多人把这些工作看成哲学的主要任务,本质性的事情,以为很难,以为完成了这样一件工作就是一件大功劳。其实不是的,它所花费的气力,要比这类工作看起来轻松得多。这其实是一件很轻松的事情。写出你的目的,你到底想要干什么,然后跟其他的哲学作一作区别,作一作划分,那是很容易的。这是作一种"判教"的工作,像中国的佛教里面经常有判教,你要把各种不同教派区分开来,禅宗,和天台宗、华严宗、密宗有什么不同? 哪些是归于哪个的? 这个划分工作,在中国哲学里面经常作的,这

种工作其实很轻松的, 都是些表面上的差别, 你把它区分开来就是。

　　因为, 像这样的行为, 不是在掌握事情, 而永远处于事情之外; 像这样的认知, 不是逗留在事情里并忘身于事情里, 而是永远在追求别的东西, 并且不是伴随着事情, 献身于事情, 而勿宁是停留于其自身中。

　　逗留和停留用的是两个词, 前面这个逗留是临时性的, 是褒义的, 后面这个停留是永久性的, 是贬义的。这句话是解释了为什么这样一些事情很轻易、很容易, 他说因为像这样的行为它不是在掌握事情, 而永远是脱离事情, 还没有挨着事情的边。也就是说它不是在掌握这样一个发展、形成过程, 而是脱离这个形成过程, 仅仅取其两端。然后, 跟别的同类观点所做一个外在的比较。"像这样的知识, 不是逗留在事情里并忘身于事情里", 不是逗留于事情里面, 沉浸于其中, 投身于事情本身, 这个是褒义的。就是说按照黑格尔的说法, 我们应当投身于事情本身, 哪怕明知要犯错误, 哪怕要走上一条怀疑之路, 也在所不惜, 你要争取真理, 获得真理, 必须要有献身精神, 要逗留于事情里, 并忘身于事情里; 但只是作一种"逗留", 因为你不但要进得去, 还要能够出得来, 而不是死在那里。但是, 这样的知识却"永远在追求别的东西, 并且不是伴随着事情, 献身于事情, 而勿宁是停留于其自身中", 不是投身于事情本身, 而是停留在自身里面, 死守在哲学家的主观中, 实际上对于事情本身还是外在的, 跟事情本身永远有一段不可克服的距离。最后一句,

　　——对那具有坚实内容的东西最容易的事是作出评判, 比较困难的是对它进行理解, 而最困难的, 则是结合两者, 作出对它的陈述。

　　"对那具有坚实内容的东西"也就是事情本身, "最容易的事是作出评判", 也就是下判断, 就是进行划分嘛, 就是找差别, 找出不同点, 这是最容易的; "比较困难的是对它进行理解", 理解就是 fassen, 就是把握, 这就不只是划分了, 而是要把它抓拢来了, fassen 本来的意思、字面的意思是抓起来, 要把它抓拢来, 这个德文词日常用的时候就是理解的意思, 理解, 也就是把它抓住, 把它抓拢来。这个就比较困难了, 你找差别把它

区分开来是比较容易的，但是你要把它统起来是比较难的，你要对它加以理解，那是比较难的。"而最困难的，则是结合两者"，一方面你要把它划分开来，另一方面你要把它抓拢来；一方面你要分析，另一方面你要综合。最困难的是结合这两者，既是分析，又是综合，"作出对它的陈述"，Darstellung 就是陈述、描述，dar 就是向着什么方向，stellen 就是摆出来、展示出来。按照事情的发展方向逐一展示出来，陈述出来，这个是最难的。就你要把握过程，要把它作为一个过程叙述出来是最难的。实际上黑格尔自己就是通过一种陈述的方法，把意识的经验科学陈述出来。

好，我们再继续往下讲。前面已标明，我们这一部分的小标题是"真理之为科学的体系"，也就是说真理作为科学的体系是如何形成起来的？首先，这个序言应当怎么作？前面讲了一大套，有三个自然段，讲到开端，我们怎么开始作这个序言，那么他批评了两种态度，一种就是一开始摆出我们的观点来，摆出目的、结果，另外一种观点呢，一开始就把自己的观点跟其他同类的观点区别开来，划分开来，这样两种态度。这两种态度就本身来说，都是不对的，但是如果换一个角度来看呢，它们可能是对的，如果你把这个东西仅仅是当作一个开端，那么它们都有合理之处。所以下面这一段一开始就讲到了，

在教养的开端，在刚开始从实体性生活的直接性中摆脱出来的时候，永远必须这样入手：获取关于**普遍**原理和观点的知识，争取第一步达到对事情的**一般的思想**，同时根据理由以支持或反对它，按照各种规定性去统握那些具体和丰富的内容，并懂得对它作出有条理的报告和严肃的判断。

这个教养，贺麟他们译作文化，我把它改成教养，Bildung，这个词在德文里面是形成的意思，Bild 就是形象，bilden 就是形成。你译成文化呢，也可以，也有这个意思，但是根据上下文，我们还是把它翻译成教养，因为 Bildung 这个词在黑格尔那里太重要了，特别是经过伽达默尔发挥以

后，他专门写过有关黑格尔的 Bildung，就是教养，它不是讲的一般的文化。我们看它的内容也会感觉奇怪，你讲文化，讲了半天，好像没有谈什么文化，中西文化、基督教文化、古希腊文化，好像没有谈这些东西，它谈的是教养，而且是哲学的教养，哲学的修养。这个词也可以翻译成教化，我们后面也可能这样译，教养、教化。它本身的意思呢，就是从一个孩子，他从小必须要受到一定的教育，才能成形、成人。在当时，教育是一个比较流行的概念，人是教育的产物，人要通过教育、通过教化，才不是野蛮人。比如说科学知识的教化，启蒙运动当时比较强调教化和教养。"在教养的开端，在刚开始从实体性生活的直接性中摆脱出来的时候"，Substanz 是实体，变成形容词就是 substantiell，实体性的，这也是一个特有术语——实体，后来还要讲到实体就是主体，这里关键是一定要把这个"实体"译出来，实体性的生活就是未经反思的生活，直接的生活。我们要注意，这句话里面已经对前面的做了一些翻案了，前面是批评那两种倾向，那么在这里，在新的前提之下，把前面所批评的东西又恢复过来了。"在教养的开端"，这是个前提，"在刚开始从实体性生活的直接性中摆脱出来的时候，永远必须这样入手"，前面讲的两种倾向都受到黑格尔的批评，但是黑格尔同时又认为，这两种倾向在最初、在教养的开端，在刚开始从实体性生活的直接性摆脱出来的时候，是必须的，必须从这里入手，并不是说完全是错误的。怎么样入手呢？"获取关于**普遍**原理和观点的知识，争取第一步达到对事情的**一般的思想**"，这里，普遍打了着重号，一般的思想也打了着重号。也就是说最初的那个目的这时候是抽象的，在开端的时候提出来的目的都是抽象的，但你不能不提出来，你开始要提出来，作为普遍的原理，一般的思想，你还不能不从这里入手。你要从总体上有一个大致的概观，你在写序言的时候，难道一开始就进入到具体的问题？那就不是序言了。你在序言里面肯定要对你的想法作一个大致的说明，包括你的目的，包括你的动机，包括你的诱因，你都要把它说出来，我为什么要写这么一部书，一般的思想必须要交待。他说"同时根据理由以支持或反对它"，前面讲到，真理跟错误，你不能把它当作固定的界限去加以对待，坚持其固定的区分和差别，但是一开始你还必须根据一定的理由去支持或者反对一方，提出这个思想是要支持的，那个思想是要反对的。你的体系的目的跟别人的目的不一样，在序言里面必须把这一点讲清楚，你提出的这一套想法、这个目的，当然是抽象的概念，但是跟以前的那些哲学家或者同类的哲学家是不一样的。那么你根据你的理由去支持或反对它，赞成哪些观点，不赞成哪些观点，这个一开始都是必要的。我们看前面一页，黑格尔刚刚批评别人"习惯于期待对某一现成的哲学体系的态度不是赞成就是反对"，但是在这里又讲"根据理由以支持或反对它，按照各种规定性去统握那些具体和丰富的内容，并懂得对它作出有条理的报告和严肃的判断"，说这是开端的时候必要的做法。"严肃的判断"就是指划分，区分，这个跟那个不同，这个跟那个有区别，某某人的观点有对的地方，也有不对的地方，取其精华，去其糟粕，这在开始的时候都是必要的，只要你不把它当作是最终的东西，当作全部，你把它当作仅仅是开端，这都是必要的。虽然我前面批评了这些观点，但是这些做法在教养的开端是必要的，因为刚开始实体性的生活就是直接性的生活，还没有反思，实体跟主体不一样，主体是有反思的，而实体是未反思的。实体就是那个东西在那里，我们就那样生活，我们日用而不知，我们每天都处在那种生活之中，有一种生活的直接性。那么刚刚开始要摆脱这种直接性来进行反思的时候，我们还不得不从这里入手，就是首先要建立普遍的原理、一般的思想，并且根据某种理由去支持或反对某个普遍原理或某个一般的思想，把自己的普遍的原理和一般的思想跟其他人的普遍的原理和一般的思想划分开来，要作出你的判断。这样才能从这种直接的、非哲学的生活中，从实体性的、直接性的生活中跳出来。你要开始形成自己的哲学观点，你就必须要有一种普遍的原理和一般的思想，这个是无可非议的，也是必须的。"按照各种规定性去统握那些具体和丰富的内容"，按照它的普遍原理的一些规定去理解它的具体和丰富的内容,"并懂得对它作出有条理的报告和严肃的判断",有条理的报告,报告不是陈述,陈述前面已经用过了,是最难的,Darstellung,这个地方用的不是陈述,他用的是 Bescheid,是报告,有告知、通知的意思;"和严肃的判断",判断,Urteil,就是原始划分的意思,要划分,要判教,你的观点跟别人的观点有哪些不一样,这是严肃的判断,马虎不得。但是下面马上就要来限定了,他说,

但是教养的这个开端工作,首先将给被实施的生活的严肃性留出引入到事情自身的经验中去的位置;而如果再加上概念的严肃性又深入于事情的深处,那么这样的一种知识和评判就会在日常谈话里保有它们恰当的位置。

教养首先将给现实生活的严肃性留出位置,留出什么位置呢? 引入到事情自身的经验中去的位置,要留有余地,要能够让人有可能进入到事情本身的经验。这个经验,不是一般的感性经验,而是"事情本身"的这样一个经历、这样一个过程,要为此留下一个空间,你不能说死了,不留余地。不然的话,你就绕开事情本身了。你不要说我现在讲的已经是真理了,其他的我就用不着去探讨了。这个意思很清楚,首先开端工作就要留下余地,使得我们能够继续经验到事情自身。我所讲的这个概念是抽象的,至于事情本身,你必须在经历中去体会,要跟着我来,你不要到这个地方止步了。止步了,你就看不到最好的东西,以为就是那样了。等于走到九寨沟,走到口子上,你打回转了,整个风景你都没有看到,没有欣赏到,你说我去了九寨沟,当然你去了,没人说你没去,但是你看到什么没有呢? 什么也没看到,你就看到几棵树,看到几座山,你就回来了。所以你在开端中首先要表明,这只是开端,是我们的一个入口,最重要的东西还在后面,要去经历。"而如果再加上概念的严肃性又深入于事情的深处,那么这样的一种知识和评判,就会在日常谈话里保有它们恰当的位置"。就是说一方面你留有余地,你说我这只是一个开端,开端当然是不完整的、不完善的、是抽象的,你这样说的时候,就为投身于事情本

身打开了一个入口，读者就会顺着你的指引去经验事情本身。"再加上概念的严肃性又深入于事情的深处"，你在最开始提出这个抽象的概念确实是把握了事情的深处的，确实是对这个你要经历的过程具有概括性，不是初级的，不是浅尝辄止，甚至于是走偏了，不是那样的，而的确是深入到事情的深处，具有一种把握能力、概括能力的。"那么这样的一种知识和评判，就会在日常谈话里保有它们恰当的位置"，在日常谈话里，Konversation，日常谈话，在黑格尔这里通常带有一种贬义，但是也不完全是贬义，黑格尔也并不完全否认日常的这种交往，黑格尔是很具有现实感的，他认为，常识也有它必不可少的地方。这样一种知识和判断，只要你留足了余地，开端的时候你这样说一说，作为一种入手之处，那是可以的。我们可以为它保留恰当的位置，我们可以恰当地把这样一种开端放到应有的位置上面，就是说这还是开端嘛，开端你不可能讲得太具体，只要你这个开端是准确的，只要你开端是预留了空间的，你不是把它说死，同时这个概念本身又是严格的，的的确确能够概括你将要走的历程。当然你还没走，虽然它是概括，但是它是抽象的概括，抽象的概括在日常的谈话里有它一定的地位。所以我们讲黑格尔的哲学体系一言以蔽之，无非就是讲绝对精神的自我意识过程，在日常谈话里面这样说是没错的，对于非哲学专业的或者说非黑格尔专家，这样说完全够了。别人问你黑格尔讲了什么，你一句话可以概括，他就是讲的绝对精神嘛，这就够了。所以它保有它们恰当的位置，不能完全否定，在开端上，你可以保存这样一个位置，那么下面一段就开始涉及他正面的观点了。

只有真理的科学体系才是真理实存于其中的那种真实的形态。
"真理的科学体系"，科学体系也就是哲学体系了，只有形成一个科学体系，真理才能够获得它的真实形态，在这样一个真实的形态里面，真理才实存于其中。这个实存，德文 existieren，我们要把它跟存在，跟Sein，和这个定在，Dasein，要区分开来。实存，我们有时候翻译成生存，按照黑格尔的术语, 翻译成实存比较好。它跟这个 Dasein 在基本的涵义上是相通的, existence 是拉丁文词, 那么 Dasein 是德文词, 它们差不多是同义词。这句话实际上是对前面的一种超越, 前面讲了那么多, 说在教养的开端, 当人们刚开始从实体性生活的直接性中摆脱出来的时候, 就必须这样入手; 但是 "只有真理的科学体系才是真理实存于其中的那种真实的形态", 也就是说前面讲的还都不是真理的真实形态。开端, 开端是不是真理呢? 在某种意义上是真理, 只要你留足了地盘, 然后你这个开端又是准确的, 它就已经是真理了, 但是它还没有获得它的真实的形态。它是真理的入口, 但是真理还没展开, 最重要的、实质性的东西, 实存的过程, 还没有展示出来。这个实存, 也带有一种生活经历、生活过程的意思, 生存, 存在主义也译作生存主义, 现代的存在主义就是生存主义, 它就是讲过程的。真理能够展示生活历程的那个真实形态就是真理的科学体系, 只有科学体系才能够展示出它。我们讲这个科学在黑格尔那里相当于哲学, 最后还相当于逻辑学, 科学体系后面是逻辑学, 你用日常语言泛泛而谈, 当然也可以, 但是它背后就是逻辑。所以前面讲的那些都是必要的, 但还不是真实的形态, 这个就是点题了。我们这个小节的标题是 "当代科学的任务", 序言的总标题是论科学的认识, 前面都是引进到科学的体系, 只有这一段才进入到本质的东西。下面他讲,

一起来促使哲学接近于科学的形式, ——达到能够使哲学放下对**认知之爱**这个头衔而成为**现实的认知**这个目标, ——这正是我所关注的。

这正是我所关注的 "目标", 这里目的不是出来了吗? 他前面一直都在讲, 一开始就摆出目的, 似乎是不恰当的, 不适合于事情本身的本性, 但是他这里一开始就讲到了目标, 也就是目的, 他也摆出了他的目的。不过, 经过前面的解释, 他摆出这个目的, 是留有充分的余地的, 那么他当然可以摆出他的目的, 他也可以说明他的目的是什么, 这就是 "一起来促使哲学接近于科学的形式"。我的目的, 如果要一句话说完, 那就是使得哲学逐步地形成它的科学形式, 在它还没有形成科学形式之前,

都不能叫作严格意义上的科学，只有整体才能叫作科学。所以他的《精神现象学》叫作"意识的经验科学"，他已经叫"科学"了，《精神现象学》就是一门科学了，科学体系的第一部，但是他讲的科学并不是只有开端或者只有结果，而是整个过程。一开始他就提出了这个目的，就是要向科学进发，促使哲学接近于科学的形式，但是只有经历了整个过程，科学的形式才能够获得。当然一旦获得，它就进入了《逻辑学》，那就是《精神现象学》的结尾和《逻辑学》的开端，是同一个转折点，这就达到了"能够使哲学放下对**认知之爱**这个头衔而成为**现实的认知**这个目标"。哲学达到了这个目标，就不再是爱知识了，不再是爱智慧了，我们知道，哲学就是爱智慧，但是如果哲学达到了这个目标，它就不再是爱智慧了，而本身就是现实的智慧，那就是上帝了。西方人讲爱智慧，为什么搞出这样一个 Philosophie ？这样一个词的意思就是说，人的智慧是有限的，只有上帝的智慧才是无限的，人只有资格去爱智慧，但是不能够自称为智者。古希腊智者派普罗泰哥拉那些人，他们自称为智者，在历史上留下了笑柄，你怎么敢自称为智者呢？智者是神才配当的。所以基督教里面也讲，人偷吃了智慧之树的果子，这个是原罪，这是犯罪的。为什么是犯罪的？吃智慧之树的果子不好吗？吃了智慧之树的果子，人就有了一种骄傲，把上帝不放在眼里了，所以你是违反天条的。只有上帝才堪称智慧者，人只是爱智慧。那么黑格尔在这里讲，哲学如果达到了这个目标，就能不再叫作对认知的爱，也就是对智慧的爱，而就是现实的知识，他的意思就是说哲学在这个时候就和上帝合一了。所以黑格尔的绝对认知就是上帝，他的《逻辑学》就是描述上帝在创造世界之前是怎么想的，上帝是按照《逻辑学》来创造世界的。当黑格尔把《逻辑学》描述出来了，那黑格尔就是上帝了。黑格尔跟古代的智者一样，同样有一种狂妄自大。为什么黑格尔这样遭人批评呢？就是说他把自己看得太高了，他把自己当成上帝了。所有人都批评他，你的那个绝对认知是你发现出来的，你怎么能自认为就是上帝呢？你还有没有有限性？黑格尔最后没有给人的有限性留下余地，认为到他这里已经到顶了，绝对知识已经完成了它的圆圈，这个圆圈已经被黑格尔放到他的口袋里，那人家都不要活了，人家就只能仰赖黑格尔了。这个是他的致命之处，哲学不再叫作对知识的爱，那就不是哲学了，不是哲学是什么呢？那就是上帝本身。下面，

认知将成为科学，这种内在的必然性在于认知的本性，对这一点唯一令人满意的说明就是对哲学自身的陈述。

"认知将成为科学"，也就是说对认知的爱将成为认知本身，这是跟上一句连着的。《精神现象学》描述的就是这样一个过程，就是认知怎么样由于对认知的爱而一步一步成为一门科学、成为一个科学体系、成为《逻辑学》，也就是成为"绝对认知"。"这种内在的必然性在于认知的本性"。这里我把 Wissen 译成"认知"，而不译成"知识"，就是强调它的动词性，它本来就是个动词；科学 Wissenschaft 则是 Wissen 变成的名词。至于"知识"，Erkenntnis，也是名词，它来自于动词 erkennen，即"认识"。由此已经可以看出为什么认知的本性就是必然要成为科学了，但是这种词源学的分析还远远不够。"对这一点唯一令人满意的说明就是对哲学自身的陈述"，这里的"陈述"就是 Darstellung。前面讲黑格尔认为陈述是最难的，为什么？因为陈述就是要把事情"内在的必然性"展示出来，这相当于马克思所讲的"叙述的方法"。马克思在《政治经济学批判导言》里面讲到，叙述的方法跟研究的方法应该有所不同，研究的方法要从具体的事实出发，从这个那个具体的表象出发进到抽象；而叙述的方法是从抽象到具体，最开始是抽象的，然后怎么一步一步地发展为具体，使自身具体化；他认为从抽象到具体才是唯一科学的方法。这个就是从黑格尔来的，就是依靠哲学自身的陈述来说明认知的本性。怎么陈述？从最抽象的概念自身一步步地发展出具体的概念，你把这个过程描述出来，那是很不简单的，这才是真正科学的方法。不是说把抽象的原理运用到具体的场合，这是一般日常的说法；而是抽象的原理自身把自身具体化；

不是另外有个具体的场合，而是它自己创造出具体的场合，把自己变成了具体的东西。这个只有依靠对哲学自身的陈述，哲学自身的陈述就是干这件事情的。所以认知将成为科学，这是有内在必然性的，在哲学的陈述里面可以体现出来。

但是**外在的**必然性，只要我们撇开了个人的和个体起因的偶然性，而以一种普遍的方式来把握它，那么它和**内在的**必然性就是同一个东西，即是说，外在的必然性就存在于时间表象自己的诸环节之定在的那种形态里。

外在的必然性就存在于那种形态里，在什么样的形态里？就在"时间表象自己的诸环节之定在的那种形态里"，时间里面的各个环节，过去、现在、未来，都有它的定在，那么时间把自己的各个环节表象为定在，它是有一种形态的，这种形态就体现在时间一去不复返，现在必然走向未来。外在的必然性就存在于这种形态里，而这种外在的必然性在时间中表象出它自己，那就是内在的，不是说由你去规定一个必然的形态，而是时间把自己的各个环节呈现出来，这种形态就是内在的形态，就是内在的必然性。但是有一个前提："只要我们撇开了个人的和个体起因的偶然性"，那就是空间的了，我个人从哪里受到了触发，然后，这样的触发迫使我想到了某个问题，树立了某个观点，作出了某种举动，这是由我个人和个别诱因的偶然性导致的必然性。如果从这种角度来看这种外在的必然性，那它就仅仅是外在的，我们在跟当时各种各样不同的派别、观点作比较，作划分，我跟哪个哪个不同，我跟哪个哪个有类似的地方，仅仅作这样一种区分的话，那就是外在的。这里也有必然性，从各种不同的观点我清理出来，博采众长，我吸收了一些既定的东西，但这些既定的东西是偶然的，它们决定了我必然会如何，那么这种必然性是外在的。但是如果我们抛开了这些偶然性，"而以一种普遍的方式来把握它"，那么外在的必然性就会在时间中呈现为一种内在的必然性。它不是这种那种诱因、这种那种偶然性：我今天读到了某本书，但是人家说，有一本书你还没读到，所以你的观点还立不起来，——这都属于偶然的情况。你读到了哪本书，或者听到了哪个观点，或者是没有听到，这都属于偶然的情况，如果说有必然性的话，那么这种必然性就是外在的。但是如果抛开了这些而以一种普遍的方式来理解，那么它和内在的必然性就是同一个东西，在时间中它体现为历史和逻辑必然性的同一。历史的偶然性里面有逻辑的必然性，逻辑的必然性就是内在的，抛开了那些偶然的因素，以一种普遍的方式、以一种逻辑的方式来理解，历史和逻辑是一致的。恩格斯也曾经讲到过，历史的方式，如果抛开了那些偶然性，那么它实际上就是逻辑的方式。历史是有必然性的，历史是不可倒退的，因为前面的层次比它现在达到的层次更低，它必然要发展到更高的层次，所以它不能退回去。我们今天讲，改革开放再退回到"文化大革命"时代，那可能吗？不可能，为什么不可能？历史什么可能性都有，很多人都讲，历史没有不可能的，历史是任何情况都可能的，我们今天退回到原始时代都可能，这是一种观点。为什么有些人拼命鼓吹回到"文化大革命"时期呢？就是因为他们认为那是可能的。但是实际上我们知道那是不可能的，因为历史已经越过了一个阶段，越过了一个层次，已经达到了一个新的阶段，我们不可能退回去了。这里面有它的必然性，这种必然性是内在的必然。所以外在的必然性，如果你透过了这种偶然的表象，深入到它的内部，它就是内在的必然性。我们注意，这个地方谈到时间，时间一般来说都是现实的东西，现象界的东西，在康德那里，时间、空间是现象界的东西，它不是本质的东西，所以外在的必然性表现在时间中；但是时间要表象它自己诸环节之定在，时间它是由一个一个的环节构成的，不断地从过去到现在进到将来，各个环节它都有它的定在，如果你深入到时间它的诸环节的定在，那么实际上你就已经深入到逻辑了，你就已经参透时间的表象，进入到内在的逻辑必然性了。当然时间在黑格尔这里跟在康德那里，还有一点不一样，他的时间和历史有双重含义，那么这里，他已经从外在的含义深入到了内在的含义。黑格尔对时间有他特定的规定，比如在《自然哲学》里面，他认为在自然界是没有时间的，只有在人类社会才有时间，只有进入到精神的领域才有时间，在自然界只有空间，它的时间是静止的、循环的，静止和循环都不能称为真正的时间，因为静止和循环的时间是没有环节的。只有人类精神的时间才是一环套一环的，才有它内在的环节，内在的层次，它才是不可倒流的。在自然界，如果没有人，没有精神，时间是可以倒流的，过程是可以逆转的，就像一张桌子放在房间的左边，我可以把它移到右边，我还可以把它再放回来，这都没有什么区别。但是一个小孩子长大了，你要他退回小孩子去，那是不可能的，这个就构成了时间的环节，小孩子和成人、老人构成了时间的环节，它每个环节都有它的定在，上到另外一个环节，它原来那个定在就已经过去了，你以后再也不能重复了。这种形态就使得外在的必然性具有了内在性。下面讲，

[4]　　　**因此，揭示出哲学是在时间里被提升为科学的这一做法，将是怀有**
{12}　**这个目的的那些企图的唯一真实的辩护，因为时间将会指明这个目的的**
　　必然性，甚至于同时也就会把它实行起来。

哲学不是说你一开始摆出来就是科学，哲学是要在时间里被提升为科学的，要揭示这一点，比方说，哲学是在哲学史里面、在哲学发展的历史里面被提升为科学的，它由此逐渐接近于科学。揭示出这一点，这个做法"将是怀有这个目的的那些企图的唯一真实的辩护"。黑格尔在这里也提出了一个目的，就是前面提到的，"促使哲学接近于科学的形式"，但他前面又讲，在一个序言里面不好提出目的，所以他要为自己提出这样一个目的作出辩护。人家提出一个目的就不对，为什么你提出一个目的就是对的？你如何为自己做辩护呢？他说，唯一真实的辩护，就是他是要揭示，哲学是在时间里被提升为科学的，他是要把这样一个情况揭示出来，这就为自己提出这样一个目的做了唯一真实的辩护。只要把这一点揭示出来，我自己就可以免于我前面提出的那些批评了。你们那些都没有这样的揭示，你们都是忽视了时间，认为在开端提出这个目的就

完了，就可以把握一个哲学体系了，那个是经不起批判的。但是我提出一个目的，是经得起批判的，因为我不把我的这个目的当成是完成了的体系，而仅仅当成是在时间里面提升为科学体系的一种尝试、一种开端，我留下了充分的余地，以便去接近事情本身。最后他讲，"因为时间将会指明这个目的的必然性，甚至于同时也就会把它实行起来"，这都是将来时，因为时间将来会指明这个目的的必然性。我现在是开始，在开端的时候我还没有把这个必然性展示出来，但是我已经留下了余地，那么这个目的在将来进一步的发展过程中会把它的必然性展示出来，同时也会把它实行起来。这个目的在它的必然性的展示过程中，就是它的实行过程。所以他在这个地方为自己的做法做了辩护。

　　我们可以回过头来看一下，就是这样一个小标题"真理之为科学的体系"，从形式上来看，它跟一般的哲学著作并没有根本的区别，它也是这样一步步引出来的。开端谈到了他的目的，这本书的目的就是要从开端把哲学一步步地引向科学；那么第二个主题就是讲到他的观点跟其他人的观点的比较和区别，怎么样判教？怎么样来划分？是在第二个小标题里面"当代的教养"，当代的教养中他特别针对着当时流行的一种观点，就是雅可比的直觉主义、直观的知识，这个我们下一次再讲。我在这里先提一句，就是说下面讲当代的教养，实际上是针对它第二个主题，就是说他实际上在他的序言中也是跟当时流行的各种观点作了比较，批判了他们哪些地方不对，哪些地方是必要的，作出了一些判断，一些划分，取其精华，去其糟粕嘛；但是他这个取其精华，去其糟粕不是在一个平面上，而是在一个历史过程中，就是说明直觉主义、直接的知识，像雅可比他们的观点，包括后来讲的费希特、谢林，他们的那些观点都有其合理性，并不是完全不对。虽然他不同意他们，他批评他们，他因此甚至跟谢林绝交，——因为《精神现象学》批评了谢林，当然没有点名，谢林一看就知道，你要批评我，于是我们的交情就完了，德国人也是很倔的。这个叔本华跟黑格尔也是一样，争论过一次，然后从此老死不相往来，——

这个是黑格尔在当时的一个处境，他面临很多对手，树立很多理论上的敌人，他也作了很多辨析。但是这些辨析呢，他都把它们看作"当代的教养"，是必要的。如果不经过辨析，如果不经过种种观点，包括他们的互相争论，那么当代的教养是形成不了的。所以他充分估计到当代那些与他观点不同的哲学家，他们的观点是有他们的贡献的，他也积极地评价他们的贡献，给他们定位。他们的观点我也在我的体系里面有他们的位置，但是他们绝对不是最高的，只有我才是最高的。这个是下一次课我们要讲到的。今天我们讲了第一个小标题，只能讲到三个页码，这样恐怕这本书要讲十年以上了。今天就到这里。

＊　　　　　＊　　　　　＊①

上一次课已经把序言的第一个小标题，就是"真理作为科学之体系"讲完了，今天我们进入到第二个小标题。

[2. 当代的教养]

这个划分当然不是黑格尔自己列的小标题，是别人列的，但它是有层次的。就是前面第一个小标题一开始就提出了哲学体系开端的习惯，两个习惯，一个就是说首先列出他著述的目的，再一个就是跟当代的其他一些人进行比较、进行讨论。接下来，第一个小标题又把第一个话题讲了，就是开端的时候提出的目的如果留有余地，还是有必要的。黑格尔并没有完全否认这样一种习惯，如果意识到你才刚刚开始，还不是真正进入内容，那就可以。所以黑格尔在最后提出来，真正要说哲学的目的，有一个目的就是使得哲学在时间中变成科学，怎么样成为科学？那你们跟着我来，这是第一个小问题的解决。第二个小问题的解决就是说，跟当代的一些同类的话题、针对同一个对象所形成的哲学体系进行一番

---

① 以上是正文第一讲（即第一次课）的内容。为了区分课程顺序，书中用"＊"隔开。

比较，进行一番辨析，这个就是在"当代的教养"里面来讨论的。所以"当代的教养"这个小节里面实际上就是跟当时最流行的哲学观点作出比较，并且作出了批判，作出了评价。他说，

　　由于真理的真实形态被建立在这种科学性中，——或者这样说也一样，由于真理被断言只有在**概念**中才拥有其实存的元素，——所以我知道这看起来是与某种表象及其结论相矛盾的，这种表象自命不凡的程度，与它在同时代人的信念中蔓延的程度相当。

　　这就是提出他跟当时流行的一些观念中间有区别、有矛盾了，这个矛盾是怎么样看出来的呢？是"由于真理的真实形态被建立在这种科学性中"，这是紧接着上一段的末尾来谈的，上一段的末尾就是说一个科学体系的导言首先要把这样一个目的摆出来，就是首先要使认知成为科学，要把真理的真实形态建立在科学性中，这个是他这本书的目的。"或者这样说也一样，由于真理被断言只有在概念中才拥有其实存的元素"，真理的真实形态建立在科学性中，就等于"真理被断言只有在**概念**中才拥有其实存的元素"，概念还打了着重号，因为他特别强调科学就是一种概念体系，并且概念 Begriff 作为一种能动的抓取、抓握 begreifen，本身是带来现实性的。那么为什么说拥有"其实存的元素"（Element ihrer Existenz）？这个里头包含有这样一个意思：科学的实实在在的生命，科学的历程，都包含在 Existenz（实存）里面，而只有在概念里才有这个真理的实存的元素。元素 Element 这个词在黑格尔那里一般代表一种实存的、实在的要素。但这一切都是由"概念"带来的。从这个角度来说，他说"我知道这看起来是与某种表象及其结论相矛盾的，这种表象自命不凡的程度，与它在同时代人的信念中蔓延的程度相当"，他非常清楚这种概念与当时的某种表象相矛盾，他说这种表象自命不凡，并且已经广泛取得我们时代的信任。表象，Vorstellung，也译作"观念"，但在黑格尔这里，他是特别与自己的"概念"相对照，在他看来表象和概念是格格不入

的，这在后面多处提到，所以译作"表象"更好。他是很看不起表象思维的。但这种表象思维在当时是非常流行的，而且自认为是最高的，很多人都追随这种表象。他说，

因此，对这种矛盾作一个说明，似乎不是多余的；即使这个说明在这里无非与它自己所反对的东西同样只能是一个保证也罢。

黑格尔前面讲过，在一个哲学著作的导言里面一开始就跟这个那个讨论，展示出各种各样的矛盾，展示出各种不同哲学体系之间的关系，好像是多余的；那么在这里又讲"似乎不是多余的"，甚至"即使这个说明在这里无非与它自己所反对的东西同样只能是一个保证也罢"，这句话其实是作了一点保留。前面不是说要作保留吗？他在这里作了一个保留，作了什么保留呢？就是说我所反对的表象当然是自命不凡、同时又是一个已经取得我们时代信念保证的观点，即保证它是真理；但是我在反对这种观点的时候，我这反对同样也仅仅是一种保证。你不要当真，你不要以为我说的就是真理了，我也没有说他的是错的，我的是对的，我现在摆出我的观点来，并不是说明我这个观点是真理，我这种观点也仅仅只是一种保证。我保证是对的，但是你们等着看，你们走着瞧，现在我还没有证明，要证明要到后来，要跟着我走过了整个历程，才能够证明。所以他在这个地方是先预留了一个余地，前面不是讲，就算是开端，你把你的目的摆出来，也要留有余地，也要留到后面去加以解释，你不要一开始就宣称我说的就全是对的了。但是作这样一个说明，仍然不是多余的，虽然我作了保留，但是我仍然可以对这个矛盾作出一个说明。一方面它仅仅是一个保证，所以它即使仅仅是一个保证，它也不是多余的；另一方面呢，我作一个说明，但是又仅仅是一个保证。他正反两个意思都有，实际上我们在这里看到的还是一种保留，就是说我这里说的只是一个保证，这个保证能否兑现？那要看以后，你不要马上在这里就把它拿来当作真理了，那你就陷入我所反对的那种观点同样的误区了。我所反对的那些观点就是认为他们才是真正的真理，他们一开始就说出了真理，似乎不

需要经过什么历程,真理和谬误是绝对对立的。那么我现在拿出一个观点来跟它对立,是不是说我的才是真正的真理?那岂不是跟对方同一个层次了?所以他在这里预先声明,我这只是一个保证,我保证你们将会得到真理,但是现在还不是。这有点类似于康德的二律背反,康德就是说要把这种怀疑论加以利用,要提出一个完全相矛盾的观点跟现有的观点发生冲突,这是一种策略。康德当年是这样,提出了这样一种思维的训练,利用这种矛盾冲突,来推进我们的思维。这也是苏格拉底开始就采用过的方法,在这里黑格尔也是采用这种方法。下面,

这就是说如果说真实的东西只实存于有时称之为对于绝对、宗教、存在——不是居于神圣的爱的中心的存在,而就是这爱的中心本身的存在——的直观,有时称之为对于它们的直接认知的那种东西中,或者不如说真理只是作为这样的东西而实存着,那么由此出发,为了陈述哲学,我们同时所要求的就不是概念的形式,而毋宁是它的反面。

我的翻译是比较逐字逐句的,比较硬的,我主张"硬译",像鲁迅所讲的硬译,就是说你不要加些东西,你也不要掉了一些什么东西,你一定要从句式、从用词、从这个语法方面尽可能地按照德文原文。那么这一句话实际上就是点出了当时流行的是一种什么观点,前面讲了半天,还没有出来,这句话就出来了,"这就是说如果说真实的东西只实存于有时称之为对于绝对、宗教、存在……的直观,有时称之为对于它们的直接认知的那种东西中",也就是说那种观点就是直接知识的观点。直接知识在黑格尔的时代,最有名的代表就是雅可比,在黑格尔的《小逻辑》里面一开始就讲了"思维对客观性的三种态度",这是第三种态度。第一种态度是形而上学,就是理性主义的独断论,思维对客观存在的第一种态度、最简单的就是形而上学;第二种态度分两个层次,一个是经验主义,一个是批判哲学;第三种态度就是直接的知识,就是雅可比的观点。那么这里讲的直接认知呢就是讲的雅可比,他没有点名,但是是实际上是以雅可比作为他的靶子。我们读到这里的时候可以翻一翻《小逻辑》,从

第 62 节开始到 70 多节，一直都是对他进行批判，对他进行追根溯源，对他的价值进行某些评价。黑格尔也不是完全一口否认他，而是指出他还是看到了一些东西，还是有一些推进，但是跟黑格尔自己的观点比起来是不够的，但他在当时影响很大。我们来看这句，"这就是说如果说真实的东西只实存于有时称之为对于绝对、宗教、存在……的直观，有时称之为对于它们的直接认知的那种东西中"，这两个破折号中间讲，"不是居于神圣的爱的中心的存在，而就是这爱的中心本身的存在"，这句也比较难以理解。神圣的爱，那就是直接知识了，在雅可比那里，我对于上帝不需要证明，每个人心里都有上帝，每个人通过直接的知识就有上帝，上帝不是推理出来的，上帝是一种信仰，而这种信仰就是一种神圣的爱。每个人总要信某些东西、要有某个最高的信仰，尽管哪怕是原始人，他们有自然崇拜，他们信偶像，但这个里头已经包含着后来在基督教中发展到高级程度的那样一种信仰。雅可比主要是以基督教的成熟形态作为一个标准来衡量所有人类，包括中国人、东方人、印度人，他认为其实已经有信仰在内心，已经信仰一个绝对的东西，而这种信仰不是一种推理，它就是一种爱，它是一种情感、一种感觉、一种情绪。黑格尔在这里讲，"不是居于神圣的爱的中心的存在，而就是这爱的中心本身的存在"，这两个层次黑格尔把它区分出来。就是说"居于神圣的爱的中心的存在"在黑格尔看来倒还是可以接受的，因为神圣的爱，包括原始人也好，包括东方人也好，都有一种神圣的爱，但是是潜在的，还没有发展出来；但是在这种爱的后面，你要进行深入的分析，在这种爱的中心你会发现，最深的层次实际上就是一个存在范畴。那么这个存在范畴应当怎么样分析它，那又只有通过概念来分析了。按照黑格尔的观点应当是这样的。但是按照雅可比的观点就不是这样的，而是没有什么概念，就是爱的中心它本身就是存在了，存在不是概念，存在就是信仰，存在就是爱。"有时称之为对于绝对、宗教、存在……的直观，有时称之为对于它们的直接认知的那种东西"，这种直接知识就是爱，就是爱的中心本身的存在，这种直接知识有时又称之为直观。如果说是这样,下面再进一步讲,"或者不如说真理只是作为这样的东西而实存着",不如说,就是更准确地说,真理只是作为这样一种直接知识而实存着,这就更加极端了。真理不是在研究直接知识,而且本身就是直接知识。这个跟黑格尔自己的观点是完全不同的。黑格尔在这一段的第一句话就讲到,真理在概念中才拥有其实存的元素,那么这种直接知识的观点与它是相反的,直接知识就不是概念,而只是爱,由爱来把握绝对、宗教和存在。所以他这里说,"由此出发,为了陈述哲学我们同时所要求的就不是概念的形式而勿宁是它的反面",从这样一种观点出发,"为了陈述哲学",他前面讲了,作出对哲学的陈述是最难的;为此"我们同时所要求的就不是概念的形式,而毋宁是它的反面",是概念形式的反面,是非概念的形式,非概念的形式下面还要具体地解释。他继续描述这种观点:

绝对的东西不应该用概念去把握,而是应该予以感受和直观;应当引领言词和应当说出来的不是对绝对的概念,而是对绝对的感觉和直观。①

这个概念形式的反面是什么呢? 就是感受和直观,你不要先加上一些先入之见,每个人你拍拍胸脯自己想一想,你排除一切杂念,你敞开你的感觉和直观,你看一看你的内心,你就会看到绝对、宗教、存在、爱的存在,换言之,你就会看到上帝,上帝在每个人心中。绝对的东西不是应该用概念去把握,而是应该加以感受。"应当引领言词和应当说出来的不是对绝对的概念,而是对绝对的感觉和直观",引领言词和说出来都是陈述,应该陈述的是什么呢? 不是对绝对的概念,而是对绝对的感觉和直观。这是雅可比的核心思想,雅可比的最核心的思想就是,不通过概念而通过感觉和直观来把握绝对,把握存在,把握上帝,把握宗教,这就

---

① 黑格尔在这里联想到的很可能是艾辛迈尔(C.A.Eschenmayer)、格列斯(J.Görres)、雅可比(F.H.Jacobi),尤其是施莱尔马赫(F.Schleiermacher)。——丛书版编者

是一种直觉主义，有时候变成了一种神秘主义。我们看下一段。

对于这样的一种要求，如果按照它的更普遍的关联来统握其现象，并且在**自我意识到的精神当前**所处的阶段上来看待这种现象，则这种精神就已经超出了它通常在思想元素里所过的那种实体性的生活，——超出了它的信仰的这种直接性，超出了对确定性的那种满足和安全，这种确定性是意识对于它与本质、与其内在和外在的普遍当下的和解所具有的。

我们来看，"对这样一种要求"，什么样一种要求？就是雅可比他们的那种观点的要求：你不要跟我讲概念，你就跟我敞开你的直观跟感觉就够了。这是当时一种流行的哲学要求。他说"如果按照它的更普遍的关联来统握其现象，并且在自我意识到的精神当前所处的阶段上来看待这种现象，则这种精神就已经超出了它通常在思想元素里所过的那种实体性的生活"，这句话实际上是对它作出了某种带有正面性的评价。前面是讲，它的观点跟我是完全相反的，他们认为不要讲概念，只要讲对绝对的感觉和直观就够了；那么，如果从它的更为普遍的关联上来理解这样一种现象的话，并且在**自我意识到的精神当前**（这几个字都打了着重号）、目前所处的阶段来看待这种现象的话，那么我们就可以看出它的推进，看出它的精神在当前的价值。什么价值呢？精神"已经超出了它通常在思想元素里所过的那种实体性的生活"，这就是它的价值。黑格尔讲，这种观点跟我的观点当然是格格不入的，但是如果我们放在一个更加普遍的观点上来理解，不是说仅仅局限于我的观点，而是从历史上来看，从观念的发展史，从自我意识的精神当前所处的发展阶段来看这样一种现象，我们可以发现它已经超出了实体性的生活。实体性的生活是一种什么样的生活？我们上次已经讲到过了，实体性的生活就是自在的生活，就是没有反思的生活，天天过日子，为什么要过？生活的意义何在？我们将要向何处去？这些东西都不反思，反正我就在那里了，已经活着了，我已经是一个存在了，这就叫实体性的生活，没有反思的生活。

苏格拉底讲，未经反思的生活是不值得过的，这就已经是非实体性的了，苏格拉底已经超出那种实体性的生活了，当然是在那个不同的层次上面。近代哲学也是，一开始是一种实体性的生活，雅可比那种观点已经超出了通常的那种实体性的生活，那种日常的观念、常识，不反思，大家都理所当然每天过日子。包括那种科学常识，我们好像把握了科学常识，每个经过启蒙运动以来有点文化的人都懂得牛顿物理学，世界就是这样的了，然后就不反思了，就每天按照这些既定的规范继续过，这就是一种实体性的生活。但是雅可比提出来，这些东西都是些碎片，都是没有意义的，包括牛顿物理学、科学，现代、近代科学都是没有意义的，都不是真实的东西，都不是真理。真正的真理是什么？是直接知识，是对上帝、对存在、对绝对那种直接的感悟，这才是更高的层次。所以他们已经超出了那种实体性的生活。为什么这种观点在当时那么流行呢？经过启蒙运动以后，发展到康德的时代，雅可比跟门德尔松和康德都是同一代人，门德尔松跟雅可比是非常接近的，他们都崇尚斯宾诺莎，他们认为还是斯宾诺莎说得对。斯宾诺莎强调这种直接的知识、直观的知识是最高的，世俗的知识都是过眼烟云，不管你讲得多么头头是道，那都是些样式，而不是实体，样式和实体是完全不同的，实体是永恒的，样式是过眼烟云。所以斯宾诺莎强调真正的实体是永恒的。但是当斯宾诺莎规定这个实体时，他已经超出了实体性的生活，他对实体进行了反思。实体应该是什么样的？斯宾诺莎哲学里面进行了探讨。那么雅可比他们也是一样，超出了这种实体性的生活。"超出了它的信仰的这种直接性，超出了对确定性的那种满足和安全，这种确定性是意识对于它与本质、与其内在和外在的普遍当下的和解所具有的。"他们的信仰已经不是直接性的了，超出了意识所具有的确定性的那种满足和安全。意识本来具有一种确定性即确信，确信什么呢？确信它与它的本质、与它的内在和外在的普遍当下是相互和解的。内在外在的普遍当下是什么意思呢？就是意识它一方面表现在内在方面，当下的自我意识就是内在的方面；另外就是外在的方面，当下的对象意识，当下的对象，意识到一个对象。意识对于它与本质、与内在和外在的普遍当下相互和解，就是说意识和它的本质和解，意识也与这种表现在内和表现在外的普遍当下相和解，没有什么对立。意识自己的本质，以及当下的那些现象、那些样式、那些经验的事物，经验的自我和经验的对象，内在和外在的普遍当下，它们和意识之间是相互和解的，不再对立。不再对立就怎么样呢？就具有了确定性，就具有了信仰。我相信意识就是相信意识的本质，就是相信这种普遍当下的现象。而有了这种相信就有了一种满足感和安全感，我只要相信我自己的意识就够了，那就是相信上帝了，那些内在也好，外在也好，普遍当下的那些现象都包含在里面了，这样一种信仰就带来一种满足感和安全感。但是雅可比他们的观点超出了这种满足和安全，认为这种信仰跟那种内在的外在的普遍当下相互之间不能够和解，因为当下这些东西都是过眼烟云，那些样式、那些具体的东西、经验的东西，都是虚假的，都是幻象，都是要抛弃的，我唯一的只相信我内心的直觉，那种直观。在这方面，雅可比他们是有一个推进的，就是把这种本来已经和解了的关系又解构了。在他之前，启蒙运动已经把这个东西和解了，上帝回到了人间，牛顿研究整个物理世界，自然规律，他认为这就是上帝在里头，上帝就是这样创造这个世界的，我们把握了自然规律就把握了上帝，上帝跟人间已经和解了。但是雅可比他们认为，这些东西都不是真正的真理，只有直接知识、直接把握到上帝，才能够是真理。所以他把这种满足和安全打破了，就是说我们每天日常生活、实体性的生活，过得心安理得，我们觉得上帝就是让我们这样生活，我们在日常生活中就是在过一种有信仰的生活，担水劈柴，就是在过一种有信仰的生活，不需要你再去寻求别的了，有的类似于我们中国人的天人合一了。但是雅可比的观点就是要把它分开，不能够合一，不能够和解，要打破这种满足感和安全感，这个是雅可比他们作出的一个推进，强行分裂开来，把以前天人合一的安全感，神和现实的那种和解、那种和谐，把它又撕裂了，这在黑格尔看来这是一个进步。下面讲，

自我意识到的精神不仅超出了这些而进入另一极端即在自己本身中的无实体的自身反思，而且也超出了这种反思。

"无实体的自身反思"是什么呢？比如说怀疑论，怀疑论就是一种无实体的自身反思。怀疑肯定是一种反思，但是怀疑本身没有实体，从笛卡尔开始，怀疑最后剩下来的才是实体。笛卡尔当时要通过怀疑来达到实体，但是笛卡尔的怀疑呢，它本身不是实体，他是要把可怀疑的都怀疑掉，剩下不可怀疑的我思故我在，这是不可怀疑的，那才是实体性的东西。这是笛卡尔的观点、思路。那么休谟，怀疑是根本就没有实体，他首先就是对实体加以怀疑，怀疑最后留下来的也不是实体，只是一些过眼烟云，习惯性联想，随时都可以改变的。所以这是一种无实体的自身反思。"进入另一极端即在自己本身中的无实体的自身反思，而且也超出了这种反思"，这个是讲雅可比的正面观点了，这个自我意识到的精神，首先是通过无实体的自身反思而超出了实体性的生活，这就进入到了"另一极端"，进入到无实体的自身反思，而且也超出了这种无实体的自身反思。就是说，到了雅可比这里，就超出了这样一种怀疑、批判，这些都是无实体的，都是一种自身反思，但是雅可比他们也超出了这样一种自身反思。近代就是精神的自觉，以笛卡尔为标志，从笛卡尔到康德，近代的精神自我意识到了自身。黑格尔的《哲学史讲演录》里面讲到近代的反思哲学，从笛卡尔到康德都属于反思哲学，都是要建立在反思之上的，这个反思包括怀疑，也包括批判。那么这个反思哲学它自身是无实体性的。而到了雅可比，已经超出了这种无实体的自身反思，他更上一层楼，作出了他的贡献。下面讲，

它不仅仅丧失了它的本质性的生活，而且意识到了它这种损失和它的内容的有限性。

自觉的精神到了雅可比这样一个层次阶段，它丧失了它的本质性的生活，就是说丧失了它通过反思而建立本质这样的生活。本来，从笛卡尔到康德都是这样的方式，通过怀疑也好，通过批判也好，都是为了建立

91

一种本质，建立一种实体性的生活。但是雅可比他们已经丧失了这种本质性的生活，他不再反思了，不再怀疑，不再批判，他诉之于人的直接知识、直观和感觉。那就不要批判了，每个人扪心自问，摸摸你的良心，运用你的感觉，那么真理马上就出现了。所以他丧失了他的本质性的生活，而且他"意识到了它这种损失和它的内容的有限性"，他意识到了它这种损失，他是有意识地这样做的。为什么要有意识地这样做呢？因为这样一些东西，它的内容都是有限的，你要确定实体，精神实体和物质实体，这些东西都是有限的东西，而真正的实体并不在其中，真正的实体只有通过直接知识、通过直观才能够把握，而通过反思所获得的这样一些本质性的生活，它的内容是有限的。下面讲，

[5] 　　在逃避精神处于恶劣处境之中的这些糟糕状态，并表示认错和惭愧时，① 精神现在要求从哲学那里获得的不光是关于它自己**是**什么的**认知**，而是要恢复存在的那种实体性和扎实性，这是只有通过哲学才能重新达到的。

　　"在逃避精神处于恶劣处境之中的这些糟糕状态"，就是说这些反思所达到的本质对精神而言只是一些恶劣处境、糟糕状态，它没有实体性的内容，只是一些有限性的东西，都是过眼烟云的东西、表面的东西。精神逃离这些糟粕，我不作那些反思，不搞那些怀疑，我自己内心的直接知识是不可怀疑的，你要是怀疑的话，那你是矫情了，你其实并没有怀疑，你假装在怀疑。所以他拒绝这些通过怀疑、通过故意搞些二律背反来达到事物的本质。"并表示认错和惭愧时"，我们天天生活在世俗生活之中，这些世俗生活都是有限的，都是恶劣处境，时时刻刻在遮蔽我们的直接知识。雅可比从精神的这个恶劣处境中逃离出来，并且对这种糟糕处境表示认错和惭愧。这里有一个《圣经》的典故，就是《路加福音》中浪子回头的典故，黑格尔把雅可比等人比喻为回头的浪子。由于这一点，他

---

① 　暗指儿子失而复得的比喻，见《路加福音》15、16 节。——丛书版编者

讲"精神现在要求从哲学那里获得的不光是关于它自己**是什么的认知**"，自我意识到的精神，这个精神实际上是指的人类哲学的精神，或者是绝对精神在历史上的进展，进展到自我意识，进展到自觉性，这主要是近代精神。精神在中世纪和古代都还没有达到自觉，只有在近代启蒙运动以来，精神才达到它的自觉。黑格尔他是客观唯心论，认为自我意识到的精神在历史上的发展，发展出各种各样的阶段，到了雅可比这里是已经发展到比较高的阶段，他在这里对雅可比加以评论，说精神现在不是仅仅要求从哲学那里得到关于它自己是什么的"认知"了。哲学历来就在探讨"是什么"的认知，近代以来特别着重探讨自我意识的精神是什么，作为认知它是什么。这个"是什么"也就是关于它自己的存在的问题，从亚里士多德就开始探讨，存在是什么？什么是作为存在的存在？到近代以来，自我意识到的精神特别继承了这样一个存在论的话题，一直都在探讨自我意识到的精神，力图从哲学那里得到它自己是什么的知识。哲学探讨主要是存在论，存在论是一种知识。但是自我意识到的精神现在已经不探讨它自己是什么了，人家会问，你这个直接知识是什么？那么雅可比的回答就是，我不问它是什么，我不探讨它是什么，因为一开始是直接认知，直接认知用不着探讨，是什么的知识只有在直接的认知确定了以后，才会自然确立起来。所以直接认知本身不是一种知识，它是一种直觉，是一种感觉，甚至于是一种情感。每个人都有信仰，信仰本身它不是知识，知识不能解决信仰的问题，信仰本身是一种情感。所以它不要求从哲学那里知道自己是什么，"而是要恢复存在的那种实体性和扎实性，这是只有通过哲学才能重新达到的"。存在的实体性和扎实性怎么恢复起来？通过哲学；通过什么哲学恢复起来？通过这种直接认知恢复起来。雅可比他们这些人认为，存在的问题已经走偏了，已经没有意义了，那么要把它的实体性和扎实性恢复起来，只有把直接知识奠定为基础，这是每个人心中确实具有的，回避不了的，虽然他不一定意识到，但是你一说，每个人就会感觉到。哪怕你是一个原始人，你通过传教士

93

与你一谈，就会把你内心潜伏着的那样一种直接认知调动起来，这是每个人都具有的，所以它具有扎实性，具有实体性，要恢复。存在不是一种知识，也不是概念，它是一种切切实实的感情，所以它具有实体性和扎实性。首先要通过哲学把这样一种东西恢复起来，这个是雅可比他们的目的。当然他这里从头至尾没有提雅可比，我们前面已经讲到，在《精神现象学》里面他基本上不提人的名字，历史、地名、时代、国家、人名、事件，他都不提，偶尔提一提也是象征性的。下面讲，

所以据说哲学并不那么急于向这种需要敞开实体的重封密锁，并将
{13} 实体提升到自我意识上来，——并不那么急于去把混乱的意识带回到思想的秩序和概念的单纯，而反倒主要地在于把思想所分解开来的东西搅拌到一起去，压制有区别作用的概念而恢复对本质的**感情**，并不那么急于提供**明见**而主要在于令人**神驰**。

看看这句话。"所以据说"，这个据说就是据雅可比他们说，"哲学并不那么急于向这种需要"，向什么需要呢？就是向前面说的"要恢复存在的那种实体性和扎实性"这种需要，"敞开实体的重封密锁"。主要是想要把实体性和扎实性恢复起来，但为此却并不急于敞开实体的重封密锁，据说是这样。实体里面究竟是什么样的概念、结构、体系，不急于去讨论这些问题，你首先要把实体性恢复起来，你连实体性都没有，你去揭示、敞开实体性的抽象的概念，那个没有用。实体性的抽象概念，你如果真的要讨论的话，你是从直接知识的角度来看它，那么这种实体它是重封密锁的，它是封闭的，它是神秘的，它是不可分解、不能用概念来把握的。实体的概念如果离开了直接知识、直觉和感悟，从概念上去探讨它，它对你是封闭的，所以对这种需要，我不急于去敞开实体的重封密锁，不去用概念解构它、解开它或者解释它，不去用概念解释实体。"并将实体提升到自我意识上来"，我也不急于把实体提升到自我意识的概念上来，不要像康德他们那样从自我意识、范畴，这些角度来谈这个实体。这个是雅可比他们这些直接知识所要求的，你首先要信仰实体，你不要急于去探

讨有关实体的概念知识，这个没用。实体性现在被架空了，你首先要把它充实起来，要通过直接知识恢复它的实体性。如何恢复实体性呢？那就是要有真实的信仰，真实的信仰就是实体性，所以不急于将实体提升到自我意识上来。下面还有，"并不那么急于去把混乱的意识带回到思想的秩序和概念的单纯"，这个跟前面讲的一样，实体在没有经过概念清理之前，肯定是混乱的，但是雅可比他们这些人并不急于去清理这种混乱。混乱就让它去混乱，没关系，只要有真信仰，不管是原始部落的信仰，还是印度、中国的信仰、基督教的信仰，这些东西你都不要去管它。你也可以说东方的信仰是混乱的，非洲黑人土人的信仰是混乱的，那么你就会急于去对它进行思想的整理，回到思想的秩序和概念的单纯；但是雅可比他们认为呢，不要急于去把混乱的意识引回到思想的秩序和概念的单纯，"而反倒主要地在于把思想所分解开来的东西搅拌到一起去，压制有区别作用的概念而恢复对本质的感情"。就是说所有这些世界各大文化民族，他们的信仰当然是很不一样的，思想可以把它们分解开来；但是直接知识这一派哲学家，主要是想把这些思想所分解开来的东西又把它们搅拌到一起去，把它们都看作彼此彼此。你基督教虽然概念很清晰，但是你的信仰还是跟原始人的信仰没有什么区别，大家都是一样的，中国人信祖宗，崇拜祖宗，印度人信猴子，信母牛，这个跟基督教徒信上帝、犹太人信耶和华没有什么区别。"压制有区别作用的概念而恢复关于本质的感情"，感情打了着重号。就是说你凭你的直观感觉去感受一下，所有的这些混乱的东西里面都有共同的东西，都有共同的感情，那就是信仰，那就是直接知识。关于本质的感情，本质按照它本来的含义只能用概念来把握，但是雅可比认为可以用感情来把握本质，可以感到本质，这都是雅可比的观点。下面还有一个据说："并不那么急于提供**明见**而主要在于令人**神驰**"。明见，Einsicht，就是进到里面去看，并不提供明见，就是并不提供本质之见，不需要深入到里面看。哲学并不是干这个的，而主要是令人神驰，神驰，Erbauung，有振奋、鼓舞、启发、感化之意。雅可比他们的观点，对上帝你想提供明见，你想进到上帝里面去，那是不可能的，只能够令人神驰，你可以感觉到上帝，追随上帝。当然在此之后，在这个基础上是可以有明见的，那才是真正的明见。如果没有感觉，没有宗教感，你从概念上面去探讨上帝，那种明见不叫明见。下面，

美、神圣、永恒、宗教与爱都是诱饵，所以需要它们，乃是为了唤起吞饵的欲望；保持并继续拓展实体的财富的，据说不是概念而是迷狂，不是事情自身冷静地循序前进的必然性，而是发酵膨胀起来的豪情。①

美、神圣、永恒、宗教、爱，这些东西都是诱饵，对人来说具有一种吸引力，都是感化人、启发人的。所谓诱饵就是用来启示人的一些手段，"所以需要它们，乃是为了唤起吞饵的欲望"，这些东西都是通往直接知识，通往最绝对的知识的一种诱饵。所以讲这些东西，最后都是为了让人神驰，你经过了这些，美的欣赏，神圣的崇拜，永恒的崇拜，爱的追求，最后你意识到所有这些里头根本说来就是那种直接知识，就是一种直接的感觉，就是对本质的一种感情，对绝对的一种启示。"保持并拓展实体的财富的，据说不是概念而是迷狂，不是事实自身冷静地循序前进的必然性而是发酵膨胀起来的豪情。"实体的财富，我们要把实体性和扎实性恢复起来，那就是要着眼于实体的财富；那么要保持并拓展实体的财富，它依靠什么呢？据说不是依靠概念而是依靠迷狂。迷狂是一种非理性的说法，也翻译成"出神"，Ekstase，这是个希腊词，它是出神、迷狂、灵魂出窍的意思，在比较通俗的意义上就是狂喜。把概念排除了以后，那就剩下非理性的东西了，不是靠事实自身冷静地循序前进的必然性，而是靠发酵膨胀起来的豪情，这都是一种非理性的东西。就是实体性不是论证的问题，不是概念推理的问题，而是热情的问题，是你自己的直接知识，你自己顿悟，你自己的直接感悟问题。感悟到绝对，那么你就有一种狂

---

① 黑格尔在这里想到的可能是艾辛迈尔（C.A.Eschenmayer）、格列斯（J.Görres）、雅可比（F.H.Jacobi）、施莱格尔（F.Schlegel），施莱尔马赫（F.Schleiermacher）、瓦格纳（J.J.Wagner）。——丛书版编者

喜,你就有一种理智的迷狂、理性的迷狂,你已经丧失了自我意识了,那才是最高的境界。丧失自我意识,丧失掉清醒意识,忘我自失,那就是最高的境界。这一段整个的都是在讲雅可比的直接知识,那么这种直接知识呢,黑格尔是在进行评论和描述,有的地方有贬,但也不完全是贬,他也看到了它在当代这个自我意识到的精神的发展过程中处于一个较高的阶段。它超越了两个层次,一个是实体性的生活,第二个是无实体性的自身反思的层次;然后他试图恢复实体性,但是不通过自身反思,而是试图通过这个狂喜、满怀豪情、直观,通过这种方式来恢复实体性和扎实性。这是这一派的观点,它的毛病在这里,它的价值也在这里。我们再看下面一段,

与这种要求相应的是一种非常紧张而几乎是竭尽全力和显得神经过敏的努力,要想将人类从其沉溺于感性的、庸俗的、个别的事务中摆脱出来,使他们的目光仰望星空;仿佛人类已完全忘记了神圣的东西而可以在这一点上像蛆虫一样被泥浆所满足似的。

这里也是一方面带有肯定,另一方面也带有批判。"与这种要求相应的",出于雅可比派的哲学要求的,"是一种非常紧张而几乎是竭尽全力和显得神经过敏的努力,要想将人类从其沉溺于感性的、庸俗的、个别的事务中摆脱出来",用我们今天的话来说,就是一种浮躁心态,解救失落了的"人文精神"的心态。这一派学者抱怨他们所处的环境恶劣,人文精神失落,道德理想滑坡,人们都沉溺于感性的、庸俗的、个别的事务之中,包括牛顿物理学的自然观,也都是一些感性的、庸俗的个别事物。必须把人类从这个里头解救出来。你成天沉溺于普通的健全理性、日常的常识,包括自然科学也是常识,那么你还想没有想到有绝对的东西呢?还想没有想到在你看到的这个自然界、日常生活之上还有一个更高的存在呢?所以要把人类从这种感性、庸俗的个别事物中解救出来,"使他们的目光仰望星空"。我们今天也讲,大学里应该培养出一些仰望星空的

人来，不要老是培养一些技术人员，搞技术培训，必须要仰望星空。"仿佛人类已完全忘记了神圣的东西而可以在这点上像蛆虫一样被泥浆所满足似的"，就是说，他们有一种非常浮躁的努力，就是急于要使人类超拔出来，把它提升起来，他们觉得人类已经完全忘记了神圣的东西，跟这个蛆虫一样、跟猪一样的在泥浆里面打滚，在个别事务上得到满足。下面则回顾，

从前有一个时期，人类拥有一个装备着思想和形象的无数宝藏的天空。

从前有一个时期，人类的天空充满了思想和形象的无数宝藏，这个也可以说从古希腊、中世纪一直到文艺复兴，都是这样一个时期，启蒙运动以前都是这样一个时期。人们的天空是充满了思想和形象的无数宝藏的，神话，上帝，天使，圣经故事，寓意等等，天上充满了丰富的想象，充满了丰富的思想和形象。这是当时人们的观点。雅可比这些浪漫派有一种怀旧情绪，想要回到古代或中世纪，认为那个时候人们仰望星空，是因为天空中充满了智慧的宝藏，而现在人们都只盯着下界世俗生活的琐事。所以浪漫派建立在对古代的美化之上。

那时一切存在着的东西的意义都在于光线，光线把它们与上天联结起来；在光线里，人们的目光并不逗留在**此岸的**当下，而是翱翔于它们之上，投向神圣的本质，投向一个，如果可以这样说的话，彼岸的当下。

"那时"，这里一直用的过去时，"一切存在着的东西的意义都在于光线"，什么是光线？这个特别在基督教里面非常的明确，基督教里面强调上帝之光、自然之光，自然之光是来自于上帝的，光是上帝首先创造的，"上帝说，要有光，于是就有了光"。自然之光在人身上体现为理性之光，而人的理性之光是把天和地联结起来的，通过理性，我可以从地上的事物追溯到上帝那里，我这种能力是上帝给的。光这个概念在西方哲学里面是一个最重要的哲学隐喻，就像在中国哲学里面的气，在西方哲学里面是光。"光线把它们与上天联结起来"，因为西方哲学是天人相分嘛，

神和自然界和人是相分的,那么如何能够把它统一起来?在西方人的思想中,只有自然之光能够统一起来。光是具有超距作用的,太阳光越过真空传到地球上面来。在太阳和地球之间是真空,没有任何媒介,但是光可以直达,可以实现超距作用,这是牛顿物理学没有解决的问题。牛顿物理学无法解决,两个东西中间完全没有中介,为什么可以实现万有引力,可以由太阳作用于地球呢?地球和月亮之间也是真空,为什么地球可以吸引月球呢?这个吸引力中间是超距作用。现代物理学才发现中间不是完全真空的,而是处于引力场中。那么光线也是这样。当然光线传递要有媒介,媒介不同,光线就会折射,比如从空气进入到水里面,光线就会产生折射,说明光线它是需要一定的媒介的。但是中世纪没有这样一些理论,中世纪的人认为光线是远距离超距传送信息,而上帝跟人间完全是超距离的,中间是没有过渡的。但是既然天人相分没有过渡,又怎么能够联结起来?那就要靠光线。下面讲"在光线里,人们的目光并不逗留在**此岸的**当下",Gegenwart,我翻译为当下,当下在场,这个词在海德格尔那里用得比较多。"而是翱翔于它们之上,投向神圣的本质,投向一个,如果可以这样说的话,彼岸的当下"。人们的目光不逗留在此岸的当下,而是越出它之外,投向彼岸的当下。就是说,此岸当下,大千世界,五彩缤纷,万事万物向我们当下呈现出来;但是这个当下是从哪里来的呢?是来自彼岸的当下。在柏拉图的洞喻里面就有这样的说法,我们走出山洞,看到了外面的大千世界,五彩缤纷,充满着这种丰富的色彩,但这种丰富的色彩从哪来的呢?从太阳来的。我们现实世界的当下是由太阳的当下照耀所带来的,这是两个当下,一个是此岸的当下,一个是彼岸的当下,此岸的当下取决于彼岸的当下。当下的此岸世界发生的事情就是当下的彼岸、上帝的反映,当下的每一件事情都是当下的彼岸世界的反映,这是那个时候,这主要指的是启蒙运动以前,人们的观念是非常朴素的。上天充满了思想和图象,具有无穷的财富,地上的财富都已经包含在上天的财富里面了,地上万物都已经包含在上帝的思想、形象的

财富之中了。而且，

　　那时候精神的眼光必须借强迫而指向尘世的东西并被保留于尘世间；费了很长时间才把只有超世俗的东西才具有的那种澄明引进此岸存在所居的昏暗混乱之中，并使被称为**经验**的那种对当下之物本身的注意成为了有兴趣的和有效准的。①

　　"那时候精神的眼光必须以强迫指向尘世俗的东西并被保留于尘世间"，就是在这个培根或者牛顿以前吧，人们什么东西都到彼岸世界里面去找根据，讲到此岸世界的事情，人们就到彼岸世界去找根据，因为此岸的当下取决于彼岸的当下嘛。那么到牛顿物理学以后，到了培根、笛卡尔以后，开始不同了，哲学家出来了，物理学家出来了，他们以强迫的力量指向世俗的东西，持续地关注尘世。牛顿还认为尘世的这样一些物理学原理就是上帝创造世界的原则，但是牛顿以后的人，特别是启蒙运动以来，人们接受了牛顿物理学，但是去掉了它的那个神圣性，一切都变成世俗的了。牛顿已经把物理学的秘密猜透了，那么我们就不要再猜了，我们就按照他所制定的规律去生活就够了，所以我们的目光就停留在尘世间，但这个过程是非常艰难的。我们知道，从文艺复兴到启蒙运动以来，对于传统的宗教世界观进行了强烈的反抗和破除，所以他这里讲"必须借强制而指向尘世的东西"，费了很大的劲，我们的目光才面向世俗、面向现实。我们讲，文艺复兴发现了自然、发现了人，至于上帝，被架空了，到启蒙运动，上帝的权威更加被人们所抛弃，但这是费了很大力气才做到的。他说"费了很长时间才把只有超世俗的东西才具有的那种澄明"，这里的澄明用的是 Klarheit，澄清的意思，与"启蒙"Aufklärung 一词有词源上的关系，"引进此岸存在所居的昏暗混乱之中"，这就是启蒙运动了。只有超世俗的东西才具的那种澄明，那种光明，那就是上帝之

――――――――――

① 此处对经验主义的批判似乎特别是指培根，在《哲学史讲演录》中黑格尔称他为"经验哲学的先驱"。——丛书版编者

光, 也就是理性。理性被归之于上帝之光, 即自然之光, 那么我把这种自然之光引进来照亮尘世之见, 进行一番启蒙。我们在社会生活中处在昏暗混乱之中, 那么有没有用理性之光进行一番清理、澄清? 费了很长时间才把启蒙运动的光明普及到每一个普通人的心目中, 照亮了尘世之见。在日常生活中, 我们不再迷信了, 我们有了科学的头脑, 有了健全的常识, 这个费了很长时间。所以要有一种强制的力量, 强制推行, 启蒙运动是一场轰轰烈烈的思想革命。"并使被称为**经验的**那种对当下之物本身的注意成为了有兴趣的和有效准的", 经验打上着重号, 就是说科学常识, 那就是经验, 经验得到了重视。从培根以来, 经验、经验论占据了非常高的地位, 引起了对当下事物的注意, 对这种注意产生了兴趣和效准。以前人们对当下事物不太注意, 一心仰望上帝, 仰望星空, 我们今天已经没有人仰望星空, 但是在中世纪的时候, 是人人都在仰望星空, 对现实生活不关心, 没有兴趣。现实生活只要过得去就够了。但是现在, 在启蒙时代已经开始强调经验, 对现实当下事物开始注意, 产生了兴趣和效准。研究自然, 研究人, 这是一种兴趣; 效准就是培根讲的"知识就是力量", 知识能够产生效果, 能够改善人的生活, 能够有效。这就是启蒙运动以来形成的一种时代精神。那么在黑格尔的时代呢, 启蒙运动作为一个运动已经进入到尾声了, 所以他下面讲了,

　　——而现在的当务之急却似乎恰恰相反, 感官是如此植根于尘世的东西, 以至于必须花费同样的强制力来使它高举于尘世之上。

　　现在的当务之急, 就是说启蒙运动以后, 当务之急是恰恰相反, 就是人们太过沉溺于现世当下的事物, 追求它的效果, 知识就是力量, 改造自然, 获得物质生活条件的改善, 人们的眼光太局限于这方面了。而雅可比他们必须用同样大的强制力, 才能使感官、感觉提升到尘世之上。这就是雅可比的贡献。就是虽然启蒙运动导致了健全知性、常识, 使得人们对现世当下事物产生了兴趣和效准, 这在当时来说也是一大进步; 但是现在来看, 又太过了, 如果一直停留在这个启蒙的水平是不够的, 还必

须提升到尘世之上，要超越世俗的东西、物质的东西，否则的话，人就没有信仰了，就是物欲横流了，那么思想也会停滞，自觉的精神也就会停留在这个阶段，就会变得腐朽，下面呢，

<u>精神已显得如此贫乏，就仿佛如同沙漠旅行者单纯渴望获得一口饮水那样，所渴望的只是对一般神圣的东西获得一点可怜的感受来为自己提提神。</u>

精神显示出它的极端贫乏，就像沙漠的旅行者，口渴了，只希望获得一口饮水那样，"所渴望的只是对一般神圣的东西获得一点可怜的感受来为自己提提神"。这个与海德格尔有类似的感触，海德格尔讲，当代世界人们精神的黑夜已达夜半，渴望"对一般神圣的东西获得一点感受"。但黑格尔认为这只是一点"可怜的感受"。当代世界更加是这样，启蒙精神一直发展到今天，在西方社会中已经显示出它的局限性，神圣的事物已经远离人间。我们讲今天的中国失去了信仰，其实西方也是这样，西方人在当代世界已经非常缺乏信仰，非常缺乏那种仰望星空的人，只有天文学家、宇航员在仰望星空，那是他的职业。所以西方人再次面临着对神圣性的渴望。为什么海德格尔要写那么多？就是在呼吁这样一种东西。那么在黑格尔时代也是这样，海德格尔跟黑格尔在形式上有很多相似之处，当然黑格尔寻找的这条逻辑学道路，海德格尔是不认可的。但是对当代的这样一种感触，他们有共同的地方，就是人类失去了信仰。启蒙运动把一切上帝、神圣的东西都拒斥得远远的，那么精神就面临着饥渴，振奋不起来了，人们变得庸俗化了。当代也是这样，第二次世界大战以来，尤其冷战结束以来，人们越来越变得庸俗，整个世界都变得庸俗了，所谓基督教信仰已经堕落，人们只是按照习惯还停留在信仰之中，还没走出来。但是信仰的实质已经没有了，这是使海德格尔感到很悲哀的，当年雅可比他们也有这种感觉，为了重新振奋精神，而提出人们的感官不能够仅仅植根于世俗的事物，而应该把感官提升起来，这是雅可比他们的贡献。但黑格尔对此的评价并不高，所谓一点"可怜的感受"，所谓

"提提神",明显带有讽刺意味。最后一句讲,

就凭精神之如此易于满足,即可估量它的损失之巨大了。 [6]

精神如此易于满足,这个是对雅可比他们的评价,他们的精神如此易于满足,怎么易于满足呢?就是只要喝口水就行,只要获得一点可怜的感受就满足了,就可以提提神了。所以雅可比只停留在感受上面,直觉是他的一种感受,是一种感悟,那么感悟只需要你敞开你的感官,去接受某种东西,接受到了就觉得很满足了,就达到最高境界了。所以讲精神如此易于满足,那太容易了,你敞开你的感觉那还不容易啊,你从这个方面就能得到满足。就是说他们现在已经仅仅满足于这一点了,而所有那些论证,以往的那些形而上学的对上帝的论证,以往所有那些仰望星空所获得的体系,全都可以不要,只要有一点感觉就够了。凭这一点"即可估量它的损失之巨大了",其实,你损失的远远不只是一点感觉而已,你只是满足于这一点感觉,而以往的对神圣事物的所有的那些知识、那些绝对知识,包括对绝对的概念、概念体系、科学,你其实都已经失去了,正说明那些损失的巨大。你现在只要能够抓住其中的一点感觉,就感到满足了,就像在干旱的沙漠中喝到一口水,这其实是很可悲的。我们对于整个彼岸世界、神圣的事物,我们都抛弃了。这恰好是黑格尔自命为所要做的事情,他要恢复我们所失去的东西,而且不仅仅是恢复,而且要把它发展到更高层次,把我们所损失掉的东西重新来加以发展,这是对雅可比的一个评价。

前面讲了直觉的知识,雅可比他们的这一派,对精神如此地易于满足,但是把更大的东西把它放过去了,遭受了巨大的损失。下面讲到,

然而这种接受上的易于满足或给予上的如此悭吝,并不适合于科学。

这就是接着上面来的,接受上的也可以说是感受上的,在感受上如此的易于满足。这个"接受"和后面的"给予"是相对照的。在接受上很容易满足,我们敞开自己的直观,去接受我们所能感受到的信息,彼岸来的神圣的信息,只要有一点感受我们就满足了;但是在给予上又如此的

悭吝。其实，真正神圣的东西是要给予、要创造，要自己去花力气的，不应当单是坐在那里敞开你的接受器就完了。这种主体的能动性是从康德来的，康德讲人为自然界立法，不能够只凭接受性。当然康德的这个科学只限于自然科学，而不是象黑格尔的科学无所不包，一切学问都是科学；但是康德的这种精神在黑格尔这里继承下来了，就是说不仅要接受，而且还要去创造，还要去给予，人要对科学知识给出法规。但是按照雅可比他们的观点，就是在接受上太容易满足了，而在给出法规方面呢，则太吝啬了，这种态度不适合于科学，科学在这里是广义的。他说，

谁若只寻求神驰，谁若想把他的定在与思想在尘世上的多种多样性笼罩在迷雾中，并追求这种不确定的神圣性的不确定的享受，他尽可以到他找得到的地方去寻求；他将很容易为自己找到对某物加以大吹大擂{14} 并借此装腔作势的工具。

"谁若只寻求神驰，谁若想把他的定在与思想在尘世上的多种多样性笼罩在迷雾中"，神驰，前面用过，即 Erbauung。如果你只是寻求神驰，超凡入圣，如果你只是想把你的生活、你的定在和思想，在尘世上的多种多样性遮蔽起来，模糊起来，那你追求的肯定不是科学。你到别的地方去找，那可以，你不想用概念把它们加以清理，你只想取得一个模模糊糊的定在，取得一个模模糊糊的尘世生活，"并追求这种不确定的神圣性的不确定的享受"，你如果不想搞清楚神圣性，那么你的享受也只是对模糊的神圣性的一种模糊的享受。"他尽可以到他找得到的地方去寻求"，你当然可以到别的地方去找，但是那些地方不是科学。他说"他将很容易为自己找到对某物加以大吹大擂并借此装腔作势的工具"，你在别的地方可以找到一种工具，可以用来对某物加以热捧，自己也借此装腔作势。

但哲学必须谨防自己想要成为令人神驰的东西。

哲学必须避免自己想要成为那种令人神驰的东西。把哲学变成仅仅是一种令人神驰的东西，只可意会、不可言传的东西，这个是黑格尔坚决反对的。哲学就是要搞清楚，不是说我讲出一句话来让你自己去顿悟，

哲学不是这种东西,哲学应该把一切东西讲得清清楚楚,而且也能够讲清楚,这就是哲学的使命。所以你诉之于一种直觉感悟、一种令人目眩神迷的东西,那实际上是放弃了哲学的使命。看下面一段。

这种放弃科学而易于满足的态度,更不可提出要求,主张这样的一种朦胧的豪情是什么比科学更高超一些的东西。

这种易于满足的态度在上面已经提到了,不但不适合于科学,而且是一种放弃科学的态度。它已经放弃了科学的使命了,那么这种态度"更不可提出要求,主张这样的一种朦胧的豪情是什么比科学更高超一些的东西"。雅可比他们有这种倾向,就是说这个朦胧的豪情,它们不是科学,但是比科学更高,科学反而是低层次的。在黑格尔看来,哲学就是要追求成为科学,科学就是哲学的目标、目的,哲学是爱智慧,科学才是智慧,所以哲学的目的就是科学,科学是最高的。但是像雅可比一派的人却主张,这种朦胧的豪情,也就是他们这种直接知识,是比哲学、比科学更高超的东西,只有非理性的东西才是更高的。下面讲,

这种先知式的言说,自认为居于正中心和最深处,蔑视规定性(**确切**),故意与概念和必然性保持距离,正如与那据说只居于有限性之中的反思保持距离一样。①

这种先知式的言说"自认为居于正中心和最深处",我们前面讲了,这种直观就是爱的中心本身的存在,绝对、宗教"不是居于神圣的爱的中心的存在,而就是这爱的中心本身的存在",这里是呼应前面的讲,"居于正中心和最深处",它后面再没有什么东西了,直接知识已经到底的了,往下再不能够追溯了。"蔑视规定性(确切)",规定性,Bestimmtheit,规定性后面有个括号,Horos,是希腊文,就是确切的意思。蔑视规定性,就是你不要用一种东西来规定它,你用一种东西来规定它,那你那个东西

---

① 此处的批判首先是针对格列斯和艾申迈尔的。——丛书版编者

就是比它更高的，只有高的东西才能规定低的东西。但是这一派哲学家蔑视规定性，蔑视确切，最终的那个东西，到底的那个东西，它不是能够规定的，不是能确切地加以规定的，它是神秘的，它是不可解释的。这个感觉的东西是一切规定性的前提，一切规定性在这个上面才建立得起来，所以它们是"居于正中心和最深处"的。"故意与概念和必然性保持距离，正如与那据说只居于有限性之中的反思保持距离一样"，故意与概念和必然性、与反思保持距离，这反思"据说只居于有限性之中"。这是他们这一派人讲的，反思只是在有限的世界之中反思，到了无限，到了绝对，就不能反思了，就没有什么可反思的了，因为它是最高的。在斯宾诺莎那里也是一样，到了最高的那里你就没有什么可反思了，它是直接的，你认可就认可，你不认可那就免谈，那我们就没什么可谈的，你首先把我的这个前提认可了，再来谈下一步。雅可比是说，你首先要有感觉，你承不承认你有感觉？如果你不承认，那么就不要谈了。要么是你自己没有发现，你没有沉下心来；要么是你昧着良心，你明明有感觉，受到传统偏见的影响，你说没有，那我们就不要谈了。所以这个是不用反思的，你要问什么是直接知识，这个问法本身是自相矛盾的，你能够回答出什么是直接知识，那这个直接知识就不是直接的了，它就是间接的了。它是能够规定的了，那它还是直接的吗？所以它不能够反思。这是一种先知式的言论，先知就是这样的，我知道，我告诉你，你信的话，你就跟着我来，你不信的话，那就请便。下面讲，

　　但是就像有一种空洞的广度一样，也有一种空洞的深度；就像有一种实体的广延，它奔泻于多种多样的有限性里而无力将之聚拢起来，——同样也有一种无内容的强度，它保持为纯然之力而没有扩展，这种情况与肤浅是同一回事。

　　空洞的广度，什么是空洞的广度？就是前面讲的，启蒙运动以来，人们已经把眼光转回到了世俗生活的多种多样，那是非常广阔、非常丰富的；但是这样一种广度是空洞的，就是它没有一种至高无上的东西来统

摄，所以都是杂乱无章的，是无限地呈现这个那个经验的东西，太阳每天都是新的，每天都在产生新的现象，这就是空洞的广度。人们回到常识，回到健全理智，也就是回到了世俗生活。世俗生活的广度是空洞的广度。那么，正如有这样一种空洞的广度，也有一种空洞的深度。雅可比他们就是提倡一种深度，我要提升世俗生活，从世俗生活提升到一种直接知识。直接知识每个人心里都有，每个人日用而不知，每天都在信仰之中，但是自己不知道，他以为自己已经投身于世俗生活了，神圣的东西已经不存在了，但实际上在他的内心深处、在他的良心深处，还有真正的直接知识。这些直接知识是完全超脱的，超出一切广阔的社会现实生活。但是黑格尔说这是一种空洞的深度。这是对照着说的，就是雅可比他们建议要从广度转向深度，从世俗生活转向神圣性，仰望星空，仰望上帝，感觉上帝，这是一种深度，每个人的良心都在发出这种呼唤，到你的内心深处去找这种直接知识。但是这种深度其实是一种空洞的深度。"就像有一种实体的广延，它奔泻于多种多样的有限性里而无力将之聚拢起来"，这也是对照而言。启蒙运动以来，有一种实体的广延，像笛卡尔就已经提出来了，实体有两种，一种是我思，一种就是大千世界的广延，大千世界可以归结为广延，机械运动。那么作为广延奔泻于多种多样的有限性里，而没有力将之聚拢起来，在机械运动里面找不到一种力把所有的机械运动聚拢起来，变成一个有目的的、有机的整体，没有这种力。所以牛顿找不到他的第一推动力，最后把它归结为在整个宇宙之外的一个上帝，第一推动，但是推动以后，这个世界本身是没有力量聚集起来的，它就是按照机械运动的法则，推到哪里算哪里，它没有自我凝聚力。机械论是启蒙运动以来的时代精神。但是，"同样也有一种无内容的强度"，Intensität 可以翻译成强度、凝聚度、紧张度，它这个就不是深度了。当然也跟深度有关，最深的东西、内心深处的东西，是最具有强度、最具有凝聚力的。一个是广延、广度，一个是强度，深度和强度是对应的。但却是"一种无内容的强度"，这种强度、这种凝聚力，它是无内容的，它只是一种力，他说"它保持为纯然之力而没有扩展"，这就相当于笛卡尔的思维。笛卡尔的心物二元论就是这样，广延是无力聚拢起来的广度，而思维这种无内容的强度它保持为一种纯然之力，但是这种力没有扩展，不能作用于广延，也就是说没有它的表现。雅可比他们拒绝了广延的实体，而想在思维这方面作文章，将它缩回到直接知识，但这成了一种无内容的强度，"这种情况与肤浅是同一回事"。前一种情况可以说是肤浅，因为它没有深度，启蒙运动以来那种常识的观点确实是肤浅的；但是后面这种有深度的观点呢，它又没有扩展，它只是一种纯然的力，那么它与前面那种肤浅其实是同一回事，它并没有超出它所反对的启蒙运动以来的常识。下面一句，

精神之力只能像它表现出来那样强大，它的深度也只能像它在它的展示中敢于扩展自身和敢于丧失自身时那样的深邃。

"精神之力只能像它表现出来那样强大"，它有多强大，那就要看它表现出来有多强大，你能不能涵盖所有的世俗生活？你不要太清高，你以为你有了直接知识你就高高在上了，你就把所有的世俗生活都不放在眼里，那些东西都是空壳，都可以抛弃，那都是一种恶劣的环境，你忍受不了，于是你就上升到一个彼岸，众人皆醉我独醒，你把世俗的下界全部都抛弃了，但实际上你的这个力量是非常软弱无力、非常肤浅的。你有精神的力量，那你表现出来啊，你表现在什么地方？你能不能用你的精神之力介入世俗生活、现实世界？"它的深度也只能像它在它的展示中敢于扩展自身和敢于丧失自身时那样的深邃"，精神的深度，你不要自吹，你说你有深度，你的深度表现在什么地方？展示一下看？它的深度体现在展示的时候，敢于扩展，敢于落实到现实生活中，敢于投身于激烈的社会冲突、现实冲突，"敢于扩展自身和敢于丧失自身"，哪怕丧失自身也在所不惜，这样的深度才是真正的深度。如果你高高在上，你害怕玷污了你的灵魂的纯洁美好，你不敢动一动指头，你不敢去染指现实的矛盾和冲突，那么你的强度如何能够表达出来？你不敢于丧失自身，不敢

冒险,那你就表现不出来。一个是敢于扩展自身、敢于投身于现实生活中,把自己完全抛入进去,同时也就是敢于丧失自身,——因为有成功的可能就有失败的可能。你有理想目标不错,但是理想目标必须在现实生活中才能够实现出来,你投身于现实生活中,也许你的理想目标就会被扭曲,甚至于会丧失;但是如果你只是死抱着这个理想目标,你不投身于现实生活,那更加是空的。你投身于现实生活中,哪怕你丧失了理想,你被现实生活战胜了,但是你毕竟起了作用,那么虽然你丧失了理想的目标,但是你为这个目标的实现贡献了你的力量。在这个时候所达到的那种深邃,就是投身于现实时的深邃,这才能够达到精神之力的最深度,才能够震动它的根底处。不然的话,那只是纸上谈兵。你不去做就没有失败,做就肯定有可能失败,但是你要敢于失败。如果你不敢冒险,你的理想永远是空的,理想只能在它的冒险之中、在自我牺牲之中,获得它的现实性。失败了,后人会从你的失败中吸取经验教训,那么事情就有可能向你的理想目标更接近一点;如果你站在岸上,你不投身进去,那是根本没有可能的。这个是对雅可比他们的一个批判,就是你对上帝有感觉、有感受,但是这个上帝高高在上,与现实生活毫无关系,那不是空的吗?你如果有上帝的观念,那么你就必须抱着这个上帝的观念在现实生活中把它实现出来;而你要在现实生活中把它实现出来,你就必须要有概念,要有秩序,要有规范。你接触到现实的时候,怎么可能没有规律呢?你必须要有概念来把握现实生活,在这个现实生活的把握中,你也可能丧失自身,最后你个人也可能丧失你的理想,那个不要紧,精神它不在乎你个人的情况,它是时代的一个共同的目标。所以黑格尔跟雅可比他们比起来,他更具有历史感、现实感。黑格尔是非常现实的,黑格尔跟康德也好,跟谢林也好,跟他们比起来,他更具有现实精神,他关注现实。他每天看报,每天记帐,今天买了两斤大白菜,称了两斤豆腐,他也要记下来。你可以说他很庸俗,但这并不妨碍他有他的理想,他认为他的理想就实现在这些事情里头,他本身看起来是一个庸人,但是他的思想非常高超,这个中间有一个过渡,有一个阶梯。哪怕是英雄人物,哪怕是优秀的精英,也不是不食人间烟火的,也是跟现实生活打交道的,只有在跟现实生活打交道中,你的理想才有可能实现,下面,

同样,如果这种无概念的实体性的认知佯言已经把自身的特性沉浸于本质之中,并佯言是在进行真正的神圣的哲学研究,[①] 那么这种认知对自己所隐瞒的就是:它并没有皈依于上帝,反而由于它蔑视尺度和规定,就只是时而在自己本身中听任内容的偶然性,时而在上帝那里放纵自己的任意武断。

这就是对雅可比他们的一种批判了。就是说,这些人的无概念的实体性的认知,也就是直接知识,放出话来,就是他们这个无概念的直接认知"已经把自身的特性沉浸于本质之中",他们已经达到本质了,他们才是在进行真正神圣的哲学研究。直接知识的那样一种特点,就是感觉,就是直观;作为感觉、直观,这样一些特点是沉浸于本质之中的,这个本质是可以感到、可以直观到的。但是这种感觉直观已经沉浸在本质之中,它不是一种日常的感觉和直观,像经验派所讲的、感觉论所讲的感觉,那种直观,那不是的,他们是种高级的感觉和直观,是种本质的感觉和直观。他们很清高,他们自己自吹,他们进行的是真正的神圣的哲学研究,已经超出世俗生活之上好远了,已经高高在上了。但是黑格尔揭示说,"那么这种认知对自己所隐瞒的就是:它并没有皈依于上帝",也就是说实际上在黑格尔看来,他们对自己隐瞒了一件事,就是这种认知并没有皈依于上帝,"反而由于它蔑视尺度和规定",只不过在那里"时而在自身中听任内容的偶然性,时而在上帝那里放纵自己的任意武断"。就是说事实上,并不是像他们所佯言的那样有那么清高,有那么神圣,他们其实并没有皈依于上帝,与上帝无关,他们只讲直观情感。而由于他们蔑视尺度和规定,他们就是在自身中也是无所作为的,只能听凭内容的偶然性支配

① 黑格尔在这里指的是艾申迈尔关于神圣性的言论。——丛书版编者

自己。上帝究竟是个什么东西？如果人家要问起来的话，他们听任内容的偶然性，每个人可以自己去感受，你感受上帝是什么，那就是什么，他们相信每个人对上帝的感受都应该是对上帝的真正感受。但是每个人的感受是偶然的，比如说，非洲黑人感受上帝是什么？那就是像一株高高的树，像一座高山，诸如此类，他可能会那样感受。印度人感受上帝就像一个猴子，中国人感受上帝就是我们的老祖宗，这是每个人根据他不同的文化由他的偶然性来感受上帝的。所以这并不叫做皈依上帝，反而是没有尺度没有规定的，完全是偶然性的。"时而在上帝那里放纵自己的任意武断"，前面是无所作为，这里是任意作为。就是每个人对上帝的判断都是自己任意武断的，这跟前面讲的实际上也是一回事，总之上帝你想给它什么，它就是什么。下面讲，

　　——由于他们沉湎于实体的这种无法控制的发酵，他们就以为只要蒙蔽了自我意识并放弃了知性，自己就是**属于上帝的**了，上帝就在他们睡觉中给予他们智慧了；因此，他们这样在睡眠中实际上接受或产生出来的东西，也是一些梦境。①

　　"由于他们沉湎于实体的这种无法控制的发酵"，发酵、发酵膨胀，可以理解为热情。就是说由于沉缅于实体性的无节制的热情，凭自己的感觉，就很容易发酵膨胀起来。你在自己在内心要恢复这种实体的扎实性，那么就凭自己的感觉去把它膨胀起来，每个人自己内心有信仰，你把这种信仰当成一种实体，把它膨胀起来，"蒙蔽了自我意识并放弃了知性"，——自我意识是进行反思的，自己反思自己；知性是用来推理的，如果把这些东西都撇开，——"自己就是属于**上帝的**了"。这个"属于

---

① 参看《圣经·诗篇》第 127 章第 2 节：
　　你们清晨早起，夜晚安歇，
　　吃劳碌得来的饭，本是枉然；
　　唯有耶和华所亲爱的，必叫他安然睡觉。
——丛书版编者

上帝"在原文里面就是 die Seinen zu sein，直译为"就是他的了"，这个"他的"大写，也就是属于上帝的了，就是上帝"他的"东西了。只要你把自我意识、把知性蒙蔽起来，那么你就是属于他的人了。既然如此，"上帝就在他们睡觉中给予他们智慧了"，你把自我意识放弃了，你把知性也放弃了，那你不是跟做梦差不多吗？你在睡觉中上帝就给了你智慧了，你就属于上帝的了，你对上帝的这种感悟岂不上帝给你的一种智慧吗？所以你在放弃自己的思维活动的时候呢，你才会被给予智慧。这个在西方历史上当然是有来头的，从柏拉图开始，一旦达到了"理性的迷狂"，这个时候你要把一切推理都抛到后面去，你才能够达到一种出神的境界。新柏拉图主义推崇出神、迷狂的境界。"因此，他们这样在睡眠中接受或产生出来的东西，也是一些梦境"，直接知识的鼓吹者实际上跟做梦差不多，他们放弃自我意识，放弃知性，放弃起码的思维，诉之于感觉，诉之于内心直觉、直观的知识，那岂不是跟做梦一样？这个是对直接知识的一种批判，我们可以对照《小逻辑》"关于思想对客观性的第三种态度"来读它，并且，我们最好把这三种态度都看一看：一开始是形而上学，然后是经验主义和批判哲学，经验主义和批判哲学在黑格尔那里被归为一类，都属于怀疑、批判、无实体的反思，对现存的一些东西加以否定。那么第三种态度就是直接知识，以雅可比为例，其实还不只是雅可比，还隐藏着后来提到的谢林，但这个地方没有提，连暗示都没有。后面马上就有了，谢林也是直接知识，理智的直观，艺术的直观，这是谢林所达到的境界。那么这里对雅可比的批评实际上也涉及谢林，我们再看下面第三个小标题，

[3. 真理之为原则及其展开]

知识肯定要走向科学，走向科学才是真理，那么真理作为一个原则，它是怎么展开的？在这个小节里面呢，他实际上讲到了真理展开的过程、历程，近代自觉的意识、自觉的精神已经走上了这样一条道路，就是按

照真理自身的原则展开自身的这样一条道路,这条道路是怎么展开出来的? 这是黑格尔在这一小节里面所要谈的。前面是批判,前面两个小标题,一个是讲到了哲学体系的目的,目的就是要把知识变成科学;第二个是讲到了,这样一个目的在当时黑格尔的时代,它所处的各种关系,主要是跟雅可比等人的关系,同样的对象,两种不同的思路,黑格尔对雅可比的思路进行了评价,有褒有贬,更多的当然是批判。第 3 个小标题,就是正面地来阐述真理作为原则,展开的过程。值得注意的是,他是从 "我们的时代",就是近代这个时代,开始进入他的话题的。他说,

　　<u>此外,不难看到,我们的时代是一个新时期的降生和过渡的时代。</u>　　[7]
　　这段话是很有名的。"我们的时代",黑格尔有一种非常强烈的自我意识和时代意识,"是一个新时期的降生和过渡的时代"。时代精神现在正在转型。我们为什么讲德国古典哲学家们都有这种时代意识? 比如说康德,他的《纯粹理性批判》的导言里一开始就说,我们的时代是一个批判的时代,一切都要经过批判。费希特也是,讲我们这个时代 "人的使命","学者的使命",也有这个使命感。那么黑格尔这里也有这样一种感觉,新时期降生和过渡的时代,新时期降生了,但是还没有立起来,还在过渡,是一个过渡的时代。他说,

　　<u>精神已经跟它旧日的定在与表象世界决裂,立足于使它们葬入过去的概念并着手于自身的改造工作。</u>
　　"精神已经跟它旧日的定在与表象世界决裂",这个跟我们国家现在所处的这个转型时代非常相近,康德和黑格尔处的那个时代跟我们这个时代有非常多的相似之点。为什么我要研究德国古典哲学? 就是因为它最具现实意义,德国古典哲学对我们今天来说最现实,有很多东西都可以相通。因为他们处的那个时代跟我们这个时代相通,当时这些哲学家们所发出的呼吁、所做的研究,对于我们来说最有启发性、最有教益。我们旧日的传统,我们历来的定在和表象,已经被定住了的那样一些存在

方式，我们今天已经跟它们决裂，"立足于使它们"，也就是使那些定在和表象，"葬入过去的概念"——立足于这种概念，这概念是使旧日的定在和表象葬入于过去的；"并着手于自身的改造工作"。精神立足于两个方面，一方面是立足于破的概念埋葬过去；另方面是立足于立的工作，即自我改造。下面讲，

精神虽然从来没有静止不动，而永远是在前进运动中被理解的。

精神从来就没有停止不动，从来精神都是在前进运动中被理解、被把握的，历史从来都在前进，尽管看起来好像有中世纪的黑暗，很长时间的停滞，一种思想占据统治地位等等，但是它永远是在前进运动，是这样被理解的。虽然如此，

但是犹如在长期无声无息的孕育之后，孩子的第一声啼哭才把过去仅仅是逐渐增长过程的那种渐变性打断——一个质的飞跃——从而生出一个小孩来那样，形成着的精神也是慢慢地静悄悄地向着它新的形态发展成熟，一块一块地拆除了它的旧有**世界**的结构，只有通过个别的征兆才暗示着旧世界的摇摇欲坠；

这句话很有名，也很通俗。就是我们讲到黑格尔的量变到质变时，经常就引这一句话。从量变到质变，量变好像是无声的、逐渐的、渐进的，但是突然一下就中断了，就产生了一个小孩。母亲生孩子就是这样，十月怀胎，一朝分娩，肚子一天天的大，但是每一天看起来好像跟头一天没有多大区别，只是一点量的区别，但突然一天就把孩子生出来了，"犹如在长期无声无息的孕育之后，孩子的第一声啼哭才把过去仅仅是逐渐增长过程的那种渐变性打断"，这是"一个质的飞跃"。质的飞跃已经是黑格尔《逻辑学》的一个术语了，他把这个《逻辑学》的术语运用到历史过程中，时代、精神的发展、进展，静悄悄地一步步成熟，瓜熟蒂落，自然的过程，都是这样，你想抗拒也没用。"一块一块地拆除了它的旧有**世界**的结构"，一块一块拆除，一步一步地逼进，改革开放、思想解放也是这样一个过程。一开始的时候觉得不可思议，觉得太不可思议了，胆子太

大了,太超前了;但是再过了一两年,发现已经是老套了。我记得,20世纪80年代我们提出"反腐败"这个概念,大多数人都十分反感,这个概念怎么能够安到新中国身上呢?腐败是用来讲国民党的。但是过了两三年,反腐败已经成了一个通用的、官方的说法,我们今天反腐败,已经反到使人腻烦了,已经成了一个套话了。在当时说出反腐败这个词来,是要冒风险的。这个是时代精神发展的过程,历史的过程不可逆转、不可抗拒,但是要一步一步来,就是这样走过来的,一开始并不明显,"只有通过个别的征兆才预示着旧世界的摇摇欲坠"。传统的力量看起来非常强大,牢不可破,只有个别的征象,但为什么它老冒出来?像割韭菜一样都割不了,出来了就把它割一茬,再出来又再割一茬,但是它终究还是长出来了,你割不尽,这没办法,个别的征象在当时已预示着旧世界摇摇欲坠。下面讲,

　　<u>在持存的东西里蔓延着的那种轻浮和无聊,那种对未知的东西的不确定的预感,全都预示着有某种别的东西正在到来。</u>　{15}

　　人们都感觉到了,那个时代,在那样一个转型时代,变化的、变动的时代,人人都感觉到应该有什么东西会来了,但是还没有来,到处还是歌舞升平,人们还在过他们旧日的生活、习惯了的生活,只是内心有一种恐慌,是不是都要改变了?

　　<u>可是这种逐渐的、并不曾改变整个面貌的崩裂溃散,突然为日出所中断,升起的太阳就如闪电般一下子树立起了新世界的形相。</u>

　　这句话是非常激动人心的,"这种逐渐的、并不曾改变整个面貌的崩裂溃散,突然为日出所中断",就像柏林墙,突然一夜之间,柏林墙就倒了,一天之内就拆除了,就不存在了,每个人抱一块回家去做纪念,因为以后再看不到了。日出,Aufgang,可以说是日出,也可以说是月出,直译就是升起来。当然这个地方指的是太阳升起来,日出,这个跟光线有关。我们刚才讲了光线,这个西方哲学是光态语言,它往往是用这样一种比喻,光喻。"升起的太阳就如闪电般一下子树立起了新世界的形相",这

个是黑格尔对刚刚过去的历史的回顾，也是对他的时代的一种概括、一种分析。就是实际上讲的是他所处的那个启蒙时代，法国大革命的时代。1789年法国大革命爆发，黑格尔和他图宾根大学的同学谢林、荷尔德林三人一起到郊外种植了一株"自由树"，以示庆祝。近代的自觉的精神最早是在英国、法国形成，现在传到了德国。德国从三十年战争中醒来、恢复过来，整个国家一片颓败，人们过着庸庸碌碌的生活，在康德那个时代，就已经有这种感受了。那么到黑格尔，这种感受更加强烈，这个国家不能这样下去，民族不能这样下去，应该要改变了，应该要改变一种生存方式。大家都有这种要求，要改变，但是如何改变？谁都心里没有底，只觉得今天搞一点改革，明天搞一点改革，好像都是小打小闹，总体上没有任何变化。但是突然有一天就变了，这个是黑格尔的对当时的一种预见，也是对法国革命的借鉴。其实，黑格尔当时也还处于这个过程之中，跟以前的德意志相比，德国已经起了很大的变化，但是还不够，在欧洲来说，还是属于落后的民族。但是整个面貌的改变已经开始，将要突然为日出所中断，像闪电一样，一下子建立起新世界的形相。虽然新世界还没有真正建立起来，但是已经建立起了新世界的形相，大家心里一下子明白了，我们德意志究竟应该向何处去？我们今天也在问，我们中国向何处去？已经说了好多年了，"文化大革命"时期杨曦光（杨小凯）就写了一篇文章《中国向何处去？》，一直到现在，我们还在问：中国到底向何处去？但是在黑格尔那里，德国向何处去已经非常确定了，包括当时黑格尔的政治观点，认为将来德意志民族要走宪政的道路，这是当时黑格尔为德国人所设计的未来的新世界的形相。这个形相已经很清晰了，但在现实中还刚刚开始，所以他下面一段就讲到了：

> 但这个新世界正如一个刚刚诞生的婴儿那样还不具有一个完全的现实性；这一点从本质上说是不能不考虑的。

最开始建立起了新世界的形相，这是一个开端，这种开端还不具有完全的现实性，这跟前面黑格尔一开始讲的是吻合的，就是开端你不要把它当成完成了的东西，开端总是不完善的，总是抽象的。开端建立起了新世界的形象，但它只是一个观念，只是一个理念，只是一个"相"，但是它还不是现实，你按照这个理念去改变、去改造社会，那还有大量的工作要做。"这一点从本质上说是不能不考虑的"，就是要考虑到开端总是不完善的，我们讲万事开头难，万事开头总是不完善的，有这样那样的缺点。他说，

> 首先出场的才只是它的直接性或者它的概念。

"它的直接性"，这个黑格尔也不否认开始只能是直接性，他批评雅可比的直接性，只是因为雅可比把直接性当作一切，以为有了直接性就有了一切，就够了，这个黑格尔是不满意的。他认为雅可比虽然在自觉的精神发展的历史上、在最初阶段上起了一种推动作用，但是他到此止步了。应该有一种进一步的发展，应该把开端的这种直接性作概念的理解。所以他讲"首先呈现出来的才只是它的直接性或者它的概念"。那么概念开始是抽象概念，但是有了概念，就有希望，因为概念它会自己运动，它会自我发展。当然它还仅仅只是概念，它还不是现实，不是完全的现实，还有待于发展。下面举了个例子，他说，

> 正如一个建筑物在奠基的时候并不就是已经落成，同样，对于整体所获得的概念也并不就是该整体本身。

上帝当然是全体，但是在雅可比的那种直接知识的形态之下，它只是一个全体的概念，它还不是全体自身，它只是一个抽象概念，这个是跟黑格尔前面讲的一贯下来的。一个建筑物在奠基的时候，那你不能说它就是一个建筑物了，一个整体的概念还不是整体自身。下面还举了一个例子，

> 如果我们希望看见一棵身干粗壮枝繁叶茂的橡树，而显示给我们的不是橡树而是一粒橡实的时候，我们是不会满意的。

开端只是一个橡实，还不是一棵橡树；它是有可能发展出一株橡树

来的，有希望在里头。但是希望不等于现实，橡实只是一个开端。下面，

同样，科学作为精神世界的王冠，也决不是一开始就完成了的。

把科学推到非常高，这跟康德是一致的，康德虽然讲，哲学当年是一切科学的女王，后来遭到了冷落，但是康德的这个意思并不是要把哲学否定掉，他是要重建形而上学，所以他还是认为，科学、哲学是精神世界的王冠，人类的精神世界有很多，有宗教、艺术、伦理道德等等，其中的王冠就是科学，而科学的科学就是哲学。哲学不是一开始就完成了的，精神世界的王冠不是一开始就完成了的，它要经历一个过程。他说，

新精神的开端乃是各种各样教养形式的一个广泛变革的产物，乃是用尽各种办法并作出各种奋斗和努力而取得的报偿。

"新精神的开端"，精神发展到今天，到了一个新的时代，"新精神的开端乃是各种各样教养形式的一个广泛变革的产物"，以往的教养赋予了精神以各种各样的形式，而今天，这各种各样的教养形式要作广泛的变革，开端是广泛变革的产物，不破不立，你不把过去的东西加以全面的批判，新的东西如何能够开端呢？他说，"乃是用尽各种办法并作出各种奋斗和努力而取得的报偿"，什么报偿？新的精神开端本身是直接的，但是它已经具有间接性了，已经是用尽了各种办法、作出了各种艰苦的奋斗和努力后，才取得的一种报偿，一种回报，所以哪怕是开端，但是它已经不仅仅是开端，它已经是一个结果，一个产物。开端本身就是一个长期努力的结果，新的精神的开端也是这样，经过了各种艰苦的努力、奋斗，就会得到回报，这个回报就是开端。他说，

这个开端乃是从前后相继中，也是在扩展了自身以后，返回到自身的全体，乃是对这全体所形成的**单纯概念**。

这个开端是什么呢？"这个开端乃是从前后相继中"，开端并不是要完全抛弃过去，而是要继承过去，并且是在扩展了自己以后返回到了自身的那个全体。返回到自身，谁的自身？就是全体的自身，全体返回到了自身，这个开端乃是全体在继承了过去并扩展了自己以后，返回到

了自身的那个全体。开端本来已经是全体了，我们要树立新世界的形相，就是我们整个新的世界它有个全体的概念，已经很清晰了，通过一次日出，像闪电一样的，整个我们将来要向何处去已经非常清晰了。它已经是个全体，当然这个全体它并不是一下子就实现出来的，新世界的形相的全体继承了过去并扩展了自己，在过去的基础之上返回到了自身，过去和未来是一个全体。这个形相本来就是一个全体形相，那么在它继承过去扩展自身以后，"乃是对这全体所形成的单纯概念"，单纯概念打了着重号。就是说开端的时候它里面包含着全体，对这个全体它形成了一个单纯的概念，开端就是一个全体的单纯概念。但是正因为这个概念是单纯的，它还不具有现实性，它的现实性必须在更艰苦的努力和奋斗中才能够实现出来，一个是要继承过去，另一个是要扩展自身，就是承前启后。承前启后才能够构成现实的全体，而在这个节骨眼上，只有一个全体的概念，我对全体形成了一个概念，我知道我的开端是怎么来的，过去的我继承了，我也知道将来我要怎么做，把过去和将来全部统一起来，变成一个历史的过程，这样一个概念，我现在有了。但它还是一个抽象的概念，还是一个单纯的概念，还没有真正完成，它在过程之中。所以他下面接着讲，

　　但这个单纯的全体的现实性却在于，现在已变成各环节了的那些形态重新来发展自己并为自己提供新的形态，但却是在它们的新的元素中，在已经形成了的意义中做这件事。

　　全体的现实性在什么地方？现实性只是在这里，即必须要做到下面这一点，"现在已变成各环节了的那些形态"，那些形态也就是那些以前的形态了，意思就是指那些以前的形态，现在已经变成了全体中的一些环节，所有以前的东西都是我们的传统，所有这些传统构成一个一个的环节，成为了当下全体中的环节，而现在已经变成环节了的那些形态，则要"重新来发展自己并为自己提供新的形态，但却是在它们的新的元素中，在已经形成了的意义中做这件事"。所以全体的现实性就在于那些

119

传统形态要重新发展自己，产生出新的形态来；但却必须是"在新的元素中，在已经形成了的意义中"来发展自己，来产生出新形态。我们今天来看以前那些东西，我们今天有今天的新元素，比如说改革开放，比如说这个农民进城，打工仔、打工妹进城，这都是新的元素，过去的老的元素解体了，自然经济解体了。在它的新的元素中，已经形成了新意义，比如说，今天我们的意义——民主、自由、人权，法治，中国人要在这些意义中重新获得发展，并提供出新的形态。我们今天讲民主、法治、人权，这都是以前没有的。德国也是这样，当时是没有的，但是通过在新的元素中已经形成了的意义、已经普及了的普遍意义，来发展过去传统中的环节，使它重新获得意义。我们今天把这些普遍的东西树立起来，我们就能够真正地拯救我们的传统文化，把我们传统文化中的那些元素在新的条件下加以发展，以产生出新的形态来。你如果把这些新的意义完全拒之于门外，那就只有腐朽堕落，你要从里面开出现代化来，那是做梦，那是开不出来的。你要走向现代化，这是一个全体，这是一个历史过程。观念你有了，它怎么实现？就要这样来实现。今天就读到这里。

＊　　　　＊　　　　＊

今天继续往下讲，我们上次已经讲到第 7 页的两段，剩下最后一行。我们上次讲到了黑格尔的一个出发点，就是前面都是讲教养、时代的教养，上次讲的最后两段呢，一个讲新时期的降生，新时期就像婴儿一样，十月怀胎，一朝分娩，用他的话来讲，就是突然日出，升起的太阳像闪电一样建立起了新世界的形相。但是这个形相仍然还是不现实的，还是抽象的，刚刚显示这个形相，它的所有环节都还没有展开，只是一个大致的轮廓。那么这是一种时代感，一种历史感，一种时代精神的意识。恩格斯在他的《卡尔·马克思的〈政治经济学批判〉》里面谈到，黑格尔的思维方式有巨大的历史感，形式尽管是唯心的，但是他的思维进程跟世界历史发展紧密相联、相互平行。所以这个地方讲到这个新时期的降生，它不仅仅是个历史事件,我们上次讲到,它这个里头包含有启蒙运动、法国革命,打破了中世纪那种封建的等级特权观念的统治,展现了新时代的曙光。但是除了这个历史事件以外,黑格尔对这个新世界的诞生不仅仅是作为历史事件来讲的。我们前次讲到,我们读黑格尔的时候,时刻要在他的历史里面看出逻辑,要在他的逻辑里面看出历史,逻辑和历史相一致。所以他这个地方是混在一起讲的,前面讲了近代的教养,哲学是近代教养的代表,近代的教养是什么层次呢?从当时的哲学里面可以看到,它的这个阶段同时是和新世界诞生、和历史事件是紧紧平行的;但是正如哲学刚刚开始呈现出来的时候是抽象的,那么新世纪、新世界最初闪现出来的时候,它的表象同样也还是抽象的。所以这一段他是这样讲的:

<u>由于一方面,新世界的最初显现还只是那个掩盖在其**单纯性**中的全体,或者说,还只是全体的普遍基础,所以另一方面,过去的定在的丰富内容对意识来说还是记忆犹新的。</u> [8]

就是说,一方面新世界最初显现出来了,像闪电一样地闪现出来了,但是这种显现还是被掩盖在其单纯性中的全体。它当然是个全体,最开始出现的东西都是一个概貌,都是一个大致的形相,但是它的本质还被掩盖在其单纯性里面,它里面的复杂的东西还没有来得及展示出来。一个时代总是这样的,就像现在讲民主、法治,这些东西都是抽象的,对于我们来说,真正有一天实现出来是什么样子?我们谁也不知道,但是我们要往那里走,我们要往那个方向去,这是我们确定的目标。它的本质被掩盖在其单纯性中,我们讲民主,看起来非常单纯,民主是个好东西,谁都这样讲。但是有些人发出不同的声音:民主为什么是个好东西?看看美国现在搞成什么样?看看台湾现在闹成什么样?就是说这个东西一旦实现出来,也许不是你想象的那样。但是在最初的时候,它总是显得很单纯,因为它是全体,而这个全体就算它的各个环节实现出来,它也是不会被否定的,你尽管说美国、台湾闹得一塌糊涂,但是你还得承认它们

是民主，你还得往那个方向走。民主是全体，至于其中的各个环节，在最初的时候被掩盖了，只有当它展现出来的时候，这个全体才具有了现实性，现实的民主就是这样的，到那个时候你才会有一个具体的概念。"或者说，还只是全体的普遍基础"，就是说最初显现的这个全体，是抽象的，是单纯的，但是必不可少的，它是全体的一般基础，只有在这个基础上才能表现出全体，没有这个基础，连民主你都不去追求，那又谈何全体？谈何实现？你首先要有这个意向，要去追求，这才是个基础，然后它的各个环节才有可能在这个全体里面逐步实现出来。他说，"所以另一方面过去的定在的丰富内容对意识来说还是记忆犹新的"，传统，我们历来是这样过来的，我们对以往的东西都很熟悉，我们对未来的东西很陌生。未来的东西还没有实现出来，当然陌生了，但是以往的东西还是记忆犹新的，这个传统对我们的影响是非常大的，是溶化在我们的血液里面的，它有丰富的内容。今天的国学热，回复到中国几千年来的生存方式，这些生存方式实际上很多都过时了，但是还是记忆犹新的，我们读儒家经典，读老子、庄子，总是感到很亲切，我们记忆犹新。下面讲，

在新出现的形态里，意识想见而见不到的是内容的展开和特殊化的过程，更遑论将各种区别加以可靠规定并安排出其间固定关系的那个形式的养成过程了。

这个"想见而见不到"，原文是 vermißt，意思是，有个东西丢掉了，时刻惦记着它，但是手头没有，就是这个意思。它不仅仅是见不到，是想见而见不到。见不到什么呢？"内容的展开和特殊化的过程"，就是在新出现的这个形态里，在新世界的观念、这样的表象里面，意识惦记着想见到那个全体的展开和具体化，但是它见不到。我们对过去记忆犹新，但是我们对于未来非常茫然，只有一个观念，只有一个表象。"更遑论将各种区别加以可靠规定并安排出其间固定关系的那个形式的养成过程了"，"遑论"，这是最近十几年用得比较多的港台词，意思是更谈不上、更不用说。意识见不到内容的展开和特殊化的过程，更不用谈将各种区

别加以可靠规定并安排出其间固定关系的那个形式的养成过程了。养成过程，也译作形成、造就，原文 Ausbildung，和"教养"Bildung 同词根，所以我译作养成。更不用谈形式的养成过程了。前面是讲的内容，意识想见而见不到内容的展开和特殊化的过程；这里讲形式，更不用谈形式的养成过程了。什么形式呢？将各种区别加以可靠规定并安排出其间固定关系的那个形式。这样一个形式当然就是逻辑形式了，把各种区别加以可靠的规定并且安排出其间固定关系，那个形式岂不是逻辑关系、逻辑形式吗？这个逻辑进程还没有走，还刚刚起步，那它的一切具体的安排你现在还看不到，它是一个发展形成过程。但是虽然看不到，既然你已经提出了一个全体的表象、全体的抽象概念，实际上还是惦记着它的、是想着它的，你是想要把它的内容和形式都实现出来的，但是还没有。你手头还只是一个理想，这个理想一个是在内容方面要把它的特殊性展开出来，另外一个是它的形式，必须按照可靠的规定安排它的区别和固定关系。在形式方面要走完它的逻辑进程，在内容方面要获得它的丰富的特殊性。当然黑格尔更强调的是后者——形式，就是逻辑；但是你首先要有内容，然后才有逻辑形式，你连内容都没有，遑论形式的这种养成？形式的养成是黑格尔真正要强调的，所以他接下来讲，

没有这种养成过程，科学就缺乏普遍的**可理解性**，就仿佛只是少数个别人占有的一种秘传的东西；——说是一种秘传的东西，是因为科学只有在它的概念里或只有在其内在的东西中才是现成在手的；说它是少数个别人的，是因为科学的并不广泛的显现使得它的定在成为了个别的。

"没有这种养成过程，科学就缺乏普遍的**可理解性**，就仿佛只是少数个别人占有的一种秘传的东西"，好，我们看这半句。没有这个养成过程，就是指前面讲的那个形式的养成过程，那么"科学就缺乏普遍的可理解性"。科学要得到普遍的可理解性，要人人都能理解，那就必须形式化，必须在逻辑上有这种普遍性。我们知道，逻辑是具有普遍性的，逻辑强调的就是普遍性，逻辑是人人都可理解的。我们中国人不太讲逻辑，但

123

是你讲逻辑，中国人都能懂，都能说服人，尽管有的人口服心不服，但是你违背逻辑总是不好的，对不对？不管你怎么说，逻辑它具有普遍的可理解性。当然黑格尔的逻辑不仅仅是形式逻辑了，如果没有这种逻辑形成过程，没有这种形式的形成呢，"科学就缺乏普遍的可理解性"。我们的科学后面都带一个 logy，就是这个理由，凡是 logy，biology，psychology，epistemology，类似 logy，都具有一种普遍的可理解性，因为它都采取了一种逻辑形式。这都是养成的，是一种教养。但是如果没有这种养成过程，没有这种形式，"就仿佛只是少数个别人占有的一种秘传的东西"。你不讲逻辑，那就是少数人、少数天才或者少数人的偶尔的发现，或者说他运气好，被他发现了，然后秘不外传，甚至于传不出来。就像《庄子》里面讲的这个斫轮老手，他斫轮斫了七十年，他当然心领神会，手到擒来，但是他的儿子学不到。为什么学不到？他不能说出来，说出来儿子也不懂，他是秘传、家传的，儿子只有跟着去做。等到他的儿子到了七十岁的时候，他也许做得跟他父亲一样好了，但是没有普遍性。中国的科学技术历来都是内部秘传的、家传的，医学、四大发明等，发明了，然后又失传了，中国人多得很，所以奇异之人也很多，奇人怪人、妖术、奇技淫巧，这种人多得很，然后不断地有发明出来，据说指南车就发明了十几次，诸葛亮的木牛流马有些人现在还在发明，想把它再发明出来。但只是秘传的，没有流传下来，因为不能传下来，你把它写出来，没办法写。他当时用了之后就失传了。黑格尔讲的就是西方人当时的那样一种风气，少数人的灵感、少数人的天才、少数人的直觉，他个人拥有，但是不见得每个人都有，他拥有了，他也不能告诉别人，如果缺乏逻辑的话就会有这个毛病。我们前面讲序言的时候，我们就讲到了黑格尔的最大的一个发明创造，就是把这种直观的东西、灵感中的不可言说的东西，把它变成了逻辑。辩证法很多是不可言传的东西，但是它变成了逻辑，变成了可以通过语言、通过语词加以辨析、加以推演并被别人、被普通人理解的。不需要你有灵感、有天才，一般的普通老百姓都能理解，都能够学习，这就变成了可以学习的东西，这是他的一个最大的贡献。在这里也是的，如果没有逻辑的话，那么科学（也就是哲学，他讲的科学也就是哲学了）就只是少数人保有的一种内部秘传的东西。下面就讲，"说是一种秘传的东西，是因为科学只有在它的概念里或只有在其内在的东西中才是现成在手的"，这是讲秘传的科学之所以是秘传的，是因为它存在于概念和内在东西之中，本身还没有实现出来，还没有表现出它的效果。科学随着新世界的诞生也开始显现出来了，但是只是显现为一种秘传的东西，就是少数先知先觉者知道，但是知道了以后，他们又不能告诉别人，或者告诉别人了别人也不懂。科学最开始的时候都是这样。不能告诉别人，有一种情况就是说大众还未觉醒，你告诉别人，别人也不懂，另外一种情况就是说你这个最初的这个觉悟，还是一种灵光闪现，它没有办法表达，没有办法诉之于语言，没有办法诉之于逻辑，还没有得到教养和陶冶。就像黑格尔在前面批判的直接知识，直接知识黑格尔并不反对，但是他认为用直接知识来理解科学、理解哲学，还只是一个概念，只是抽象的，还没有展开它的具体的内容。黑格尔其实把自己的哲学也看作一种直接知识，但这种直接知识本身具有间接性，具有中介性，中介性就是间接性了，它能够自行展开，能够展开自己。这是黑格尔跟当时的直接知识那些人，雅可比、谢林所不同的。黑格尔在这个地方，认为他们的这样一种直接知识已经是现成在手的科学，但是这种现存的科学还只存在于它的概念里，或只有在它的内在的东西中才是现成在手的。这个时候，我们可以把它叫做现成的科学，就是说已经有科学了，雅可比、谢林、费希特都可以说是科学，费希特的知识学，全部知识学的基础，谢林的先验唯心论，这些都可以说是科学了。但是这种科学还是仅仅以它内在的东西作为现成的科学，它还没表现出来。所谓内在的东西就是说每个人心里知道，但是不能在现实中通过具体的活生生的历史过程把它的环节展示出来，一切都还是内在的。有了这个基础，我们可以继续发展，但是现在还没有发展，还只是科学的一种抽象概念。下面讲"说它是少数个别人的，是因为科学的并不广泛的显现使得它的定在成为了个别的"，前面讲到秘传的，这里强调是少数个别人秘传的。为什么是少数个别人的呢？是因为科学还没有广泛地出现，只有个别的天才、个别的先知先觉者他们领悟到了，这就使得它的定在成为了个别的、就是科学这样一个抽象的概念，它的定在、它的此在、它的现实的表现，只是个别人头脑里面的东西。他们已经发现了科学，但是在广大的人民群众那里，还没有推广开来，还没有被人们所知道。你体会到了，但你没有广泛地说出来，那怎么能让人懂呢？所以它的定在成为了个别的、抽象的概念在具体存在中只表现在个别人的头脑里面，那么它的普遍性就要受到限制，科学本来应该是普遍的，应该广泛地出现，任何人都可以学习，但是现在还没有。下面讲这个道理，

只有完全规定了的东西才同时是对外开放的、可理解的，能够被学习并为一切人所有的。

"只有完全规定了的东西才同时是对外开放的"，exoterisch 翻译成公开的、大众化的也可以，并且是"可理解的，能够被学习并为一切人所有的"。这就是黑格尔要建立一门"逻辑学"的最初的想法。完全规定了的东西，也就是说有了具体规定的东西。最抽象的那个表象，科学以及新世界、全体这样一些概念，都是抽象的，都还没有经过完全的规定。所谓完全的规定就是说具体的、系统的规定，每一个环节在全体中都得到了定位，但现在还没有。"对外开放的"不是哪个人头脑里面隐藏的、秘传的东西，而是对一切人开放的东西，只有你把它规定好了，在逻辑上有规律可循了，才能够对一切人开放。只有完全规定了的东西才不是你个人头脑里所固有的，才是"对外开放的、可理解的，能够被学习并为一切人所有的"，为一切人所有的，能够被学习，通过什么去学习？通过逻辑。每个人都有逻辑，有强有弱，但都有，你如果逻辑推理比较弱，你就更要学习，通过学习，你才知道自己错在哪里。所以黑格尔在这里强调的就是科学的普遍性，也就是逻辑的形式，下面讲，

科学的可理解的形式是向一切人提供的、为一切人铺平了的通往科学之路，而通过知性达到合理的认知乃是促进科学的意识的正当要求；{16}因为知性一般说来即是思维，即是纯粹的我，而知性可理解的东西则是已知的东西以及科学与非科学的意识所共同的东西，非科学的意识通过它就能直接进入科学。

"科学的可理解的形式"，所谓"可理解的形式"，verständige Form，实际上就是知性 Verstand 的形式，verständig 这个词本来的意思就是互相理解的，即能够通过 Verstand 互相理解的，Verstand 译作知性，也可以译作理解。正因为如此，它"是向一切人提供的"，因为它是互相理解的，所以它是"为一切人铺平了的通往科学之路"。广大老百姓还处在蒙昧之中，你怎么启蒙？你必须要提供一条道路，让所有的人，只要是人，他都能够遵循这条道路接近科学，"通过知性达到合理的认知乃是促进科学的意识的正当要求"，促进科学的这种意识，它的正当的要求就是通过知性来达到合理的认知。这条道路是人人可走的，只要你愿意，就可以走上科学的道路。它不是那种秘传的知识，不是那种灵感，不是那种慧根，不是那种可意会而不可言传的东西，而是通过知性来达到的一种合理的认知。黑格尔写这本书，一开始就讲，他的目的就是要打开通往科学的道路，要促进科学。所以他必须提出这样一个正当的要求，就是为一切人铺平通往科学的道路。为什么促进科学的意识必然会要求通过知性来达到合理的认知呢？"因为知性一般说来即是思维，即是纯粹的我"，这是从知性的本性来回答这个问题。在康德那里，知性是思维能力，它的最高原理就是先验自我意识，这个是从康德那里接过来的。"而知性可理解的东西则是已知的东西以及科学与非科学的意识所共同的东西"，知性可理解的东西，即 Verständige，也就是互相能理解、大家公认的东西，所以是"已知的东西"，但也包括"科学与非科学的意识所共同的东西"，科学作为一方，非科学的意识作为另一方，双方所共同的东西是什么东西呢？就是知性可理解的东西。就是说你这非科学的意识仍然具有可理解性，包括那些非科学的人，他们也是有知性的，他们也是通过可理解性来把握他们的知识，虽然他们的这个知识不正确、不科学。那么科学和非科学所共有的就是可理解的东西。所以知性的可理解性是一条道路，可以把所有的人，包括那些科学的人和非科学的人、科学的意识和非科学的意识，共同引向科学的道路，只要你愿意，你不固执。你的意识还不科学，但是如果你不固执，你愿意理解，你就可以走上这条道路。那么黑格尔给你提供了一条道路，就是可理解的东西——逻辑，逻辑学就是通往科学的道路，"通过它就能直接进入科学"，再用不着别的间接的手段了，就凭可理解性，就凭逻辑，就凭这样一种科学的形式，你就可以直接进入科学。所以这一段他是讲，一方面新世界的最初显现还只是单纯的全体，还是一种抽象的概念，是全体的基础，那么在这样一个时代出现的这种科学，还没有完成，想要完成，但是现在所有的环节都还没有展开。那么如何展开？也就是在我们这个新的时代，如何使这个新时代的意识、时代精神成为科学？时代精神已经在个别人的头脑里面表现出来了，但是它还是作为一种个别人特殊的天才、一种灵感、一种秘传的直接知识而存在，还没有被广大老百姓接受。时代精神还没有成气候，还只是一个萌芽，那么如何使它成形？他这里提出来，就是这种形式、科学的可理解的形式，这是我们要去促进的道路，所有的人都能够通过这条道路进入到科学。所以有的人说黑格尔的《精神现象学》是一种引人入门的"教学法"，有一定的道理，当然我不完全同意这个说法，这实际上只是其中的一个因素，它主要的目的不在这里。但是确实有这个因素，就是说通过这样一种层层递进的逻辑演进，它可以把所有愿意理解的人都引上科学的道路。为什么《精神现象学》是科学体系的第一部分呢？就是说你通过这一部分可以进入到科学、或者才可以进入科学，不管你是相信的，还是不相信的。你相信我，你跟着我进来，这很自然；你不相信我，但是我这个里头也包括你的前提，那么你从你这个前提出发，也会走到我这一步。按照黑格尔的想法，他是相信所有的人经过这一走的话，都会跟着他进入科学，包括那些非科学的意识，也会变得科学起来。非科学的意识也有它的基础，也有它的出发点，凡是人都有的理解能力。这个出发点在《精神现象学》里面，把它们组织成了一条道路，从错误通向真理，越来越具有真理性。当然整个《精神现象学》都是一条错误之路，把所有的错误集大成，按照逻辑的程序把它排列起来，从肤浅的错误到深刻的错误，到最后致命的错误，最后就悟到真理何在了。所以非科学的东西是实现科学的前提，《精神现象学》是"意识的经验科学"，意识的经验科学也可以说是意识的经验的非科学。非科学的东西黑格尔并没有把它简单地抛弃，而是对它加以引导，把非科学的东西（它的前提、它的基础）引向科学的道路，这是黑格尔的目的，他认为，这样的做法是顺应时代精神的呼唤和要求的。我们再看下面一段，

科学既然才刚刚开始，因而在内容上还未达详尽，在形式上也还未达完善，因此受到了指责。但是要说这种指责触及到了科学的本质，那就会像不愿意承认科学养成的要求一样，是很不公平的。

"科学既然才刚刚开始，因而在内容上还未达详尽，在形式上也还未达完善，因此而受到了指责"，这个前面一段已经讲了，在内容上怎么怎么样，在形式上怎么怎么样，因此而受到了指责。科学在开始的时候有这么多缺陷，因此受到了指责，"但是要说这种指责触及到了科学的本质，那就会像不愿意承认科学养成的要求一样，是很不公平的"。就是说科学的不完善当然受到了指责，但是这种指责是不是触及到了科学的本质呢？并没有。你可以指责它不完善，所有的新生事物都是不完善的，新生事物本身也可以承认，刚刚产生出来，你就要我完善，那怎么可能呢？所以这种指责也是对的，它受到指责也没错。但是这种指责并没有触及到科学的本质，并没有伤筋动骨，你要横挑鼻子竖挑眼当然也可以，这种挑剔这种指责甚至于还有好处，可以促进科学的完善，可以使它改过来，使自己更加完善，——这个也对。但是你如果想因此来否定科学的本

质，那就很不公平的，就像"不愿意承认科学养成的要求一样"。就是说既然它有这么多缺点，那科学就不要发展了，科学就到此止步，甚至要抛弃科学，那就是因噎废食了。"五四"时期提出来德先生和赛先生，也有很多毛病，但因此就说我们不要德先生、赛先生，德先生、赛先生都是西方的，都不适合于中国国情，你把它完全抛弃，那就很不公平。最开始的时候科学进入到中国，确实对它有很多误解，很不完善，但是毕竟它进来了，可以一步步地完善，要促进它，不能因此就把它抛弃掉，要让它有一个逐渐的"养成"过程。你可以指责它不完善，但是这种指责不能够涉及科学的本质，不能够完全否定科学。一方面通过指责科学的不完善而否定科学本身，另一方面不愿意承认科学的养成的要求，认为科学必须当下、马上就要完善。这两者实际上是一回事情，但是表现为两种倾向，一方面是指责它没有发展得完善，另一方面是说科学不应当发展，就像直接知识那样，科学一下子就完善了，我灵光一现，科学就完善了。直接知识就是一下子完善的，这种知识没有继续发展形成的要求，否定它有养成的要求，否定它是一个发展形成的过程，这个是表现为另外一种方式。两种态度是截然相反的，一个对现有的科学横加指责，另一个对现有的科学顽固地执着于那一点，不要发展，只要直接知识。一个是说它是很不完善的，一个是说它已经是尽善尽美的，这是两极，但是两极是相通的，都是很不公平的，想一下子就得到这个尽善尽美的科学，得不到，所以你就把科学全部否定了；而另一方面呢，认为现在的科学就是尽善尽美的，我想到的那个科学就是尽善尽美的，它没有缺点，无可指责，那同样是取消了科学。你把科学限制到它不发展的状态，那还有科学吗？所以两方面都是把科学的本质抛弃了。下面讲，

这两方面的对立，看来是科学教养当前所殚精竭虑而还没有对之取得恰当理解的最主要的难点。

"这两方面的对立"，也就是指责科学不完善与反对科学需要养成两种意见的对立，"看来是科学教养当前所殚精竭虑而还没有对之取得恰当

理解的最主要的难点"，所谓"看来是"，它有一个虚拟的意思，看起来是，在我看来是。"科学教养"，wissenschaftliche Bildung，与前一句"科学养成"（Ausbildung）相呼应，就是科学刚刚产生，这是教养的第一步，初次受到教育，获得教化。但是它遇到了一个最主要的难点，这就是前面讲的那两方面的对立，弄得科学进也不是，退也不是。这个难点是科学教养当前殚精竭虑，但是还没有恰当地理解的。一方面就是说现有的科学那么不完善，那么我们要指责它，要批评它，甚至要抛弃它，另一方面，认为你觉得不完善是因为你没有进来，是因为你不懂，你要像我一样去体会，去深思，去直观，那么就会发展它是尽善尽美的。但是一般老百姓都没有那个直观能力，没那个慧根，不像这些大彻大悟、先知先觉的人那样的灵光，所以没有跟着他走。这就是这两方面的纠结，难点，Knoten，也可以译作纠结。一方面是批判现有的科学，另一方面是坚持现有的科学，但认为它已经尽善尽美、不需要发展了。这个纠结究竟怎么理解？有一派人说现在流行的这个科学完全要不得，内容上不详尽，远离生活，形式上也未达完善，抛弃论证，单凭直接知识；另一派就是坚持直接知识的至高无上，我们是先知。这两方面的纠结、纠缠，是当前的科学教养没有解决的问题，双方各执一辞。下面讲，

　　一方面的人在夸耀其材料的丰富和可理解性，另一方面的人则至少是在鄙视这一切，而吹嘘直接的合理性和神圣性。

　　这是更加明确地把这个纠结摆出来了，"一方面的人在夸耀其材料的丰富和可理解性"，前一方面的人，就是批评现有科学的人，指那些只凭常识和日常经验生活的人。因为科学在萌芽时，还是很抽象的，还没有材料没有内容，所以这一方面的人在夸耀其材料的丰富和可理解性，他们这种夸耀都是对已有定在的丰富内容加以夸耀，因为那些内容还是记忆犹新的，我们上一段讲到了。所以那些人手头的材料很多，他们就沉溺于这些材料，抛弃了当代科学也就是哲学的那些顶尖的理解，因为他只追求那些可理解的东西。那么什么是可理解的东西？就是常识，常

131

识总是有"可理解性"Verständlichkeit，也就是上面讲的知性的可理解性。"另一方面的人则至少是在鄙视这一切，而吹嘘直接的合理性和神圣性"，他们认为这些东西都是过时的、低层次的东西，鄙视这些世俗材料的丰富性和可理解性，他们要的是"直接的合理性和神圣性"。这里的"合理性"用的是 Vernünftigkeit，是和前面的知性的可理解性 Verständlichkeit 相对照的，表明前一派主要立足于知性，后一派立足于理性，这还是沿用康德对知性和理性的区分，即理性是超越于知性的科学知识之上的，是和彼岸超验世界的神圣性打交道的。后一派吹嘘直接知识，认为凭天才和灵感直接接受到的合理性和神圣性，这是至高无上的。这是黑格尔那个时代两派人的争论，下面，

不论是单单由于真理之力，还是也由于对方的声势，前者现在总算是归于沉寂，但他们虽然在事情的根据上感到被压倒了，却并未因此在上述要求上得到满足；因为那些要求是正当的，却并未实现出来。

这个是讲的前面那一派。前一派人，不论是单单由于真理的力量，他们认识到真理之力了，意识到常识的那种丰富的内容必然会被抛到后面去，真理有它自己的力量，不可抗拒，由于这一点，也许前一派的人会自惭形秽；"还是也由于对方的声势"，强调那些灵感、直接的合理性、神圣性，那一派人他们的气势很大，虽然他们人数很少，但是他们高高在上，而且，有很多追随者，时髦。一个时期有一个时期的热点，现在跟风热，处于最高的那几个是先知，底下的人都是跟风的，都是粉丝。这些粉丝，对最高的那几个人并不真正地理解，但是有一种气势。时代精神的转向总是能够带动一大批人，不管是理解的还是不理解的，都掺和在里头，形成一种气势。你现在再把那些过时的东西搬出来，这个已经没有多少人追随了。不管是哪一种原因，要么是你感到了真理的力量，要么是迫于现在的气势，现在的热点，现在的时髦，他说"前者现在总算是归于沉寂"，老是固守日常的东西的那些人，现在没什么话说了，他们归于沉寂了。"但他们虽然在事情的根据上感到被压倒了，却并未因此在上述要求

上得到满足"，在事实根据上他们感到被对方所压倒了，那些日常的东西是不讲根据的，只知其然，而不知其所以然。现在人家给你指出来一个所以然了，你反驳不了，你就被压倒了。但"却并未因此在上述要求上得到满足"，什么要求上面呢？就是说你这些新兴的这些东西、这些直接知识、灵感，总还得有它的内容吧，你说我们过去的内容已经过时了，那么你现在的新的内容在哪里呢？我要求的就是内容，你不要讲空话，你不要谈抽象概念。这个要求仍然是正当的，它批评现行的新兴事物还没有内容，太抽象了，这个还是对的，它"并未因此在上述要求上得到满足"，新的直接知识这一派并没有在内容上满足前一派。"因为那些要求是正当的，却并未实现出来"。这个态度很明确了，就是前一派的那些要求是正当的，它要求有内容，它批评现行的这些新兴的概念没有内容，太抽象，太空洞。那些要求当然是正当的，甚至就是黑格尔自己的要求。但是这些要求并未实现出来，没有因为后面这一派坚持直接知识就把这个内容实现出来了，就满足了前一派的要求了，没有。所以这里隐含着对前者的某种肯定，同时也就是对后者的某种批判，就是对直接知识这些新兴的观念、这些热门的时髦观念的批判，你老停留在直接知识上面不思进取，那还行？你要想办法把你的直接知识的内容发展出来，下面讲，

前者的这种沉寂，只有一半是由于后者的胜利，而另一半则是由于厌倦和冷淡；当诺言不断地引起期待而又不得实现时，通常总是产生这样的结果。 [9]

前一派人的这种沉寂，只有一半是由于直接知识现在是时髦、现在是热点、现在是时代潮流，这个时代潮流有时代精神在后面推波助澜，有它的根基，你是轻易否定不掉的，你抗拒不了的，你拼命地抗拒，也是螳臂挡车，所以人家胜利了。但这一派的沉寂却"只有一半是由于后者的胜利"，他说"另一半则是由于厌倦和冷淡"，也就是对于他们坚持的启蒙、对于经验常识产生了厌倦和冷淡。"当诺言不断地引起期待而又不得实现时，通常总是产生这样的结果"，这是一个规律。启蒙总是不断地许

诺,引起期待,又始终得不到实现,那么就产生了一种厌倦,厌烦了。我们现在反思"五四"、反思启蒙,就是说启蒙讲了这么多,都是空话,在中国行不通,启蒙没有出路,那不是由于厌倦吗?由厌倦就产生冷淡。也就是说他们的期望刚开始一来你就要给我见到效果,要对中国有巨大的改变,要振兴中华,后来发现没有那么大的效果,那就厌倦,那时是救亡压倒启蒙,现在是非理性压倒启蒙,总之启蒙的东西现在被压倒了。但这种压倒是由于厌倦和冷淡。再看下面一段。

后一派的人有时倒是非常容易在内容上作出巨大的扩展。

这里对后一派的人呢,在这方面又看到它的另外一面,就是他们"有时倒是非常容易在内容上作出巨大的扩展",在这句话里面,根据后面讲的来看,包含有一种讽刺的意味,有一种反讽的意味,是在说反话。

他们在自己的地盘上搬进了大量的材料,即那种已经熟知的和整理好了的东西;而且由于他们专门爱和奇特的和怪异的东西打交道,他们就更好像是占有了认知已经以自己的方式对付过去了的一切其余的材料,同时还掌握了那尚未得到规范的东西;这样,他们就好像把一切都置于绝对理念之下了,以致绝对理念仿佛已在一切事物中都被认识到了,并似乎已生长为一门扩展了的科学。

"他们在自己的地盘上",自己的地盘是什么地盘?就是直接知识;在直接知识这个地盘上他们"搬进了大量的材料"。直接知识本身是空洞的,直接、直观的知识,悟到了就悟到了,没悟到什么都没有,你悟到了就什么都有了,这就叫顿悟。一念之下,当下大悟,这叫顿悟,于是什么都有了。你没有悟到,你就什么也没有。本来他们跟内容没有关系,但是他们倒是很容易在内容上作巨大的扩展,就是说因为他们已经顿悟到了,就可以把所有的内容都纳入到他们的地盘上来,一通百通。这些大量的材料是什么材料呢?就是那样一些"已经熟知的和整理好了的东西",把所有的常识、所有的已经熟知的、所有的经过人类世世代代的积累已经整理好了、已经成为知识了的东西，全都搬进他们的这个顿悟、他们的直接知识里面，全都放在他们的直接知识底下加以解释。我几乎每年都要收到一、两本此类"民间哲学家"寄来的著作，——现在出东西很容易嘛，只要有钱，你给出版社几万块钱，就可以给你出本书，于是他就寄给我一本，也不认识，大量的就是这样。他有一个顿悟，他觉得哪个概念是最重要的，然后就是什么什么论，三十万字、四十万字，然后天上、地下，什么这个中西马，什么自然科学、数学、物理学、社会科学、法学、道德学、伦理全搬进来，自夸我一个概念可以解释所有这些东西，这就是一个体系。灵光一现，他觉得他抓住了一个他就抓住了所有的、天上地下的知识。对此我通常都不回复。每个人都随时可以想到一个概念，当下大悟，所有的东西都是这个概念，都是这个概念在起作用，于是把熟知的和整理好的东西都搬进来，大量的材料都搬进来。比如说这个雅可比，绝对，所有的东西都是在绝对之下，所有的东西都是相对的嘛，那么它都在绝对这个概念之下，我可以用绝对来解释所有的东西。"而且由于他们专门爱和奇特的和怪异的东西打交道，他们就更好像是占有了认知已经以自己的方式对付过去了的一切其余的材料，同时还掌握了那尚未得到规范的东西"。刚刚讲的是那些已经熟知的东西、已经整理好的东西，他们都纳入到他们的灵感之下了；不但如此，而且他们专门爱去注意那些奇特的、怪异的东西，比如说气功、特异功能，我看到的很多民间哲学里面也有，他气功也能解释，中医也能解释，阴阳五行、中西马古今中外他全都能解释，越是你无法解释的、觉得很神奇的，这个不明飞行物，这样一些世界之谜，在他那里都可以解释，还有算命，算得头头是道。这也是一种办法，你如果只是解释那些大家都知道的东西，那还不够，你必须把那些别人不能解释的东西加以解释。他们经过这种解释，那么一方面，"他们就更好像是占有了认知已经以自己的方式对付过去了的一切其余的材料"；另一方面，"同时还掌握了那尚未得到规范的东西"，那些奇异的东西、那些陌生的东西。那么这些人就是无所不能了，以往的知识和未来的知识都在他们的掌握之中。"这样，他们就好像把一切都置于绝对理念之下了，以致绝对理念仿佛已在一切事物中都被认识到了，并似乎已生长为一门扩展了的科学"，这是他们所要达到的目的，雅可比就是这样。绝对嘛，绝对只能是直接知识，我直接就可以感到绝对，当把所有的东西都纳入到我的地盘以后，包括那些熟知的东西和奇奇怪怪的东西，我都把它纳入进来，这就好像扩展成了一门无所不包的科学。其实他只是把人家扩展的东西纳入进来，把人家遗漏了的或者还没还得及扩展的东西包容进来，就好像他的科学已经扩展了，通过这种方式来扩展绝对理念，实际上绝对理念还置身于事外。因为这些东西已经是现成的，它并不是由绝对理念一步一步地推出来的，绝对理念不过是像一个箱子，绝对理念是个筐，什么都往里面装，装进去的内容还是散的。你从里面看出绝对理念，人家可没有看出绝对理念，你说这是绝对理念，人家没有绝对知识的人他说这就是普通知识嘛，这就是自然科学知识嘛，这就是牛顿定理嘛，哪有什么绝对理念？他可以不承认。只不过是你把它装进去了，你承认而已，那么它是不是能成为一门扩展了的科学呢？显然不可能。所以他这一段整个都带有一种讽刺的意味，下面讲，

{17} 　　但仔细考察起来，这样的扩展并不是通过同一个东西自己取得不同的形态而实现的，相反，它是同一个东西不变形地重复，这个东西只是外在地被应用于不同的材料，并获得一种无聊的外表上的差别性。

　　这里讲同一个东西，Ein und Dasselbe，直译为"一和同一个东西"，"一"就是指绝对理念。他这里是讲一般的方法论，你真的要扩展为一门科学，你不能把一个筐子摆在那里，把所有的东西丢进去，那是成不了科学的，科学哪能这样建立起来呢？真正的科学是"同一个东西自己取得不同的形态而实现"出来的，要真正是科学的话，它是一个实现出来的过程，是同一个东西从同一个原点上面自我实现，自己把自己实现出来。它不是一个筐子，或者像康德讲的先天直观形式，把什么东西装进去，也不是康德讲的"建筑术"，一种外在的技术，而是一种有生命的自我生长。

扩展开的科学应当是这样实现的,就是同一个东西,最开始是抽象的形态,后来越来越具体,在每个环节里面都形成它的一种形态,然后这些环节成了一个概念体系,这个概念体系就可以称之为科学体系了。不是说你把一个筐子装得越多就越扩展,不是的。但是上述的哲学家们的扩展不是这样的,相反,"它是同一个东西不变形地重复",就是同一个筐子不断地去装别的东西,这个筐子还是筐子,它没有任何变化,然后去重复使用,不变形地重复。它"只是外在地被应用于不同的材料,并获得一种无聊的外表上的差别性",我用同一个筐子去装这些东西,去装那些东西,好像有很多差别,好像有丰富的内容,但其实是没有什么意思的。就是你掌握了一个观念,然后你就把它套到所有的事情上面去,形成外表上的差别性,而不是一个东西从自身发展出来的、生长出来。从这里头我们可以看出黑格尔自己的方法论,他在批评别人的时候显出了他自己的观点。他自己的观点就是必须是同一个东西,或者说,必须是唯一的一个东西,它自己发展出自己不同的形态来。天下万事万物其实都是这样产生出来的,不是既定的有天下万事万物,然后你用一个东西把别的东西给装进来。实际上,天下本来无一物,不是说已经有万事万物,而是本来无一物,只有一个东西,这一个东西把自己不断发展,自身扩展为天下万物。当然这里头有上帝创造世界、有《创世记》的影子,本来是一片空虚的,上帝是从虚无中创造出整个世界的。大千世界、五花八门,不管多少眩目、多少五彩缤纷,都是上帝凭借他的逻各斯创造出来的,一切都是逻辑的结果。我们看到的绿色的树、红色的花,阳光、大气等等,所有这些东西都是逻各斯自己一步步发展出来的,而不是用一个逻各斯的筐子去把这些东西装进来,不是。这就是黑格尔的方法论,无中生有,从虚无中产生出存在,本来什么都没有,但是最开始有一个存在,你也可以说它是上帝的存在,你也可以说是逻辑学里面的存在范畴、存在概念,有、是,这样一个概念,但是它虽然还什么都不是,却只是一个"决心",它一步步可以发展出所有的事物。所以它是"通过同一个东西自己取得不同的

形态"而实现科学的扩展。下面讲，

如果理念的发展只在于同一公式的如此重复而已，则这理念虽然本身是真实的，实际上却永远只停留在它的开端。

这里讲到理念了，前面讲到的一和同一个东西，那是讲逻辑学，还没有具体提到理念。那么这个地方提到理念，暗示直接知识。直接知识已经是一个理念了，这个理念的发展"只在于同一公式的如此重复"。这已经不光讲的是雅可比了，雅可比当然是直接知识，但是还有别的直接知识，比如说费希特和谢林的理知直观，这个地方有点影射谢林了。谢林的观点就是理念的发展是同一个公式的重复，同一个公式在不同的层次上不断地重复。谢林有一个词，叫做 Potenz，在这个西方语言里面的意思就是幂，它本来是个数学术语，就是幂，我们说这个 2 的几次方，几次方就是幂。它本来是这个意思，数学上同一个数目不断翻番、不断重复。谢林的 Potenz 就有这个意思，这个词不太好翻，有的翻译成阶段、等级，或者翻译成"因次"，都不太贴切。我感觉他用这个词是有来头的，他这是学斯宾诺莎，斯宾诺莎就是"用几何学的方式来证明"他的体系，包括整个宇宙、实体、神和人关系。几何学就是讲幂、平方、立方，用这个东西来构成整个世界。那么谢林在这个地方实际上是沿用斯宾诺莎的几何学的方式，指数的、量级的方式，这还是量的方式，而在质的方面是没有变化的。即使有质的不同，也只是量中质的不同，所以它是同一个公式如此重复。比如谢林非常崇尚的一个原则——两极化，两极化在自然界里面到处都体现出来，什么都是两极，这个酸和碱、正和反、南和北等等，他举了很多例子，化学的例子、物理学的例子，都是这个同一个两极化的一种重复，从等级上说它是不断上升的，最后又回复到那个无差别的同一性，两极相通最后归于无差别。当然这里有辩证法，但是谢林的辩证法是在一个量的意义上来理解的，在一个 Potenz 的意义上来理解的。当然这理念本身还是真实的，比如说对立统一，谢林也是用得非常娴熟的，特别在自然哲学里面他运用辩证法非常熟的，所以他的这个理念本身是个真实的理念。但虽然如此，"实际上却永远只停留在它的开端"，谢林的开端就是这样的，最后返回到绝对，是真的回去了，没有丝毫进展。就像《红楼梦》里面讲的，"质本洁来还洁去"。如下面讲的，

由认知主体只把一个不动的形式在现成的东西上到处应用，而材料只是从外面浸入到这一静止的元素中，这就像对内容作的任意的突发奇想一样，并非对于所要求的东西的满足，即是说，这不是发源于自身的丰富内容，也不是各个形态的自身规定的区别。

这一句实际上是对上面的解释了，他说"由认知主体只把一个不动的形式在现成的东西上到处应用"，就是这个哲学家，只把一个僵死不变的形式，比如说对立统一、量变质变，或者正反合三段式，在现成的东西上到处应用，你碰到什么，你就用这个东西来解释。黑格尔也用三段式，有时很令人讨厌，但他也明确说过，不要把它当成一个公式。有时候他就故意打乱，偏不是三段，而是四段。这就是用一个筐子把任何东西当作现成的材料装进去，成了一个"法宝"，一用就灵。"而材料只是从外面浸入到这一静止的元素中"，所有的材料、所有你面对的问题、具体的对象，就是从外面把它浸入到这样一个静止的元素里面，而不是由对象本身展示出它内在的原则。"这就象对内容作的任意的突发奇想一样，并非对于所要求的东西的满足"，内容是五花八门的，每碰到一个内容我就套用一下我的公式，那么实际上跟对内容的任意的突发奇想没有什么区别，"突发奇想"这里讲的是任意的灵感，实际上它是 Einfälle，就是灵感突然袭来、神来之笔，我们通常讲"偶得"，有这么个意思，突然冒出来的灵感。对内容，你一下子有一个冒出来的灵感，这是任意的，任意使用。为什么我们"辩证法"往往变成了"变戏法"呢？变戏法就是突发奇想，你想怎么解释就怎么解释，你用同一个对立统一的规律对同一个事情你可以这样解释，也可以那样解释，完全凭你的任意。它"并非对于所要求的东西的满足"，就是这种外在的充实并不能满足你对内容的要求，外在的把这

139

些内容装到这个筐子里头，你这个原则还是抽象的，你这个理念——这个静止的原则，它本身还是抽象的。"这不是发源于自身的丰富内容，也不是各个形态自身规定的区别"，为什么不能满足呢？因为它不是从自身发生出来的丰富内容，"丰富内容"Reichtum，也可以译作"财富"；自身是什么自身呢？就是这个最高理念，这些内容应当从这个最高理念自身发生出来，这才是它自己的内容。你把别的内容加进去，那还不是它自己的内容，它要占有它内容的这种要求还是得不到满足，那个内容是别人的。在康德那里，我的这个知性范畴已经建立起来了，但是它没有内容，概念无内容是空的，内容无思维是盲的，概念已经有了，但是没有内容，是空的。那么如何使它不是空的呢？那就是从经验那里接受一些材料进来，把它统摄住，把它加以整理，范畴的作用就在这里。对经验所提供的材料加以整理，那么它就有内容了，范畴的唯一的应用就是这样的一种经验的应用，它没有别的应用，所以它本身是空的。而黑格尔要求的是从自身发生出来的丰富内容，这个在康德那里还没有，在费希特、谢林那里开始有了一点，但还带有"筐子"的痕迹，还"不是各个形态的自身规定的区别。各种形态有它们的区别，但是各个形态都是受到外在原则的规范，才形成了它的区别，而不是自己给自己规定出来的区别，都是被规定，而不是自我规定，不是自身发展、给自身规定区别，按照黑格尔看来，区别应当是内容自身在发展过程中自己建立起来的，但是这样一些认知的主体都没有这种眼光。最后一句，

这毋宁说是一种色彩单一的形式主义，这种形式主义之所以能使材料有区别，仅仅是因为这种区别已经是准备好了的而且已为众所熟知。[①]

这个是对于追求内容的这种方式的一种批评。整个这一段就是讲，主张直观知识的后一派人有时倒是非常容易在内容上作出巨大的扩展，

---

① 黑格尔在此可能是指 J.Görres 和 J.J.Wagner，特别是 H.Steffen 的自然哲学的形式主义，他在别的地方曾批评过他们；此外就是对谢林其及学生们的自然哲学的形式主义的批判。——丛书版编者

但是他们对内容的这种扩展呢，"毋宁说这是一种色彩单一的形式主义"，是一种抽象形式主义的扩展，它"之所以能使材料有区别"，能够把这些材料区别开来，显得很丰富多彩，"仅仅是因为这种区别已经是准备好了的而且已为众所熟知"。所有这些区别都是已经在那里，不用你去区分，它不是发展出来的，它是既定的。你把既定的那些有区别的东西纳入进来，那很简单。所以他们为什么很容易在内容上作出巨大的扩展呢，是因为那些东西是现成的，你把它拿过来就是，不需要你去发展，不需要你费力气。每一个范畴、每一种形态都是现成的，只需要你把它们聚集起来就可以了，收集起来就够了，它的来龙去脉，它为什么是这样的？都没有得到解释。你知道这个不同、那个不同，但是为什么会是这样？你得从这个事物的生长发展把这些区别推演出来。但是这一派的人不做这种推演，它只把现成的这些东西纳入进来，装进来，所以是很容易的，现成的东西、众所熟知的东西，那还不容易吗？这是一种单一的形式主义。

好，我们再开始往下读，就是刚刚讲到这种形式主义，他主要是批后一派的人，前一派的人已经不需要批了，他们自己已经沉寂了，已经不说话了。那么黑格尔所面临的最主要的对手就是后一派，就是这些认为真理已经完成了，就在那当下、一瞬间、一念之间已经完成了的直接知识。但是根据上面的分析，黑格尔认为这些直接知识只不过是把它的一个固定的、僵死的形式到处去套，套到一切事物上，如此重复，所以下面这一段继续分析，他说，

　　同时，这样的形式主义还认为这种单调性和抽象普遍性就是绝对；并担保说，不满足于这种普遍性就是无能，即没有能力去掌握和坚持这种绝对的立场。

把直接知识往所有的事物上去套的这种单调性，千篇一律，只要抓住一个公式，什么东西都可以解释，这种抽象的普遍性放之四海而皆准，形式主义认为这就是绝对，认为这样一种基本原则本身就是绝对的。"并

141

担保说，不满足于这种普遍性就是无能"，他们向人们保证，凡是有不满足于这种普遍性的，那你就是因为无能，你就没有达到绝对的层次，"即没有能力去掌握和坚持这种绝对的立场"，你不善于在每件事物之中看出这种对立统一、这种两极化。这是这样的形式主义所坚持的立场，坚持于辩证法的这种形式化的运用。他说，

如果说在从前，用另一方式来表象某一东西的那种空洞的可能性，就足够驳倒一种表象了，而单是这一可能性、这种普遍性的思想，也就曾具有现实认识的全部积极价值，那么现在，我们同样也看到，在这种非现实的形式中普遍理念被赋予了一切价值；而且我们看到，被区别与被规定的东西之被消溶，或者不如说，它们之被抛入空虚的无底深渊——这种抛入既不是发展出来的，更不是在自己身上进行自我辩护的——，这被视为是思辨的考察方式。

[10]

表象，Vorstellung，我们尽量统一译作表象。从前，"用另一方式来表象某一东西的那种空洞的可能性，就足够驳倒一种表象了，而单是这一可能性、这种普遍的思想，也就曾具有现实知识的全部积极价值"，这是从前的事，这个跟下面"那么现在"给它分开了，那么先看看从前是什么样的。就是要驳倒一种表象，只须用另一方式来表象某一东西的那种空洞的可能性就足够了，这里我们可以联想到当时康德所批判的那种独断论，那种独断论双方各执一辞，各自都独断地坚持一种表象。你要说出一个表象，那么我提出还可能有另外一个表象，我更同意那种表象，那么我这样一提出来，我就等于把你的驳倒了。另一种表象的可能性当然有，人可以任意地去表象他所想到的东西，这是一种可能性，但这是一种空洞的可能性。空洞的可能性就是，凡是逻辑上不矛盾的都是可能的。康德二律背反的双方逻辑上都是不矛盾的，其实谁都驳不倒谁，但每一方都以为，只要我提出这种表象的可能性，就足够驳倒对方的表象了。这是在从前，人们认为，"单是这一可能性、这种普遍性的思想，也就曾具有现实认识的全部积极价值"，单是一种可能性，这种可能性本身就

142

是普遍性的思想，即任何事情都是可能的，它就具有认识的价值了。这是一种空洞的、抽象的可能性，黑格尔把它与具体的可能性分开，具体的可能性是现实的可能性，它是有条件的，而抽象的可能性不讲条件，凡是不违背形式逻辑的就是可能的。它没有具体的条件，形式逻辑不管大前提，它的可能性是空洞的，所以这种可能性是普遍性的思想。"这种普遍性的思想，也就曾具有现实认识的全部积极价值"，以前是这样看的，你坚持这个独断论，他坚持那个独断论，斯宾诺莎坚持上帝就是实体，就是自然，莱布尼茨坚持单子论，前定和谐的学说，他们都是建立在可能性之上的。莱布尼茨的这个前定和谐的学说它本来只是一种可能性，一种假设，但是他提出这种假设，认为是把对方的那种观点驳倒了，他只要提出一个假设，就可以驳倒一个观点，以往的人们是这样做的。所以这种空洞可能性的思想就"具有现实认识的全部积极价值"，它不光是消极的，而是说那实际上就是这样的了。整个世界何以可能？按照莱布尼茨的说法，只有前定和谐才得以可能，那么前定和谐就具有了认识的全部积极价值了，它就是一种积极的认识，它不再是一种单纯的假设，这够独断的了。当然我没有看到上帝怎么来前定和谐的，但是我们设想，只有通过引进上帝的前定和谐，我们这个世界才得以解释，否则它不能解释。那么这样一来，上帝的前定和谐就成为一种积极的知识了，成为了一种既定事实了。这种独断论被看成知识，但是后来康德揭示出来，独断论会陷入二律背反，两方面、两派的观点都可以有自己的理由，双方都引用这个可能性，但是互相争执不下，都认为自己才有积极的认识论的价值，但在逻辑上双方是不能相容的。这是以往的独断论。下面讲，"那么现在，我们同样也看到，在这种非现实的形式中普遍理念被赋予了一切价值"，这和原来的独断论非常接近。直接知识它只是一种非现实的形式，你可以任意地把它运用于一切现实的事物，随便把它加在任何现实事物之上，但是它本身是一种非现实的形式。可是这种非现实的形式，那个普遍理念，你所立足的直接知识，你所直观到的上帝、绝对等等，这样一些理念却被赋予了一切价值。其实，你只不过是把这样一些理念任意地运用于一切事物身上，你就以为它具有了一切价值，这就是典型的形式主义了。这是拿过去跟现在相比，过去是指近代以来的哲学家，他们往往是从独断的前提出发来断言一个命题，然后反驳另外一个命题，他们这些断言都是建立在空洞的可能性之上，连康德都说，知识何以可能？形而上学何以可能？形而上学只有这样才可能。他从逻辑上断言，如果没有这个东西，形而上学就不可能，那么这种可能性就被当作一种知识了。现在也同样是这样的，"在这种非现实的形式中普遍理念被赋予了一切价值"。下面，"而且我们看到，被区别与被规定的东西之被消溶，或者不如说，它们之被抛入空虚的无底深渊——这种抛入既不是发展出来的，更不是在自己身上进行自我辩护的——，这被视为是思辨的考察方式"，简化一下就是说，"被区别与被规定的东西之被消溶，……这被视为是思辨的考察方式"。我们看这句话，前面是把过去和现在加以对比，通过对比来批判现在流行的这样一种空洞的理念。"而且我们看到"，不但空洞的理念赋予了一切的价值，而且里面的一切区别和规定已经被消溶了，被归于虚无了，而这恰好被视为思辨的考察方式。直接知识就是要取消一切区别和规定，像谢林所讲的"无差别的绝对同一"。谢林哲学体系的出发点就是一种绝对同一，绝对同一中应当没有任何差别，差别都"被抛入于空虚的无底深渊"了。这个里头有对谢林的批判，虽然没有点名，谢林认为只有把区别与规定抛入空虚的无底深渊，这才是一种"思辨的考察方式"。这两个破折号中间插入的从句是说明这种抛入行为的："这种抛入既不是发展出来的，更不是在自己身上进行自我辩护的"，就是说，把区别与规定抛入空虚的无底深渊，这个行动黑格尔并不一概否定，而是有所保留。在他看来如果这种被抛入是通过事情自身发展出来的，或者是在事情自身能够进行自我辩护的，那倒是可以的，那种抛入就是他所说的"扬弃"了。如果你通过自身发展，发展到这一步，把这些区别和规定抛到了无底深渊，那它还有它的价值。黑格尔自己就是这样的，我们在黑格尔《逻辑学》里面，他的本质论里面就讲到了，本质的规定根据，最后是无根据，无根据就是无底深渊，Abgrund，就是去掉根据，在德文里面的日常的含义就是"无底深渊"。这个地方无底深渊也是用的这个词，它在黑格尔那里是一个范畴，是绝对理念逻辑学发展的一个阶段，根据最后是无根据，就是无底深渊，到达无底深渊你就进入到了自由了，自由就是无根据。我们讲自由就是无根据，不根据什么才是自由，你要是有根据，我根据什么的，那就不是自由了，你谈恋爱的时候，我根据这几个条件，所以爱他，——那就不是爱了。恋爱是没有根据的，是说不清楚的，你勉强说出来也是假的，或者也是表面的。所以对这个无底深渊黑格尔是有保留的，虽然这里他批判它，因为它不是自行发展出来的，也不是在自己身上进行自我辩护的。言下之意，只要是自行发展自我辩护的，那倒是值得肯定的。而现在这种无底深渊却"被视为是思辨的考察方式"，思辨的这个词，spekulative，当时黑格尔和谢林同时都在用，谢林还办了一份杂志，叫《思辨的物理学杂志》，他们都是鼓吹思辨的方式的。但在这个地方就是说，你把规定和区别都抛入到了无底深渊里面去了，你认为这就是思辨的考察方式？实际上这是对谢林的一种批判。当然又有所保留，黑格尔的这个批判并不是一棍子打死，而是在批判的时候，又看到对方所具有的某种价值，就是如果它是发展出来的，或者是由自身进行辩护的，那么这是有它的合理性的。比如在自由这个概念里面，区别和规定都不存在，反过来，所有的区别和规定都是自由所建立起来的，由于有这个无底深渊，没有根据，才建立起了所有的根据。所以这句话已经开始批判谢林了，前面好像还是泛泛而谈，就是当时的时代风气，占上风的那些直接知识的流派，包括雅可比，包括费希特的某些成分，包括谢林，他们强调理智直观，谢林甚至强调艺术的直观。前面都是笼而统之地谈，而这里就开始针对谢林了。下面讲，

　　在这里，要考察任何一个定在它在**绝对**里是怎样的，无非就在于把这一点说出来：此刻我们虽然把它当作一个某物来谈论，而在绝对里，在

A＝A里，却根本不会有这类东西，而是在那里一切都将是一。

这是接着上面来的，上面就已经涉及谢林了，这一句也是针对着谢林。他说"在这里，要考察任何一个定在"，任何一个实存的东西、任何一个具体的东西，"它在绝对里是怎样的，无非就在于把这一点说出来：此刻我们虽然把它当作一个某物来谈论，而在绝对里，在A＝A里，却根本不会有这类东西，而是在那里一切都将是一"。这是谢林的一个观点，即一切其实都是无差别的同一性。说到绝对，它是无差别的同一性，没有任何差别，一切都是一。"任何一个定在"，定在就是有差别的东西了，Dasein，就是这个跟那个不同的独一无二的东西，是海德格尔说的"此在"。每个人都不一样的，你是此时此刻的这个你，张三，他是此时此刻的这个他，都是此在，都是定在，都是任何一个具体的存在。但是要考察它在绝对里是怎样，这样一个具体的存在，从绝对的眼光看是什么呢？或者说，从上帝的眼光看是什么呢？那无非就是要"把这一点说出来"，是把哪一点说出来？"此刻我们虽然把它当作一个某物来谈论"，此刻、此时此刻，Dasein，我们当然要把这个Dasein当作一个某物来谈论；但是"在绝对里，在A＝A里，却根本不会有这类东西"，从绝对的眼光来看，从上帝的眼光来看，从无差别的同一性、也就是A＝A的同一性来看，却"根本没有这类东西"。什么张三、李四、这棵树、那幢房子，根本就没有，一切都是一，因为上帝是绝对的无差别的同一。你谈到张三、李四，这棵树、那幢房子，就有差别了，当然"此刻"我们可以谈它，当成一个某物来谈，但是我们要意识到，一旦你回到上帝那里，这一切都是过眼烟云。张三、李四都要死的，这棵树也要死的，这幢房子要垮的，将来都会消失，凡是产生出来的东西都要灭亡。所以你从一个绝对的眼光来看，世界上什么也没有，一切都是一样的。有点庄子《齐物论》的意思了，万物齐一。但是"在A＝A里"，这个地方他讲的是形式逻辑，这个与庄子不同。费希特也好，谢林也好，他们都把最高的原则归到形式逻辑的A＝A，自我同一性。绝对是一种自我同一性，我们看起来它好像有各种各样的变化，有自然界、有人类社会、有个别的人、有精神产物、有历史等等，而在上帝看来，根本就没有这类东西。上帝仍然岿然不动，A＝A，上帝还是上帝，存在就是存在，一切都是一。黑格尔后来曾经在《哲学史讲演录》里面批判这个谢林，就是说你把绝对的同一当作绝对的，其实这已经是相对的了，因为所谓绝对的同一、无差别的同一性，意思就是说它是跟差别不同的，所谓无差别的同一性，就是跟差别不同的同一性，同一跟差别不同，这已经是一种差别了。黑格尔调侃谢林，说你的最高原则实际上已经否定了自身了。当然黑格尔也强调同一性，但他强调这是有差别的同一性，他恰好要把对立的概念放在同一个定义里面。你真正要讲同一性、绝对的同一性，那就是有差别的，只有有差别的同一性才是绝对的，虽然在概念上、在形式逻辑上是说不通的，但是就是因为这个说不通，所以它才是绝对的，它才能够通过自身的矛盾把所有的东西发展出来。这个是黑格尔对谢林的一种批判。下面就更明显了，他说，

　　无论是把"在绝对中一切同一"这一认知拿来对抗那种进行区别的、实行了的或正在寻求实行、要求实行的知识，——或是把它的**绝对**说成黑夜，就像人们通常所说的一切牛在黑夜里都是黑的那个黑夜一样，这都是知识空虚的幼稚性。①

　　"一切同一"是"认知"，即 Wissen；而进行区别的实行的知识则是"知识"，Erkenntnis，这两个用语有点不同，认知是一个动词原形，知识则是一个名词，认知比知识更高、更本原。谢林是把这两个层次对立起来，

---

① 黑格尔在此针对的是谢林的同一哲学。类似的说法在施莱格尔谈到谢林的绝对同一哲学时早已说过了，据 Steffen 报告说，施莱格尔"在绝对同一性上耗尽了机智，通常被归于黑格尔的灵感的那句话'黑暗中一切猫都是灰色的'，我那时就已经听施莱格尔说过了。"这种批评还导致了谢林对其"绝对"的理解作进一步的解释。——丛书版编者

用"在绝对中一切同一"的认知对抗进行区别的实行的知识；"或是把它的**绝对**说成黑夜，就像人们通常所说的一切牛在黑夜里都是黑的那个黑夜一样，这都是知识空虚的幼稚性"。这是很有名的黑格尔对谢林的一个批判，就是"一切牛在黑夜里都是黑的"，也可以把它浓缩为"黑夜观牛，一切皆黑"。当然据德文编者考证，这个比喻脱胎于施莱格尔对谢林的批评"在黑暗中一切猫都是灰色的"，而黑格尔在这里也没有说是他说的，而是"人们通常所说的"。这是说谢林的绝对同一，没有任何差别，那都是黑的了；但是谢林自己认为那是纯粹的光明。但是黑格尔虽然在其他地方也指出，在绝对的光明里跟在绝对的黑暗里一样，什么都看不见，只有有了差别，有明暗的对比，你才能看到任何东西，但他自己在这里并不完全赞同"人们通常所说的"这句话。这句话是明确地在批评谢林，谢林的命题就是"在绝对中一切同一"，他用这一认知来对抗那种进行区别的、有差别的并且与现实相关的知识，就是说唯有这个认知是绝对的，其他的知识都是相对的，都是未完成的。但他也遇到人们的反批评，就是把它的绝对说成是黑夜。黑格尔认为，这两方面都是"知识空虚的幼稚性"。这里有两个层次，"无论是……，或是……"，这两个层次一个是用绝对的认知来否定那些世俗的、已经被熟知的、已经被规定好了的知识；一个是执着于具体内容，而把同一哲学视为单纯的黑夜，没有任何意义。这两方面都表现出"知识空虚的幼稚性"，知识空虚就是没有内容，幼稚就是没有发展起来，还停留在起点上。黑格尔则是既反对同一哲学抛弃一切差别和内容，又不赞同简单把它归结为"黑夜"，认为这种做法太幼稚，不足以彻底摆脱这种形式主义。所以下面就说：

————形式主义在备受近代哲学的指控和贬损之后，在哲学自身里面一再产生了出来，这时它的不充分性虽然已为众所周知并被感到，但在对绝对现实的认识完全明了它自己的本性以前，形式主义将不会从科学里消失掉。

黑格尔把谢林他们的哲学归于形式主义，形式主义"备受近代哲学的指控和贬损"。形式主义很早就有，在康德以前，理性派哲学就被指控为形式主义，就是极力推崇形式逻辑。而康德之所以要提出"先验逻辑"来，就是为了克服以往的形式逻辑的不足，他看出来，想用形式逻辑来证明很多东西，比如说证明上帝存在、证明灵魂不朽、证明世界是有限的还是无限的等，这都是凭借形式逻辑的同一律、不矛盾律来推理，这就是一种形式主义。从康德开始，就在批判这种形式主义，批判人们迷恋于形式逻辑的那种形式。但是这种形式主义"又在哲学自身里面一再产生了出来"，经过康德的一系列批判，形式主义居然还没有被批倒，而且在哲学本身里面又恢复了生气，又再生出来了。首先康德本人又造成了另一种形式主义，他的先验逻辑并没有把形式和内容的矛盾很好地解决掉，他虽然超越了形式逻辑，但是他对先验逻辑的理解还是形式化的。当然费希特和谢林的形式主义已经不是单纯的形式逻辑了，但还是以形式逻辑作为最高原则，比如说 A = A，同一律，就像刚才讲的，还是形式逻辑。比如说费希特的三大原理，自我建立自我、自我建立非我、自我通过非我又建立起绝对自我，这就是按照形式逻辑里面的同一律、不矛盾律和充足理由律建立起来的，按照这三大逻辑规律，费希特就建立起他的三大原理。谢林仍然是这样，我们刚才讲的 Potenz 这个词，就是一种形式主义的用法，从几何学那里拿来的；而且他的这个绝对同一、A = A 也是从形式逻辑的同一律里面拿来的。这种做法已经在近代哲学那里遭到谴责了，但却"在哲学自身里面一再产生了出来"，又变成哲学自身的最高原则了。"这时它的不充分性虽然已为众所周知并被感到，但在绝对现实的认识完全明了它自己的本性以前，形式主义将不会从科学里消失掉的"。绝对现实的认识，这里认识用的是 Erkennen，也是一个动词原形，但不如认知 Wissen 高，因为 Wissen 是"科学" Wissenschaft 的词根，科学比一般的知识、认识更高。虽然人们都"感到"了形式主义的不充分性的，也在用种种方式来抵制它，例如上述"黑夜观牛"的说法，但由于"绝对现实的认识"还没有明白自己的本性，所以形式主义一再地重新产

149

生出来，不会从科学里消失掉。那么这个绝对现实的认识的本性是什么呢？在黑格尔看来，这个本性应该就是它底下的内容。形式逻辑只看形式，不知道它自己底下的内容，不知道还有一种决定它的本性的从内容出发的逻辑，即黑格尔的辩证逻辑。绝对现实的知识，就是内容和形式统一的知识，它的本性就是辩证逻辑的本性，只有掌握了辩证逻辑这样一种内容的逻辑，才能在科学中完全克服形式主义。直到黑格尔，才真正把辩证逻辑的本性树立起来，前人从康德到谢林，他们都涉及了、都触及了这个本性，但是都没有明确意识到，不知道到底它的本性何在？所以他们还是退回到了形式逻辑这一套方法论。而他们的批评者也没有摆脱这种知识空虚的幼稚性，同样不能真正克服形式主义。所以辩证逻辑直到黑格尔才第一次建立起来，而在此之前，形式主义是不会从科学里消失掉的，因为绝对现实知识还没有达到自我意识，争论双方都还处于幼稚水平。形式逻辑黑格尔也不否定，但是他要求的是一种真正绝对的形式，不是形式主义，而是形式自身的自我展开、自我发展，形式自身的生命力展现。形式不是空洞的，它是有生命力的，但是这一点在黑格尔以前还没有被意识到。下面这一句就是讲他的写作方法了，这是比较外在的，他说，

{18} ——由于考虑到，如果普遍的表象先行于对它的阐述的尝试，那么它将使这种阐述变得易于统握，所以在这里勾勒出这个普遍表象的大概，是有益的，同时还有这个意图，想利用这个机会把一些形式加以清除，因为习惯于这些形式，对于哲学认识是一种障碍。

这是对后面所使用的方法的一个预告。"——由于考虑到，如果普遍的表象先行于对它的阐述的尝试"，这里不是讲的概念，而是表象，Vorstellung，表象比概念更空洞，概念是"抓取"，表象只是"展示"或"摆出来"。"那么它将使这种阐述变得易于统握，所以在这里勾勒出这个普遍表象的大概，是有益的"。就是说你先要提供出一个普遍的表象来，然后再去阐述它，那么你提出的这个先行的表象只是一种尝试，你要留有

余地，你不要以为我提出一个先行的表象就完了，就是绝对认知了，它只是一个抽象的表象，或者只是一个未实现的目的。这个前面黑格尔一直在强调，虽然他反对一开始就把目的摆出来，但是他并不反对一开始就把目的有保留地摆出来，你不要以为这就是真理了，我们姑且把目的摆出来。那么摆出来有什么好处呢？"它将使这种阐述变得易于统握"，你把抽象的表象摆出来，那么后来对这个抽象表象的具体阐释就有了依据、有了方向，那当然就易于把握、易于理解了，所有后来的阐释都是对这样一个表象的阐释。所以一开始我们把这个表象的概貌勾勒一下，大致谈一谈，这是有好处的。"同时还有这个意图，想利用这个机会把一些形式加以清除"，不仅仅是反驳它，还要清除它，就是对这些先入之见，你要把它清除，"因为习惯于这些形式，对于哲学认识是一种障碍"。我们在这个《精神现象学》的开端、导言里面，一个是要把这个普遍的表象先行地有保留地摆出来，另外一个要把一些干扰性的形式清除掉，对一些影响我们哲学思维的偏见加以批判，以便扫清道路。这是他对后面的一个预告，我们后面将会看到他确实是这样做的，在每一章、每一节甚至每一小节前面都有一段总论，提纲挈领地介绍这一部分的思路和纲要，并且清除一些旧的观念和偏见。那么我们现在要开始了，首先一个普遍的表象，要把它端出来了，前面是在讨论我们该不该端，现在我们就要端出来了，端出来的同时，要把一些先入之见顺便清除。所以下面这个大标题是，

[二、从意识到科学的发展过程]

[1. 绝对即主体的概念]

"从意识到科学的发展过程"，这个标题本身已经表明了黑格尔《精神现象学》的目的，它的目的无非就是要发展到科学嘛。从意识发展到科学，这个前面已经讲过了，这个目的已经摆出来了，那么这个发展过程，它的起点何在？这个发展过程从哪里开始？所以第一个小标题，"绝对

即主体的概念"，绝对就是主体，或者就是主体性，这样一个概念。这是他的出发点。我们来看看这里这个开始，他说，

根据我的明见，——这种明见必须仅仅由体系的陈述本身来予以证明——一切问题的关键在于：不仅把真实的东西统握和表述为**实体**，而且同样统握和表述为**主体**。

这句话是经典性的，大家要把它记下来。"根据我的明见"，明见，Einsicht，这个词后面用得很多，大都译作"明见"，但也不好一概而论。这两个破折号里面是一个修饰的从句，实际上是一个保留，就是我先摆出我的明见，但是我这个明见最终"必须仅仅由体系的陈述本身来予以证明"。最开始提出来的时候，只是一个见解，只是一个宣称，还没有对它进行证明。那么人家会说你没有证明你把它端出来做什么呢？他说我后面会证明的，它将在体系的陈述本身中获得证明，你慢慢就会知道了。所以黑格尔的《精神现象学》以及其他的很多著作，他都宣称是一种回溯到根据的、倒退式的阐述，包括《逻辑学》都是这样。《逻辑学》就是退回去寻找"存在"这个范畴的根，存在从何而来？他首先抛出存在，但实际上还有待于证明啊，它是个抽象的概念，它的根据追溯到了本质。本质是什么呢？本质是"过去了的存在"，存在的"原因"就是本质。所谓过去了的意思就是原因，"原因"就是"原来"的"因"嘛，存在的原来的那个因，那就是本质。然后再往后面追，从本质又追到概念，原来本质和存在都从概念来的，——这是种回溯法。这种方法是康德所最早提出来的，就是追问"何以可能"。知识何以可能？形而上学何以可能？先天综合判断何以可能？那么存在何以可能？这里也是，我的这个明见何以可能？那么通过我后面的陈述，你就会知道何以可能了，但是我现在把这个明见是什么，我要把它抛出来，不然我们谈论什么呢？你怎么知道我在谈这件事情呢？所以我先要把这件事情摆出来，然后再去追问它何以可能。但是既然如此，我把这件事情摆出来的时候，我是有保留的，是未

经证明的，还不知道它何以可能。但是我先把它摆出来，我们在谈论的这个东西是个什么东西，先要把它摆清楚。然后再去讨论它何以可能，知其然再知其所以然，它从哪来的？我后面会慢慢解说的。那么这个明见是什么呢？"一切问题的关键在于：不仅把真实的东西统握和表述为**实体**，而且同样统握和表述为**主体**"，这是他最重要的思想。黑格尔这个最重要的思想是对斯宾诺莎以来的哲学的一个重大的改进，斯宾诺莎的实体它不是主体，它是非主体；然后这个康德、费希特、到谢林，所有这些哲学家们都是把实体简单地就理解为实体，而没有理解为主体。所谓要理解为主体，主体就是能动性，实体本身是能动性。当然康德他们已经有这个苗头，康德就讲了，先验自我意识是能动的东西，是自发性的，它能够运用实体性等等范畴去主动地建立一切知识。所以在康德那里已经有主体性，可以说这是康德的一个最重要的贡献。人的认识不再是被动地接受大自然给他提供的信息，而是一手拿着原理，一手抓着实验，来考问大自然，所以是人为自然界立法。但人为自然界立法在康德那里只是一个现象，只涉及现象界，在本体界是不可知的，真正的实体是不可知的，是自在之物。所以他的实体和主体真正说来还是分裂的，主体没有真正的实体性，而真正的实体又没有主体性。那么在实践理性里面，他的实体好像有主体性，但是那个主体性是在不可知的领域里面，是很弱很弱的，主体性不能表现出来，只是一个理想，一个道德理想，所以它只有一种抽象的主体性，而没有现实的主体性。而黑格尔比较强调两者的统一，就是关键在于，真实的东西应该是实体和主体的统一，不但要这样统握或理解（auffassen），而且要这样表述（ausdrücken）。如果是直接知识，那就没有表述了，在雅可比那里就不表述了，那就是诉之于神秘了。这就是黑格尔的原则，或者说，主体就是实体，主体是 Subjekt，实体是 Substanz，两者是一回事。主体不是我们人主观的一种幻象，不是仅仅在现象界里面所做的一场游戏、一种表面的活动，而就是世界的实体本身，人的主体性就是世界的实体本身。一直到马克思的实践本体论，都有这

153

个观点的影子，就是人的主体性的活动实际上是自然界的本体、自然界的本质。马克思说"完成了的自然主义就是人本主义，完成了的人本主义就是自然主义"，这是在马克思的1844年手稿里面讲的，都有实体即主体的影子。这一句话是非常重要的，是一切问题的关键，这是《精神现象学》的出发点。你如果没有理解到这一点，那后面的东西都没有办法理解了。就是说凡是在讲实体的时候，你马上就要意识到，它是能动的，它是一个主体，上帝是一个主体，绝对是一个主体，爱也是一个主体，但它同时又是实体。主体不是空的，它是能够把自己实现出来的，所以主体也是实体，实体也是主体。下面讲，

同时还必须注意到，实体性自身中既包含共相，或包含**认知的直接性**，同样也包含着**存在**所是的或**对于那个**认知的直接性所是的那样一种直接性。

这句话比较需要分解。前面讲到把真实的东西不仅统握和表述为实体，而且统握和表述为主体，实体就是主体。但"同时还必须注意到，实体性自身中"，什么是实体啊？"实体性自身中既包含共相"，这个共相，das Allgemeine，就是普遍的东西的意思，"或包含认知自身的直接性"，一个是共相，普遍的东西，普遍的东西是什么呢？就是认知自身的直接性，认知就是从共相开始的，而这共相最开始就是知性直观，也就是认知的直接性，这就是直接知识派像雅可比和谢林他们那些人所据以为出发点的。"认知的直接性"打了着重号，说明这个是从认识论方面来看的实体概念，它是认识论的起点。但下面，"同样也包含着**存在**所是的或**对于**认知的直接性所是的那样一种直接性"，这里"存在"和"对于"两个词打了着重号，说明这里是着眼于存在论，或者说本体论，它讲的是存在本身，或者讲对于认知来说的对象，在这方面实体也是最直接的东西。这里有两个方面，"既包含……，同样也包含……"，就是说，实体在认识论和本体论两个方面都是最直接的出发点。在认识论上，实体包含着共相，或认知的直接性，比如说直接知识，那就是共相，像斯宾诺莎的真观念，

或者雅可比的直接知识。所以共相和认知的直接性是在认知这一方面，它有一种直接性，"同样也包含着**存在**所是的或**对于**认知的直接性所是的那样一种直接性"，这个"存在"，Sein，它跟前面这个共相或者是认知的直接性是相对的，用大家熟悉的话来说呢，就是思维和存在两个方面。第一方面是思维，认知自身的直接性，最高知识、共相，这是属于思维的；而存在是属于对象的，那么实体里面既有思维，也有存在，思维和存在是同一的。"**对于那个**认知的直接性所是的那样一种直接性"，这里面其实已经包含了两种直接性，"对于认知的直接性"，这是认识论上的，指直接认知；"所是的直接性"，所"是"就是所"存在"，这是存在论上的，指直接存在。总之，实体自身包括有两种直接性，一种是认知的直接性，一种是对于认知的直接性所是的那种直接性；或者说一种是认知自身的直接性，一种是对象、存在对于认知的直接性，这两种是不一样的。认知自身所是的那种直接性是认知本身的，存在的直接性则是"对于认知的"。实体本身当然就是直接性的东西了，但是有两种直接性，它既是认知自身的直接性，也是存在的直接性，后者是认知的对象的那种直接性，认知就是面对存在的嘛。所以实体自身它的直接性有两个方面，一个是知识自身，一个是存在，它们都只有达到直接性才是实体。如果不是直接知识，如果不是直接存在，那就还不算是实体。实体是绝对的，是最终的东西。实体就是主体，但是你要理解实体，你就要从认识论和本体论、从思维和存在这两方面去理解。当然在黑格尔自己看来，这两方面就是一个东西，认识论和本体论同一，思维和存在同一，思维的直接性和存在的直接性是同一个直接性。这句话比较难理解一点，大家要好好琢磨，除了简单地把实体和主体看成一回事情，更细致的话，我们就要划分出来，在实体里面有认知自身的直接性，也有存在的直接性，这样才能够真正把握到实体为什么是主体。要从思维和存在的同一性，也就是认识论和本体论的同一性这方面来理解，主体就是实体，或者实体就是主体，它是这样对应的。下面，

[11]

——如果说，把上帝作为唯一实体来把握，① 这个规定曾在它被表述出来的那个时代激起了愤怒，那么其理由一部分是因为，按照直觉，在这一规定里自我意识不是被保留下来，而是被颠覆了，但另一部分则是相反，即坚持思维就是思维，就是**普遍性**，就是同一个单纯性或同一个无区别、不运动的实体性；②

　　我们来看一下。"把上帝理解成唯一实体"，这个拉松版编者的注释（贺、王中译本中采用了拉松版注释）里面讲了，指的是斯宾诺莎的哲学。实体和主体的关系问题就是斯宾诺莎最先提出来的，斯宾诺莎对近代哲学影响是非常巨大的，黑格尔在《哲学史讲演录》里面甚至于讲到，要么是斯宾诺莎，要么不是哲学。近代哲学的共识是都是从斯宾诺莎来的，包括康德、费希特、谢林，包括雅可比，还有黑格尔本人，他们都是从斯宾诺莎来的。所以这个地方非常重要。斯宾诺莎为什么重要？就是他把上帝理解为唯一的实体。但是，"这个规定曾在它被表述出来的那个时代激起了愤怒"，在斯宾诺莎的时代是激起了同时代人普遍的愤怒，很多人都批评他，把他视为异端。黑格尔在这里解释，"那么其理由一部分是因为，按照直觉，在这一规定里自我意识不是被保留下来，而是被颠覆了"，就是上帝是唯一的实体，那我们还干什么呢？所以斯宾诺莎的这个伦理学是一个唯物论、宿命论的体系，人在它这个体系里面一无所为，自我意识完全被取消了，所以人们会反感这样一种唯物论体系。斯宾诺莎的上帝就是自然界，他有两个属性，一个是广延，一个是思维，但是广延和思维都不是创造性的，而是一种预先存在在那里的属性，都没有干什么事情。所以自我意识不管在人的思维这里也好，还是在上帝那里也好，都没有被保留下来，而是完全取消了。笛卡尔还承认思维和存在是两个

---

① 指斯宾诺莎哲学。——拉松版编者
② 指康德和费希特哲学。——拉松版编者 [按：此处疑有误，康德、费希特并未认为思维是无区别、不运动的实体。何况康德和费希特并非斯宾诺莎的同时代人。此处应该还是指斯宾诺莎的思想。——中译者]

实体,二元论,斯宾诺莎批评笛卡尔的时候,第一个批评的就是笛卡尔的自我意识,我思,他认为这个论证是无效的。他说自我意识完全无必要,我要有知识完全不需要先有自我意识,"我要知道,我不必知道我知道,我要知道我知道,我不必知道我知道我知道",而只需要凭直观就行了。这就是斯宾诺莎在《知性改进论》中的论证,他批评笛卡尔,认为他叠床架屋是不必要的。真观念必然符合它的对象,它直接知道自己是真的。这是让一部分人感到愤怒的原因,就是取消了人的自我意识和精神活动,变成了唯物论。"但另一部分则是相反,即坚持思维就是思维,就是**普遍性**,就是同一个单纯性或同一个无区别、不运动的实体性",这是给另一部分人提供了反对斯宾诺莎的理由。就是说斯宾诺莎是两面不讨好,一部分人指责他完全取消了自我意识,变成了唯物论;而另一部分人指责他坚持思维就是思维,使它成了"同一个单纯性或同一个无差别不运动的实体性",使思维成为机械的、僵死的、几何学式的了。思维就是思维,它和另一个属性广延相互平行而不相干扰,与物质世界的事物或内容不发生关系,而自有自身的一套不变的几何学式的结构。拉松版在这里加了一个注释,讲这里指康德和费希特的哲学,但我看不太像。这里还是讲的斯宾诺莎惹人争议的地方,即思维的机械性和静止性,康德和费希特倒是强调思维本身的能动性和差别性的,他们正是对斯宾诺莎的这种静止的思维不满而改进了思维的性质。康德批判斯宾诺莎的僵死的唯理论,而引出了思维的最高原则——自我意识的绝对能动性原则,思维不是像斯宾诺莎讲的只是一个单纯的普遍性,而是综合地统摄经验材料形成知识的。费希特更是强调思维的能动活动,即行动哲学。费希特的思维不光可以思考,而且可以创造出整个世界来。黑格尔讲费希特一个很大的贡献就是他第一个"推演了范畴"。而在斯宾诺莎的同时代人中,莱布尼茨据说是最早读到斯宾诺莎的《伦理学》手稿的,也是最早想把能动性引入实体中来的,他才是根据这里讲的"另一部分"理由来反对斯宾诺莎的人。所以引起争议的一个是斯宾诺莎的唯物论,一个是他的机械论,

合起来就是机械唯物论。下面说，

　　而如果第三方面认为思维把实体本身的存在与自己结合为一，并且把直接性或直观理解为思维，那还要取决于这种理智的直观是否会重新堕入迟钝的单纯性中，以及是否它不重新以一种不现实的方式来陈述现实性自身。①

　　前面两方面就是斯宾诺莎的引起争议的两个观点，即唯物论的方面借助于直观把自我意识取消了，而机械论的方面就是把思维变成实体的机械僵死的属性。那么，还有一个第三方面就是绝对的唯理论，它通过理智直观而把思维和存在统一起来了。"而如果第三方面认为思维把实体本身的存在与自己结合为一，并且把直接性或直观理解为思维"，这个第三方面，拉松版和考订版（包括丛书版）都认为它是暗指谢林哲学，当然也不能算全错；但是谢林并不是斯宾诺莎同处一个时代，他们相距一百多年，这和前面讲的"这个规定曾在它被表述出来的那个时代激起了愤怒"不合；另外，其实斯宾诺莎自己就有这种"理智直观"的观点，也就是把直观和思维看作同一的观点，谢林的理智直观也是从斯宾诺莎那里来的。前面说斯宾诺莎一讲直观就取消了自我意识、我思，一讲思维就限于思维本身，既无区别也不运动；但是他的"真观念"本身就是直观，但不是感性直观，而是理智直观，或者思维的直观。由于他主张"真

────────────────

①　拉松版编者在此注明是指谢林哲学，考订版和丛书版编者则对上述三派哲学作了这样的概括："黑格尔在此概括了近代哲学的发展过程，他用三种哲学立场来代表这一过程。1）黑格尔首先想到的是斯宾诺莎关于上帝作为一个实体的学说以及同时代批评者对这种学说的尖锐的指责。他考虑的可能除了彼埃尔·贝尔的《历史和批判辞典》中的'斯宾诺莎'条外，还有克里斯蒂安·沃尔夫在其自然神学中对斯宾诺莎的分析。"此外还提到了 Sebastian Kortholts、Johannes Corerus 等人，他们都指控斯宾诺莎是无神论，"雅可比也把斯宾诺莎主义等同于无神论"；"2）'作为思维的思维'这一公式显然应该是指 Bardili 和 Reinhold，他们要求在概念上把握作为思维的思维的本质"；"3）关于'智性直观'这一概念黑格尔可能是想到了与谢林的观点的关联，后者在其同一哲学中把智性直观理解为思维和存在的同一性。"参看丛书版编者注。但这些看法都是以虚拟式的口气表达出来的，不可全信。

观念必然符合它的对象"①，所以他通过这种理智直观把思维和存在"结合为一"了。联系上下文，这里还应该是谈斯宾诺莎的观点。围绕着他的哲学中的这三个方面，激发起了近代哲学的批判的反弹，形成了经验派、理性派和从康德到谢林的德国古典哲学这三种哲学倾向。他的取消自我意识的唯物主义给经验派留下了口实，他的几何学式的推理则造成了理性派的独断论，而德国古典哲学家们个个都想在他的实体中灌注一种能动的生命力。康德把理智直观看作一种凭思维直接创造出存在的能力，但认为人不可能具有，只能寄希望于上帝；而费希特和谢林则把康德的理智直观落实到人的思维的本质中，借以运转他们的形而上学体系。他们都改造了斯宾诺莎的理智直观，但他们的问题也和斯宾诺莎一样，即在于"这种理智的直观是否会重新堕入迟钝的单纯性中，以及是否它不重新以一种不现实的方式来陈述现实性自身"。就是说，斯宾诺莎的理智直观本身就堕入了迟钝的单纯性，由于他的思维和广延的"平行论"，他并未考察真观念如何符合它的对象的现实过程，不承认双方有什么互动，而只是"以一种不现实的方式来陈述现实性自身"，也就是以他的几何学式的推理方式来论断自然界。而费希特、尤其是谢林，在黑格尔看来则是"重新"堕入了这种错误之中，把现实的经验装入到他们的形式主义的框架里。当然谢林已经在某种程度上突破了这一框架，在他的同一哲学中，整个自然界的一切都在思维的活动中显示自身，所以思维把实体的存在与自己结合为一，并且把直接性和直观理解为思维，把直接性，比如说存在的直接性、实体的直接性，也把它理解为思维的直接性。他提出理智直观和艺术直观，理智直观你还可以说他是哲学家的直观，但是它的最高阶段表现为艺术直观，它是可以创造出作品来的，在自然界里面，万物都是上帝的艺术品，人由此而和上帝相通。所以讲

---

② ［荷兰］斯宾诺莎：《伦理学》第一部分，公则 VI，中译本见贺麟译，商务印书馆 1981 年版，第 4 页。

艺术直观里面真正实现了主客观的同一，艺术家所创造的作品是一个客观的、实实在在存在的东西，但是它又是精神产品，它的意义仅仅在于里面的精神、它所表现的美。所以谢林认为只有艺术直观才真正最后达到了思维和存在的同一。但是在黑格尔这里仍然有保留，就是"这种理智的直观是否会重新堕入迟钝的单纯性中以及是否它不重新以一种不现实的方式来陈述现实性自身"，这实际上既是对斯宾诺莎，也是对谢林的批判，也就是说谢林的这种理智直观最终像斯宾诺莎一样重新堕入了毫无生气的单一性之中，并且它重新以一种不现实的方式来陈述现实自身。黑格尔这时还没有和谢林撕破脸，他只能隐晦地借批斯宾诺莎来批谢林。这就是我们刚才讲的，在黑格尔看来，谢林的这种直观，理智直观也好，艺术直观也好，实际上变成了一个形式主义的千篇一律的公式，他把这个公式四处去套，把它运用到一切场合，但这个公式本身是不变的，只有一个 Potenz、一个指数问题。你在一维层面上、二维层面上，还是三维层面上，那当然还是有所不同的，但这个公式本身是不变的。所以它是以一种不现实的方式来陈述现实性自身。这个"现实性"概念在黑格尔看来应该是一个非常生动的概念，什么是现实？现实必须要自行展开，必须要有生命的活动，必须要有活力才叫现实，不是说现成的东西都是现实。我们上次讲到，黑格尔讲"凡是现实的东西都是合理的"，我们就把它理解成"凡是现成的东西都是合理的"，那是不对的。现实本身是一个过程，现实本身充满着矛盾冲突，充满着生命力，不断地有它的趋向、有它的发展、有它的追求，这才叫现实，这才是合理的。那么谢林的这样一个公式是不现实的方式，它本来就已经摆在那里了，已经成形了，已经既定了；那么用来陈述现实的自身、陈述现实的发展，它当然也涉及历史的发展，古代怎么样、现代怎么样，也涉及历史、现实的发展，但是它是以一种不现实的方式，用一种 Potenz 这样一种划分层次的方式，来陈述现实自身。所以在这一点上黑格尔也暗示了谢林的不足之处，这也是黑格尔和谢林的区别所在。当然黑格尔和谢林一样，其实也推崇理智直观的概念，但他一般回避直接用这个概念，而代之以"理性回到了直观"这样的表述，就是为了与以往这些谈理智直观的人，特别是谢林划清界线。黑格尔和谢林的共同之处就是用思维把实体的存在与自己结合为一，并且把直接性或者说直观理解为思维。黑格尔讲的就是要怎么样把实体理解为主体，把直接的东西理解为思维的活动。直接的东西不是说灵光乍现，一闪念之间就可以获得的，它是要经过艰苦的思维活动、思维劳动、工作，才能具有现实性。这个现实性，前面讲了就是劳动、工作，要去做事，要去干活，要把它做出来，要花力气。没有那么便宜的事情，你坐在那里冥思苦想，凭艺术家的灵感，突然一下你就顿悟了，你就掌握真理了，那也太容易了。你要对整个历史进行推演，它怎么走过来的？一步一步，它有内在的逻辑，同时又紧密结合着现实的直观，你要把这个东西陈述出来，那才能够真正达到实体和主体的同一。实体本来就有这种冲动，它要成为主体，它就是主体，但是它现在还只是个冲动，还没有把它的主体性变成实体，它在变，在形成，这就是黑格尔的理解。如果这样理解的话，那前面讲的"思维把实体本身的存在与自己结合为一"，这是黑格尔所认可的，他和其他德国古典哲学家一样，也是从斯宾诺莎出发的，当然他经过了很关键性的改造。马克思在《神圣家族》中说，黑格尔哲学中有三大要素，一个是斯宾诺莎的实体，一个是费希特的自我意识，一个是两者的统一即绝对精神。这是很抓住本质的。今天时间已经到了，就到此为止。

＊　　　　　＊　　　　　＊

好，我们上次讲到了《精神现象学》的序言里面关于从意识到科学的发展过程，首先，黑格尔提出了一个命题，就是"绝对即主体"，或者说"实体即主体"，他首先把这个思想追溯到斯宾诺莎，斯宾诺莎他把上帝看作是实体，而且是唯一的实体。上帝是唯一的实体在当时引起了一些愤怒，就是说斯宾诺莎这样一说就是唯物主义了，自我意识在里面就完全消失了，这是一方面；而另外一方面呢，他坚持思维就是思维，这个是从斯宾诺莎那里也可以得出来，斯宾诺莎那里实体有两大属性，一个是广延，一个是思维，双方平行，互不搭界。思维本身是按照几何学方式规定好了的，没有任何内部的差异，所以从他那里可以向两个方面分化，一方面是唯物主义这方面，我们通常讲斯宾诺莎是 17 世纪的唯物主义者，就是从这个角度来讲的，自我意识在这里没有地位，这是引起愤怒的一方面，另一方面，是另外一些人从斯宾诺莎那里抓住思维的机械性，这种无区别、不运动的实体性，对此非常不满，而想要在其中加进能动的因素。同时代人中最早是莱布尼茨，他的单子作为灵魂实体就是无限区别的、完全自动的，这正是对斯宾诺莎反其道而行之。那么第三方面就是想通过理智直观把思维和存在这两方面统一起来，但斯宾诺莎的平行论做不到这一点，他的理智直观最终只能是一种迟钝的单纯性。那么谢林正是想把实体和主体，或者说客体和主体、思维和存在通过理智直观统一起来，这其实也是黑格尔的见解，但是黑格尔认为谢林还没有做到位，谢林的理智的直观也重新堕入到了迟钝的单纯性中，重新堕入到了斯宾诺莎式的那种实体、没有任何规定和差别的实体，所以是以一种不现实的方式来陈述现实自身。这是我们上次读到的这一段，那么这一段是最重要的，实际上是把《精神现象学》的整个思路，它的这个精神、它的主旨在里面作了一个大致的陈述。所以我们要紧紧抓住这一段里面所表达出来的这样一个命题，就是真实的东西不仅仅要理解为、表达为实体，而且同样要理解和表达为主体，也就是绝对同时也是主体，这是它的一个最主要的精神。那么我们今天再往下读。下面这一段是由上面一段引申出来的。既然实体就是主体，或者说绝对就是主体、上帝就是主体，那么下面就讲了，

　　再者，有生命的实体，只有当它是自我建立的运动时，或者说，只有当它是自我形成与自己本身之间的中介时，它才是那个在真理中作为主体的存在，或者换一种说法，它才是在真理中现实的存在。

　　前面讲了，实体就是主体，实体就是主体的意思在这里引申为有生

命的实体。斯宾诺莎以后，哲学家们都致力于在他的实体中引进生命力和能动性，就是为了实现实体和主体的同一。实体作为主体它肯定是有生命的，肯定要表现出它的生命力来，那么"只有当它是自我建立的运动时"，有生命的实体它如何才能有生命呢？它必须是自我建立的运动，它自己建立自身，这才体现出它的生命力。"或者说，只有当它是自我形成与自己本身之间的中介时"，只有当它、当这个实体是一个中介时，——一个什么中介呢？自我变易与自己本身之间的中介。自我变易，这里是das sich anders Werden，直译就是"变得不是自己了"、"自己变成别的东西了"。变得不是自己了，但又要回到自己本身，这就需要一个中介。如果没有中介，就是直接地摆在那里，这就是前面批判的所谓直接知识，它们就是从这一点出发的。但是实体如果要当主体来看的话、当作有生命的实体来看的话，那么它必须使自己形成一个中介，什么中介呢？自己对自己的中介，自我建立的运动，这是一个间接性的过程。中介的意思就是间接性，与直接性相反。我们通常说我就是我，我直接地就是我，通常我们都会这样地同意，别的东西都可以是间接的，但是我自己就是我，那当然是直接的。但是黑格尔在这里恰好提出来，我跟我自己当然是直接的，但是它同时又是间接的，我是我自己建立起来的。这个中间要通过一个过程，我才能达到我。我们通常讲"寻找自我"，这个话听起来有点荒唐，别的东西也许需要寻找，但是我本人就在这里，还需要寻找吗？这是 20 世纪 80 年代流行起来的说法，寻找自我，我从哪里来？我们到哪里去？我们是谁？这样一些问题在以前的中国人心目中是不存在的，我难道还不知道我自己是谁？这是不需要去思考的问题。但是从 80 年代以来呢，我们发现这是个问题，我是谁？我到底是谁？自己跟自己之间发生了中介，产生了反思，成为了一个间接性的过程。我必须要去追求才得到我，不是说我在这里我就是我了，如果我不去追求的话，我还不是我，或者说，我还什么都不是。当我们在生活中，我们发现我越来越不是我自己了，就会有这种感慨。这说明什么呢？说明我其实是一个中介,并不是完全没有中介的一种直接性,"只有当它是自我形成与自己本身之间的中介时,它才是那个在真理中作为**主体**的存在"。就是说实体只有当它是经过一个自己变成不是自己、然后又回到自己的中介的时候,它才是真正作为主体的存在。实体要成为主体,要成为有生命的,它就必须自己把自己变成中介,它就必须超越自己的直接性,把自己提升到间接性,然后从这个间接性再回到直接性。这个时候的直接性那就不是空洞的,不是抽象的,而是具体的,是有生命的。这是第二点,是从上面主体即实体引申出来的一点,它才是真正作为主体的存在。"或者换一种说法,它才是在真理中现实的存在",实体作为主体的存在就是实体的真正现实的存在。实体如果不是作为主体,那它还是抽象的,还是空洞的,或者说,还只是一个名词;只有当它作为主体把自己建立起来,自己作为自己的中介回到自身,这个时候,它才具有真正的现实性。现实的实体就是一个主体的过程,不是说摆在那里,不是说上帝存在,就完了。上帝存在它是怎么存在的呢?它必须体现为万物,它必须创造世界,它必须在创造世界中成全它自身。上帝如果不创造世界,它还不具有现实性,主体如果不创造世界,它也还不是实体,它还是一个空洞的东西。我们要记得这个主体和现实性它是紧密相关的,实体为什么要成为主体?就是因为实体要实现出来,要成为现实。下面讲,

实体作为主体是纯粹的**单纯的否定性**,正因为如此,它是单纯的东西分裂为二的过程或树立对立面的双重化过程,而这种过程又再次是对这种漠不相干的差异及其对立的否定;

我们把实体已经看作主体了,那么作为主体它是什么呢?它是"纯粹的**单纯的否定性**",它不需要借助于别的东西,它是纯粹的,而且是单纯的。为什么说是纯粹的、单纯的呢?就是说它只有一个否定性,实体作为主体它只有一个否定性,它就是否定性而已,它再没有别的东西了。并不是说它先有一个东西,然后这个东西才具有否定性,不是的,它就是这个否定性自身,没有别的了。因此否定性自身就只是一种能动性,它

什么也没有,它只是否定一切可能有的东西和既定的东西。"正因为如此,它是单纯的东西分裂为二的过程或树立对立面的双重化过程",就因为它是单纯的否定性,所以它是单一的东西的分裂为二,也就是我们通常讲的一分为二。我们通常认为一分为二就是终极的原则,我们讲辩证法,就是讲一分为二,事物之所以运动就是因为一分为二。或者"树立对立面的双重化过程",这和一分为二也是同一个过程。毛泽东最讲这个,他反对合二而一,他主张这个一分为二,偏向于分。那么在黑格尔这里呢,这个一分为二是有来头的,它并不是终极的东西,终极的东西是单纯的否定性,我把它归结为自我否定性。一分为二从哪来的? 二是从哪来的? 二不是说它本来就有两个东西,只是合在一起,然后你把它分开,不是的。一分为二是由于同一个东西的自否定,它否定自己,才变成了另外一个东西,它跟它自己不同了,那么这个原来的它自己和已经不同了的它自己才变成了二。并不是说里面本来有两个东西,然后我从外面把它分开,那就是一分为二了,毛泽东理解的一分为二就是这样的。这其实是中国传统的一分为二,说这个气有阴阳,它本来就包含有阴阳,但最开始混在一起,混沌未分,然后阳气上升,阴气下降,于是就分开了,这就叫一分为二,但是谁使它们分开的呢? 不知道,没有根据。而一分为二在真正的辩证法那里,它是有根据的,它这个根据就是纯粹的否定性,也可以说是同一个东西的自我否定性。不管是什么东西,它最初就是有一种自我否定性,通过自我否定,然后分化出它自身的两个东西,一分为二是从自我否定得来的,并不是终极的。因为要说是终极的话,它就有一个问题了,就是谁使它分开的? 是谁把它分成两个东西? 这个东西悬在那里,那就看谁能够占据最高的权力,谁就有资格去分了,辩证法就成了"变戏法"了。因为它那个主体被空着,一分为二,谁来分的问题被空着,那就凭权术去争夺了,谁具有分的资格? 谁能够把人民群众划分出5%是要打倒的,95%是好的,那就看谁有权,谁说了算。就是这么一种权力划分。但是真正的辩证法是自我否定,对立面完全是你自己造成的,不是别人树立起来的，是你把自己造成了那样。这个文革期间，我们可以看出来，都是自己搞的，自己否定自己，所以运动的根源实际上并不是到对立统一就完了，它还有一个更深的根源就是自我否定。这样来理解黑格尔这段话，"实体作为主体是纯粹的单纯的**否定性**，正因为如此，它是单纯的东西分裂为二的过程或树立对立面的双重化过程"，就是说这个单纯的否定性是单一的东西分裂为二的过程的根源、来源，我们讲对立统一、对立面的斗争、双重化、一分为二，这样一系列过程，都是来源于此。"而这种过程又再次是对这种漠不相干的差异及其对立的否定"，不光是一分为二，而且是对一分为二的再次否定。那个一分为二很容易变成一种漠不相干的差异和对立，一分为二以后这两个东西好像是完全有差别的东西，好像是根本不同的东西，好像是绝对对立的东西，——好像阶级矛盾永远不可调和。但是在这个过程中，这种对立又再次遭到了否定，所以它这个单纯的否定性就变成了否定之否定。这中间就是对立统一，经过对立统一达到否定之否定，实体首先通过否定自己把自己分裂为二，然后，又是对这种分裂为二的情况的一个再否定，因为如果你不再否定的话，那么这个分裂为二就变成了漠不相干的差异和对立，就散了，就没办法收拾了，就天下大乱，社会解体了，"国民经济面临崩溃的边缘"，那么这个实体也就不存在了。你要保持一个实体，必须维持一个过程，它最后要达到对这个漠不相干的差异和对立的再否定，当然这是否定之否定，也是对于最初的那个质、最初那个自否定的一个重新恢复。所以下面讲，

唯有这种**重新恢复**自身的同一性或在他在中的自身反思，才是那真实的东西，——而**原始的**或**直接的**单一性本身则不是真实的东西。

"唯有这种**重新恢复**自身的同一性"，重新恢复自身，也就是通过否定之否定而回到自身的同一性，"在他在中的自身反思"，就是在不是自己的那另外一个东西中反思到自己，在自己的对立面中、在自己的异己的东西中反思到它原来跟自己是一个东西。原来是敌人，但是敌人就是

我自己，我就是我自己的敌人，这个敌人是我自己通过我的自我否定而分化出去的。当我意识到这一点，我就把这个敌人收回到我自身了，这就叫反思，"重新恢复自身的同一性"，这样"才是那真实的东西"。相反，**"原始的或直接的单一性"**，这个单一性也可以翻译成统一性，Einheit 有两个意思，一个是单一性，一个是统一性。Ein 是一嘛，一性，一性这有两种可能的含义，一个是单一、最初的那个一；一个是统一，就是遇到什么东西了，把它们统一起来。这个地方讲原始的或直接的单一性，那只能是单一性，它"本身则不是真实的东西"。这还是在跟雅可比他们在论战了，所以前面的论战很有必要，它是一个铺垫，它跟我们这里所讲的实体即主体的这一套解释都很有关系，他那么执着于跟直接知识论战，就是为他自己做铺垫。在这个地方，原始的或直接的那种单一性本身不是真实的东西。注意这个"本身"，它是有限制的，就是说它不是真实的东西，但是有限制，是就其本身而言不是真实的东西，那么除了就其本身而言，还有什么呢？还有就其发展而言，就其可能性而言，或者就其潜在性而言，那么它有可能是真实的东西，但是它本身，它现在这个样子，原始的直接的那种单一性，单就这一点来说它不是真实的东西。他否定雅可比他们那种观点，但也不是一概抹杀完全否定，他是留有余地的。就是他们那种观点当然有一定的合理性，但是这种合理性呢是要在整个发展过程中才能看出来的，而就其本身而言，在当时，他们提出的这个观点，他们的主张，那不是真实的。你如果把它当作一个绝对的原则，当作至高无上的原则，那就是错误的，但是你如果当作发展过程中的一个阶段，那它有合理性。从总体上来看，它是一个阶段，那么这个阶段是必要的，如果没有这个阶段，你就上不了这个台阶。那么什么才是真实的东西呢？就是"重新恢复自身的同一性或在他在中的自身反思，才是那真实的东西"，那就是在更高的层次上重新回到同一性或单一性，这个时候单一性你就可以说是统一性了，不仅仅是单一性了，而是把很多东西统起来了。而且是自身同一性，所有这些五花八门的东西经过这样一个历程，都是我，都是我自己，哪怕我把自己变成非我，那也是我自己做的事情，那就等于是我，你不能推给别人。我做的事情那就是我，那跟我自身是等同的，是在他物中的自身反思。我们要追求自我，怎么追求？你不能在那儿打坐，你不能在那儿冥思苦想，你必须要到外面去干事情，才能够追求到自我、寻求到自我。我到底是个什么人？就看我能干出什么事情来，我干出了什么事情，我就是什么人。你不能坐在那里冥想我是谁，那个是想不到的，那是空的，你必须在你的行动中、在你的创造他物、创造他在中再来反思到自己，我就是我所创造的事业，我就是我把我造成的这个人。所以这有一种自身同一性，自身同一性就是在他在中的自身反思，这才是真实的我。下面，

真实的东西就是它自己的形成过程，就是这样一个圆圈，它预设它的终点为其目的并以之为起点，而且只有通过这一实施过程并经过它的终点，它才是现实的。

这段话应当比较好理解，真实的东西是什么？真实的东西就是它自身的形成过程，真实的东西不是一个点，而是一条线，而是一个历程，是一个历史，是一个形成过程；而且这个形成过程不是说一条射线，一射出去就没有头了，不是的，它是一个圆圈，它在形成过程中回到自身。它有反思，一边形成一边反思自己，所以它是一个圆圈，它在形成了别的东西以后，回过头来反思到这就是我自己，这就构成一个圆圈。那么这样一个圆圈它实际上是什么呢？是一个合目的性的过程。我们讲合目的性的过程跟自然界的其他过程是不一样的，跟物理过程是不一样的，合目的性的过程它是一个圆圈。为什么是一个圆圈呢？因为它首尾相接，它一开始就看到了终结，然后到终结的时候，它又回复到它的开始。我们讲目的和实现了的目的实际上是一个东西，我们有一个目的，我们要做一个事情首先要有一个目的嘛，而我们最后达到这个目的以后我们就回到了我们的初衷，返回到了我们最初

的那个目的, 所以目的实现的结果就是目的本身。目的性跟一般讲的因果性是不一样的, 一般讲因果性是个链条, 前因后果, 一直推下去, 无穷无尽; 而目的不一样, 目的是圆圈, 目的作为原因, 它本身就是结果, 在目的因果性中、在目的性中, 因和果是一回事。而在一般的因果链条中我们不能倒因为果, 你把结果当成原因了, 那不行, 但在目的性中恰好就是这样, 结果就是你做这件事的原因, 我就是要达到这个结果才去做这个事情。那么达到结果以后, 它恰好就是把原因实现出来了, 所以结果在现实中是最后的东西, 但在本质上是最先的东西。结果是最先的东西, 这里就是要倒因为果, 是因为你要达到这个结果, 你才去做这件事情, 所以最后把它实现出来了, 你回过头来反思一下, 我所实现的东西不就是我要的吗? 就是我做这件事情的动机。我们要注意, 黑格尔的目的论就蕴含在实体即主体这样一个命题里面, 实体就是主体, 由此推出来有生命的实体它是一个过程, 而这个过程是自己把自己加以否定, 最后呢通过否定之否定返回自身, 形成一个圆圈, 那么这个圆圈如何解释? 就通过目的性来加以解释。否定之否定, 返回到自身, 就是目的通过手段把自身实现出来, 达到目的就返回到自身了, 返回到最初的目的了。所以这个圆圈的过程, "预设它的终点为其目的并以之为起点", 预设终点为目的, 预设它最后要达到的目的作为它的起点, "而且只有通过这一实施过程并经过它的终点, 它才是现实的"。如果仅仅是个目的, 还没有实现出来, 那它当然不是现实的, 但是经过一个历程, 最后把它实现出来, 那它当然就是现实的, 目的实现了就是回到自身了。从这个角度来理解就比较好理解了, 如果你心目中对目的性没有一个概念, 黑格尔很多话你很难理解的, 再看下面一段。

　　上帝的生命和上帝的认识因而很可以被说成是一种自己爱自己的游戏; 但这个理念如果内中缺乏否定者的严肃、痛苦、忍耐和劳作, 它就沦为一种神驰，甚至于沦为干瘪乏味。①

"上帝的生命和上帝的认识"，这就涉及上帝了，因为他前面谈到直接知识，雅可比他们就是把直接知识看作对上帝的认识，所以这个地方要谈到上帝。斯宾诺莎的实体也被当成是上帝，雅可比他们都是从斯宾诺莎来的，上帝就是唯一的实体，这是斯宾诺莎的命题，所以这里讲上帝的生命和认识"很可以被说成是一种自己爱自己的游戏"。上帝的生命也可以这样来看了，上帝有生命，上帝有目的，上帝在自己的创造物中回到他自身，上帝在自己的作品中实现了他的目的，这就体现了上帝的生命，也体现了上帝的认识，即上帝的自我认识。那么这样一个过程因而是一种"自己爱自己的游戏"，这个估计是斯宾诺莎的说法，也是雅可比他们的看法。自己爱自己的游戏，上帝无非就是自己跟自己游戏，他转了个圈又回到了原地，那不是一个游戏吗？自己爱自己，一开始就是要爱，爱谁呢？就是爱自己，爱他自己所创造的东西，那不就是爱自己？所以雅可比他们的直接知识从上帝出发，这个也有它的道理。下面讲"但这个理念如果内中缺乏否定者的严肃、痛苦、忍耐和劳作，它就沦为一种神驰"，这个 Erbaulichkeit，我把它翻译成神驰，就是那种宗教的出神状态，一片宁静，没有任何痛苦，一种幸福、满足状态，它里面没有那种否定物的严肃、痛苦、忍耐和劳作。黑格尔是非常现实的，我们讲黑格尔是个现实主义者，他非常关注现实，他看到现实的苦难，而且他认为这些苦难都是有意义的，你不要把它撇开。但直接知识就是把这些东西都撇开，希望通过一步登天就达到跟上帝神交的状态。但是黑格尔在这里就认为如果没有这种严肃、痛苦、忍耐和劳作，那种对上帝的爱就会沦为一种神驰，一种无所作为而又怡然自得的状态。那就什么也干不了，"甚至于沦为干瘪乏味"。神驰是好听的说法，但说难听点就是干瘪乏味，干瘪，没

---

① 黑格尔此处似乎是暗示斯宾诺莎的 Amor dei intellectualis（对神的理智的爱），但也可能是暗示席勒的说法："……心情融于爱中，因为它在敬重中紧张。"——丛书版编者注

有内容。就是说上帝的生命和上帝的认识很可以被说成是一种自己爱自己的游戏，这个黑格尔并不完全否认，但是他强调，如果这样一种自己爱自己不体现为一种严肃、痛苦、忍耐和劳作，也就是说如果不体现为一种自我否定的精神，那么它就是一种毫无作为的东西，一种干瘪乏味的东西。下面讲，

那种神性的生命**自在地**就是纯净的同一性和与自己本身的统一性，对于这种同一性和统一性而言，它并不是严肃地对待他在和异化，以及这种异化的克服。

"那种神性的生命自在地"，自在地，也就是说按它本来的那个样子而未经反思，自在的东西是未经反思的，它"就是纯净的同一性和统一性"，这里 Einheit 译作统一性，而不译作单一性，因为它后面带有一个 mit sich selbst，和自己本身，当然只能是和自己本身统一了。"纯净的"，指无差别的同一性，也就是谢林的同一哲学的原则，要求在最高同一性中没有任何差别。所以，"对于这种同一性和统一性而言，它并不是严肃地对待他在和异化，以及这种异化的克服"，他在和异化，Anderssein 和 Entfremdung，都是指异己的东西。黑格尔非常强调异化，异化这个词在费希特那里已经提出来了，就是把自己异己化，变成他在，变成另外一个存在。那么这样一种情况是很严重的、很严肃的，它是一种严肃的痛苦、忍耐和劳作，异化都是这样的，你不愿意干的事情，但是没办法，你必须做，你要完成伟大的事业，你就必须要静下心来忍受一切。但是"神性的生命自在地就是纯净的同一性"，作为一种直接知识，它没有"严肃地对待他在和异化"，包括这个雅可比，他们都没有认真地、严肃地对待上帝的异化，道成肉身。上帝的道高超无比，但是它要成为肉身，作为肉身来忍受世间的苦难，这就是异化。我们讲耶稣基督是圣父的一种异化、圣父的他在，他在人世间有了肉身，当然就要忍受苦难了，就要忍耐、就要劳作了。但是雅可比、谢林他们的上帝，还没有认真地、严肃地对待他在和异化，"以及这种异化的克服"。怎么克服这种异化？耶稣基督道成肉

身，忍受了世间的苦难，承担了世间的罪恶，然后呢基督升天，回到了上帝的怀抱，跟上帝合为一体，这就是克服异化。在基督教里面是这样，在人世间也是这样，在现实生活中、在历史过程中也是这样，它总是要把自己变成他在，异化自己，然后再寻求克服异化的道路。在黑格尔那里，异化的克服就是绝对精神的自我认识，在马克思那里就是无产阶级革命，消灭私有制，这都是异化的克服，它们走的道路不同，它们思路不同，但是他们的模式是一样的。罗素在《西方哲学史》里面把马克思的观点跟这个基督教的观点作了对比，很有意思，确实是有相同的模式。上帝创造世界，然后堕落，人类犯有原罪，然后上帝派他的独生子耶稣基督道成肉身到人间来拯救人类的罪恶，最后给人类以理想和希望，在这个千年王国的时候，就可以扬弃这种异化回到上帝。但是直接知识把这个神性的生命看得太纯净、太干净了，忽视了它的异化问题，下面讲，

{19}　　　　但是这种**自在**乃是抽象的普遍性，在其中，自在的那种**自为而存在**
[12]　的本性就被忽视了，因而形式的自我运动也就根本被忽视了。

　　"这种**自在**"也就是神性的生命、上帝的生命，这种自在本身是抽象的普遍性，谢林、雅可比他们的观点只是表达了一种抽象的普遍性，"在其中，自在的那种**自为而存在**的本性就被忽视了"。在这种抽象的普遍性里，上帝就是一个无所不包的概念，斯宾诺莎也是这样，斯宾诺莎的上帝就是自然，就是唯一的实体，无所不包，所有的东西都是上帝的样式，都成了样式，本身都是没有意义的，只有你从上帝的眼光看，它才有意义。任何东西你都可以归结为一句话：它是上帝的样式。那就是非常抽象了，它具体的内容完全都被抛弃了，它的自身的那种自我否定性也完全没有顾及到了。所以他讲在这种抽象的普遍性里，自在的那种"自为而存在的本性"就被忽视了。上帝作为自在的存在它的本性是什么？黑格尔认为它的本性就是自为而存在，它是自己把自己建立起来的，它是自为的，它不是在那里而已。它在那里，但是还不等于在那里就是现实，在那里它只是抽象的普遍性，如果要成为现实的普遍性，那么它就还必须把自

172

已建立起来。上帝必须创造世界，上帝必须要拯救人世、拯救苦难等等，这都是上帝建立起自己来的一个具体的过程、一个自为的过程，一个自己为自己、把自己的可能性、把自己的潜能实现出来的过程。上帝你有能耐，体现在什么地方？你不能光说我有能耐，你得去做，你得去显示你的能耐，你得把你的能耐变成现实性。那你就必须要自为，你的本性就是自为。上帝的本性就是自为，而这个本性被忽视了，"因而形式的自我运动也根本被忽视了"。这个地方出现了"形式的自我运动"这个概念，这个形式的自我运动非常重要。上帝他在那里，但是他体现为什么样的形式呢？最初是那种抽象普遍性的形式，但是这种抽象普遍性的形式的本性，我们刚才讲了，它就是自为，自为而存在的形式，而这种自为的形式就是形式的自身运动。所以只要撇开了自为存在的本性，那么也就把形式的自我运动完全撇开了，你就看不到上帝不是一个抽象的直观，而会表现出种种形式，而且这些形式都是自为的，都是能动的，一个发展出一个。形式要作动词来看，形成，上帝还得形成，还有待于形成它自己，它不仅仅是一个抽象的概念。这个形式是包含有自身运动的，这个自身运动的概念是从亚里士多德那里来的，我们知道亚里士多德在谈到形式和质料、形式和本质这样一些关系的时候，曾经有这么一种说法，就是形式才是真正的实体。我们在《形而上学》里可以看到，作为"存在的存在"它最初是定义为个别实体，但是个别实体是专名，本身无法定义。比如说苏格拉底，苏格拉底是什么？不好下定义。所以亚里士多德就从个别实体再追溯个别实体之所以成为个别实体，就是个别实体的本质，这就是它里面的形式。所以在亚里士多德那里形式是能动的东西，是使个别实体成形的，形式就是形成，你要把它当动词看待，这样形式就是本质，就是个别实体的本质。雅可比他们正因为忽视了能动的东西，所以形式的自我运动也被忽视了。我们这里要提醒大家，就是说我们在读黑格尔的著作的时候，我们要有个哲学史的眼光，特别是在这个谈实体和主体地方，我们处处都要联想到亚里士多德，因为西方整个实体学说都是由亚里士多德奠定的。黑格尔谈实体即主体，怎么解释？其实，亚里士多德已经达到了实体即主体这个观点，并不是完全由黑格尔第一个突然提出来的观点，他是发挥了亚里士多德已经有过的那种观点，而且下面有个地方还直接提到了亚里士多德的名字，他很少提人的名字的，但这个地方他直接提到了亚里士多德的名字。所以我们下面的很多解释都要联系到亚里士多德，而且我们会把亚里士多德的东西再跟大家介绍一下，很多同学可能还不太熟悉形式这个概念跟亚里士多德的关系。下面，

即使形式被说成是本质，那么正因此就有一种误解，即以为只认识自在或本质就够了，而可以忽略形式，——以为有了绝对原理或绝对直观就不需要使原理实现或使直观展开。①

这一句话里面非常明显，"即使形式被说成是本质"，这个从亚里士多德那里就是这样说的，形式才是本质，形式才是真正的存在。个别实体当然是第一实体，但是第一实体之所以成为第一实体是因为它里面的形式，所以形式才是真正的实体。这是长期以来亚里士多德研究里面古今中外都感到大惑不解的一个问题：亚里士多德为什么前后矛盾？前面说个别实体才是第一实体，后面又说形式才是真正的实体，质料不是。那么形式是普遍的，但你开头说个别的实体才是第一实体，到底是普遍的东西还是个别的东西才是实体？岂不自相矛盾吗？但是在黑格尔看来这非常自然，就是形式被说成是本质，"那么正因此就有一种误解，即以为只认识自在或本质就够了，而可以忽略形式"。当亚里士多德提出来形式就是本质的时候人们就有一个误解了，就以为只要认识本质就够了，就以为这个形式它就是本质，这个时候人们就已经把形式本身抛开了，而没有看到这个形式本身它是非常具体的，它是使得个别成为个别的一个具体的过程、形成过程，那么人们就从抽象本质的角度来理解形

---

① 黑格尔这里指谢林和费希特的绝对的智性直观学说，尤其是谢林的命题：形式和本质在绝对中是一。——丛书版编者

式了。这就是产生对亚里士多德误解的根源，就是说人们把形式等于本质，然后就只从本质来看形式，把形式理解为一个抽象的、空洞的东西，一种空洞的普遍性，那它当然跟个别实体就有矛盾了。本来实体是一个一个具体的、活生生的东西，但是呢后来被归结为形式，形式又被理解为抽象的普遍性，——我们通常理解的形式就是这样，形式是抽象的，我们讲不要搞形式主义，不要抽象地谈，要谈具体，好像形式和具体是格格不入的东西。但是在亚里士多德那里其实形式本身它是具体的东西，它是形成过程，如果你连形式都没有，那不是抽象吗？你提出一个事情、一个概念，那么我们就要问，这个概念采取什么样的形式啊？那就是具体的嘛。当然形式也可以成为普遍的东西，在亚里士多德那里形式有两面，形式和质料的关系它是一个递进的关系，形式可以变成质料，质料也可以变成形式，形式对于更高级的形式它就是质料，而质料对于更低级的质料它又是形式。形式具有一种概括性，形式可以把质料统起来，成为质料之上的一个抽象的共相，成为一个共同的东西。那么我们通常讲质料才是具体的，但是反过来可以说质料是抽象的，质料还没有成形，还是一种普遍的质料。比如说有一堆铜料在这里，它可以塑造成任何形象，但是我把它塑造成了苏格拉底的铜像。所以这个形式才是具体的，而那一堆铜料是抽象的、普遍的，它可以塑造成任何东西嘛，它没有形式的时候你可以拿来做任何东西。所以我们不能简单地就是把形式当作一种普遍的、抽象的、空洞的东西，形式主义，形式框架，我们讲形式和内容，我们通常认为内容更重要，形式不重要，特别我们中国人是这样看问题，只要有内容，我们可以不管形式，我们不要搞形式主义。但是其实形式是更重要的，在法律上，程序正义是更重要的。但你不要把它理解成一种空洞的、抽象的形式，我们前面也提到过，黑格尔的形式有两方面的意义，有时候他是采用日常的、通俗的意义，那就是形式主义、空洞的形式；但是，如果回到亚里士多德的话，那么它里面还有另外一种意义，形式恰好是具体的，是赋形的。所以你把形式当作本质的时候你就只注意本质，你对形式的理解就是那种空洞的形式的理解，这就是误解了。这句话就是这个意思，即以为只要认识本质就够了，可以忽略形式，忽略它的形成过程，"——以为有了绝对原理或绝对直观就不需要使原理实现或使直观展开"。你把形式理解成一种抽象的东西，那它就是一种绝对原理或绝对直观，认为有了这种绝对原理或者绝对直观呢，似乎就不需要使原理实现出来或者使直观展开、展示出来。雅可比、谢林他们就是这样的，这个斯宾诺莎也是这样，诉之于直观，那么有了绝对原理或绝对直观，就不需要使这个原理实现出来，它就是个抽象的原理，不需要"形成"。因为你已经抓住了本质，那么你就不需要看它是怎么样形成起来、实现出来的，你已经直观到了，真观念必定符合它的对象，斯宾诺莎讲，你只要有真观念就够了，实现过程是不重要的，"样式"是不重要的，因此形式也是不重要的，只有那个抽象的本质才是重要的。我们要注意，从亚里士多德以来西方哲学史上形式和本质这两个概念若即若离，有时候形式就是本质，比如培根讲，一切科学就是要把握它的形式，我们开始看到这句话很不理解，培根是一个感觉论的经验主义者，他为什么那么重视形式？但其实呢这个形式在他那里非常具体，他是从亚里士多德来的，形式就是一种具体的规律，比如说化学中的某种比例、某种具体的形式，科学就是要把握这个东西，把握具体的规律。但有时形式只是一个抽象概念。下面讲，

正因为形式就像本质对自己那样，对本质而言是本质性的，所以不应该把本质只理解和表达为本质、即直接的实体，或神性东西的纯粹自我直观，而同样应该把本质理解和表达为**形式**，具有着展开了的形式的全部丰富内容；这样，本质才被理解和表达为现实的东西。

这句话很拗口啊，"正因为形式就像本质对自己那样，对本质而言是本质性的"，形式是本质性的，但是形式就像本质对自己那样对于本质是本质性的，形式是本质的本质，第一个本质是抽象的，第二个本质是具体的，形式是本质的本质，就像本质对自己也是本质性的那样。因为抽象

本质其本质是具体本质,那就是形式。对于本质来说,形式才是真正的本质,是具体的本质。真正的本质不是躲在背后的那个"隐秘的质",像托马斯·阿奎那所讲的,什么东西我都认为它后面有个隐秘的质在决定它,我给它命名为隐秘的质,好像这个问题就解决了,但是什么问题都没有解决。你那个名字是空洞的,你那个名字是采取什么形式啊?你要把这个形式描述出来嘛。所以真正的本质不是躲在后面的东西,而是表现为形式的东西,是在形成着的东西,是形成起来的东西。所以形式才是真正的本质,这句话的意思其实不一定要表达得这么样的拗口,形式就是真正的本质,对于抽象本质来说它是具体的本质。"所以不应该把本质只理解和表达为本质、即直接的实体,或神性东西的纯粹自我直观",就是说不要孤立地去理解和表达那个本质,不要把本质和形式割裂开来,好像是一个神秘的东西,想凭直观去切中它。雅可比他们的上帝就是那种神秘的本质,但是你要问它有什么形式啊?没有,我就是直观到的,我知道,直接知道,那就够了。斯宾诺莎也是这样的,一开始就讲上帝是唯一实体,你同不同意?你不同意你就不要跟我谈,你同意了那么我们下面就可以谈了,但是这个命题是不能谈的。因此后来康德把它称之为独断论、教条主义,从一个教条出发,这个教条是天经地义的、不容讨论的,那就是"神性东西的纯粹自身直观"。神性东西是最高的东西,上帝,最超越的东西,只能是纯粹的自身直观。斯宾诺莎也讲到,这个真观念它就是一种直观到的东西,它不是通过理由,也没有任何内容,它就是直观、理智的直观。那么黑格尔认为不应该是这样的,"而同样应该把本质理解和表达为**形式**",本质应当理解为形式并且表达为形式,你要把它说出来,你要把形式说出来。你说上帝,那么它采取了什么样的形式?或者说,它经过了一种什么样的形成过程?在这个形成过程中它不断地变形,不断地改变自己的形式,这些都是它的形式,整个这个过程就是它的一个形成过程,就是它的形式。它"具有着展开了的形式的全部丰富内容",本质应该这样来表达,表达为形式,因此它具有全部丰富内容,因为这个形式它不是一个固定的形态，而是不断地变形，它的丰富的内容就是对直观的那种展开。前面讲了像雅可比他们认为，有了绝对原理、有了绝对直观就不需要使原理实现或使直观展开了，直观就定在那里了，但是在黑格尔看来必须要展开，展开它就有形式，如果仅仅是一个直观的知识，它就可以没有形式，它就可以单凭自己内心的不可言说的那种神秘的直观，就说知道上帝了，但这是空洞的。上帝创造世界，在黑格尔的《逻辑学》里面是经过了各个范畴一步一步地展开的，这都是一些形式，但是不是空洞的形式，是具体的形式，它不是一个形式框架，像康德的那种形式主义。康德也强调形式，但是康德的形式完全是一个僵死的框架，时空和十二范畴的框架。而黑格尔的形式是能动的，具有亚里士多德的形式的灵活性，"这样，本质才被理解和表达为现实的东西"，本质不管是绝对也好，是上帝也好，还是一也好，不管你说什么，只有这样，只有通过它的全部丰富内容的形式，才能够成为现实的东西。否则的话你讲的那些东西都不现实，都是空口无凭，都是你自己想当然，它都不是现实的东西。我们再看下一段。

真实的东西是全体。

Wahre 我们这里把它定译为真实的东西，Wahrheit 则译作真理，或真理性。"真实的东西是全体"，这个全体跟这个前面讲的单一、单一性、单纯性是相对的，前面讲到在它的开端、在它的最初的直观中本质是单一的，它是单纯的，那还不算数，单一性必须经过多数性达到全体性，这是康德的第一套范畴——量的范畴：单一性、多数性、全体性（或者总体性）。黑格尔认为真实的东西是全体性，而不是那种单纯的作为起点的单一性，他说，

但全体只是通过其自身发展而达于完成的那种本质。

真实的东西是全体，那什么是全体呢？"全体只是通过自身发展而达于完成的那种本质"。按照康德的范畴表，全体性是通过多数性而回

到单一性,这就成为了单一性的本质,但这是一个过程。全体是通过自身发展的过程而达于完成,也就是单一性的本质的展开。这就是上面讲的,本质被理解和表达为现实的东西,它具有展开了的形式的全部丰富内容,这是接着上面讲下来的。所以真实的东西是全体,什么是本质?全体才是本质。本质不能理解为抽象的本质,就是那个点,就是那个开端,一开始那个本质就定下来了,就不动了,不是那样的;而是在全体中发展出来的,自身发展而达于完成的那种本质。这才是真正的本质,这才是本质的现实性,这才是真实的东西。这个观点是黑格尔的一个很基本的观点,后来像阿多诺他们讲《否定的辩证法》,就是要否定黑格尔这种观点,认为全体恰好不是真理,恰好全体是虚假的东西,真实的东西应该是个体,应该是个别的东西,应该是单一的东西。但是在黑格尔这里必须要从全体、从整体上来看才能够把握本质,这个是显然不同的。阿多诺的那种说法有点后现代,就是说,由黑格尔他们所建立起来的现代的思想总是力图从全体来把握本质,而后现代把全体抛弃了,没有所谓的全体,主张多元化、多样化,怎么都行,你想怎么就怎么,不要从全体来看问题。现在反全球化,你不要提这种全球化,每个民族都有它的特点,都有它的特殊性,每个人都有他的特殊性,所以每个人都可以为所欲为,每个民族都可以为所欲为。这是后现代的一种倾向,但在黑格尔那里不是这样。他说,

关于绝对,可以说,它本质上是个**结果**,它只有到**终点**才是它在真理中的自己;而它的本性恰恰就在这里,这个本性就是现实、主体、或自我形成。

这句话是关于绝对的。什么是绝对?"可以说,它本质上是个**结果**"。绝对并不是单纯的起点,它当然是起点,因为一切万物都产生于绝对、都来自于绝对,所有的相对的东西都来自于绝对,这个没错;但是它本质上是个结果。为什么本质上是结果呢?因为本质是要从全体来看的,你要把握本质必须从全体来看,所以绝对"本质上是个**结果**,它只有到**终点**才

是它在真理中的自己"，才成为真正的绝对。而最开始的那个绝对、还没有到终点的那个绝对只是一个意向，只是一个潜在的绝对，只是一个绝对的想法，一个抽象的绝对。所以只有发展到了终点，绝对才成为真正的绝对，"而它的本性恰恰就在这里"，绝对的本性恰好就在这里。绝对之所以是绝对就是因为它是全体，因此必须把它的终点、把它的结果包含在内，只有到了结果才真正地实现了它自己。这个就是绝对的本性，他说"这个本性就是现实、主体、或自我形成"，绝对的这个本性它就是现实，绝对不是空洞的一个抽象概念。它是现实它就必须实现出来，它就必须要在结果中、在终点中成为它自己，就是主体、或自我形成。绝对它是主体，绝对不仅仅是一个单纯的、摆在那里的实体，而是一个自我形成的主体，它自己形成自己，这才是真正的绝对的本性，它把自己变成一个历史过程，下面，

尽管把绝对从本质上理解为结果可能会显得好像是矛盾的，但只要稍微考虑一下，就能把这矛盾的假象予以归位。

"把绝对从本质上理解为结果可能会显得好像是矛盾的"，我们讲绝对、绝对的本质好像应该是一开始就凭借直观把握到的，始基，一开始就给定了，为什么要到结果才是绝对呢？才是绝对的本质呢？这好像是矛盾的。我们通常把结果看作是外在的东西，就是由于有这个东西，然后它造成了那个东西、那个结果；如果我们考虑本质的东西，我们就会考虑本质的东西本身、绝对的东西本身，至于它的结果呢那是另外一回事情，那不能够纳入到它的本质的东西里面去。我们说一个人他的本质是好的，但是他做了一些不好的事情，那么我们不能把这些不好的事情都算到他的本质里面去，你总是从他的结果来看他的本质好像是不对头的，你要从本质上看他，我们讲看人要看本质。本质应该是开端的东西，应该是决定性的东西，那是更重要的，至于结果它是后果，那不重要，那要根据很多外在的条件，不涉及本质。所以这个说法在日常的意识看起来好像是矛盾的。"但只要稍微考虑一下就，能把这矛盾的假象予以归位"，考

虑一下也可以译为反省一下。这种矛盾是一个假象,你经过反思你就能把这种假象予以归位,把它归到它原来的正确位置上去。也就是说这个矛盾其实你不能说它是错误的,人们这样理解也是对的,但是你要把它归位,也就是说这种理解是一种浅层次的理解,是一种表面的理解,表面的理解并不是错误的理解,它之所以有这种表面的理解,还是因为它本质上有它的根据,只不过你要把这种根据把它显露出来,把这种表面的理解放在它恰当的位置上面,这就对了。下面讲,

开端、原则或绝对,最初直接说出来时只是个共相。

归位归到哪里去呢? 这句话就是归位了,"开端、原则或绝对,最初直接说出来时只是个共相",作为一个共相,作为一个普遍的东西,那么你那样理解绝对的本质也没错。但是它最初只是共相而已,一个绝对、一个本质、一个开端、一种原则,在它的起步阶段只是一个抽象的共相,一种比较表面的看法,因为它还有漫长的路要走。下面举了一个例子,

当我说"一切动物"时,这个词并不能被看作一部动物学,那么同样明显的是,神性的东西、绝对、永恒等字眼也并没有说出其中所包含的东西,实际上这样的字眼只是把直观当作直接性的东西表达出来。

我说了"一切动物",难道这样一个说法就算是动物学了吗? 那显然不是,"那么同样明显的是,神性的东西、绝对、永恒等字眼也并没有说出其中所包含的东西,实际上这样的字眼只是把直观当作直接性的东西表达出来"。这个比喻非常通俗了。"当我说'一切动物'时",一切动物也是无限的,一切动物你怎么知道是多少呢? 它也是具有一种无限性的;但是这个说法也不能算就是一部动物学,你提到动物这个词难道就是动物学吗? 动物是什么? 动物有哪些? 动物是怎么来的? 你都还没说,你就能说你建立起了动物学? 同样的道理,神性的东西、绝对、永恒这些字眼,上帝、绝对,这样一些字眼,它们的内容是什么? 什么是上帝? 上帝体现在什么地方? 都还没有说,你能说这就是一部神学吗? 你说了一切动物,你没有建立起一部动物学;你说了上帝,你也没有建立起一部神

学。这只是一些直观的表象。

比这样的字眼更多些的东西，哪怕只是过渡到一句话，也就是一个**向他者的生成**，而这个生成是必须被收回的，这就是一个中介。

"比这样的字眼更多些的东西"，比上帝、绝对、永恒这些字眼更多些的东西，"哪怕只是过渡到一句话"，你光说"上帝"，不行，你必须说出上帝"是什么"，上帝"怎么样"，至少你必须说出"上帝存在"或"有上帝"。绝对、永恒等等也是这样，你要把它变成一句话、过渡到一个判断，你光说一个字眼不行。康德曾经讲过，一切知识都是以判断的形式出现的，都必须要表达为判断。判断是一切知识的细胞、基本的要素。黑格尔当然不完全是这种观点，他不局限于判断，但这个地方他也提到了，即使你要把它说成一句话，"哪怕只是过渡到一句话，也就是一个**向他者的生成**"。"向他者的生成"，Anderswerden 是一个单词，其中 Werden 被译作变易、形成，我译作生成，包含有生命的意思，它不是一般的变成、形成，而是有方向的，要成长、生长；Anders 就是他者、其他的东西，形成了、生成了其他的东西。只要变成了一句话，比如说"上帝存在"，"上帝"和"存在"就已经不同了，已经出来另外一个东西了，你把两个不同的东西联结起来说"上帝存在"，这已经是向他者生成了。柏拉图的《巴门尼德篇》里面也说了这个道理，就是"一"这个概念，你光说"一"，人家不知道你什么意思，你必须说"一就是一"，或者至少说"一是"、"一存在"，那么当你说"一存在"的时候，"一"和"存在"肯定不是一个概念，所以呢你说出来的其实就是：一已经不是一了，"一就是多"。黑格尔在这里有《巴门尼德篇》的背景在里头：哪怕只是变成一句话，只要不是一个单词，那么它就已经向别的东西生成了。这个辩证法的基本含义就在这里，就是说一个概念当你要描述它、要陈述它的时候，它就变成了别的概念，当你要分析它、要抓住它的本质的时候，你就发现它就变了，你抓在手里的时候它已经变得不是了，已经变成另外一个概念了，或者说"向他者生成"了。"而这个生成是必须被收回的"，向他者生成了以后，它又必须被收回，随着这个进展，这个他者显示出来，它实际上还是同一个东西，是同一物的他物，因为这个他者是我自己生成出来的嘛，所以它就是我的他在，它就是我自己的他在。所以当我这样理解的时候，这个他在又被这个我自己收回了。这个生成是必须被收回的，因为这个生成过程就是我的过程，我是什么？我就是生成他物的这样一个过程，所以虽然生成了他物，但还是我，或者说唯有生成了他物我才是我，唯有当我变得不是我了，我才是我，因为是我把自己变得不是我的，我无非就是这么一个东西。你如果想要执着于自己，不想把自己变得不是我，那你就什么也不要干；但什么也不要干你恰好就不是我，你恰好就成不了我。我们的小孩子从小如果不学一点东西，那是成不了才的，要学点东西就必须逼他，就必须要限制他，要把他变得不是他自己。如果让他为所欲为，那他就什么也学不到，什么也学不到他就成不了才，他就成不了自己，虽然他从小有很多理想，我想当音乐家，我想当画家，我想当飞行员，但是我什么也不学，你当得成吗？你必须要长期地逼迫自己，训练自己，把自己变得不是我了，你才能成为我，你才能成为自己。所以这个生成是必须被收回来的，也是必然会被收回来的，因为是你自己生成的。其实大人也是这样，大人要做成一件什么事情，他必须要自己把自己限定、加以限制，把自己想干的其他事情暂时放着不要干，去专门干一件事情，要使自己"异化"，只有这种人才有希望。如果你不想把自己异化，你成天去卡拉 OK 或者跳舞或者旅游或者想干什么干什么，那你就成不了事，你想干的事情都干不成，你想成为什么都成不了，最后你一事无成，你这一辈子的生活就等于白活了。那么我白到世界上来一趟，什么也没干，我什么也不是，人家都是这个、是那个，有的成了音乐家，有的成了科学家、文学家，我什么也不是。你要是什么，你就必须要使自己不是什么，当然不是被强迫的，——小孩子上学也不完全是强迫的，你不要他上学反而是压制他——而是你自己要使你自己不是，这样你就会是什么，因为是你自己要这样做的嘛。他说"这就是一个中介"，我们刚才讲了，中介的问题也就是要走一个间接化的过程，你想直接达到，我想当音乐家我直接就上台演奏，那不行，你必须要有中介，必须要经过训练，要忍耐、吃苦，要劳作、要流汗、要早起，你才能成为你想成为的那个人。台上一分钟，台下十年功。这个过程就是一个中介。下面，

　　但这个中介就是那遭到拒绝的东西，仿佛从这个中介里得出的东西一旦不只是说它决不是绝对的东西也决不存在于绝对之中，而还具有更多的含义，那就放弃了绝对知识似的。

　　这句话比较费解，他说"但这个中介就是那遭到拒斥的东西"，他这里当然还是针对着那些直接知识、斯宾诺莎和雅可比他们了，他们拒绝中介，他们讲直接知识，那当然就要拒绝中介了。人们拒绝中介、拒绝过程，想一步登天，想马上就达到直接知识，"仿佛从这个中介里得出的东西一旦不只是说它决不是绝对的东西也决不存在于绝对之中，而还具有更多的含义，那就放弃了绝对知识似的"，仿佛、仿佛什么呢？"从这个中介里得出的东西一旦不只是说它决不是绝对的东西也决不存在于绝对之中"，从中介里面得出的东西一般通常认为它不是绝对的东西，绝对的东西是直接的东西，而有中介的东西肯定是不是绝对的，要通过一个手段才能达到的东西那怎么能是绝对的呢？通常都认为它不是绝对的东西，并且决不存在于绝对之中。绝对是不需要中介的，比如说上帝，上帝是不需要中介的，通常认为上帝创造世界，他还要借什么东西来创造世界呢？上帝用什么东西创造世界？这个问题是荒谬的。在《圣经》里面，上帝说要有光，于是就有了光，他不需要用什么材料来造成光、来造成世界。上帝创世他不是借用现成的材料去创造世界，他没有工具，他没有手段，他不靠中介，他直接地去创造世界，通常是这样认为的。所以在中介里面的东西它决不是绝对的东西，有中介、从中介里面引出的东西那肯定不是绝对的，它是手段，中介就是手段。它也决不存在于绝对之中，在绝对中是没有中介的，在中介里面也没有绝对的，通常是这样认为的。但不只是如此，不只是说中介不是绝对也不在绝对中，"而还具有更多的

含义",具有什么更多的含义？那就是黑格尔赋予它的含义了，就是中介不只是说它不是绝对的东西，它不存在于绝对之中，中介还有更多含义，即它自己的另外的含义，相对的含义，甚至是否定绝对的含义。就是说不仅仅是承认中介不是绝对，而且还要给中介添上一些相对的含义。"那就放弃了绝对知识似的"，这就好像是放弃了绝对知识。就是说你把中介最好是把它撇开，那才能达到绝对知识，中介它不是绝对的东西；但是你光是说这个中介不是绝对的，还不说明你放弃了绝对知识，你还得说它里面还有别的含义，这才是放弃了绝对知识。因为单是把中介说成不是绝对的，你还可以坚持绝对知识，把中介说成是毫无意义的；但你又说中介还有别的含义，那就说明你真正放弃了绝对知识，向相对的东西投降了。中介众所周知是相对的东西，工具和手段不都是相对的东西吗？经过历史的过程的都是相对的东西；上帝是岿然不动的，它不会经过历史，它也不需要手段和工具，那我们才会有绝对知识啊。现在你把中介不仅仅是理解为不是绝对的东西，而且还理解为有更多意义的东西，那就放弃了绝对知识。仿佛是这样。为什么中介遭到拒斥？就是因为中介一插进来，那绝对知识似乎就无处可寻了，我们要找绝对知识必须要排除中介，诉之于直观，诉之于直接知识，直接知识和间接知识是水火不容的。中介只是相对的，它里面没有任何绝对的东西。下面一段：

但实际上这种拒斥是出于不了解中介和绝对知识自身的本性。

前面讲的人们拒斥这种中介，但其实这种拒斥"是出于不了解中介和绝对知识自身的本性"，其实绝对知识就在中介之中，它的本性就是中介性的，上帝也好、绝对也好、永恒也好、一也好，它的本性就是中介性的，这些拒绝中介的人不了解中介的本性，也不了解绝对知识自身的本性。下面，

因为中介不是别的，只是自身运动着的自我等同性，或者说，它是自身中的反思，自为存在着的我的环节，纯粹的否定性，或从它起码的纯粹

185

抽象来说，它是**单纯的形成过程。**①

为什么有人不了解中介和绝对知识的本性呢？"因为中介不是别的"，这是黑格尔的观点了，中介"只是自身运动着的自我等同性"，在自己运动中自己不是自己了，但是自己又是自己，在自身运动中的自我等同性，这就是中介。上帝只有在创造世界中才是上帝，如果不创造世界，那只是抽象的，不是真正的上帝。在创造世界中它跟自己还是等同的，是它在创造世界，意识到这一点就是自我反思。所以中介又可以说是"自身中的反思"，自己反思自己，自己来规定自己，来造就自己。我们通常说一个人要成人，他必须要有一种反思性，他不能够老是跟着外在的事物跑，他必须要自己反过来问自己：你到底想干什么？你想要成为什么？你要好好想一想。我们现在对年轻人说，这辈子你想干什么？你想成为什么人？这就是自身中的反思，这就是中介，是"自为存在着的我的环节"，自为存在着的我，是我的一个不可缺少的环节，没有它，我不可能成为我。中介就属于自为的我的环节。前面讲到过自在的本性："自在的那种自为而存在的本性就被忽视了"，就是说，自为存在是自在存在的本性。那么中介就是这种自为的环节。它又是"纯粹的否定性"。自为存在的我的环节是什么呢？是纯粹的否定性。我还不知道我要干什么，我现在还不知道，还很模糊，还很迷惘，但是我知道一点，我不能再这样下去了！这就是纯粹的否定性，当一个人意识到我不能再这样下去了，这个时候他就开始自为了，至于他要干什么，这个时候他甚至于还不清楚，但是他首先要否定自己，我不能这样下去了。"或从它起码的纯粹抽象来说，它是**单纯的形成过程**"，中介从起码的这个纯粹抽象来说、从最抽象的层面来说，它就是单纯的形成过程。中介就是单纯的形成过程，它不依靠别的东西，它就是自己形成或生成的过程。人家说你不想再这

---

① "或从它起码的纯粹抽象来说"一语在第一版中没有，估计是黑格尔修订时加上的，考订版、丛书版均无，此处据袖珍版加上。

样下去了，你能干什么？你又没有条件，你连饭都吃不饱，钱也赚不着，你想干什么？他说我不知道，我就是不能再这样下去了。人总是要找条出路，这个是纯粹的否定性，还没有任何内容，只是纯粹抽象的一个单纯的形成过程。当然它会有内容的，但是你首先要有这个欲望，要有这个追求，要有这种意识。你不能这样下去，你必须"不是其所是"，你现在是这样，你必须不是这样；但又必须"是其所不是"，你现在还不是的，你必须去追求，你必须是那个东西。这就是后来萨特讲的一句话，在这里也可以用上。你必须要成为一个什么人，你要有这个愿望。那么这样的愿望就是一个形成过程，从抽象的意义上来讲它就是单纯的形成过程，因为还没有来得及插入一些不纯粹的东西，条件、天赋，这些东西都是后来的东西。但是首先你要有一个单纯的形成过程，或者说整个过程中间有一个单纯的层面，那就是这种纯粹的否定性。下面，

这个我，或者一般的形成，这种中介活动，由于它的单纯性之故，就恰恰是形成着的直接性，或直接的东西本身。　　　　　　　　　　[13]

这个我，前面讲到了自为存在着的我的环节是纯粹的否定性，这就表明你有一个我了，你能够反思自己了，那么你就有我了。这个我作为一般的形成，也就是上面讲的单纯的形成过程。这句前面讲我、一般的形成、这种中介活动，这三个都是同位语，都是同样的意思，你可以说它是我，你又可以说它是一般的形成，你又可以说它就是纯粹的中介活动。"由于它的单纯性之故"，它具有单纯性，现在它还只是一个单纯的形成过程，还没有把其他的考虑插入进来，仅仅是一个纯粹的否定性，"就恰恰是形成着的直接性，或直接的东西本身"，就是说直接的东西还在形成之中，那么在这种形成过程中它是直接的，是形成着的直接性，直接性正在形成，还未形成，过程还未结束，但是它就是直接的东西自身，因为这种形成过程本身已经是直接的东西了。这是在什么意义上讲呢？就是在那种纯粹抽象的层面来说它是单纯的形成过程，既然它是单纯的形成过程，所以它本身已经是直接的东西了。但是直接的东西还在形成过程之

中，这两个概念，直接性和直接的东西，它们的层次是不一样的，当然它们最终都是直接的。也就是说我想形成的那个东西，那直接就是我自己，但是我还不是，比如说我想当一个音乐家，我现在还不是一个音乐家，我想当的那个音乐家直接就是我自己的理想，我最后实现了这个理想，我才是我了，我就是这么个人了，这就是直接的东西了。这个音乐家、我想当音乐家这个目的就是直接的东西，但是现在它还在形成过程中，我还没有当成，它只是"形成着的直接性"；但是它"又是直接的东西自身"，就是我想当音乐家，我去做，这样一个纯粹的单纯的否定性就已经是直接的东西，从现在做起，从我做起。并不是说只有我当上了音乐家那一天我才是我，而是在这个过程中我就是我，在我追求当音乐家的这个过程中，我就是我，这个过程才是直接的东西自身，因为它具有单纯性，它不为任何外在的条件所阻挠，它不顾一切，他就是想当音乐家。那么这样一种纯粹性它就是直接的东西自身。所以在两层意义上我是直接的东西，一个是我最后追求的那个直接的目标，我想要成为我那个直接的目标，那个还没有追求到，还在过程之中，还没得到手，那么正在形成中的直接性，它是正在形成，还没有完成的；另外一个形成过程就是直接的东西，我们讲不以成败论英雄，我哪怕没有当成音乐家，或者我当成了一个三流的，我没有当成一流的，但是我要当音乐家，这股热情、这种能量、这种释放，它就是直接的东西自身。我没有当成，但是我奋斗过了，我这一辈子虽然没有最后实现我的目的，但是我也没有白过，我像一个人一样地活了自己的一生，活了自己应该有的一生。谁没有失败呢？有成功就有失败，也许在某种意义上我是失败的一生，我一生一事无成，但是我努力过了，我奋斗过了，我在努力和奋斗中我体验到了人生的百味，我认识了我自己，这就是直接的东西自身。所以不要小看这个过程，不要老是太功利化，好像那些没有成功的人都不值得一提，很多人没有成功，但是你从他的过程来看你可以看出来他是一个真正的人，他是一个失败的英雄，就像海明威的《老人与海》里面说的，人生来不是为了被打败的。

黑格尔的书里头有很多这样的道理。下面讲，

——因此，如果这个反思不被理解为绝对的积极环节而被排除于真实的东西之外，那就是理性的误判。

这个反思，上面讲的都是反思，包括这个自为存在的我，包括中介、包括这个形成过程都是反思，如果它"不被理解为绝对的积极环节"，绝对的积极环节，绝对就要靠它，绝对如果没有这个积极的环节，你只能说绝对不是什么，那就只是消极的环节，直接知识是说不出来的，直接知识只能说上帝不是什么，但是你不能说上帝是什么。这就是消极的环节。所谓的"否定神学"，否定神学就是说，上帝你不能说它是什么，你只能说它不是什么。中国佛教里也讲到，第一义不可说，第一义的东西、最高的东西是不可说的，那就完全是消极的，你要说你只能说它不是什么，禅宗讲"才说一物便不是"，你随便讲什么它就不是的，你说遍了所有的东西都不是，你就知道那个东西是什么了，但是它说不出来，只能够通过直接知识。那都是把这个反思"排除于真实的东西之外"了，而这种做法"就是理性的误判"。按照黑格尔的说法，理性正确的判断应该是这样的，就是说反思就是绝对积极的环节，它不能够排除于真实的东西之外，它就是真实的东西。下面，

正是这个反思，使真实的东西变成了结果，但它却同样也扬弃了该结果与其形成过程之间的对立；因为这个形成过程同样也是单纯的，因而它与真实的东西在结果中显示为**单纯**的那个形式没有差别，它毋宁正是返回到单纯性中这一过程。 {20}

真实的东西成为了结果，是通过这个反思、通过这个形成过程、这个中介，不然的话是没结果的，它是空洞的，它只是一个意向，只是一个表象而已，它什么内容也没有。你要它有内容、有结果、要它有现实性、要把它实现出来，就必须通过反思。"但它却同样也扬弃了该结果与其形成过程之间的对立"，这个结果和它的形成过程之间，当然是对立的，因为在形成过程中结果还没有出现，一旦出现了结果，形成过程又过去了，

不起作用了，所以很多人就只看到这个结果，只关注这个结果。但是实际上这个对立同时又被扬弃了，就是说结果没有那么重要，结果就是形成过程，形成过程就是结果。你不要把结果看得那么样的僵死，好像最后拿到手了就是那个东西了，其实它还是一个形成过程，它是形成过程中的一环，环环相扣，一环套一环，它是这样过来的，它又会导致别的结果。它只是形成过程中的一个阶段，它跟前面的阶段相比没有任何优越性，它跟前面的阶段完全构成一个整体，它构成一个整体中的链环。我们经常举一个通俗的例子，一个人吃包子，吃了一个没饱，吃两个没饱，吃第三个饱了，然后他说前两个包子都白吃了，下次我就只吃第三个。那怎么可能呢？它是不可分的东西。下面讲，"因为这个形成过程同样也是单纯的，因而它与真实的东西在结果中显示为**单纯**的那个形式没有差别，它毋宁正是返回到单纯性中这一过程"。为什么它扬弃了结果与形成过程之间的对立呢？因为这个形成过程也是单纯的，结果好像是单纯的，结果已经把这个形成过程扬弃了，好像形成过程我们就不提了，我们只求结果，只要这个结果，结果是单纯的、唯一的，什么过程都不在话下，你只要给我带来结果那就是好的，所以结果是单纯的。但是这个形成过程同样也是单纯的，就是说形成过程它本身当然它要借助很多东西，我们通常说一个东西要形成它必须要有个条件，但是它必须首先要有愿望，它必须要有努力，这个愿望、这个努力也是单纯的，它在任何情况之下都可以去努力，都会有这个愿望，都会有这种强烈的生命，这也是单纯的，不光结果是单纯的。"因而它与真实的东西在结果中显示为单纯的那个形式没有差别"，在结果中当然好像是单纯的，具有单纯的形式，形成过程与在结果中表现为单纯的那样一种形式没有差别，形成过程的形式就是最后获得那个结果的形式，或者反过来说，最后获得那个结果的形式其实就是那个形成过程的形式。形式 Form 这个词也可以作动词来用，formen，就是陶冶、赋形。赋形的过程、形成的过程，形式其实就是形成的过程，表面上看形式好像是一个框架，好像是一个结构，好像是个僵死的不动的东西,但是你从它的实质来看,你看到它的实质里面去,你就会看到它其实是一个赋形的过程,是一个能动的过程。这个形式和它的形成过程都是单纯的,它们没有差别,它们就是一个东西。所以这个形成过程"它勿宁正是返回到单纯性中这一过程",就是说你最后得到结果了,最后你成功了,你拿到冠军了,你获得荣誉了,那个时候你感慨万千,我拿到的不仅仅是个奖杯,我拿到的是我整个的一生的心血!它们其实就是一个东西,奖杯只不过是一个象征,这个形式只是一个代表,它代表了整个形成过程,它的丰富的内容。下面举了个例子,

诚然,胎儿**自在地**是人,但并非**自为地**是人;只有作为有教养的理性,它才自为地是人,而有教养的理性**使**自己成为自己**自在地**所是的那个东西。

"胎儿**自在地**是人",胎儿是人,这个在西方非常强调这一点,天主教为什么强调不能堕胎?因为胎儿也是人,你要堕胎等于犯了谋杀罪,这个我们中国人很难理解,胎儿好像不是人,胎儿只是一个东西。但是西方人把人的本质看作是灵魂,胎儿已经有灵魂了,在母亲肚子里面它已经形成灵魂了,你要把它杀死,那就是犯了罪了,因为灵魂是上帝给的,不是你母亲生的。所以堕胎在西方人心目中是个很严重的事情,在中国人心目中好像无所谓的事情,因为中国人的人的概念就是一个肉体嘛,这个肉体还没有形成,那就还不是人。那么,胎儿已经是人了,已经有灵魂了,但还只是自在的,"并非**自为地**是人",就是说它这个灵魂还不是它自己形成的,这个灵魂是上帝给的,它不是它自己要成为的。所以它虽然已经是人了,但是它还没有自己形成为人。"只有作为有教养的理性,它才自为地是人",有教养的理性就是有自我意识的理性,自己使自己成为人,这才是自为的人。经过教养以后,"有教养的理性使自己成为自己自在地所是的那个东西",经过理性、教养,那么理性达到自我意识,理性能够使自己成为自己自在地所是的那个东西,注意"使自己"和"自在地"打了着重号,这两个词是相对的。天赋予了我人这样一种可能性,那

么我要把它实现出来，我要像个人一样，我要成为人，我要成人，这个必须是有教养的理性才能够做到的，胎儿还做不到。胎儿在母亲肚子里或者是刚刚生出来的时候，婴儿还做不到，它经过教养以后，有了理性以后，它才能够做到，才能把自己潜在的、可能的、自在的那种所是的东西把他实现出来。我们这个"自在的"跟"潜在的"有联系，它也是从亚里士多德那里来的，潜能和现实，潜在的东西、潜能的东西还不是现实，但是它已经具有现实的可能性，具有实现出来的最初的动因、最初的发动力。但是它还不是现实，还刚刚发动，尚未进入到过程，所以那个时候它是自在的。那么在过程中它就是自为的了，自为就是一个实现的过程，实现的过程就已经具有现实性了。所以他这里举胎儿的例子，就是来说明万物都有目的，万物在生长，形成过程也就是一种生成过程。这个目的性在黑格尔那里非常重要，潜能和现实这一对范畴就是一对合目的性的范畴，只有在合目的性中你才能看出一个东西潜在地可能是什么，然后把它这种潜在性实现出来。这种可能性跟那种偶然的可能性不太一样，我们通常在物理学里面也讲可能性，这个东西可能会掉下来，但是这种可能性是外在的，不是它自己想要掉下来，而是受到某种作用它就会掉下来，这个跟潜能、现实没有关系。潜能和现实就是说它是一种合目的性的活动，所以它这里举了胎儿的例子，很多地方举了橡树的例子，总而言之都是举有机体的例子，甚至于举人的例子、自我意识的例子，这是黑格尔经常举的，机械性的例子在这里是说明不了问题的。下面说，

这才是理性的现实性。

Wirklichkeit 我们通常翻译成现实性，我们上次已经讲过了，这个现实性不能理解为现成的东西，现成的东西不一定是现实的东西，现实性必须是形成起来的一个过程，才叫作现实性。所以它这里讲"这才是理性的现实性"，也就是说这才是理性的形成过程。他说，

但这结果自身却是单纯的直接性，因为它是自我意识到的自由，它静止于自身，并且它不是把对立置于一边不加理睬，而是已与对立取得

了和解。

"但这结果自身却是单纯的直接性",就是说尽管我们说这个结果不能孤立起来看,不能当作一个单纯的直接的东西来看,而要联系它的形成过程、联系到全体;但是它自身的确又是一个单纯的直接性。就是说尽管把它的整个形成过程都包含在内了,但它毕竟是一个结果,毕竟你最后拿到了那个奖杯它是单纯的,你说它里面蕴含了你几十年的工夫在里面,当然是这样,但它最后体现为一个单纯的结果。"因为它是自己意识到的自由",这个自由不是为所欲为,而是有自我意识的,而是在意识中被自己的意识所掌握、所控制的这样一种自由。它在这个结果上自己意识到了自己的自由,我的自由凝聚在这样一个结果上面,这个结果使我在这个上面意识到了自己的自由,我多年以来想得到的这个奖杯现在终于拿到了,这个时候有一种自由感,有一种自由的高峰体验。"它静止于自身",在这个结果上面它静止了,它是单纯的,它是静止的,不再躁动了。当然它里面蕴含着形成过程,蕴含着运动,蕴含着长期的不安、努力,像前面讲的包含着痛苦、忍耐等等,但是都过去了,这个时候"它静止于自身",它终于达到目的了。"并且它不是把对立置于一边不加理睬,而是已与对立取得了和解",对立这个时候已经调解了,已经和解了。当然它是通过对立,通过不断地斗争,通过一分为二,把自己分裂为二,异化,把自己不当人来强迫自己,这样一种对立;最后它达到了自身以后,不是继续与对立面相互斗争或相互敌对,也不是把对立面抛在一边独自享受成功,"而是已与对立取得了和解"。我的几十年的努力奋斗、忍受痛苦是值得的,我不再怪罪当年那些歧视我、打击我的人,反而要感谢他们,正是他们促使我努力拼搏,取得成功。这就是与对立达成了和解,当然是在成功以后,如果没有这个结果的话,那我就觉得很遗憾了,费了这么大的力气结果没有得到应得的、应有的报偿,我就会责怪那些阻碍我的人,那就得不到和解。但是如果有了结果,那么我就和这个对立面取得了和解,这个结果就和多年的努力达成了和解,它们值得,花那么大的力气，理所当然，就得到这样一个结果。这是讲到了中介和它的结果，中介是在过程之中、在形成过程之中，但它的结果是单纯的，但中介也是单纯的，这两个单纯性虽然层次不同，但是都是单纯的，结果是回到了它最初的单纯性，而中介是中间的这样一个单纯性。所以从这个中介的单纯性来说应该说层次更高，形成过程的单纯性应当比结果的单纯性更高，它是导致结果、导致结果的单纯性的。那么这样一种解释、这样一种关于中介和结果之间的关系的分析，跟我们刚才讲的这个目的性是有关的，下面一段就特别强调这一点。

　　上面所说的话还可以表达为：理性乃是**合目的性的行为**。

　　这个合目的性在康德那里也非常强调，大自然、自然界万物都是合目的的，在第三批判里面康德讲到目的论，《判断力批判》里头肯定有一脉相承的关系。当然康德也是从亚里士多德的目的论来的，他们是一脉相承的，康德是作为第三批判中的反思判断力。那么黑格尔在这里把它提升起来了，它不仅仅是反思判断力，它也是规定性的判断力。所以黑格尔对这个目的性是作了一次非常大的发挥，自从亚里士多德以来他作了一次最大的发挥，这一段下面就提到亚里士多德。他说"上面所说的话还可以表达为：理性乃是合目的性的行为"，就是上面说的形成过程、这个中介、最后达到结果，这都是追求目的嘛，所以我们可以把它表达为一个合目的性的行为。但它就是理性的行为，前面也提到"有教养的理性使自己成为自己自在地所是的那个东西"，这实际上就是目的理性了。理性我们通常讲有逻辑理性，还有目的理性，这个地方讲的理性是目的理性。逻辑理性通常又被当作工具理性，我们通过逻辑工具去推论，三段论式。但是目的理性是有一种超越性的，就是说理性能够设定目的，然后设定自己合目的性的行动、设定自己的手段和中介来控制自己的目的的形成过程，来造成自己的目的的形成过程、达到目的的过程，所以这是一个理性的行为，理性是一种合目的性的行为。下面，当人们把臆测中的自然抬高到误认为的思维之上，特别是放逐了外在合目的性时，这就使一般的**目的**形式丧失了名誉。

就是说，自从近代以来，"人们把臆测中的自然抬高到误认为的思维之上"，一般来说把自然抬高到思维之上，这是唯物主义者或者说自然科学的唯物主义所采取的立场，就是把自然抬高到思维之上，人的思维就是要符合对象、符合自然界，就是要认识自然界。但是在黑格尔看来，这种自然是臆测中的自然、是他们想像中的自然，不是黑格尔所理解的真正的本源的本来意义上的自然。他们已经把自然肢解了，自然科学已经把自然当作是一个机械的、毫无目的的这样一个集合体，像牛顿的自然哲学就把自然界、整个自然看作是一大堆的原子、分子、一大堆的微粒所造成的，由微粒聚积而成的，没有什么目的性。这就是把臆测中的自然抬高到误认为的思维之上，误认为的思维就是近代以来人们认为思维是主观的、被动的，自然界没有思维，不可能有客观的思维，思维要符合于存在、符合于自然界、被动地反映自然，才是正确的。但是在黑格尔看来这种对思维的理解是一种误解，黑格尔主张有客观思维的，在自然界、在大自然中就有思维，就有理性，至少是上帝的思维。这两个词在黑格尔这里都作了限定，认为自然和思维都被误解了，成了盲人骑瞎马。"特别是放逐了外在合目的性"，恩格斯在《自然辩证法》里面也讲了这个，就是近代自然科学把目的性放逐了，把目的性赶出了自然界。经过牛顿物理学以后，谁要是再认为自然界里面有一种目的性，就被认为是没有常识，你连牛顿物理学都不知道，还说自然界有一种目的，有什么目的啊？都是机械运动、都是因果必然性导致的，没有什么目的。你通过望远镜能找到上帝吗？没有。当然这种目的论是一种外在的目的论，康德首次把内在的目的论恢复起来了，就是说你完全不用目的论，自然界有些东西你解释不了，比如说有机体，有机体你能用机械论来解释吗？但是有机体有内在的目的，内在目的论用不着上帝。恩格斯也说，康德和黑格尔的内在目的论是对二元论的抗议，揭示了物质的本性。但是外在目的性被放逐了，被赶出了自然界，这就是近代以来人们通常所持的观点。而"这就使一般的**目的**形式丧失了名誉"，就是牛顿以来目的论已经名誉扫地，经过启蒙运动以后，人们认为一个有常识的人不会想到自然界里面还会有目的，这个很不名誉的。那么下面讲了，

不过，正如就连亚里士多德也曾把自然规定为合目的的行为，目的是直接的、静止的、推动自身而不被推动的东西；① 或者说是主体。

目的是什么？"目的是直接的、静止的、推动自身的东西"，这个在亚里士多德那里已经有了，亚里士多德用目的来规定自然万物的运动，推动万物的那个目的就是直接的，就是静止的，最终的目的就是上帝。上帝自身是静止的，是直接的，是推动万物而自身不动的。其实柏拉图就有这种划分，就是世界上的东西可以分成三类，一类就是自己不动而被其他的东西所推动的，这就是物体；第二类就是自己也运动、也被其他的东西所推动的，这就是人的灵魂，人的灵魂是能动的，但是它也被其他的东西所推动；第三类就是自己不动而推动万物的，那就是上帝了，上帝自己不动，自己是静止的，但推动万物，称之为不动的推动者。这是从柏拉图开始就已经提出的划分，在亚里士多德那里也继承了这一划分。上帝在黑格尔这里是完全的能动性，它不但推动万物而且推动自身，它之所以能够推动万物，正是因为他能够推自身而不被推动，它是最终的绝对的推动者。这个是黑格尔的一个解释。当然他也说这个目的是"直接的、静止的"，相当于亚里士多德的"不动的推动者。推动自身为什么要说是静止的呢？因为它不被推动，它推动自身，但是它还是它，它的目的，作为过程来说它是推动自身，但是作为过程所达到的结果它又是回到了自身，所以它还是静止的。这个静止其实不是不动，而是运动的目的不变，你看起来转了一个圈又回到了原地，所以它还是静止的。在别的地方黑格尔多次提到目的是静止的，过程在变，但是目的是不变的，我最后实现

---

① 考证版和丛书版都没有"而不被推动"一语，这里依据的是袖珍版。

这个目的,这个目的实现了,但是目的还是它,就是我的初衷。如果目的变了,那你的目的就等于没有实现了,你实现了另外一个目的;如果你能够把你的目的实现出来,那这个目的从头至尾是贯穿的、静止的、不变的。我们说一个人有毅力,能够坚持,他咬定一个目的不放松,一直要把它实现出来,那么这个目的是不变的,但是整个过程是充满着变数。那么这个东西"或者说是主体",推动自身而不被推动的东西也就是主体了,这个是黑格尔的观点,他用亚里士多德的观点为自己的观点作证,这样一个东西就是主体,自然界就是主体,目的性就是主体,这就回到他的主体学说了:实体就是主体。你讲自然界,就是讲实体,但是讲自然的创造者、规定者,讲自然的合目的性,那么你实际上就已经把自然这个实体当作了主体。下面,

它的抽象的推动力就是**自为存在**或纯粹的否定性。

这个前面已经讲了,就是说纯粹的否定性"从它起码的纯粹抽象来说,它是单纯的形成过程",这个地方再一次重复,就是这个主体啊,"它的抽象的推动力就是**自为存在**或纯粹的否定性"。纯粹的否定性前面已经出现这个概念,这个地方把它定为自为的存在,纯粹的否定性就是自为的存在,抽象地说就是这样的,具体地说当然有很多丰富的内容,但是所有这些内容背后都有个贯穿一切的,就是自为存在。自在的存在本身就包含有自为的存在,自在的东西不仅仅是自在的,它也是自为的,它要成为主体,要成为主体就要有纯粹的否定性,它就要不再是原来那样,它要把自己创造出来,这就是纯粹的否定性,它是自己把自己造成的。波伏娃讲女人不是天生的,女人是自己造成的,其实所有的人都是这样,所有的人都不是天生的,都是自己把自己造成的,是纯粹的否定性、自为的存在把他造成的。他不愿意老是那样,抽象地说就是这样一种推动力、引起运动的力,它是纯粹的否定性。

结果之所以就是开端所是的东西,只因为开端就是目的;——或者说,现实之所以就是关于此现实的概念所是的东西,只因为直接性的东

西作为目的就在自己本身中拥有"自我"或纯粹的现实性。

结果就是开端之所是的东西，开端所是的东西就是目的，一开始有个目的，这个目的就是要达到的结果。结果就是开端所是的东西，为什么这样？只因为开端就是目的，如果开端不是目的，开端是一个物理过程、一个化学过程，那结果就不是它开端所是的东西，开端所是的东西是这样一种物质，但是结果成了那样一种物质。在化学反应过程中结果绝对不是开端所是的东西，因为它里面没有一个从头至尾静止不变的东西在支配它，也就是说没有一个目的。而在目的过程中就是这样的，从头至尾它都有个目的过程在支配它，尽管中间的过程变化多端，但是它最后还是回到了它的自身，这跟物理过程、化学过程是不一样的。"或者说，现实之所以就是关于此现实的概念所是的东西，只因为直接性的东西作为目的就在自己本身中拥有'自我'或纯粹的现实性"，现实是关于这个现实的概念所是的东西，关于这个现实的概念，就是说现实在它还没有实现之前就已经有一个概念了，我要把它实现出来，这已经有一个概念了。那么这个概念所是的东西就是现实，为什么呢？"只因为直接性的东西作为目的就在自己本身中拥有'自我'或纯粹的现实性"，直接性的东西作为目的拥有一个自我（Selbst，也译作自身），这个自我就是"纯粹的现实性"，直接性的东西作为目的在自己本身中拥有的纯粹的现实性就是自身，一切内在目的，不管是有机体还是人，都有一个自我或自身，这对它来说是最直接、最现实的。这是和物理化学过程不同的，物理化学过程中没有一个自我或自身，有机体的目的则在自身拥有纯粹的现实性，也就是说拥有那种要把自己实现出来的冲动，并且会去掌握把自己实现出来的手段，通过这个手段使它成为现实，而这个现实是依赖于内在目的这个纯粹的现实性的。这个纯粹的现实性就是排除了一切外来的干扰或者是一切条件等等，它不需要别的，而是纯粹的能动性、纯粹的否定性。所以在自己本身中直接性的东西就拥有了直接的现实性，这就把目的性引进来了。下面讲，实施了的目的或定在着的现实就是运动，就是展开了的形成过程；但恰恰这种不安息就是那个自我；而它之所以与开端的那种直接性和单纯性是同一的，乃因它就是结果，就是返回于自身的东西，——但返回于自身的东西恰恰就是自我，而自我就是自己和自己相联系的同一性和单纯性。

"实施了的目的或定在着的现实就是运动，就是展开了的形成过程"，这里把这个形成过程跟目的的实现紧紧地联系起来。什么叫定在着的现实？定在着的现实就是现实的现实，正在实现着的现实，定在就是此时此刻的存在，此时此刻的存在才是现实的、眼前的、正在发生着的这个现实。实施了的目的，或眼前正在发生的现实，就是运动，或者说，被实现出来的目的就是运动，也就是说实现了的这个结果、达到了的目的就是运动，这就是定在着的现实。运动就是一个实现过程，这个整个都是从亚里士多德来的，亚里士多德在《物理学》中对运动的定义就是从潜能到现实的过程，就是一个合目的的过程。所以这里讲是"展开了的形成过程"，展开什么？展开它的潜能、它的目的，形成过程就是把它实现出来，但是不是任意地铺开，而是有目的地展开，这就是一个形成过程、生成过程。我们有的地方把 Werden 翻译成生成，它本来的意思就是形成，但是翻译成生成在黑格尔那里是可以的，因为黑格尔的形成过程不是一种机械的形成过程，而是一种合目的的形成过程，这个我们下面还要接触到。这是实现了的目的。"但恰恰这种不安息就是那个自我；而它之所以与开端的那种直接性和单纯性是同一的，乃因它就是结果，就是返回于自身的东西"，这个"但"就是反过来说了，你前面强调的都是展开了的形成过程，要把这个现实实现出来、把它展开出来；但是"恰恰这种不安息"，前面讲的都是不安息，讲运动、形成过程，都是讲不安息，但它恰恰"就是那个自我"。自我前面有一个定冠词，就是那个自我，那个自我不用说就是讲的那个直接性的东西，就是那个静止的直接性的东西自身，也就是说这种运动就是那个静止自身，静止的东西其实并不是静止的，其实就是这个运动过程，它体现为前后一贯的自我。直接的东西好像是静止的，直接知识好像是静观，但它体现在这样一种不安息之中，体现在这样一种自我形成的运动过程中，体现在这样一种合目的性的追求之中。"而它之所以与开端的那种直接性和单纯性是同一的，乃因它就是结果，就是返回于自身的东西"。这种不安息、这个自我与开端的那种直接性和单纯性是同一的，是同一个东西，开端的单纯性和目的性你把它理解为目的，它开始当然是静止的，一开始你有那个目的，但这个目的什么还没做，它静止在那里；但是它整个形成过程都是在这个目的支配之下、在这个静止的目的之下完成的，所以这样一个不安息的过程与开端的那种直接性和单纯性是同一的，整个这个过程就是那个开端它自己演变而来、自己发动起来的。所以为什么是同一的，"乃因它就是结果，就是返回于自身的东西"，它就是结果，而结果就是返回于自身的东西。凡是一个合目的的过程都是这样的，目的已经预先是结果，已经预想到它将要成为结果，它跟结果是具有同样的内涵；而结果则是向最初的自身的返回。正因为如此，所以这个过程跟开端、跟结果都是一回事情，就是一个合目的性的形成过程。"但返回于自身的东西恰恰就是自我，而自我就是自己和自己相联系的同一性和单纯性"，你说你返回了自身，但这个自身难道本身不就是自我吗？你回到自身，你回到了你的初衷，你在结果里面实现了你的最初的目的，那么这样一个返回自身难道不就是你的自我吗？整个这个实现你的目的、最后返回到你的初衷的这个过程就是你的自我，你一辈子无非就是这个过程，你就是这个自我。什么是你的自我？你的自我绝不是你刚刚生出来的那一瞬间的自身，而是你作为自我的整个过程。任何一个人他的自我就是他一生的过程，当他这一生还没有结束的时候他这个自我还没有完成，还在努力地追求，还在寻求他的自我，直到最后他的一生完了，他才定了，他这个人是个什么人，我们说可以盖棺论定了，这个时候我们才可以论定他是个什么人。所以"返回于自身的东西恰恰就是自我"，这整个这个过程就是自我，而这个自我"就是自己和自己相联系的同一性和单纯性"。这个自我看起来很复杂，他一生饱经风霜，经过了多少过程，挫折、失败、成功，看起来很复杂，但是从根本上来说、从抽象的纯粹的这个层面上来看，这个自我"就是自己和自己相联系的同一性和单纯性"。不管你做了什么事情，不管你是成功还是失败，那都是你做的，那都是单纯性，都是由你决定做的，那都是你的本质的一种展现。你也可以把一些东西排除，有些事情不是我愿意做的，你可以排除，但是人家可不那么看，凡是你所做的东西都被归于你，不管你愿意做还是不愿意做，你都得为它负责，这就是单纯性。事实上也是这样，你自己的感觉不作数，关键在于你把自己做成了什么样的人，这才作数，人家也是根据这个来评价你的，盖棺论定。就算没有人来评价你，你自己也应该从这个角度来评价你自己的一生，我一生做了哪些事情，我是一个什么人。这个就是从一种单纯性的角度把那些复杂的东西都考虑在内，但是都归到这个单纯性上来了，你不能说有些事情我不能负责，你所做的事情你都得负责。"自己和自己相联系的同一性"，我自己和自己相联系，我的一生都是我自己和自己在相联系，有种人格的同一性；"和单纯性"，自己和自己相联系就很单纯了，就可以归结到一个点，那就是人格、人的自由意志。当然这个地方还没有讲到自由意志，只讲到目的性，但目的性后面有自由意志在里头，只有归到这个上面来，我们才能把复杂的一生看成是单纯的。任何人他的一生都是很复杂的，但是它又是单纯的，他就是这么一个人。看下面一段，

　　由于需要将绝对表象为**主体**，人们就使用这样的命题：**上帝**是永恒，或是世界的道德秩序，或是爱等等。①

　　也就是说后面这样一些命题是一种表象，要把绝对表象为主体，它

①　关于"上帝是道德世界的秩序"，参看费希特，《全集》I.5, 354；关于"上帝是爱"，参看费希特："对灵魂生活的指导，或宗教学讲演"，1806 年，柏林。——丛书版编者

们都表现了要把实体表象为主体这样一种需要。实际上人们在说这些命题的时候，他是想把绝对表象为一个主体的，例如"上帝是永恒，是世界的道德秩序，或是爱"，这些是费希特的命题，他提出这些命题实际上是想要把绝对表象为主体，当他这样来表象的时候，这里上帝就代表了一种主体性。下面，

[14] <u>在这样的一些命题里，真实的东西只是直接被建立为主体，而不是作为自身中自我反思的运动来陈述的。</u>

但这些命题里面，真实的东西只是直接被建立为主体，——主体Subjekt，也可以译作主词，上帝是什么、上帝是什么，都是以上帝为主词。这是直接把真实的东西设定为主词，设定了上帝为主体，但是呢，"不是作为自身中自我反思的运动来陈述的"，它没有反思、没有运动，就是一个静止的直接知识。所以费希特有意想要把上帝表象为主体，但是主体没有展开，没有把它自身反思的运动展示出来，而只是强行把上帝设定为主词。所以主体只是潜在的，从他提出这些命题的意向来说，已经潜在有这种主体性了，但是，他没有陈述出来，只是主观设定的。下面说，

在这种类型的命题里是从"**上帝**"这个词开始的。但这个词就其本身来说只是一个毫无意义的声音，一个纯然的名称；只有当宾词说出**上帝是什么**，它才是充实的和有含义的；空洞的开端只有在这个终点里，才成为一个现实的认知。

在费希特这样类型的一些命题里面，"从'上帝'这个词开始"，上帝是什么；但这个词本身只是一个名称，就像中世纪的唯名论讲的，共相、概念它只是一个名称，一个声音，甚至于只是一股气，它没有实质性的内容。那么在费希特这里也是这样，其实这个词"只是一个毫无意义的声音"、一个名词，"只有当宾词说出**上帝是什么**，它才是充实的和有含义的"，它本身没有意义。上帝是爱，上帝是道德秩序，爱和道德秩序是有意义的，上帝这个词本身是无意义的。这就是黑格尔的观点了。上帝这样一个名词是空洞的，只有当你赋予它宾词，或者说谓词，说出上帝究

竟"是什么"，——这个"什么"就是它的宾词了，上帝是，是什么呢？你
把这些都说出来以后，——那么上帝这个词"才是充实的和有含义的"。
否则的话它就是一个空洞的开端，"空洞的开端只有在这个终点里，才成
为一个现实的认知"，你说出了上帝是什么以后，有了宾词、有了结果以
后，上帝才成为现实的知识。下面，

　　就此而言，人们看不出，何不就只去谈论永恒、道德的世界秩序等等，{21}
或者像古人所做的，① 只去谈论纯粹概念、存在、一等等，只谈论那些本
身具有含义的东西，而不附带加上那个**毫无意义**的声音。

　　"就此而言"，也就是就上帝这个词只是被看作一个空洞的名词而
言，那么人们看不出来，为什么人们不直接就去谈永恒、世界的道德秩序
等等这样一些对象，既然上帝只有在加上这些宾词以后才有内容、才有
意义、才被充实，那么你们为什么不直接去谈那些永恒、世界、道德秩序、
爱，或者像古人所做的那样、像希腊人所做的那样谈纯粹概念、存在和一
啊等等，去谈那些本身具有内容、言之有物的东西，而不要再去加上那个
毫无意义的声音，即"上帝"，说这些都是"上帝"的宾词。也就是说古希
腊人从来不加上那个毫无意义的声音，说上帝这个、上帝那个，不谈这样
一种空洞的概念，他们直接就谈理念，谈存在，谈作为存在的存在。亚里
士多德就直接提出问题：什么是作为存在的存在？谈完了最后他才说，
上帝是最高存在、最高形式，那样就很充实了。但是你一开始就谈上帝，
那它是空洞的。上帝这个词不是随时都要加上去的，它可以不加，可以
就事论事，先谈论这些具体的概念。柏拉图《巴门尼德篇》就是讨论存在、
一、运动这样一些抽象的概念，没有一个字涉及上帝是怎么样的，谈完了
以后你说这就是上帝，那是可以的，但你不要在这些本身有意义的东西
上面再加上一个上帝，好像加上一个上帝就使它具有了意义，其实不是
的。不需要加上上帝，它本身就具有意义，我们看不出人们为什么一定

---

① "古人"，参看塞诺芬尼、芝诺、麦里梭，特别是巴门尼德的学说。——丛书版编者

203

要谈上帝这个空洞的名词，而不是直接地去谈那些具体的范畴、具体的概念、那些本身的有意义的东西？

但通过这种语词恰恰表明，这里所建立起来的不是一般的存在或本质或共相，而是一种在自身中被反思过的东西，一个主体。

这个"但"是一个转折，就是说虽然人们看不出他们要附加上一个上帝名词的理由，但他们之所以处处要加上这个名词，也有他们的道理，"但通过这种名词恰恰表明，这里所建立起来的不是一般的存在或本质或共相"，一般的存在或本质或共相，古代的柏拉图、亚里士多德他们都在谈，但是费希特在这里想建立的不是一般的存在、本质、共相等等，而是什么呢？"而是一种在自身中被反思过的东西，一个主体"。他恰恰想表示主体，这个是古希腊柏拉图、亚里士多德都没有的想法。但是费希特把上帝搬出来，尽管它是一个空洞的名词，但是无形中也表达出他的某种意向，就是说他实际上是想要表达主体。这一段一开始就讲到了"由于需要将绝对表象为主体，人们就使用这样的命题"，就是说他使用这样一些命题、使用这样一个空洞的名词，哪怕它只是一个空洞的声音，里面什么也没有，但是毕竟他用这些词表达了一种意向，想要表示他在这里"所建立起来的不是一般的存在或本质或共相，而是一种在自身中被反思过的东西，一个主体"。也就是说上帝这个词在他们那里已经是被反思过的了，他已经把它当作主体了，实际上他是想要把它当作有中介的东西，当作一种主体。下面，

但同时这个主体只是被预设了。

就是他想要表达这个东西，但这个东西在他那里只是被预设的，不是实现出来的，他只是通过预设上帝而预设了一个主体，他提出上帝这个空洞的名词，里面就有一种预设，就是说可以把这个上帝理解为主体，但是还没有被展开。所以下面讲，

这主体被假定为一个固定的点，宾词通过一个运动被粘附在这个作为它们的支撑物的点上，这个运动属于对这个固定点的认知者的运动，

而没有也被视为属于这个固定点自身的运动；但只有通过后一运动，内容才会被陈述为主体。

主体在这个时候只是被假定为一个固定的点——上帝，上帝是什么？上帝就是上帝，你可以说上帝是永恒哪，或者说上帝是道德世界的秩序，上帝是爱，等等，但这些东西都是附在上帝这个空洞的名词之下，但上帝本身并没有展开它的主体性，所以这个主体只是被预设的，它是一个作为支撑物的点，所有这个无限、永恒、道德秩序，这些宾词都通过一个运动被粘附在这个点上，也就是加在上帝身上。上帝是一个实体，所谓实体就是支持物、支撑物，这个上帝本身是不动的，其他东西都是通过一个运动而附着在、贴在它上面的。"而这个运动属于对这个固定点的认知者的运动，而没有也被视为属于这个固定点自身的运动"，就是这个运动只是我们这些认知上帝的人的运动，而不是上帝自身的运动，在费希特的唯心主义体系中，它只是费希特个人的主观运动，而不是客观对象本身的运动。前面讲了"宾词通过一个运动被粘附在这个作为它们的支持物的点上"，通过什么运动呢？通过一个主观外在强加的运动，就是这个直观知识的持有者主观的运动，直观知识的持有者把这些宾词从外面附加到上帝这个支撑物、这个不动的固定点之上。这实际上是哲学家费希特作为哲学家所做的一种处理，是他把一些宾词和上帝这个概念联结起来，这个联结是他作出的一种外在的捆绑。所以这个运动是属于费希特的运动，而不是"也被视为属于这个固定点自身的运动"，就是它不是从上帝自身发展出来永恒、道德秩序、爱等等这样一些宾词，不是从这个上帝的概念里面本身推出这些宾词来、演绎出这些宾词来，而是外在地贴上去、捆绑上去的，它没有表现为这个固定点自身的运动。他说"但只有通过后一运动，内容才会被陈述为主体"，也就是说只有通过固定点自身的运动，推演出它的内容、它的那些宾词，那些宾词才是上帝主体的内容，上帝才是一个主体。黑格尔正是想把所有的宾词从上帝这个固定的点里面推出来，使上帝这个固定的点不再是一个固定的点，而成

为一个过程，使得内容被陈述为主体。下面，

　　在如同这个运动的性状的那种方式中，这运动是不可能属于主体的；但按照对这个点的预先假定，这个运动也不可能有别的性状，而只能是外在的。

　　"在如同这个运动的性状的那种方式中"，那就是在费希特现在所提出的这些命题中，他通过主观的捆绑形成了这样一些命题，上帝是永恒、上帝是爱等等，在这样一种外在的运动方式中"这运动是不可能属于主体的"，上帝虽然被预设为主体（主词），但这样一种方式的运动并不属于主体，而是外来强加的，所以主体也就只能是一个空洞的主词。"但按照对这个点的预先假定，这个运动也不可能有别的性状，而只能是外在的"，也就是主体和运动之间的这种外在关系从这个点的预设这种做法就已经决定了，它不可能是别的样子。他首先把上帝预设为一个固定的点了，这是一个前提，在这个前提之下，这个运动当然不可能是别的样子，它只能是外在的推动，只能是由哲学家主观地把这些宾词贴到这个固定的点身上，把它加给上帝。最后一句，

　　因此，上述关于绝对即主体的那个预设，不仅不是这个概念的现实性，而且甚至于使这个现实性成为不可能了，因为那个预设把主体建立为静止的点，但现实性却是自身运动。

　　现实性就是自身运动，而这种预设把主体设定为一个静止的点，"上述关于绝对即主体的那个预设，不仅不是这个概念的现实性，而且甚至于使这个现实性成为不可能了"，就是说费希特实际上已经把绝对预设为主体了，绝对就是主体，上帝就是主体。它表现为这样一些命题，就像上面讲的，"由于需要将绝对表象为主体，人们就使用这样的命题：上帝是永恒，或是世界的道德秩序，或是爱等等"，这样一些命题实际上已经表达了绝对即主体，但是呢是在预设中，还没有把它陈述为现实。所以它"不仅不是这个概念的现实性"，"这个概念"应当是指绝对，而绝对就是主体，所以可也以说是指主体的概念，这个预设不仅不是绝对的现实

性或者说主体的现实性，反而使得这个现实性成为不可能。因为你的这种预设是把绝对当作一个固定的点，把主体当作一个固定的点，而不是把它当作一个运动过程，那么你就使它的现实性成为不可能，它就实现不了了。费希特主观上的确是想把上帝、把实体设定为主体的，但是由于他的思维方式还是从主观直接性出发进行设定一个固定不变的对象，他的这种努力最终失败了。你只能抽象地凭借你的直接知识，确定上帝就是这个那个，你把上帝当成一个固定的点，那么它怎么实现它的现实性呢？怎么表现出它的主体性来呢？而"现实性却是自身运动"，现实性只有在绝对的自身运动中、也就是作为主体的运动中，才能够赋予主体，也就是说主体的运动使得现实性得以实现。费希特除了外加了一个主观认知者的运动外，所说的内容与斯宾诺莎并没有根本的区别，比如说上帝是永恒、上帝是道德秩序、上帝是爱，斯宾诺莎其实就讲到过对上帝的神圣的爱、上帝是永恒、上帝是道德秩序，斯宾诺莎讲《伦理学》嘛，伦理学就是道德秩序，自然界的秩序就是道德秩序。所以实体要真正成为主体，还有很长的路要走。好，今天就讲到这里，

＊　　　　　＊　　　　　＊

前面已经谈到了目的论，以及目的论和科学体系的关系。黑格尔重建了目的论，对机械论形成一种抗议。在康德那里目的论还只是一种反思性的批判力，还不是一种自然界的规律，只是我们人的一种反思，我们人可以从中看出这种目的性，但是自然界是不是有目的，他是不相信的。康德还是一个科学主义者，他只是为人们主观的反思留了一点余地，就是说我们从机械自然界可以看出某种东西，那是因为我们人是有道德的，是我们带着这种有色眼镜看出来的。但黑格尔认为目的恰好就是自然界的本质，整个自然界、宇宙和人类社会都是有目的的，是被安排在一个目的系统中的，至于机械论则只是被安排在这样一个目的系统中的初级阶段，整个牛顿物理学只是目的论的一个初级阶段，是目的论为实现自己

所采用的一种工具。这是我们上次已经讲到了的。如果是目的论，它就会使我们对任何事物有一种全体的观点，真实的东西是全体。如果是机械论的话，那就没有全体，什么东西都是片段的，都是支离破碎的，都是偶然的，碰上什么就是什么。但是如果是目的论，我们就能用全体的眼光看待整个自然界。而这个全体，在黑格尔心目中实际上构成了体系或系统。他说，

从上面讲的所得出的一些结论中，可以挑出这样一条结论来，就是认知只有作为科学或作为**体系**才是现实的，才能被现实地陈述出来；

前面已经讲到了这样一个结论，即"认知只有作为科学或作为**体系**才是现实的"，就是说在黑格尔那里，科学和体系就是现实陈述出来的认知。认知这个词是 Wissen，它和科学 Wissenschaft 这个词本来就有词源上的关系，而科学和体系是一个意思，几乎是可以互换的。科学必须要有体系才是科学，如果没有体系，一大堆知识、东鳞西爪的认知还不构成科学，凡是科学都是体系。什么是体系呢？就是首尾相贯的，从起点到终点，一路贯通的理论才叫体系，是一个统一的体系，中间是一个过渡。我们前面讲到目的论，目的论与一般的机械论不同的地方就在于原因就是结果，一般的机械论，原因和结果是不能混淆的，你把原因当结果那就搞倒了。但是亚里士多德说的目的因，也是一种原因，这种原因就是结果。你为什么要做这件事情，就是为了达到那个结果，所以那个结果就是你要做这件事情的动机、起因，或者说原因，我是为了那个结果才起意要做这个事情。所以最后的结果是我预先已经考虑到的原因，这是目的因。目的论才能构成一个体系，从其他的角度理解都很难得出一个体系。我们说机械装置也是一个体系，但是机械装置是要有人启动的，没有所谓的永动机，所以机械装置不是严格意义上的体系。所以他说认知只有作为科学或体系才是现实的，才是真正的实实在在的认知。认知有可能是不现实的，你目前看可能是认知，但是过一会它就被否定了。黑格尔精神现象学里面讲的都是认知，但是一个否定一个，里面充满了矛盾。康

德早就指出二律背反,各种各样的观点都可以成为认知,但是,它们不是现实的。我们前面讲了现实在黑格尔那里有特殊的含义,经过外部世界的历程把自己实现出来的,那才是现实的。而一般认知就是说你看到什么那就是知识了,比如说感性确定性也是知识,我看到树叶是绿的,这就是知识;但是它没有成为科学和体系之前你还不能说它是现实的认知。虽然感性确定性也自认为是现实的,自认为是现存的,树叶是绿的,这是明明摆着的。但是它马上就不现实了,天一黑就不是现实的了。所以只有在历史中把它自己实现出来才能够是现实的,那就是只能作为体系,才能被现实地陈述。这个"陈述"前面讲了,有三个层次,一个是判断,第二个是理解,第三个才是陈述。陈述是最高的境界,你会做判断,树叶是绿的,那不足为奇,那是最起码的;你能理解那是更进了一步,但是你理解了你不一定能陈述得出来。什么是现实的陈述,就是你按照你的理解把它系统地表述出来,按照它的体系有层次地表述出来,这就叫做现实的陈述。

此外,一个所谓哲学原理或原则,如果它是真的,只要它仅仅作为原理或原则存在,它就也已经是假的了。①——要反驳它因此也就很容易。

这还是属于上面挑出来的那条结论,上一句还未完。"一个所谓哲学原理或原则"就是说前面是讲的认知,在它作为科学或体系之前还不一定是现实的;这里进一步讲哲学原理和原则,这就不仅是认知了,而且是原理和原则了。他说,哲学的所谓"原理或原则,如果是真的,只要它仅仅作为真理或原则存在,它就也已经是假的了"。原理和原则当它还没有发展成体系的时候,尽管这个真理和原则本身没错,是真的,但是只要它只是一个抽象的原理和原则,它就也已经是假的了,要反驳它就很容易。因为它仅仅是个原理和原则,而没有把自己发展出来,还没有使

---

① 黑格尔这里是针对莱因霍尔德和费希特所提出的哲学第一原理,参看莱因霍尔德:《关于纠正迄今哲学家们的误解的文稿》,耶拿,1790 年;费希特:《基础》,第 3 部分,§1.——丛书版编者

自己完善起来，那么它就也已经也是假的了。要反驳它那就很容易了，你只要指出它还不完善，很空洞，那就已经把它驳倒了。注意这里用的是"也已经是假的"，就是说并未否定它是真的，但同时也有假的一面。下面：

这反驳就在于指出它的缺陷，但它是有缺陷的是因为它仅仅是共相或原则，仅仅是开端。

这个反驳之所以很容易，是因为这反驳就只要指出它的缺陷，指出它是片面的原则，指出它是抽象的原则，这很容易。任何一个原则单独提出来的时候，它的缺陷是很容易证明的，因为它只是一个开端，这本身就是缺陷。他说，"但它是有缺陷的是因为它仅仅是共相或原则，仅仅是开端。"单纯的原理或原则为什么有缺陷呢？是因为它仅仅是共相或原则，也就是它仅仅是抽象的。"共相"，Allgemeine，共同之处。大千世界我抽象出一个共同之点，比如说"存在"，不管你说什么东西它都是存在，我把这个共同之点抽出来作为一个原则，存在。当然作为其他万物的原则的话，它是真的，但是仅仅说它是原则的话，那它就是假的了，因为你是把所有万物之中的共同点抽象出来，你把所有的具体内容都撇开了。所以它仅仅是开端，"存在"作为开端没错，但是存在仅仅作为开端就错了。就是说当你说开端时，你这个开端要干什么，你把要这个考虑进去。如果你停留在开端、端点，以为这就是全部真理，那就错了。一个世界的开端，你要开始干一件事，你要把你干的事情都归于这个开端，由这个开端自己去开端，那是没错的，就这一点说，开端是真的，但是你停滞不前，那就错了。所以它是可以反驳的，指出它的缺陷说你还没有说完嘛，你仅仅说了个存在，存在是什么你还没有说。下面，

如果反驳得彻底，则这个反驳就是从原则自身里取来的和发展出来的，——而不是根据对立方的担保和冒出来的念头从外面弄来的。

这个反驳一定是这个原则的自我反驳，从原则自身里发展出来的，它没有加上任何外来的东西，它就是从自身里面推出来的，自我否定得

来的。比如你讲纯粹存在是什么意思？纯粹存在就是没有任何具体的规定，没有任何进一步的规定；既然这样，那它就是无，它没有任何规定嘛。你把万事万物、大千世界的共同之点"存在"抽象出来，把它的内容全都撇开，那不是无吗？所以存在的内容、它的含义就是无，就是什么都没有。只有一个存在，那么这个存在就是无，这就是从原则自身中发展出了自己的否定性。而不是根据对立方的担保和灵感从外面弄来的。我冒出来一个念头，一个灵感式的想法，我跟你意见不同，我不同意你这种观点——这是很多人都习惯做的反驳。这都是外在的，都不是彻底的反驳。真正彻底的反驳是从对方的立场中自然而然地发展出来、引伸出来的对它自己的反驳。

所以，这种反驳真正说来就会是对原则的发展以及对其缺陷的补足，[15] 如果这种反驳不因为它只看到它自己的**否定**方面，而未也从其**肯定**方面意识到它的发展和结果，从而错认了它自己的话。——把开端真正地**肯定地**实行出来，这同时反过来同样也是对它的否定态度，即否定它那个只是**直接的**或只是**目的**的片面形式。

它前面主句就是这个句子："所以，这种反驳真正说来就会是对原则的发展以及对其缺陷的补足"。就是真正彻底的反驳应该这样理解，这个原则自己否定自己，自己反驳自己，因而自己发展和补充自己。它本来是有缺陷，就是说它不具体、太抽象，但是这个原则它自己反驳自己了，自己克服自己的抽象性了，那岂不是对原则的缺陷的补足？虽然开始它是抽象的，但是经过一个自己反驳自己的历程，它使自己丰富起来了，它使自己具有了内容，这就是对这个缺陷的补足。那么这个原则通过自己的反驳就一步一步把自己发展出来了，它就变成具体的了，抽象的原则把自己发展成了具体的原则。后面有一个条件句："如果这种反驳不因为它只看到它自己的**否定**方面"，就是说这种反驳有个条件，不要只是把自己看作是一种单纯否定的行为。反驳当然是一种否定，但是你不能仅仅把它看作一种否定。如果这种反驳不因为它只看到自己的否定行为，

211

"而未也从其**肯定**方面意识到它的发展和结果,从而错认了它自己的话"。也就是说这种反驳如果把自己仅仅看作是一种否定行为,而没有也从肯定方面意识到它的发展和结果,它就会错认它自己。怎么才能不会错认它自己呢? 就是不要把自己看作是单纯否定行为,也要从它的肯定方面意识到它的发展和结果。你的否定产生了积极的结果了,导致了概念和原则自身的发展,这是应该肯定的。当然这个是需要反思的,一味否定而不回过头来看看,那就会错认了自己。你看看,你推动了历史进程,产生了多么大的结果。所以从这一方面看,否定在先,但是同时也是肯定,因为这个否定导致了发展,为什么导致了发展? 因为它不是外在的否定,它是内在的否定。它是自己自我否定。一个东西的自我否定,它就会导致发展,如果一个东西是受到了外在的否定,那么它就会自我毁灭。一颗麦子你把放在土里,它就会长出麦苗,这是自我否定,它有它的结果,它长出了麦苗;但是如果你把它磨碎了,它就没有了,磨碎了是外来的否定。一方面看到它的否定,另一方面看到它的结果,它就不会错认了自己,它的真正的意义就在这里。"把开端真正地**肯定地**实行出来,这同时反过来同样也是对它的否定态度,"这跟前面一句话是颠倒过来说的,前面一句话是说否定的行动同时也是肯定的,那么这句话是说肯定的态度同时也是否定的。这两句话是对照说的。所以说这"反过来"同样也是对它的否定态度。否定什么呢? "即否定它那个只是**直接的**或只是**目的**的片面形式"。也就是否定它的直接性,否定它的开端的目的性,否定这个开端目的的现成性、现有性,认为这只是一种片面的形式。一个原则它已经作为目的摆在那里了,但是它要肯定地发展自己,把自己实现出来,那么它第一步必须否定,否定自己。就像毛泽东说的,不破不立,"破"字当头,——你首先要有个意向,就是说不应该这样下去了,不能老是这样,要打破原来的限制,——那么肯定也在其中了,"立"也在其中了。就是说在这样一个否定的过程中,如果它是自否定的话,那么立也在其中了。毛泽东那句话的错误在于它不是自否定,它不是群众运动,它是运动群众,是他否定,是一种外来否定,一种外力,一种权威,一种外部的操纵。你们朝这边他们朝那边,隔不久就要来表个态,站个队,谁是革命群众。所以它是外部的否定,外部的破,它不是行为本身的破。这样一种辩证法,后来就变成"变戏法"了。但是真正的辩证法就是说,再也不能这样下去了,必须要否定自己的奴隶状态,然后确实就推动了历史的进步。一般来说历史是这样的,如果历史要发展的话,它就应该是这样的,应该是自我否定。自我否定是第一步,就是否定它还只是直接的、或还只是目的,这样一个片面的形式。它只是直接的和目的,这里把目的加进来,就是说一开始它仅仅是个目的。但如果仅仅是目的,就只会停留在原来的状态,而真正的否定是要实现自己的目的,要否定自己这个仅仅是目的的这样一种状态。仅仅是一种想法,一种美好的理想,这种理想还是非现实的,是有缺陷的,所以它是一种不可忍受的状态,是要否定的。所以肯定的行为同时就是否定的行为,这是反过来说。前面说否定的行为有肯定的意义,这里说肯定的态度同时也是否定,起码是否定它的直接性和现成性,不愿意再像这样下去了。下面:

因此,这种实行也同样可以被视为对构成体系**根据**的东西的反驳,但更准确地说它必须被看作一种揭示,指出体系的**根据**或原则实际上仅只是体系的**开端**。 {22}

前面讲这种否定是否定什么呢,是指否定最初仅仅是直接的和仅仅是目的这种片面性,那么这个直接的和目的呢,恰好就是"根据"。就是说你连这个目的、这个直接性都没有,那你就连否定的对象都没有了。否定是建立在你开始似乎有一种直接性,你开始是有,然后说无;如果你开始就是无的话,那就不需要什么否定了。所以这个构成体系根据的东西就是直接性的东西,一开始是目的,是直接知识。直接知识就是体系的根据,但是雅可比、费希特他们没有把根据发展出来,没有发展出体系。那么在黑格尔这里要从根据发展成体系,首先就要否定这个根据。所以这个根据,这个开端,把它实现出来这种实行过程"同样可以被视为对构成体系根据的东西的反驳"，你要实现这个根据，你首先必须要反驳这个根据，或者说这个根据要自我反驳自我否定，才能实现这个根据。体系的根据，是根据它最初的那个目的，它最初的那种直接性的东西；但是它之所以成为体系，是这种直接性的东西反驳了自身，反驳了它的直接性，反驳它仅仅是目的而没有行动。"但更准确地说它必须被看作一种揭示，"说揭示比说反驳更加准确，揭示什么呢？"指出体系的**根据**或原则事实上仅只是体系的**开端**"。也就是指出来这个根据仅仅是开端而已，它不是全部，所以你反驳它你不是完全否定它，不是取消，不是说前面的根据不对，我们换一个根据，不是的。还是这个根据，但是这个根据它仅仅是体系的开端，它有待于发展成体系。也就是说你要揭示出它的缺陷，要补足它的缺陷，这个反驳其实真正来讲是这样一个意思。你要说反驳的话，好像什么都没有了，要摧毁一切，这种理解是不对的，按照黑格尔的说法应该叫作扬弃。后面提到了扬弃这个词，Aufheben，就是说它并不是说完全否定，取消，有些人把它翻译成"取消"，或者是消灭或者是否定，这些翻译都不是很准确，但是没有办法，因为 Aufheben 有两种含义，一个是取消，另一个是保存。那么更准确的说是一种揭示，是一种展开。揭示它，表明它仅仅是开端而已，你们等着瞧，还有下面一步，还有整个体系等着，而这个体系不是外来地引进来的，而是由这个开端自己引发出来的。下一段讲，

　　说真实的东西只有作为体系才是现实的，或者说实体在本质上即是主体，这话是以这种表象（Vorstellung）表达出来的，这表象把绝对说成是**精神**，[①]——这是最高的概念，是属于新时代及其宗教的概念的。

　　这个前面好几段也说明了这个意思：真实的东西只有作为体系才是

现实的,或者说实体就是主体。这里展开它的意思了,他说,"这话是以这种表象表达出来的,这表象把绝对说成是**精神**"。精神打了着重号,就是说你讲来讲去,认知作为科学体系才是现实的,讲了这么多实体本质上就是主体,讲了这么多,是什么意思呢?就是更进一步深入了,就是这样的一句话所表达的表象,"表象(Vorstellung)"这个词在康德和黑格尔那里有他们特有的含义,就是说表象本身是一个心理学的术语,它还进入不到严格的哲学这个领域,我们通常说的表象就是脑子里冒出来的那个观念,但是它跟理性的观念、跟理性是不一样的,它只是一种表象。就是说,如果我们要说得通俗点的话,那么这句话所表达的表象,就是把绝对说成是精神。绝对是真实的东西,绝对也是实体,但是呢,绝对表象为精神,这不是哲学表达出来的,而是新时代的宗教表达出来的最高概念。这里出来了"精神(Geist)"这样一个术语,这在黑格尔是非常重要的一个术语。精神现象学、绝对精神、客观精神、主观精神等等,黑格尔主要的意思就是要讨论精神,也是《精神现象学》后面一章的标题。精神的概念在这里提出来,前面有很长的铺垫,就是你要引出精神,首先你必须要知道,真实的东西只有作为体系才是现实的;再一个,实体本质上就是主体。你只要知道了这两句话,那么它实际上就表达了绝对其实就是精神的意思。"这是最高的概念,是属于新时代及其宗教的概念的"。这是黑格尔的一个很重要的观点。《精神现象学》的下册整个讲的都是精神。黑格尔的《精神现象学》有三个阶段,一个阶段是意识和自我意识,第二阶段是理性,第三个阶段就是精神。意识和自我意识、理性是在上卷讲的,精神是在下卷讲的。如何引出精神?就是说"真实的东西只有作为体系才是真实的",这意味着真实的东西就是精神,只有精神才是体系,才能够成为体系,机械的运动那是不能成为体系的。牛顿当然可以为它建立起一个科学的体系,但那是牛顿建立起来的,不是原子分子建立起来的,原子分子都是碰撞,所以它不是体系,也不是现实。原子分子也不是现实的,只是存在的。真正现实的是自己实现出来的,自己把自己实现出来才是现实的。所以真实的东西只有作为体系才是现实的，或者说实体在本质上即是主体。而实体当它成为主体的时候，它就是精神了，如果不是精神的话，如果是物质实体，那它没有办法自己成为物质实体。如果仅仅是精神实体，不是主体，那它也是不自觉的，像笛卡尔这个我思故我在，思维它也是一个实体，但这个实体没有自动性，它是上帝放进人的头脑里来的，它最后被归结为一种被动的东西。只有实体本身是主体，你才能引出精神的东西，精神是绝对的，它不是由别的东西放进来的，它就是自我运动，自己引出自己，这就是主体。那么这是最高的概念，在概念里面精神是最高的概念，或者说精神就是上帝，最高的概念就是上帝。所以他讲这是"属于新时代及其宗教的"，所谓"新时代"就是近代，启蒙的时代、理性的时代，理性时代的宗教是理性宗教，黑格尔的整个哲学都可以看作是理性宗教。费尔巴哈批评黑格尔，说他实际上是最大最后的一个理性主义者，他的体系是一个理性宗教的体系。为什么说他是一个理性的宗教体系？他明明是逻辑学，但是逻辑学在黑格尔看来其实是精神的一个开端，是上帝、精神在创造世界之前设定的一套架构，是上帝创造世界的蓝图、方案。逻辑学最后达到绝对理念，它还是一个概念，但是它还没有达到精神，它必须把自己发展出去，创造一个世界，最后在绝对精神里面，上帝才回到它自身。所以精神是最高的概念，是"属于新时代及其宗教的概念"。为什么是属于新时代？新时代是理性的时代，前面讲了，像一次光辉的日出，日出是什么呢？理性的光芒照亮了世界。在理性的光芒照亮世界的同时，也照亮了精神，最高概念是精神，所以这个时候的宗教是理性的宗教，在精神这个最高的概念里面表达了新时代的特点和新时代的宗教的特点。在此之前，基督教在启蒙运动以前，严格说还没有精神的概念，或者说有精神的概念，这个精神的概念还是自在的，还没有意识到自身。精神、Geist 这个词有两个含义，一个是精神的意思，一个是圣灵的意思。那么在宗教里面是圣灵的概念，马丁·路德把它翻译成 Geist，就是圣灵。圣父圣子圣灵三位一体。那么这个精神的概念它也创造世界，但是在近代以前，它没有意识到自身，它自身是不可说的，精神本身是不可说的，它是没有概念的，你不能用概念来规定精神、圣灵。在以前的基督教里面，圣灵那是只有经过启示才能获得的，你不能说通过逻辑和概念来把握它，所以这样一种精神是还没有意识到自身的，它是一种自在的精神，在概念里它还没有达到最高的层次。只有在近代以来的宗教中，对精神进行反思，加以概念的把握，才使得基督教的圣灵成为了一个最高的概念。那么最高的概念底下有很多次一级的概念，它们构成了一个体系，这个时候才有精神。下面讲：

唯有精神的东西才是**现实**（Wirkliche）；精神的东西是本质或**自在存在着的东西，——**是自身相**对待**的或自身规定的东西，是**他在**和**自为存在**——并且它是在这种规定性中或在它的自外存在（Außersichsein）中仍然停留于其自身中的东西；——或者说它是**自在自为的**。

这段话要好好分析一下。"唯有精神的东西才是**现实**"，或翻译成唯有精神的东西才是现实的东西，也就是说精神的东西才是现实的东西，才是自己把自己实现出来的东西。现实 Wirkliche，形容词的名词化，现实的东西就是现实。"唯有精神的东西才是**现实**；精神的东西是本质或**自在存在的东西**"，我们注意他这中间有个分号，分号后面管着这一大串：精神的东西是本质或自在存在的东西，它包括：一个是"自身相**对待**的东西和自身规定的东西"；再就是"**他在**和**自为存在**"；第三，并且是"在这种规定性中或在它的自外存在中仍然停留于其自身中的东西"；最后，"或者说它是**自在自为的**"。他在这里实际上表达了几层意思。首先一个，唯有精神的东西才是现实，这是一层意思，这跟后面是分开的，后面的等于是对这句话的解释。唯有精神的东西才是现实，然后后面这几句话都是一个层次，都是对"唯有精神的东西才是现实"这句话的展开。为什么说"唯有精神的东西才是现实"的呢？下面展开了这几层意思，三个破折号带起来四句话，前三句是并列的，最后这个破折号后面"或者说它是自在自为的"，这是个总结，就是说最后得出结论说，精神的东西是自在自为的。也就是说，精神是现实的意思就是它是自在的自为的。那么中间这句话就是展开它为什么是自在的自为的。他说"精神的东西是本质或自在存在着的东西"，这里讲的是自在，它是本质或自在存在的东西。精神的东西首先它是本质，所谓本质就是康德讲的自在之物，康德讲的自在之物就是精神的东西，自由意志、道德、上帝等等，这些东西是自在之物，并且是本质，不是现象。首先精神的东西是本质，或自在存在的东西，它是个自在之物。黑格尔当然不承认自在之物，所以黑格尔认为"自在"只是一个要素，另一个要素就是"自为"。下面讲，"是自身相对待的和自身规定的东西"，这就不是自在之物了，它一方面是自在的，另一方面它又是自身相对待的和规定自身的东西。自在之物是不能规定的，它不可认识嘛，你不能用一个东西去规定自在之物，但是黑格尔这里恰好就是要规定自在之物，一旦规定自在之物，自在之物就被扬弃了。但是自在之物那个意思还包含在里面，就是在它的最初的理解中，精神的东西，它是本质，它是自在的，但是我们要把这个自在从这种最初的理解上提升起来，规定它。但是你不能从外面规定它，它是自身相对待的和自身规定的东西。康德认为自在之物我们不能规定它，不可认识它，当然你用外在的规定是不能认识它、规定它的，它是完全的空洞的抽象，是一个抽象的本质；但是它自己可以规定自己，从概念里可以分析概念的自我运动，所以它是自身相对待的和自身规定的东西，"是他在和自为存在"。由于它的自身对待和自我规定，所以它是他在和自为存在。他在 Anderssein，就是另外一个存在，所谓自身对待也就是把自身看作他者。自身存在本来是存在的，我把自身存在看作是他者来加以对待，那岂不是他在么？我把自身看作是另外一个我的存在，那么在这个时候我就是自为存在了，因为这个另外的我的存在、他在，是我自己把它设立起来的，是我所为，是我为自己设立一个对立面，不是人家设立的对立面。所以这就是自身相对待的和自身规定的东西。本来它是自在存在的，自在存在是不能有任何规定性的，它是不可知的；但是自在存在，它自己有一种

218

规定性,你不能给它规定性,它自己可以给自己规定性,这就是他在;那么它把自己看作他,它就自为了,它就是主体了,实体已经变成主体了。自在存在可以看作是实体,但是自为存在已经是主体了。"并且它是在这种规定性中或在它的自外存在(Außersichsein)中仍然停留于其自身中的东西",这个相当于合题了,前面两个相当于正题和反题。正题就是自在存在,反题就是自我规定,自为存在,合题就是在这种规定性中或在它的自外存在中仍然停留于其自身中。它自己自为地把自己规定为他者,但是在这种自为中它仍然停留于它自身。也就是说,我把我自己规定为他者,在这个他者里面我仍然还在我自身中,我并没有因为把自身规定为他,我就不是我自己了,我仍然是我自己。因为我要通过他才能认识我自己,我如果不反思,不把自己当作他,我就不能认识我自己,我只有把自己当作一个他、一个对象来认识,我才能认识我自己。所以我在他者中,我还是在自身中,或者我只有在他者中我才能认识我自己,我才在自身中。我用一个外人的眼光来看我自己,我才真正是我自己;如果从来没有用一个外人的眼光来看我自己,我的自我意识还没有觉醒,我只是一个动物,我不会反思。这里有一个词,就是自外存在 Außersichsein,Außer 就是在外面,sich 就是自己,在自己外面存在就是自外存在。"在自外存在中仍然停留于其自身中的东西"。这里有一个三段式,其实有一个正题反题和合题,正题,自在存在,反题,自为存在,合题,自在自为的存在,也就是在他在中仍然停留于自身中。所以最后结论就是:"或者说它是自在自为的"。这一套观念很重要,它是黑格尔处理问题的固定的模式。自在、自为、自在自为;或者说目的、手段,最后达到实现了的目的。目的是自在的,目的要实现出来就要手段,要手段就是把目的暂时摆在一边,把它变成别的东西,别的东西当然是按照目的去设定别的东西,是目的设定的东西,把它引进来作为手段,但是通过这个手段恰好实现了的目的,这就是既有目的,又有手段的现实性过程,实现了的目的就是合题。这一套其实是从亚里士多德来的,潜能和现实,潜能实现的过程最后达到隐德来希，entelechie，就是最后达到"圆成"，也就是最后实现了目的。黑格尔的东西你真正吃透了的话，就会看出他其实是从亚里士多德来的，他没有增加多少东西，都是从那里来的，都可以找到它的根源。但是在亚里士多德那里还没有构成这样一个严格的体系。黑格尔的贡献就在这里，他能够把整个西方理性传统串起来，构成一个完整的体系，一整套术语体系，这个是他的贡献。下面讲：

但这个自在自为的存在，首先只是对我们而言，或者说它是**自在的**，它是精神的**实体**。

经过三段式之后，存在经历了自在、自为、自在自为三个阶段；但是对"我们"旁观者而言，它首先是自在的，或者说我们要首先从自在的这个角度去看它，把它看作一个精神的实体。它本身是一个三段式的统一体，但是我们首先抓住的是它的第一个环节，对我们而言这是必然的。因为你连第一个环节都没有抓住，你谈何第二个、第三个环节呢？所以首先抓住的是自在的这个环节，它自己是个精神实体，这个时候它还没有成为一个主体，它以实体的方式向我们呈现出来，首先它是这样的。下面：

这个存在也必须是**本身自为的**，——它必须是关于精神东西的认知，和关于它自身作为精神东西的认知；这就是说，它必须自己作为**对象**而存在，但正因为如此，它就是直接作为**被中介过的**、亦即被扬弃了的、在自身中反思过的对象而存在。

就是说，一开始我们仅仅是从自在的这个角度去看它，我们把它看作实体，它自在地就在那里，如康德的自在之物、物自体，一开始把它看作是自在的在那儿，作为精神的实体。但是它是实体，它是不可认识的，只是我们这些旁观者设定的。最开始是这样。但是接下来它必须自身也是自为的存在，也就是不仅仅是我们旁观的人把它设定为精神的实体，把它设定为一个自在的东西，它必须对它自身而言是本身自为的存在，它必须表现出来。它不仅仅是开端那样一个对我们而言的自在的精神的实体,而是必须对它自身而言就具有自为这样一种特点,这种特点不仅仅是我们解释成这样,否则那还是一种自在的东西;而是自动的东西,它自己在那里运动。所以它"必须是本身自为的",就是说它客观上是自为的,客观上确实有一种能动的发展。"它必须是关于精神东西的认知,和关于它自身作为精神东西的认知",如何能做到它本身是自为的呢? 那就必须要从认知的角度来看,这个认知不是我的主观认知,而是客观认知,是关于精神东西的认知,这个是关于它自身而言,也就是说关于自在之物本身就是精神的东西的认知。我们通常把自在之物理解为一个存在,我们的认知就是要反映这个存在,康德就是这样理解的,我们的知识就是要反映这个存在,可惜反映不了。黑格尔认为在最初阶段是这样的,但是到了黑格尔这个阶段,他认为应该把这个存在本身理解为认知,存在本身就是认知。谁的认知呢? 不是张三李四的,而是上帝的,——这里没有明说,但是已经把这个知识客观化了。不是人的主观认知,而是一种客观认知。"它必须是关于精神东西的认知,和关于它自身作为精神东西的认知。"凡是自为的存在,都是跟精神有关的,自在之物一旦自为就是精神,它是一种客观精神,并且这个客观精神就是关于精神的东西的认知。客观精神就是认知,就是真理,就是科学。我们通常讲到这些东西的时候都是认为它是人的一种状态,真理呀、科学呀、知识呀这都是我们人建立起来的一套体系,但是在黑格尔那里,这一套体系恰好是客观的体系,万物的体系,客观的历史,天上地下,自然万物都是认知,都是精神。所以人们批评黑格尔是泛神论,万物都是精神,这不是泛神论嘛;或者万物有灵论,我们看到的山川河流石头、太阳星球都是精神,都是神,也都是关于它们作为精神的认知。这就是说,"它必须自己作为**对象**而存在,但正因为如此,它就是直接作为**被中介过的**、亦即被扬弃了的、在自身中反思过的对象而存在"。也就是说自为的东西必须是它自己的对象,必须是自己把自己当作对象,当作什么对象呢? 当作认知的对象,自为的存在就是自己认识自己的对象。但既然它是自己的对象,所以它就是直接被中介过的对象，又是被扬弃了的自身反思。也就是这个存在直接被中介了，它有个自己的对象作为它的中介，但是又是被扬弃了的、自身反思过的对象，而不再是像自在之物那样的对象。就是它在那里但是它又离开那里，往前发展，往前迈步，同时又自身反思，从对象回到它的起点、回到它自身。它在那里是一个对象，但是这个对象直接被中介、被扬弃了，通过自己反思而回到起点了，构成了一个目的论的圆圈。在天上地下万事万物中，只有精神是这样，物质是不能做到的，只有精神才做得到。精神就是自在但是同时又自为的这样一种主体性。只有精神才具有这种主体性，凡是有主体的地方就体现出精神。下面：

就对象的精神内容是由对象自己所产生出来的而言，对象只对我们来说才是**自为的**；但就它对它自身也是自为的而言，这个自我产生即纯粹概念就同时又是对象的对象性元素，在其中对象拥有它的定在；并且对象以这种方式在它的定在里对它自身而言是自身反思过了的对象。

"就对象的精神内容"，对象有它的精神内容，作为自在自为的对象它就是精神，只有精神是自在的又是自为的，那么"就对象的精神内容是由对象自己所产生出来的而言"，对象的精神内容被看作由这个精神的对象自己产生出来的，精神产生精神，作为精神的对象自己产生出对象的精神内容，就这一点而言，"对象只对我们来说才是**自为的**"，也就是只对我们这些考察《精神现象学》的旁观者来说才是自为的，对象自身是不知道的。对象不自觉地产生出了精神的内容，只有对旁观者才看出它已经是自为的了，但它自己并没有意识到。"但就它对它自身也是自为的而言，这个自我产生即纯粹概念就同时又是对象的对象性元素"，但就它、就这个对象对它自身也是自为的而言，就是并不是我们才看出来它是自为的，而且它自身其实就是自为的。那么它这个自己产生，也就是这个纯粹概念，同时就是对象的对象性元素，就是说它本身客观上就是自己产生的，对象是少不了这个自己产生的。对象性元素，这个元素（Element）也可以翻译成因素、要素。就是说它是基本的要素，没有这个

222

是不行的,它是必要条件,虽然不是充分条件,但是去掉这个 Element 就不行。有的还翻译成原则、基本概念。一般的我们把它翻译成元素。在康德《纯粹理性批判》的"先验要素论"中的要素就是用的这个词。就是它是必要的,缺一个都不行。所以"在其中对象拥有它的定在",如果这个自己产生的纯粹概念没有这种对象性元素,它甚至就没有自己的定在,就不能现实地存在,这是它少不了的元素。"并且对象以这种方式在它的定在里对它自身而言是自身反思过了的对象",对象的对象性从何而来,就是因为它是自己产生,是自己产生的这个纯粹概念使它具有了对象性,也就拥有了定在;既然如此,在这个定在里,对象就成了自身反思过的对象。因为对象是通过自为的活动,通过自己产生的纯粹概念而获得自己的对象性元素、获得自己的定在的,或者说我们所有的对象性概念,都来自于自己产生,这样一个自己产生的性质,这样一个过程的概念就是它的对象的对象性要素。对象性从何而来,它必须要起作用,必须要自己产生,这个产生我们把它当作一个纯粹概念,它就形成了我们的对象概念。如果对象不自己产生它就没有办法具体的存在,它就只是一个抽象的对象概念。这个抽象的对象概念如果要成为具体的现实的存在、定在,它就必须起作用,它就必须自己产生出来。对象的这种存在方式就是自身反思的方式,当它回过头的时候它把所有这些作用、效果都看作是"它"产生的,这些效果这些作用,就是它本身,就是它自己。所以它是自身反思过了的对象,在这种产生过程中它达到了自我反思或者自我意识,而不再是直接的自在存在了,也不再是对于"我们"旁观者而言是自为的了。下面讲:

——把自己这样作为精神来认知的精神,乃是**科学**。科学是精神的现实性,是精神在其自己的元素里为自己所建造起来的王国。

把自己作为精神来认知的精神是更高的精神,也就是科学;不知道自己是精神的精神,那还是一种自在的精神,它是精神但是它还没有意识到自己是精神,或者它是潜在的精神,自在的精神。一个小孩子刚刚生出来他就是一个人了，但是他还是潜在的人，他还没有把自己造就为一个人，只有经过教养，不断的努力发展自己，这个时候他才能成人。我们说成人就是这个意思。小孩子已经是人了，但是他还是自在的人，还没有"成人"。这里讲，把自己作为精神来认知的精神乃是科学，精神成为精神那才是科学，在此之前，它还是前科学，一种潜在的科学，它只有经过这样的发展，自己产生，自我否定，自我反驳，同时呢又回过头来在每个环节肯定自己的发展和结果，才能成为科学。所以他讲，"科学是精神的现实性"，精神它的现实性就是在科学上现实出来的，或者说科学是精神的，"是精神在它自己的元素里为自己所建造起来的王国"。自己的元素就是刚才讲的自我产生，精神通过它的自我产生为它自己建造精神王国，那就是科学。所以科学是精神的王国，科学不是机械的，不是牛顿物理学就可以解决一切问题的，即算是牛顿物理学的体系，也是精神建立起来的，它背后有精神，你要把背后的东西发掘出来，牛顿物理学才能成为真正意义上的科学，那就是哲学。科学在黑格尔意义上就是哲学，也就是逻辑学。

下面我们开始讲第二个小标题：

[2. 认知的生成过程]

前面我们讲了第一个小标题"绝对即主体的概念"，这个是拉松版编者所加的标题，法文版也照搬了，当然不是随便加的，是经过反复的研究加上去的。凡是用方括号括起来的都是编者加上的标题。前面讲绝对就是主体，实体就是主体，实体和主体的统一就是科学，就是把精神作为精神来认知的精神，精神的概念已经出来了。科学是精神的现实性，也就是绝对认知的概念。那么认知要达到绝对认知，它必须要要有一个生成的过程。前面讲了，《精神现象学》一开始提出一个目的，就是把认知导向科学，也就是把认知导向绝对认知。通常讲的知识是零散的，东一点西一点都是知识，那么我们要考察知识是怎么生成的，怎么产生的，怎么一个取代一个，怎么发展，怎么提高，怎么接近科学的。所以下一节讲的认知的生成过程也是抓住了这一点来谈的，即认知是怎么样生成为科学的。

　　在绝对的他在中的纯粹自我认识，这样的以太①**本身，乃是科学的根据和基地或普遍的认知。**　　[16]

　　"在绝对的他在中的**纯粹自我认识**"，一方面是他在，一方面是自我认识，这是两个极端，绝对的他在，这是一方，另一方是纯粹的自我认识。绝对的他在就是绝对的自在，纯粹的自我认识就是纯粹的自为。那么在绝对的他在中的纯粹的自我认识，这样一种自我认识呢，就是以太（Äther）。这样的以太本身"乃是科学的根据和基地或普遍性的认知"。这里讲的是认知的生成过程的出发点，在绝对他在中的纯粹自我认识，这个是费希特的观念。费希特的出发点就是绝对的自我认识，绝对的自我意识，但是这个绝对的自我意识是在绝对的他在中的，是把自己当作一个绝对的自我对象的，费希特的这个自我是个绝对的对象，《全部知识学的基础》这是费希特的一本主要著作，也可以译作《全部科学学的基础》。我们要讲知识学，Wissenschaftslehre，我们首先要把绝对的自我当作对象，当作一个绝对的他在来加以考察。纯粹的自我认识，我等于我，我就是我，这就是纯粹的自我意识，但是又把它当作一个纯粹的他在来加以考察，当作一个绝对的对象来加以考察，这就是"科学的根据和基地"。自我意识是科学的根据和基地，科学就是从自我意识发展起来的，所以费希特的绝对自我的原则在黑格尔那里也很受重视，虽然他也有很多批判，实际上他跟费希特的基本出发点都是自我意识。法文版在这里

---

①　据法译本注：在《耶拿时期的逻辑》（手稿）里，黑格尔曾说："以太是自身相关的绝对精神，但这绝对精神却不自知其为绝对精神。"——转引自贺麟、王玖兴译本。

对"以太本身"有一个注释，是引的黑格尔另一部早期著作即《耶拿逻辑》："以太是与自身相关的绝对精神，但这绝对精神却不自知其为绝对精神。"贺、王译本也照注了。但我查遍了这本书的中译本，[①] 并未查到这句话，只有在该书的最后一页有这样的句子："自己与自己本身相联系着的精神是以太，绝对的物质。而它作为在其不一样的东西中发现了自己的精神是封闭在自己本身中的和生意盎然的自然。"显然，这句话和法译本所据的那句话和这里讲的意思都合不上，那里的意思是说以太相当于不自知的绝对精神，体现为自然界；而这里讲的是"在绝对他在中的纯粹自我认识"，是作为"科学的根据和基地或普遍认知"。真正要理解这句话，必须结合《精神现象学》最后部分的论述，如在"绝对认知"章，即贺、王译本第 272 页，黑格尔说："由于精神获得了概念，它就把定在和运动展开在自己生命的这种以太中了，而这就是**科学**。"可见这里的"以太"应该是指精神所获得的概念，也就是上一段中讲的："这个自己产生即纯粹概念就同时又是对象的对象性元素，在其中对象拥有它的定在"。这样的"以太本身"，即纯粹概念，这个对象性元素，才能作为"科学的根据和基地或普遍认知"。那么为什么说是"以太"？以太是当时物理学中的一个假设，是为了解决牛顿物理学的理论难题即"超距作用"而设立的。牛顿万有引力不能解释两个隔着"真空"的星球如何能够发生相互之间的引力作用，于是人们想出一种没有质量而弥漫于太空的透明物质"以太"，来作为相互作用的媒介。当时的物理学认为以太是充满整个宇宙的一种媒质，所有的运动包括引力及光、电、磁等等都在它里面进行。当然这个假设后来被推翻了，在爱因斯坦之前，迈克尔逊和莫雷 1887 年的实验证明这个假设完全解释不通，光速并不受以太作用的影响。爱因斯坦由此而创立了狭义相对论，这就是现代物理学的革命。但是在黑格尔

②　参看《耶拿体系 1804—1805，逻辑学和形而上学》，杨祖陶译，人民出版社 2013 年版，第 303 页。

的时代,人们还普遍认为以太这个概念是必不可少的,包括恩格斯当时也借用这个概念,说毕达哥拉斯的灵魂是"以太的碎片"。当时认为整个宇宙既然是统一的,它就必须要有个统一的基础,有个基质,那就是以太,有一点像中国的"气",它是看不见摸不着的,完全渗透任何事物的空隙。当然黑格尔这里也是一种比喻,他并不认为以太就是上帝创造世界的一个媒质。他只是打个比方,他说这样的以太本身是在绝对他在中的纯粹自我意识,费希特的绝对自我就有点像以太,万事万物都是通过这个自我意识建立起来的,都是在自我意识基础上建立起来的,但是它又是客观的。费希特是主观唯心主义者,但是当他通过自我建立非我并回到绝对自我,把自我当作一个绝对的对象来研究的时候,好像这个自我意识是一个客观的绝对本体,这其实还是有客观唯心论的成分在里头。但是,它只是一个开端,提供了一个基础和地基,一个普遍认知,还没有真正的把自己建立为一个客体,一个客观唯心论还没有建立起来。它还只是绝对的以太本身,有点像以太,它是绝对的他在。那么这个绝对的以太乃是科学的根据和基地,纯粹的自我意识就是"科学的根据和基地",黑格尔是赞成费希特这个出发点的,"或普遍的认知",普遍性的认知就是费希特所讲的"全部知识学的基础",即自我意识是一切知识的基础。你要迈向科学,进入知识的生成过程,首先你要从纯粹自我意识起步。下面讲:

哲学的开端作出了这种预设或要求①,即意识应处于这种元素之中。

就是哲学在开端中就提出了这种预设或要求,哲学你要开端,你就要提出一些预设和要求,提出什么呢?就是自我意识,要求把意识放在自我意识这种元素、这种以太之中来考察。这种纯粹自我意识就是认知的元素,基本构成的成分,少不了的部分。这也是费希特提出来的全部哲学的开端。但在这种元素中首先要考察的是意识,即作为他在性的对

---

① "要求"一词考证版和丛书版均为 Foderung,德文中无此词,当为 Forderung 之误,兹据袖珍版改正。

象意识。下面,

　　但这种元素本身只有通过它的形成运动才达到完成和透明性。

　　但是这种元素、这种纯粹自我意识只有通过它的形成过程才能完成,纯粹自我意识这个时候还没有完成,还是不透明的。就是自我意识虽然已经是知识或哲学的开端的一个预设或要求,但是这种元素,本身只有通过它的形成运动才达到它的完成并取得它的透明性。要达到自我意识的绝对认知,那就要通过形成运动,把自己一步一步的形成,通过自我反驳、自我否定、自我建立、自我肯定,一步一步达到它的完成并取得它的透明性。这个透明性,Durchsichtigkeit,也是黑格尔用得很多的一个概念。所谓透明性就是在一个概念里面可以看到很多它以前发展而来的那些概念,这就是透明性。我们可以看到很多有机体它的身体是透明的,特别是深海里的小虾、小鱼,我们从外面可以看到它的内脏。概念在它发展成熟的时候,它就透明的了,它可以把它里面的概念都显示出来,但是它们又是在这个概念之中,这个概念得以形成的那些概念,一个一个的层次是怎样结构起来的,都看得清清楚楚。所以最后的这个概念就是透明的概念,也相当于有机体的概念,有机的概念就是透明的,你可以看到它里面的这个状况。这种自我意识的元素只有在它完成的时候才具有透明性,在它开端的时候还不透明。还是模模糊糊的,还是互相遮挡的。它发展出一个东西,那个东西马上就把它前面的遮挡住了,还不成熟,还没有到位,还只是对象性的他在,所以在发展的初级阶段,它不是透明的。比如黑格尔逻辑学的存在论是不透明的,一个否定一个,由外在的人为的操作把它构成了一个三段式的进展,但是它内部的范畴和概念是不透明的,我们进入到下一个概念的时候,它的上一个概念就被忘记了。所以存在论是逻辑发展的初级阶段,它是一个概念"过渡"到另一个概念,过渡就是说我到了这边我就把那边抛弃了,然后再往下一个阶段过渡。经过本质论,它就反过来了,叫作"反思"。那么到了概念论,这些概念才是透明的,才是自身"发展"的,就是说概念论里面每一个概念里都可以看出原来的那些概念,包括存在和本质都在里头,你从每个概念里都可以看出前面的概念。但是在存在论里面就还没有透明。既然如此,在《精神现象学》中,在还未进入到运动过程之前,纯粹自我意识就并不适合于作为哲学的开端,而只是一种预设和要求,真正适合作为开端的是意识,这里要说明的是这一点,即规定了小标题"认知的生成过程"的开端程序。下面:

它是纯粹的作为**共相**的精神性,这共相具有单纯的直接性的样式;①——这种单纯的东西,当它作为单纯的东西而具有**实存**的时候,它就是那个基地,即作为思维、只存在于精神中的那种基地。

"它是纯粹的作为共相的精神性,"这个"它"就是指这种元素本身,前面讲这种元素本身只有通过它的形成运动才达到完成并取得它的透明性,这里讲这种元素是纯粹的作为共相的精神性。这种元素,也就是这个纯粹的自我意识,这个开端的预设和要求,它是作为共相的精神性,它是精神性,但是它只是作为共相,作为共同之点。我们前面讲了,抽象的共相就是共同之点,我把所有的东西都拿来去找它们的共同之点,那么不管是什么东西,它们总有一个共同之点,那就是存在,万物莫不存在,存在无所不包,所以最开始的这个共同性,就是存在。这里讲作为共相的纯粹精神性,这个共相是最具有抽象性的,它把一切内容都抽象掉了,"这共相具有直接单纯性的样式",这就是直接单纯存在的样式。"这种单纯的东西,当它作为单纯的东西而具有实存的时候,它就是那个基地",当这个单纯的东西具有实存的时候,就是虽然是单纯的东西,但是它具有实存,实存打了着重号。你把它当作一个实存,你把它当作一个定在,实存跟定在我们前面讲过是非常接近的概念,实存 Existenz 和定在 Dasein 几乎可以互换。就是说你具体的把它当作一个开端、端点,你把它确定在端点这个位置上面,当它具有实存的时候,这就是那个基地。

---

① 在第一版中没有破折号后面这一句。——袖珍版编者

那个基地就是前面讲的，"这样的以太本身乃是科学的根据和基地或普遍性的认知。"当它作为单纯性的东西而具有实存的时候，它就是那个基地，它就是一个开端的端点，"即作为思维、只存在于精神中的那种基地"。共相、存在作为单纯的东西，但又要具有实存、定在，以便成为科学知识形成的基地，怎么办？只有一个办法，就是把它理解为思维，它不存在于万物中，只存在于精神中。也就是说，共相本身的直接单纯的样式就是作为精神中的思维，也就是意识，只有思维、意识才表达了单纯的共相，才是共相的定在或实存。自我意识也是一种意识，意识是作为自我意识的共相或基地而实存于精神中的，它是《精神现象学》的开端。当然它并不是一个静止的端点，它是要动起来的，它是要作为精神而发挥自己的主体性的。科学的出发点就是那个已经是精神性的东西。所以《精神现象学》一开始就是从意识出发的。下面：

由于这种元素就是精神的直接性，由于实体一般就是精神，所以这种直接性也就是**纯化了的本质性**，是本身单纯的或本身就是直接性的那种反思，是作为在自身中反思的**存在**。

"由于这种元素"，这种元素就是这种自我认识的元素；由于精神的这种直接性，精神在开端的时候是采取直接性的样式，精神的直接性是"精神的一般实体性的东西"，最开始的开端表达了精神的一般实体性的东西，你已经把它作为对象了，你已经把它作为一种绝对的自在了，当作他在看了，所以你已经把它看作是精神的一般实体性的东西，也就是最抽象的实体性的东西。精神的最抽象的实体性的东西就是它在开端那个时候，那种纯粹的自我认识。由于这样，"所以这种直接性也就是**纯化了的本质性**"，所谓纯化了的，verklärte，本义为美化了的、神化了的，这里是提升了的、提纯了的，前述作为共相的精神性就是从万物中提升起来的本质性，现在它不忙于回到万物，而是回到它本身的直接性，即作为思维的直接性，它直接就是思维的东西，那就是关于对象的意识。这种意识从它的对象中纯化出来，成为了对象的本质性。"所以这种直接性也就是**纯化了的本质性**，是本身单纯的或本身就是直接性的那种反思"。这两个"是"是并列的，都是对前面的进一步展开，但朝两个不同的方面。前面一个"是"，是自在的，是纯化的本质性，那是自在的；后面一个是自为的，但是它本身是直接性，它是直接性本身的反思。就是说自在是直接性的，自为也是直接性，它自己产生，它是纯粹概念嘛，所以它也是直接性的。前一个是直接的自在，第二个是直接性的自为，是直接性的产生，直接性的活动。自在是直接性的，所以它是本身单纯的；自为的，就是直接性本身的反思，反思就是自为了，你不反思就是自在，你反思就是自为的，你是有意识的，你是反思过的，那就是自为了。但是这种反思也是直接性的东西。我们通常讲反思是间接性，我们说这个人不反思，那么这个人就是直接性的人，如果这个人反思了，他就是间接性的人，就是把自己当作一个对象来看，那就是跟自己拉开距离了。但是他这里讲，反思虽然它造成了间接性，但是它本身还是直接性，反思的活动它本身就是直接性。谁不反思呢？你以为你不反思，实际上你已经在反思，是人就要反思，他摆脱不了反思，人都具有自我意识。当然自我意识有不同的层次，但是任何一个人只要他是个人，他就有自我意识，有自我意识他就有反思，他就能够把自己当作对象看，他就能够把自己变成间接性存在。但是这种"变成"本身是直接性的，我把自己变成间接性的存在，这是每个人直接就具有的，这种活动也是一种直接性。所以第二个"是"就是："是那本身单纯的或本身就是直接性的那种反思"。后面"是作为在自身中反思的**存在**"，这又是合题了。所以这三个"是"也表现出正题、反题、合题，正题是自在、反题是自为、合题是自在自为。自在自为的存在，就是作为在自身中反思的存在。这就是意识和自我意识的关系结构，反思的结构。反思是一种活动，但是它又是存在，它作为在自身中反思的存在，它还是存在，所以这个存在打了着重号。我们现在要探讨的就是这种存在，这种直接的实体性。下面讲：

{23}　　<u>科学从自己这一方面出发要求自我意识在这种以太中提升自己，以便能够与科学一起生活并在科学中生活。</u>

　　但是自我意识光是停留在这种单纯性中还不够，从科学自己这一方面出发，它要求自我意识在这种以太中提升自己。纯粹自我意识就是以太了，但是，科学要求纯粹自我意识在这种以太中自我提升，从这种自我意识中，从这种完全普遍性的知识中把自己提升出来，不再是单纯的共相，而是具体的知识，是有生命的知识。"以便能够与科学一起生活并在科学中生活"，以便自我意识能够与科学一起生活并在科学中生活，也就是说自我意识是受科学引导的，科学从自己这一方出发，要求它在这种纯粹概念的以太中提升自己，那么在这个时候，自我意识就是与科学一起生活，有科学的目标在那里，科学在那里时刻伴随着它的生命，自我意识的生命时刻伴随着科学的生命。"并且在科学中生活"，那就达到科学了，我的生命已经在科学中了，这是进一步了。伴随着科学生活，和在科学中生活，它是两个不同的层次。前面是科学作为一种外在的指导在提升自我意识。后面自我意识已经在科学中，那就达到了绝对认知了，就是精神现象学的最后的阶段。这是科学从自己这一方出发要求这样的，要求自我意识超越它自己，提升它自己。这里展示了《精神现象学》中自我意识以后的各个阶段的发展，它们都是自我意识的提升。下面：

　　<u>反之，个体却又有权要求科学至少给它提供达到这种立足点所用的梯子，并且给它指出这种立足点就在它自身。</u>

　　这个"反之"是对应着前面的，科学从自己这一方面出发，要求自我意识提升自己，那么反过来说，自我意识对科学也有要求，或者个体对科学也有要求，这个地方自我意识和个体几乎可以看作是一个东西，因为他这个自我意识是从费希特的个体的意识出发的，费希特是主观唯心主义，他的自我意识是个体的自我意识。那么个体自我意识还没有达到科学，它对科学有一个要求："个体却有权要求科学至少给它提供达到这种立足点所用的梯子"。也就是我们刚才讲的，哲学把自我意识预设为开端，

但自我意识还未完成，不能胜任这一开端，当它还没有达到完成的时候，它要接受科学的指导；那么既然要接受科学的指导，它就必然对科学有一种要求呀，要求科学至少提供达到这种立足点所用的梯子。你要达到在科学中生活，那么怎么走到那个地方，从哪里出发，这个过渡的中介是一个怎么样的中介，这个阶梯究竟该怎么样确定，这就是个体对科学所做的要求。自我意识完成了就是绝对的、普遍的，但它开始只能是个体的，而个体要达到科学的立足点，必须要有一架梯子。梯子我们可以理解为途径、方法、道路，总之是间接性的手段。"并且给它指出这种立足点就在它自身。"自我意识要求科学提供梯子，但是这个梯子不是别人给它的，不是外在的，这个梯子就在它自身内部，因为它的立足点就在自身内部。所以这不是一架外在的梯子，而是自我意识自身的一种发展阶段，一种形成机制。这就是意识的结构，意识本身就在自我意识中，作为其中的共相，因为意识就是对一个对象的意识，而自我意识也无非是把意识自身看作对象的那种意识。所以这个梯子并不是从外面给你的，它就在你自身中。要讨论自我意识，首先要把一般对象意识搞清楚，而一般对象意识是自我意识的前提、也就是把自身看作对象的意识的一个前提。所以《精神现象学》的主题虽然是自我意识，但是它必须从一般的意识出发，从关于一般对象的意识出发。因为每个个体的自我意识就是这样结构起来的。个体有权要求科学至少给它提供达到这种立足点所用的梯子，并且给它指出这种立足点就在它自身。有权要求这一点，就是说这样要求是正当的，是一个必要的过程，要从最起码的基础做起。下面讲：

个体所以有权提出要求，是以他的绝对自主性为根据的，他知道在他的认知的任何形态中他都具有自主性，因为在任何形态中，——不论他的知识形态是否为科学所承认，也不论他想要的内容是什么，——个体都是绝对的形式，即是说，他总是他自己的**直接确定性**，因而假如宁可用这样一个表达的话，那就是无条件的**存在**。

个体之所以有权提出这些要求是因为他的自主性是绝对的，理由就是个体的绝对自主性是绝对的，这就有存在主义的影子啦。但是他主要是从认识论上讲的。他说，"他知道在他的认知的任何形态中他都具有自主性"，哪怕他的认知是在错误的形态之下，哪怕它不是科学。个体的认知最开始都不是科学，它都是零零散散的、你以为的知识，但就在这个你以为的知识里就有自主性，自主性是绝对的，只要你以为你有了知识，那么你就有了自主性。所以他下面讲，因为不论他的知识形态是否为科学所承认，也不论他想要的内容是什么，在任何形态中个体都是绝对形式，即是说"他总是他自己的直接确定性"。我思故我在，只要我思，不管我思什么，不管我是怀疑、是错觉、是想象、感觉，也不管我这时是否反思到我在思，我总是在，这是直接的确定性。这有点相当于萨特所讲的"反思前的我思"。不管它的内容是什么，在任何一种形态中个体都是绝对的形式，个体性，我在，或者我思，这是绝对的形式。"假如宁可用这样一个表达的话，那就是无条件的**存在**"。黑格尔的整个《精神现象学》里都是这样，所以整个《精神现象学》都是一条错误之路，怀疑之路，不断地建立知识，不断地又自己推翻，这些认知都不是绝对认知，都只是相对的认知，都是包含着错误的，或本身就是错误的认知；但是它们总是无条件的存在，个体总是一个探索者，这是一个探索者必经的历程。你想要不犯错误，那么你就什么也别干，你想要达到绝对认知，那你就要走一条错误之路，不断地犯错误，在错误中不断地成熟。这些错误都是你的必经阶段，你通过犯低级错误，然后进入到高级错误，最后你回过头来看，你发现一切都不是错误，真理与错误的区分是相对的，绝对真理是在相对真理或错误中开辟道理。如果你没有相对真理，你没有错误，那你就没有真理，只是一个影子。当然黑格尔这里主要是为自己的开端提供辩护，他的开端也不是什么真理，但是它已经有了自己的确定性了，首先是感性的确定性。感性并不是真理，但是感性有他的确定性，后面的错误也有它的确定性，所以他、这个认知的个体，总是无条件的存在，直接确定性和存在都打了着重号。这两个概念是可以互换的。下面：

如果说意识的这个立场把对象物放在与它自己的对立中来认知，并把它自己放在与这些对象物的对立中来认知，这一立场对科学而言被看作**他者**，——在这个他者中，意识凭自己而认知自身，[①] 其实应被看作是精神的损失，——那么相反，科学的元素乃是意识的一个辽远的彼岸，在那里意识不再占有它自己。

这句话是一个对比句，"如果说……那么相反"。这里专门谈意识了，"如果说意识的这个立场把对象物放在与它自己的对立中来认知，并把它自己放在与这些对象物的对立中来认知"，意识就是一般对象意识，正如后来胡塞尔说的，一切意识都是关于某物的意识，也就是关于某个对象的意识。意识的立场就是把对象物看作与意识自己对立的，把意识也看作与对象物对立的，就是说把意识和意识的对象看作是互相对立的。凡是一个意识，都是对一个外面的对象的意识，因此意识也可以称之为对象意识。这样一个立场就是主客二分的立场，这一立场"对科学而言被看作他者"，就是科学的对立项，这样的立场被看作他者，其实应被看作精神的损失，因为意识在这里停留于自身而与对象对立。精神性是不允许完全对立的，精神恰好必须把对立面统一起来，那么你把意识和对象看作是对立的，把意识看作仅仅是主观地"凭自己而认知自身"，这对于精神来说就是一种损失。这种立场对科学而言还是一个他者，还没有回到自身，意识只是凭自己来认知自身，主观主义，而不是凭科学来认知自身，所以它还在路途之中，还在半道之中。这是从一方面来看，如果说意识把对象物认作与自己对立，并把自己认作与对象物对立的，这种主客二分其实应被看作是精神的损失。那么另一方面，"科学的元素乃是意识的一个辽远的彼岸，在那里意识不再占有它自己"。这两句话是相反的，相反在什么地方呢？就是在前一句话里面，意识跟对象对立的立场，在科学看起来已经是精神的损失，这是从科学的立场来看的；那么相反，

———————————

① 第一版为："意识凭自己本身而存在"。——丛书版编者

对意识来说，科学的元素是遥远的彼岸。就是说科学和意识的这两种立场，前一句话是科学的立场，从科学来看意识，意识的太主观了；那么反过来，从意识来看科学，那么科学是它达不到的，是个遥远的彼岸，是个永远达不到的客观，在那里意识不再占有它自己。所以这两句话表达了两个立场，前一句话表达了科学看待意识的立场，后面一句话表达了意识看待科学的立场。康德的二元论就是如此，他的科学只在主观意识中，达不到自在之物的彼岸，在这种眼光下，科学只限于现象界，而无力成为真正的科学。所以从科学看待意识和从意识看待科学，就会一个太近视，一个太辽远。康德的哲学在黑格尔看来就还没有超出意识的主客二分层次。下面：

　　这两方面的任何一方，在对方看起来都显得是真理的颠倒。

　　这两方面如果执着于自己的立场，都会把对方看作是真理的颠倒。从科学的立场来看意识的话，就会把意识和对象的对立看作是精神的损失、一种错误。从意识到自我意识到理性，在达到科学以前都是精神的损失，都走错了。但实际上并不是走错了，错误和真理只是相对的区别。那么从意识来看科学，那是遥远的彼岸，你想达到主客完全统一，那是不确定的，意识不能占有这种统一。所以任何一方在对方看来都是真理的颠倒，在科学看起来意识的立场是真理的颠倒，真理应该从科学自身出发，走一条正确的道路，那么对意识来说，我只能从我自身出发，我坚持自己的确定性，你先给我设定一个彼岸的科学，我不能达到，我不能接受，我必须先从自己出发，我知道什么就说什么。所以每一方都认为对方是对真理的颠倒。下面讲：

[17]　　自然意识将自己直接托付给科学，这乃是它的一个尝试，它不知道受什么东西诱惑，也想尝试一次头朝下来走路；

　　自然意识将自己直接托付给科学，自然意识就是那种朴素的意识，像感性确定性，它本来是与科学对立的，但是它把自己托付给科学，它献身于科学，这是它的一个尝试。按照自然意识来说它本来不用这个尝试的，它靠感性确定性本来生活得很好；但是呢，不知道受到什么诱惑，它把自己托付给了科学，"也想尝试一次头朝下来走路"。头朝下走路就是把一切知识建立在自我意识的基础之上，用头脑来走路，用纯粹概念、自我意识来看待自己的感性，将它建立在思想的基础上。这个用头来走路受到马克思的嘲笑，就是说黑格尔的哲学是用头走路，头足颠倒，马克思认为要颠倒过来，用脚走路，要立足于双脚站立在大地上才能走路。马克思的历史唯物主义就把它颠倒过来了。但是从笛卡尔、到费希特、到黑格尔都是尝试要用头来走路，在黑格尔那里这是有它的积极意义的，虽然是颠倒的世界，用头走路当然你看到的世界都是颠倒的世界。但是不知道受什么东西的诱惑，感性本身也想尝试一下头朝下走路，诉之于概念和科学，应该说，这是理性时代的时代精神的诱惑。理性成了一切事情的法庭，也成了感性的法庭，它逼迫感性通过自我否定，通过对自己的自我反驳，来提升自己，向着真正的科学迈步。马克思也说过，感性在自己的实践中变成了理论家。下面：

迫使意识采取这种异乎寻常的姿势并推动自己这样的那种暴力，是意识感到自己所遭受到的一种既无准备又显得毫无必要的力量。

迫使意识采取这种头朝下走路的、违背习惯的姿态的是什么力量？是这样一种强制的暴力，即"意识感到自己所遭受到的一种既无准备又显得毫无必要的力量"。这就是自然意识，感性确定性，它是意识直接感到的，对意识来说，它是既无准备又显得毫无必要的，是意识不由分说所遭遇上的。感性对意识有种强制性，最开始的这种力量是自在的；但它已经是自为的了，它不知道受什么力量的驱使也想尝试头朝下走路，这个就是自在自为的。这里用的是被动态，"不知道是受什么东西的诱惑"、"迫使意识采取这种异乎寻常的姿势并推动自己这样的那种暴力"，意识在它的初级阶段对它的自由还没有意识到，它觉得自己好像是被迫的，它感觉到自己遭受到一种力量，一种既无准备又无必要的强制力量。下面：

——无论科学自身是怎样的，在与直接的自我意识的关系中，它都呈现为一种对后者的颠倒，或者说，因为直接的自我意识在自己本身的确定性中是现实性的原则，① 由于这原则就它自身来说是在科学之外，科学就带有一种非现实性的形式。

"无论科学自身是怎样的"，科学自身是怎样的现在我们还不知道，我们也不知道迫使我开步走的那股力量是什么，因为我们还没有达到绝对认知，我们还没有达到科学。它只是一种理性的本能。但是无论科学自身是怎样的，"在与直接的自我意识的关系中，它都呈现为对后者的颠倒"，对后者、也就是对直接自我意识的颠倒。这里直接的自我意识就是上面讲的托付给科学的自然意识，那么科学就体现为对这种自我意识、自然意识的直接性的一种颠倒，科学就成为一种间接性了。科学不管它是什么样子，但是最初至少它呈现出来就是对直接自我意识的颠倒，它首先要颠倒。到底是怎样的，我们还不知道，但是它首先得迈步走，迈步走的第一步就是颠倒了，就是自否定，就是否定自然意识的直接性。这种颠倒虽然我们不知道它从何而来，但是它就是科学的历程。科学的本来面目还没有出现，但是它的作用已经发生了。"或者说，因为直接的自我意识在自己本身的确定性中是现实性的原则"，这个直接的自我意识，即自然意识，在它自己的确定性中是现实性的原则，也就是在它最开始的阶段，开步走的阶段，是把自然意识的确定性、感性的确定性当作现实性的原则。我现在能抓到手里的东西就是感性确定性，这就是现实性，其他的东西还不是现实性，每个人的自然意识都知道感性是有确定性的，抓到手里的东西是跑不掉的，这是起码的已经到手的现实性。因为有这样的现实性，又由于这个感性确定性原则"就它自身来说是在科学之外"的，这个时候它还没有达到科学，所以"科学就带有一种非现实性的形式"。你把感性认作现实的确定性，那么科学反倒就被看作非现实的了。

---

① 第一版原为："由于直接的自我意识是现实性的原则"。——袖珍版编者

科学是不等于感性确定性的，而感性确定性也不是科学。但由于感性确定性本身也是进入到科学的开端的阶段，所以它是科学所带有的一种非现实性的形式，或者说科学在开端时采取了一种非现实的形式。言下之意，感性确定性其实也已经是科学了，不过是采取了一种非现实的形式的科学。整个《精神现象学》都是科学，都已经是意识的经验科学，但在开端阶段采取的是科学的非现实的形式。下面，

因此，科学必须将这样的元素跟它自己结合起来，或者不如说它必须指明这样的元素是属于以及是怎样属于它自己的。

也就是说，这个时候科学还不具有现实性的形式，那么科学还不得不把这样的元素跟它自己结合起来，这样的元素就是这种现实性的原则。这样的元素 Element，也就是自然意识以感性确定性作为它的现实性的原则，科学跟自然的意识处于两极，那么科学的这一极是要把对方结合在自身，科学必须将这样的元素跟它自己结合起来，必须把感性确定性这样的现实性原则跟自己结合起来。"或者不如说它必须指明这样的元素是属于以及是怎样属于它自己的"，就是说那个现实性元素其实还是属于科学的，科学必须把那个现实性元素作为一个初级阶段包括在科学体系的开端里面，并且指出它是如何开端、如何发展到现实的科学的。这是科学所要做的事情，但是现在还没有做，科学还不具有现实性形式，所以科学的任务就是必须将这样的元素跟它自己结合起来，它不但要指明这种现实性是属于它自己的，而且还要指明它怎样是属于自己的，那就是一个发展过程了，当你指明它怎样是属于它自己的，那就有一个漫长的历程。下面：

当缺乏这样的现实性时，科学就只是作为**自在**、作为**目的**的内容，这目的还刚刚是**内在的东西**，它还不是作为精神，而仅仅才是精神性的实体。

"当缺乏这样的现实性时"，这个时候它还没有这种现实性，虽然它必须去把这种元素和它自己结合起来，但是现在还没有，那么科学就缺

乏这样的现实性，"科学就只是作为**自在**、作为**目的**的内容"，它只是作为一个目的摆在开端上，还没有进入到自为存在。它的目的"还刚刚是**内在的东西**"，它有一个目的，但是呢，这目的还只是作为自在的内容，只是潜在的内容，它只是想这样，但是还没有这样做。所以它刚刚是内在的东西，"它还不是作为精神，而仅仅才是精神性的实体"。它还不是精神，精神在自然意识这个阶段还不是作为精神出现的，它还只是一个精神性的实体。它具有精神性，但是它还是实体，精神应该是实体和主体的统一，但是这个时候实体和主体还没有统一。它只是精神性的实体，仅仅是个实体而已，它还没有在主体活动中具有现实性。下面：

这种**自在**① 必须将自己外化，必须自己变成**自为**的；这无非是说它必须把自我意识与它自己建立为一个东西。

就是说这种自在、这种潜在必须将自己加以外化，潜在的东西必须把自己实现出来。这种精神最开始是潜在的目的，只是内在的实体，但是这个实体要获得自己的现实性首先必须把自己加以外化，就是把自己变成对象，必须自己变成自为的，你要把自己外化你就要把自己变成自为的，你自己要为起来，你要为自己，反思自己，要达到自己的自觉，达到自我意识。"这无非说它必须把自我意识与它自己建立为一个东西"。这种自在就是精神的自在、科学的自在，科学只是作为自在的内容，那么这种自在必须把自己和自我意识建立为一个东西，也就是把自在和自为建立为一个东西。最后你会意识到，科学达到了自我意识，在自我意识中自在和自为达到了统一，这就是科学。上面这一段实际上是把《精神现象学》的总体思路作了一个交代，即从"感性确定性"开始，一直到最后的"绝对认知"，并说明了这样做的理由：为什么要从感性确定性开始，又为什么要向绝对认知这个目的进发。下面一段则明确点出了这一点。

---

① 第一版中是"这种实体"。——袖珍版编者

　　这部《精神**现象学**》所陈述的，① 就是**一般科学**或**认知**的形成过程。　{24}

　　"一般科学或认知的形成过程"，一般科学包括整个科学的历程，"或认知"，一般科学和认知的外延是一样的，包括一切认知，不管什么意义上的科学 Wissenschaft，都是认知 Wissen，科学照字面本可以译作"认知性"。那么《精神现象学》就是描述这样一个过程，它本来是作为科学的第一部分，后来黑格尔又改了主意，不是作为科学的第一部分，只是科学体系中的一个环节，而且是很靠后的一个环节，这个我们在绪论里面已经讲了。这里讲，《精神现象学》就是陈述一般的科学或认知的形成过程，既然是形成过程，它就是意识的经验科学，这种经验科学就是现象之学。所以这里"现象学"打了着重号。知识的形成过程就是《精神现象学》的主题。这就是刚才我们讲的小标题，讲的是"认知的生成过程"。他说，

　　最初存在的认知或**直接的精神**，是没有精神的东西，是**感性的意识**。

　　这就是上面讲的，从自然意识开始，这个已经触及到《精神现象学》的内容了，《精神现象学》第一章就是"感性确定性"。直接的精神是没有精神的东西，这好像是一个自相矛盾，你既然讲它是直接的精神，又讲它是没有精神的东西。这是黑格尔语言的一种特色，按照英美分析哲学的说法，黑格尔是一派胡言，不讲逻辑。但我们在理解的时候不能这么简单。他说直接的精神是没有精神的东西，是说它是潜在的精神，它的精神还没有发展出来，但是它已经是个目的，所以这里讲的"有"或"没有"都是相对的，在什么意义上"有"，在什么意义上讲"没有"。在现实性意义上它是没有精神的东西，但是在潜在性上它已经是潜在的精神了。它是最初的认知或直接的精神，它已经是精神，否则怎么放到《精神现象学》里面来讲？但又是"没有精神的东西"，精神还没有实现出来，只是一个

―――――――――――――――

①　第一版中是："这部《精神现象学》作为体系的第一部分所陈述的"，第二版黑格尔自己去掉了"作为体系的第一部分"字样。——袖珍版编者

目的，所以在现实中它是"感性的意识"。感性的意识里面已经包含了精神的可能性，但是还没有精神的现实性，所以讲是没有精神的东西。

为了成为真正的认知，或者说，为了产生科学的元素，即这个科学的纯粹概念本身，最初的认知必须经历一段漫长的道路。

真正的认知就是后面讲的绝对认知，它是《精神现象学》的最后一个环节。"或者说，为了产生科学的元素，即这个科学的纯粹概念本身"，纯粹概念是什么？是逻辑概念，也就是科学的元素，它是前面讲到的"以太"媒介。它是《精神现象学》中一切运动的背景或媒介，但所有的《精神现象学》里的概念都不是逻辑概念，都是意识的经验科学，都带有意识的经验性，意识就是这样经验过来的。当然在经验中可以揭示出这些概念的背景，但经验本身不是纯粹的概念，纯粹的概念是范畴。比如说逻辑学的范畴，存在、非存在、变异，这都是范畴。经验、感性的东西都不是这一类真正的认知，虽然经验论、感性论者都坚持说感性就是真正的认知了，但其实还不是。"最初的认知必须经历一段漫长的道路"，那就是意识的经验科学的道路。最初的认知是带有经验性的，特别是感性确定性，那么这些认知你不能说它完全不是认知，但是它要成为科学还有漫长的路要走。下面：

这一形成过程，犹如在它的内容中以及在它里面所显示的各种形态上将要展示出来的那样，将不是人们首先所设想的①、引导不科学的意识使之进入科学的那样一种指南；

我们在绪论中曾经讲过，有人将《精神现象学》称之为科学的入门或指南，他们想象中的科学入门是指首先是常识性的、不严格的知识，然后通过循循善诱，诱导你从不严格的知识进入到科学的知识。但是这样一种教学法的理解被黑格尔排除了。首先从感性确定性出发，黑格尔当然认为感性确定性不是真正的知识了，但是普通老百姓认为感性确定性

---

① "将不是……设想的"第一版为"显现为某种不同于……"——袖珍版编者

就是知识,甚至是唯一的知识。一般人认为,通过《精神现象学》这本书,能够引导人从不严密、不科学的知识逐步进入到科学的知识。但是黑格尔认为其实不是这样,他不是一种教学法,教学法的理解太肤浅了,它是科学体系的第一部分,它已经是哲学了,一开始就是严格的。下面,

<u>它也将是不同于为科学奠基的某种东西,当然更不同于一种像手枪发射那样直接从绝对认知开始的豪情,对于其他观点认为只宣布一律不加理睬就算已经打发了。</u>

这里批评了两个人。首先它不是"为科学奠基",不像康德"批判哲学"那样,在建立科学大厦之前先要把地基打扫干净。它不是这样的,《精神现象学》不是科学的奠基。"当然更不同于一种像手枪发射那样直接从绝对认知开始的豪情"。"手枪发射"是针对谢林的,他说谢林的哲学体系就像手枪发射一样,从直接认知发射出来。谢林的绝对就是无差别的同一性,无差异的同一性怎么发展出差异性来呢?就像黑夜观牛一切皆黑,一切都没有差别。所以谢林最后诉诸神秘主义,不知怎么一来,无差异的绝对同一性就发展出差异性来了,就像手枪发射一样,没有前提地突然一下就爆发出来了,直接从绝对认知激发出来了。最后其实是一种狂热,一种迷狂。而"对于其他观点认为只宣布一律不加理睬就算已经打发了"。你选择这个出发点,我也可以选择另外一个出发点,但是都对对方的观点不加理睬。费希特也讲过,哲学只有两种,一种是唯物主义,一种是唯心主义,谁选择什么样的哲学就看他是什么样的人,有文化有教养的人选择唯心主义,老百姓选择唯物主义,这个没有道理可讲。这个就是手枪发射,最后就没有什么可争论的啦。这都不是黑格尔的观点。最后这一段就是把《精神现象学》的宗旨做了一个交代,说明它要讨论的是怎么样通向真正的认知。

*　　　　*　　　　*

[3. 个体的教养]

上面几节课我们讲了序言"论科学的知识"的最核心的内容。在这个标题下，第一个主题是"当代科学的任务"，第二个是"从意识到科学的发展"，这下面的两个小标题，一个是讲"绝对即主体"，就是"实体即主体"，一个是"知识的生成过程"。上次课已经讲完了一般科学知识的形成过程，这个就是《精神现象学》所要陈述的主要内容，可以说已经点题了。那么这个形成过程是怎么样的呢？上次课已经讲到，最初是直接知识，直接知识是没有精神性的，精神还潜在着，还没有实现出来，但它必定要朝着绝对认知前进。今天要讲的第三个小标题叫做"个体的教养"，就是更具体地陈述知识的形成过程，它是从个体形成起来的，而个体最初是直接知识，然后一步步才展示为世界精神。从个体精神展示为世界精神，这整个是一个个体的教养过程。科学之所以成为一个无所不包的体系最初是从个体的教养开始的。我们来看这一段。

[18] 引导个体从它的未受教养的立足处走出来，进向认知，这一任务曾经必须在其一般意义下来理解，必须在个体的教养中来考察普遍的个体、自我意识到的精神。①

个体的立足之处，起点，那是还未受到教养的，你要受到教养，你必须从你的起点开步走，进向认知。你要走过一段历程才能够受到教养，你停留在起点的那个位子就是还未受到教养的状态。"这一任务曾经必须在其一般意义上来理解，"个体教养是一个任务，那么这个任务曾经必须在它的一般意义下来理解，就是说不仅仅是个体个人的事情，它具有一般的意义，这个一般意义是"曾经必须"把握的，这里用的是过去时，就是前面的讨论已经做了这个工作，就是从"一般意义上"来理解个体教养，"必须在个体的教养中来考察普遍的个体、自我意识到的精神"，也就

---

① "自我意识到的精神"第一版为"世界精神"。——德文袖珍版编者

是着重于问题的普遍性方面，从中看出自我意识到的精神，看出最终要
达到的目的。我们从个体里面看到，它的这番经历不是个人的，而是所
有人都经历过的，由此我们就可以看到普遍的个体。普遍的个体也可以
说就是所有的个体，但是这里有他特殊的涵义，就是说除了意味着所有
的个体都是这样的，而且意味着有一个普遍的个体性，那就是世界精神，
那就是上帝，就是"自我意识到的精神"。精神在普遍的个体上才能达到
自我意识，在每一个个体的教养过程中还没有达到，只有经过这整个教
养过程才能达到自我意识。那么"自我意识到的精神"这里袖珍版有一
个注释，说明"自我意识到的精神"在第一版中原来是"世界精神"，在第
二版中才改成"自我意识到的精神"，表明自我意识到的精神就是世界精
神，也就是上帝的精神、绝对精神。所以普遍个体的精神就是绝对精神，
这个思想应该说也是从亚里士多德来的，亚里士多德的认为每个个体都
有它的形式和质料，质料是普遍的，形式是个别的；但是形式和质料不断
交替上升的最高点就是无质料的形式即上帝，上帝无所不包，是普遍的
个体；普遍的个体虽然是个体，但是它是普遍的个体，是具有普遍性的个
体，你不能把上帝看作是一个单个的形式，整个世界莫不是上帝创造的，
包括我们每个人。所以这个普遍的个体在层次上面跟前面的个体它是大
不一样的，我们不能单纯的理解为单纯个体的一个集合，这个跟每个人
的相加是不一样的。所以这个普遍的个体就是讲的上帝。前面的论述都
是围绕这个普遍个体来谈的，如"实体即主体"、"知识的生成过程"。那
么下面的论述则在前面已经讨论过的普遍个体性的背景之下，更多地着
重于讨论"个体的教养"。所以后面讲了：

至于两者的关系，则每个环节都在普遍的个体里显示出它是如何获
得具体形式和独有的形态的。

"两者的关系"，就是前面讲的，一个是个体的教养，一个是普遍的个
体；普遍的个体我们已经考察过了，现在要从普遍的个体里面考察每个
个体的环节，看它是"如何获得具体形式和独有的形态的"。特殊个体是

普遍个体的环节，环节 Moment，在黑格尔那里我们把它译成环节，也可以译成契机、方面、因素。但是在黑格尔这里已经术语化了，我们定译成环节，就是整体中的各个环节，它不是这个因素那个因素，这个那个契机、方面等等，而是在整体中、在逻辑的关系里面一环套一环的，所以我们把它译成环节。他说"每个环节都在普遍的个体里显示出它是如何取得具体形式和独有的形态的"。在每个个体的环节里面，你用普遍个体的眼光即上帝的眼光来看它，都显示出它是如何取得具体形式和独有的形态的，也就是如何获得教养的。它的这种具体性和独特性，你从它自身是看不来的，你要看出来，你必须要超出它自身达到普遍的个体，也就是用上帝的眼光来看，用世界历史的眼光来看。我们在日常生活中一般看不到，但是我们在反思、在沉思我们自己的时候就会发出这样的感慨，我们今天做的事情后人是怎么看我们的。但是西方人经常讲上帝是怎么看我们。从世界历史的眼光我就可以看出我是如何努力的取得自己的具体形式和独有的形态的。这个眼光我们前面已经获得了。所以我们现在讲两者的关系，那就是在每个环节里，都用普遍的个体的眼光显示出它是如何取得具体形式和独有的形态的。下面：

但特殊的个体是不完全的精神，是一种具体的形态，它的整个定在都归一种规定性所有，[①] 它里面的其他规定性只是以模糊不清的轮廓而现成在手。

"但特殊的个体是不完全的精神，"也就是每一个个体，当然他是有精神的，但是呢我们可以看出来他的精神是有限的，是不完整的，完整的精神那就是绝对精神。所以个体的精神是不完全的精神，是普遍精神的一种具体的形态，"它的整个定在都归一种规定性所有"，也就是都被单独某一种规定性所统治着，使它显出自己的特点。当然他不一定是讲的

---

① 这是第一版的表述，第二版改为："在其整个定在中都有一种规定性在统治着"。——袖珍版编者

人，也可以讲一种思想的形态，思想是各式各样的，每一种思想都有一种规定性在那统治着，比如说一个哲学家他的思想里面有一个最高的原则，这个最高原则是占统治地位的，这就是他的哲学思想的一个占统治性的规定，他的哲学就叫做"某某哲学"。每个哲学家都是这样的，哲学家之所以都抓出一个范畴来作为自己的核心范畴，甚至来命名自己的哲学，就是这个原因。精神的各种具体形态也是如此，每个形态都有一个占统治地位的规定性，当然还有其他规定性，但"它里面的其他规定性只是以模糊不清的轮廓而现成在手"。这个核心观念后面还有种种其他的观念，但是那些观念在这个主要的规定性之下已经不占主要地位了，被遮蔽了，所以虽然还"现成在手"，但只留下了一些模糊不清的轮廓，是不透明的。他说，

因为在比别的精神更高的精神里，较为低级的具体定在就降低而成为一种隐而不显的环节；从前曾是事情自身的那种东西现在还仅仅是一种遗迹，它的形态已经被遮盖起来成了一片单纯的阴影。

就是说在精神的世界里，精神有高的有低的，高的就是那个占统治地位的规定性，低的就是其他的规定性，在形成这个更高的观点之前的那些观点并没有消失，而是被降低了。"在比别的精神更高的精神里，较为低级的具体定在就降低而成为一种隐而不显的环节"，其他的具体定在还是他思想里的因素，但是呢它们被这个更高的规定的光芒盖过了，成了隐而不显的环节，你要经过分析才能看出它们来。我们分析一个人的观念里面有种种因素，我们可以追溯它的历史，它是怎么形成起来的，它怎么变成这样的，有很多爱恨情仇都在里面，那么所有的这些过去的环节都是形成今天这个环节的；但是你不分析你就看不出来，你只能看出它目前的观点。"较为低级的具体定在就降低而成为一种隐而不显的环节"，就是说在当初它还是具体定在的，还是一个现实存在的，但是在形成今天的观点之后，它隐藏到幕后去了，降低成了一个隐而不显的环节。这个较低的东西原来并不是较低的东西，比如小的时候刻骨铭心的

东西，长大了以后，这些东西都是微不足道的了，但是它对人的心理还有影响。小时候所受的创伤它还在起作用，如弗洛伊德说的潜意识，潜意识还在起作用，只是你不知道，它是隐而不显的环节。"从前曾是事情自身的那种东西现在还仅仅是一种遗迹，它的形态已经被遮盖起来成了一片单纯的阴影。"这句话也是那个意思，从前曾是事情自身的那种东西，从前它是很现实的，它是当时的定在，当时很确定的切身感受，而现在仅仅是一种遗迹了，现在成为了记忆、成为了潜意识了，它的形态已经被遮盖起来成为一片单纯的阴影，它退居幕后了。下面讲：

个体的实体如果是站得更高的精神，这个体就走过了这样一段历程，而采取的方式，就像一个人要研究一种更高的科学而去经历他早已拥有的那些准备知识、以便回想起它们的内容那样，他唤回对那些旧知识的回忆而并不引起兴趣和逗留于其中。

{25}

"个体的实体如果是站得更高级的精神，它就走过了这样一段历程"，这还是讲的个体的教养，个体也是一种实体，亚里士多德在《形而上学》里就讲了，真正的实体就是个别实体。个体的实体如果发展到更高级的精神，不再是那种单纯的实体，那么它就走过了这样一段历程，也就是上面描述的那样一段历程，它不像亚里士多德最开始那样就仅仅说，个别实体是不能再用来描述别的东西、只能用别的东西来描述它的东西。但在最开始的起点还没有经过一段历程，只有经过一段历程才会成为高级的精神。那么如何经过一段历程呢？它所采取的方式"就像一个人要研究一种更高的科学而去经历他早已拥有的那些准备知识、以便回想起它们的内容那样"。他这里引用的是柏拉图的回忆说了，"回忆说"认为一切学习都只不过是回忆而已。那么黑格尔是这样解释的，就是个体的实体如果是更高级的精神，它就必须这样走过自己的历程，就像一个人要研究更高的科学，就去再次经历他早已拥有的那些知识、去回忆起它的内容。但他这里跟柏拉图也有不一样的地方，就是说一个人他过去的那些知识现在已经差不多忘记了，他要追求更高的知识，就要把以前已经接受的知识复习一遍,要遍历以前拥有过的那些准备知识,要从头至尾的复习;而这种复习只是追求更高知识的一种手段。所以,回想起它们的内容并不是说就停留在那里,而是为了追求更高的知识,以便向更高的知识冲刺。所以下面讲,"他唤回对那些旧知识的回忆而并不引起兴趣和逗留于其中",那些知识他已经经历过了,但是要唤回,唤回干什么呢? 并不在那些知识上面,他是凭借这些阶梯去追求更高的知识,如果没有这个阶梯他就追求不了,他凭空怎么跳得上去呢? 但是他回忆起这些知识来,这些知识并不是他的目的,并不足以引起他的兴趣和逗留于其中,他是要往前走,这是和柏拉图不同的。柏拉图是把回忆本身当作追求的目的了。下面讲:

个别的人也必须按照这个内容历经普遍精神所走过的那些教养的阶段,[①] 但是这些阶段是作为精神所已摆脱了的形态,是作为一条已经开辟和铺平了的道路上的各阶段而被个体走过的;

个别的人、每个个体,也必须按照这个内容,什么内容? 就是前面讲的,在回忆中先前那些准备知识的内容,必须按照这个内容,去"历经普遍精神所走过的那些教养的阶段"。每个个体当然不是普遍精神,但是它要走过普遍精神所已经走过的那些教养阶段,你不能说从今天开始前面的我都不管,我切断历史,我就是一个当代人,我跟前面的人没有任何关系,那不行。你是当代历史的产物,你哪怕今天才生出来,但是你已经生活在一个有传统文化的社会里面,那么你就必须要使你的精神逐步遍历普遍精神所走过的教养阶段,才能达到今天社会一般的教养。比如你要上学,从小学中学读起,这就是遍历那些教养,尽管你觉得很容易,幼儿园 1 + 1 = 2,谁不知道,但是你要从那里开始。然后欧几里德几何,你觉得很容易。但是欧几里德几何是在两千年前欧几里德发明的,古人

---

① 第一版为:"每个个别的人也是这样历经普遍精神的这些教养阶段的"。——袖珍版编者

已经发明了两千年了你还学习它干啥？但是你还是要学。你不经过这个教养你不可能达到更高的层次。所以这些阶段"作为精神所已摆脱了的形态"，今天不会有那个科学家还在讲欧几里德几何，但却是"作为一条已经开辟和铺平了的道路上的各阶段而被个体走过的"，你还得一步一步来。下面：

所以在知识领域我们就看见有许多在从前曾为精神成熟的人们所努力追求的知识现在已经降低为儿童的知识，儿童的练习，甚至成为儿童的游戏，而且我们还将在教育的这种进步过程里认识到如同在剪影中那样描画出来的世界教化的历史。

这个是大家都很熟知的，就是说我们今天儿童的知识甚至儿童的游戏，都是以往的人们努力追求的知识。我们说希腊人是人类的童年，是精神的童年时代，他们的那些知识在当时是非常先锋的，但在今天却是习以为常了，属于小儿科。而且我们还在教育的这种进步过程里认识到世界教化史的剪影，就是在儿童的知识成长过程里面，你要从历史的眼光看，你就会看出人类的世界教化史，看出教育的进步的过程。教化史也可以翻译成教养史，就是教养的历史。我们把以往人类的大数学家、大科学家他们一辈子所研究出的东西，今天在几堂课里面就教给学生了，所以它以剪影的方式反映出历史进程，在历史上我们人类就是这样走过来的，但是我们现在不需要再花大量的时间去研究欧几里德几何了，我们可以几堂课一个学期就把它解决了，它已经成为了我们的常识。世界历史以压缩的方式形成了我们今天教育的结构层次。这个是黑格尔的一个很重要的思想，就是历史和逻辑的一致。什么叫历史和逻辑的一致？不是说把历史的东西用逻辑加以解释，把历史和逻辑结合起来，不是这样的。历史与逻辑的一致必须是历史本身构成了逻辑层次，或者逻辑结构里面所包含的每个层次都有历史的根源，都可以展现为历史的某个阶段，这个结构就是历史过程的一个缩影。所以我们从历史中的发展阶段里，用世界精神的眼光看，它其实展示出了一个逻辑的结构，最低层次的结构是最初显示出来的,而最高层次的逻辑结构是最后显示出来的,是近代才显示出来的。按照黑格尔的想法,最高层次的那就是黑格尔自己的思想,那么所有此前的那些思想都构成黑格尔思想里面的一些逻辑层次,他把这些哲学家依次安排在一个逻辑层次里面。我们看黑格尔的《哲学史讲演录》,可以看出所有的哲学家他都没有否定,他说没有一种哲学是完全死去的,它们都活着,活在哪里呢?活在黑格尔体系里面,但是已经是不是作为最高原理的体系,他们的最高原理已经变成次要的,已经变成较低一级的原理。但他们还保存着,已经不是最高的,最高的是黑格尔的哲学。后来恩格斯讲《精神现象学》实际上是人类精神的胚胎史,是儿童精神发展史,实际上是讲的人类精神现象的形成史,人类精神现象是怎么一步步发展形成起来的。这在历史上是有根有据的,但是在哲学里面已经摆脱了以往的那种历史形态,而展现为逻辑的形态,展现为科学的形态。下面:

这一过去了的定在是普遍精神已获得的财产,而普遍精神既构成着个体的实体,同时因为它显现于个体之外,又构成了个体的无机自然。

　　过去的定在也就是过去的现实和存在,当然现在已经不是现实的,过去的东西已经过去了,但是它留在普遍精神里面了,普遍精神已经把它接纳了,作为一个环节纳入本身,所以是普遍精神已获得的财产。所有的历史你都不要把它抛弃,你不要说这都是过去的事情,我们可以不管它;不对,它是你的财富,是绝对精神已经获得的财产。"而普遍精神既构成着个体的实体,同时因为它显现于个体之外,又构成了个体的无机自然"。这句话需要详细解释。普遍精神构成了个体的实体,个体是实体,但是这个个体是如何构成的呢?是由普遍精神构成的。这也是亚里士多德的思路,亚里士多德讲个别实体是第一实体,但是我们要探讨它是如何成为第一实体的,它是如何成为个别实体的,或者说使个别实体成为个别实体的是什么?亚里士多德提出来那就是个别实体的形式。个别实体里面的质料它不能形成个别实体,质料是一种散乱的东西,它不能构成个别实体的这个个别性，构成它的个别性的是它里面的个别形式。但是个别形式有个等级关系，个别形式和普遍形式之间有相对的等级关系。凡是个别形式，它对于它底下的那个质料的东西来说，它又具有普遍性；而对于其他的和比它更高的形式来说，它又是具有个别性的。对于它底下的东西它又有涵盖性，你要将底下的质料聚拢起来构成个别实体，那你要涵盖所有这些质料，所以它既是个别的又是普遍的。所以所有的形式构成一个等级系统，最高的形式是上帝，上帝是最高的个别性，同时又是最高的普遍性。上帝无所不在，基督教里也讲上帝全知、全能、全在，他是普遍的；但是上帝是以他的自由意志全能全在的，所以他又是个别的。所以这里讲，普遍精神构成了个别的实体，就是个别实体最后要追溯到普遍精神，最后由普遍精神造成了个别的实体。我们每个人的个体当然你可以自认为是实体，没错，但是你之所以是实体，是由于你是绝对精神造成的，你是上帝的造物，你身上有神性。普遍精神构成了个体的实体，"同时因为它"，即普遍精神，"显现于个体之外，又构成了个体的无机自然"。普遍精神一方面构成了个体的实体，但是这个普遍精神又显现于个体之外，上帝肯定不是我，肯定显现于个体之外，它又构成了个体的无机自然，或者说无机自然界。这个里头有一点泛神论的意思，就是整个自然界就是上帝，自然就是神；我当然不是神，但是自然的这个神对我来说是我的无机自然界，这个之外的普遍精神构成了个体的无机自然界。黑格尔在很多地方用了"无机的自然界"的说法，有的地方叫做"无机的身体"，身体就是自然界，人的身体是有机的，但是整个外在的自然界，星球、宇宙、大地山川这些东西是无机的，它们都是上帝的外在显现，但是它们还是我的身体。马克思在他的手稿里面也用了这个概念，说整个世界是人的无机的身体，这种表述意味着精神的实体和无机的自然界相互之间有一种所属的关系，怎么所属？不是我属于自然界，而是自然界属于我，自然界是我的身体，虽然是无机的，但是是我无机的身体，是我的无机的自然界。上帝创造自然界，但这个自然界实际上是个体的无机的自然界，它是属于个体的，是为个体而创造的，只不过它现在还没有被个体据为己有。它显现为外在于个体的自然界，但是它本质上是属于个体的。我们占领了整个自然界，不是占领了别的东西，是占领了我们自己，占领了我们的所有物，应该这样来看。所以普遍精神显现于个体之外，又构成了个体的无机自然，这个观点非常重要，也非常具有启发性。马克思讲到自然界是人的精神的无机的身体，就是人和自然界的统一。在这种理解之下，所谓的生态哲学就应该有新的面貌，不是说我们保护环境、保护自然好像是在保护别的东西，我们保护环境实际上是保护我们的身体，人和自然界是一体的，不是两个东西，不要认为我们要保护自然界，我们对自然界好像就无可奈何了。其实我们保护它就是保护我们的身体，让它健康的生活，让它健康的存在，是为了我们自己。这个是很重要的思想。下面：

在这样一种考虑中的教养，就个体方面来看，就在于这个个体将赢得这种现成在手的东西，消化它的无机自然，并将它据为己有。

在这样一种考虑中、也就是考虑到个体与普遍精神的关系的教养，如果就其中的个体方面来看，"就在于这个个体将赢得这种现成在手的东西"，现成在手的东西就是前面讲的显现于个体之外的东西，它就在你手边，也就是被看作个体的对象的无机自然。无机自然对于个体来说是现成的，已经摆在那里，那么你要获得它，要把它掌握住，"消化它的无机自然，并将它据为己有"，这就是个体的教养。这个当然如果片面发展，就变成我们任意宰割自然了，这其实不是黑格尔的意思。环境保护和获得这些现成在手的东西、消化无机自然并据为己有，这个并不相冲突，你环境保护还是要把它据为己有，不是说你就听之任之，就不管它了，你保护它，它还是在你的保护范围之内，自然界哪怕是在没有人的地方，也是在你的保护范围之内，也是被你据为己有。这就是人的教养，就是把你的环境据为己有。你怎么形成教养，你坐在屋子里冥思苦想，那个还不是教养，你必须走出门去，去拼搏，去跟自然界打交道，跟人类社会打交道，把外界的事物据为己有，使它成为自己的一部分。这就是一种教养，这就是对你自己的一种丰富一种充实。个体本来是抽象的，抽象的个体性如果要丰富起来，你就必须把外界的东西据为己有，加以消化。到了一定的程度，你就会感到得心应手，你支配你周围的环境就像支配你的肢体一样，手到擒来，熟能生巧，你在这个社会在这个自然界里你如鱼得水，这个时候你就被教养成人了。这是从个体方面来看。下面讲：

　　但从作为实体的普遍精神方面来看，那么这不是别的，而是实体赋予自己以自我意识，实体使它自己形成并在自身中反思自身。①

　　这是跟前面相对而言的，前面讲是从个体方面看，这里是讲从作为实体的普遍精神来看，是同一个过程从两个角度来看。普遍精神是真正的实体，个体当然也是实体，但是个体的实体是普遍精神赋予它的，所以真正的实体是作为普遍精神的实体。那么从这方面看，这个过程就不是别的，只是实体赋予自己以自我意识。马克思、恩格斯也有类似的意思，就是自然界在人身上达到了自我意识，自然界在人身上意识到了自身。只要把自然界换成上帝，或者实体，那就是黑格尔的思想了。这个过程，也就是个体获得教养的过程，个体通过教养而成长起来的过程，是个什么过程？它无非就是实体本身赋予自己以自我意识的过程，是实体使它自己形成并在自身中反思自身的过程。"实体赋予自己以自我意识"，也就是每一个人的成长过程实际上都是实体本身达到自我意识的一个阶段，这是一种使命感。黑格尔就有这种使命感，他研究哲学，最后建立了他自己的体系，他认为这是世界精神、绝对精神借助于他的手创造了这个体系，当然是凭他的天才，但是在他自己的自我意识中，他感觉到是上帝、绝对精神利用他创造了这个体系，上帝在他身上达到了自己的自我意识。当然黑格尔也达到了他的自我意识，但是这样一来他就跟上帝合

---

① 考证版和丛书版此句为："但这同样只不过是这样，即普遍精神或实体给自己提供了自我意识，或提供了实体的形成和自身中反思。"

一了，他的自我意识就是上帝的自我意识。当然我们可以说他很狂妄，黑格尔正是因为这一点几乎受到所有的人的指责，但是他这个说法是值得考虑的。就是说每个人不要认为自己的这个教养就仅仅是我这一辈子完成了自己的使命，你同时也完成了你的世界历史的使命，每个人这样做时，就是世界历史在我们这些人身上达到了自我意识。人类的历史已经自觉了，从自在、自为、自在自为已经进入到自觉了，如果把上帝换成人类历史的话，那么我们就可以这样说，人类历史越来越走向自觉，马克思也讲从必然王国进入到自然王国，进入到自我意识的王国、自觉的王国。所以这个过程不是别的，只是实体赋予自己以自我意识，"实体使它自己形成并在自身中反思自身"，实体就是在你们这些个体的教养过程中形成的，绝对精神的实体形成并不是僵死地孤立地在那里形成，而是就通过形形色色的人在世界历史中不断地教养，不断地形成自己，绝对精神也才得以形成。据说黑格尔讲课的时候，底下的很多学生始终弄不明白，你讲的那个绝对精神到底是什么东西？在哪里？黑格尔指着在座的学生们说，你们就是绝对精神，就在你们之中。所以每个人的教养的形成其实都参与了世界精神自己的形成过程，并在自身中反思自身，每个人的教养都达到了自我意识，同时就是绝对精神达到了自我意识，达到自我意识就是达到了对自身的反思，要有这种意识。这一段我们要抓住两个东西：一个是个体，一个是普遍精神。普遍精神借助于个体实现自身，那么个体也代表普遍精神形成自己，它在一个世界历史的过程中逐渐形成。这也是历史和逻辑相一致的关系，个体教养在历史中形成了普遍精神的逻辑关系。下面一段：

科学既要在其详尽性和必然性中来陈述这种教化运动，又要在其形态中陈述那已经沉淀为精神的环节和财产的东西。　[19]

这句话是有两层意思，"既要……又要"。"既要在其详尽性和必然性中来陈述这种教化运动"，这是高层次的，你要详细地把那个必然性陈述出来，那你就要立足于普遍精神的层次，立足于普遍精神的眼光来把握这种教化运动，你才能从中看出必然性。它是普遍精神本身的形成过程，你从这个眼光看，你就能看出普遍精神是必然的，普遍精神它能看出必然性，在偶然中它可以发现必然性。所以他这里讲了，科学它首先要陈述这种教化运动的必然性。下面，"又要在其形态中陈述那已经沉淀而为精神的环节和财产的东西"，那就是那些个别的，形形色色的形态，当时轰轰烈烈的，但是现在已经成为了过去，已经沉淀为精神的环节和财产了，已经成了据为己有的财产。这个就是个体的形态。个别精神在历史发展中它都是偶然的，每一个个体都是偶然的，个体总是历史的，总是转瞬即逝的，他们都沉淀为精神的环节和财产了。那么科学既要描述普遍精神那个大一统的必然性，同时也要陈述这些个别实体的形形色色的形态，虽然这些形态已经成为精神的各个环节和财产，已经隐而不显了，但是科学还是要陈述它们。我们前面讲到历史和逻辑的一致，科学既要陈述这个过程的逻辑必然性，同时也要陈述它的历史的形成，这个历史是怎么形成的，这个必然性怎么来的，具体表现为一些什么样的形态。科学的陈述分为两个方面，一方面要详细的陈述这样一个教化运动的必然性，另一方面它要把这个必然性中已经过去了的那些形态加以系统的描述，你不要以为它已经过去了，你不要以为这是历史的东西我们不要谈它了，不对的，不谈这个历史的东西你怎么知道它这个必然性是怎么过来的呢？你这个必然性要有具体性，要得到确切的理解，你就必须一个个的来，把它从头至尾怎么发生的，怎么形成的都要把它描述出来，所以这还是就普遍精神和个体性这两个环节来讲的。下面：

其目标就是精神对于认知究竟是什么的明见。

这两方面怎么做，为什么要陈述它的必然性同时又要陈述它的各种形态呢？目标就是在于使精神明见到认知究竟是什么。只有一个目的，认知究竟是什么。认知既不是那种抽象的概念，同时也不是个别的偶然性，认知应该是个别的偶然性和它的历史必然性这两者的统一。"精神对于认知究竟是什么的明见"，明见，Einsicht，又译洞见，意思是看到里面去，洞察、洞见、见识，译"洞见"比较通俗。但在后面这个词用得很多，场合复杂，译"明见"更为方便。这个词在黑格尔这里很重要。明见就是不要表面之见，要看到里面去，不要浮在表面上，要深刻把握到本质。认知究竟是什么？明见到这一点是科学的目标。下面，

没有耐心就会盼望不可能的事，即盼望不靠手段来实现目标。

盼望不以手段而实现目标就是盼望不可能的事情，这句话的意思就是，要达到这个目的，必须要有手段，而且要有耐心，这个耐心和手段意味着什么呢？意味着去陈述那种已经沉淀为精神的环节和财产的东西的各种形态，那些形态当然是很琐碎的、麻烦的，形形色色的，你怎么样能够在感性的汪洋大海中清理出一个头绪出来呢？一般人没有耐心，没有这个耐心就达不到这个目的，就是盼望不可能的事情，不以手段而实现目标是空想，你要展示出教化运动的必然性，你通过什么样的手段呢？你就必须要具体深入到精神各环节的形成过程，要有耐心。你不要想一步登天，你不要想一下子把这个必然性展示出来，那是不可能的，你要首先从大量的偶然的事实中发现这种必然性，把它陈述为必然性，必然性是在大量的偶然性中开辟道路的。下面，

一方面必须忍受这条道路的**辽远**，因为每个环节都是必要的；另一方面必须在每个环节那里都作**逗留**，因为每一个环节自身就是一个完整的个体形态，而且只当它的规定性被当作整体或具体的东西来考察时，或者说只有当这个整体是在这种规定性的独特性下被考察时，每个环节才得到绝对的考察。

一方面必须忍受这条道路的遥远，这就是讲一方面要有耐心，因为科学的形成过程是一条很远的道路，千里之行始于足下，你要放下心来一步一步地去走，你不要想一步就跨到目的地。必须要忍耐这条道路的遥远，要考察它是怎么具体走过来的，"因为每个环节都是必要的"。我们刚才讲没有一种哲学是已经死去了的，这是黑格尔的话，每个环节都

是必要的，每个环节你都要具体地深入，没有哪个环节你可以跳过去。人类思维是一步一个台阶上来的，你不能跳过某些台阶，你不能说我可以一步跨过去，这是好高骛远。"另一方面必须在每个环节那里都作逗留"，你不要马马虎虎、匆匆忙忙的，有一个环节然后就急忙滑到下一个环节，不行，你必须在每个环节作逗留。用我的话说，就是要试图按照每个哲学家的眼光来看世界，你接触了历史上的一个哲学家，你就要学会用他的眼光来看世界，全部来试一遍。他的眼光当然是已经过时了，但在当时是很先进的，你没有经过那个过程，你没有那个体会，你怎么能把握它呢？所以必须在每个环节那里都逗留，穷尽它的一切合理之处。"因为每个环节自身就是一个完整的个体形态"，每个哲学家在当时来说，他自认为他就是完整的，他就是整个世界观，再没有别的啦，他最高。在当时他确实是最高，不论是柏拉图还是亚里士多德，或者奥古斯丁、康德，他们所建立起来的个体的形态在当时都是最高的。"而且只当它的规定性被当作整体或具体的东西来考察时，或者说只有当这个整体是在这种规定性的独特性下被考察时，每个环节才得到绝对的考察"。每个环节你要绝对的把握它，你怎么绝对的把握它？你不能用抽象的教条，比如我用我今天的观点去批他，我用这个最后的最先进的观点来批他。我们一批他就说他不懂得辩证法，他不懂得历史唯物论，所以他犯了错误，这就算是绝对的把握他了？不对的。只有当它的规定性被当作完整的或具体的东西来考察时，或者在其独特性中考察它时，才能绝对地把握它。它跟你相比当然有那些缺陷，但是它自身是一个完整的具体的东西，你要深入到它的思想里去，他怎么会这样来看世界呢？你不要光用你的眼光来批他，要有同情的理解。罗素写哲学史，就是用他的分析哲学的眼光把所有的人批一通，他唯一欣赏的就是莱布尼茨，其他的都不在话下。所以罗素的《西方哲学史》，你当作《罗素的哲学史》看是可以的，你当作西方哲学史来看是不可以的。对每个哲学家来说，你要完整的具体的把握它，那才是绝对的考察。当你把所有的哲学家走了一遍，最后你走到今天这样一个观点上来，这个时候才算是达到的绝对的把握。就是说你要明确每个环节它的独特性，每个个体的独特性，才能在绝对里面把这个独特性安排在它的恰当的位置，这就是绝对的考察。什么叫恰当的位置，就是从绝对的眼光看是恰当的位置，你最后有了一个绝对的眼光，那么你就可以知道它在什么位置上是恰当的，你把它们一个个的安排妥当，这就是绝对的考察。那么要做到这一点，你就要了解它的特点，你为什么要安排在这个位置，不安排在那个位置，你为什么要把它看作更低而不是更高，哪个哲学比哪个哲学更高，高在哪里？你要必须一个个的具体的考察，要站在每个哲学家的立场来看世界，你才能知道他这个观点比以前的高在哪里，比以后的又低在哪里。下面，

由于个体的实体，甚至由于世界精神都具有耐心来经历漫长时间绵延中的这些形式，并有耐心来担当世界历史的艰巨工作——在世界历史的每个形式下，世界精神都曾把该形式所能做到的它的整个内容塑造出来，——又由于世界精神在达到关于自身的自我意识时并不更轻松，所{26}以按照事情来说，个体要想把握它的实体也并不能更省事；

"由于个体的实体，甚至由于世界精神"，这还是两个方面：一个是个别的实体，一个是普遍的世界精神。这两方面"都具有耐心来经历漫长的时间绵延中的这些形式，并有耐心来担当世界历史的艰巨工作"，因为个体的实体当然要面对它的现实世界了，面对它的问题，你没有耐心那是不行的，除非你上吊自杀，你要活着你就必须要有耐心，你不要活得不耐烦，每个个体的实体都要有这个耐心，否则它就不是实体了，它就消灭了。既然它还是实体，它就有耐心了。甚至不光是个体实体，连世界精神都有耐心经历这些形式，因为世界精神就是通过个别实体表现出来的。所以两方面都有耐心来经历这些形式。我们讲世界精神有的是时间，它有耐心，它可以等待，它不一定要一步登天，所以它是有耐心担当世界历史的艰巨工作的。个体也好，世界精神也好，都有耐心来担当这个世界历史走向自我意识的艰巨的工作。在下面两个破折号中间是一个关于世

界历史的从句："——在世界历史的每个形式下，世界精神都曾把该形式所能做到的它的整个内容塑造出来"，也就是我们刚才讲的，世界精神在世界历史的每个环节的形态中，在每个阶段甚至于每个个体身上，都塑造出了它的完整的个体性和规定的独特性。其中，每个具体的形式能够产生出世界精神的某一个方面的内容，那么世界精神的整个内容就是通过每个形式各自做它的那一部分而形成起来的，每个形式都做到了世界精神的整个内容的一部分。那么所有这些形式就是世界精神的整个内容的形成史。所以世界精神跟个体形式是这样的一种不可分离的关系，每个个体的形式都在实现世界精神的整个内容的某一个阶段，某一个部分或环节，而这种实现就是世界精神的自我实现。世界精神所要做的就是每个个体所要做的。每个个体所做的内容，就是世界历史本身的整个内容的形成史。世界历史要靠每个个体来实现它的内容，那这个工作当然很艰巨了。它不可能一步登天，它必须一个一个的来。"又由于世界精神在达到关于自身的自我意识时并不更轻松"，不管是个体还是世界精神都要经历这样的漫长的过程，都要担当世界历史的艰巨工作，而世界精神在达到它的自我意识时并不更轻松。就是说世界精神只有在最后才达到它的自我意识，那么最后这一个环节也并不更轻松。前面是很不轻松，就是在具体的历史过程中它要把握每一个环节，每一个个体的实体的形式，这当然很麻烦；但是世界精神达到它的自我意识也并不更轻松，并不是说我从头至尾研究了历史，我就达到了自我意识，没那么简单。你把所有这些世界历史的事实都把握住了，最后要达到普遍精神的自我意识还是很艰难的，两方面都是很艰难的，一个是对历史的把握很艰难，再一个，通过这种历史的把握来形成自我意识也并不更轻松。很多人有丰富的历史知识，但是他仍达不到黑格尔那样对世界精神的把握，那必须要通过高度的思辨，要通过掌握所有这些历史事实中的逻辑必然性，你才能达到绝对精神的自我意识，尽管你有很渊博的丰富的知识，但是你仅仅是掌握了历史知识、具体的知识，那还是不够的。后面讲，"所以按照事情来说，个体要想把握它的实体也并不能更省事"，前面讲了世界精神，这里又讲个体，我们可以看出他总是从这两个方面来讲。既然讲世界精神要达到自我意识并不更轻松，那么个体要把握它的实体也并不更省事。个体要把握它的实体，你就必须要深入到具体的日常的那些定在、那些日常生活，来把握你的实体，来过你的个体的生活。按照事情来说，也就是按照这些具体事实来说，个体要达到它的实体并不容易。个体要应付它每天的现实生活的问题，那么你如何在现实生活中把握个体的实体，意识到你个体的实体就是绝对精神的一个环节，一种实现，这个并不更省事。所以他这里有一种因果性，你个体要把握你的实体，你必须要达到世界精神的自我意识，要有一种世界精神的自觉，要有使命感，我今天所作的事情，实际上是代表世界精神在做这件事情。但如果世界精神要达到自我意识不轻松，那么个体要把握它的实体当然也并不是更省事了，因为它必须要立足于已经意识到自身的世界精神来看自己个体的具体行为和活动，你才能真正把握你的实体，你必须要上升到世界精神的自觉的眼光才能把握你的实体。所以这是两个方面：从世界精神来说是不轻松的，从个体对待自己的实体来说也是不轻松的。这都是非常困难的事情。下面：

　　<u>而同时在两者之间，后者所费的力气更小，因为这是**自在地**完成了</u><u>的，内容已经是被取消成为可能性了的现实性，是被克服了的直接性；该</u><u>形态已经下降为它自己的缩影，下降为单纯的思想规定了。</u>

　　这句话已经被转过来了，"而同时在两者之间，后者所费的力气更小"，后者就是指个体，它比世界精神费的力气相对来说小一些，"因为这是**自在地**完成了的"，这是个体自己自在地、不知不觉地已经完成了的事。前面已经讲了，个体要把握它的实体，是并不更省事；但是就我们目前来说，个体所费的力气更小，就是没有那么麻烦，因为这些都是"自在地"完成了的，自在地打了着重号，也就是说目前的任务已经自在地完成了，我们目前已经到了世界精神的终点了。我们要描述世界精神也好，

要把握个体的实体也好，我们现在有一个便利之处，一切都摆在那里了，它已经自在地完成了，世界历史已经达到了一个终结点，黑格尔很有这种意识，就是说世界历史在他这里已经终结了，这个观点最近一些年又在复活，像美国的福山讲《历史的终结及最后的人》。历史已经终结了，绝对精神已经摆在那里了，世界各国的文明、文化将要走向终点，这个终点就是普遍价值。所有的文化都会在这里止步，你没有更好的，这就是最好的。以前的都不行，以前的都应该被抛弃被扬弃，但是最后这个资本主义制度、民主法治这一套东西，你找不到比它更好的，你只能不断地完善，但是基本的理念已经确定了。所以福山他们提出历史终结论，这个是重复了黑格尔的观点，黑格尔就认为他已经把绝对精神掌握住了，历史已经到了终点，当然以后还有时间的展开，还有范围的扩大。所以在当代我们有我们的便利之处，因为这是自在地完成了的，"内容已经是被取消成为可能性了的现实性，是被克服了的直接性；该形态已经下降为它自己的缩影，下降为单纯的思想规定了"，内容是现实性，整个世界历史当然是现实地走过来的，但是在我们今天的眼光看，过去的内容已经被取消为可能性了，这个现实性已经过去了，所以对我们今天的人来说已经是一种可能性，我们只能在可能性上去想像它。所以历史是被取消成了可能性的现实性，"是被克服了的直接性"。历史在当时是直接的，我们直接面对的，但是在今天已经被克服了，今天我们可以间接地考虑它，我们从后人的眼光来看它，那当然是间接性了。"该形态已经下降为它的缩影，下降为单纯的思想规定了"，这个前面已经讲了，就像儿童的训练，练习的那些内容在当时是非常现实的、激动人心的，但是在现在呢？已经下降为它的缩影，下降为单纯的思想规定。在历史上现实的发生的轰轰烈烈的多姿多彩的历史事件，在今天已经成为了一个概念，甚至成为游戏。法国大革命在当时死了那么多人，轰轰烈烈的，带来恐怖，带来社会的震荡，在今天已经不复存在了，它已经成为了一个概念，下降为自己的缩影。我们现在可以去思考法国大革命里面所包含的思想规定，我们不必面临那种恐惧，我们现在把它当作过去的一个阴影来考察，当作一场电影来看。这就是我们作为现代人来看的一种便利。我们可以省事，我们所费的力气更小。欧几里德当时花了一辈子的心血论证的欧几里德几何，我们现在一个学期就可以学完了。

固然作为一种被想到的东西，内容是实体的**所有物**；这东西却不再需要把定在转回到**自在存在**的形式中，而只需要把既不仅仅是原始的、也不是沉没于定在中的、而是已经**回忆起的自在**转回到**自为存在**的形式中就行了。这种行为的性质，应得到进一步说明。①

内容在现在已经是作为一种被想到的东西了，也就是已经是一种观念了，已经是一种思想的规定而不再是活生生的内容。那么这种内容固然是实体的所有物，"这东西却不再需要把定在转回到自在存在的形式中"。也就是说这个内容下降为一种作为思想规定的东西，一种被想到的东西，它是实体的所有物，并不是说思想的规定我们就可以把它抛弃，这个思想规定是已知的历史，但是个体却不再需要把定在转回到自在存在的形式中。法国大革命不需要把它还原到当时的轰轰烈烈，你讲法国大革命的时候你不需要再去经历一番那种恐怖，当时那种自在存在的形式，现在它只是你的思想。当然法国大革命的那种原则仍然在起作用，但你不需要再把它退回到那种命运莫测前途未卜的形式中去，"而只需要把既不仅仅是原始的、也不是沉没于定在中的、而是已经**回忆起的自在**转回到**自为存在**的形式中就行了"。也就是要把那种自在存在转回到自为存在的形式，那种自在现在既不是原始的自在，也不是沉没于定在中的自在，而只是回忆中的自在。就是你不需要使那个自在退回到那个自在本身，而只需要在回忆中把这个自在转回到自为存在的形式中。法国大革命自在地已经发生过了，它的结果遭到历史的否定，不会再有了；

---

① 考订版中这句话为："固然作为一种**被想到的东西**，内容是个体性的所有物；这种东西不再需要把**定在**转回到**自在存在**，而只需要把**自在**转回到**自为存在**的形式就行了，它的方式必须作进一步的规定。"

但是它的原则还在起作用，启蒙运动的思想扩展到整个欧洲和美洲，并且不断地深化，形成了近代西方思想文化的核心价值。我们今天纪念法国大革命，主要不是回忆它那些血腥的失败，而是回忆它的普世原则，它对我们今天现实生活的作用。他说，"这种行为的性质，应得到进一步说明"。前面我们讲到虽然个体也好普遍精神也好，它们要达到自我意识都是很困难的，但是我们今天有一个有利的条件，我们目前所面对的形势就是说，以往的人所作出的行动的内容在今天我们可以从概念上去把握它，不必要去实实在在的经历他们已经经历的过程。下面一段就展开进一步的说明。

从我们在这里记录这场运动的这个立足点来看，我们整个地省掉的是对**定在**的扬弃过程；① 但还剩下来的而且需要进行更高改造的，则是我们关于各个形式的**表象**（Vorstellung）以及我们对这些形式的**熟悉**（Bekanntschaft）。

"从我们在这里记录这场运动的这个立足点来看"，我们旁观者在记录这场运动，意识的经验科学既要详细的陈述这种教化运动的必然性，又要陈述那种已经沉淀而为精神的环节和财产的东西的形态。我们要描述要陈述这个科学的形成过程，这是我们的立足点。从这个立足点看，"我们整个的省掉的是对**定在**的扬弃过程"，我们的花的力气更小，因为我们省掉了定在的扬弃过程。定在是一路扬弃过来的，在历史上不同的定在，不同的具体存在，具体的事件经过了艰难的跋涉，而扬弃了自身，已经过去了，已经有了它的结果了，已经发展成另外一个东西了，这个过程是很艰难的。但是我们今天把它放在观念中加以考察，当然就可以省掉这个扬弃过程。我们把它压缩为一个概念、一个思想、一个影子。他说，"但

---

① 第一版为："对于在这场运动中的个体而言，所省掉的是对定在的扬弃过程"。——袖珍版编者

还剩下来的而且需要进行更高改造的，则是我们关于各个形式的**表象**以及我们对这些形式的**熟悉**"，省掉那个现实过程后，现在剩下来需要进行更高的改造的，是我们对关于各个形式的表象以及我们对这些形式的熟悉。一个是表象，一个是熟悉，都打了着重号。关于各个形式的表象，刚才讲了各个形式已经过去了，它们以思想的观念的形式留在我们头脑中，留在历史上，留在历史教科书上，它就成了一种表象，就是它是摆在表面上的。表象 Vorstellung 的原文的意思就是摆在面前，但是表象这个词是个心理学的词汇，在黑格尔这里用得很多，在胡塞尔那里用得更多。胡塞尔是从心理学出来的，但是他反心理主义。他认为从心理学里面所显现出来的表象，我们都要对它进行现象学的还原，都不要把它看成是人的大脑、心理的产物，而要把它看成是客观的结构。但是在康德那里这是一个最泛的词，包括知觉、印象、感性、知性、法则、概念、理念，只要是呈现在我们面前的都叫做 Vorstellung，都是呈现出来的，Vor 就是在前面，stellung 就是摆出来，摆出来的东西。Vorstellung 在康德那里是一个非常泛的东西，他把所有的东西都囊括进来统称为表象，包括自在之物的概念，现象的概念，知性的概念，理念、感性、印象这些都是表象。黑格尔的表象基本上是康德的意思。还没有胡塞尔的意思。胡塞尔的表象已经成为了一个还原过后的东西，去掉了它的心理学的色彩。但是在康德、黑格尔这里还有很浓厚的心理学色彩，心理学上我们把它当作一个表象，秦始皇对我们来说也是一个表象，法国大革命也是一个表象，这些表象很熟悉，因为过去了东西，我们看历史的时候都看过，所以我们很熟悉，熟悉了以后就不去考察它，不去思考它了。所以表象与思想是不一样的。思维当然也是表象，但是思维比表象有更深的内涵，表象只是摆在那里而已，思维要 Einsicht，要看进去，要明见，洞察到里面去，要形成概念。那么表象就还没有洞察到里面去，它仅仅是我晓得、我知道，还不是概念，表象和概念常常处于对立中。你知道了，只说明你对这些表象很熟悉。那么在黑格尔看来对这种形式的表象以及对这些形式的熟悉都需要更高的改造提升，现在我们面临的任务就是这个。科学的陈述是我们现在的任务，但是这个任务就是改造、提升我们的表象和熟悉，是这样一个任务。当然对于它的定在我们可以省掉，但是对它的表象和熟悉应该加以改造。就是在进行科学陈述的时候我们不要停留在表面，我们不要以为我们都熟悉了，我们都知道了。他讲，

[20] 　　被收回到实体里去的定在，通过上述的第一个否定，仅只是被**直接地**置于自我的元素之中；因此，自我所获得的这份财产，还具有与定在本身同样的未经理解的直接性、无动于衷的冷漠性这样的性格；定在只是这样的转成了**表象**而已。

　　"被收回到实体里去的定在"，定在已经被收回到精神实体里去了，现在已经不是客观存在了，但是我们可以把它作为思想的东西收回到精神实体里去。精神的实体是这样发展过来的，它并没有把定在抛弃，而是把它作为精神实体里面比较低的一个层次把它收回去，这样的定在，通过上述的第一个否定，就是上面讲的"内容已经是被取消成为可能性了的现实性，是被克服了的直接性；该形态已经下降为它自己的缩影，下降为单纯的思想规定了"，内容本来是自在的，是直接的，但是从这个自在的直接发展出一种自我否定，就是否定自己的直接性，否定自己的自在的状态而开始自为。这种"被收回到实体里去的定在，通过上述的第一个否定，仅只是被直接地置于自我的元素之中"，第一个否定已经开始它的自为了，那就是实体已经表现为主体了，但是，在第一个否定中，它还是直接地置于自我的元素之中。当然否定已经有了间接性了，但是这个间接性的否定，对于自我的元素来说它还是直接地被植入进来的，它本身还是直接性。跟原来的直接性相比，它当然是间接性了，但它本身仍然是直接的，它还没有自觉，它也不知道自己为什么是这样的，它已经有了自我的元素，但是还不是真的自我。"因此，自我所获得的这份财产，还具有与定在本身同样的未经理解的直接性、无动于衷的冷漠性这样的性格"。这个后来的自我当然是把这样一种最初的否定也当作它的财产，

但这个财产具有未经理解的直接性。但是毕竟这样一个过程是自我意识的财富，它已经经历过了，已经经历过的东西都是它的财产，它从经历过的东西中获得了教养。但这种教养在这个时候还具有与定在本身同样的未经理解的直接性。定在本身是直接的，那么否定这种定在的这种否定行为呢也是直接的，同样是未经理解的，具有无动于衷的冷漠性这样的性格。为什么无动于衷？因为"定在只是这样的转成了**表象**而已"。定在在这种否定中只是自己转变成了表象，变成了一个抽象的否定的对象，那些激动人心的内容都被抽掉了。当然表象跟原来的定在相比已经高了一个层次了，就是说它已经不再是自在的存在了，它已经把定在变成了表象，变成了一个自己的对象，变成自己面前的所摆着的东西，所以比那个自在的定在要自觉一些。也因此它具有了自我的元素，具有了自我性，但是定在只是这样冷漠地无动于衷地就变成了表象，法国大革命推翻君主制，把路易十六推上断头台，这就是它的对象，但是这个对象的意义究竟如何，还没有经过理解，只是一个冷漠的表象而已，是未经理解的直接性。下面：

　　——同时，定在因此就是一种**熟知的东西**，对这样一种东西，定在着的精神已经对付过去了，因而在其中也不再有什么活动性、所以也没有兴趣了。

　　也就是说否定这个定在，否定这个自在的存在，就使得这个定在成为熟知的东西，你并不了解它，但是因为你否定了它，所以它是你熟悉的。它是你的对象，它借此成了一种熟知的东西，对这样的一种东西，定在着的精神已经对付过去了，我现在已经否定它了，处于定在层次上的精神，处于开端起步阶段的精神已经把它打发过去了，因而在它那里也不再有什么活动性和兴趣了。这已经是过时的新闻了，众所周知，不新鲜了，我们已经从一个热点转向了另一个热点。于是我们对它就不再有什么活动和兴趣了，也就不再对它加以研究了。这是熟知东西，我们不再对它有兴趣，但是我们知道这个历史事件，我们知道哪年哪月把路易十六送上了断头台，这个事情我们整个的都知道，但是我们对它没有兴趣，我们有另外一件眼前的更有兴趣的事情。

如果说，对付了定在的那种活动性，本身只是不对自己进行概念把握的特殊精神的运动，那么正相反，认知则是针对着由此所实现出来的表象，针对着这种熟知东西的；它是**普遍自我**的行为和**思维**的兴趣。

这是一个对比句。"如果说对付了定在的那种活动性"，也就是定在着的精神已经把那个定在对付过去了，这样一种活动性，"本身只是不对自己进行概念把握的特殊精神的运动"，它把定在对付过去，对付过去就不再管它了，就对它没有兴趣了，这样一种活动性本身不对自己进行概念把握，只是一种特殊精神的运动，还不是普遍精神。它只是普遍精神在特殊阶段上、在定在着的精神这个阶段上的一种有限的运动。它没有对自己进行概念的把握，它在否定定在的时候，它自己也是不自觉的，它跟定在在这个方面是一样的，处于一个不自觉的、非概念的层次，或者说表象的层次。它自己也是一个表象，都没有经过深思熟虑，都是非概念的。这是一方面，如果说那种活动是没有经过概念把握的特殊精神的运动；那么另一方面，正相反，"认知则是针对着由此所实现出来的表象，针对着这种熟知的东西的"。认知在这个意义上就是指科学了，不是一般的知识。带定冠词的这个认知是指科学意义上的认知，虽然还不等于科学，但它不是熟知。它"针对着由此所实现出来的表象"，"由此"，也就是由这样一种未对自己进行概念把握的特殊精神的运动所实现出来的表象。这个时候认知必须要针对它，必须要把它作为对象加以更高层次的改造，要对这样一种表象加以更高层次的提升。它是"针对着这种熟知东西的"，也就是说你已经熟知了，但是认知不能满足于这种熟知，而必须要针对这种熟知进行提升，才能达到科学，才能成为真知。所以这两方面是相反的，前面是说那是不自觉的，那么相反，这后面的认知是自觉地把矛头针对着表象和熟知的东西，所以"它是**普遍自我**的行为和**思维**的兴趣"。"普遍自我"，认知在这个层次上就达到了普遍自我的行为，普遍自我打了着重号，就是它不再只是自我的元素，自我的要素。我要自我否定，这是每个个体都在做的事情，但是它还不是普遍自我，普遍自我必须要对这种否定自身再进行否定，否定之否定才能达到普遍自我的行为和思维的兴趣。思维也打了着重号，思维跟表象是相对的，思维必须要对表象加以反思，加以有针对性的提高，这才叫思维。普遍自我的行为和思维的兴趣，思维就是对这个感兴趣，就是怎么把熟知的东西变成真知。我们常常提到黑格尔的一句名言：熟知并非真知。你什么都知道，是不是你就真的知道，那可不一定。下面一段就是讲的这个道理。

　　一般说来，熟知的东西正因为它是**熟知的**，所以没有被认识。有一种最习以为常的自欺欺人的事，就是在认识的时候先假定某种东西是已经熟知了的，并同样也心满意足；这样的认知，不知道它是怎么发生的，因而无论怎样说来说去都不能离开原地。 {27}

　　一般说来，也就是说这是一般的道理，熟知的东西正因为它是熟知的而不被认识，因为越是熟悉的东西你越不去想它。后来伽达默尔的解释学讲到陌生化，真正的知识你要陌生化，要把它当作陌生的东西，当作不认识的东西来考察，才能真正进入它里面认识它。熟知的东西是很表面很肤浅的东西，你必须要把这种熟知的东西陌生化，我们通常嘴里说的话，口头禅，因为说顺了，从来不知道它是什么意思，日用而不知。你已经熟悉它，已经会用了，但是你不是真知。所以你要达到真知，就要把它陌生化，它变成你所不熟悉的东西，去考察你平时没有想到的内容。我们在认识的时候总有一些前提，被认为已经熟知的，不言而喻的，大家都同意的，那么我们以此为我们的基点来谈我们的认识；但是这种熟知的东西是假定的，它是不是那么熟知，是不是已经认识了？没有人去深究，大家都心满意足，认为这个前提大家都认可，是天经地义没有问题的。如果有人对它抱怀疑的态度，就觉得这是一个怪人呀，连这个都不知道，那还有什么跟你谈的，把你划入另类，就够了。这是人们习以为常的，自欺欺人的事情，一方面自欺另一方面欺人。"这样的认知，不知道它是怎么发生的，因而无论怎样说来说去都不能离开原地"，这样的认知是天经地义的，认为天地间总有一些前提是不容置疑的；或者说我们从小受到什么样的教育，我们就怎么想问题，教育得对不对，那不管，从来没有人想过。我们都认为既然我们受过这样的教育，我们就应该怎样怎样，不能辜负了这些教育。这就不管你怎么谈来谈去都没有离开原地一步，这就是一种认知的禁锢状态了，不敢打破陈说，不敢追根索源，而是故步自封。

<u>主体与客体等等，上帝、自然、知性、感性等等，都不加考察地被作为熟知的和某种有效的东西摆在基础位置，既构成固定的出发点，又构成固定的归结点。</u>

主体与客体等等，上帝、自然、知性、感性这些东西都不加以考虑，这些都是前提，我首先把它设定了，然后再谈别的。有的从上帝出发，有的从自然出发，有的从知性出发，有的从感性出发，都把它们作为不言而喻的前提、作为熟悉和有效的东西摆在基础地位。每个人都抓住一个概念，你不同意我这个概念，我就不跟你谈，然后我用我这个概念去反驳别人另外一个概念，但是也不论证，就是说我的出发点跟你的不一样。既然出发点不一样，出发点又不能怀疑，那还有什么可以谈的，那就不要谈了，那就只有说，你连这个都不知道，你没资格和我谈什么。这个前提"既构成固定的出发点，又构成固定的归结点"，我们从这里出发，最终又归结到它，它本身是牢不可破的，不可怀疑的。下面：

<u>而运动则往来进行于这些停留不动的据点之间，因而也只是在它们的表面上运行而已。</u>

我们把这些概念当作固定的出发点和固定的归结点，当然还是有运动，运动是在这些停留不动的据点之间进行的，翻过来复过去，我可以运动，和其他观点交锋，我可以从我的上帝出发来反驳你的自然，你也可以从自然出发来反驳上帝，这些运动往来进行于据点之间，因而也就是在它的表面上运动。我还是我，你还是你，那我们互相之间可以辩驳可以

运动,但实际上只不过是往复运动。上帝也没有反驳自然,自然也没有反驳上帝,感性没有驳倒知性,知性也没有驳倒感性,只是各自选择的出发点不同而已,所以看似是运动其实没有,其实只不过是在表面上滑来滑去而已,没有根本性的运动。这不是真正的理论论争,而只是立场之争,我们很多争论就是这样的,毫无理论意义。

于是就连统握和检验也都是去看看关于这些东西的说法是否在每个人的表象中都有,是否每个人都觉得它是这个样子,是否熟知它。

既然只是表面运动,那么即使要统握和检验,统握 Auffassung,就是全面把握,检验就是进行分析、找出问题。但是这个统握对这个前提没有统握,只是在这个前提之下加以统握;检验也不是对它的出发点加以检验,而就是从这个点出发对别的东西进行检验。统握和检验本来应该是深入到事情本身,应该是 Einsicht,明见,但是呢,就连他们所说的明见也只是去"看看关于这些东西的说法是否在每个人的表象中都有,是否每个人都觉得它是这个样子,是否熟知它",也就是诉诸表象和熟知。这些统握和检验没有起到它们真正的作用,也就是停留在熟知层面,停留在表面。我要去熟知,也不过是去问问别人是不是在他的表象里也有呀,如果他的表象里也有,那我就心满意足了,那这就是熟知的了,就是众所周知的了。这是一种从众心理,我们经常喜欢诉诸众所周知,以为这就说明这个命题是不需要论证的,是大家认可的,那就可以由此展开我们的论证,展开我们的检验。但是思想的火花往往是在众所周知的这些命题上面爆发出来的,有人说这件事大家都理解错了,这才开始了真正的统握和检验。我必须用一个别的东西来检验众所周知的熟知的前提,这才会有思想的深入,否则的话都是在表面上滑来滑去。下面这一段就是接着上面来的,就是说对熟知如何能够超越,对表象的层次如何超越,既然熟知并不是真知,真知是什么? 看下一段。

对于一个表象进行**分析**,就像平常所从事的那样,就已经只不过是对它的熟悉形式加以扬弃了。

首先是分析，分析打了着重号。对一个表象进行分析，就像平常所作的那样，哪怕是我们通常所讲的分析，——分析很普通了，每个人都会分析，但是就在这种平常的分析中，"就已经只不过是对它的熟悉形式加以扬弃了"。分析是什么？无非是扬弃表象的熟悉形式。我们要分析一个表象，但是表象已经在那里，为什么要分析呢？大家都知道的，不用分析了。但是如果有人要分析的话，那就把这个表象的熟悉形式扬弃了，就是光是熟悉还不够，虽然众所周知，大家都知道，但是我还是要分析一下，这个表象从哪里来的，怎么构成的，有哪些含义，那就已经把这个表象当作陌生的东西，陌生化了。所以他这里举的最日常的一个认知活动就是分析。仅仅是对一个表象进行分析，人人都会做的那种分析，它就已经是对熟悉的东西的扬弃了，所以对熟悉的东西的扬弃说起来也很简单，你要超越表象，那么你只要做一点分析就已经是超越了熟悉的东西。那么，为什么对表象的分析就是对熟悉的东西的扬弃呢？下面讲：

将一个表象分解为原始的元素，就是把它还原为它的诸环节，这些环节至少不具有所碰到的这个表象的形式，而是构成了自我的直接财产。

这是对分析加以解释，什么是分析呀？就是将一个表象分解为原始的元素。我们要分析一个表象，就要把它的构成元素分析出来，这个表象是怎么构成的，这个表象有几个层次，构成一个表象的是哪几个概念，我们要把它分析出来、还原出来。"就是把它还原为它的诸环节"，就是说一个表象作为一个整体呈现在我们面前，但是它是由它的诸环节构成起来的，我们要把它还原为它的诸环节，这就叫 Einsicht 明见，或透视。我们要透视这个表象里面的东西，要深入这个表象里面去，那么我们就可以看到它里面是由哪几个环节构成的。"这些环节至少不具有所碰到的这个表象的形式"，你把它的环节还原出来，但那些环节跟整体的表象不一样，这个表象是碰上的，是偶然的，偶然碰上这个表象你就把它接受下来，把它认定了，但是你经过分析你就会发现，它里面的那些环节跟这个表象当前所碰到的形式是不一样的。这个表象的形式是非常一般的，但是你把它里面的那些环节分析出来，你就会发现它里面有更深层次的内涵，它不是这种表象的形式，"而是构成了自我的直接财产"。一个表象你放在我面前它还不是我的，怎么才是我的？你必须进行分析，把它变成我的。你必须深入到它里面去，把它还原成各个环节，把它的来龙去脉分析清楚了，用它们来解释这个表象，你才真正懂了，它就是你的。但这些环节并不是直接摆在那个表象上的，而要靠我去分析，是我在自身中建立起来的，所以它们就构成了自我的直接财产。下面：

这种分析诚然只能达到那些本身是熟知的、固定而静止的规定的**思想**。

当然他这里又退了一步，就是说这种分析它当然能够构成自我的直接的财产，但是它只能达到那样一些思想，即本身是熟知的、固定而静止的规定的思想。它达到的那些思想本身还是熟知的、固定而静止的规定，并未完全超出熟知的东西；但是它已经是一种思想，我已经不是单纯把它接受下来，而是动了脑子，只不过还动得不够，本身还是些熟知的静止的规定。思想打了着重号，达到了思想，已经不是表象了，这当然是一个进步；但是它只能达到熟知的固定的思想。他这里的意思是，分析还不足以扬弃熟知的规定，通过分析，我达到了固定的思想，"诚然只能达到"那些思想。一方面他对这种分析有肯定的一面，但是他也认为它有不足的一面。所以他说：

但这样**区分出来的**、非现实的东西本身是一个本质性的环节；因为只是由于具体的东西把自己区分出来造成非现实的东西，它才是自身运动着的东西。

前面一句话有一点小小的否定，就是说分析的东西它还不够，只能够达到那种本身是熟知的固定而静止的规定的思想，本身还是熟悉的，还是固定和静止的规定，这个层次还是不够的。所以，"诚然"只能达到作为这样一些规定的思想，"但"，"这样区分出来的、非现实的东西本身是一个本质性的环节"。就是说你把它的表象加以分析，把它的各个环节把它区分出来，这些环节是非现实的东西，它不是在现实中直接呈现出来的，而是你分析出来的，属于自我的直接财产；但它虽然是非现实的，却还是本质性的环节。人们可以说你分析出来的那些环节都是你想出来的，现实中我没有看到，比如休谟说，什么是因果性，我在现实中看不到，我只看到太阳晒和石头热这样一个事实，但是太阳晒作为石头热的"原因"我没有看到。你把原因和结果从太阳晒、石头热这样一个表象里面分析出来，当作太阳晒和石头热里面的两个环节，这就是非现实的东西，我要执着于现实性的话，我就只看到太阳晒和石头热，我没有看到因果性。但是黑格尔认为，这样区分出来的非现实性的东西恰好是个本质性的环节，你不要小看了这样的东西，你以为你看不见摸不着它就不存在了，它是一个本质性的环节。"因为只是由于具体的东西把自己区分出来造成非现实的东西，它才是自身运动着的东西"。只是由于具体的东西、这样一个表象，如太阳晒石头热，它把自己区分出来造成因果性这样非现实的东西，——当然是我们分析出来的范畴，但在黑格尔看来实际上是这样一个具体的东西自己把自己区分出来，造成这样非现实的东西，也就是造成了自身运动。太阳也好石头也好，它是具体的东西，但是它不仅仅是摆在面前的东西，它是能动的东西，它自己形成了因果性。它不仅仅是停留在现实的层面，而且要向非现实的层面突进，要把自己造成非现实的东西，要把自己造成原因。太阳把自己造成原因，只有这样它才是自身运动着的东西，因果性不是我们加给它的，是太阳它自己造出来的，是现实事物自己造出来的。康德对休谟的批评就在于人为自然界立法，是我把因果性放在的太阳和石头之间，放在表象里面去构成了知识，这是康德的立场。黑格尔则认为，不是我把它建构成知识，而是它自己把自己建构成知识，太阳把自己变成了原因，造成了石头热的结果，石头热也把它自己造成了是太阳晒的结果。所以黑格尔是客观唯心主义，康德还是主观唯心主义。那么在黑格尔看来是具体的东西把自己区分开来造成了非现实的东西,这正是它们的本质。万物都在运动之中,万物作为现实的东西,它都展示为一个过程,从现实的东西发展出不现实的东西。下面:

这种区分的活动性就是**知性**之力和**知性**的工作,知性是最惊人的和 [21]
最伟大的、或不如说是绝对的威力。

"区分的活动性"就是知性之力,知性的能力就是区分、分辨、分析,在《逻辑学》里黑格尔也经常讲到,知性的特长就是分析。分析是认知的第一步,第一步是进行划分,这就是判断,所以判断是 urteilen, ur 就是原始、最初的,teilen 就是划分。最初的划分就是要把自己划分出来、是自我否定,我不是我,或我不愿意是我,这就是自己把自己划分出来。而划分、区分就是知性所作的工作。他说,这种进行划分、区分的知性"是最惊人的和最伟大的、或不如说是绝对的威力",他把知性抬得这么高,很多人说黑格尔贬低知性,其实不是的,黑格尔认为知性很重要。当然理性更高,知性和理性的等级在康德那里已经有了这种层次上的划分,理性是比知性更高的,知性是表现为判断,理性是表现为推理;知性表现为分析,理性表现为综合。但知性虽然不如理性高,但它更基础。总而言之,康德认为知性就是作判断的能力,一切知识的元素、细胞都是建立在判断上的。只有你说"A 是 B",这才是知识,你光说一个"A",不管这个A 是什么,它都不是知识。这是康德的观点,知识起源于判断,推理也是由判断构成的。所以康德的三大批判里面最核心部分是分析论,概念分析、原理分析,先验分析论是它的主体,先验辩证论是附属的。所以康德重视分析、判断,重视知性。在黑格尔的眼中康德整个是一个知性哲学家,即使康德谈到理性,也只是消极的理性,即知性理解中的理性。不过,虽然知性不如理性那么高,但是它是起点,你连知性都还没有把握住,你怎么去理解理性。我们中国人理解辩证法就是这样,认为知性就是形而上学,理性才是辩证法,所以我们可以不通过知性直接达到理性,通过什么呢? 通过顿悟、妙悟、直觉、直观,中间不经过逻辑,不经过判断,不经过概念的清理就达到了辩证理性，这就是中国辩证法。这样你也可以得出一些类似辩证法的结论，但是仅仅是表象而已，仅仅是熟知的东西，并不是真知的东西。要真知必须对这样的表象加以分析、加以区分，要还原成这些表象的诸环节，你才能真正把握到辩证法。这是黑格尔对知性的褒扬，知性是跨不过去的，你必须要从知性过来。他说：

静止在自身封闭中的并作为实体而保持其各环节的圆圈，是一种直接的因而不足为奇的关系。

就是说如果没有这样一种分析突破，那么这种表象是自身封闭的，它作为一种实体而保持其各环节，形成一个圆圈。前面讲到很多人从一个熟悉的东西出发然后又回到它熟悉的东西，那就构成一个圆圈了，从不言而喻的前提出发再回到不言而喻的东西，里面的各环节都保持着，但却是封闭的。"这是一种直接的因而不足为奇的关系"，这里没有什么好惊奇的，没有出格的东西，一切都是顺理成章，天经地义。在未经分析之前，我们的表象思维就是这样，在未经知性的分析之前，我们的表象就是一个封闭的圆圈，没有谁能攻破它。因为对它的前提没有人作过反思，作过分析，所以它是不足为奇的，天经地义的，是不言而喻的直接的关系。下面：

但是偶然的东西本身当其脱离自己的环境而战胜那受束缚的东西，并只在它与别的现实东西的关联中才获得一个独有的定在和独特的自由时，它就是否定者的一种无比巨大的威力，这是思维的、纯粹自我的活力。

前面讲的是表象思维，表象思维是一个圆圈，从一个固定的前提出发又回到这个前提，它是不足为奇的不言而喻的，作为实体坚持它的各个环节于自身封闭中。但是偶然的东西本身，它要打破这个圆圈，打破这个封闭性，"偶然的东西本身当其脱离自己的环境"，脱离其已经在其中的那种固定的格局，"而战胜那受束缚的东西"。偶然的东西要战胜那受束缚的东西，那种处在必然性中，被必然性束缚的东西，要通过偶然的东西来战胜它，"并只在它与别的现实东西的关联中才获得一个独有的定在和独特的自由时",偶然的东西从它的环境中突围出来,并且它要获得它独有的定在和独特的自由,它只有在与别的现实东西的关联中来获得这种自由,不能孤芳自赏。你要突破出来,你必须跟各种各样的现实物打交道,在这种关联中它独有的定在和独特的自由才能获得。把那种已经束缚住的格局打破,把那个圆圈打破,你动不动就从那个天经地义出发,那个天经地义是那么天经地义吗?可以质疑一下嘛。但是光是停留在质疑还不行,你还要跟所有在这个天经地义之下的现实东西打交道,在你的冲撞突围中形成你的特色个性,获得一个独特的定在和独特的自由。而在这个时候,"它就是否定者的一种无比巨大的威力,这是思维的、纯粹自我的活力"。这个偶然的事物本身如果它做到这一点,它突破出来,它跟现实事物打交道,并且获得它的独特的自由、独特的定在,那么,它就是否定者的一种无比巨大的威力。这里还是讲的知性,知性的分析能力的活动性,它体现为一种偶然的眼光,跳出它的环境对之进行分析。黑格尔之所以高度评价知性,是因为他把知性看作精神的能动性的一个环节,追溯到它后面生命力的根源,这是与康德和其他人不同的。偶然的东西本身在这个意义上它是否定者,这种否定者就是巨大的威力,你看起来好像是必然的,本来都在圆圈中规定好了,一切都是必然的,一个固定的圆圈,但是其中有偶然物,它有一种打破必然物的威力。这就是思维的、纯粹自我的活力。Energie 是希腊词,它本来的意思就是活力、能力、能量,在物理学中就是做功的活力,它就是动力,我们这里翻译成活力,希腊文里最原始的意思就是活力,有能动性的力。它就是否定者的一种无比巨大的威力,这是思维的纯粹自我的活力。偶然的东西是思维调动起来的,它不是那种突发奇想,而是思维的一种锋芒,思维对于前提的一种反思,所以它是纯粹自我的活力。你没有这样一种反思,没有这样一种怀疑精神,批判性思维,那么思维是没办法前进的。我们这里翻译成活力,也是跟下面对应,因为下面他讲到了死亡。他说:

死亡,如果我们愿意这样称呼那种非现实性的话,它是最可怕的东西，而要紧紧抓住死亡了的东西，则需要极大的力。

这种活力是极大的力量，死亡是可怕的东西，是非现实性的东西，那些表象底下概念的环节是非现实性的东西，它们是抽象的，例如因果性从概念说是非现实性的，它是我们生命的一种死亡。如果你仅仅分析到这个层次，还原到它的那种环节的话，那么它就是死亡，它是僵死的东西，是最可怕的东西。为什么它是最可怕的东西呢？就是它是僵硬的东西。在对表象进行分析时，你分析出它的环节，那些概念，但是那些概念如果你把它们当作僵化的东西，那么它们是死去的东西，是非现实的。这个里头黑格尔实际上隐含着对康德的批判，我们刚才讲了康德是通过分析，通过判断，通过知性来开始自己的哲学历程。那么康德得出的结论是什么呢？就是范畴。康德列了一个范畴表。这些范畴都是僵死的东西，而且是非现实的，康德也知道，它本身不具有实在性，它必须跟经验相结合才具有实在性，它本身是先验的观念性，先验的观念性单独来看它是非现实的，它不能做先验的运用。康德的范畴不能做先验的运用，它只有在经验中才能获得它的经验性的实在性。所以他那一套范畴是僵死的，是没有生命力的。"死亡，如果我们愿意这样来称呼那种非现实性的东西的话，它是最可怕的东西"。康德的范畴表是自身运动的结果，有它积极的意义，但是仅仅停留在这个层次，它是很可怕的，如果什么东西都是用范畴来裁割的话，那就是死亡。当费希特开始推演范畴，这让黑格尔非常惊喜，黑格尔在《哲学史讲演录》中说费希特第一个推演了范畴，他不是把范畴看作是一个表，摆在那里的一套僵死的框架，而是每一个范畴都有自身的运动，一个范畴推出另一个范畴，这才是有活力的东西，它使僵死的东西活起来了。黑格尔每一个范畴都是由于自己的活力自己推演出来的，所以他前面讲到活力。就是任何一个范畴它的那个活力就是要突破自己的局限性。这些范畴也可能被看作是偶然的，如果你把它摆在那里，把它认可了，把它固定下来了，那么你就把是从它的偶然性来看待它，就像康德那样。但毕竟这种偶然性体现了否定者的一种巨大的威力,是思维和纯粹自我的活力。所以这几句话讲到死亡,如果我们把非现实性的东西称为死亡,那是非常可怕的。而要紧紧抓住死亡的东西则需要极大的力量,比如说范畴表,范畴表你要把它抓住,需要极大的力量,康德已经作了这种尝试,用统觉的先天统一来抓住他的十二个范畴,但是他抓不住。自我意识如何抓住十二个范畴呢? 如何从自我意识中推演出十二个范畴来呢? 康德没有做到,他只是说我们在分析中,我们发现我们所有的知识后面都有这十二个范畴,但是这十二个范畴怎么来的? 康德是从形式逻辑引出来的,亚里士多德已经现成地给我们准备好了一个判断表,那么我们把判断表中隐含的十二个范畴引出来就行了。所以这个十二个范畴本身是僵死的。自我意识的统觉当然还是有活力的,但是这个活力没有一贯下来,没有抓住死亡的东西,没有抓住那些范畴,要抓住那些范畴必须要打通这些范畴,把自我意识的能动性贯穿进去,这是费希特所做工作。范畴不是摆在那里的,也不是简单的从形式逻辑那里搬过来的,而是由自我意识一步步推演出来的,这就需要极大的力量,康德的力量还不够。下面:

柔弱无力的美之所以憎恨知性,就因为知性硬要它做它不能做到的事情,

这里突然提到美,这里是有所指的。柔弱无力的美后面多次提到,优美的灵魂憎恨知性、Logik,逻辑一来就把优美灵魂就破坏了,什么事情都要讲逻辑,那优美的灵魂在哪里呢? 就被解构了。他这里讲的是以谢林理论为代表的德国浪漫派,德国浪漫派就是诉诸优美的灵魂,诉诸直观,诉诸艺术,诉诸情感体验,他们的灵魂是非常的脆弱无力的。但他们崇尚美,认为美可以解决一切问题,谢林的艺术直观是最高的境界。但它经不起逻辑的分析,所以它们憎恨逻辑。就包括谢林在内,他也反对逻辑,他所崇尚的是那种直观体验。"之所以憎恨知性,就是因为知性硬要它做它不能做到的事情",它做不到什么呢? 就是把握死亡。美是生命,但是柔弱的生命,它不可能把握住死亡,不能紧紧抓住死亡的东西,

把它变成自己的营养，所以美的东西它是害怕死亡的。他说：

但精神的生活不是害怕死亡而幸免于蹂躏的生活，而是承担起死亡并在死亡中得以自存的生活。

这句话说得很漂亮，值得大家作为名言警句记住。逻辑的东西是僵死的东西，但是不能把它撇开，你要把它紧紧的抓住，你不要害怕逻辑把你的生活蹂躏了，把你的美蹂躏了，把你的美解构了破坏掉了，你不要害怕，你要把它紧紧的抓住，那你就达到更高层次的美。一般的美是柔弱的、经不起逻辑的；而真正的美是把逻辑消化过了，消融了，再提升起来的。"在死亡中得以自存"，不光是逻辑，也包括现实的精神生活，现实生活往往是不如人意的，充满僵死的必然性，那么你必须要把握它、驾驭它、承担起它。历史是残酷的，你要能承担起历史，你要能冷静地了解历史、分析历史它何以然。你不要掉头不顾，一切只向前看，把它忘掉，你把它忘掉，它还在，那是忘不掉的。在死亡中得以自存，你通过分析它，使它活起来，把它内部的生命力调动起来作为自己生命的动力，这个时候你就把握住死亡了。他说：

精神只有在绝对的支离破碎中把持住其自身时才赢得它的真理。

现实事物总是支离破碎的，但是只要有精神的话，它就能够在支离破碎中、在毫无意义中把持住自身，赢得精神的真理。精神的真理就是深入到事情的支离破碎里面，在这种支离破碎中能够把持住自身，从而赋予支离破碎的东西以意义。支离破碎的东西是非理性的，是荒诞的，这个里头有存在主义的东西在里头。存在主义也讲，存在是荒诞的，但是人的自由可以赋予荒诞的存在以自己的意义。人被抛入到这个世界中来，一切都是非理性的，你为什么被抛入，这个没法解释，但是你既然被抛入了，你就可以利用你这一生的自由来赋予周围的世界以你自己的意义，在支离破碎中赋予它有序性。你不要指望它本来就是有序的，这个世界本来就是光怪陆离的，没有什么道理可讲，但是对于你来说，它会具有你的意义。所以你必须发挥你的精神的能动性来赢得自己的真理，每个人都被抛于它的时代，但是时代的意义靠每个人自己去创造。时代本身是没有意义的，你要在世界中去寻找一种什么真理，那是寻找不到的，你要寻求只有靠自己去创造，靠自己去赋予、去建立一种意义，这才具有一种真理。下面：

精神之所以是这样的力量，不是因为它作为肯定的东西对否定的东西根本不加理睬，就像我们对某种否定的东西说这是虚无的或虚假的就算了事而随即转身他向那样；相反，精神之所以是这种力量，仅仅是因为它敢于面对面地正视否定的东西并停留在那里。

"精神之所以是这样的力量"，是什么力量呢？就是在死亡中得以自存，在支离破碎中把持自己，精神是这样一种力量。为什么是这样一种力量呢？不是因为它作为肯定的东西对否定的东西根本不加理睬。它自己是肯定的东西，那么对于违背它的东西，对于它所不理解的光怪陆离的东西，不加理睬，保持清高，脱离尘世看破红尘，甚至隐居起来，这个是无济于事的。精神要有这样一种力量，它必须面对否定性的东西，而不是因为它对否定的东西根本不加理睬，"就像我们对某种否定的东西说这是虚无的或虚假的就算了事而随即转身他向那样"。我们经常是这样，我们看到社会的不公、不平、不合理，我们就说这个是虚假的，这个社会都是虚假的，我们生长在一个虚假的时代，我们作出这个判断就算了事，随即转身他向了。转身他向，就是说既然这个社会这么污浊，我们就逃避它，躲到天涯海角去，这是无力的表现。"相反，精神之所以是这种力量，仅仅是因为它敢于面对面地正视否定的东西并停留在那里"。敢于去面对面地正视否定的东西，敢于分析这个否定性的东西。精神当然是肯定的东西，精神要肯定自己，怎么肯定自己？要面对否定的东西，面对社会的污浊，要置身于其中、要深入到社会里面去并停留在那里。我们听易中天在百家讲坛讲三国，觉得易中天这个人太世故了，他什么都知道，厚黑学根本不在话下，厚黑学在他层次之下，他已经超越厚黑学了，他比厚黑学还厚黑学。但是你不能因为这一点就说，易中天就是厚黑学，就是曹操，他不是的，他恰好是超越了这个层次。他停留在那个里头他才超越了，他了解了一切，他分析了一切，他把一切都分析得头头是道，而他恰好是站在启蒙的立场上分析的。鲁迅也是这样，他对人性已经参透了，不管你是怎么诈，他一眼就可以看出来；但是鲁迅又是极其善良的，他代表了民族魂。他为什么能够代表这个民族的精神，因为他停留在这个里面，正视这个否定物，他的国民性批判，对中国的国民性已经琢磨透了。他对中国的否定面、阴暗面琢磨透了。这是必须的。你不要太脆弱，你不要承担不起，你要承担起这些，历史的、人类的这些血泪，人心的险恶，赤裸裸的你都要看清楚，你不要抱幻想，你不要想靠一个大救星把我们救出来，没有！每个人只能自己靠自己。下面：

这种停留就是把否定的东西颠转为存在的一种魔力。

精神有这样一种魔力，什么魔力呢？能够把否定的东西颠转为存在。正因为这个世道如此的败坏，所以它有更大的希望能够被颠转为肯定的东西。我们每个时代都有否定的东西，就看你是不是能够把它颠转为真正的存在，这就需要精神在否定的东西中的停留。将来的人们评价我们所处的这个时代，将会怎么评价？比如在康德时代，我们说康德很伟大，但是康德所处的时代是非常的绝望的，就因为德国的现实那么的绝望，所以才诞生了康德。就因为20年代30年代的绝望，所以诞生了鲁迅。精神的东西就有这种魔力，能够把否定的东西颠转为存在。我们今天的时代也是处于绝对无望的时代，但是我们是有希望的，为什么有希望？是因为无望。鲁迅讲"绝望之为虚妄，正与希望相同"。绝望也是虚假的，跟希望一样。有的国外的评论家认为中国当代文学是一片荒芜，但是另一些评论家则认为，当代中国文学是世界文学中最有希望的，因为中国所经历的痛苦最多，所以中国最有希望。人性的劣根性暴露得最彻底就是中国，中国文学是最有希望的。在黑格尔这里这是激动人心的，不要看到世界是这样的支离破碎，这样的绝望，但是只要你自己不放弃，就是有希望的。他说：

——而这种魔力也就是上面被称之为主体的那种东西；主体当它赋予在它自己的元素里的规定性以定在时，就扬弃了抽象的、也就是说仅为一般**存在着的**直接性，而这样一来它就是真正的实体，是存在，或者说就是身外别无中介而自身即是中介的那种直接性。 {28}

实体即主体，主体是什么？就是这样一种魔力，就是能把否定的东西颠倒为存在，变成肯定的东西。我们经历过了"文化大革命"灾难，一场"浩劫"，我通常把它看作是中国人的财富，不要忘记它，不要抛弃它，它里面能够长出东西来。现代年轻人几乎都忘记了，一讲起"文化大革命"什么都不知道，太可惜了，你还得重新经历一次"文化大革命"。你如果不想重新经历一次"文化大革命"，你就必须了解我们经历过的"文化大革命"，你就要关心，你就要把它变成财富，否则的话，你得到那么多的财富，你都会一贫如洗，你从哪里来的，还得从哪里开始。所以主体就是这样的，"主体当它赋予在它自己的元素里的规定性以定在时，就扬弃了抽象的、也就是说仅为一般**存在着的**直接性"，也就是说主体它的元素里面有规定性，主体作为精神、自我意识，它有它自己的规定性，但是它不能停留在自己的封闭性里面，它要把这规定性实现出来，要赋予它定在，要使它存在起来，也就是我们讲的把你的目的实现出来，把你自己元素里面的规定性赋予定在、把它实现出来，这就扬弃了它的抽象的直接性。抽象的直接性是什么呢？就是在那里，它没有自己的行动而一般地在那里存在着，也就是一般存在着的直接性。主体不是这样，而是使自己存在起来，使自己内在元素的规定实现出来，所以它就扬弃了抽象的、仅指一般存在着的直接性。存在着的打了着重号，就是仅仅在那里而已。人都在那里，中国人绝大多数都是在那里，特别是在农村，广大地区的农民，你去看看，他们绝大多数仅仅是在那里，没有死，他们仅仅还在。他们是作为什么还在呢？不是主体，仅仅是实体，当然他们是有力量的，但是通常他们仅仅是实体而已，他们还没有把自己变成主体。但主体把这种直接性扬弃了，"而这样一来它就是真正的实体，是存在，或者说就是身外别无中介而自身即是中介的那种直接性"。而这样一来，它就是真正的实体，主体赋予自己的元素以定在，这个时候它已经就是真正的实体了；它是"存在"，Sein，而不是"存在着的直接性"，这很有一点海德格尔的意思，不要以为海德格尔有多厉害，他很多东西都是从黑格尔来的。"或者说就是身外别无中介而自身即是中介的那种直接性"。什么是直接性，真正的直接性就是别无中介而自身就是中介，就是说，真正的直接性就是间接性本身。中介也就是手段了，它自己把自己当作手段，它不是依靠权力、依靠地位、依靠机遇、依靠你占据的有利的位置，这都是别的中介。而精神不靠这个，它就靠它自己，自身就是中介，它是这样的东西，这就是存在，这就是 Sein，这就是在起来，在起来的直接性才是精神，才是主体，它直接去行动、去做。

*　　　　　*　　　　　*

今天把上一次的复习一下，因为上一次的有点难。上一次的标题是"个体的教养"，讲了三个层次，特别是上次讲的最后一段具有概括性。第一个阶段是熟知并非真知，当然熟知是必不可少的，但是对熟知首先你要进行分析，熟知并非真知，那么怎样是真知呢？那就要对它进行分析，经过分析你就不完全是熟知了，已经深入到这些表象背后固定的那些规定，那些思想。上次讲到这些分析能够达到那些本身也是熟知的固定的静止规定的思想。我们提到，他是针对康德哲学来的，康德《纯粹理性批判》里面讲先验分析论。先验分析论是干什么呢？就是从经验知识里面把先验的可能性条件分析出来，你的每一个经验的知识看起来好像是一个浑然的东西，但是它里面是有结构的，那么把那些结构分析出来，就是范畴。但范畴它本身没有现实性，它是属于非现实的东西，因为它只有在经验方面运用起来它才获得它的现实性，单纯的范畴是得不出知识来的，范畴只能跟经验对应，它必须对那些经验的材料加以综合加以统摄加以统觉，所以它是非现实的东西。但是它本身是本质性的环节，这是必须要做的一步,就是要把那些具体的东西区分开来,或者说具体的东西把自己区分出来,变成非现实的东西,比如说范畴体系,这是它的本质环节,那么它才能够是自身运动的东西。但在康德那里它还没有自身运动,具体的东西不是自身运动,而是先验的自我意识在那里运动,先验的自我意识是一种能动性,一种自发性,但只有靠经验材料的被动性才能发挥作用。黑格尔称赞他这种知性,说它是最惊人的最伟大的甚至是绝对的威力。但是称赞一番之后,他仍然认为它是一种外在的偶然的立场,本身是静止固定的规定,并未真正超出熟知的东西。当然它已经跳出静止的封闭的圆圈之外,作为一种偶然的力量而体现了精神的生命,超越自己的环境而战胜那种受束缚的东西,成为一种无比巨大的威力。也就是说这个知性在康德那里本身是一个先验自我意识的本源的统觉能力,背后有一种精神的生命力在承担非现实性的死亡,而费希特通过推演范畴而把这种生命力发挥出来了。康德的范畴表本身还是受束缚的东西,是从形式逻辑中引出来的;但在费希特那里已经很明显的是,自我意识本身已经是独特的自由的行动,体现出一种否定物的无比巨大的威力,这是一种活力。康德的那一套范畴体系本身是僵死的,它本身没有活力,而自我意识是有活力的,它是统觉的本源的综合统一,但是他没有把这种活力发挥出来,被物自身阻隔了。只是到费希特才把它发挥出来,把它看作是自由,已经具有了活力。从费希特那里进一步就延伸到了黑格尔,就是认为虽然那一套东西是僵死的,但我能够把握它,我能够战胜它,我能够统摄它,面对死亡,在死亡中得以自存,在支离破碎中把持自身才赢得它的真理性。然后他就讲到精神的力量,精神的东西不是肯定的东西对否定的东西不加理睬,不能把康德的那一套僵死的东西撇在一边。有的人,像雅可比他们就是把康德的范畴表撇在一边,从直接知识出发,那实际上是没有生命的,你转过身去不看它,你不去把握它,你不在它那里停留,那么正表明你没有生命力。相反,精神的东西之所以有这种力量,是因为它有一种魔力,能够把否定的东西转化为存在,这个魔力就是主体,你要把实体转化为主体,或者你要把实体看作主体,这就上升到精神。如果你不把它上升为主体,那就是没有精神的,没有精神那就是没有活力,没有力量。这是上次讲的,我们可以看到这个里面有三个层次,一个是熟知的层次,熟知并非真知,什么东西你都知道,但是你反而把真的东西架空了。我已经习惯了,我在记忆中有,不用你说,这个谁都知道,但是谁都知道的东西恰好谁都不知道。康德就做了这样一些工作,把人们日用而不知的那些范畴从日常经验里提取出来,搞成了一个体系,他的功劳就在这里,这就是第二个阶段,就是知性。知性把感性的熟知的那些表象加以分析,从中区分出更深层的本质性的那些思想,就是范畴,就是康德的范畴表,这是属于教养的第二个阶段。教养的第一个阶段就是熟知,教养的第二个阶段就是你要从熟知的表象底下分析出本质性的东西,尽管这个本质性的东西还没有获得它的现实性,它是非现实性的,也是固定静止的,但是这是必要的,它背后是有力量的,是一种绝对的威力,这是第二个阶段。第三个阶段就是让这个僵死的体系活起来,最开始是通过偶然性,偶然的事物脱离它的僵死的环境,战胜那些受束缚的东西而与现实的事物打交道,这个是从费希特到黑格尔以来所走过的道路。这个第三阶段就是克服知性上升到精神,上升到精神就是上升到黑格尔的所谓理性,狭义的理性。所以他这里有三个阶段:感性、知性、理性。我们如果要概括的话,大致可以这样概括:感性阶段是属于熟知的阶段,直观,最直接的表象,存在;知性的阶段是本质的阶段,从存在深入到本质;那么到理性的阶段和精神的阶段那就是本质被掌握到了,回到了概念、更高的存在。而这样一来它就真正是实体,是存在,或者说就是身外别无中介而自身就是中介的那种直接性。实体的存在上升到了主体的存在,它同时就是实体,主体就是实体。这就是教养,人类的教养大体上要经过这三个阶段。这就是对前面的总结。下面一段:

被表象的东西成为纯粹自我意识的财产,这样一种向一般普遍性的

286

提升过程只是教养的一个方面，还不是教养的全部完成。

"被表象的东西成为纯粹自我意识的财产，"这里讲的是康德的作用了，康德在表象的东西里面发现了它的本质，十二个范畴，以及最终的先验自我意识的统觉，本源的统觉；那么反过来这些表象都是自我意识的财产，我的一切表象都是我的表象，这是在《纯粹理性批判》的第十六节里面讲的。我的一切表象都是自我意识的表象，都属于自我意识，所以自我意识无所不包，它是一种统摄的能力，没有自我意识所有知识都是零散的，都不构成我的知识。那么"这样一种向一般普遍性的提升过程只是教养的一个方面"，这只是第一个阶段，就是从一般的表象提升到知性的普遍性，就是凡是在经验中的经验知识里那种普遍性的东西都是先验的东西。所谓先天综合判断是一切知识的条件，而它的诸范畴，以及它的原点即先验自我意识的综合能力，就是先天综合判断的可能性条件。这就提升到一般普遍性了，但是这只是教养的一个方面，人类教养还没有完成。康德对人类教养的贡献是巨大的，但是这只是一个方面，它是有缺陷的，这个缺陷就是它是僵死的、封闭的，它是死亡，它把活生生的现实生活肢解了，变成了一个框架，然后对任何事物它就用这一套范畴加以规范，把它定死，这就成为僵死的，这种知识还是死的知识，需要突破。当然这是教养的一个方面，是教养必须走的必经之路，但是这还不是最后的完成。下面他说：

——古代的研究方式跟近代的研究很不相同，古代的研究是自然意识的真正全面教养。

到康德为止，启蒙运动从具体的表象提升到了普遍性，这是教养的一方面，但是它不完全。这里提到了古代的研究方式，他说古代的研究方式跟近代的不同，古代的研究是自然意识的真正全面教养，就是说近代的教养没有真正完成，如果要找完成了的教养可以到古代去找，这里主要是讲的古希腊。但是古希腊的教养是自然意识的教养。近代人当然已经摆脱自然意识了，已经上升到了本质的意识了，但是近代意识的不完全性我们可以借鉴古代自然意识的完全性。古希腊人他们的教养还是比较全面的，是真正的全面发展的教养。西方文化的根要到古希腊那里去找。虽然他们的层次并不高，但是他们已经预示了人类全面教养的一个榜样，已经在低层次的方面展示了人类全面教养应该是怎样的。下面讲：

[22]　　古代的研究通常对其定在的每一部分都作特殊的尝试，对呈现出来的一切都作哲学思考，由此而使自己生长为一种一步一个脚印的普遍性。

　　古代的研究是怎么产生出来的呢？是对其定在每一部分都作特殊的尝试。古代的哲学家不是对抽象的冥思苦想，而是对定在的每一部分都作具体的研究，才产生出古代的哲学。你可以按照你的哲学观点来过你的生活。像赫拉克利特认为万物的本原是火，他就按照火的原则去过他的生活，他得了水肿，他就跑到牛栏里，想靠牛粪的温度把体内的水分逼出来。他相信这一套理论是他的日常生活方式，这是一步一个脚印实现出来的一种普遍性，它不是一种高高在上的普遍性，而是在现实中、在定在中践行的普遍性。下面：

　　但近代人则不同，个体找到的是准备好了的抽象形式；掌握和吸取这种形式的努力更多的是不假中介地将内在的东西逼出来并片段地将共相制造出来，而不是让其从具体事物和形形色色的定在中产生出来。

　　这里做了一个比较。但是近代人则不同了，怎么不同呢？"个体找到的是准备好了的抽象形式"，这些抽象形式当然也是经过了漫长寻求的抽象形式。比如说我们近代以来伽利略牛顿的物理学体系，里面已经有了抽象形式，但是日用而不知；康德通过对伽利略的实验加以分析，我们在《纯粹理性批判》的导言里面可以看到这些分析，分析他怎么样做实验。通过这些分析，发现了里面已经准备好了的抽象形式。那个准备是不自觉的，不自觉的但已经准备好了，因果性、必然性、单一性，等等，这些范畴已经在它里面具备了，但是还没有人挖掘出来。因果性实体性这些东西在近代人的心目中已经是现存的，在古代是没有的，当然亚里士多德也有，但是还是模糊的，他的范畴还没有脱离具体事物的杂乱无章。亚里士多德是东一点西一点，但康德的范畴已经是成体系地准备好了的抽象形式。掌握这种形式的努力"更多的是不假中介地把内在的东西逼出来并片段地将共相制造出来"，"不假中介的"，就是不通过中介把内在的东西逼出来，内在的东西是什么呢？内在的东西就是本原的先验的统一，那就是先验的自我意识。先验自我意识是被逼出来的，把所有的东西排除之后，最后到了终点，图穷而匕首现，最后就露出了自我意识。但是自我意识从哪里来的？不知道，人为什么有自我意识？自我意识为什么有十二个范畴，而不是十三个或十一个？康德最终说我不知道，这是我发现的。我在人的认识结构里面通过分析，一层层的把那些不纯粹的东西剔除之后，剩下来的就是这个东西了。你要问它是从哪里来的，那是自在之物，那个是不可知的。所以他是把内在的东西不假中介地、不经过推论地把最后的东西逼出来，逼到最后，它就出来了。"并片段的将共相制造出来"，这个就是范畴表。十二个范畴好像是一个体系，严谨得很，环环相扣，所有的范畴都可以纳入到这个范畴表中来。但是在黑格尔看来仍然是片段的，为什么是片段的？一是因为黑格尔认为十二个范畴太少了，应该大大扩展范畴的体系；二是因为康德的范畴跟范畴之间没有必然的联系，还是找到的，首先是在亚里士多德的判断表里面去找，然后你把它们归结到范畴，从十二个判断类型引出十二个范畴，但是那十二个判断类型是怎么形成的？还是亚里士多德找到的。当然康德其实并不完全是这样的，康德十二个范畴还是有它的内在逻辑的，已经初步具备了"正、反、合"的这样一种逻辑关系。但是在黑格尔看来仍然不够，因为这个秩序是外在的，是你人为地加给他的。康德很聪明，他能够把这些范畴编成一个言之成理的体系；但是这些范畴本身没有动起来，这个体系不是范畴自己发展起来的，而是你把它安排在那个地方，安排为四大类，每一类有四个范畴。所以你还是片段地把共相制造出来，"而不是让其从具体事物和形形色色的定在中产生出来"，就是说，不是像古代人那样，像亚里士多德那样，处处都不脱离具体事物和形形色色的定在。亚里士多德的范畴都能够让自己体现为具体事物和形形色色的定在，并在这些定在中形成自身。当然这也是康德超出亚里士多德的地方，他摆脱了这些定在而打造出一整套抽象的范畴形式，每个范畴都经过仔细的考虑而安排到范畴表里。但列表这个方式在黑格尔看来是太幼稚了，范畴是有生命的东西，你怎么能列表呢？每一个范畴都有生命，都要推出另外一个范畴，它是有生命力在里面推动它，它要生长，所以你不能列表。黑格尔最欣赏费希特的一点就是他已经开始推演范畴，一个范畴到另一个范畴之间不是你安排的，而是范畴自己发展出来的。黑格尔赞成费希特的方式，一切都是产生出来的，一切都是过程。下面：

因此，现在的工作与其说在于使个体摆脱直接的感性方式，使之成为纯粹的、被思维的和能思维的实体，不如说情形相反，在于扬弃那些僵硬确定的思想，从而使共相实现出来并加以激活。①

也就是说现代人面对这样一种状态，就是范畴、抽象形式已经现成的准备好了，不像古人那样还没有什么抽象的形式，古代人是每一个定在的每一个细节、每一个部分都加以尝试，在这个上面来建立起自己的哲学思考。古代人还处在天人合一之中，而近代人是天人相分，近代人已经从人类的定在中分析出先天的东西，那些范畴是先天准备好了，他们的任务就是掌握和吸取这些形式，把内在的东西逼出来，并且把这些共相先片段地制造出来，这是现代人所作的工作，这个工作在康德那里已经做过了。因此，现在的工作，也就是在康德之后的工作，与其说是使个体摆脱直接的感性方式，使之成为被思维的和能思维的纯粹实体，不如说情形相反，在于扬弃那些僵硬确定的思想。我们现在不能停留在康

---

① 在古代和近代的比较关系的考虑中，黑格尔的知识兴趣和问题提法是与施莱格尔和谢林的同时代的——当然主要带有美学方向的——研究相接近的。——丛书版编者

德那个层次了，康德的方式就是使个体摆脱直接的感性方式，通过分析使之成为被思维和能思维的实体。摆脱直接的感性方式就是摆脱经验论，经验论特别在休谟那里表现得很明显，休谟就没有反思到经验后面的本质形式、实体和范畴，他立足于经验把范畴都解构了，把因果性都解构了。康德所做的工作就是使个体摆脱直接的感性方式，真正的个体不是经验的个体，而是先验的自我，要摆脱自我的感性方式，使自我超脱出来，"成为纯粹的、被思维和能思维的实体"。先验的自我意识已经被我思维了，并且是能思维的，是思维的主体，它是知性的最高原理。这是康德所做的贡献。但是我们现在要做的工作与其说还是康德要做的工作，不如说相反，现在的工作在于扬弃那些僵硬确定的思想。思想在康德那里虽然被提升出来了，但却是僵硬的，就是前面所说的"本身是熟知的、固定而静止的规定的思想"。它是确定的，康德要追求的是确定性，先验范畴、人为自然界立法，都是要使我们的经验知识具有确定性。但是这种确定性是僵死的。现在所要做的工作就是扬弃那些僵硬确定的思想，"从而使共相实现出来并加以激活"。共相、范畴高高在上，在康德那里自成体系，是一个范畴表，但是我们现在要把它实现出来，使它灌注生气，要使这些范畴变得有生命力，变成有生命的主体，而不再是抽象的实体。这是现在要做的工作，也就是黑格尔要做的工作。当然费希特已经作过铺垫。但是黑格尔要把这个工作完成。这就是教养在今天所达到的这样一个层次。下面：

　　但要使固定的思想取得流动性却比将感性定在变成流动的要困难得多。

　　这一步就很难了，康德那一步当然也很难，你要从感性里面提取出固定的东西，那是很难的，我们日用而不知的那套范畴康德把它发现出来了，而且找到了它的先天根据，这很伟大。但是这些范畴是固定的僵死的，你要把它流动起来比将感性定在变成流动的要困难得多，感性定在它本来就是流动的，我们讲过眼烟云，感性的东西都是稍纵即逝的，是流动的，日月行焉，百物生焉，天地万物都在流动，生生不息。感性定在要变成流动的，通过感性直观就可以确定，比如古代的赫拉克利特讲万物皆流，无物常驻，人不能两次踏入同一条河流，古代人早就看出万物皆流，这个是很容易的，把感性定在变成流动的容易。但是你要把范畴变成是流动的，这个就很难。下面：

其原因就是上面说过了的，<u>思维的规定都以这个我、否定者的力量或纯粹现实性为实体、为其定在元素，相反感性的规定则只以无力量的抽象的直接性或存在本身为其实体。</u>

为什么思想的流动性比感性的流动性要困难得多呢？万物皆流你一眼就可以看出来，但是思想在流动、在发展、在运动，这个很难看出来，原因就是思维的规定都以我、否定者的力量或纯粹现实性为实体。思维的规定它本身是一种否定者的规定，它本身是否定者，自我意识就是否定者，统觉就是把那些东西管住，加以规定。斯宾诺莎讲一切规定都是否定，思维的规定都是以这种否定者的规定或者纯粹现实性为实体，否定者的规定其实已经体现为否定的力量，但是思维的规定把它当作是实体。你要使它流动起来，但是它本身是一个实体，是以否定者的力量或纯粹现实性为实体，就是说这些东西是纯粹的现实性，它比表象的现实性要更高，它首先经过了非现实性的阶段以后，被用来统摄经验的材料，统摄经验的现实性。康德讲先验的观念性和经验性的实在性，通过先验的观念性来统摄经验性的实在性，而获得一种纯粹的现实性，那它就已经定在那里了，它已经成为了实体。自我意识通过它的活动已经变成了实体，那么它如何通过自己的活动再流动起来呢？这个就很难了。这些都是它的定在的元素，作为它有限的存在、固定的存在的元素。康德的先验的自我意识虽然是能动性之源，但它本身是定在那里的，一切思维、事物都以它为前提，它不再以别的东西为前提，它规定一切，但是它不能规定它自身，它是自在之物。它否定所有一切其他，但是它不否定它自身，那么要使它流动起来就很难。而相反，"感性的规定则只以无力量的抽象的直接性或存在本身为其实体"。感性的规定它也有实体，但是那个实体是没有力量的，是抽象的直接性或存在本身，"存在本身"也就是说仅仅是存在而已，在那里而已，它是抽象的存在性。我们要注意黑格尔有一个很奇特的说法，就是感性的东西，我们通常认为是最具体最丰富的，但在黑格尔那里恰好是最抽象的，因为感性的具体丰富都是过眼烟云，都是留不住的，但是感性里面所包含的概念是最少的，所以它是最抽象的。它里面没有包含什么东西，唯一的概念就是存在，仅仅存在而已。所以我们后面讲到感性的确定性是最抽象的，它就是相当于存在范畴，你要从感性里找范畴，那只能找到存在，别的没有。本质、概念、因果性、实体性、关系都没有，它就是感性嘛，"有"那么一种感性而已。感性是说不来的东西，形不成概念、语言、语词的东西，只是意谓。我们中国人叫作可意会不可言传，你感到了、意会了，你不能说，你说不出来，你无法交流。毛主席说你要知道梨子的滋味你就要亲口尝一尝，你要是吃不到梨子，你就永远不知道梨子的滋味，那确实是的。因为它里面没有概念，它是空洞的，它是抽象的。所以这里说，它是把无力量的抽象的直接性或存在本身作为它的实体，就是说感性确定性之所以还在那里，它也有它的实体，但是它的实体无非就是它在那里而已，它以存在本身这个抽象的概念作为它的实体，那它这个概念就很贫乏了，就很空洞了。跟感性确定性相比较而言，思维的规定性它是有内容的，它以否定者的力量、纯粹的现实性为它的实体。但是这个内容还仅仅被当作它的实体，还没有被当作主体，它只包含定在的元素，不容易流动。而感性的规定就很容易流动起来，因为它自身是无力的，是抽象的，只是一个存在，那么怎么都可以，你要把它流动起来它没有障碍。下面：

　　思想变成流动的，是由于纯粹思维以及这种内在的**直接性**把它自己看作环节（Moment），或者说是由于它自己的纯粹确定性从自身脱离开来；

　　那么思维要变成流动的，很困难，其原因前面讲了，是思维的规定都以自我、否定者的力量或纯粹现实性为实体、为其定在的要素，这里接着讲。思想在黑格尔这里已经变成流动的了，那么现在要说它为什么是流动的。"是由于纯粹思维以及这种内在的**直接性**把它自己看作环节"，就是说纯粹的思维这种内在的直接性，比如说康德的这种先验的自我意识，能不能把自己看作是环节呢？能不能把自己看作是运动的一个阶段、一个暂时的瞬间呢？这个 Moment 也可以译作瞬间，在德语中 Moment 有等一等、等一下的意思，在发展过程中的一个环节，自我意识只是一个环节，等一会儿它就不同了，就要变了。所以这种内在的直接性把自己看作是环节，"或者说是由于它自己的纯粹确定性从自身脱离开来"，就是说它不把自己看作是一个固定的点。在康德那里先验自我意识这种内在的环节，它是固定的点，内在的直接性，我们都从先验自我意识出发，它是最直接的，一个确定的起点，其他的东西可以看作是它的环节，范畴表可以看作是自我意识的环节，包括图型也可以看作先验自我意识的环节，但是先验自我意识本身它不是环节。它本身的纯粹确定性没有从自身脱离开来，它是确定不疑的。但是这个最高原理能不能从自己脱离开来？或者把它自身下降为次一级的原理，去追求比它更高的原理，能不能做到这一点？这个就很难了。而思想可以流动，就是因为这一点，你要是能做到这一点，那么思想就可以流动起来。在费希特那里就开始做这一点，自我设定自我。在康德那里自我不是设定自我，自我是先天的，不用设定，是我康德发现的，我通过分析人类的知识一层层剥出来的，就像剥一个洋葱头一样，剥到最后一个胚胎，那就是先验自我意识了，再不能剥下去了，再剥下去就没有了。但是到费希特那里自我设定自我，然后自我再设定非我，然后自我通过设定非我，再设定绝对自我。这是费希特的三个环节，正反合。费希特已经开始脱离它自身的纯粹确定性，纯粹的确定性已经开始从自身脱离开来，告别自身继续往前走。下面破折号进一步解释前面的话，

——不是舍弃自身和排除自身，而是对它的自我建立中的**固定性**的放弃，一方面放弃纯粹具体的东西的固定性，它就是与有区别的内容相对立的那种我自身，另方面放弃在纯粹思维的元素中建立起来因而分有我的无条件性的那些有区别的东西的固定性。

他这个破折号是解释前面的话：从它自己的纯粹确定性中脱离开来，什么叫做脱离开来？"不是舍弃自身和排除自身"，自我意识把它的确定性从自身脱离开来，是不是就舍弃了自身，排除了自身呢？不是的，"而是对它的自我建立中的固定性的放弃"，也就是放弃它的固定性，放弃它的静止不变，不动。在康德那里先验自我意识是不动不变的，有这个点我们就可以建立理性的法庭，为自然界立法，没这个点，你怎么可能建立法庭？整个启蒙运动就是要建立理性的法庭。但是这个自我意识还要不要运动？自我意识本身运动是不是就是舍弃了自身，就是排除自身呢？不是的，而只是对它的自我建立中的固定性加以放弃。一个是放弃纯粹具体的东西的固定性，这固定的东西就是我自身，它是与不同的内容相对立的。自我意识它是一个纯然具体的东西，因为它是能动性，它是有力量的，它能够把那些经验的东西统摄起来，它是统觉。统觉就是具体的东西，统什么？得有具体的内容，如果统觉没有具体材料，那就是空的，那就没有意义。但是自我意识的统觉在运用于具体的经验材料形成具体的知识时，它与不同的内容是相对立的，在各种不同内容中它是固定不变的，因为它的来源和内容不同，它来自先天，而经验内容来自后天。我用同一个自我意识面对无数的经验材料，以不变应万变，那么这样一个自我意识就有一种固定性。现在必须放弃这种固定性。下面还有第二个放弃，"另方面放弃在纯粹思维的元素中建立起来因而分有我的无条件性的那些有区别的东西的固定性"，这是讲的范畴。前一个是要放弃自我意识的固定性，后一个是要放弃范畴的固定性。范畴是什么呢？在纯粹思维的元素中建立起来因而分有我的无条件性的那些区别开来的东西，这就是范畴，范畴就是在纯粹思维的元素中建立起来的，它就是纯粹思维，用康德的话来说，就是纯粹知性概念。康德所有的十二个范畴都是代表自我意识在统摄经验的材料，所以它们都分有了我的无条件性，它们是居高临下的，是无条件的，是必然的。康德在范畴的先验演绎里面已经把这一点充分的说明了，就是说范畴有权从上而下的运用于经验的材料之上，这个权力是谁赋予的？先验的自我意识。它分有了这种无条件性。这些范畴的固定性你也要放弃，要运动起来，要推演范畴。下面：

通过这样的运动，那些纯粹思想就变成**概念**，它们这才是它们在真理中所是的东西，即自身运动、圆圈、它们的实体所是的东西、精神的诸种本质性。

通过这样的运动，什么样的运动呢？就是思想自己的纯粹确定性从自身脱离开来，内在的直接性把自己看作动态的环节，这是一种运动，这就是放弃自我意识的固定性，也放弃那些范畴的固定性，使它们流动起来。恩格斯曾经也讲过，说亚里士多德是古代世界的黑格尔，他带有流动范畴，当然那种流动是很朴素的流动，亚里士多德主观上还是想把它们固定下来的，只是做不到。但是黑格尔是自觉的，他从一个范畴推演另一个范畴。那么通过这样的运动，"那些纯粹的思想就变成**概念**"，概念打了着重号。我们可以说感性的表象就是存在，纯粹的思想是本质，而现在上升到了概念，这个里头有黑格尔的逻辑学的层次在里面。黑格尔的逻辑学有存在论、本质论、概念论，到概念论是第三个阶段，是前面两个阶段的统一；那么概念论特点就是范畴的自身运动、范畴的发展。存在论的特点就是那些范畴在那里，它们不运动，你必须以外在的反思去推动它们，加以过渡，从一个范畴摆渡到另一个范畴。所以存在论里面的范畴是**过渡**的，所谓过渡就是两个范畴在那里不动，我从此岸过渡到彼岸。本质论的范畴开始动了，它是在两个范畴之间，一个反映另外一个，从另外一个又反映到这个，它们两个之间相互**反映**，所以本质论的范畴是一种来回运动，是一种振动，不是真正的运动。只有到概念论才是**发展**范畴，才是真正的运动。那么这句话讲了，纯粹思想变成了概念，思想变成概念就是它能够自己发展了，它不需要你去安排了，它不需要你去列表，像康德的范畴表。列表是一种实证的经验的办法，知性的办法，没有使范畴流动起来，赋予范畴以生命。但是黑格尔的概念跟康德的概念大不一样，黑格尔通常讲到概念就表明它里面有生命力，它是运动的，能自己生长。那么到了概念，他说这才真正是纯粹思想，"它们这才是它们在真理中所是的东西，即自身运动、圆圈、它们的实体所是的东西、精神的诸种本质性"。康德也认为他的范畴表也是纯粹思想，纯粹知性概念；但是黑格尔认为只有变成能动意义上的概念，它们才真正是纯粹思想，是自身运动、是圆圈。在康德那里他也认为他是一个圆圈，是一个体系了，他的十二个范畴也有一种回到原点的关系，正反合，一些小圆圈，每一个正反合都是一些小圆圈构成了一个大圆圈，也有这种关系，但是那不是自己运动形成的，而是人为安排的。只有思想形成概念，那才真正是自身运动，真正是圆圈，这才是它们的实体，这才是精神的本质性。这是教养的第三个层次，或说最高层次，就是达到概念。教养的第一个层次的实体仅仅是感性表象，它把感性、存在当作实体；第二层次把本质当作实体，把抽象概念当作实体，像康德所做的，把僵死的概念当作实体；那么第三个阶段就是纯粹思想把自身运动、把圆圈当作实体，那就是活的概念，真正的概念。这样的实体才是精神的本质性，精神的实体跟前面的实体都不一样，实体在这里已经成为主体。这一段是对上一段的进一步的解释。再看下一段。

纯粹本质性的这种运动构成着一般的科学性的本性。

一般科学性的它的本质、本性就在这里，就是概念的自身运动，纯粹的思想所构成的圆圈，这样一种本身就是主体的实体的运动，就是纯粹本质性的运动，它"构成着一般科学性的本性"，这个上升到科学性了。整个《精神现象学》的主题就是科学知识的形成。知识的生成过程，个体的教养，大标题就是从意识到科学的发展过程。《精神现象学》就是讲的这个。那么科学是什么呢？什么叫作科学性呢？科学具有科学性，科学的本性是什么？科学的本性就是纯粹本质性的这种运动。科学的本性就是运动，你不要当作一个静止的东西。在康德那里科学就是一张表，把这张表进行分析，把它的范畴变成原理，再变成图型，然后运用于经验的事物，那就建立了一个理性法庭了，每天就可以拿着经验的事物在这个法庭里打官司了。这是康德对科学的理解，科学就是一个法庭。但是黑格尔对科学的理解不是这样的，黑格尔的科学是赫拉克利特之流，是一条河流，是一个运动过程。下面：

这种科学性，就其作为它的内容的关联来看，乃是必然性，是这内容扩张为一个有机的整体。

这门科学性是什么呢？前面讲了它是一种运动，这种运动就是科学性的本性。那么这种科学性就其作为它的内容的关联来看，乃是必然性，就是科学性的内容有关联，科学性就是科学的内容的关联，什么关联呢？乃是必然性的关联。科学的一个内容跟另外一个内容是有必然关联的，这种必然性就体现为科学性。所以休谟否认了必然性的关联也就否定了科学性，为什么康德急急忙忙要回应休谟呢？不回应不行了，你把整个科学性都否定了。但康德只是做了第一步，黑格尔这里讲到，这种内容的关联有必然性，而这种必然性是运动的必然性。康德的必然性是一张固定的表，是一种逻辑架构的规定好了的必然性，而黑格尔的必然性处于运动之中，"乃是这内容扩张为一个有机的整体"。这就不是一张表了，是一个有机整体，从一个内容到另一个内容不是你把它挂在一起的，而是它自身扩展开来形成一个有机的整体。有机的整体就是这样，从一个胚胎发展出人来，发展出整个生物来，它是由一个胚胎发展、扩张为一个有机的整体，这样一种必然性。下面：

借以达到认知概念的那条道路，由此也同样成了一个必然的完整的形成过程，以至于这一准备过程就不再是一种偶然的哲学思考了，这种哲学思考正如它带有偶然性那样，而与不完全的意识的这些和那些对象、

{29}

[23]

298

关系以及思想相连结，或者试图从特定的思想出发，通过来回的推理、推论和推断来论证真实的东西；相反，这条道路则将通过概念的运动而在它的必然性里包括着意识的完整的世界性（Weltlichkeit）。

　　"那条道路"，也就是通过它来达到认知的概念的道路，"由此"，也就是由这种必然性和扩展，"也同样成了一个必然的完整的形成过程"，"同样"，是与科学性相比较而言的，科学性是将内容扩展成一个整体的过程，那么到达认知概念的那条道路也同样成了一个必然的完整的形成过程，这样一条道路就是《精神现象学》，《精神现象学》也同样成了一个必然的完整的形成过程。就是说通往科学之路本身已经是科学了，通往科学的道路本身是一个完整的形成过程，本身是一个体系。你不要以为条条道路通罗马，我这样走也可以那样走也可以，不是的。这个道路本身已经是科学了，已经是科学的"第一部分"；但是，它又是通往科学之路。到底是科学，抑或仅仅是通往科学之路，这在形式逻辑上看起来好像是很矛盾的，但从辩证的眼光来看，它是有道理的，它是意识的经验科学，还不是纯粹的科学，纯粹的科学是逻辑学。但是意识的经验科学也可以叫作科学，它是潜在的逻辑学，这种关系是不能用形式逻辑去抠的。到达知识概念的那条道路，即《精神现象学》，正如科学性本身的概念一样，也同样成了一个必然的完整的形成过程。"以至于这一准备过程就不再是一种偶然的哲学思考了"，《精神现象学》通往科学之路，是通往逻辑学的一个准备过程，但是这个准备过程既然已经有了一种必然性了，那它就不再是一种偶然性的哲学思考。什么是"偶然的哲学思考"，我们在前面看到，"但是偶然的东西本身当其脱离自己的环境而战胜那受束缚的东西，并只在它与别的现实东西的关联中才获得一个独有的定在和独特的自由时，它就是否定者的一种无比巨大的威力"（参看贺、王译本第 21 页）。我在那里提到了康德，以及费希特对康德的超越，费希特第一个开始试图推演范畴，开始体现了否定者的巨大威力。但是费希特的起点还是偶然的，他的自我设定自我还是偶然的，是从他自己是个什么样的人而设定的。他曾说一个人选择唯物主义还是唯心主义取决于他是个什么人。但是在黑格尔这里，这条通往科学之路已经不再是偶然的了，它已经是必然的了，是一切人的必经之路，所以它不再是"偶然的哲学思考"了。"这种哲学思考正如它带有偶然性那样，而与不完全的意识的这些和那些对象、关系以及思想相连结"，他这里把偶然的哲学思考跟他的《精神现象学》作了个对比。那种哲学思考带有偶然性，而与不完全的意识的那些偶然的对象、关系、思想相连结。既然哲学思考本身就是偶然的，那么它所联结的其他那些意识也都是偶然的、不完全的意识，像费希特的推演，从偶然的自我设定自我，再设定的非我，一直推出整个经验世界，那样推出的经验世界也是不完全的意识，它的那些对象、关系以及思想相连结最终都是偶然的。"或者试图从特定的思想出发，通过来回的推理、推论和推断来论证真实的东西"，来回的推理、推论、推断，这就是正反合的程序：推理，Räsonnement，带有一点盲目性；推论，Schließen，带有强制性；推断，Folgerung，强调推出的结论。正反合这一套在费希特那里已经运用得很熟练了，通过来回的推理、推论、推断，通过推演范畴来论证真实的东西，最后推到绝对的自我。绝对的自我就是真实的东西，绝对的自我就是对最初的那个自我的回复。这就是偶然的哲学思考。黑格尔批评费希特，说自我设定非我，这个非我对自我仍然是偶然性的东西，仍然是一个自在之物，因为你这个自我本身就是偶然的。费希特批评康德，说他是一个半批判主义者或四分之三的批判主义者，那么黑格尔对费希特的批评也是说他的批判也不彻底，你的这个非我不同样也是一个自在之物吗？你的这个非我是由自我设定的，又说自我设定非我来设定自我，那么这个非我它本身如何能够限定自我呢？它还是要来自于自在之物，并不在自我的掌控中。所以在费希特那里他并没有完全扬弃自在之物，只有在黑格尔的客观唯心论那里自在之物才真正被扬弃了。你要是主观唯心论的话，那自在之物是始终扬弃不了的，只有客观唯心论才能把自在之物看作是一个环节，看作是绝对精神的发展过程中的一个环节，在这个环节上它还是自在的，但是它肯定要从自身中发展为自为的，并且要发展为自在自为的，这才扬弃了自在之物。你光是靠自我设定一个非我，那些对象、那些关系、那些思想，那些联结仍然是偶然的，非我仍然是不完全的意识，你的自我与非我的联结仍然是偶然的。当你试图从特定的思想、从自我设定自我出发，A＝A，同一律，那么你选定的是 A，而不是 B，这就是特定的思想。通过来回的推理、推论和推断来论证真实的东西，也就是运用形式逻辑。康德运用得最多，费希特也运用了很多，但是费希特不是引进亚里士多德的判断分类表，而是引进亚里士多德的逻辑推理法则。自我设定自我相当于同一律，A＝A，自我设定非我相当于矛盾律，A≠非 A，那么自我通过设定非我来设定自我那是相当于充足理由律，费希特就是这样来解释他的三大命题的。"通过来回的推理、推论和推断，"推理相当于同一律，推论相当于矛盾律，推断相当于充足理由律。总之，用形式上的推理、推论、推断来论证真实的东西，这是一种偶然性的哲学思考。"相反，这条道路则将通过概念的运动而在它的必然性里包括着意识的完整的世界性"，这条道路就是黑格尔自己的道路，就是说《精神现象学》的这条道路是通过概念的自身运动，概念本身是能动的，而且它本身具有必然性，因此它具有科学性。在它的必然性里它不再是偶然的，而是包括着意识的完整的世界性。《精神现象学》是讲的意识，意识的经验科学，但是它已经包含着意识的完整的世界性，它实际上讲的是整个世界。我们从《精神现象学》目录上就可以看到，它无所不包。他不像费希特那样仅仅是从自我意识和范畴推出经验、推出这个那个，它们都是偶然的。黑格尔是客观唯心论，他讲意识，其实是在讲世界，整个世界反映在意识中，采取了意识的经验科学的形态。但是里面包含的共同的东西就是概念，整个世界包含着概念，这个概念在世界性里面是作为世界的本质，而在对世界的经验意识里面，也作为这样一种必然性的运动而包含着，在意识的经验科学里面包含着概念的运动。意识的经验科学当之无愧的可以称之为科学，它不是什么过渡，不是诸多道路中可供选择的一条。你要通往科学，你就必须走这条道路，它是必然的道路。下面一段：

此外，这样一种陈述之所以构成科学的**第一**部分，是因为精神的定在作为最初的东西不是别的，仅仅是直接性或开端，但开端还不是向自身的返回。

"此外"，他这里再加以规定，就是《精神现象学》作为科学具有了概念的必然性，具有了科学性，但它只是科学体系的第一部分。为什么在"第一"上打了着重号？就是强调它还只是一个初步，"因为精神的定在作为最初的东西不是别的，仅仅是直接性或开端，但开端还不是向自身的返回"，所以我们称之为第一部分。《精神现象学》在意识的经验科学这样一个层次上面，它是精神的定在，精神的有限的存在，精神的最基本的、最初的存在。任何东西最初要存在首先是作为定在，此时此地，这一个。精神的定在也是作为这一个出现的，就像亚里士多德所讲的，第一实体就是个别的实体。但是它还只是开端，所以精神的定在作为最初的东西不是别的，仅仅是直接性或开端，但开端还不是向自身的返回。它仅仅是开端，但是还没有出走，还没有突围，更谈不上返回开端，所以它还是一个初级阶段。他说：

因此**直接定在的元素**就是科学的这一部分据以区别其他部分的那种规定性。

他这是为《精神现象学》定性了，《精神现象学》作为意识的经验科学，它的特点在什么地方呢？就在于直接的定在这个元素。《精神现象学》里面讲的都是直接的定在，它有别于其他的部分，比如说《逻辑学》，比如说《自然哲学》，《精神哲学》，跟其他这些哲学都不一样。尽管后来它把"精神现象学"也纳入到《精神哲学》里面去了，但是仍然是不一样的，层次上是不同的。不同的地方就是，《精神现象学》仅仅是定在，而在《精神哲学》里面，精神现象学又一次出现，它已经不再是直接的定在了，它是有意识地运用已经阐明过的《逻辑学》的范畴推演"精神现象学"的各个阶段。这有区别的,在《精神现象学》里和在《精神哲学》的那部分里面,这两个精神现象学它的层次是不同的,前一个层次是通往科学之路,后面这个层次是已经达到科学了,然后把科学应用于精神现象之中。所以《精神哲学》、还有《自然哲学》又被称之为"应用逻辑学",已经有《逻辑学》了,那么我们把它应用于精神现象学之中,但是这个跟《精神现象学》这个"第一部分"还不一样,这个第一部分还只是直接的定在,它区别于其他所有的部分。最后一句话:

而叙述这种区别,就导致对这方面通常出现的一些固定观念的讨论。

这就是引出了下面的主题了,就是下面我们要叙述这种区别,那么我们首先就必须要讨论和澄清一些通常出现的固定的观念,它们往往会干扰我们的叙述。

[三、哲学的认识]

前面两个标题,一个是"当代科学的任务",一个是"从意识到科学的发展过程",都是从总体上规定《精神现象学》在哲学中所处的位置。而这个标题则讨论哲学本身的概念,以阐明《精神现象学》作为哲学的性质。

[1.真实与虚假]

这是接着上面一段来的,上面一段讲了,要叙述《精神现象学》和其他的科学部分的区别,就引导我们去讨论在这个上面的一些固定观念,就是要清理一些观念,扫除一些障碍,首先就是一对最常见的概念——真实与虚假。《精神现象学》作为科学到底是真实的还是虚假的,这个问题不搞清楚,《精神现象学》追求什么样的哲学认识也就谈不上了。我们曾讲到过,黑格尔的《精神现象学》你没有一句话可以当真的,当然反过来说你也不能说它是假的。它真真假假,它开始的时候是当作真的说出来，好像你以为是真的啦，结果你发现搞了半天还是假的。有的人就不耐烦了，说了半天是假的，说了有什么用？但它又是真的，它就是训练你。它诉诸你的日常经验，在日常的经验中我们经常把一些东西当作是真的，但是后来发现是假的。后来发现是假的，不是说你发现了真相，原来的是假相，一个幻相，像康德讲的理性的幻相。其实开始是真的，后来也是真的：它真的"是假的"。就是说它本身真的变假了，并不是说它开始就是个假相，是蒙骗人的。开始是真的，但是这个真的会发展，它会展露出来它背后隐藏的本质，展露出本质后它还会展露出它背后的概念。它同样是这个东西，没错，但是它的层次更深了。所以通过这个训练，你就知道科学是怎么回事了，科学不是摆在那里的东西，科学是一个过程，是一场运动，沿途看到的都是真的，你可以停留，但是你不要留恋，你不要停顿，在每一个环节上逗留一下你又得往前走。所以他的头一个范畴就是真实和虚假。我们通常理解的真和假的问题，在这里遭到了一次颠覆。

精神的直接定在即意识，具有两个环节：认知和对认知加以否定的对象性。

精神的直接定在就是《精神现象学》了，就是《精神现象学》所要讨论的问题。那么精神的直接定在是什么呢？是意识。所以《精神现象学》是意识的经验科学，意识本身是经验的，所有的意识都在经验中。《精神现象学》一开始也是谈意识。这个意识具有两个环节，一个是认知，一个是对认知加以否定的那种对象性。认识在意识这个层面上它是主观的，是认知主体的一种状态，那么认知作为意识它是一个环节；还有另一个环节就是对认知加以否定的对象性，这是逃不掉的。所以意识通常意味着"对象意识"，即有对象性与之对立的意识。认知是知识，但是知识是否反映了对象？以往的亚里士多德他们对知识的定义就是观念和对象的符合。但是这个符合不由认知本身决定，这个要由对象决定，对象在认知之外。所以对象和认知是处于相互否定的关系中，认知不见得反映对象,对象也不见得反映在认知之中。但是康德已经提出,双方都是意识本身的两个环节,即认知和对象性,也就是自我意识和对象意识。他提出了"对象性"的概念,即我们认知的所有的对象都是我们的主体建立起来的,它不是自在之物,但具有对象性。当然黑格尔与康德在这点上又有不同。下面:

> 由于精神是在这种元素里发展自身并在其中展示它的诸环节的,所以这一对立就应归于这些环节,它们全都是作为意识的诸形态而出现的。

"这种元素"是指意识的元素,意识就是精神得以展示自身的元素。"由于精神是在这种元素里发展自身并在其中展示它的诸环节的",在《精神现象学》里面是这样的,它是意识的经验科学,所以精神在《精神现象学》里面它是在意识的元素里发展自身、并在其中展示它的诸环节的。"所以这一对立就应归于这些环节",什么对立呢?就是认知和对象性的对立;什么环节?就是精神在意识的元素里面所展示出来的诸环节,所有这些环节它都具有这种对立,可以说精神在意识的每一个环节中,都具有认知和对象性之间的对立。我们在《精神现象学》的后面会看到,在每一个阶段里面,实际上很简单,就是到了每个阶段你都可以主动去寻找,在这个环节的认知的一方面和它的对象性的一方面各是哪些,哪些代表认知的环节,哪些代表对象性的环节。所以我们可以把这个对立归于精神的每个环节,"它们全都是作为意识的诸形态而出现的",精神作为意识的各种形态出现,那么在每个意识形态里面都包含着这种对立,或者都包含着它的内在矛盾性,那就是认知和认知对象相互之间的矛盾性。认知与认知的对象性的矛盾贯穿着《精神现象学》的每一个环节,当然它的形态可能不同,这样的对立以不同的形态出现。下面:

> 这条道路上的科学是关于意识所造成的**经验**的科学,实体是按照它和它的运动如何成为意识的对象而被考察的。

这条道路上的科学,也就是《精神现象学》,"是关于意识所造成的**经验**的科学",精神在经验中它处于初级阶段,但它在经验中可以表现出如何使知识通往科学之路，这就形成了有关意识所造成的经验的科学，即意识的经验科学。在这门科学中，"实体是按照它和它的运动如何成为意识的对象而被考察的"。实体和实体的运动，由于它们都体现为经验，所以它们都被按照它们如何成为意识的对象来考察。真正的实体、终极的实体、绝对的实体当然是概念，但是在这个初级阶段上它还是作为意识的对象而被考察的，也就是作为经验而被考察的。在《精神现象学》这个层次上面，它已经有实体了，有实体的运动了，但是采取的是意识的方式，意识的经验方式。经验，Erfahrung 通常翻译成经验，它的本来的意思就是经过、经历过。那么它就是意识所造成的经历，必须作为这样一个意识的对象而被考察；当我们对意识进行考察的时候，我们其实已经考察了实体和实体的运动，但是这个要通过分析，你在考察这些经验的时候，里头有范畴，有固定的东西，有真实的东西，但是它表现为虚假的东西，表现为诱惑你的东西，诱你上当的东西，但你不要上当，你要把住，而且你要通过对这种经验的分析，让它自身暴露出自身来，它自身里面是实体，是范畴，是稳固不变的东西，这就是经验的科学。下面：

意识所知道和理解的，不外乎是在它的经验里的东西；因为在意识经验里的东西只是精神性的实体，确切说只是作为这实体自身的**对象**而存在的。

实体和实体的运动都是作为意识的对象而被考察的，那么意识所知道和理解的，不外乎是在它的经验里的东西，也就是作为经验对象而存在的东西。在《精神现象学》里面，意识的经验科学所展现出来的意识所知道的和理解的无非是经验对象。"所知道的"也可以翻译成所认知的，意识就已经是认知了，"意识到"也就是"知道"，这是最起码的认知。"和理解的"，理解是更深一层了，知道可以说是熟知，理解可以说是进入到真知了。但意识所知道的也好所理解的也好，都是在意识的经验里面。当然在《逻辑学》里面就不一样了，就不是意识的经验科学了，那就体现为一种客观的逻辑结构。但在《精神现象学》里所知道的还是在意识经验里的东西，"因为在意识经验里的东西只是精神性的实体，确切说只是作为这实体自身的对象而存在的"。也就是说，在意识经验里的东西其实只是精神性的实体，还不是作为主体的精神本身，它采取了经验的形态，它不是康德讲的自在之物，它其实就是采取意识经验形态的精神性实体，确切的说只是作为这实体自身的对象而存在的。精神性的实体自身作为对象而存在，也就是说它还没有达到自觉，它还没有意识到它自身，精神性的实体还是把自己当作一个对象来看，还没有把它当作自我来看，还没有真正成为主体。我为什么有经验，是因为对象使我产生了这样的经验。那么为什么会采取这种方式，则是因为这实体是作为实体自身的对象。它是被当作对象来考察，那就是主客二分了，就有了一个主体和客体的对立。前面讲了，这一对立存在于它的每一个环节里，那么你把精神性的实体当作对象，那当然会对立了，主体和对象始终是对立的。下面：

但精神之所以变成了对象，是因为精神就是这种<u>自己</u>变成<u>他者</u>、即变成<u>它自己的对象</u>和扬弃这个他在 (Anderssein) 的运动。

"但"这个就接上它的本质了，精神采取了对象的方式，作为实体自身的对象而表现出来了，在意识的经验里面表现出来了，我们有一门科学在研究它，这就是《精神现象学》。但是实际上精神之所以变成了现象，因为这个对象是精神自己变成的，现在要考察的是精神怎样变成对象。他说，"精神就是这种自己变成他者、即变成它自己的对象和扬弃这个他在的运动"。精神为什么变成了对象了呢？是因为精神不是别的东西，精神就是这种自己变成他者，就是这样一个过程，或者说精神就是变成他者这样一个运动、这样一个活动。变成了什么呢？变成了他者，变成了跟自己不同的东西，变成了非精神。它不是受到外来的压力、受到外来的干扰，不是的。精神自己要变成他者。精神变成它自己的对象并且扬弃了这个他在。前面我们也讲到，纯粹思维放弃它的纯粹具体的东西，放弃自身的固定性的东西。"自己"、"他者"、"它自己的对象"这些都是打了着重号的，都是强调它是自己变成了他者，变成了跟自己不同的东西，但是这个不同的东西又是它自己的对象，不是自在之物，不是别人给的，也不是先摆在那里，好像在我出生之前就已经有一个世界摆在那里了，那就是自在之物了。精神是自己变成了自己的对象，这个对象是它自己变的，所以是属于它自己的，虽然属于它自己，但是它是一个对象，这个他者又不是它自己，所以它又要扬弃这个他在。它把自己变成他者了，他者具有他在，那么我要扬弃这个他者的他在，使他在回归到自我。它本来是我变的，但是现在要回归到自我，所以就要扬弃他在，扬弃他在不是取消，它还要保留他者的意义，但是从本质上它是回到了精神自身。它揭示出这个他在其实是精神本身的自在自为，精神就是这样一种运动。这个我们要高度的关注，精神是自己变成他者又扬弃了他在这样一个运动，这个运动就是精神。下面：

　　而经验则被认为恰恰就是这个运动，在这个运动中，直接的东西，没经验过的东西，即是说，抽象的东西，无论是感性存在的或只是被思维的单纯的东西，都先将自己予以异化，然后从这个异化中返回自身，它们现在才借此在自己的现实性和真理性中得到陈述，也才是意识的财产。

　　在《精神现象学》里的经验恰恰被看作就是这个运动，也就是说，经验在这个意义上恰好就被看作是精神，虽然它还没有体现为精神。经验一般来说是外在的，经验就是我们被动所接受的，所经验到、遭遇到的形形色色的东西。但是在《精神现象学》里面，经验被认为恰恰就是这个运动，什么运动？精神的运动，精神的运动就是精神本身，精神不是别的，就是这种自己变成他者又扬弃他在的运动。而经验被看作就是这个运动，那么经验也就不再是被动接受的东西，而是自己运动的东西，是自己扬弃自己又回归自己的运动。"在这个运动中，直接的东西，没经验过的东西，即是说，抽象的东西，无论是感性存在的或只是被思维的单纯的东西，都先将自己予以异化"。抽象的东西有两种，一种是感性存在的抽象的东西，一种是仅仅被思维的单纯的东西，两者都是抽象的东西。感性是抽象的东西我们前面讲了, 在黑格尔的心目中感性不像人们所理解的是丰富的、生动的、具体的, 感性恰好是抽象的, 它里面的概念最少。那么另外一种抽象的东西是仅仅被思维的单纯的东西, 也就是知性和理性, 比如范畴, 在康德的形式之下, 它仍然是抽象的范畴, 思想的单纯物的抽象的东西。你从感性确定性出发, 或者你从康德那些先验的范畴出发, 都是从抽象的东西出发, 它还没有经验, 它自身还没有运动起来, 没有运动起来就是没有经验啊, 所有的经验都是它的自我运动所造成的。前面讲到"关于意识所造成的经验的科学"。当它还没有去造的时候, 它还没有经验, 直接的东西, 没有经验过的东西, 即是说抽象的东西, 都先将自己予以异化, 然后从这个异化中返回自身。抽象的东西要把自己变得具体起来, 怎么办、怎么做? 先把自己异化起来, 什么是异化呢? 也就是把自己变成对象, 把自己变成他物, 把自己变成异己的东西, 这就叫作异化, 也可以翻译成陌生化。你要有经验, 你首先要异化自己, 你要取得生活的经验, 你就要投入生活, 改变自己, 使自己跟形形色色的陌生人打交道, 你要去做很多你原来感到陌生的事情。但是你通过掌握这些东西, 你把它变成自己的, 那么它就回归到你自己了, 异化就被扬弃, 你就从这个异化返回到自身, 这是获得经验的唯一之路。没有异化就没有经验, 就不能获得经验, 你就永远停留在抽象之中, 永远是一个美好的理想、一个乌托邦, 你不打算把它实现出来。你要实现出来你就必须不怕弄脏自己的手, 你就必须要接触现实生活, 你就必须要跟异己的东西打交道, 你万分讨厌的东西, 你也要跟它打交道, 你要掌握它, 把它变成你能够消化的东西, 你所能控制的东西, 变成你自己的手段。这个时候你才能够返回到自身, 这个时候你已经不是抽象的, 你已经是具体的, 你已经有了丰富的生活的经验。"它们现在才借此在自己的现实性和真理性中得到陈述, 也才是意识的财产"。通过异化自己又返回到自己, 扬弃异化, 通过这样的方式, 那些东西、也就是抽象的东西, 这时才在自己的现实性和真理性中得到陈述, 那些抽象的东西才真正的呈现出它的现实性, 不是一个乌托邦，不是一个空洞的理想，到那时那些东西才在自己的现实性和真理性中得到陈述，你才能把握它们发展的线索，这个过程才是你的意识的财产。你的经历当初虽然是那么样的不愿意，但是过后回想起来，得亏有了那一段经历，你才成为了一个人，你才成为精神。这个精神是指的黑格尔意义上的绝对精神、客观精神、世界精神。下面一段：

[24]　　　**在意识里发生于我与本身是我的对象的实体之间的不同一性，就是它们两者的区别，一般否定的东西。**

现在要进入到意识的经验科学了。"在意识里发生于我与本身是我的对象的实体之间的不同一性"，前面讲了，在意识里，它的每一个环节都有一个对立，都有一种不同一性，都有一种互相否定，在这里就是我与作为我的对象的实体之间的对立。我，das Ich，前面有时译作自我，它没有被当作实体，因为它把它的对象当作实体，而这个对象又是我的对象，是我在考察它。我与对象的关系是认知和认知的对象的关系，这个认知的对象才被当作实体，我与实体这两者是不相同的，这种不相同性"就是它们两者的区别，一般否定的东西"。这里的"区别"Unterschied，我不翻译成"差别"，区别是一个动词，差别是一个名词，我们说我们区别这两者，我们不能说我们"差别这两者"。所以区别包含有运动在里面，包含有一种活动在里头。它们两者的区别就是一般的否定的东西，不是说它们摆在那里有差别，而是有一个区别的活动，我跟自己不同，是我把我自己区别出来的，而不是天生本来就不同。这就是一般否定的东西，区别就是否定。这里我们也可以理解为认识的主体和认识的客体的关系。主体和客体它们有不相同性，这种不相同性不是摆在那里的，而是造成的，是区别出来的，是否定出来的，所以区别就是一般否定的东西。下面：

　　否定的东西可以被视为两者的**缺陷**，但其实是两者的灵魂或推动者；正因此有些古人曾把**空虚**理解为推动者，因为他们诚然已经把推动者作为**否定的东西**来把握,[①] 但还没有把它作为自我 (Selbst) 来把握。

否定的东西一般的理解是缺陷,就是说主体和客体、知识和知识的对象,它们互相否定,当它们互相否定的时候,它们是不完整的,它们都是有缺陷的。知识不能反映对象,对象不被知识所反映,它隐藏起来,这都是它们的缺陷,没有完成。对象不完整,知识也不完整,主体不完整,客体也不完整,它们都有缺陷,有否定的东西在里面作怪。但其实这正是两者的灵魂或推动者。否定的东西恰好是两者的灵魂或推动者,这点很重要,这在《逻辑学》里面叫作"差异的内在发生",这是一切运动的根源。运动来自何处? 来自差异的内在发生。后现代的德里达讲延异 Differance,这是他发明的一个词,其实没有什么新意,在黑格尔这里已经有这个意思了,就是差异的内在发生。一发生出来,它就跟自己变得不同了,它就异化了,而且整个过程都在这个延异过程中,在不断地跟自己异化的过程中,不断地自己跟自己相区别之中。事情发展的过程就是这样一个延异的过程。所以它是两者的灵魂和推动者,万物都是由于这个自我区别,所以才运动,你要找到万物的根源,就在这里,自己跟自己相区别,自我否定是一切运动的根源。我们通常讲辩证法的根源就在于事物本身内部的对立统一,两个对立面互相斗争又互相渗透,这就造成了事物的运动,其实这样理解是不到位的。事物为什么有两个东西呢? 为什么有两个对立物呢? 是同一个东西把自己发展为它的对立物,不是说以前本来就有两个东西包含在里头,然后它们互相斗争。中国古代哲学历来就是这样解释的,普天下一气耳,气分阴阳,阴阳二气你消我长,互相斗争,然后才有万物的运动。但是气里面的阴阳二气是从哪里来的? 从来都有,只不过原来不清楚,原来混在一起就是混沌,后来发展出来了,阳气上升,阴气下降,于是就区别出来了。但它原来就包含在里头,原来就有

---

① 黑格尔在此援引的是留基伯和德谟克里特的学说,把虚空规定为使运动可能的非存在。——丛书版编者

两气。这个是中国式的辩证法。我们在引进黑格尔的辩证法时到达这个层次就完了，其实它还有更深的层次，就是差异的内在发生，同一个东西它把自己变成两个东西，它从自己发展出自己的对立面，这才有了两个东西，才可能对立统一。自否定才是一切运动的根源。他说："正因此有些古人曾把**空虚**理解为推动者，因为他们诚然已经把推动者作为**否定的东西**来把握，但还没有把它作为自身来把握"。"有些古人"，哪些人？黑格尔在《哲学史讲演录》中提到把空虚理解为推动者的哲学家，比如赫拉克利特说非存在并不比存在更少，德谟克里特也说非存在也是存在着的，讲了原子和虚空，虚空要存在，原子才能运动起来，不然原子运动到哪里去呢？存在要运动它就必须要有虚空，没有虚空它就动不了。只有巴门尼德讲存在是存在的，非存在则不存在的，否认非存在的存在性，也就否认了运动。但是后来柏拉图讲缺乏也是存在的，我们讲一个人有缺陷，为什么会"有缺陷"呢？缺陷本身就是没有嘛，但是存在着缺陷，有缺陷，所以缺乏也是一种存在。黑格尔在那里还提到基督教的上帝，上帝从虚无中创造出整个世界来，上帝无中生有，不需要借助现有的材料来创造这个世界，他就是凭他的逻各斯，凭他的一句话，上帝说要有光，于是就有了光。黑格尔还提到以无为开端的中国哲学。所有这些都说明，"古人曾把空虚理解为推动者"，因为他们诚然已经知道推动者是否定的东西，"但还没有把它作为自身（Selbst）来把握"。这句话我们要琢磨一下。古人把空虚理解为推动者，往往是为运动留下余地的意思。德谟克里特讲的虚空，虚空是运动的条件，如果没有虚空的话，存在是运动不起来的。基督教里面也讲到从无中生有，但并不是无自身生出有来，而是指上帝从无中生有，上帝本身还是有。把空虚理解为"推动者"，在古代讲得最彻底的还是赫拉克利特，他讲万物皆流，万物皆流就是存在和非存在的统一，他已经有了这个意思，就是空虚是推动者。中国哲学也讲空虚，老子讲"天下万物生于有，有生于无"，好像从"无"里面可以生出"有"来，但是在老子那里一切"有"都没有意义，一切产生出来的东西其实都归于

"无"。天下本无事，庸人自扰之。所以黑格尔在《小逻辑》中讲到中国哲学从"无"开端的哲学，最后加了一句：最后连手都不用转动了。你转手之劳都不用了，你什么都不用干了。那还有什么运动呢？以"无"开端，那一切运动都是假的，最后归于静止。你要是站在老子的立场上一切都看透了的话，一切都是虚空。禅宗也是这样，最后一切都归于虚空，就是不用运动了。无在中国哲学里面不是推动者，而是不动者、寂灭者。但赫拉克利特已经有把空虚理解为推动者的意思，还有柏拉图也大致上有这个意思。"因为他们诚然已经把推动者作为否定的东西来把握"，否定的东西是推动者，非存在是推动者，"但还没有把它作为自我来把握"，也就是没有了解到这个推动者其实就是事情的主体、自我。古人没有把否定作为自我来把握，他们还没有自我的概念，这个推动者始终被理解为外来的推动，甚至只是运动的条件，有虚空存在就可以在虚空里面运动，但是这个虚空自己是不是就是推动者主体呢？通常人们没有这样理解，人们把虚空理解为一个地方，一个地方怎么能推动自己呢？它只是别的东西可以在里面运动的一个场所。所以这一步是黑格尔作出的跨越，就是把这种虚空的否定性理解为就是自我，是自否定。古人已经知道否定者是推动的东西，但是没有理解到否定的东西就是自否定，否定就是虚无、没有、不，这些否定词就是自我。推动者不是一个场所，也不是单纯的一种性质，说这个东西具有否定性、颠覆性、破坏性，不是这样，它应该就是自我。有的人说这是功能性的本体论，这个本体不是一个东西，这个本体就是一个活动，活动就是自身；这个实体本身不是一个东西，这个实体本身就是一种活动，这种推动的活动就是实体自身。主体就是实体自身，主体不是实体的一种属性，而就是实体本身。这是近代才有的概念，比如笛卡尔的我思故我在，"我在"所以我才"思"，"我思"我就发现我在了，因为"我在"所以我才"思"，"思"好像是"我在"的一种属性，一种功能；但是追究到最后，笛卡尔发现"我在"不是别的，就是"我思"，这个"在"无非就是"思"，这个"实体"无非就是一种功能。下面：

313

——如果这个否定的东西最初显现为我与对象之间的不同一性，那么它同样也是实体与它自己的不同一性。

这个破折号是对前面的一个补充了，这个否定的东西，这个否定性，如果"最初显现为我与对象之间的不同一性"，我否定了我，我把我建立为一个对象，否定我原来的形态，把它换成了对象的形态，那这两个形态之间是不同一的，最初显得是这样；"那么它同样也是实体与它自己的不同一性"，我也是实体，我把自己设定为与对象不同的东西，那么对象与我是不同的，好像有两个东西，其实还是只有一个东西，即这个否定的东西同样也是实体与自己的不同一性。就是说我与对象之间的不同，实际上是实体跟实体自己的不同。同一个东西自己跟自己不同，这个道理是前人所没有掌握的，像谢林的"绝对的同一性"，"无差别的同一性"，但是"没有差别"就是"差别"，无差别的同一性本身就是差别，只要你说出来。因为它不同于"有差别的同一性"，它也不同于"不同一性"，所以这个"无差别的同一性"看起来是没有差别的，实际上已经是有差别的。只有黑格尔才看穿了这一点。就是说我跟对象的这种不相同性、这种差别性，实际上是实体自己跟自己有了差别了。我们刚才讲差别的内在发生，一个东西的延异。一个实体它不是僵死的、抽象的，它必须经历它自己的过程，它是活的，只要经历，此一瞬间跟刚才那一瞬间就不同了，就已经内在发生差异了。所以是实体对它自己的不同一性才建立起了实体和对象的不同一性，如果这个实体是自我的话，那么这个实体自我与对象之间的不同一性也是自否定，实体是自我否定，自我意识也是自我否定。没有自我否定就没有实体，也没有自我意识，凡是已经有了实体，已经有了自我意识，就都有了自我否定。下面：

凡显得是在实体以外进行的，显得是一种针对实体的活动性，都是实体自己的行为，实体显示出自己本质上就是主体。

这个落实到他的主题了。前面讲到实体就是主体，如果要把实体落实到主体，你就要把这样一种看起来是在实体以外进行的活动性、主动性，看作就是"实体自己的行为"。你把实体区别开来，你把它分成两个实体，主体和客体，好像是一个实体针对另一个实体的活动，是在每个实体之外进行的活动，其实不过是一个实体自己的行为。是实体自己在那里动、在那里发展、在那里区分它自己。实体由此表明它本质上就是主体，没有主体的实体是抽象的，甚至是虚假的，只有成为主体，实体才是实体。下面：

由于实体完全显示出这一点，精神就使它的定在与它的本质同一起来；它对它自己就是如它所是的对象，而认知与真理之间的直接性和分裂性的那种抽象元素就被克服了。　{30}

由于实体完全显示出它其实就是主体，那么精神就使它的具体定在与它的本质相同一了，精神使它的定在，也就是看起来只是实体的那种具体存在，与它的本质、也就是与它的主体性同一起来，实体和主体、存在和本质在这里就是一个东西。精神自己跟自己的本质重合了。"它对它自己就是如它所是的对象"，它是它自己的对象，什么样的对象呢？如它所是的那样的对象，精神对它自己就是如它自己所是的对象，也就是精神与它自己的本质相符合了，这种符合也就是认知和它的对象的符合，也就是真理。所以"认知与真理之间的直接性和分裂性的那种抽象元素就被克服了"，认知通过一系列中介达到了与真理的符合，在此之前，认知和真理之间横亘着一个接一个的顽固的直接性和分裂性，都是些抽象元素，而现在都被克服了。这个时候，精神已经把它的那种定在扬弃了，它不再仅仅是那种意识的经验科学，它已经是精神本身。本来精神现象学讲的是意识的经验科学，精神采取了意识的定在这样一种方式；那么最后当实体表明它完全是一种主体的时候，这个时候精神对它自己就是如它自己所是的那样一个对象，精神就显露出它的本相、真相。在《精神现象学》中，意识要经历一系列的意识形态，一步步地走，走到最后当实体已经完全变成主体了，它的每一个环节中的两个对立面已经完全和解了，这个时候精神才显露出它的真相。精神向谁显露它的真相？向它自己，精神在这时候就达到了它的自我意识，把握到了自己的真相。我们可以看到他在下面的论述中，认知和真理之间始终有一个分裂性，认知老想达到真理，认知表现为一种确定性，不管是感性的确定性还是别的确定性，它老想追求真理性，但老是追求不到。为什么追求不到呢？因为它还是一种直接性的方式，真理被看作摆在那里的东西，分裂的东西、对立的东西，分裂性和对立性都是抽象要素。整个《精神现象学》从抽象到越来越具体，但是在没有达到它最后的统一的时候，前此所有的环节、阶段都还是抽象的，都还没有完成它的具体化。那么到了最后的阶段实体变成主体，这种抽象就被客服了。下面：

存在就被绝对中介了；——它是实体性的内容，这内容同样是我的直接财产，是自我性的（selbstisch），或者说就是概念。到这个时候，精神现象学就终结了。

这是一个预告，就是说《精神现象学》、意识的经验科学，它有一个从认知向科学进展的过程，进展到什么地方才算完呢？就是克服了认知与真理之间的抽象的对立，认知就是真理，那就是绝对认知，所以以《精神现象学》的最后一个环节就是"绝对认知"。在这个时候，存在就被绝对中介了，也就是被发展出来、展示出来了。最开始就是存在，感性确定性就是存在，但它还没有中介，还是一种直接性；要把间接性、要把中介赋予它，那就要通过一个过程来说明它。感性确定性背后的存在到底有什么内容，那就要靠这个存在自身发展出它的内容来。所以我们一步步地从感性确定性，然后从意识，从知觉、知性，到自我意识，达到了理性，最后达到绝对认知，这都是存在的中介，都是对感性确定性的那个直接的存在作内容上的陈述和展开。虽然我们说感性确定性它还不是真理，但是真理是从感性确定性起步的，在这种意义上，我们也可以说它是真理，但是它还是潜在的，它还没有达到，没有追求到。但追求不是外求，而是内求，真理就在它自身，但现在还是内在的、潜在的，所以必须要有中介，要有过程，要通过一个过程去追求。于是存在就被绝对中介了，整个过程就完结了。这整个过程都是这个存在的中介，都是可以用来说明它最初的这个存在的。最初的存在本身本来就是直接性的，它不用说明，但是后来的东西都可以说明它，它就被绝对中介了。绝对被中介的存在，在绝对认知中就成了一个范畴，那就是逻辑学第一个范畴：存在。逻辑学的第一个范畴在精神现象学的感性确定性里面其实已经隐含着，但是未经说明、未经中介；一旦经过中介，并达到绝对的中介，它就成了一个绝对的赤裸裸的范畴，同时在更高的层次上、即在纯粹概念的层次上回复到了直接性。所以存在范畴在《逻辑学》里面是第一个范畴，它也是第一个绝对认知，它是经过了整个《精神现象学》的中介才达到的。"——它是实体性的内容，这内容同样是我的直接财产"，"它"就是指存在，存在被绝对中介，构成实体性的内容。这内容同样是我的直接财产，因为当它达到主体的时候，存在本身成了实体性的内容，而实体被主体所中介，被主体所解释，实体自己成了主体，它就被自己、也就是被主体据为己有，成为了主体的财产。整个《精神现象学》实际上是自我意识的运动，所有经历过的都是我的财产。在《小逻辑》里面有这样一句话，这些范畴一个比一个更加具体，开始是抽象的，后来越来越具体，带着它的全部收获物前行，越来越丰富。这里也是一样，所以这内容是我的直接财产，"是自我性的，或者说就是概念"。这个自我性 selbstisch，这是黑格尔生造的一个词，一般他不太喜欢发明，但是他这里发明了一个词，Selbst 是自我，加一个词尾变成一个形容词，自我性的，或自身性的，因为前面讲"我的财产"，所以这里译作"自我性的"。因为这个内容同样是我的财产，是我走过来的，是我经历过来的，以前以为是外界给予我的东西现在都归于我了，所以它们都带上了"自我性"。那么这样一些从外部回到我自身的东西，就是概念。绝对认知就是概念，第一个概念、第一个绝对认知，那就是存在范畴。当然在《逻辑学》的存在论里面的存在本身还要上升到概念论，虽然它本身已经是概念了，但概念要展示它的概念性。而在这里是，我的存在内容要展示它的自我性，达到存在的自我性就达到存在的概念了，那么这个时候，《精神现象学》就终结了。我们下一步就讨论绝对认知的概念了，不再是意识的经验科学了。下面：

凡是精神在现象学里为自己准备的东西，都是认知的元素。 在这种元素中，精神的诸环节现在就已经以那种知道自身即是自己的对象的这样一种**单纯性的形式**扩展开来。

前面讲《精神现象学》在这个地方就终结了，那么精神在现象学里面为自己所准备的都是认知的元素，也就是说凡是认知肯定要经过这些元素，这些元素就是意识和它的经验，它们在《精神现象学》里面就是在为绝对认知做必要的准备。"在这种元素中，精神的诸环节现在就已经以那种知道自身即是自己的对象的这样一种**单纯性的形式**扩展开来"。在《精神现象学》的各种认知的元素中，精神的诸环节——前面讲了，是精神自己把自己变成了诸环节——就以这样一种单纯性的形式扩展开来，什么样的单纯的形式呢？它知道自身即是自己的对象，也就是知道自己不单纯是主观意识中的，而且是客观对象。它把自己对象化，精神把自己变成对象，但是变成的这个对象又是它自己的，具有自我性的，它既克服了主观意识的经验，又去掉了外部定在的对象形式，而是一种主客同一的单纯性形式了。在这种单纯形式中，精神便在一个更高的层次上扩展自己，那就是纯粹"逻辑学"的层次。下面：

这些环节不再分化为存在和认知的对立，而是停留于认知的单纯性中，它们都是具有真实东西的形式的真实东西，它们的差别只是内容上的差别而已。

"这些环节不再分化为存在和认知识的对立"，前面讲了，每个环节都包含着存在和认知的对立，主体和客体的对立；但是当《精神现象学》达到它的终点，以它的单纯性的形式扩展开来的时候，那么这些环节就不再分化为存在和认知的对立了，存在就是认知，认知就是存在。《逻辑学》的第一个范畴存在，本身就是认知，它就是作为存在的认知，作为认知的存在，它是绝对认知，存在论（本体论）和认识论是一个东西。它不再分化为认知和存在的对立,"而是停留于认知的单纯性中",它不再有另外一个对象跟它对立了,不再面对一个对象了,它自己就是自己的对象了。所以它已经达到了这种单纯性,主客同一,知识和知识的对象同一,它们这些环节"都是具有真实东西的形式的真实的东西,它们的差别只是内容上的差别而已"。《精神现象学》最后达到绝对知识,这是一个环节,但是这里出现了一个复数的"它们",这个复数的它们已经超出《精神现象学》,已经是《逻辑学》了。《逻辑学》的绝对知识有很多,存在范畴只是第一个,所以他这里讲"它们"都是具有真实的东西的形式的真实的东西。在《逻辑学》里面真实的东西已经具备了真实的东西的形式,在《精神现象学》里面还不具有这种形式,比如"感性确定性"就没有具有真实的东西的形式,虽然它包含有真实的东西,它包含存在范畴,但是还没有以存在范畴这样一种纯粹知识的形式表达出来,所以它不具有真实东西的形式。但是在《逻辑学》里面这些东西是具有真实东西的形式的真实的东西,它们的差别只是内容上的差别而已。内容上各个范畴是不同的,诸范畴:存在、本质、概念,有、无、变、根据等等,都是有差别的,但是在形式上都是绝对认知,整个《逻辑学》都是绝对认知,都是以真实的东西的形式而存在的。下面:

它们在这种元素里自组织(sich organisiert)为一个整体的运动,就是**逻辑学**,或**思辨**(spekulative)**哲学**。

它们,也就是这些环节,在这种元素里,就是在这种单纯性的形式里,自己自组织为一个整体。"自组织"是现代自然科学已经定形了这样一个术语,在以前都是翻译成"有机的",有机性、有机体的原文就是组织Organisation,实际上它原文的意思是组织体,还没有生命的意思,它只是组织起来的。组织起来的当然隐含着它有生命,有生命才能组织起来呀,你要把杂多的东西组织为一个有机体,那就必须有生命力。而什么是有机体呢? 有机体跟结晶体,泥土不一样,就在于它的自组织。结晶体也有组织,但是那不是自组织,那是受环境的影响。是环境造成的,压力、温度、湿度等等。钻石也是结晶体，但是那是在高温高压之下形成的，它不是自组织。而有机体一个根本性的特点就是自组织，自己是自己的原因，现代生物学讲到有机体的时候都把它归到自组织。自组织为一个整体当然可以理解为有机体，但是这里要强调它是自组织，它是自行组织，自行发展。《逻辑学》里面我们看到，它里面那些范畴都是自组织的，是自行发展的，是自己生长出来的，没有一个部分是多余的。那个运动就是逻辑学或思辨哲学。什么叫思辨哲学？思辨哲学在康德那里已经提出来了，什么是思辨的？我们通常讲从概念到概念就是思辨的，它没有参杂任何经验的东西，只在内部反思。反思就是从概念到概念，反思到自己，对思维的思维。亚里士多德就曾经提到过，神就是对思维的思维，那就是思辨。人有经验的生活也有思辨的生活，我们通常会贬低这种思辨，从概念到概念，好像是不切实际，实际上它有它的涵义。康德讲的纯粹的理性就是思辨的，《纯粹理性批判》就是思辨哲学，从概念到概念。当然黑格尔赋予思辨还有更深一层的涵义，思辨的这个词 spekulative 有两重含义，它最开始的涵义是投机，商业投机，引申出来在哲学中就变成了思辨。为什么商业投机就变成思辨呢？就是说商业投机在投机之前要在头脑里面设想、预测、估计能力，然后你把它实现出来，这叫商业投机。黑格尔在《小逻辑》里谈到过它跟商业投机的关系，就是实际上是你先在概念里面把它的过程设计好了，然后把它变成客观的。看起来是主观思辨，其实是很现实的，因为它是现实的本质，我们通过思辨就可以把握现实的本质，并且可以把它实现为现实的。但它本质上是思辨的。这是思辨哲学，黑格尔的理解跟康德的理解有些差别。

*　　　　　*　　　　　*

前面讲的都是《精神现象学》这门意识的经验科学应该走一条什么样的路，现在这条路还没有走，但是黑格尔大致给我们指出了一个方向。就是精神的教养怎样形成，从熟知然后到反思，再对反思的那些概念规定加以激活,使它们成为一种生命的运动,这就是《精神现象学》所要达到的目的。到这个时候,实体就已经意识到了自己是主体,实体成为了主体。实体在《精神现象学》里面最开始还是采取事情本身这样一种表述方式,但是事情本身逐渐意识到自己就是主体,真正的实体就是主体,那么到这个时候,《精神现象学》就终结了,也就是向下一个环节《逻辑学》过渡了。到《精神现象学》最后的绝对认知,那么下一步就要看这个绝对认知是如何展开的,就进入到了《逻辑学》。这是前面我们讲的这样一个大致的过程,我们将要走的是一条什么样的路。但是在走这条路之前还有一些概念要加以澄清,所以接下来就是黑格尔对这些世俗的观念的清除。比如说第一个小标题"真实与虚假",第二个小标题"历史的认识和数学的认识",然后是第三个小标题"概念的认识"。那么到概念的认识我们就开始相当于做好准备了,已经确定了一些基本的概念。那么今天我们要继续讲关于真实的东西和虚假的东西。这是我们有关认知的最常遇见的两个概念。我们说这个是真的,那个是假的。那么这些概念如何理解?

现在,由于精神的那个经验体系只包括精神的**现象**,所以就好像这个体系向具有**真实东西形态**的真实东西的科学的进展纯然是否定性的,因而人们也许会宁可不去碰这否定的东西即**虚假的东西**,而要求直截了当地立即走向真理;与虚假的东西打交道有什么结果呢?

"现在,由于精神的那个经验体系",这里是指上面所讲的意识的经验科学是作为精神现象学而形成的一个体系,所以它"只包括精神的现象",现象打了着重号,它就是只属于现象的。在这里我们还没有探讨精神的本质,我们只是从经验的体系里面去探讨精神的现象。"所以就好像这个体系向具有**真实东西形态**的**真实东西**的科学的进展纯然是否定性的",既然精神现象学只是探讨精神的现象,只是经验的体系,那么顺理成章,这个体系的进展,这个体系要一步步去追求具有真实形态的真实东西的科学，就会纯然是否定性的。注意，不光是真实的科学，而且是具有真实形态的真实东西的科学。《精神现象学》当然已经是真实的科学，但是它还不具有真实的形态，它只具有现象上的形态，只具有经验的形态。那么对于具有真实形态的真实东西的科学，它好像纯然是否定性的，就是说它是没有什么用的。你讲了半天，你只是在现象上转来转去，那么它对于真理来说，它岂不是一种否定性的东西？你要把它当作真理，它却仅仅是否定性的东西，也就是说它不是真理，它仅仅是真理的现象。要真正达到真理，它必须具有真理的真实的形态。"因而人们也许会宁可不去碰这否定的东西即**虚假的东西**，而要求直截了当地立即走向真理"，这是一般人可能会这样看的。你讲了半天，你讲的还是精神的现象，还没有真正触及到真理的本质，那么人们也许会干脆不去理这些现象的东西。你那么认真干什么，你可以让它摆在那里，你直截了当地进入科学岂不更好？这种否定性的东西是虚假的东西，既然它不是以真实形态出现的真实的东西，那么非此即彼，它就是虚假的东西。一般人会这样认为，会要求直截了当地立即走向真理。与虚假的东西打交道有什么结果呢？简直是浪费时间，那是不值得的。他说：

<u>上面已经谈到过这一点，即据说应当立即从科学开始，对此在这里必须从这方面来回答：即否定者作为**虚假的东西**到底具有什么性状。</u>

否定者、否定的东西就是虚假的东西吗？否定者作为虚假的东西到底具有什么样的性状呢？他说上面已经谈到过这一点。上面我们还真有几处触及到这一点，比如说有人认为真理应该像手枪发射一样，突然一下，真实的东西就开始了；还讲到过，人们希望一下子就看到一棵橡树，但是拿到手的只是一个橡子，看不到橡树，我们就会抱怨，说开端是不完善的，开端是有缺陷的。但是除了抱怨以外，你还能怎么样？你能一下子就获得一棵大树吗？大树难道不是生长起来了吗？你像手枪发射一样，那么这个手枪是由谁发射的呢？所以上面曾经谈到过这一点，就是据说应当立即从科学本身开始。人们会埋怨，黑格尔的开端是有缺陷

的。开端当然是有缺陷的,但是你要从没有缺陷的开端开始,那可能吗?所以对于这个问题,前面已经回答了。就是说开端总是有缺陷的,但是你还得从有缺陷的东西开端,你不能从一个自足的完美无缺的东西开端。如果是那样的完美无缺那就不用开端了,那就已经摆在那里,那还要开端干什么? 前面是这样回答的。那么在这里可以这样回答,"即否定者作为虚假的东西到底具有什么性状"。我们现在要抓住的就是这一点,即这个精神现象学是一个否定者,那么它作为虚假的东西,到底具有什么样的性状呢? 怎么样理解它呢? 也就是要对于否定者或否定性,以及真实和虚假这样一些概念做深入的辨析。下面:

与此相关的那些表象,尤其阻碍着通往真理的道路。这将会提供去谈论数学认识活动的诱因,数学认识通常被非哲学的认知视为哲学必须努力去达到却一直追求未果的理想。 [25]

"与此相关的那些表象,"主要是指否定者,真实、虚假这些表象,它们尤其阻碍着通往真理的道路。如果你对真实和虚假本身都没有搞清楚,那你怎么去追求真理? 你对否定者这个概念评价不正确,你不能给它一个正确的定位,你通往真理的道路也将会堵塞。这里插一句"这将会提供去谈论数学认识活动的诱因",就是当通往真理的道路受阻以后,就诱使人们致力于借鉴数学认识。"数学认识",这里用的是 Eerkennen,"认识",是个动名词,指认识活动,他这里不是指已有的数学知识,如某个数学定理,他是指数学认识活动。在哲学受阻的情况下,数学认识通常被非哲学的认知视为是哲学必须努力去达到而一直追求未果的理想。这是很常见的,很多人都把数学当作哲学的楷模,一直到今天,数理逻辑、数学哲学还是这样,逻辑实证主义、分析哲学也是这样。但是黑格尔认为这样一些看法通常是非哲学的认知所提出来的。这种理想从莱布尼兹就开始了。莱布尼兹是数理逻辑的先驱,他提出这种观念,就是说将来我们要发明一种数学或者一种数学逻辑,这种逻辑面对任何哲学问题,不需要讨论了,我们只需要拿出笔来算一算。上帝到底存不存在,灵魂到底有什么样的性质，我们拿出笔来算一算就知道了。这是莱布尼兹的理想。计算出来的东西谁也不能否认，1 + 1 = 2，这个能够否定么？从此就可以一劳永逸地解决形而上学的问题了。这是近代以来总是有人提出的理想，包括笛卡尔对数学的推崇，斯宾诺莎用几何学方式证明《伦理学》。但是在黑格尔看来这只是一种非哲学的认知，是在哲学认知本身受阻时的权宜之计。真正哲学的认知，他会意识到数学和哲学之间有本质的界限。这个在后面有很深入的阐发。当然这句话是插入进来的。后面还是接着讲"与此相关的那些表象"如何阻碍着通往真理的道路。这些表象首先就是真实和虚假。所以下一段讲：

真实和虚假属于那些固定不动地被看作自己本质的确定观念，它们一个在这边，一个在那边，互不沟通，各自孤立，并确定无疑。

真实和虚假属于那样一些确定的观念，观念，Gedanken，也可以译作思想。什么确定的观念呢？固定不动地被看作自己本质的确定观念。一般人认为真实和虚假就是确定的观念，真的就是真的，假的就是假的，假的真不了，真的假不了。这是完全确定的、固定不动的，被看作自己本质的确定观念，假的东西那它的本质就是假的，真的东西呢，那它的本质就是真的。真实和虚假都是自身的本质。真的本质就是真，假的本质就是假，这是固定不变的。"它们一个在这边，一个在那边，互不沟通，各自孤立，并确定无疑"。这也是通常所认为的，真的和假的势不两立，不能沟通。下面：

与此相反，必须主张真理不是一种铸成了的钱币，既可以付清也可以净赚。①

这里德文版编者有一个注释，指明这里暗引莱辛《智者拿旦》的话：

————————

① 暗引莱辛《智者拿旦》中的说法："我对于金钱很克制；/ 而他要的是——真理。真理！/ 而真理要的是——赤裸裸、闪着纯净的光，——就好像 / 真理是铸币似的！"——德文丛书版编者

"就好像真理是铸币似的!"这个钱币已经铸成了,按照成色是没有假的。那么你既可以拿它不折不扣地付清欠账,也可以用它衡量净赚;同样,你一旦取得真理,就可以用它来买一切东西,真理是硬通货。马克思在《资本论》里面也引用了这句话,真理好像是一种铸币一样的东西,它可以买进任何东西。从《资本论》里面讲的经济学的观点来看,货币当然就具有这种特点,它可以付出去买到一切东西,也可以赚进来。反正它是可以信赖的,铸币不像纸币或支票,它是可以信赖的,它是没有假的,不存在兑换、兑现的问题。但是黑格尔的观点就是认为,真理不是这样一种东西,我们必须主张真理不是一种铸币,好像你可以用它在市场上进行流通,谁都会认账,不会怀疑这个成色。当通货膨胀的时候,我们就要买进黄金,贵金属铸成的硬币就具有保值的特点,一旦铸成,它就不变了,就永远是真理,它就摆在那里,我们可以用它来付账,我们赚到的都是净赚。这是通常的观点,是黑格尔反对的。下面:

再者,既不是**有**一种虚假,也不是有一种恶。

"有"打了着重号,这个"有"就是"gibt es",这个"gibt es"跟"sein"和"haben"都不太一样。中文的这个"有",我们可以说拥有,那就是"haben";或者说有某物,有没有这回事,那就不是"haben",而是"sein";但是还有一个词就是"gibt es"。"es"是无人称主语,"gibt"就是给出。给出那样一种东西,我们也可以翻译成有那样一种东西。那么这个地方他是打了着重号的。"既不是有一种虚假,也不是有一种恶",就是否定这样一种被给定的"有"。所谓给定了一种虚假、给定了一种恶,这是不可能的。注意这个地方"虚假"跟"恶"联系在一起。当然虚假这个意思在德文中也有虚伪的意思,所以它跟恶联系在一起。但黑格尔把虚假和恶联系在一起否定它们的"有",这里面有更深的宗教的背景。基督教在讲到存在和非存在、讲到真和假、善和恶的时候,它是一元论的。就是说,在基督教里面什么是恶? 恶不是一个东西,恶只是善的缺乏,由此来保证上帝的全善,在本体界坚持一元论。如果你把"恶"也当作一个东西,那就成了二元论，二元论是东方宗教经常采取的一种立场，比如摩尼教的善恶二元论，这跟基督教有一个很大的不同。基督教是一元论的，基督教不认为"恶"是一个什么东西，并没"有"恶，"恶"只是"善"的缺乏而已。所以这句话非常重要。他说，既不是有一种虚假，也不是有一种恶。

<u>恶和虚假并不像魔鬼那样坏，因为作为魔鬼，它们甚至就被当作特殊的**主体**了；作为虚假的东西与恶的东西，则它们仅仅是**共相**，不过是各有自己相互对立的本质性而已。</u>

这就可以理解前面那句话了，"既不是**有**一种虚假也不是**有**一种恶"。虚假和恶并不是现成地在那里的一个东西，已经给予的一个东西。所以他讲，恶和虚假并不是像魔鬼那样坏，也就是不能被看作一个特殊的、一心作恶做假的主体。所以后来有人批评黑格尔就说，黑格尔就是恶魔，他就是坏人，他讲的那些否定的辩证法，就是唆使人变坏的，败坏人的良心的。确实黑格尔对于虚假和恶有一种辩护，这种辩护是从基督教一元论来的，但是，也有他的道理。就是说，你不要把虚假看作是一个单独存在的东西。虚假就是真理本身的一个环节，恶就是善本身的一个环节。他后来甚至提出恶是世界历史发展的杠杆，后来马克思、恩格斯都接受了这个观点，认为讲人性本恶比讲人性本善要深刻得多。这都是后来的讲法，其实都是从黑格尔来的。黑格尔讲到这个恶和虚假并不是像魔鬼那样的坏，因为那样，恶和魔鬼就被当作特殊的主体了，那就有两个主体，一个善和真理，一个是恶和虚假，一个善神一个恶神，那就成了摩尼教了，那就不是基督教传统了。东方宗教都有这样一个特点，一个善、一个恶互相斗争，整个世界无非就是这样的，看你站在哪一边，恶就是绝对的恶，善就是绝对的善。如果你站在中间，那你就是立场不稳，或者分不清善恶。这是很简单的一种观点。基督教在这一点上比摩尼教和东方的那些宗教要更加深刻，它不把虚假和恶本身当作特殊的主体，或者当作独立的主体，它们不是主体。黑格尔是强调主体性的，实体即主体。如果恶是主体的话，那等于说实体就是恶魔了。一般人批评黑格尔就是说

黑格尔把恶魔当作实体。但是黑格尔不是那个意思，他说虚假和恶并不是特殊的主体，它不能够被归于实体。那么它是什么呢？他说，"作为虚假的东西与恶的东西，则它们仅仅是**共相**，不过是各有自己相互对立的本质性而已"。它们只是共相。共相这个概念也可以翻译成普遍的东西，但共相在黑格尔这里有一点点贬义，就是单纯的共相不是那种具体的普遍的东西，"Allgemeine"是形容词"allgemein"所变成的名词，就是指固定下来的普遍的东西，所以我们翻译成共相。就是一旦你把这种普遍的东西固定下来、孤立起来看，那它就是共相了。共相是很表层的，抽象的，它里面的内容没有展示出来，它的普遍性只是共同之点的普遍性，而不是具体的实体的普遍性。所以他这里讲它们"仅仅是"共相，也就是只有在抽象共相层面上才谈得上它们相互对立的本质性，才能把它们区别开来，而不能在实体层面上把它们固定下来。下面：

——虚假（因为这里只讨论它）好像是实体的他者、否定者，实体作为认知的内容则是真实的东西。

先讲虚假，括弧里面讲，这里只谈论它，也就是先把恶撇开。虚假跟恶当然有关系，恶魔最重要的特征就是虚假，就是虚伪，就是欺骗人。首先亚当和夏娃受了骗，恶魔骗他们说这个果子是可以吃的，上帝是不会责怪你们的，吃了它可以让人变得聪明，上帝难道不希望人们变得聪明吗？恶魔靠虚假作恶，可见虚假的层次比恶的层次更高。所以在这里，我们只谈真假问题，首先是虚假问题。虚假好像是实体的他者、否定者。实体应该是真实的东西，整个《精神现象学》就是探讨实体性的东西，探讨实体怎么样变成主体的。那么在这里虚假好像是实体的他者、否定者，他者就是不同的东西，虚假跟实体是不同的，是否定实体的。因此如果你老是停留在虚假的东西上面，那么似乎你就永远达不到实体了。而"实体作为认知的内容则是真实的东西"，既然虚假是实体的否定者，那么实体作为认知内容、认知的对象，它本身就是真实的东西而不是虚假的东西。这句话也是一般来说好像是这样的，可以这样说。但是黑格尔真实

的观点在后面。他说，

  <u>但，实体自身本质上就是否定的东西，一方面它作为内容的区别和</u>
<u>规定，一方面是作为一种**单纯的**区别活动，也就是作为自我和一般认知。</u>

  这就是黑格尔自己的观点了。就是说其实，实体自身就是否定的东西。你说实体应该是真实的东西，怎么会是否定的东西呢？但是黑格尔认为实体从本质上来说就是否定的东西，否定的东西就是实体的本质。实体的本质就是否定性，实体你不要看作是一个已经被给予了，已经"有"了的东西，已经既成事实的东西，恰好相反，实体是自我否定的，它一开始就在否定中。它否定什么？它否定自身。"实体自身本质上就是否定的东西，一方面它作为内容的区别和规定"，为什么说它是否定的东西呢？一方面它作为内容的区别和规定就是否定的东西。实体你总要谈它的内容吧，实体是什么？你就要把它的内容加以区别和规定，一旦加以规定和区分，它就是否定的东西。斯宾诺莎讲一切规定就是否定，规定本身就是否定了。你用一个命题去规定一个实体，那么这个命题与实体就不是一个东西，否则你怎么去规定实体呢？如果它是同一个东西的话，那就是同义反复了，那就没有意思了。说"实体就是实体"，这什么也没有规定。你必须用一个不同的东西去规定实体，你才叫作对实体进行了规定。那么实体就是这个跟它不同的东西，那岂不是说实体就是这个不是实体的东西吗？实体你一旦对它进行规定，那说明实体它就是那个不是它自身的东西。你要对它加以分析加以区别，那也是对实体进行了规定，也就是说实体其实不是它本身，而是你分析出来的它里面的那些成分。你把它区分出来，实体里面有这个有那个，那么你回头一看，原来实体就是这个那个。你把它区分出来了，你从中区分出两个概念，那么实体就不是它原来的那一个概念，而是你区分出来的这两个概念了，那就是对原来的实体概念的否定呀。所以对实体的内容加以区别和规定，已经是对实体的否定，这是一方面。为什么说实体本质上是否定性的东西呢？一方面是因为它是作为内容的区别和规定。而另一方面，"是作

为**单纯的**区别活动,也就是作为自我和一般的认知"。这个方面跟前面一个方面有不同,他打了着重号,**单纯的**区别活动,这更重要。就是说前面是从内容上看,那么另一方面是从形式上看,作为一种单纯的区别活动。就是说不光是从内容上看,而是要追究是什么东西使它成为了这样一些内容的规定和区别。这就是一种单纯的区别活动、区别本身。你在对实体进行区别的时候,这种区别的活动更重要,这是单纯的。它不管区别出来之后内容是怎么样的,五花八门的,多种多样的,但是它本身是一种单纯的区别的活动。也就是实体之所以本质上是否定性的东西,是因为它是一种单纯的区别活动。区别出什么东西它不管,首先实体它要区别。也就是"作为自我和一般的认知",这是对单纯区别活动所作的解释。什么叫作单纯的区别活动呢? 也就是作为自我。所以从这方面看,实体本质上就是自我,就是一般认知。《精神现象学》不光是实体的进展,而且同时是对实体的认知的进展,就是自我意识的进展。实体本质上就是自我意识。自我意识就是一种自身区别。自我意识就是把自己跟自己区别开来,或者意识本身就是把自己跟自己区别开来,意识跟它所意识到的东西不是一回事,意识和意识的内容不是一回事。这样一种区别的意识、不是一回事的意识就是实体,也就是意识本身。我们说一个人有意识,也就是说他能够把自己的意识跟意识的内容、跟意识的对象区别开来,这就叫作有意识。如果一个人连他的意识跟他的意识的对象都区别不开来了,我们就说他丧失了意识。所以这里有两个方面,一个是从内容上讲,另外一个方面更高,从形式上讲。主体更本质来说,它是实体的一种形式,实体在它的活动中,它采取一种能动的形式,一种自我区别的形式,这个更为重要。至于区别出来的是什么东西,那也不是不重要,但是它不是最根本的。所以他说它作为一种单纯的区别,单纯也就是把它的内容撇开,单就它的形式、它的活动、它的这个区别的活动而言,它就是实体。实体本质上是否定性的东西,主要在这点,主要在它的第二个方面。实体本质上是否定性的东西是因为它是单纯的区别活动,它首

329

先自己把自己区别开来。这就把在抽象共相上建立起来的实体和否定的东西、真实和虚假之间的藩篱破除了，一落实到具体中来，前面讲的那种各自对立的本质性就消失了。下面：

人们完全可以有虚假的认知。某种东西被虚假地知道了，意思就是说认知与它的实体不同一。然而，正是这种不同一，是作为本质环节的一般区别活动。

一般的人都会认为，虚假的就不是认知了，虚假的就是谬误，把虚假的跟认知对立起来。但是黑格尔在这里语出惊人，他说，"我们完全有可以有虚假的认知，某种东西被虚假的知道了，意思就是说认知与它的实体不同一"。自从亚里士多德以来就确立了一个认识论的原则，就是所谓的知识就是观念和对象的符合。那么观念与对象不相符合呢，那就是谬误，那就是虚假的，不能算知识。但是在黑格尔这里，即算是虚假的，也是一种认知，它只是意味着这种认知跟它的实体不同一。意思是认知与它的实体不同一，但只要你意识到这一点，你就已经有认知了，不管你的这个认知是虚假的还是真实的，你已经在某种意义上一有种认知了。因为你已经有你的对象了，并且你对你的对象去努力认知，这个认知可能是虚假的，但是哪个认知又是绝对真理呢？认知只是朝向绝对真理的过程。只要是认知跟对象不相同，它就是一种虚假的认知；但是如果你要求跟它的对象完全相符的认知，那你完全找不到，至少在没有经历过认知的全过程你就找不到。这个世界没有完全跟它的对象绝对相符的认知；相反，有一种虚假的认知，或者说我们所有的认知其实都是一种虚假的认知，因为你的对象和你的认知不完全相符。这里头包含有相对真理和绝对真理的辩证法。他是用这个方法来说我们完全可能有虚假的认知。一个东西被虚假地知道了，意思就是说认知识与它的实体不相符，总有不相符的地方。"然而，正是这种不同一，是作为本质环节的一般区别活动"，前面讲了，实体本质上作为否定性的东西就是一种单纯的区别活动。那么这里就讲到了，正是这种不同一，是作为本质环节的一般区别活动。单纯的区别在这里被表述为一般区别,不是这个跟那个区别,而是单纯的区别活动本身。这个是跟前面紧密呼应的。实体单纯地跟自己相区别,实体本身就要求有这种区别,首先就表现为它的认知跟它的对象、跟实体本身不相符。主体总是把握不到实体,那么把握不到实体的这种认知当然是一种虚假的认知。但这种虚假的认知恰好也是一种认知,它使主体跟实体之间有了区别,使认知的追求真理的活动不会停下来,而是有了不断前进的空间。意识本来就是主客二分,完全同一了就是物我两忘,主客不分,丧失意识了,所以这种不同一性即一般区别活动是本质的环节。下面:

从这种区别里很可能形成它们的同一性,而且所形成的这种同一性 {31} 就是真理。

我们刚才讲的相对真理和绝对真理的关系在这里被表现出来了。从这种区别里,认知跟它的对象有区别,从这种区别里面很可能形成它们的同一性。认知跟它的对象不同一,但是正是从这个不同一性里面恰好可以形成它们的同一性,你知道你的认知跟你的对象不相同,有距离,那么你可以不断地朝着你的这个目标前进,接近它,形成一定的同一性。同一性不是给定的,它需要一步步地去接近、去达到、去形成。所以从这种区别里很可能形成它们的同一性,而所形成的同一性就是真理,就是主客观相符。下面:

但它并非这样一种真理:仿佛不同一性被抛弃了,犹如矿砂从纯粹金属里被排除了那样,甚至连这样的真理也不是,如同工具并不保留在做成了的容器中那样,毋宁是,不同一性作为否定的东西,作为自我仍然直接现成地在真实的东西本身之中。

这是黑格尔的一种分辨,不是什么而是什么。"但它",也就是真理,并不是这样的真理,仿佛它的不同一性被抛弃了,最后达到了同一性,认知和对象达到了完全符合,仿佛这种真理一旦达到,前面的都作废了,都被抛弃了。举例说,犹如矿砂从纯粹金属里被排除了那样。炼钢的时候炼出来的那些炉渣你把它抛弃了，那是废渣，炼出来的钢是好钢，你把钢和渣区分出来了。这个是黑格尔不赞成的，不是那样一种真理，你从矿石里面炼出了钢，钢就是真理，其他的就是渣滓，这个理解是错误的。还有一种理解，"甚至连这样的真理也不是，如同工具并不保留在做成了的容器中那样"，通过工具制造出容器、制造出产品。这个跟钢与渣的关系又有不同，前面那种关系完全是机械的，而这种关系好像是有目的性在里面。的确，钢渣对于钢的形成并没有什么作用，但是工具是有作用的，恰好是工具造成了这个容器。但是一旦造成了容器，虽然你不把它抛弃，但是它在这个容器之外，它跟容器已经脱离关系了，工具已经跟工具造成的产品无关了。在开始的时候它是有关系的，产品是由工具造成的，但是一旦造成，工具就收起来了，这就是产品。展览产品没有人把工具也拿来一起展览，这个没有意义。那么真理是不是这样一种最终造成的产品，把工具放在一边了呢？也不是，连这样的真理也不是。这是两种情况，一种是钢和渣的情况，一种是工具和产品的情况，这两种情况程度是不太一样的，前者是把渣滓完全废弃了，后者工具虽然没有被废弃，但是它不进入到容器里面。这两种情况都不是，那是什么呢？"毋宁是，不同一性作为否定的东西，作为自我仍然直接现成地在真实的东西本身之中。"不同一性，也就是虚假性，认知和对象的不同一性，它作为否定的东西，作为自我，它仍然直接现成地在真实的东西本身之中。在真实的东西本身里面仍然现成地保留有虚假的东西，也就是说最后这个成果，这个真实的东西，不是说它结出了果实，这个树和树叶你就不管了，它还保留在这个成果里面。它是怎么形成的，就在这个成果、这个真理里面要展示出来，这才是真理。它不是展示最后的概念，而要展示出整个过程，这才是真理。所以前面讲，真理是一个过程，真理不是最后的那一瞬间，而是整个形成过程，一个整体，真理是全体。这个全体才是最后形成的真理。这是谈的正面的观点。人们说黑格尔是一个封闭的体系，当然不错；但是你要是贴近去看的话，他的那个真理并不是最后得到的那个绝对精神,而是整个体系,整个体系就是过程。从这个角度看,又应该说他并没有封闭。他是一个封闭的体系,但是封闭的体系里面他的那种精神,他那种对真理的看法并没有封闭,也就是他并没有把真理仅仅局限于最后一步,而是放在整个过程中。既然把它表述为一个过程,那就还可以描述。所以它的这个过程、真理的体系,作为否定的东西,是直接现成于真实的东西本身之中的,并没有被抛弃。下面:

然而,却不能因此而说**虚假的东西**构成真实的东西的一个环节,或甚至一个组成部分。

就是说真实的东西本身就包含虚假的东西,但是又不能说虚假的东西构成真实的东西一个环节或一个组成部分。如何来理解这句话?这句话好像跟前面的是矛盾的,你既然说这个否定性的东西,作为自身仍然直接现成于真实的东西本身之中。那你就是说这样一个虚假的东西是真实的东西的一个组成部分,或一个环节,但是又不能这样说。如何理解这句话?我们要着眼于他这里的着重号,黑格尔的着重号是非常重要的,是不能够忽视的。"不能因此而说**虚假的东西**构成真实的东西的一个环节,或甚至一个组成部分。"我们说否定性的东西或者不同一性构成了真实的东西的一个环节,或者一个组成部分,但是我们不能说"虚假的东西"构成真实的东西的一个环节或者一个组成部分。也就是说,在这个时候,我们用"虚假的东西"这个说法已经不适当了,当真理已经形成了以后,我们再把这种否定性的东西当作是虚假的东西,说虚假东西构成真实的东西的一个环节,这就不恰当了。因为这个时候虚假的东西已经去掉了它虚假的东西的面纱,已经暴露出来它才是真实的东西。真实的东西里面的那些环节是否定性的环节,这些否定性的东西最开始是被当作虚假的东西。但是一旦真理形成以后,它就不再能被叫作虚假的东西,这句话的意思在这里。所以在这里看起来是相冲突的,其实不相冲突,主要是看你强调的重点是什么。下面:

在"任何虚假的东西里都有某种真实的东西"这样一种表达中,真实与虚假两者被当作了像水和油那样，只能外在的联合而不能混合的东西。

就是说在"任何虚假的东西里都有某种真实的东西"这句话里，这句话当然不是黑格尔说的，当时可能有很多人这样认为，任何虚假的东西都有真实的东西的某种成分；反之亦然。这是通常人们说的，但是，在这句话里，真实的东西和虚假的东西被当作了像水和油那样只能外在的联合而不能混合的东西。这句话贺先生和王先生的翻译不是很清楚，翻译成好像是黑格尔自己的意思，其实这不是黑格尔自己的意思。根据德文原文来看，这是黑格尔批判的描述。人们把虚假的东西和真实的东西看作是水火不容的，看作是水和油那样只能外在的联合不能混合的，不能混在一起。虚假的东西虽然被看作真实的东西的一个环节，但是它本身并不是真实的东西，还是虚假的。我们通常讲，要取其精华去其糟粕，好像精华和糟粕是可以完全分开的，好像任何一个东西，你总的来看，它不对，但是，它总有些东西是对的，那你就把那些对的东西取出来，把它的那些错的东西去掉，不就行了吗？这种思想非常的普遍，非常的日常。那么这种说法，这句话里面，真实和虚假被当作了像水和油那样，只能外在联合而不能混合，这是通常的看法。那么前面讲了，为什么虚假的东西不能说是构成真实的东西的一个环节，甚至是一个组成部分？就是因为，当你说这句话的时候，你就把真实的东西和虚假的东西看作是像水和油一样的东西。就是说在虚假的东西里面混杂有某种真实的东西，或者在真实的东西里面混杂有虚假的东西。这种观点本身的出发点就错了，按照黑格尔的观点就是这种被称作虚假的东西的这种否定性、这种不同一性，恰好是真理本身形成的一个动力，它本身就是真理的东西，或者说它才是真理。所以你不能说它们还是虚假的东西，你单独看，它是一个虚假的东西，但是你把它组织在一个自组织的体系里，一个有机的系统里面，它就是真理，它就不再是虚假的东西。它是否定性的东西，但是这种否定性的东西已经不再虚假，它就是实体，它就是真理本身。实体的否定性就是实体本身，实体的自否定就是主体，你要把实体看作是

334

主体嘛。所以他这里分得很细的，就是这个时候，你不能把虚假的东西再称之为虚假的东西了，否则就是用词不当了。当真理还没有出现的时候，你可以把它叫作虚假的东西。因为每次都错了，都不对，我的知识跟这个那个对象都不吻合，当然一般来说这就是虚假的东西。但是当你经过所有这些错误的道路，最后达到了真理，你才会发现前面那些所谓的错误的道路是必经之路，它就是真理必经之路，错误之路就是真理之路。真理之路就是不断地犯错误同时不断地提高自身，从低级的错误到高级的错误，从错误一个一个转化为真理。所以这个时候，你不能还说那是错误的。当时犯那个错误是对的，不然你怎么能提高自己的层次，犯了错误你才能提高你自己的层次呀。所以这个时候你不能把它称之为虚假了。下面：

正是为了要标明完全的他在环节这个含义之故，真实与虚假这两个术语必须在它们的他在已经被扬弃了的地方不再使用。

所以在这两个术语的他在已经被扬弃的地方不应再继续使用它们；反过来说，就是在他在的环节里面你可以使用，当还没有达到真理本身，还是属于他在的环节，就是异己的环节，实体还不是它自己的时候，这个时候你可以使用真实和虚假这两个术语。但这是为了要标明"完全的他在"这个环节。你要说明完全的他在呢，为了标明这样一个含义，那么真实与虚假在它们的他在已被扬弃的时候，你就不能再使用它们了，因为那是属于他在的，而他在已经被扬弃了。你要区别，在整个他在的环节，这个阶段你可以使用真实和虚假；但是到了这样一个时候你不能再使用，就是你要表示实体跟它的他在已经不同了，它已经从他在返回到它自身了，已经达到了真理，这个时候就不能够再使用真实与虚假这两个术语。如果还使用真实和虚假这两个术语，那就是把"他在"延伸到实体自身，你就混淆了他在和实体自身的区别。但是你要区别出来，你就要在术语上区别开来，走出了他在，这个时候你就不要再使用真实和虚假这样两个术语。因为他在被扬弃了，真实和虚假的对立也就被扬弃了。

所以我们可以联想一下，在《精神现象学》里面，他说这是一条怀疑之路，怀疑之路到处碰见的都是虚假的。我们前面讲到《精神现象学》里面每一个地方，你都不能当真，可能到头来发现都是虚假的。但是精神现象学后来作为《精神哲学》的主观精神的一个环节，我们很奇怪，它为什么又出现了一次，当它在那里出现的时候，它已经变成了真理，它是"应用逻辑学"，它已经被逻辑学所拯救了，完全是真理了。这是有区别的，这个《精神现象学》跟那个"精神现象学"是有区别的，在《精神现象学》里面它是一条怀疑之路，但是在那个《精神哲学》里面它是一条真理之路。它已经不再具有虚假性，不再有那种他在性，它已经被逻辑学据为己有了。我们用基督教的话来说，就是它是经过上帝拯救了的，已经被逻辑学拯救了，去掉了它的原罪。而在《精神现象学》里面，它还有原罪。它看起来还是在拼命地追求真实的东西，但是它本身还是虚假的东西，它还是一条怀疑之路。所以最后，当你回过头来看它，你就不能说这条怀疑之路是虚假的，它从本质上来说是非常真实的。下面：

[26] 　　所以，就像主体与客体、有限和无限、存在与思维等等的**统一**这个术语不尽恰当那样——因为客体与主体等等意味着**在它们的统一之外它们**所是的东西，因而在这种统一之中，它们已不是指它们的术语所说的那种东西了①——同样，**虚假也不再是作为虚假的东西而成为真理的一个环节**的。

　　这个就说得很明确了，他举了一些例子，就像主体与客体、有限和无限、存在和思维等的统一，前面也讲了，真实的东西和虚假的东西的统一，在真实的东西里面有虚假的东西，而在一切虚假的东西里面也有真实的东西，这当然也是统一。这里是用其他的术语来打比方，主体和客体、有限和无限、存在与思维等的统一。"统一"打了着重号，就是统一这个术语不尽恰当，为什么不恰当呢？两个破折号中间就是解释"不恰当"

---

① 黑格尔在这里影射的是谢林的同一哲学。——丛书版编者

的一个从句，为了清楚我加了两个破折号。"因为客体与主体等等意味**着在它们统一之外它们**所是的东西"，主体客体这样一些概念，你要说它们统一，你就意味着说在统一之前它们已经有了。在统一之前，有一个主体、然后又有一个客体，然后你把它们统一起来。所以你去掉这个统一，它们仍然在。主体与客体等等意味着在它们统一之外它们所是的东西，在它们没有统一之前，它们已经是了，已经在了。那么，你说主体和客体统一，当然是不适当的，因为当它们统一的时候，它们就没有主体和客体之分了；你还说是主体和客体的统一，那么你就是把一个没有的东西在这里说来说去。中国宋明理学的程颢也讲过："天人本非二，何必言合"。我们讲天人合一，他反对。程朱理学一般都是讲天人合一的，但是程子讲你不要讲天人合一，你讲天人合一，你就已经是在讲天人相分了。它本来不是二，你怎么讲"合一"呢？你不讲合一，你讲统一，你还是在讲两个东西，每个都不同，每个跟另外一个都不一样。客体和主体在它们的统一之外，还是保留有它们各自所设定的东西，它们在统一之外所设定的东西。其实一旦它们统一，它们在统一之外设定的东西就已经不是了，它们已经不是它们所孤立的那样的东西了。有限和无限、思维和存在都是如此。他说，"因而在这种统一之中，它们已不是指它们的术语所说的那种东西了"，在统一之中，它们已经不是它们的术语所说的那种东西了，主体和客体、有限和无限、思维和存在，在它们统一之前这些术语所指的东西，它们在统一之中已经不是了。所以说这两个东西的统一这种说法是不适当的，"统一"这个术语也是不恰当的。黑格尔在别的地方也说过，统一性 Einheit，这个术语非常讨厌，非常不恰当，最好是讲同一性"Identität"；但是同一性呢，又去掉了它的区别性，所以也不好，只是比统一性要好些。统一好像笼而统之，两个东西，你把它们统起来，是不好。但是你讲同一，又忽视了它们之间的区别，这也不好。到底怎么好，可能德语没办法说。但是他姑且这样用，他经常用统一又用同一来说，但又明知它的有限性，它的缺陷。德文版编辑在这里加注说，黑格尔

337

影射的是谢林的同一哲学，其实不对，谢林恰好是看到了"统一性"的毛病，才不用它而用了"同一性"，而同一性的毛病则不是黑格尔这里要谈的。前面是打个比方。下面讲，"同样，虚假也不再是作为虚假的东西而成为真理的一个环节的"。当它成为真理的时候你可以说它成为了真理的一个环节，但是你不能说它作为虚假的东西而成为了真理的环节。我们刚才觉得很难的一句话就在这里得到了解释，为什么"我们不能因此而说虚假的东西是构成真实的东西的一个环节或组成部分"。在这里黑格尔没有自相矛盾，他的意思是，这个时候不能叫做虚假的东西。当它已经构成了真理的一个环节或者一个组成部分的时候，就不能叫作虚假的东西，或者说作为虚假的东西它已经被真实的东西、被真理所拯救了，已经被提升到真理本身。这是对这两个概念的辨别，这种辨别是很细致的，需要大家用心去揣摩。下面一段：

在认知中和哲学研究中的**独断论**思想方式不是别的，只是这种意见：以为真实的东西就在于本身是某种固定结果、甚至是被直接知道的某个命题。

"独断论"，Dogmatismus，译作教条主义当然也可以。但是这里我们要考虑康德的思想背景，康德反对独断论，不仅仅是反教条主义。教条主义一般被认为是唯理论的观点，从一种教条出发，从一种理论原理出发来考察一切实际事物。但实际上康德反对的独断论也包括经验论的独断论，是凭我们的主观观念去断言自在之物的情形。康德反对的独断论，要采取批判主义，对一切都要进行批判，不要独断地进行肯定或否定。但在黑格尔看来，独断论的意思在康德那里理解得还不是很透彻，所以他这里要特别地加以说明。那么，"在认知中和哲学研究中"，独断论的思想方式是什么呢？"只是这种意见：以为真实的东西就在于本身是某种固定结果，甚至是被直接知道的某个命题"。真实的东西就在于某个命题，独断论就是以某个命题作为独断的根据，我根据这个命题就

338

可以对一切下判断了。那么这种命题是什么命题呢？即"本身是固定结果、甚至是被直接知道的某个命题"。这个命题本身是某种固定的结果，已经在那里了，我们可以直接认识到。比如说理智直观，笛卡尔和斯宾诺莎所讲的这种理智直观，康德是非常反对的，他说人怎么可能有理智直观或知性直观呢，人只有感性直观。直接知道的某种固定结果的命题，从这个固定的命题出发来作出判断，就是独断论。所谓独断论的思想方法不是别的，就是这种意见（Meinung）。意见跟真理是不一样的，从古希腊以来就是对立的。下面讲：

对于像"恺撒生于何时"，"一个运动场要有多少丈长"这类问题，应该给予一个**干净利落**的答复。直角三角形斜边的平方等于其余两边的平方之和，也确定是真的。但这样的所谓的真理其本性跟哲学真理的本性是不一样的。

这里举了三个例子。一个是像恺撒生于何时，这完全是历史的事实，一个经验的事实。历史把这个经验的事实记录下来了，这个是完全可以确定的。"一个运动场要有多少丈长"，这也是一个经验的问题，只是加进了人的目的，短了不够，长了也不需要，到底需要多长，那要看你在运动的时候的需要来决定。这个也是经验的事实，但是比前面一个更加需要计算，按照人的目的来估算。这类问题，应该给予一个干净利落的答复，不存在什么歧义。你说经过考证，恺撒应该还早生一天，那你也要拿出经验的事实来说话。所以这个经验如果是立足于事实，那它就是无可怀疑的。对这些问题的回答就要干净利落，不要拖泥带水，是或者不是，应该干脆答复。从某种意义上说，这也可以说是一种独断论，经验的独断论。至于"直角三角形斜边的平方等于其余两边的平方之和"，这个是数学的真理，也就是毕达哥拉斯定理，这个是没有人怀疑的，也是确定的真理。一般的理性派的哲学家喜欢从数学的真理来建立他们的独断论，数学和逻辑，以数学为楷模，逻辑有时还不是说得很清楚，但是数学是可以说得很清楚的。以数学为楷模，这是理性派的独断论。这两种独断论，一种是经验论的独断论，一种是理性派的独断论，他们所提出的这些命题都是真的，都有它确定性的标准。但是黑格尔说，"但这样的所谓的真理其本性跟哲学真理的本性是不一样的"，经验的真理跟数学的真理当然是真的，但这些所谓的真理实际上严格说起来还不能叫作真理。它只能称之为真的。它是真的 wahr，但还担不起真理 Wahrheit 这个名词。一个事实你说它是真理，今天下了雨，这是真理，这个用词也太大了，真理这个词一般是用在哲学上的。几何学的这些定理，也不完全能够成为真理，它的性质与哲学真理的性质根本不同。那么这里就有两个真理了，一个是历史的经验的真理，一个是数学的真理。这就是下一个小标题要说的：

[2. 历史的认识和数学的认识]

历史的认识这一块主要是给经验派的独断论作一个批判的考察，数学的认识主要是给理性派的独断论作一个批判的考察。所以他这个考察跟康德相比要更加细致，什么是独断论，它的来龙去脉说得很细。

在**历史**真理方面，如果为论述简便只就其纯粹历史性的东西来看，则容易得到同意的是历史真理所涉及的是个别定在，是从偶然性和任意性方面来看的内容，是这种内容的一些并不是必然的规定。

这是历史的真理，"在历史的真理方面，如果为论述简便只就其纯粹历史性的东西来看"，因为历史的真理有很多，比如说历史规律、历史分析、历史教训等等，这个里面包含很多，如果为论述简便只就其纯粹历史性的东西来看的话，那就只是历史的事实。从历史上已经发生过的事实来看，那么人们很容易承认"历史真理所涉及的是个别定在"，也就是此时此地曾经发生过的那种个别的东西。它是"从偶然性和任意性方面来看的内容"。偶然性可以说是客观的，任意性可以说是主观的；反正一大堆主观客观的内容，都是偶然的，"是这种内容的一些并不是必然的规

340

定"。它没有必然性,就历史上的东西的历史性而言,它不是必然的。所以我们刚才讲,为什么把历史性的东西称之为真理不恰当呢?真理应该具有必然性。当然莱布尼兹提出有偶然的真理,但是之所以有偶然的真理,莱布尼兹说,那是在我们人看来是偶然的,在上帝那里还是必然的。偶然的真理只是因为人的有限性,使我们看不出来,所以我们认为它是偶然的。讲到真理的时候,黑格尔强调必须要有必然性。

但即使像上面作为例子引述的这些赤裸的真理,也不是无须自我意识的运动的。

上面作为例子引述的,就是上面恺撒生于何时,一个运动场需要多少丈长,这些赤裸的真理,就是说你不要说那么多道理,你只要说一些事实,直截了当,干净利落的给我一个答复。这在经验世界是可以做到的。但是黑格尔说,即使这些赤裸的真理,也不是无须自我意识的运动的。你要断言恺撒生于何时,也已经有自我意识的运动,自我意识在里面已经起了作用,并非完全是一个经验事实。历史上过去了的事情,你总不能把它拿回来,你要回到过去,你必须要做很多的处理。所以下面就讲道:

为了认识一条这样的真理就必须做很多比较,也要参照很多书籍,或不管用什么方式做调查研究;哪怕对一个直接的直观也只有连同它的根据一起,这直观的知识才被视为有某种真实价值的东西,虽然真正说来,受到关注的也许只是那赤裸的结果。

比如恺撒生于何时,对于这样的真理,他到底是不是生于某年某月某日,就必须作许多比较,比如他当时所出生的年代,前前后后你要作比较。你要确认这个事实是不是真的,还是后人的误传,还是后人的猜测,你都要作出比较。你要参考很多书籍,或不管采取什么方式作调查研究。也许前人已经作出了回答,但是也不排除前人所作的研究都没有到位,甚至都不对。所以必须要经过自我意识的反思和多方面的工作。"哪怕对一个直接的直观也只有连同它的根据一起,这直观的知识才被视为有某种真实价值的东西,虽然真正说来,受到关注的也许只是那赤裸的结

341

果"。这种直观知识就是指比如"一个运动场要有多少丈长"这样的例子。运动场多大为好，你可以现场去看，去直观；但心中也得有个标准，有个根据。当然人们所关心的也许只是那赤裸的结果。比如运动场建成了，很好很适用，得到了预期的结果，人们关注的主要是这个。但却忽视了它必须要建立在一系列根据之上，而这就是一种自我意识的工作，不是完全不需要自我意识的。这就是对前面两个例子的解释，这都属于历史的知识。下面专门谈数学的真理。他说，

{32}　　　　至于**数学的**真理，那么这样的人更不会被看作是一位几何学家，他也许能**熟练地知道**欧几里德的几何原理，而不知道它的证明，或者如果人们可以对照来说的话，而不**内在地**知道它们。

　　　这里谈的是数学真理。上面讲的直接直观的知识还是在历史里面，必须要有某种根据，连同它们的根据一起才能被视为是某种具有真实价值的东西。这个数学的直观跟前面讲的两种历史的知识不一样，前面讲的历史的知识一种是通过考证得出来的，一种是我们亲眼看到的，亲历的，两者都不是不需要自我意识的。"至于**数学的**真理，那么这样的人更不会被看作是一位几何学家，他也许能**熟练地知道**欧几里德的几何原理"，就是说如果有一个人他从教科书上将欧几里德的几何原理背下来了，熟记了，这就是"外在地知道"，但是他不知道它是怎么来的，不懂它的证明，也就是不是"**内在地**知道它们"。那么这样一个人我们不能称他为几何学家。一个不懂得几何学定理的证明，只知道背诵那些定理结论的人，当然不能被看作几何学家。你光知道历史的事实，而不能运用自我意识，尚且不能称之为历史学家；那么你光知道几何定理更不能称之为几何学家。这里面有一种层层递进关系，就是说哪怕是简单的历史的事实，恺撒生于何时，哪一年，你要参考各种各样的书籍，要考证他是不是生于那个时候，才能确定这个事实；同样，亲历的这种直观，也要连同它们的根据、你在直观它时的目的和要求一起，才能确定一个事实；那么

342

几何学家更是这样的，你能把几何学定理背诵得滚瓜烂熟，但是你不能证明它，不能把它的来龙去脉搞清楚，那就更不能称之为几何学家，你所背熟的定理也不能叫作真理。总之，一个外在的知道，一个是内在的知道，外在的知道就是熟知（熟记），内在的知道就是理解，区别在于是不是运用了自我意识的反思能力。下面：

<u>同样的，如果一个人通过对很多直角三角形的测量而得知它们的各边相互之间有那个著名的比例，这种知识也不会被认为是令人满意的。</u>

前面讲通过背熟而获得一个定理，现在讲通过测量而获得一个定理，是不是就能称之为真理了呢？也不行，这样一个定理的知识也是不能令人满意的。通过对一些直角三角形测量很多次而总结出来和归纳出来那个著名的比例，即毕达哥拉斯定理，由于这样一个定理是通过多次测量归纳出来的，而不是在理论上证明出来的，所以仍然不能令人满意。因为你测量得再多，总有没有测量过的，你的归纳总是不可靠的，归纳是不能穷尽的，归纳只能得到或然性，你得到的或然性再大，它也不能等于必然性。中国人发现的勾股定理就是这样，它不是通过数学上的推论，而是通过大量的测量得出这么一个窍门、诀窍，用于我们的测量和建筑中。下面：

<u>不过证明的**本质性**即使在数学认识中也还没有取得作为结果自身之环节的含义和本性，而是在结果中，证明反倒已成为过去而消失了。</u> [27]

前面说了，必须要通过证明、通过内在地知道来掌握几何学的定理。光是外在地知道还不行，通过外在的归纳也不行，当然通过测量更不行，必须要通过内在地知道，要懂得它的证明。但是这里讲，不过，即算是证明也有问题，毕达哥拉斯定理你不但是背熟了，而且你证明了它，这个是不是就能够称之为真理的证明了呢？"不过证明的**本质性**即使在数学认识中也还没有取得作为结果自身之环节的含义和性质"，证明的本质性，证明当然是深入到了定理的本质了，一个定理摆在那里，你当然可以通过证明来深入到它的本质。但是它即使在数学认识中也还没有取得作为

343

结果自身之环节的含义和性质，就是说你证明出来了一个结果，当然这个证明是这个定理的本质，但是这个本质并不是这个结果本身的环节，它并不具有这种含义，也不具有这种性质。也就是在这个定理、这个结果里面你并没有看到这个证明，这个证明是在你的这个定理之外，就像制造容器的工具在容器之外一样。毕达哥拉斯定理，他说出来，他是怎么证明的，我们从毕达哥拉斯定理的结论中看不出来，我们很好奇，他是怎么证明的？他说出来我们都懂，而且用起来都很顺手，但是他是怎么证明的，我们从这个定理中看不出来。它这个证明过程没有包含在定理里面。毕达哥拉斯很有天才，他能证明出来，他证明了毕达哥拉斯定理，但是从这个定理中我们并没有看出这个证明过程。这过程并没有作为定理的一个环节，这个定理不需要这个环节，它自身放之四海而皆准，你不需要在每次使用的时候都把它证明出来。相反，"在结果中，证明反倒已成为过去而消失了"。在结果中，也就是在这个定理中，你的证明反而消失了。好多几何学定理和数学定理都是这样。在结果中、在定理中，证明的过程已经过去了，一个定理之所以能成立，当然需要证明，但是一旦证明了，证明的过程就消失了，就是曾经证明过，但是现在用不着了。就像前面举的一个例子，一个工具一旦做成了一个容器，那么它就被放在一边了，它不放在容器本身里面，那只是个产品。我们如果不是行家，我们甚至看不出它是用什么工具做的。定理也是这样，数学定理一旦证明，它就是一个完整的结果啦，所以你用什么方式来证明它，这一点已经不重要了。已经证明出来的东西，那就不重要了，你把人家已经证明了的东西再证明一次，没有意义。下面：

几何原理作为结果，诚然是**一个已被洞见为真**的原理。但这种添加进来的情况并不涉及它的内容，而只涉及对主体的关系；数学证明的运动，并不属于作为对象的东西，而是在事情**之外**的一种行为。

这个是和前面一样的意思，进一步说明，几何原理，也就是欧几里德的《几何原理》，作为结果当然是一个已被明见为真的原理。一旦作为

344

原理确立起来了，当然它是被明见为真的了，在它被确立为原理之前，是有一个人，有一个数学家、几何学家，他明见了它是真的，因为他对此进行了证明，他的证明就是使它成真。但这种"添加进来的情况"，明见为真这样一个证明的过程是一种添加进来的情况，额外附加的情况，并不涉及原理的内容。我们经常看到一个小孩子，老师在课堂上说你为这个定理添加一个证明，这个定理我们都知道了，你来为这个定理添加一个证明。一些数学上的"猜想"，如"哥德巴赫猜想"，都是先有定理，然后寻求证明。这个证明是添加进来的，它并不涉及定理的内容，而"只涉及对主体的关系"。就是说，这个内容已经在那里了，但是之所以需要证明，是因为你还不明白，你还没有明见它里面的真理性，所以你需要去证明。一旦证明了以后，其他人把这个证明重做一遍就容易了，何况我们不需要每件事情都去证明，我们可以相信某些权威，然后用这个定理来做别的事情。所以这些证明是添加进来的情况，它并不涉及定理的内容，而只涉及对主体的关系。如果你对这条定理怀疑起来了，或者说你对他的证明不满足，你说他那样证明，我还可以这样证明，那才需要你自己去证明一番。我们知道一个几何学定理的证明可能有好多种，那么定理本身并没有变，定理本身并没有增加一丝一毫，增加的是我们对它的关系。我们对它可以从各个角度去看，这样我们可以对它理解得更通透。它涉及我们的理解问题，而不涉及定理本身的内容。所以他说："数学证明的运动，并不属于作为对象的东西，而是在事情之外的一种行为"，就好理解了，数学证明的活动并不属于对象本身，而是在事情之外的行为。"事情之外"，这个"事情"跟"事情本身"有关。事情通常相当于实体。但是数学证明在事情之外。下面：

所以直角三角形的本性自身并不这样来分解自己，就像对于表达了直角三角形比例的那个定理的证明是必要的那个几何作图中所显示的那样；结论的整个产生过程只是认识的一个过程和一个手段而已。

在我们证明毕达哥拉斯定理时所必需的那个几何作图中，我们要将三角形加以分解，但直角三角形的性质本身却并不像这种几何作图那样分解自己。那样的几何作图是为了要证明毕达哥拉斯定理，我要证明毕达哥拉斯定理，我必须要做一些辅助图形，才能够使它得到证明，但是这个直角三角形本身并不把自己分解为那些辅助图形，那些辅助图形是我们人为了自己好理解而给它添加上去的。所以，"结论的整个产生过程只是认识的一个过程和一个手段而已"，你要产生那个结果，毕达哥拉斯定理这是最后的结论，但是我作了那么多辅助图形，都只是我们认识的一个过程，一个手段。我们通过这个手段，使自己更加清晰地看出毕达哥拉斯定理是有来头的，它不是哪个人凭直观一下子就看见的。下面：

——即使在哲学认识中，**定在**作为定在其形成也是与**本质**的形成或事情的内在本性的形成不同的。

这个地方提出了哲学认识跟几何学的认识来相对比，但是他还是在几何学认识的范围之内，暂时把哲学的认识拿出来作一个对比。"即使在哲学认识里，**定在**作为定在其形成也是与本质的形成或事情的内在本性的形成不同的。"在一点上，哲学认识跟几何学认识有类似之处。刚才讲了毕达哥拉斯定理，你要证明它，你要做很多辅助图形，你要明见它的本质性，你就必须做漫长的证明、推论，做假设等等，这些都是辅助手段，是为了证明毕达哥拉斯定理的必然性嘛。所以毕达哥拉斯定理与它的证明的关系，就相当于在哲学的认识里，定在本身的形成和本质的形成之间的关系。在哲学认识里面，定在作为定在的形成也是与本质或事情的内在本性的形成是不同的。这相当于什么呢？就相当于黑格尔逻辑学里面的存在论和本质论的关系。黑格尔《逻辑学》的存在论就是讲定在是怎么形成的，讲定在作为定在的形成；而本质论讲的是本质和事情的内在本性的形成。他放在两个阶段来讲，一个是存在论，一个是本质论。我们在讲存在论的时候，我们不一定马上就想到了本质论，这个本质论是一步步的推出来的；就像我们看到毕达哥拉斯定理的时候，我们没有想到它的证明，毕达哥拉斯定理自身独立地就在那里了，它的证明是后来我们人为地推出来的。那么这和哲学里面存在论和本质论的关系有点相似。所以他这里讲，即使在哲学认识里，定在的形成也是与本质的形成不同的。所以这里有两个形成，定在作为定在的形成；本质的形成或事情作为本性的形成。他打了着重号的一个是"定在作为定在"，一个是"本质"。为什么要说定在作为定在呢？"定在"在存在论阶段，它作为它本身，它还没有被揭示出本质的时候，那就是定在作为定在。当然定在也是有本质的，但是它的本质是在本质论里面来谈的，而在存在论里面是把它作为定在本身来谈的。这两个层次在黑格尔的《逻辑学》里面也是不同的。所以这个跟数学的认识里有些类似。数学里面一个定理跟它的证明过程也可以这样看，证明也可以看作是一个揭示本质的过程，这个定理则可以看作是一个定在。所以这里就有一种可比性，他这里把哲学的认识拉来进行比较。但是这个比较，之所以可比，就是因为它们既有类似的地方，也有不同的地方。哲学领域里面的这个存在和本质还不等于几何学里面的定理和证明。所以下面：

但是第一，哲学认识包含着两种形成，而数学认识则只陈述定在的形成，即是说只陈述在认识本身中事情的本性的存在的形成。

这是一个区别，哲学的认识里包含着两个形成，一个是存在的形成，一个是本质的形成。本质也是形成的，有两种形成。而在数学认识里，只陈述定在的形成，或只陈述存在的形成。它的证明过程不是一个形成过程。我们证明毕达哥拉斯定理，你可以这样证明，我也可以这样证明，这两种证明没有一种形成关系，它还是同一个定理。也就是毕达哥拉斯定理和毕达哥拉斯定理的证明它们都只是定在，都仅仅是定在的形成，但是没有本质的形成，它只有一个定在和一个定在的形成，但是它缺乏一个本质的形成。这就是一个区别。数学认识只是陈述在认识本身中事情的本性的存在本身的形成，"在认识本身中"，认识打了着重号，也就是它只是对主体的认识关系而言的形成，只涉及它对主体的认识关系，就是我们怎么认识它，怎么证明它。毕达哥拉斯定理我们去证明，但是这

347

证明只是我们对它的认识，而不是定理本身的形成。我们如何理解它，如何明见它的真理性，这种明见在定理里面是消失了的，跟定理本身没有关系，我们只是在认识过程中去考察事情本身的存在的形成，存在只是在我们的认识中才有形成，本身则是固定在那里的，并不是形成的。存在也打了着重号，就是说它只是在存在这个低层次上，对于我们认识而言是如何形成起来的，它只涉及我们对这样一个定理的存在是怎么看的。《逻辑学》中的存在论则有自己形成的过程，这个过程对于我们的认识来说往往是隐藏的，所以就像有一种"理性的狡计"在后面支配它。而毕达哥拉斯定理则由我们的认识来证明，但并不是通过这个证明才形成起来的，它本身没有那个形成过程。是我们为了能够更好的理解它，透彻的明见它的真理性，我们才为它添加了一些外在的证明，在我们认识里面它有这样一个形成，但是这个形成不是这个事情本身的本质在形成。这是第一个不同的地方。下面：

第二，哲学认识还把这两种特殊的运动结合起来。内在的产生或实体的形成过程乃是那不可分割的、向外在的东西或向定在、向为他存在的过渡，反过来，定在的形成过程也就是将自身收回到本质中的过程。

这是哲学跟数学的第二个区别，哲学认识还把这两种特殊的运动结合起来。数学只有一种形成的运动，在哲学里面有两种，这是不同的；再一个，哲学认识里既然有两种，它还把这两种特殊的运动结合起来。这也是跟数学不同的，数学里只有一种，无法结合。"内在的产生或实体的形成过程乃是那不可分割的、向外在的东西或向定在、向为他存在的过渡"。内在的产生也就前面讲的本质的形成，本质就是事物内在的本性的形成过程。定在的形成过程和本质的形成过程，这两个过程是不可分割的。定在的形成过程是放在存在论里面讲的，但是存在论里面讲的这个形成过程最后要进入到本质才能得到根本的理解。它虽然有两个过程，在存在论里面已经讲了定在的形成过程了："有—无—变"，然后进入到定在，但是定在本身的本质何在？必须在本质论里面，进入到事情的内在本性，才能得到通透的理解。这两个形成过程是不可分割的。"向外在的东西或向定在、向为他存在的过渡"，这里的主语还是内在的产生过程，内在的产生过程是向外在的东西或向定在、向为他存在过渡的过程。从本质论的层面来看，我们可以看出本质论这种内在的产生过程，在存在论里面表现为向定在过渡，也就是说后面的东西实际上是前面东西的本质，而本质论揭示了存在论里面的东西的根源，从存在到本质实际上是向根源的追溯。进入到本质论我们就会发现，存在论里面的那些定在实际上是这样形成起来的。存在何以可能，定在何以可能，必须要进入到本质论才能得到说明。那么一旦得到说明，我们就可以发现，实际上这个内在的产生过程，乃是向外在的东西或向定在、向为他存在过渡的过程。也就是说本质论里面的那些过程向我们指明了，本质是怎么形成存在的。所以到了本质论我们就把存在论扬弃了，本质论里面还是讲存在论的东西，是讲存在论里面的东西是如何从本质论过渡而来的，是讲这回事情。黑格尔《逻辑学》的存在论、本质论、概念论，我们要记在心里面，要很熟悉，他这里面讲的实际上更多的是联系着他的《逻辑学》体系，讲本质论的时候实际上还是在讲存在论的东西。"本质是过去了的存在"，这是黑格尔的话。存在的原因，存在何以存在，存在是如何存在起来的。亚里士多德讲四因，也是这个意思，事物的根源，它的本质，它曾经的存在，现在这样了，过去的存在过渡为今天的存在了，所以过去的存在就是本质。这是在《逻辑学》里面所表达的一种思想。整个都是实体的形成过程，但是内在的形成过程就是这个实体的形成向外在的东西过渡，虽然本质论放在后面讲，但是讲的是一个更早的情况，更带本源性的情况。这是从本质论来解释存在论。"反过来，定在的形成过程也就是将自身收回到本质中的过程。"这是反过来说的，前面是正面说的。本质论实际上是存在论的根源，反过来，存在论里面讲的定在呢，实际上它的形成过程就是把自身收回到本质之中。因为在存在论里面存在表现出一系列的发展阶段、过渡阶段，但是这些过渡阶段过渡到哪里去了呢？

过渡到本质论里面去了，为什么要过渡到本质论里面去呢？就是存在论要把自身收回到本质论里面去。这是反过来讲的。反过来讲实际上是黑格尔写《逻辑学》的程序，他先写存在论，再写本质论。他公开的程序是这样的，但是他实际上讲的是相反的一个过程，他先写存在论并不是说从存在论里产生出本质论，而是说存在论自己把自己收回到了本质论，是这样一个过程。所以这跟表面的进程是一种颠倒的理解，表面的进程我们通常认为，从存在论到本质论好像是从存在论发展出了本质论，但是这是表面的。从生成上来理解呢，实际上是存在论把自己收回到本质论，本质论已经先在那里，但是还隐而不显。但是在存在论里面通过一步步的发展，把存在论那些范畴特别是定在的范畴归到了本质论里面去了，归到了它的根源、它的本源。存在就是本质，存在实际上就是本质，用黑格尔的话说，存在论的真理就是本质。或者说存在真正说来就是本质。从这个意义上说，我们实际上可以把存在论理解为定在的形成过程也就是将自身收回来的过程，把自身纳入自己的本质之中，把自己归结到自己的本质，那就是进入到本质论了。所以存在和本质相互之间的关系是一种不可分割的过程，是同一个过程，从形式上看，是从存在到本质，从实质上来看，是存在把自己收回到了本质，或者存在展示出它的更内在的本质，这个更内在的本质是在后面决定这个存在的。这就是哲学认识的一个特点，本质和存在一方面它是两个形成过程，另一个方面这两个形成过程是同一个过程，它们相互之间有一个不可分割的关系。所以他讲：

这个运动就是这样的双重过程和整体的形成，以至于每个环节都同时建立起另一环节，因此每个环节又将两者作为两个方面而包含于其自身；它们共同构成全体，因为它们消解其自身并使自身成为全体的环节。

这句话等于是前面那个循环往复的过程的一个总结。"这个运动"，这个正过来反过去的运动，是"双重过程和整体的形成"，光是双重过程还不够，还是整体、是"一"的形成，看起来是两个过程，实际上是一个过程。"以至于",也就是具体的谈了,"以至于每个环节都同时建立另一环节"。在这个双重过程中,两个环节,一个存在一个本质,都同时建立另一环节。在存在中就一步步建立了本质,因为存在论的发展就是向本质的发展,就是把自己收回到本质的一个过程;那么本质的形成过程实际上就是在解释存在的形成过程,就是在为存在论的形成过程提供根据,存在论后面的根据就是本质的形成。所以这是同一个过程,整体的形成。他说,"因此每个环节又将两者作为两个方面而包含于其自身;"每个环节,存在也好,本质也好,都把两者、把存在和本质作为两个方面而包含于其自身。在存在论方面,就有存在和本质两个环节,在本质里面也有存在和本质两个环节,当然它的结构是不一样的。"它们共同构成全体,因为它们消解其自身并使自身成为全体的环节"。这两个环节共同构成了全体,存在论和本质论在黑格尔那里是同一个"客观逻辑"。存在和本质其实是一个东西,本质是过去了的存在。在发展过程中,我们从存在追溯到它的过去,追溯到它的根源,追溯到它何以可能,那就是本质。我们经常说要把握一个人的本质,要看他的过去,必须从他的一贯的行为来看。看一个"存在"也是如此,要看它过去,它是怎么形成起来的,当我们理解了存在是怎么形成起来的,我们就把握到了存在的本质。所以本质是过去了的存在,这是很有道理的。本质连同存在共同构成了全体,而在这个全体里面它们各自消解自身,并使自身成为全体的环节。各自消解自身,也就是都向对立面转化了,你再也不能把它们孤立起来,说这个是存在,那个是本质。不像在数学认识里面一样,这个是定理那个是定理的证明,它们互相之间格格不入,任何一方都不能把另一方消解掉。但是在哲学里面本质和存在互相如此紧密的联系,于是它们就互相消解了,构成了一个全体。当然这个真理、这个全体最后归结到概念论,在概念里面存在和本质都消溶了,都成了全体的环节。在概念里面我们就不说这个是本质、那个是存在了;但是也不是完全撇开存在和本质,而是在更高的层次上来包容存在和本质,存在和本质还在里面,但是得到了更高的解释。这是通过跟哲学知识的对立来进一步突出数学认识的特点和它的局限性。我们在康德《纯粹理性批判》的先验方法论里面也看到，康德早就指出数学知识不能取代哲学知识。数学知识它的证明、它的定义都不能用在哲学里，它们完全是两码事。但康德没有黑格尔解释得这么细。黑格尔解释得非常细。我们刚才看到，像几何学的定理，它的证明和定理之间的关系是外在的，它跟哲学不同的地方就在于，哲学不是外在的，哲学的证明过程跟它的命题本身就是一回事情。所以哲学的证明严格说起来已经不能说是证明了，它就是事情本身的一种运动，一种发展、一种展开。你要说它是一种证明也可以，但是这个证明是与数学几何学的证明完全不同的。它通过什么来证明？它通过它的行动，通过它的形成过程来证明。一个人证明自身的就是一个人的行动，一个人是什么人，不是看你说自己是什么人，而是你把自己做成什么你就是什么人。那么黑格尔的证明也是这样，它就是通过这些范畴的发展来证明自身。下面一段：

在数学认识中，那种明见是一种在事情之外的行为；由此就导致真正的事情被它改变了。

黑格尔对数学的批判要比康德更细，我们下面将会看到。"在数学认识中，那种明见"，也就是通过证明而明见定理的真理性，这种明见即是通过证明的一种明见。"这种明见是一种在事情之外的行为"，在什么事情以外？在数学定理以外，它是一种外在的行为。"由此就导致真正的事情被它改变了"，就是在证明中，真正的事情就被它改变了，真正的事情就是定理，这个定理已经被它改变了。这个定理最初直接呈现出来的东西已经被你的证明所改变，比如你做辅助线、你做辅助图形、你假设一个什么东西，当然你最后要把这个假设去掉，但是在过程中你必须要把这些加于这个定理之上。所以真正的事情就被这个行为改变了。你要证明一个定理，你必须要使这个定理变形，不然的话你怎么证明呢？下面：

因此，尽管所使用的工具以及作图和证明都包含着真命题，但是同样不得不说这内容是虚假的。

"尽管所使用的工具"，你使用的圆规、直尺，"以及作图和证明都包含着真命题"，都没错，你的证明是正确的，你所引用的定理也是真命题；但是不得不说内容是虚假的。就是说，你在证明的时候你在说别的东西，你王顾左右而言他，你没有说这个定理。如果你要重复这个定理，你就同义反复了，你要避免同义反复，你就要说些别的东西，比如援引另外一个定理。那么这都是工具，作图也是这样，作一个辅助图形，而改变原来的图形，以及证明过程，这些本身都包含着真理的东西，但是不得不说内容是虚假的，因为这个内容与原来要证明的这个定理是不相符的。我们前面讲到所谓虚假就是你的知识跟你的对象是不相符的。那就是虚假的，是不同一的。那么你这个证明对于这个定理来说就是虚假的。下面：

在上述例子中的三角形被拆碎了，它的各部分被纳入了应在它上面作图而发生的其他图形中。

我们要证明直角三角形的毕达哥拉斯定理，我们就必须要在它上面作一些图形，那么我们在看这个图形的时候，我们就把它的三条边都加到另外的图形里来加以观看，所以原来的三角形就被拆碎了。因此它的各部分被纳入了应在它上面作图而发生的其他图形中。它的这个边，我给它作一个正方形，它的另一个边，我也给它作一个正方形等等。我就把它三个边看作是另外三个大小不一正方形的三个边。我就这样来看它，好像是另外三个大小不一的正方形拼出来的直角三角形，好像直角三角形是三个正方形中间的一个空档。它不再成为一个独立的三角形，它被拆碎了。这个分析得很细了。在证明毕达哥拉斯定理中，我们已经把本来的直角三角形，这个定理所生根的图形，我们把它拆碎了。所以你所证明的那些内容是虚假的，跟你要证明的那个直角三角形已经没有相同的关系了，它是另外一套关系。下面：

原先被关注的那个三角形，直到最后才被重新恢复起来，而在证明过程中，它从目光中消失了，它只是作为属于其他整体的碎片而出现。

这就是我们刚才讲的意思。这个三角形证明过后，你还是要把它恢复起来，但是在证明过程中，这个三角形你已经看不见了。你如果死抠着这条边是直角三角形的边，而不是正方形的边，那就没法证明了，你必须把它看作同时也是正方形的边，你本来是要证明三角形的边，但是把它变成了三个正方形的之间的边的关系的问题。那么这三个正方形的边之间的关系对于这个三角形的三个边的关系是虚假的，是不符合其内容的。所以在证明过程中，三角形的边从我们眼中消失了，虽然最后它被回复了，但是在证明过程中，它们从我们眼中消失了，它只是作为属于其他整体、其他正方形的碎片而出现。下面：

于是我们在这里看到，发生了内容的否定性，它似乎必须被称之为内容的虚假性，正如在概念的运动中，被以为是固定的那些观念的消失一样。

这是对上面的总结。我们看到这里"发生了内容的否定性"，就是说，内容为了要证明这个定理，于是首先要否定你的定理的内容，从别的定理出发，先把你的定理抛开。你把这个直角三角形的三条边先放着，你首先把它看作是、或"假设为"三个正方形的三条边，那么就否定了直角三角形的三条边。所以这里发生了内容的否定性。"它似乎"，"它"就是这个内容的否定性，它似乎"必须被称之为内容的虚假性"，也就是说黑格尔并不完全同意把它叫作虚假性，但是在这里似乎也可以被称之为虚假性。这跟前面讲我们"不得不说内容是虚假的"相呼应。因为它跟这个三角形、跟这个毕达哥拉斯定理没有关系了，它好像是在讲毕达哥拉斯定理，但是跟毕达哥拉斯定理又是不同的定理，那它岂不是虚假的内容？所以他讲，它似乎必须被称之为内容的虚假性，"正如在概念的运动中，被以为是固定的那些观念的消失一样"。"在概念的运动中"，这就涉及哲学了，这里又是拿哲学来作比较了。在概念的运动中，被以为是固定的那些观念的消失，这是哲学的特点。在概念的运动中，每一个概念在进一步的过程中,作为它本身就消失了,但是它作为后一个概念的环节还保留着,这就叫作扬弃,它既消失又保留了。整个《逻辑学》中,一系列的概念都消失了,消失到哪里去了呢? 消失为整个《逻辑学》的一些环节。它本来是一个独立的概念,但是变成了一个环节,变成了整个体系的一部分。在数学里面也有类似的情况,"发生了内容的否定性,它似乎必须被称之为内容的虚假性"。这与在哲学中的虚假性有同样的意思,你不能把它完全当作虚假的。真实和虚假这种说法在这种情况下,不能够直接拿来就用。当你证明一个毕达哥拉斯定理证明完了的时候,你可以说你的整个过程都是真的;但是在证明过程中,它确实是虚假的,它靠的是假设。在证明过程中,你确实把别的东西拿来,充当对毕达哥拉斯定理进行证明的一些手段和工具,那么这些手段和工具跟毕达哥拉斯定理本身也可能是毫无关系的。因为它讲的是直角三角形,你讲的是正方形,它们之间不同性质,是内容的否定性,所以你可以说是虚假的。这种情况跟哲学里面有类似之处,在哲学的认识里,当真理已经达成的时候,你就再也不能把它的每一个环节看作是虚假的,它们已经被拯救了。在数学里面,最后你说这个证明是真实的,因为它证明了最后的真理。下面一段讲这种数学的证明的真正缺点。

　　但是这种认识的真正缺点,既涉及这种认识自身,也涉及它的一般 [28]
材料。——就认识过程而言,首先在于作图的过程没有得到洞见。

　　这种认识,也就是这种数学的认识,它跟哲学概念的发展有类似之处,真实和虚假在其中互相交织。但这并不是数学认识的真正缺点,它的真正缺点有两个方面,一个涉及认识自身,另一个涉及它的一般材料。就认识过程而言,"首先在于作图的过程没有得到明见",也就是没有看透为什么一定要这样作图,在定理里面没有反映出一定要这样作图,其实是偶然的。作图的这种证明方式是偶然的,你可以这样证明,他也可以那样证明,可以有多种证明方式,有一种证明比较简洁,于是被大家公认。其实还有更多别的证明，也许更麻烦，但是也许更简洁、更直观。所以为什么有这种证明而不是那种证明，这在定理本身中没有得到明见。这是数学证明的缺陷，它是偶然的。比较之下，哲学的证明过程是必然的，你只能采取这种方式而不能采取那种方式，因为它本身是真理。在几何学里面是没有的，几何学里面经常要靠运气。毕达哥拉斯很有运气，他发现了毕达哥拉斯定理，所以以他的名字命名，就说明这是很幸运的事情，他举行了一场百牛大祭来庆祝他的运气。下面：

{33}　　这种必然性并不是从原理的概念里面产生出来的，而是被指定的，人们必须盲目地遵守这种规范，而恰恰作出这些线条，虽然本来可以作出无数其他的线条；人们别的什么也不知道，只真诚地相信这样做会合乎目的地引出证明来。

　　这种必然性指作图的必然性，当然作图也有必然性，说这样作图必然会得出那样的结果。但是这种必然性并不是从定理的概念里面产生出来的，毕达哥拉斯定理并没有表明一定要这样作图，从定理本身是推不出来的，而是被人为指定的，被天才人物发现的。一旦被发现，它就指定了，你按照我这样去做，你就可以去证明，所以它是被指定下来的。"人们必须盲目地遵守这种规范，而恰恰作出这些线条，虽然本来可以作出无数其他的线条；人们别的什么也不知道，只真诚地相信这样做会合乎目的地引出证明来。"就是有一个天才已经发现了证明毕达哥拉斯定理办法，那么跟着来的人就必须要盲目地去遵守这些规范，而恰恰作出这些线条出来。你遵守它，你就跟他一样，他是碰巧发现的，那么你也是恰恰作出这些线条来，虽然本来可以作出无数其他的线条。你如果没有他的指导，你可以胡乱在纸上画图，当然也许你有其他的证明，你也会有自己的成果。本来可以作出无数其他的线条出来。毕达哥拉斯定理不是唯一的证明方式，也许还有别的方式。但是在这个时候，"人们别的什么也不知道，只真诚地相信这样做会合乎目的地引出证明来"。"合乎目的"这个概念是很重要的，这是从康德来的。合目的性在康德那里有一种叫作客观形式的合目的性,就是讲的几何学。他有四种合目的性,主观形式的合目的性就是审美,主观质料的合目的性就是适用,客观形式的合目的性就是几何学,客观质料的合目的性就是有机体。黑格尔说,"只真诚地相信这样作会合乎目的地引出证明来",那么这种真诚地相信是寄托在某种偶然性上面的,有的人相信,有的人不相信,你相信毕达哥拉斯你就能合乎目的地引出这个定理的证明来;但是如果你不相信呢?你说我还有另外一种,我相信我不根据毕达哥拉斯也可以得出另一种合目的性来,这是可能的。所以它具有偶然性。它只是建立在人们真诚地相信毕达哥拉斯的做法之上,别的什么也不知道。你也不需要知道,有权威在嘛。有人已经发现了,那么你按照他那样做就行了。下面:

这种合目的性即使后来得到了显示,它因此也是一种外在的合目的性。因为它是后来在证明中才显示出来的。

这种合目的性即使在后来才得到显示,就是你相信毕达哥拉斯,你按照他做的那样去做,那么,你的目的就实现了,所以这种合目的性在最后的一刻得到了显示,或者得到了证明。就是毕达哥拉斯确实是正确的,我按照他那样做确实得出了我所需要的结论,证明了这个定理,但是这是后来得到的显示。但是在开始,你只要跟着他盲目地做就行了,你不知道你的证明跟你的目的有什么关系。你相信它是有关系的,但他讲的好像都是别的东西,跟你的目的好像毫不相干;不过你得忍着,他做一些这些线条、这些辅助线,好像是别的东西,但是你相信他并按照他这样去做,你就会得到最后的证实。这个是一种真诚,一种信念。那么即使最后得到了显示,它也因此是一种外在的合目的性,这也是康德的概念。外在的合目的性和内在的合目的性有什么不同呢?外在的合目的性是用一个手段去达到另一个目的,内在的合目的性就是手段本身就在目的之中,以自身为手段和目的。比如说,有机体,有机体就是内在的合目的性。就是自我形成的这样一个过程,它的手段就包含在它的目的之中。我们讲有机体就是为了它的生存和繁衍,它都是为了维持它作为一个活的个体，那么它是用的什么手段呢？用它的肢体、触角、器官，但是这些不就是它的身体吗？所以这些肢体、触角、器官既是它的手段也是它的目的，它是自我的手段和目的。有机体表现出来一种自组织的关系。我们前面讲到自组织，自组织就是内在的合目的性，自己组织自己，当然它需要利用外在的条件，比如说阳光、水、空气。它利用外在的合目的性实现内在的合目的性。所以内在的合目的性比外在的合目的性更高一层次，内在的合目的性包含和利用外在的合目的性，但是又不止于外在的合目的性。外在的合目的性它的手段和目的是可以分离的，在手段本身中看不出目的来，目的是过程之外加上去的；而内在的合目的性它的手段和目的是不可分离的。所以这里讲，数学和几何因此也是一种外在的合目的性，因为它的目的是后来在证明中才一步步显示出来的，在手段中还看不出来。下面：

——同样，这种证明走上了一条从随便一个什么地方开始的道路，而人们却还不知道，这与从中要产生的结果有一种什么联系。

就是这种外在的合目的性，它的结果最后才显示出来，而在它的证明过程中却看不出与结果有什么关系。所以他说，"同样，这种证明走上了一条从随便一个什么地方开始的道路"，从哪里开始证明，这是很偶然的。毕达哥拉斯有他的天才，他发现了这个定理从这个地方开始可以证明，但是人们从另外一个地方也可以证明，这完全是有些随意性的，你从哪里开始这是偶然的。"而人们却还不知道，这与从中产生的结果有一种什么联系。"人们从随便一个什么地方开始，已经走在这条路上了，但是却还不知道，这与从中要产生的结果有什么关系。这条道路将把我们引向何方？只有通过一步步的证明，在最后接近目的了，聪明的人也许才领悟到，哦，我们正在接近目的。但是比较傻一点的，靠近目的时他还不知道，一直到把目的给他写出来了，他才恍然大悟。不管怎样，他在这条路上的时候，他不一定知道这个目的。直到最后我们才知道我们终于达到目的了。这就是数学证明。下面：

证明的过程采取这样一些规定和联系而放弃别的规定和联系，人们却并不直接明见到这是出于什么必然性；这个运动是受一种外在的目的支配着。

这就是外在目的论的意思了。我们从这种证明过程中并不能直接明见到每一步都与结果有必然的关联，因为手段和目的是分开的。把这个手段、这种证明程序联系到目的上去的是一种外在人为的目的性，他选择这个手段是偶然的，而不是出于目的本身的本性。所以如果换一个人来，他也许会放弃这些规定和关系，却采取另外一些规定和关系。数学证明的外在性就在这里，它缺乏一种内在的必然性。

＊　　　　　　＊　　　　　　＊

我们前面已经讲到了《精神现象学》作为一个通往真理的历程，它跟历史的知识以及数学的知识都是不一样的。上面几段讲了历史的知识和数学的知识，批评了这两种知识的局限性。作为历史的知识他几句话就带过去了，最主要的是谈数学的知识。在黑格尔之前，特别在康德以前的那些理性派哲学家，他们都把数学看作是哲学方法的楷模。当然到了康德已经不一样了，康德已经对数学作了批评。但是在黑格尔看来这种批评还不够，仅仅说数学的证明方式不适合于哲学，这种批评是必要的，但是不充分。所以黑格尔在这里作了一番比较细致的考察。我们上次讲的主要是关于数学的局限性，讲了几个方面，一个是几何学的作图把事情本身给肢解了，而在作图过程中那样一种目的性却消失了，或者说它只是一种外在的合目的性，这种目的性要在最后才看出来，但整个过程没有包含在定理和公式之中，完全是一种人为的处理方法。再一个，作图的方法没有必然性，只是偶然碰到的。今天要讲的也是对数学进行的深入探讨。他对数学讲的话很多，说明在当时的哲学界，特别是理性派哲学家对数学抱有根深蒂固的迷信，总觉得数学无可置疑，哲学争了几千年，大家争来争去，没有一个标准，如果像数学那样，把标准定下来，那就可以一劳永逸了。但是黑格尔认为这是不可能的。所以他首先要对数学的确定性进行分析，看它到底是一种什么样的确定性。他说，

数学以这种有缺陷的认识的**自明性**而自豪，也以此而在哲学面前自鸣得意，但这种认识的自明性完全是建筑在它的**目的**之贫乏和**材料**之空疏上面的，因而是哲学所必须予以藐视的一种自明性。

就是说数学的认识是有缺陷的，上面已经作了种种分析，但是谁也不能否定数学的认识是具有自明性的。黑格尔批评了那么多，说它的作图肢解了图形本身也好，说它是一种外在的合目的性也好，说它的证明缺乏必然性也好等等，讲了这么多，最后也不能否认数学的那些公式和定理是自明的。那么这种自明性，数学历来以此为自豪，而且也是那些哲学家千方百计的要使哲学达到数学的标准的原因。数学以这种自明性而自鸣得意，是因为哲学问题永远争不清楚，哲学搞了几千年，到今天也没有一个定论，而且几乎被摧毁了。康德就说过，人们几乎以谈形而上学为耻。但是没有人以谈数学为耻。历来人们认为一个具有数学知识的人，他的知识是最可靠的。但是黑格尔在这里批评的是，"但这种认识的自明性完全是建筑在它的目的之贫乏和材料的空疏上的"。一方面目的是贫乏的。数学的自明性是什么目的呢？前面讲了它是一种外在的合目的性。外在的合目的性，就是它自己没有目的，它被别人用于别的目的，所以数学的自明性它本身的目的是贫乏的。"材料的空疏"，它的材料是单薄的，是空疏的，没有丰富的内容。在这个前提下，当然它也有它的自明性，那么黑格尔说，这种自明性是哲学应该予以藐视的自明性，哲学不应该崇拜它。哲学应该在它之上，如果把它当作崇拜的对象，那哲学就降低自己的身份了。"目的"和"材料"都打了着重号，说明这是两个方面，一个是目的方面，再一个是材料的方面。那么接下来第一个破折号谈目的方面，下一个破折号谈材料方面。大家注意这个对应关系。

——数学的**目的**或概念是**数量**。这恰恰是非本质的、无概念的关系。

数学的目的或概念就是数量，数学的目的就是要达到某个数量，你

说它完全没有概念,它也有,但是它只有一个,那就数量,这是数学的前提,数学是建立在这个之上的。"而这恰恰是非本质的、无概念的关系。"数量关系虽然是数学的概念,它本身没有概念,它是一个不包含别的概念的概念。数量它只有量,没有质,它可以计算,但是不可以理解。"数量"、量里面包含什么呢?没有包含什么,你可以数它,但是你不能理解它。一个量,比如说15,你怎么去理解?无所理解,只能操作,加减乘除。你不能深入里面,不能把它内在的概念揭示出来。也可以说,作为概念来说,它是最单纯的概念,它下面再也没有概念了,你要从它里面再揭示别的概念,那么它是空的。所以它是非本质的关系。本质的概念是有深度的,有层次的,而非本质的概念是在同一个层次上面的单一的概念。所以数量是一种无概念的关系,在数量的计算中,你用不着概念,你去算就是了。

因此,这种认知的运动是在表面上进行的,不触及事情自身,不触及本质或概念,因而不是什么概念把握。

数学计算是在表面上进行的,它限于量这样一个维度,而这样一个维度不触及事情自身。"事情自身"我们前面讲过,实际上就是黑格尔的实体了。事情自身就是存在的东西,量的计算通常不触及事情自身,我们也知道这一点。我们在进行计算的时候,我们是抽象的,如 $2+2=4$;至于是两个什么加两个什么,等于四个什么,这个我们是不管的。两个苹果加两个苹果等于四个苹果,还是两头牛加两头牛等于四头牛,这个我们都不管,它不属于事情本身。我们可以把这个实体、把事情本身放在括弧里面存而不论,我们只看它的量的关系,这就是数学。如果你把事情本身也纳入进来,当然也可以,但那就叫作"应用题",我们把数学关系应用在事情本身上面,这对我们有用。但是计算仍然是表面的,只涉及量这一维。苹果和牛是大不相同的,但是 $2+2=4$ 不管是用在苹果上还是用在牛身上都是一样的,它不触及事情自身,更不触及事情的本质或事情的概念,它是没有深度的,因而不是什么概念把握。这是对于数学的目的的批判，数学的目的和概念就是数量。数量的目的非常的贫乏，它就是要达到数量关系，它把数量关系证明出来就行了，至于数量底下的事情本身，它是不管的。那么再一个就是关于材料的空疏。

——在材料方面，数学提供了可喜的真理宝藏，这些**材料**就是**空间**和**一**。

数学的材料是什么呢，是空间和一。数学给人提供的那些真理当然是可喜的，是有价值的。黑格尔并没有否定数学的真理价值。那么这些真理是关于什么的材料的呢？这些真理的内容是什么？真理有很多种，数学真理的内容是什么呢？数学真理的材料就是空间和一。"空间"和"一"都打了着重号，它们相当于数学知识里面的几何学和算术。康德在《纯粹理性批判》里面讲到，数学包含两个部分，一个是几何学，一个是算术，空间相对于几何学，时间相对于算术。黑格尔在这里基本上是沿着康德的思路下来的，但是他的提法有所不同，他这里不讲空间和时间，他这里讲的是空间和一。为什么把时间变成了一？"一"当然是单位了，我们知道算术的起点和单位就是一。"一"应该是算术的基础或材料或内容。你不管是多大的数字都是由一组成的。加减乘除不管多大的数字都是以"一"为基础来计算的。所以他这里用"一"取代了时间。为什么取代，下面作了解释。总之这些真理的内容乃是空间和一，它里面是一个真理的宝藏。但在黑格尔看来这材料是非常空疏的。这里头没有什么概念。概念是具体的、概念是丰富的，概念里面包含着很多概念，概念都是可以分析的，可以把里面的本质引申出来。但是空间和一，没有什么可引申的。下面：

空间是这样一种定在，概念把它的区别登记到这种定在里，就像登记到一种空虚的、僵死的元素里去一样，而在这种空虚的僵死的元素里这些区别同样也是不动的和无生命的。

"空间是这样一种定在"，空间当然是一种定在，空间是很确定的，而且是存在的东西。那么概念是有区别的，这种区别被"登记到"这种定在里,这个很形象了。我们说万事万物都是有概念的,但是在空间里只是作了一个"登记",变成了一个符号、一个数字。我们把发生的事情造一个册,概念只是在这个册子里面的一个符号。比如说你的一笔财产你登记了,登记了就只是一些数字写在那里。登记到空间里,"就像登记到一种空虚的、僵死的元素里去一样",空间定在就是空虚的僵死的元素,作为一个符号、数字,它的元素是空虚僵死的。"而在这种空虚的僵死的元素里这些区别同样也是不动的和无生命的。"就像你把概念的区别登记到这样一个空间的账簿里面变成了一个数字,那么这个概念就变成了不动的和无生命的。一个数字它怎么动呢?尽管在现实中,你的财产每天都在变动,而且这个变动是自己的变动,财可以生财,但是在账簿上看不出每天你干了什么。你今天炒股票,你又亏了几千,你明天挣了几万,账簿仅仅反映数字的变化,现实生活中的概念它是没有的。概念的区别在这里是不动的和无生命的。下面:

现实的东西不是像数学里所考察的那样的一种空间性的东西;作为数学事物而存在的这样一种非现实性,无论是具体感性直观还是哲学,都不与它打交道。

"现实的东西"打了着重号。这个跟数目和数量是完全不相同的,现实的东西不像数学里所考察的那样一种空间性的东西。现实的东西和空间的东西完全是两样了。"作为数学事物而存在的这样一种非现实性",数学的目的和数学的材料这样一些"数学事物",在这里被黑格尔称之为非现实性,它们不具有现实性,一个账簿上的数字当然不具有现实性。这种非现实性,不论是具体感性直观还是哲学,都不与它打交道。这种符号、这种数字、这种加减乘除,感性直观是不与它打交道的。我今天看到树叶绿了,春天来了,这跟数学有什么关系呢?数学跟感性直观毫无关系。这是直接和康德唱反调,康德认为感性直观形式是数学的可能性条件,他的感性直观形式就只是时间空间,黑格尔的感性直观则不和空间打交道。再就是哲学,哲学也不跟数学这种非现实性的东西打交道。

哲学倒还是现实性的，这个跟有些人的理解也不一样，有些人认为哲学是非现实性的，在黑格尔那里哲学恰好是具有非常具体的现实性的，我们每天都生活在哲学之中，每天都在跟哲学打交道，包括历史中的哲学。但数学不和它们打交道，数学上不着天下不着地。下面：

[29] <u>在这样的非现实的元素里，也只有非现实的真实东西，就是说，也只有些固定的、僵死的命题；在每个命题那里都能够停住，下个命题再自己重新开始，而并不是从前一个命题自行进展到另一个，不是以这种方式通过事情自身的本性产生出某种必然的关联来。</u>

在数学的这种非现实性元素里，在空间和一、和数量中，"也只有非现实的真实东西"。非现实的真实东西，听起来有些矛盾了：既然是真实的东西，怎么又是非现实的？但是我们要注意黑格尔的这个现实的wirklich，这个词有它特定的含义。它的词根 Werken 是工作的意思，它带有一种能动的、要做实事这样一种意思。现实性相当于亚里士多德的实现，亚里士多德不是说潜能和实现吗？它相当于实现出来。数学当然是真理，但是它不是在实现出来的，对于实现出来还是不实现出来，它不管。数学家我们知道，他不管数学在现实中是否实现出来，是否在现实中有它的对应物，这个不是数学家的事，这个是物理学家的事。当然现在的物理学家和数学家不可分离了，但是在康德、黑格尔的时代还是两码事。数学家不管物理学家的事情，他把那些现实的东西都抽掉了。但是它还是真理，它有它的对象，在康德那里它的对象就是时间空间。当然时间空间也不等于现实的时间空间里的事情，它是万事万物之所以存在的前提，先天形式条件。虽然时间空间跟万事万物不可分，但是它还是被抽象出来，专门由数学对它加以考察。这从康德那里已经走到了这一步。所以黑格尔这里认为，数学在这种非现实的元素中，它具有非现实性的真实的东西。它也是一种真实的东西，但是它是非现实的，它跟我们每天打交道的现实事物、现实的过程不发生直接的关系。"就是说，也只有些固定的、僵死的命题；在每个命题那里都能够停住，下个命题再

364

自己重新开始"，为什么是非现实的真实的东西呢？现实的东西肯定不是僵死的不动的，凡是现实的东西都是有生命的，万物皆流，万物都在生灭变化之中。而数学的真理是僵死的不动的，在每个命题那里都可以停住，下个命题都可以重新开始。在数学里面都有一些命题、定理，每个定理它都可以停住，它是可以证明的，它就停在那里，你就承认它、认可它就得了。那么下个命题再重新开始，你不到下一个命题也可以，你就停在你的那个命题里面。但是你要想知道更多，你再关注另一个命题。我们学习数学都是这样的，我们在这个学期学习这一门，我们下个学期再学习新的一门，至于内容之间是不是有必然联系呢？当然是有一些联系，但是不是有必然联系呢？好像没有。只要你学过一门，你就拥有了一门知识，当然这个知识还不够，你还得学习一门，再重新开始。所以这些命题之间没有内在的必然联系，不是推出来的。"而并不是从前一个命题自行进展到另一个，不是以这种方式而通过事情自身的本性产生出某种必然的关联来。"从一个命题自行进展到另一个，欧几里德几何的命题、定理自成体系，不可能由一个定理自己推进到另外的定理，更不可能发展到非欧几何，它的扩展不是通过事情本身的本性，而是通过库恩所说的"范式转换"。如果是通过事情本身的本性，那它就是必然的，它一定要推出来；如果不是通过事情的本性，它就只有依靠偶然的天才了。下面，

——而由于这样的原则和元素之故——数学自明性的公式就在于此——所以数学的认知也是沿着**同一性**的路线延伸的。

把中间破折号里面的话暂时不看，那么这句话就是这样的："而且由于这样的原则和元素之故，所以数学认知也是沿着**同一性**的路线延伸的。"由于这样的原则和元素，原则和元素就是前面讲的目的和材料两个方面。目的已经讲了，就是数学的概念，数量，也就是它的原则；材料就是一些僵死的元素、固定的元素、非现实的元素，即空间和一。由于这样一些原则和要素之故，所以数学认知也是沿着同一性的路线延伸。为什么是同一性的路线呢？因为它就是一种非现实的不触及本质和概念的一

个维度。不触及事情本身,就是空间和一,一个空间跟另一个空间是完全一样的,一个"一"跟另外一个"一"是完全相同的。在这种同一性里面,两个破折号里面讲了,"数学自明性的公式就在于此"。你要讲数学的自明性,要讲数学的那些公式是自明的,但是那些公式的自明性何在呢?就在于这些原理和公式是遵守同一性的,它们是建立在空间和一这样的材料上的。空间和一都是数学的材料,所以数学的路线也是沿着同一性的路线延伸,没有异质的东西来妨碍。几何学无非是在空间中延伸,算术无非是在"一"之上进行的延伸,所以它们是建立在同一性上的。下面:

因为死的东西,由于它自身是不动的,它到达不了本质的区别,到达不了在本质上的对立或不同一性,因而到达不了对立的东西向对立的东西的过渡,到达不了质的、内在的运动,到达不了自己运动。

既然沿着同一性的路线延伸,那么这个同一性、同一东西的延伸就是死亡,就是僵死的东西。死的东西总是相同的,再也没有什么新的东西出来了,我们总是说盖棺论定,死的东西永远没有创造性了。死的东西由于自身是不动的,"它到达不了本质的区别",它再也不能从本质上对自己进行区别了。在这里就是讲,数学的区别都是外在,人为的,你自己可以把它区别开来,但是"空间"也好、"一"也好,它自己是摆在那里的东西,让你去区别,你可以把它区别来区别去,但是这些区别都不是它自己本质的区别。"到达不了不了在本质上的对立或不同一性",也就是这些数学的东西,相互之间有不同一性,一个定理跟另外一个定理,一个公式跟另外一个公式,但是它们不是本质上的不同一性,它本质上都是同一的,本质上都是单一的,它是延伸嘛,沿着同一性的路线延伸。所以这个延伸就是没有对立,一马平川,一直延伸下去没有阻碍。这个自然数,加减乘除并不是阻碍,因为它不涉及现实性的东西,没有什么东西可以阻碍它。前面两个"到达不了"是原因,后面三个"到达不了"是引出的结果:"因而到达不了对立的东西向对立的东西的过渡",一个对立的东西向另一个对立的东西过渡,它没有这种过渡。它也有对立面,正与反、加和减、乘和除，但是它没有过渡，加不能自动变成减，乘也不能自动变成除。"到达不了质的、内在的运动，到达不了自己运动。"它是量的运动，它到达不了质的、内在的运动。量的运动都是外在的，外在的加减乘除，一个苹果加上另一个苹果等于两个苹果，这跟苹果没有什么关系，它都是外在的。一个苹果也好两个苹果也好 N 个苹果也好，苹果这个性质没有变化，所以它到达不了质的、内在的运动。也到达不了自己运动。"自己运动"这个概念在黑格尔这里非常重要，列宁在他的《哲学笔记》里特别强调这一点，黑格尔的辩证法最深刻的地方就是万物都是自己运动。当然这个里头也包含了人的自由。但是人的自由无非是万物的自己运动的最高体现。但是他这里讲，数学到不了自己运动，因为数学里面没有自由，也没有能动性，而现实生活是有能动性的，一切运动的根源就在于自己运动，不是外在的运动，是内在的运动。那么为什么这样？他下面讲：

因为数学所考察的只是数量这样一种非本质的区别。数学根本不考虑有什么将空间划分为各个维度、来规定各维度之间和之中的联系的概念；比如说，它并不考察线与面的关系；而当它比较直径与圆周的关系 {34} 时，它就遭遇到了这两者的不可通约性，也就是遭遇到了一种概念的关系、一种逸出数学规定之外的无限的东西。

为什么会这样呢？因为数学考察的只是数量，只是量这样一个方面，这只是非本质的区别。量当然也有区别，但是上面讲了这种区别只是非本质的。所以数学根本不考虑有什么概念，什么概念呢？"将空间划分为各个维度、来规定各维度之间和之中的联系的概念。"数学不考虑这样的概念，就是说，把空间划分成各个维度，即长宽高三个维度，这个是概念的事情，但是数学不考虑这个，数学只是把它当作前提：空间是三维的。当然黑格尔那个时代还没有非欧几何、多维空间。但是他在这里讲的也适合非欧几何。就是按照维度来划分空间，长宽高它们之间的是什么关系，如何划分，这不是数学的事，而是概念的事。现在讲四维空间、四维时空，把时间也算作一维。这些东西都不是数学要关心的问题。这是物理学和哲学要考虑的问题。长宽高我们把它想像为一个盒子，但是数学不考虑盒子，数学要考虑的只是长宽高的数量关系。所以数学不关心将空间划分为各个维度的概念，也不关心规定各维度之间和之中的联系的概念。数学根本不考虑如何划分空间，如何规定各个维度之间和各个维度之中的联系。"之间"和"之中"是不一样的，之间比如说三维之间的关系，之中是指在每一维之中的联系，这些联系都要由概念来考虑。但是数学不考虑这些概念，数学只是以这些概念为前提，它们是不言而喻的。只要把这些概念规定好了，那么数学就可以在这些概念的基础上进行演算、进行证明了。但是这些概念是既定的，没有哪个数学家来证明空间的三维性。当然非欧几何要证明这一点，非欧几何跟欧几里德几何的很大的区别就在这里，它已经引进了概念。欧几里德几何完全是形式化的，完全只考虑量化的关系。下面举例说明："比如说，它并不考虑线与面的关系，而当它比较直径与圆周的关系时，它就遭遇到了这两者的不可通约性，换句话说，就遭遇到一种概念的关系、一种逸出数学规定之外的无限的东西。"数学不考虑线和面的关系，点、线、面、体都是已经预设的，这是不用说明的。但是点和线，线和面是什么关系，按我们通常的说法，点的延伸就是线，线的平移就构成了面，但是这些说法不是在数学里，不是在几何学里面说的，这是在几何学外面说的。几何学本身不考虑这些东西。这种关系是哲学的说法，这已经不是数学的说法，点线面体，这些关系是属于哲学考虑的。"而当它比较直径和圆周的关系，它就遭遇了这两者的不可通约性，也就是遭遇到了一种概念的关系，一种逸出数学规定之外的无限的东西"，这个里头就涉及所谓"无理数"。为什么在数学里面叫作"无理数"，什么理？数学之理，没有数学之理了，已经超出数学之理了，所以我们把它称之为无理数。这个 π 的值我们就称之为无理数，即无限不循环小数。无理数就是没有办法用数学加以把握了，我们就把它叫作无理数。其实它还是有理的。数学它有它的限度，当它遇到这些关系的时候，它就遭遇到这两者的不可通约性，圆的直径和周长相互之间的比率是不可通约的，你不能把它换算为有同一性的东西。当然黑格尔的时代已经有了微积分。微积分就是想处理这样一种关系，就是圆和直线可不可通约的问题。但是在微积分里面它如果要通约的话，它必须要引入一个关键的概念，就是引入一个"极限"、一个无限的概念。那么引入了极限的概念，在黑格尔看来就已经超出了数学的范围。这里讲的是"就遭遇到一种逸出数学规定之外的无限的东西"，这个就属于概念了，凡是涉及无限的东西，只要是那种真无限，而不是那种坏无限、恶无限，也就是那种把握不住的无限，而是那种可以把握的无限，那就是概念。比如像微积分中的无限，那么这种无限就是真的无限，这种真无限就属于概念了，它已经不属于数学了。当然今天我们觉得这种说法很奇怪了，微积分怎么不属于数学了，它当然是属于数学的。但是在黑格尔那个时代，微积分刚刚产生出来，它被黑格尔看作是一种哲学的成果，它不是数学的成果。你完全按照数学的那种方式、完全按照量的方式去计算，你永远也计算不出来。曲线怎么能按照直线来计算？那个是没有办法的。所以他讲，这种关系是一种概念的关系，数学在这个地方遭遇到一种概念的关系。它平时都好好的，没有什么概念在里面作梗，但是比如说碰到直线与圆的关系的时候，它就遭遇到了一种不可通约性。但是这种不可通约性在黑格尔看来是一种量上的不可通约性，在质上没有什么不可通约的。只要你超出量的关系，你就发现这种概念的关系是可以通约的。但是在数学的范围之内，它没有办法处理这种无限的问题，凡是碰到无限、极限的问题，数学就束手无策，那就必须要引进哲学。这是黑格尔当时对数学的一种看法。当然我们今天可以说他是过时的或不正确的，但是他的思路在这里还是非常清晰的。下一段讲时间。

内在的所谓纯粹数学，也不把**时间**作为时间而与空间对置起来，当作它所考察的第二种材料。

前面已经讲了，第一种研究材料就是空间，那么现在我们来看看，数学的第二种材料。前面我们讲了第二种材料是"一"，但是我们刚才讲了，在康德那里，数学的第二种材料应该是时间，数学就是建立在空间和时间这样两种先天直观形式之上的科学，几何学建立在空间之上，那么算术建立在时间之上。但是在黑格尔看来，第二种材料是"一"，而不是时间。所以他在这里首先要把康德的观点破除。"内在的所谓纯粹数学"是黑格尔的说法，在康德那里当然也有了，空间是外部现象的先天直观形式，时间是一切现象、包括内在和外在现象的先天直观形式，但是时间首先是内在的。那么黑格尔把这内在借用过来，内在的所谓纯粹数学，那就是算术。在康德那里称之为算术，但实际上也包括后来的所谓代数学。算术毕竟太单纯了，但是代数、方程式跟几何学才可以相提并论，单纯是算术还不行。他说，"也不把**时间**作为时间而与空间对置起来，"时间打了着重号，他要把时间从这个代数里面排除掉。就是代数其实也不是像康德那样以时间作为它的先天直观形式的基础，和空间形成某种对置。在康德那里是对偶的，空间和时间，然后几何和算术，这就形成了数学的基础，但是在黑格尔这里有点变化，他并不把时间作为时间而与空间对置起来。"时间作为时间"，就是说内在的纯粹数学它当然也要用到时间，但是在这个里头，时间并不是作为时间而与空间相对置的。那么时间是作为什么呢？时间是作为空间而与空间相对置的。所以它还是空间，并不把时间作为时间而与空间对置起来，而是在某种情况之下，把时间作为空间而与空间对置起来。它当然也表示时间，但是它是用一个空间表示另一个空间，这样来表示时间。而不是把时间作为它本身和空间对置起来的。时间在数学里面从本质上来说，黑格尔认为是没有它的地位的。时间应该居于数学之上，时间本身应该是个哲学问题。后来海德格尔讲存在与时间，存在和时间可以看作是一回事情。其实在黑格尔这里也有点这个意思，当然不能完全等同，时间比空间更高，时间表示出一种内在的东西，代表了生命、一种能动性、一种自由，这是他对时间的一种看法，跟空间完全不同。不像在康德那里，好像时间和空间是一对先天直观形式,空间主外,时间主内;而时间主内所以时间也主外,可以把空间包容进来;但是它们毕竟有一种并列关系,好像时间空间可以相提并论。当然康德也没有贯彻到底,我有一篇文章专门讲的就是康德的时间和空间的关系。就是说他想把时间空间相提并论,但是他也没有做到,包括他的关于时间的形而上学的阐明和先验的阐明,他想跟空间的形而上学的阐明、空间的先验阐明相对照。但是没有对照得起来。这个里头根本的原因就是时间跟空间相比,它不是可以与之并列的东西,它是包含有内在的能动性的东西。时间不能说是一种直观,只能说是一种直觉。直觉 Intuition 和直观 Anschauung 的区别就在这里,直观要你去"观",直觉是要你自己亲自去"觉"的。虽然在英文中翻译出来是一个字 intuition,但是在德语里是有区别的。在汉语里面也是有区别的。康德就是没有区别出来,把它们都称之为直观,所以对于时间他就不能自圆其说。黑格尔这里就把这一点说明了。那么时间在数学里面不是作为时间而与空间相对置的。并不当作它的第二种研究材料,第二种研究材料应该是一,而不是时间。数学的研究材料一个是空间,一个是"一"。下面:

　　应用数学固然谈论时间,也谈论运动以及其他现实的事物;但它只从经验里接纳一些综合命题,即接受那些通过自己的概念而规定了的现实之物的关系的命题,并且在这个前提之上应用这些公式。

　　这里讲应用数学,前面讲的是内在的纯粹数学。纯粹数学并不把时间作为时间而与空间相对置。那么应用数学,应用数学固然要谈论时间,也讨论运动以及其他现实之物,应用数学要讨论机械运动等。但是它只是从经验里接纳一些综合命题。它研究时间,为什么研究时间,因为在经验里有时间,在数学里没有。这个时间是通过综合命题进入到应用数学里面来的。在数学的应用题里面你应用了某种公式,那么它的这个应用的对象,它当然是有时间的。这个时间是综合的,它并不是分析地包含在这个公式里面。在数学中你找不到经验的内容,也找不到时间。"即接受那些通过自己的概念而规定了的现实之物的关系的命题",现实之物被从经验里接纳进来了，那么这些现实之物是通过自己的概念而规定了的。数学里面不讲概念，虽然数学也有基本的概念，但是数学本身不讲概念。而应用数学接受那些通过自己的概念而规定了的现实之物的关系的命题，它接受进来的那些命题，里面的现实之物关系是被概念所规定了的。所以一方面把时间引进了，另一方面把现实之物引进了。"并且在这个前提之上应用这些公式"，应用数学是在一个包含有时间、包含有概念、包含有现实之物的这样的前提之下来应用它的公式的。这是跟纯粹数学不同的。下面：

对于它经常给出的这样一些定理，例如关于杠杆平衡的、关于落体运动中空间时间关系的等等，应用数学作为证明而给出并假定的那些所谓证明，[①] 其本身只是一种证明，证明这种认识是如何大大地需要证明，因为当认识不再有证明时，就连证明的空虚假象它也看重并由此获得某种满足。

在应用数学中对于它经常给出的这样的定理，例如杠杆平衡，杠杆的臂长和它的重量是什么关系，还有落体定理，关于落体运动中空间时间的关系等等，应用数学所作的证明"其本身只是一种证明，证明这种认识是如何大大地需要证明"。就是应用数学当作证明来假定的那些所谓的证明，其本身只是证明了这种认识是如何大大地需要证明。落体运动，杠杆平衡等等，这些认识是需要证明的，但是数学是否证明了呢？没有。数学没有办法靠它本身就证明这样一些命题。它自以为证明的那些所谓证明，只是证明了这些知识还需要得到更高的证明。单靠数学证明不了这些定理，比如落体运动、杠杆平衡等等。数学对此的证明只是一些证明的空虚假象。但这些认识在这里既然不再有其他证明，所以就连证明的空虚假象它也看重并由此获得某种满足。它以为是证明的那些东

---

① 黑格尔后来在《哲学百科全书》§267 中更详细地讨论了落体定律的意义，参见《自然哲学》中译本，梁志学等译，商务印书馆 1986 年版，第 80—81 页。

西其实只是证明的空虚假象。这个"假象"就是康德的那个幻相 Schein，我们这里翻译成假象。好像你已经证明了，但实际上你并没有证明。数学只能够有这种假证明，它其实根本没有办法来证明，只是以这种证明的假象聊以自慰。在应用数学里面的这些命题或定理，都是被大家公认了的，而且还认为它是通过数学得到证明的；但是在黑格尔看来，这种证明其实跟数学证明没有关系，这种证明在数学里面其实并没有被给出来。当然它是可以证明的，但是黑格尔认为它需要另外的一种方式来证明，比如说通过自然哲学来证明。光通过数学来证明这种应用命题，实际上证明不了的，你以为证明了，但是实际上已经偷运进了自然哲学的概念。这一点下面就有说明。他说，

　　对那些证明作出批判，将会是既值得注意又富有教益的事，这一方面可以将数学里的这种虚假的粉饰洗刷干净，另方面指明数学的界限，并由此指明另一种认知的必要性。 [30]

　　"对那些证明作出批判"，这里贺、王译本有个注释，引自原编者，不过德文考订版这个注释不是放在这里，而是在上面一句。当然这也没有什么关系。黑格尔在《哲学全书》第 267 节里曾就此处的论点对落体运动进行详细谈论。《哲学全书》第 267 节属于黑格尔的《自然哲学》，在《自然哲学》中译本的 80—81 页，这里专门谈论落体运动。我们经常讲到伽利略的自由落体运动的公式。就是自由落体属于加速运动，这种运动所经过的空间和时间的平方成正比。在地球上的自由落体，他算出来每秒 9.8 米。这个自由落体的公式是地球上自由落体的一个常数，这是根据伽利略的自由落体公式算出来的。这被看作是应用数学的一个成功的例子，它可以得出一个常数，一个常数就有现实性了，谁说数学没有现实性？但是黑格尔说，这种证明实际上是个假象。我们从这个《自然哲学》中挑出来几句关键的话。如第 79 页的最后一句话："这就是从物质**概念**推演出来的落体定律的证明。"这个"概念"他打了着重号，就是说自由落体定律的证明首先要引进一个物质的概念，物质的概念可不是一个数

学的概念，而是一个自然哲学的概念，或者是哲学的概念，什么是物质什么是精神这些都是哲学概念。他从物质的概念引出落体定律的证明。对于伽利略的这种证明，就是说时间和空间在自由落体中的关系，在伽利略那里被看作是对自由落体的一种证明。在地球上自由落体的公式得出加速度为每秒 9.8 米，那么为什么是这样的，是因为自由落体的空间跟时间的平方成正比，是这样算出来的，自由落体的一个常数从这个公式里就得到了证明。但是物质的概念是一个哲学的概念，它不光是空间和时间的比例关系的问题，还是一个物质的问题。在黑格尔看来物质概念里面一个很重要的要素就是重力，就是力。他甚至把重力看作是物质的一种"自由"，只是他没有说是自由意志。这个物质的重力是自由的，它要摆脱、克服一切干扰而表现出来，你有阻力，你可以阻止它，但是你要阻止它你本身要受到损失，它要把你砸一个洞，它要体现它的自由。这是黑格尔对这个物质的概念作出的一个分析。它是自由运动，在没有遇到阻碍的时候，自由落体把空气的阻力，或者是别的东西都忽略了，那么你才能计算自由落体的公式。所以这跟哲学的概念有关，物质的概念跟自由的概念有关，跟重力的概念有关。这个跟康德还不一样，康德认为物体是有重量的，这不是一个分析命题，而是一个综合命题，因为重量概念不在物质的概念里面。但是黑格尔跟康德相反，认为如果没有重量的概念，物质的概念没法成立。重量的概念，无非是万有引力的概念，万有引力怎么不是物质的本身必要的一个成分呢？万物都有引力，如果没有引力这个物质的概念不能成立，就没有物质的概念。康德认为物质的概念只要有广延就够了，它占有空间就够了；但是黑格尔认为物质的概念光是有广延是不够的，甚至于他认为广延还不是物质的概念，广延只不过是重力概念的一个体现，是万有引力的一种体现。所以黑格尔的物质概念和康德的物质概念是不一样的。再念一段，第 80 页："如果说质量作为单纯量的、不相干的差别，是外在运动的一个因素，那么，在这里，在运动是由物质的概念设定的地方，质量之间的量的差别本身则没有任何意义，因为质量不是作为质量，而是作为一般的物质降落的。在落体中所考察的实际上仅仅是有重量的物体，而一个大的物体与一个较小的即较轻的物体有一样的重力。"这一段话很关键，就是说为什么数学在证明自由落体的公式中，其实没有起作用呢？很明显，按照伽利略比萨斜塔的实验，一个质量大的物体跟一个质量小的物体，它们下降的速度是一样的。所以它跟质量没有关系，它只跟吸引力有关系。那么吸引力在物体身上表现为重力，它跟重力有关系，但是它跟质量没有关系，质量是属于量的，它是可以固定下来的。而重力它是一个现实的活生生的过程，它必须要由物质的概念来加以把握。第 81 页："数学的观念是从把力的关系转换为比较简易的关系这种需要产生的，例如，这种转换就是把力的关系归结为加减和乘；这样落体运动就被分解为两个部分。可是，这种区分没有任何实在性，而是一种空洞的虚构，仅仅是为了作数学说明的方便。"自由落体我们从数学的观点可以把它这样一种力分解为两种力，就是说它是一种均匀的加速度，每秒都是增加 9.8 米。它这个加速度是以量计算的；但是它本来有它的惯性，它的惯性在它静止的时候是 0，在它运动的时候，你要把加速度加在惯性速度上面，就是重力加速度。所以这个时候我们把的一个力分解为两个速度，就是它原有的速度和加速度。我们把这两个速度加起来才是现实中一个物体的速度，本来它有一个惯性的速度，然后我们用一个加速度按照时间的平方顺次加上去，我们就可以得到它在某一瞬间的速度。但是这种数学的方式是为了计算的方便，它把物体的现实的过程抽掉了，它只是从它的后果从它的量的方面去计算。所以这种证明只是一种虚假的证明，它并不触及自由落体运动的物体的现实性。什么是现实性，现实性没有什么两种力，它就是掉下来了，哪有什么两种力？你分解成两种力是为了你计算的方便嘛，你可以算出来，当然很有用了。但是是否符合事情本来的状况呢？是否由此就证明了呢？你这个加速度、你这种分解是从哪里来的呢？它的前提何在？它把前提的能动性全部放在括弧里面，全部存而不论，所以活

生生的一个自由落体的现象被数学肢解成了一些数学符号。这就是在
《自然哲学》中黑格尔对数学的证明所作的一种批判。所以他在这里说，
"对那些证明作出批判，将会是既值得注意又富有教益的事，这一方面可
以将数学里的这种虚假的粉饰洗刷干净"，你以为你用数学证明了物理
学中的一件事实，一件现实的东西，这是一种虚假的粉饰，数学证明不了。
数学要证明一件哪怕是落体的事实，都必须要引进哲学的概念，引进物
质的概念，引进重力的概念，你不能光凭事物的量来进行计算。光凭事
物的量，那就像亚里士多德当初所设想的，一个铁球落下来肯定比一根
羽毛落下来要快。但实际上如果在真空里，一个铁球跟一个羽毛落下来
是一样快。所以它实际上是跟铁球还是羽毛的物体的质量没有关系，跟
量没有关系，它只跟力有关系；跟数学没有关系，它只跟哲学有关系。所
以通过数学来证明其实是一种虚假的证明。黑格尔在这里把这种虚假的
粉饰洗刷干净了，"另方面指明数学的界限，并由此指明另一种认知的必
要性"，这就引出他真正想要说的话了。你把这种虚假的粉饰洗刷干净
了，那就提出了一个问题：用什么来证明？既然数学不能证明，那么靠什
么证明呢？靠数学之外的另外一种认知，那就是哲学。所以指明了数学
的界限，从而指明了另一种认知的必要性。数学要借助于哲学、要依赖
于哲学才能具有现实性。这是对数学的批评了。这里还没有谈到时间。
前面只是说数学在应用题里面引进了时间，它以为证明了时间的过程，
实际上它没有证明。那么下面就讲，什么是时间呢？

　　——至于谈到**时间**，据说有人认为它和空间配成一对，是构成纯粹
数学的另一部分的材料，其实它就是定在着的概念自身。

　　前面还在说纯粹数学跟时间没有关系，它只跟一有关。应用数学虽
然跟时间有关系，但是时间不是从它自身里面引出的东西，而是从经验
里面引进的，比如说自由落体运动，与物理学、力学这些东西有关。"至
于谈到**时间**，据说有人认为它和空间配成一对，是构成纯粹数学的另一
部分的材料"，这个"有人认为"当然是指的康德，康德认为时间跟空间

配成一对,是构成纯粹数学的另一部分的材料。康德《纯粹理性批判》的先验感性论里面一开始就讲时间空间,空间的形而上学阐明和时间的形而上学阐明,空间的先验阐明和时间的先验阐明,这些都是配对的。而且空间是几何学的先天直观形式,时间是算术的先天直观形式。当然他的关于时间的先验阐明里面,它没有提到算术,只提到运动,也就是物理学,提到力学,为什么是这样? 他说不圆了。在其他地方,他曾经多次说过这两者是相对应的。一个是几何学,一个是算术,它们分别对应空间和时间。但在《纯粹理性批判》里面,他恰好没有这样说。那么黑格尔在这里讲,"其实它就是定在着的概念自身"。黑格尔对时间是另眼相看的,他认为时间和空间根本不在一个层次,我们通常讲时间空间好像是在一个层次,现在物理学也是这样,爱因斯坦讲四维时空,现在很多物理学家都是这样看的。但是哲学家很多都不是这样看的。比如说海德格尔、柏格森、叔本华等这些人的时间观,他们跟以往西方经典的看法是相悖的。那么最早可能还要追溯到黑格尔,黑格尔把时间单独挑出来,时间其实就是定在着的概念自身。什么叫作"定在着的概念自身"? 就是概念自身的现实存在,概念自身在现实存在中就体现为时间。当然他这个时间已经不是均匀的量化的时间。西方古典的时间观是一种量化的、或者是一种空间化的时间观。康德就是这样的,在康德那里时间就是一种空间化了的时间。康德说时间是一种直观,为什么说是一种直观? 因为我们可以直观地用一条线把它表示出来。一条线,当然就看得出来,是直观的了,我们经常讲时间是一条线,时间是一个线性过程。但是康德同时又加了一句,可惜这条线还有一点没有把它表示出来,就是它的方向性,它的不可逆性。时间前后相继,一去不复返。线是无法表示这一点的,线可以从左到右,也可以从右到左。所以有人把这个线加了一个箭头,叫作时间箭头。时间箭头的问题到今天还在讨论。20 世纪 70 年代尤其谈论的激烈,时间箭头、世界发展的方向、宇宙大爆炸,究竟要走向何方? 真正来讲,时间是不可逆的,空间是可逆的。你把一张桌子今天摆在左边，明天把它摆在右边，第三天你还可以把它摆回来，无所谓，它还是它。时间就不行了，你第二次重复第一次的时间，它已经跟第一次不一样了。你想回到原处，它已经不是原处了。一个老人回到儿童，他已经不是儿童了，是"老顽童"。你想回去是不可能的。在黑格尔这里已经有了这样的特点，就是时间一去不复返，因此时间代表了一种方向，代表了一种生命，生命就是一去不复返，当然你可以说生儿育女，循环往复，但是儿女已经不是你了。所以生命本身是一去不复返的，它有一个不可逆转的方向。所谓定在着的概念自身，概念在黑格尔这里的含义是非常特别的，概念它就意味着自由的东西，意味着有生命的东西，意味着发展着的东西，不断上升的东西，这就是概念，这就是时间。下面：

数量的原则，即无概念的区别的原则，和**同一性**原则，即抽象的无生命的单一性原则，并不能够包括生命的那种纯粹不安息和绝对的区别。

这里讲得很清楚，数量的原则就是数学的材料，也就是数学的原则。"数量的原则即无概念的区别的原则"，数学里面有区别，加减乘除都不一样，但是它是无概念的区别，它是单纯量的区别，多和少，一和多，这些区别都是无概念的区别。另外是同一性原则，就是"一"的原则，你计算，你要以什么为单位，这个单位要统一。如果你以一为单位，他以十二为单位，这就不好算了。所以单位要统一，这就是同一性原则。但这种单一性原则是抽象的无生命的，把它的现实内容都抽掉了。当然也是必须的，如果你以苹果为单位，他以牛为单位，那就没法计算了，你们必须把单位统一起来，一头牛相当于多少公斤苹果，你要把它还原为数量上都是统一的，都是以"一"为单位的。而这就把生命和现实性都抽象掉了。这样的抽象原则"并不能够包括生命的那种纯粹不安息和绝对的区别"。我们在这里可以看到，生命在黑格尔这里意味着纯粹的不安息，纯粹的不安、躁动，能动性、主动性，或者说自我否定性和绝对的区别。"绝对的区别"就是自我区别，你区别这个区别那个都是相对的，唯一绝对的区别就是自己把自己区别出来，这个是不受任何条件限制的。在任何条件下，一个人都可以自己把自己区别出来，哪怕把你关在牢里，你也可以自己把自己区别出来，自己反思自己，自己把握自己，自己控制自己，这个是绝对可以做到的。在这种意义上，自由是没有前提的。我们经常说，自由要有前提，要有条件，但是在这种意义上自由是绝对的、没有条件，哪怕你自杀，你也是自由的自杀，你自己决定的自杀，它是没有条件的，在监牢里，在枷锁里，你仍然是自由的。这就是绝对的区别。但是在数学那里，它把握不了这个。它不能包括生命的那种纯粹不安息和绝对的区别。下面：

因此这种否定性就仅仅作为瘫痪了的东西，也就是作为一，而变成了数学认识的第二材料，这种数学认识是外在的行为，它把自己推动自己的东西降低为材料，以便把它当作自己的一种外在的无所谓的无生命的内容。

"因此这种否定性"，就是指绝对的区别，绝对的区别那就是否定性了，自己把自己区别开来，自己不安于现状，不安于既定事实，不安于现在的这个结果。这种否定性"仅仅作为瘫痪了的东西"，在数学里面这种否定性已经瘫痪了，怎么瘫痪了呢？也就是作为"一"，"一"已经没有自我否定了，它是一切计算的基础，你把它否定了，你就没法计算了。数学的数量关系，就是建立在"一"这种无内容的单纯性之上的。那么在这个数学里面这种否定性作为瘫痪了的东西，已经没有自己的行为能力了，而否定性本来是具备自己的行动能力的，是绝对不安息的，是绝对的自我否定、自我区分，但是在数学里面呢，已经瘫痪了，变成单位了，变成了数学认识的第二材料。也就是说时间你们以为它跟空间配成一对，构成数学的第二材料，其实不是的。时间在数学里面已经瘫痪了，已经变成了一，时间的那种自我否定已经被抽掉了，已经被固定下来，这样就变成了数学认识的第二材料。当然康德把时间当作数学认识的第二材料，也不是毫无依据，"一"确实是由时间来的，但是它有一个前提就是，时间的这种否定性已经被阉割掉了，已经被抽掉了。时间和自我否定是有密切关系的。黑格尔在《自然哲学》里面曾经把时间比喻为希腊神话里面的克洛诺斯，克洛诺斯在古希腊神话里面是天神，天神把它的儿女们生下一个就吞掉一个，这就象征着时间自己吞噬自己，后来的时间吞噬以前的时间。所以克洛诺斯就代表时间之神，因为时间就是这样的，时间就是把自己生下来的东西全部吞噬掉，这样才构成时间。当然在希腊神话里面，克洛诺斯的儿子宙斯把自己的父亲打伤了，迫使他把吞进去的子女全部吐出来。这是另外一回事情。但是克洛诺斯的本性就是不断地把过去的时间吞噬掉。时间是一种自我否定的形象。那么在数学里，这种自我否定仅仅作为瘫痪了的东西才作为数学认识的第二材料，数学认识的第一材料是空间，第二材料是一，不是时间。为什么？黑格尔在这里实际上是作了一个说明。在康德那里时间是作为第二材料的，但是时间里面的那种自我否定性被抽掉了，它就只剩下"一"了。就是一个单位，一个静止的、僵死的单位，然后你去数它，加它，减它都可以。所以黑格尔讲，"这种数学认识是一种外在的行为，它把自己推动自己的东西降低为材料，以便把它当作自己的一种外在的无所谓的无生命的内容"。这种数学认识是一种外在的行为，同质相加，同样的一，你不断地把它相加，或者你把它相乘、相减、相除，所有这些行为都是人为的、外在的行为，跟一本身是没有关系的，这个一就是摆在那里的一个僵死的材料。那么你的推动只是一种外在的推动，把自己推动自己的东西降低为了材料。当然一本身其实也包含着自己推动自己的性质，但是在数学里面的一已经被降低为一种僵死的材料。在黑格尔的《逻辑学》里面，一也是能动的，只不过你把它定在那里，僵化了，变成一种死的东西了。但是你如果让一本身来发展自己的话，它也是能动的，它也是一个范畴。"自为的存在是一"，黑格尔的"存在论"里面就是这样讲的。这个一它产生出了某物，他物，乃至于定在，这都是一生出来的，所以一本身还是能动的。但是数学里面的这个"一"呢，已经失去它的能动性，降低为材料了。一加一等于二，并不是它自身变成了二，而是你人为地用另外一个"一"加在这个"一"身上,使它成为了二。这个"一"本身并没有要成为二。所以自己推动自己的东西都被降低为材料了。材料也就是质料,无形式的质料,被动的质料。数学的认识把这样一些材料当作它自己的一种无关紧要的无生命的内容,数学跟它的材料的关系完全是外在的、无所谓的,而这些材料本身是无生命的。量的关系完全是外在的无生命的内容,你可以堆积、可以增加和减少,但是它本身是无所谓的。

[3. 概念的认识]

我们再看这一小节。前面一小节讲的是历史的认识和数学的认识。那么第三个小节就是讲概念的认识,那就是哲学的认识了。我们刚才讲了,黑格尔的概念,在他那里有他的特殊的用法。康德讲的概念除了纯粹的概念,也就是范畴以外,它还包括经验的概念。经验的概念比如说人、动物、树,这些东西都是概念。但是在黑格尔这里讲的概念就有他特殊的含义。概念论里面的概念它就有本体论的含义。因为在黑格尔看来,万物的本体都是概念,都是客观思想,都是客观概念。万物都是它底下的范畴在决定它的运动,决定它的生长、发展。万物的本体论就是概念论,《逻辑学》里面的概念论是真正的本体论。所以概念要追究它的根源就是上帝,概念就是上帝,《逻辑学》就是一个概念体系。所以他这里讲概念的认识就是讲的哲学。但是这个标题是编者为他加上去的,他本来没有这个小标题。但是他这个层次很清楚,这个地方讲到哲学了。

与此相反,哲学并不考察**非本质**的规定,而只考察作为本质的规定;它的元素和内容不是抽象的或非现实的东西,而是**现实的东西**,自己建立自己的东西,生活在自身中的东西,在其概念中的定在。

这是对于哲学的规定。前面讲了历史的知识和数学的知识,特别是数学的知识,长篇地对数学知识进行批判,当然我们刚才讲黑格尔并不否定数学,但是他否定把数学当作哲学的楷模这样一种倾向。所以他对数学的批判并不是说数学怎么样的微不足道，而是说数学怎么样有它的界限。数学在它的基本概念方面是要依赖哲学的，要靠哲学来为它提供证明。其实黑格尔本人有非常高深的数学修养，在当时甚至可以说是站在数学科学的前沿。他跟我们现在的这些哲学家不一样，他对数学非常精通。我们看他的大逻辑的存在论部分，大量的数学分析，一个没有受过专门数学训练的人是不大容易看得懂的。所以他并没有否定数学。但是他认为有个层次的问题。历史的认识和数学的认识都低于哲学的认识。所以他接下来讲哲学。"与此相反"，也就是与上面的相反，与数学知识相反，"哲学并不考察非本质的规定"。历史的知识是非本质的，经验的事实，某人生于某年，这并不是本质的规定，它是非本质的规定，这些事实的理解有赖于其他事实，而且归根结底有赖于那些本质的规定，历史的根本的规定有赖于哲学的规定。数学就更加有赖于哲学的认识。刚才讲了数学里面的原则是不具有现实性，它是一种非现实的真实的东西，它是真实的东西，但是它是非现实的，跟现实的东西不搭界，跟现实的生活无关。非现实的、非概念的也就是非本质的。这是他对于数学的一种评价。而"哲学并不考察非本质的规定，而只考察作为本质的规定；哲学就是要探讨本质的东西，它的元素和内容不是抽象的或非现实的东西，而是现实的东西，自己建立自己的东西，生活在自身中的东西，在其概念中的定在"。这后面都是对现实的东西的进一步延伸，进一步地解释，现实的东西打了着重号。哲学的元素，Element 这个词，在西文里面不是一般的要素，它是作为原则的要素，或者作为目的，一件事情的目的就是做那件事情的原则。前面讲了数学的目的和材料这两个方面，黑格尔分别对它们进行了分析和评判。那么这里讲到哲学的元素和内容，也就是哲学的目的和材料。与数学的不同，它们不是非本质的规定、非现实的东西，而是现实的东西，是自己建立自己的东西。"自己建立自己"，费希特讲到了自我建立自我，费希特的这个自我建立自我很重要，在黑格尔这里可以说随处都可以碰到。他吸收了费希特的原则，自己建立自己，当然不是费希特的那种主观的自我意识，而是凡是现实的东西都是自己建立自己，都是在能动地做一种工作。现实的东西 Wirkliche 来自 werken，即工作，做事，这种做事首先是自己做自己，自己建立自己。"生活在自身中的东西"，这是更进一步解释，就是在自身中有生命的东西，生活在自己的生命之中，或者存在于自己生命之中的东西。"在其概念中的定在"，前面讲到黑格尔把时间称之为概念中的定在。时间就是概念的定在，在其概念中的定在，那就是有时间性的、有生命性的，时间就是有生命的。生命就是自己建立自己，自己发展自己，不断向前发展，它不会完全真正的回到原地，哪怕回到原地也是更高的层次上回到原地，那已经不是原地了。所以它是概念中的定在。概念本身是能动的。那么哲学中的元素和内容就是概念中的定在，就是体现为现实生活的概念，这就是哲学所要研究和探讨的对象。下面：

<u>这就是那种自己产生自己的环节、并遍历这些环节的过程，而这整个运动就构成肯定的东西及其真理。</u>

这句话等于是在进一步地展开和说明。前面讲现实的东西，自己建立自己的东西，生活在自身中的东西，概念中的定在，那么这些东西是什么呢？这就是那种过程，即自己产生自己的环节并遍历这些环节的过程。哲学的元素和目的是什么？是现实的东西。现实的东西是什么呢？现实的东西就是自己产生自己的环节并遍历这些环节的过程。自己把自己的环节产生出来，并且一个个地经历这些环节，这就是哲学要考察的。在有些地方黑格尔把这些环节称之为本质的历史。前面讲到历史的知识，那是远在哲学之下了，不足以当作哲学考察的对象；但是对于本质的历史，那它正是哲学考察的对象。所以黑格尔的这个哲学跟这个历史是统一的，逻辑跟历史是统一的，逻辑是本质的历史。历史的经验材料是过眼烟云，一大堆材料都过去了，你都把它挖出来，这些东西本身对哲学来说都没有意义，但是你从这些材料中看出概念的发展，看出它的本质的规定，看出它的环节，看出它的这些环节所遍历的过程，那就有意义了，

这些就是哲学所要考察的内容了。所以哲学虽然不考察经验的历史，但是它考察概念定在的过程，它是历史地考察这些概念的。所以在这里哲学不是静态地摆在那里的东西，而是一个发展的过程，产生自己的环节，并且遍历这些环节，一个个把这些环节产生出来，并且经历它们。要经历，要在每个环节上做一种逗留，它必须进一步往前，但是不能跳过这些环节。不做逗留，你刚刚到这个环节，你就跳过去了，那也不行，所以在每个环节上要遍历，一个个地经过。每个环节当它还没经过的时候，当它的过程还没有走完的时候，你是不可能跳到另外一个环节的。这就是时间，哲学也要考虑时间，哲学发展到哪一步，也要考虑时间，它是一步步走来的。而且每一步都非常自信，认为自己已经到顶了，但是当它每一步都觉得自己到顶了的时候，它实际上只不过是做了一种逗留，稍作逗留，把这一步穷尽了之后，然后再迈向下一步。这就是哲学所要考察的，哲学就是这样一个过程。"而这整个运动就构成肯定性的东西及其真理。"每一个环节都要遍历，你经过了，同时你又把它扬弃了，看起来是一种扬弃的过程，但是整个过程就构成了肯定的东西，及其真理。有没有肯定的东西？黑格尔到处讲否定，否定的东西，自我否定，那么有没有肯定的东西？有。肯定的东西就是整个过程、整个运动。整个运动就构成了肯定的东西及其真理。真理只有在整个过程中才能得到确定，而在每个环节中都不能得到确定。你说它是真理，是因为从整体上来看，你如果片面看，马上就成为了谬误。当然你如果从最后的真理来看，所有的谬误不能叫作谬误，这个前面已经讲了，真实的东西和虚假的东西只有在某种意义上你可以说，就是说你在某种意义上还没有达到终点，你心中没有数，这个时候你才能说真实的东西不是虚假的东西。但是如果遍历了全部过程之后，你再回过头来看，你就不能这样说了，你会发现所有这些虚假的东西都是必须经历的，所有这些错误都是必须犯的，不可避免的。你不能说既然是错误，我当时怎么没有看出来呢？现在不过是事后诸葛亮嘛。其实只有在最后结果出来，你才能说出它的真理何在，它的有限性何在。我们把真理的有限性称之为错误，其实这些错误是必犯的，那就不是错误。

因此肯定东西的真理本身也同样包含着否定的东西，即包含着那种当其有可能被看作这样一种被抽象掉的东西时就会被称之为虚假的东西。

前面讲了肯定东西的真理，但它"本身也同样包含着否定性的东西"，肯定也包含着否定，肯定的东西本身作为真理，即最后作为一个运动的整体来说，它本身同样也包含着否定的东西。为什么呢？因为它是整个过程。既然真理是整个过程，那么这个过程是怎么样走过来的呢？是通过一系列的否定才走过来的，是通过一个否定一个才走过来的。这个否定的东西是什么呢？"即包含着那种当其有可能会被看作这样一种被抽象掉的东西时就会被称之为虚假的东西。"这个表述就非常谨慎了。"有可能会被"，这个是虚拟式。也就是说被称之为虚假的东西，这不是黑格尔自己的观点。就是可能会有人这样说。在什么情况下这样说呢？当可能被看作被抽象掉的东西时。当你把这些否定性的东西看作是可以被抽象掉的东西，你说我既然已经得到最后的真理了，那么过程中的否定性的东西就可以抽象掉了。只要可以得到结果，结果好一切都好，至于过程那无所谓，过程中的千辛万苦我们可以把它忘掉，我们一切朝前看。那么以往的东西都是虚假的了，我们今天才终于达到真实的东西，以前的种种都是错误，都是不堪回首。如果你这样来看的话，那么以前的这些东西都是虚假的，我们受骗了，我们所有人都被欺骗了，我们好不容易走过来，你不要把我们拖回到过去惨痛的回忆里面去。比如说"文化大革命"，我们好不容易走过来了，"文化大革命"是一场大劫难，也是一场大的错误，虚假的，"文化大革命"整个是虚假的。如果你从这个角度看，那当然是虚假的东西。但是你那是没有真正了解什么叫真实的东西，真实的东西是个整体，整个运动才叫作真实的东西。所以"文化大革命"是虚假的东西，但是"文化大革命"在某种意义上也是真实的东西，你不能把它抛开，你如果把它抛开，你对真实的东西就毫无理解，你对真实的东西的理解就还是虚假的。所以你如果不对"文化大革命"加以反思的话，那么就还处在"文化大革命"之中。我曾经有一次讲到，我们今天还在"文化大革命"之中，因为我们对"文化大革命"不堪回首，我们没有反思。甚至不准提，提起来就心痛，提起来就没面子。那正好说明我们还在"文化大革命"之中，我们将来提到现在还会不堪回首。我们将来要前进的话，就必须反观我们过去曾经做过的事，我们不能把它看作是虚假的东西，虚假的东西里面有真理，"其中有像"。你要透过假像，看出里面的规律，看出里面的必然性。"文化大革命"是必然的，看起来是某一个人的意志，或某两个人之间的某种斗争，但是实际上它是必然的。我们要不断地咀嚼和反思它，把它当作真实的东西，当作有规律的东西来加以研究。它为什么发生，不是某个人的性格问题，某几个人的认识问题，而是整个民族、整个历史必须要经历的过程。当然偶然性也起了很大的作用，但是偶然性底下体现了某种规律。如果你把它当作可以抽象掉的东西，那么你就可能会把所有的经历称之为虚假的东西，整个历史、历史事件都会成为虚假的。因为它们跟今天比起来都是错误，那世界上就不会有任何真理了。下面：

{35} 　　正在消失的东西，毋宁本身应该被视为本质性的，而不应该被规定为从真实的东西上割除下来而弃置于真实的东西之外不知何处的某种固定之物；同样，也不应该把真实的东西视为是在另外一边静止的、僵死的肯定之物。

　　这句话有两方面，"正在消失的东西毋宁本身应该被视为本质性的"，正在消失的东西，当它正在消失的时候，毋宁本身应该被视为本质性的。"四人帮"为什么被推翻了，为什么被揪出来了，为什么被粉碎了？当"四人帮"正在消失的时候，正在体现出一种本质性，反映出历史有它的本质规律，要长期那样搞是搞不下去的，不可能的。正在消失的东西其实不是虚假的东西，本身是本质性的，它恰好暴露出了本质。"而不应该被规定为从真实的东西上割除下来而弃置于真实的东西之外不知何处的某种固定之物",正在消失的东西并不是说就要消失了,我们就可以从真实的东西上面切割下来,把它加以抛弃、弃置于真实的东西之外,或者跟它划清界限。"不知何处",不知道把它丢弃在何处了,反正你最好把它忘掉。"某种固定之物",正在消失的东西不应该被规定为这种固定之物,好像正在消失的东西,它仍然在那里,只是我们把它抛弃了,它是一种固定之物,我们现在不再犯那种错误了,我们把它抛弃掉就好了。弃置于真实的东西之外不知何处的固定之物。我们今天只要不再搞阶级斗争,不再发动文化革命,不再上山下乡,不再搞人民公社,好像我们就真实了。那些东西,阶级斗争也好,文化革命也好,人民公社也好,那些是固定之物,是一个毒瘤,我们把它切除了。我们只要防止它不再来就够了。现在没有人再搞文化革命、人民公社了。当然现在还有威胁,现在还有"乌有之乡",不知在何处。它不知在何处,我们就可以不理它了,它讲它的。我们不再犯那种错误了,好像我们就跟它划清界限了。但是我们不应该这样看,你不要把它当作固定之物。不当作固定之物,那当作什么呢? 当作是我们自己。你切不掉的,它就是我们自己。谁是"文革"? 我们就是"文革",我们今天还是"文革",我们今天还在搞"大跃进",谁不搞"大跃进"? 任何事情在中国一搞就是"大跃进"。教育"大跃进",房产"大跃进",房价"大跃进"。我们就是"文革"。不是说你把它切下来留在一边就不管它了。但是它并不是虚假的东西,"大跃进"并不完全是虚假的固定之物,你可以把它切除,你不犯就够了。它有一种本质性在里面。这是一方面,还有另一方面就是,"同样,也不应该把真实的东西视为是在另外一边静止的、僵死的肯定之物"。一边是错误的东西、虚假的东西,另一边当然就是真实的东西。那么我们不能把虚假的东西看作是从真实的东西割除下来的,同样,也不能把真实的东西看作是另一边静止的僵死的肯定之物。真理不是跟错误离得老远老远,在另一边静止的僵死的肯定之物。真理就是一个过程,真理就是犯错误的过程,这个犯错误甚至从真理的角度看,它不能叫做错误,它是必然的一个过程。人类就是这样走过来的。这是另外一个方面。虚假的东西和真理不是格格不入的。

现象就是生成与毁灭,但是生成与毁灭本身却并不生存毁灭,而是自在地存在着,并构成真理的生命的现实性和运动。

"现象就是生成与毁灭",这句话好理解,现象界我们整天看着就是一些东西产生了一些东西毁灭了,一些东西过去了;但是生成、毁灭本身却并不生存、毁灭,生生死死它本身是永恒的。古希腊的哲人有句话叫作:"不死的死就是绝对的生。"就是说不断地有东西在死亡、在毁灭、在过去,但是死亡本身永生。这个死亡的否定的运动本身是永恒的、永生的。黑格尔在这里也有这个意思,就是说生成与毁灭,每天都在生存与毁灭,但是生成与毁灭本身是永恒的。这两者的关系就是辩证的关系,变化本身是不变的。《易经》里面也讲,所谓"易"的意思就是"不易"嘛。易有三义:变易、简易和不易。不易也是易,如何理解? 就是易本身是不易的,永远不变的,易本身是永恒的。所以黑格尔讲,"生成与毁灭本身却并不生存毁灭,而是自在地存在着,并构成真理的生命的现实性和运动",就是生存与毁灭本身是自在存在着的,它本身是永恒的,真理的现实性和生命都是由它构成的,都是由生存和毁灭的原则、运动的原则、能动性的原则构成的。能动性的原则构成着真理的生命的现实性和运动。这句话应该不难理解。难理解的是下面一句话:

这样,真理就是所有的参加者都为之酩酊大醉的一席豪饮,而因为每个参加者一离席就直接消解掉了,所以这场豪饮也同样是透明的和单纯的静止。

这句话比较难以理解,这句话里面蕴含的意思带有比喻甚至带有诗意在里头。"所有的参加者都为之酩酊大醉的一席豪饮",这有一种酒神精神在里头。尼采后来谈到酒神精神。其实黑格尔在这里未尝不有这个意思,黑格尔非常熟悉古希腊哲学,而且他多次提到酒神。为什么要提

388

到酒神? 酒神是一种非理性的精神。在尼采那里酒神和日神是一对,日神是代表理性的,当然它还是直观,但是它偏向理性,偏向于冷静、静观。而酒神代表一种非理性的迷狂。柏拉图讲的理性的迷狂里面也带有酒神精神的意味,如果理性到了它的最高层次,那就是一种理性的迷狂,就体现了这种酒神精神。而酒神精神的特点就是消除一切界限,打破一切界限,你和我同归于自然,都受同一个自然规律所支配。所以在酒神节上都不分你我了,大家都醉了,都融于大自然。在黑格尔这里不是大自然,而是真理,就是终极的真理,就是上帝,就是神。那么到这个最高层次就有一种酒神精神在里面。"所有参加者都为之酩酊大醉的一席豪饮",所有的参加者就是所有这样一些曾经是被称之为谬误的东西,这些环节都参与了真理,都分有了真理。每个环节在这个整体的真理里面都酩酊大醉,都互相渗透,没有固定的分界和规定,大家共同融化在一种气氛中。这个整体就是最后的真理。所有参加者本身的那种固定性都被取消了,那种独特性,那种跟其他事物的区别,都被化解了,从一个东西过渡到另外一个东西,本来是它自己作出的区别,同时又取消了这种区别。区别是它自己作出的,否则的话就没有运动,也没有能动性,也不会过渡,但是过渡到最后达到整体,从这个角度来看,所有的过渡把它们的界限都取消了,不分彼此。比如在哲学史上黑格尔说,没有一个哲学是真正消亡了的,所有的哲学都活着。当然最后是黑格尔自己的哲学,他把握到了真理;但是在这个真理里面包含所有过去一切哲学,没有哪个哲学被作为谬误完全取消了。它们都是参与者,都参与了真理。所以真理就是一席豪饮,大家都参与了。酒神精神就是这样的,酒神节上,所有人都参与,不管是外邦人还是城邦的公民,你一旦到了那个宴会上你就参与,没有人会说你是异己分子,你既然来了,就喝一杯。我们乡下婚礼也是这样的。所有的人都参与进去,一醉方休。"而因为每个参加者一离席就直接消解掉了",就是说只有在这一席豪饮的时候,大家都参与的时候才是真理,每个参与者,你一旦孤立的看待它,那么它就消解掉了。它自己的那些独特的规定是站不住的，单独看是虚假的。单独地看，没有固定的东西是永恒的，它们全都消失了，全都被否定掉了。所以一离开整体，它就什么也不是，但是一旦参与到里面去，就可以看出来它构成真理的环节。所以它没有自己独特的跟整体格格不入的规定性，所有的规定性都是用来规定那个整体的，而它那个独特的规定性一离席就会消解，它就什么也不是。"所以这场豪饮也同样是透明的和单纯的静止"，前面讲了，唯有生存和毁灭本身是不生存毁灭的，那就是静止了。易就是不易，变易本身不易，那它当然就是静止了。这场豪饮同样是一种静止，一种什么样的静止呢？透明的和单纯的静止。这两个词非常关键。什么叫作透明的？透明的就是说没有什么东西遮挡的。一个东西比如玻璃很透明，是因为没有东西遮挡光线。一块不透明的玻璃是因为里面有很多不透明的东西把光线挡住了，或者折射出去了。它没有这些东西，它是很纯净的，那它就是透明的。为什么是透明的呢？因为每个参加者并不阻挡其他参加者，而是所有的参加者都溶化于整体中，没有渣滓，不会妨碍光线的透过，没有东西遮挡它。"透明"这个词黑格尔经常用到，具体概念就是透明的概念，为什么具体概念就是透明的概念呢？因为你在这个概念里面可以清清楚楚地看到它里面所包含的其他的概念，这就叫做具体的概念。具体的概念就是一个概念里面包含着许多别的概念，包含有许多别的概念的丰富内容，这就叫作具体的概念。越丰富就越具体，但是作为概念来说，这些丰富的具体内容，它们本身并不遮挡光线，它们都融入具体的概念里面，成为它的具体的环节，就像某些透明的生物，它的身体是透明的，你可以看到它的内脏，你可以看到它的心脏在跳动。具体的概念也是，你可以看到它里面的各个概念是怎么起作用的。从整体的角度，你可以理解它的每个环节的跳动是起什么作用的，清清楚楚，这就是透明的概念，最后的真理就具有这样的性质。透明的和单纯的，单纯的也是这样一个意思，最后回到单纯性，就是说它不再有没有消化的东西，不再有浑浊的东西。它是单纯的透明的，是通透的。整个真理是单纯的透明的静止，就像一席豪饮,大家都醉了,不分彼此,大家都是兄弟。不管你的官阶多高、财富多大,不管你是穷人还是富贵达人,都挡不住你我都是兄弟,这只有喝醉了才能做到。在大家都清醒的时候,就要分出等级来,谁坐上座,谁坐末座,这个不能混淆的。但是一旦喝醉了就无所谓了。真理就是这样,我们可以把它理解为柏拉图的最高境界,就是理性的迷狂,希腊词 Ekstase,迷狂、出神状态,黑格尔这里用的是一个德文词 Taumel,也是出神、狂喜、心醉神迷的意思。其中已经把那些具体的小过节完全消除了,消解掉了。下面:

虽然<u>那些个别的精神形态和特定的观念经受不住上述运动的法庭审判,但正如它们是否定的和正在消失着的,它们同样也都是肯定的必然的环节。</u>

那些个别的精神形态,就是那些环节了,那些豪饮的参加者。它们是个别的精神形态和特定的观念,虽然这些观念经受不住上述运动的法庭审判,"上述运动",就是运动的整体,整个运动。整个运动可以看作一个法庭,要对它的各个环节作最后的审判。在法庭上面、在整体面前每个环节都消失了,都透明了。所有的那些个别的精神形态和确定的观念都经受不住上述运动的审判,在运动中它们都被直接的消解掉了,如果用这个整体的法庭来考验它们,你会发现它们都站不住脚,一个取代一个,最后同归于尽,大家都酩酊大醉,不分彼此。你所固有的那些特定的环节不足挂齿,你在整体里面你不消坚持那些特殊性,那些特殊性完全消解掉了,在上述运动的法庭面前是经不住考验的。虽然经受不住考验,"但正如它们是否定的和正在消失着的,它们同样也都是肯定的必然的环节",就是说虽然每个在整体面前微不足道,都是否定的环节,都是正在消失的环节;但是它们同样也都是肯定的必然的环节。法庭也没有完全否定它们,否定的只是它们的那种自以为的固定性和绝对性。每个环节它都自以为是绝对的,当它在逗留的那一瞬间,它就以为它是绝对的了,它以为自己是绝对真理。但是法庭后来把它否定了,但是否定的是

391

它的绝对性，但是肯定的是，它作为一个环节是必经的，是构成整体的一个必要的阶段。下面：

[31]　　——在运动的那个被理解为静止的**整体**里，那种在运动中区别出自己、并给自己以特殊定在的东西是作为**回忆起**自己的这样一种东西被保留下来，其定在就是对自己本身的认知，正如这种认知也同样是直接的定在一样。

"运动的那个被理解为静止的整体"，就是刚才讲的运动的整体，从整体的角度回看它曾经经历过的诸环节，"那种在运动中区别出自己、并给自己以特殊定在的东西"就被保留下来了，虽然它们在运动中区别出自己，每个环节都给自己以特殊的定在，按道理在运动中是站不住的，是要消失的；但"作为回忆起自己的这样一种东西"，它们被保存下来了。也就是说，当我们最后达到整体来回看过去的经历，我们就把那些环节作为回忆起自己的这样一种东西而被保存下来了。我们经过了漫长的过程，我们最后完成了这个运动的整体，达到了绝对的真理，那么以前的那些过程都作为回忆起自己的东西而被保存下来了。这里面柏拉图的味儿太浓了。我们读过哲学史的知道，"一切知识和一切学习都只不过是回忆而已"，这是柏拉图的名言。就是说当你学习的时候，当你遇到一个新知识，实际上你只是在回忆你自己已有的知识；所有的新知识都是促使你回忆起你已有的知识的一个媒介，一种机缘。这就叫作柏拉图的回忆说。"回忆起自己"，也就是回忆起自己的本质，在整体中达到自我意识。所以整个运动过程都是一个回忆过程，一个向内深入的过程。沿途各环节作为自身的回忆都被保留在那里，"其定在"，也就是这些被保存下来的环节的定在，"就是对自己本身的认知"，就是自我认知。历史上的那些环节，它们的特殊的定在其实只是一种机缘，它们本身并不是自在的，只是一种现象，甚至是过眼烟云，但是它们提醒了你，促使你回忆起自己的本质，回忆起整体的真理，达到了这个整体自己本身的自我意识。每一个定在、每一个环节都是促使自己达到自我意识的一个环节。"正如这种认知也同样是直接的定在一样",这个整体的绝对的达到真理的认知不是别的,就是这些定在的认知,因为这些定在都是对那绝对认知的回忆,那么这个绝对认知无非就是在这些定在中实现出来的。对绝对的认知不可能一步登天,必须踏踏实实一步一个脚印,从直接的定在做起。这里讲的是哲学的知识。哲学的知识跟数学的知识、跟经验的历史知识是完全不相同的。它考察的是绝对现实的东西,自己建立自己,并且体现为一个运动过程,一个整体,真理是一个过程,同时真理是一个整体。那么在整体下面的各个部分、各个环节都是对这个整体的一个回忆,它们本身没有它们固定的绝对性。你抓住一个环节,你说那是绝对的,它就在你手中消失了;但是你如果不把它看作绝对的,你说这是绝对的一个阶段,那就对了。那只是一个阶段,只是一个相对的真理,这个相对真理的使命是让你逐步逐步的回忆起绝对真理。绝对真理是个整体,是你的目标。当然这个目标还没有现实的存在,但是它已经作为一个观念而先在了。整体已经先在了,但是不是作为一个现实的东西而先在,而是作为一个目的、一个观念而先在。那么经过这样一个历史的过程把它实现出来,你就走在了真理的道路上。所以柏拉图的回忆说在这里体现为一条真理之路。如果你把它当作对最初目的的回忆,那你就走上了一条真理之路。下面一段:

关于这一运动或这一科学的**方法**,看来也许有必要预先作更多的说明。

"关于这一运动"就是前面讲的那个整体的运动,"或这一科学",这一科学就是指的哲学,哲学就是考察这个运动整体的。关于这一运动或这一科学的"方法",方法打了着重号。那么我们怎样进入这种科学,有没有一种预先准备好的方法?像康德所讲的,在运用我们的理性之前首先要对理性的范围和条件进行一番考察,要在运用工具之前首先对这种工具进行考察。黑格尔讽刺康德说,这就好比在下水之前先要把游泳学会了，在学会以前切勿下水。当然康德没有这样说，是黑格尔把这种观点加给康德的，加给康德也不是完全没有道理。康德也谈方法，但是康德是最后才谈方法，《纯粹理性批判》最后才谈到"先验方法论"。他是反对事先就把方法端出来，然后按照这个方法、按图索骥，他是反对这样做的。但是无形之中，他也是这样做的，他也没有避免。那么对于这种哲学的方法，"看来也许有必要预先作更多的说明"。"看来"是虚拟式了，就是一般人可能会认为预先要作更多的说明。要把方法先端出来。你使用的是一种什么方法，你要先交给读者。下面：

<u>但是这个方法的概念已经包含在所讲过的东西里了，而真正对这个方法的陈述则是属于逻辑学的事情，或不如说，就是逻辑学自身。</u>

也就是说黑格尔是反对把方法看作是预先要端出来，然后再进入哲学的。但他说，这个方法的概念已经包含在我们前面所讲过的东西里了，就是前面所讲的里面其实已经包含着这个哲学的方法了，你没有看出来而已。只有下水我们才能学会游泳，我们先跳下去再说，跳下去你就会游泳了。这是一个方面，就是说这个方法的概念已经隐含在前面的叙述中了。另一方面他讲，"而真正对这个方法的陈述则是属于逻辑学的事情，或不如说，就是逻辑学自身"。这个方法是不是要专门来谈呢？也要专门来谈，但是不能事先来谈。真正的方法要加以单独陈述，那么它属于逻辑学，或者说它就是逻辑学。逻辑学就是谈方法的，黑格尔的逻辑学就是谈上帝创造世界用的是什么方法。世界上万事万物，不管是自然、人类、人类的社会生活、精神生活，所有这一切都是上帝按照逻辑学创造出来的。逻辑学就是上帝创造世界的蓝图，这是黑格尔的观点。就是说真正对这个方法问题的阐述是属于逻辑学的。《逻辑学》是在《精神现象学》之后，我们把《精神现象学》里面已经展示出来的这种方法单独提出来，或者说从《精神现象学》里面我们发现了上帝创造世界的方法，因为《精神现象学》无所不包。那么实际上它里面已经暴露了上帝创造世界有一种方法，这种方法把它取出来，那就是逻辑学。那就是一种绝对认知，

其他的都是相对的方法，只有这种方法本身才是绝对认知。所以方法不是在体系之外预先端出来的东西。它就是绝对认知本身，是逻辑学自身。方法论和认识论和本体论和逻辑学，这四者都是统一的。下面加以解释：

因为方法无非是整体的建构被展示在它的纯粹本质性里。

方法是什么呢？"整体的建构"，就是本体论。方法无非是整体的建构被展示在它的纯粹本质性里。"纯粹本质性"，这就涉及逻辑学了，只有逻辑学才能够把全体的建构展示在它的纯粹本质性里。逻辑学是最纯粹的，也是最本质的，万事万物背后都有逻辑，都有理性在支配着。方法就是这么一个东西。方法不是说你从别的地方借来一个方法，从数学里面借来一个方法，然后用来处理哲学的问题，不是的。它跟哲学的对象有关，哲学的方法跟哲学的对象是不可分地，它就是对象里面的本质性，纯粹的本质性。

但是关于这方面的至今流行的看法，我们必须意识到，就连与哲学方法相联系的那些表象的体系也属于某种过时了的教养。

前面讲了他自己的观点，方法无非是整体的建构被展示在它的纯粹本质性里。这里就是谈到流行的观点了。"但是关于这方面至今流行的看法，我们必须意识到，就连与哲学方法相联系的那些表象的体系也属于某种过时了的教养。"与哲学方法相联系的那些表象的体系是什么体系呢？比如说数学体系。数学体系与哲学的体系有联系，我们前面已经讲到了，黑格尔对数学的批判就是说它已经从哲学里面拿来了东西，从经验中也拿来了东西。比如说物质的概念就是哲学的概念，力的概念是物理学的概念。而且前面也讲到，数学需要另外一种知识来对它加以证明，哲学的知识要比数学的知识更高，数学要依赖于哲学。如果没有哲学，数学证明的前提就很难成立。所以这里讲到"就连与哲学方法相联系的那些表象的体系也属于某种过时了的教养"，数学体系它是跟哲学有关，但是今天已经过时了。当然它本身还是教养，作为教养来说无所谓过时不过时；但是你把它当作一种哲学的教养，一种哲学的方法，那它就过时了。现在已经不再有人用数学方法来证明一个哲学体系了。下面：

——如果有人说，这有点危言耸听或者带有革命的口气（其实我是知道远离这种语气的），那么我们可以想想数学所借给我们的那套科学体制，——即由界说、分类、公理、一系列定理及其证明、原理和从这些所引出的结论和推论所构成的科学体制，——至少在这意见本身中也已经**过时了**。

"如果有人说，这有点危言耸听或者带有革命的口气"，就是说认为以数学为楷模的那些知识都是过时了的，好像有点大胆了。他这里有点调侃了，"带有革命的口气"，当时正是法国大革命的时候，拿破仑打到他所住的城市耶拿，他把自己的手稿寄出去以后，什么也没带就逃出来了。人家会说他带有革命的口气，他说，其实我是知道避免这种语气的。黑格尔是尽量的使自己显得温和的，他把自己的革命性和批判性隐藏在他的体系里面。后来马克思和恩格斯批评他，就是说他的这个革命的锋芒被他的体系所掩盖，甚至是窒息了。他是知道避免这种语气的，他不是这么激进的，他也不是"愤青"。所以他的这种革命性实际上是隐藏得很深的。他绝对不会在他的语气上面直接表现出这种革命性，他只是说实话而已。所以他让我们想想"数学所借给我们的那套科学体制"，认为它"至少在这意见本身中也已经过时了"。这意见就是指那种流行的看法，想从数学借用哲学的方法。就是说我这不算是什么革命，流行的意见自己也认为那套东西是过时了的，我只不过是把这个说出来了而已，我跟流行的意见没有很大的冲突。我的观点还是很普通的，把数学的那套东西借用来搞哲学，就连这种做法本身也觉得显然是不合适的了。什么东西过时了？数学所借给我们的那套科学体制，或者说我们哲学家从数学那里借来的那套科学体制。这套科学体制包含很多项目。"界说"Erklärung，这个词经常被用到，康德常用这个词，斯宾诺莎的体系，他的《伦理学》里面一开始就是界说，有的人翻译成定义。当然它跟定义还不一样，不涉及本质定义，而只是首先把这个概念讲清楚，你讲的概念是什么意思，或者说这是一种描述性的、解释性的定义。"即由界说、分类、公理、一系列定理及其证明、原理和从这些所引出的结论和推论所构成的科学体制。"体制，Staat 这个词本来是国家、政府的意思，这个地方意译为体制。这套体制在流行的观点看来也已经过时了。大家都觉得用数学的东西怎么能解释哲学的问题呢？莱布尼兹是用数学的计算来研究哲学问题。但是在康德那里已经认为那已经过时了，康德的先验方法论里面讲，数学的那一套道理已经不适合哲学了。包括定义、证明等等。康德已经看到了这一点。所以黑格尔并不认为自己是那种革命者。下面：

即使那种体制的不适合性还没有被清晰地洞见到，毕竟在这方面已经是不再有用了或用处不大了，即使它本身还没有遭到非难，毕竟它已经不被喜爱了。

就是说，那种体制的不适合性还没有被清晰地明见到，比如说康德，康德已经看出了这个数学的局限，但是他自己也没有完全摆脱这种局限。尽管如此，它毕竟已经是不再有用或用处不大了。康德专门讲到方法论，数学的证明，数学的定义，这些东西对哲学来说没有用，或者说用处不大。他也没有否认数学的用处，但是他认为哲学不必像数学那样先下定义，哲学的定义可以在最后做，但是在最后来下定义的时候，它已经用不着定义了。而且你定义一个哲学概念，一定会引起误解，你会以为这个定义就是单薄的一个命题。哲学概念的定义包含在它所有的过程中，康德已经意识到了这一点。证明也是这样，二律背反用数学中的归谬法来证明，康德认为是无效的、无用的，但是无用也有用，就是说用这种方法你可以引起怀疑，促使你打破独断论，去寻求更高的可能性，所以他认为怀疑也还是有用的，它直接的没有多大用处，但是它间接的还是有用的。先验辩证论讲到他的幻相，虽然是幻相，它也有一种促使人、激发人去寻找真相的用处。"即使它本身还没有遭到非难，但是它已经不被喜爱了"，人们虽然还没有非难它，但是做哲学的时候跟以前不一样了，不是老动不动就把数学的楷模摆在面前，这种喜爱已经被人们所抛弃。康德也好、费希特也好、谢林也好，都已经达到了这个层次。下面：

　　而对于卓越的东西，我们必须抱有这样的预断，认为它会有用并且受到喜爱。但是不难看出的是，像提出一个命题，替它找出理由，同样又以这些理由驳斥反对的命题，这样的作风并不是真理能够在其中出现的形式。

　　预断 Vorurteil，它本来的意思是成见，但这个地方翻译为成见，可能会以为它是贬义词，其实他这里是中性的，就是预先的判断，现代解释学称之为"前见"。对于那种卓越的东西，Vortreffliche，这里指哲学的知识，哲学是超越于一切之上的最高的知识，对此我们必须抱有这样的预断，什么预断呢？ 认为它会有用并且为人们所喜爱。但数学方法并没有成为这样的东西。"但是不难看出的是，像提出一个命题，替它找出理由，同样又以这些理由驳斥反对的命题，这样的作风并不是真理能够在其中出现的形式。"数学惯用的做法，比如说提出一个命题，然后替它找出理由，然后用同样的理由来驳斥那些反对的命题，这样的做法并不是真理能够在其中出现的形式。这些都是外在的形式，而不是导致真理出现的形式。那么真理是什么？

　　真理是它在其自身中的运动；但上述的方法却是外在于材料的一种认识。因此，这种方法是数学所独有的方法，并且必须留给数学，因为数学，如已被注意到的，是以数量的无概念的关系为其原则，并以僵死的空间和同样僵死的一为其材料的。

　　真理是在其自身中的运动，"其"就是真理。也就是真理是在真理自身中运动，真理自身就是一个运动，真理是一个过程，它运动在自身之中，而不是运动在外在的东西中。所以整个的运动都是真理。"但上述的方法却是外在于材料的一种认识。"上述的方法就是数学的方法，是外在于材料的。"因此，这种方法是数学所独有的方法，并且必须留给数学；因为数学，如我们已经注意到的，是以数量的无概念的关系为其原则，并以僵死的空间和同样僵死的一为其材料的。"这句话又回到数学了，他主要要排除的就是数学方法。经验他倒不用去排除，因为作为理性派的哲学家，他认为经验方法简直不值得一驳，你要立足于经验，那你就没有哲学。现在问题就是说理性派立足于数学有没有道理，他主要对付的就是数学，防止数学干扰哲学的创建。这样一种方法，提出一个命题，然后找出理由，再用这个理由去驳斥反对意见，这个方法就是数学特有的方法，必须留给数学。"留给数学"，一方面是肯定数学有权使用这种方法，另一方面是否定它有权把这种方法用于哲学。"因为数学，如已被注意到的，是以数量的无概念的关系为其原则，并以僵死的空间和同样僵死的一为其材料的。"数学关系作为原则是无概念的，数学的空间和一作为材料是僵死的。下面：

　　哪怕这种方法可能以一种更自由的作风，即是说，掺杂进更多的任意和偶然性，而保持在日常生活里，保持在一席谈话里，或者保持在差不多像一篇序言那样与其说在传授知识，不如说在传播奇闻轶事的历史教训里。　{36}　[32]

　　就是我们必须把这种方法留给数学，哪怕这种方法以一种更自由的作风被运用于别的方面，比如运用于日常生活的谈话中，运用于历史知识中。这种方法在数学里面是不自由的，但是我们对它稍加改造，放宽一点尺度，也可以把数学方法转用于别的方面，只要我们在数学方法中容忍更多的任意性和偶然性。在日常生活里，我们也可以采取数学的方式。要证明一个我所坚持的信念，或者一种意见，我采取一种数学或类似于数学的方式，其实里面已经夹杂着很多任意性和偶然性。我要坚持一个观点，这个方式可能不一定是数学定理、命题，可能是日常生活中的一件事情，我要证明它，要采取一种类似于数学的方式，但是要比数学更加自由。在日常生活的谈话中，比如最近在讨论某个老师的做法，他发动班上的同学投票把一个小女孩赶出本班，老师说有一个同学很讨厌，我们来投票，是把她赶出我们这个班，还是让她留在我们这个班。结果大多数同学投票把她赶出去，结果这个小女孩就自杀了。这是一个日常生活的案子。我们可以讨论这样一些问题，也可以收集一些理由，然后用这些理由来反驳那些反对意见。你当然可以在这个案子里面展示你的数学修养，在日常生活中，你的这些数学的方法都可以保持，你都可以用。"或者保持在差不多像一篇序言那样与其说在传授知识，不如说在传播奇闻轶事的历史教训里"，像一篇序言那样，一篇序言通常都是在追溯历史的教训。就像《精神现象学》一开始就讲了，一篇哲学著作的序言容易犯种种毛病，所以黑格尔说它与其说在传授知识，不如说在传播奇闻轶事。但尽管如此，仍然可以保留某种数学的方法，它也有它的一种作用。只要它不应用于哲学。下面讲：

在日常生活里，意识作为内容来拥有的有知识、经验、感性的具体事物，以及观念、原理诸如此类，即那种被看作现成在手的东西或被看作固定的静止的存在或本质的东西。

为什么在日常生活里，你可以保存这种数学的方法？因为日常生活里也有一些相对固定的内容。数学的方法可以渗透到你的日常生活里。我们跟人日常谈话，有时候一交谈可以发现某某人是学过数学的，你看他说话多有逻辑性，有前提、有证明、有反证、有验证，应该说他是有章法的。所以在日常生活里，意识作为内容来拥有的有"知识、经验、感性的具体事物，以及观念、原理诸如此类，即那种被看作现成在手的东西"，就是在日常生活里意识的内容很庞杂，所有这些知识、经验、感性事物，被看作是现成的东西，不需要你去创造，它们都是既成事实。这就给运用数学方法留下了余地。我们要证明一个命题、一个判断、一个原理是否有理，我们都可以把这些既成事实作为理由，作为证据。"以及观念、原理诸如此类，……或被看作是一个固定的静止的存在或本质的东西"，前面经验和感性事物被看作现成的东西，而观念和原理被看作是固定的静止的存在或本质的东西，这个里面有一点区别。当然这里是讲的日常意识，黑格尔的观念和原理并不被看作是固定的静止的，黑格尔是描述日常意识里这样一些内容。下面：

有时候意识是沿着它们而前进,有时候却对这样的内容凭自由的任意打断其关联,而表现为对内容的一个外在的决定者和操纵者。

这是讲意识了,在日常生活中,意识是以这些东西为它的内容,那么对这些内容,有时候意识是沿着它们而前进,沿着上面所列举的,沿着知识、经验、感性的具体事物,以及观念、原理等等所有这些东西,意识沿着这些东西而前进,碰到什么是什么,来一个我们解决一个。有时候却对这样的内容凭自由的任意而打断其关联。有时候不耐烦了,凭自由的任意跳跃,跳过一些事实或中断它们的关联,而进行一种人为的处置。不过这个在日常生活里是没有多大关系的,顶多我们说这个人太主观了,要更客观一点。而客观就是按照前面一种态度"沿着它们而前进",那就是实事求是,其实又很被动。而在两种情况下意识其实都是对内容的一个外在决定者和操纵者。下面也是:

意识总是把这种内容归结到任何一种确知的东西上,哪怕只是瞬间的感觉;而当信念到达一个它自己熟知的休息地时,它就满足了。

把所有这些内容归结到任何一种确知的东西上,到底是哪一种确知的东西,那就看你相信什么,那就看你的偶然性了。休谟相信他的第一印象,所有的东西都归结到第一印象;雅科比相信他的直接知识,上帝的信仰;笛卡尔相信我思故我在。总而言之,"当信念到达了一个它自己熟知的休息地时,它就满足了"。最后要找到一个休息地,找到就满足了,其他的就不在话下了。这是带有一种讽刺的口气说的,意识在日常生活中,往往是这样,找到一个安身立命之所,我觉得哪个原理可信,我就把它抓住,用它来判断一切。所以日常生活的判断总是带有随意性的,不是根据事情本身的进展,而是性之所至,偶然地、外在地去决定和操纵内容的材料,在其中,运用数学作为一种技术性的手段是有可能的。但在哲学中却不能这样。这是黑格尔想要说明的。

上次讲到黑格尔的概念的认识,他首先把概念的认识和数学的认识区别开来。哲学将数学作为楷模并且哲学从数学那里借来了一整套的方法，像界说、分类、定理、公理、证明、原理和推理等等，这样一套科学体制。但是这种做法现在已经过时了，就连在流行的意见那里都已经过时了。那么现在面临的就是要寻求一种新的概念的知识，那就是哲学。真正的哲学，真正的科学，确定它应该采取什么样的认识方法。那么今天我们讲的这一段就是继续探讨哲学应该采取什么样的方法，我们要通往科学之路，首先我们要找到一种通往科学之路的方法。他说，

　　但是，如果概念的必然性既排除绕来绕去的日常谈话的松散进程，又排除科学讲究排场的更为僵硬的进程，那么前面已经提到过，代替这种进程的不应该是预感和豪情而全无方法，也不应该是先知式的言说的那种任意武断，这种言说不仅蔑视上述的那种科学性，而且根本蔑视一切科学性。①

　　小标题是概念的知识，这里讲概念的必然性。概念的必然性跟日常谈话是不一样的，跟哲学从数学那里借来的方法也是不一样的。所以这里有两个方面，一个方面是，"如果概念的必然性排除绕来绕去的日常谈话的松散进程"，日常谈话是很松散的，绕来绕去的。前面讲过，数学方法如果不是那么严格，也可以被引入到日常谈话中来，当然也包含某种推理，但它主要体现它的这种能言，任何时候都有话说。"绕来绕去"，räsonieren，喋喋不休的意思，Räsonnement 则有推理的意思，但这种推理是松散的，只是逞口舌之快。上一次课后面部分我们读到黑格尔对数学方法的看法："哪怕这种方法可能以一种更自由的风格，即是说，掺杂进更多的任意和偶然性，而保持在日常生活里，保持在一席谈话里，或者保持在差不多像一篇序言那样与其说在传授知识，不如说在传播奇闻轶事的历史教训里"等等，就是说，在日常谈话里面是比较松散的。另一个方面是"科学讲究排场的更为僵硬的进程"，这就是指哲学堂而皇之从数学那里借来了一整套方法、体制，加以标榜，这是比较僵硬的。典型的是斯

---

① 黑格尔这里想到的首先是 J.Görres、C.A.Eschenmayer 和雅可比。——丛书版编者

宾诺莎《伦理学》的副标题:"以几何学方式证明。"上次我们也读到,在哲学里面"数学所借给我们的那套科学体制,——即由界说、分类、公理、一系列定理及其证明、原理和从这些所引出的结论和推论所构成的科学体制"。这个体制,Staat,俨然一个国家,具有宏大的排场,好像是非常严格的有秩序、有纪律的这样一个政府,当然也是更僵化、更刻板的进程。概念的进程把上面这两方面都排除掉,这些都还不足以表达概念的知识。然而,是不是能够诉之于直接知识呢? 也不行。他说,"前面已经提到过,代替这种进程的不应该是预感和豪情而全无方法,也不应该是先知式的言说的那种任意武断,这种言说不仅蔑视上述的那种科学性,而且根本蔑视一切科学性"。前面很多段落都是在反驳那些直接知识,反对从情感和直觉、直观出发来建立哲学知识,那么哲学知识虽然排除了数学的榜样,但更不能以直接知识这种方式开始。我们现在把日常的谈话和数学的讲究排场的僵硬进程都排除掉以后,我们不能又回到前面已经批判过的直接知识,就是凭借预感和豪情,那些东西是完全不讲方法的。我们不能不讲方法,虽然我们排除了数学的方法,也排除了日常谈话的那些松散的方法,但也不应该落入到"先知式的言说的那种任意武断",因为这种言说不仅蔑视上述的那种数学的科学性,"而且根本蔑视一切科学性"。比如那种非理性的从信仰出发的一种断言,根据圣经,根据某个权威,或者根据我自己的直觉、灵感,那种任意的武断。这种言说就是根本不讲方法了。黑格尔反对哲学借鉴数学方法,并不是说他要反对一切方法,而是要另外寻找哲学自己的方法。我们不应该再回到非理性主义和直接知识,因为那种知识虽然也否定数学方法,但是一切科学方法都被它否定了。看下一段。

　　同样,——在康德学派只是凭借本能才重新发现出来的、还是僵死的、非概念的**三段式**被提升到它的绝对含义上来,并借此在其真实的内容里同时确立起了真实的形式、而科学的概念得以产生之后,——对这种形式的那种运用也很难被看作某种科学的东西，通过这种运用，我们看到这种形式被贬低为无生命的图型、某种真正的幻影，并把科学的组织贬低为图表了。①

这个"同样"，就是说，我们除了排除上面的那些非科学的进程以外，就连康德的三段式 Triplizität，它的那种运用我们也是要排除的，它作为概念的知识也是不行的。康德的三段式在康德的范畴表里面已经反映出来了，四大类十二个范畴，每类范畴都有三个。康德对这个特别作了说明，就是他借用三分法，这个是违背了传统形式逻辑的两分法的。两分法就是正和反、是和否，但是康德的三段式有个第三项，这个第三项既"是"又"不是"，它是对前面两项的综合，前面两项是第三项的环节。所以范畴都是三个一组，每一项都是正、反、合，合题又回到了正题，这就构成了三段式。这一套东西到费希特、谢林、黑格尔都接受了。当然接受的层次是不一样的。康德的三段式"还只是凭借本能才重新发现出来的，还是僵死的、非概念的"，"非概念的"在黑格尔这里有他特殊的含义。我们一般讲概念是抽象的，但是在黑格尔这里概念的意思恰好是具体的，是有生命的、自由的、能动的。我们通常把概念理解为抽象的框架，我们把具体的东西、经验的东西塞到里面去，那么这个框架能不能装得下，能装得下它就是一个普遍的概念。这也是康德对范畴即纯粹知性概念的理解。但是在黑格尔这里，概念是自行发展、自行运动的，它有一种能动性，德文 Begriff 的意思就是抓取，本身有一种动作。在中文里没有这个意思，概念好像是一个木框子在那里，然后把东西塞进去，所以在汉语里面体现不出它的意思。但是在德语里面可以体现出这样一个动作。那么康德并没有意识到这一层，他只是觉得这个公式很好用，他只是凭借他的本能，当然不是生物本能，而是凭借理性的本能，于是就稀里糊涂地用上

---

① 黑格尔在此提到的是康德的三段式通过费希特和谢林所作的思辨的阐释以及谢林的学生们对于图型的形式主义的应用。——丛书版编者

了。不过正反合，由于万物都是这样的，它就被提升到了它的绝对含义上来了，"并借此在其真实的内容里同时确立起了真实的形式而科学的概念得以产生"。所以他这一套虽然是不自觉地提出的，但却是意义重大的，它使真实的内容具有了真实的形式，甚至使科学的概念得以产生。但即使如此，对这一套方法的"那种运用"仍然不能看作是科学的东西，因为这种运用使这一套公式"被贬低为无生命的图型、某种真正的幻影，并把科学的组织贬低为图表了"。康德自己就是采取列表的方式来展示他的范畴体系，搞得整整齐齐，并通过他相应的一套"图型"（Schema）而把范畴运用于经验对象，使它们成了"真正的幻影（Schemen）"。这里黑格尔利用"图型"和"幻影"字形上的相似来嘲笑康德的图型法。科学是一个有机体组织，怎么能够列成一个图表呢？所以康德虽然发现了正反合的辩证关系，功不可没，但是他运用这套形式的方法完全是非科学的，他使这套本来有生命的方法变成僵死的、非概念的了。所以，在康德和他的追随者们这样做了以后，像康德那样运用三段式已经很难被视为某种科学的东西了。不过这里也有某种暗示，就是康德的三段式已经具有了绝对的含义，并"借此在其真实的内容里同时确立起了真实的形式而科学的概念得以产生"，这就预示着黑格尔对康德的三段式的继承和改造。在他看来，科学的概念、哲学的概念就要通过这种绝对的原则而产生出来，这样才能赋予真实的内容以真实的形式。但在康德这里，这种形式还是一种抽象的图型，一种图式，它本身是无生命的，是一种外在的操作，你可以借助于这种图型，把一切东西联结起来，这是我们哲学家的一种操作。黑格尔曾经比喻为"就像把一块木头绑在腿上一样"，把两个东西捆绑起来，这是一种外在的联结。你把它变成一种图型，那么它就只能用来进行一种外在的操作，没有人操作它，它就是死的。你必须把这个概念跟那个概念联结起来，再把第三个概念又联结上去。这样的科学体系是没有生命的。真正的科学体系是有生命的，是自组织。但有机组织在这里被降低成了图表，我们在做统计的时候列一张图表，我们经常说那些数字是死的，硬邦邦的数字，理工科很看重这个东西。这个图表是可以检验的，你哪个地方错了，可以检验出来。但这种图表式的思维是没有生命的，是无机的。这是黑格尔对康德学派的一种批评，黑格尔很少提到人的名字。在这个地方专门提到康德，说明康德的影响太大了，特别是在黑格尔时代，非常流行，几乎所有的有代表性的哲学家都从他那里接过了他的形式，来加以形式化的应用。所以他这里用的是kantische，康德学派，不光是针对康德，而且有一大批人，包括费希特、谢林等人。看下面：

——这种形式主义，上面已经一般地谈到过，① 我在这里要更详细地指出其作风，它认为只要把有关一个形态的图型的某个规定作为宾词说出来，就已经对该形态的本性和生命作了概念的把握和表述，

先看这半句。这种形式主义，不仅是康德的三段式的僵死形式，而且是一般的形式主义，上面已经一般地谈到过，就是在他对于谢林和雅可比的批评里面其实已经谈到过了。在前面贺、王译本第9页说："如果理念的发展只在于同一公式的如此重复而已，则这理念虽然本身是真实的，实际上却永远只停留在它的开端。"我曾经评论这句话是针对雅可比、费希特，尤其是谢林的，并提到了谢林的两极化思想和Potenz。他们和康德形式主义的共同之处，就是把一个原则到处搬用而没有质的提升。"我在这里要更详细地指出其作风，它认为只要把有关一个形态的图型的某个规定作为宾词说出来，就已经对该形态的本性和生命作了概念的把握和表述"，这里的"图型"已不限于康德的图型，而是泛化了，指任何抽象公式。这些形式主义的哲学家们以为，不管是三段式也好，范畴也好，两极化也好，Potenz也好，只要把一种形态的图型作为宾词套在一个对象身上，就算是对这个对象形态的本质作了概念的把握了。虽然

---

① 参看前面考证版第 17 页批评"色彩单一的形式主义"将同一公式不断地重复应用［见本书边码第 17 页——中译者按］。——丛书版编者

某个形态的本性是什么我们还不知道,它的内在的生命更不在我们视野中,但是我们把这个形态的图型抓住了,你可以用一个规定来表述它,你把某个规定作为宾词说出来,这个 A 是 B,把这个 B 说出来,"就已经对该形态的本性和生命作了概念的把握和表述"。我们站在旁边远远一望,看出它的图型,以及这些图型有哪些规定,那么我们把这些规定说出来,那是不是就把握到了这个图型的本性和生命呢?显然是不可能的。但是他们认为,只要外在的把这些图型说出来,首先把这些形态归结为某个图型,其次把这些图型的规定说出来,加在对象的形态身上,那就算对它的本质和生命进行了把握和陈述。这是形式主义哲学通常的一种方法,它们的作风就是这样。直观知识通常走这条形式主义的路子,他们不去把握认知识的过程,自我否定、自我发展的具体过程,他们不去深入考察,而是站在旁边直观、旁观、观望一下,然后对它加以描述、概括,图型是很有概括性的,然后把那些规定说出来,就以为是把握到了事物的本质。这种形式主义上面一般地谈到过。但是还没有从形式主义的作风、方法的特点详细讨论过。下面:

——这个宾词可以是主观性或客观性,也可以是电、磁等等,也可以是收缩或膨胀,东方或西方以及诸如此类,这是可以无限复制的,① 因为按照这种方式,每个规定或形态在别的规定或形态那里都可以再被当作图型的形式或环节使用,因而每一个都可以作为报答而为另一个作出贡献; [33]

这些例子已经非常明显了。"这个宾词",就是上面讲的图型的某一个规定被当作宾词说出来,这个宾词也就相当于这个图型的某一个规定。这个图型在这个场合之下就是指的,比如说康德的三段式,正反合,这是个图型;在费希特那里,则是自我建立自我,自我建立非我,然后自我通

---

① 这些在谢林的自然哲学中反复出现的概念对子也被其他自然哲学家如 Eschenmayer、Görres、A.B.Kaißler、H.Steffens、J.J.Wagner 等人应用着。——丛书版编者

过非我回到绝对的自我，这是他的图型。它们都是可以到处应用的。但这里举的例子主要是谢林的两极性，如主观性和客观性，这个宾词可以是主观性和客观性，这是运用在哲学上；也可以是电和磁，这个是在谢林的自然哲学里面讲的，谢林讲自然世界中的事物都是有两极性的，电和磁、酸和碱，吸引和排斥、南极和北极等等，都是两极性的。当然黑格尔也讲两极性，但是黑格尔讲两极性，是把概念的生命贯穿在里面了，他不是把这种两极性当作一种形式化了的框架，一种图型 Schema 来加以套用。那么黑格尔在这里所批评的是，把所有这些东西都当作一个宾词，一种逻辑意义上的属性，到处去套用。也可以是收缩和膨胀，也可以是东方和西方，"以及诸如此类，这是可以无限复制的"。注意这里用的是"复制"vervielfältigen，也就是不变形、不走样地重复。你随便在一个场合下，你都可以分出一个正一个负。每个规定和形态在别的规定和形态那里都可以再被当作图型和环节使用。在这个里头很明显在批评谢林了。当然实际上，从康德以来，费希特、谢林他们都是采取这种方式，黑格尔的批评可以说涵盖了所有之前的德国古典哲学家，甚至包括后来中国的辩证法学徒们，他们鼓吹"一分为二"可以解决一切问题。主观性和客观性、电和磁、收缩与膨胀、东方和西方等等，它这个里头包括哲学的范畴，自然科学的概念，甚至还有社会科学和人文科学，比如正义与非正义等等，都可以套用。"因为按照这种方式，每个规定或形态在别的规定或形态那里都可以再被当作图型的形式或环节使用"，每个规定和形态，主观性、电、收缩等等，在与它相对的规定形态那里，在客观性、磁、膨胀等等那里，都可以再被当作图型的形式或环节使用。每一个形态、每一个规定都可以把别的规定和形态当作自己的环节，并且自己也可以被当作别的规定和形态的环节。它们是互相联系的，两极都是相通的，你可以从这个角度看，也可以从那个角度看。互相之间都可以相通，都可以把对象当作自己的环节，比如说"正"你可以把它说成是"非负"，主观性你可以把它当作"非客观性"，客观性可以当作"非主观性"，"因而每一个都可以作为报答而为另一个作出贡献"。每一个为另一个作出贡献，是因为另一个给它作出了贡献，它是作为回报，也就是两极互相渗透，对立面互相转化。我们通常讲的辩证法就是这一套，这一套实际上是被黑格尔所批评的。就是说我们把它当作一种外在的公式、当作一种外在的形式到处去套用。我们没有发现它这里头本身所固有的生命力。电和磁为什么要互相转化，主体和客体为什么要互相依赖、依存，收缩与膨胀为什么会分久必合、合久必分？你是从外在的图型方面找到一个规定，然后套在这些方面，你认为这些都是必然的，天经地义的，这是自然界的本质。但实际上自然界的本质你并没有把握到。如何把握到？你必须把这种互相转化看作是概念本身的一种内在的生命，一种自否定的结果，电为什么要向磁转化，因为电本身有一种自我否定，它是由内在的矛盾自相冲突所导致的，它才转化为磁。不是有一个磁在它面前，它就跟它发生一种暧昧的关系，不是因为这个原因，这个是很表面的。它表现出这种现象，你只是描述出它这种现象，但它的根源你没有找出来，它为什么会表现出这种现象，它不表现行不行，它把自己关起来行不行，它不行。关起来它自己就会爆炸了，因为它有一种内在的冲动，内在的生命力。所以这是以往的人对于辩证法的理解，从康德开始，已经有了对这个辩证法的形式主义理解，它把人们的眼光引向外部联系，而忽视了向内考察。

——这是一个相互性的圆圈，通过这个圆圈，人们无法获悉事情自身究竟是什么，既不知道这一个是什么，也不知道另一个是什么。

在这样一种相互性的圆圈里面互相依赖、互相渗透、互相转化等等，这是一个相互性的圆圈，通过这个圆圈人们无法获悉事情自身究竟是什么。什么是事情自身？事情自身就是实体，并且是作为主体的实体。作为主体的实体是什么样的呢？那就是自我否定。一个实体如果不自我否定，它是成不了主体的。而两极性的这种圆圈里面是没有体现出主体性的，通过两极互相转化，三段式、正反合这种形式化的运用，人们无法知道事情自身究竟是什么，既不知道这一个是什么，也不知道那一个是什么。双方你都不知道，每一方为什么要和对方关联，你也不知道，你以为就是两个东西在那里摆着，于是就发生关联了。但是这种关联是你赋予它的，是你把两个东西放在一起，它们之间如何自行关联，你不知道。你只是采取了一种眼光，来把握它，你发现这种眼光很奏效，在哪个地方都可以解释得通，然后就完了。你并没有深入到它的本质里面去。

{37}

在这里，有的是从普通直观中接受进来的一些感性规定，然而这些规定据说除它们所说出的之外还**暗示着**某种别的东西；有的则不加审查不加批判地直接使用了自身具有暗示性的东西、纯粹的思想规定，如主体、客体、实体、原因、共相等，犹如在日常生活里直接使用强和弱、膨胀和收缩那样，以至于那种形而上学就和这些感性的表象一样都是非科学的。

在这里，也就是在这种形式的运用中，你把什么东西接受进这些公式里去？"有的是从普通直观中接受进来的一些感性规定，然而这些规定据说除它们所说出的之外还**暗示着**某种别的东西"。比如说前面讲到的东方和西方，收缩和膨胀，这些东西都是最普通最日常的感性直观的规定。但是它们加上了这种形式，就显得大有深意了，就成了哲学新发现了，所以据应用这些形式的哲学家说，它们除了表面说出的意思之外还暗示（bedeuten）着某种别的东西。谢林经常在自然哲学里面把那些感性的直观直接拿来套用一些公式，暗示这些感性直观其实背后有它的更深的含义。黑格尔也讲机械性、化学性，也讲到电和磁、酸和碱，但是黑格尔揭示出来，其实底下是概念在起作用，是范畴在起作用。黑格尔在讲自然哲学的时候，它有《逻辑学》的一整套的范畴做铺垫，这个《逻辑学》的铺垫实际上是把自然哲学底下的概念的含义已经准备好了。因此黑格尔在谈到这些自然哲学的概念的时候，他经常会回到他的范畴上面来，让人们不要仅仅停留在一种表象，一种感性的直观，以为把握了这个感性就把握到了自然界的本质了。所以黑格尔跟谢林的自然哲学还是有

410

区别的。谢林的自然哲学完全是形式化的应用,有时候把来自于日常感性直观的规定硬塞到这个形式里面去,说它们富有暗示性,讲得很神秘。黑格尔也有感性规定的,但是黑格尔明确揭示出它们的来龙去脉,逻辑层次,他把它点出来。他的从低到高的上升过程是根据这些逻辑层次来安排的,而不是根据直观。谢林则只有暗示,而不说明。凭感觉和直观的暗示来安排一种秩序,和凭它们的概念的层次来安排它们的秩序,这是不一样的。"有的则不加审查不加批判地直接使用了自身具有暗示性的东西、纯粹的思想规定,如主体、客体、实体、原因、共相等,犹如在日常生活里直接使用强和弱、膨胀和收缩那样,以至于那种形而上学就和这些感性的表象一样都是非科学的"。"暗示性的东西"这里用的是 das Bedeutende,与前面的"暗示"bedeuten 相照应。这是另外一种情况,第一种情况是直接使用了感性的规定,第二种情况是使用了那些纯粹思想的规定。但是这些纯粹的思想规定是不加审查不加批判地直接使用的。由于未经审查批判,这些纯粹的思想规定含义模糊,本身也成了具有暗示性的东西。如主体、客体、实体、原因等等,都有大量含糊不清的意思,虽然本身是纯粹的思想规定,但却跟前面那些日常感性的规定如强弱、膨胀收缩等等一样,成了一些带比喻性的说法。这样一来,他们虽然说是在谈形而上学问题,使用的形而上学的术语,却和那些感性表象一样都是非科学的。其实在黑格尔看来,感性的东西是最抽象的,是最不用说的,你说它包含深义,那是说不出来的,只是"意谓",可意会不可言传。所以若说感性表象具有暗示性,这不过是一种托辞,一种逃避,是没有意义的。反之,纯粹思想的规定本身是具有明确含义的,但是你不加审查、不加批判的直接使用它们那也不行,你凭自己直接的感悟去领会它们,只会把它们本身变成神秘莫测的暗示性的符号。这个地方他不称之为概念,而是称之为"纯粹的思想规定",他是有用意的。其实这些都是概念,主体、实体、原因、共相,这都是纯粹知性概念。但他宁可把它们叫作纯粹的思想规定,因为你不加审查不加批判地使用这些规定的时候,它就不叫概念，不够资格叫概念，还只是一些纯粹的思想规定。因为你把它们当作犹如在日常生活里直接使用强和弱、膨胀和收缩那样，以至于使得它们和这些感性的表象一样都成了非科学的。你把概念当作那样一些类似于感性表象的东西来使用，那它还是概念么？那你就把这些形而上学和这些感性表象降到一个层次了，降到一种非科学的层次了。这是另一方面的批评。前一个批评就是说从日常的直观中把感性规定接受进来填充这些形式，这种做法的毛病就在于没有从这些感性规定的底下发现它们所包含的范畴，所包含的概念，所包含的有生命的东西，它们仅仅是一些僵死的感性规定，感性规定在这个里头没有得到提升。后面这种批评就是说，它也使用了概念，也使用了这些纯粹的思想规定，但是，没有审查也没有批判，它把这些概念当作一些感性规定来使用，或者把它降为感性规定来使用。第一种情况就是没有把感性提升到概念，第二种情况就是没有把概念保持在本身的规定里面，而是把它降低为了感性的规定。在谢林那里两种情况都有。要么它的感性的规定没有提升到概念，要么把概念降为了感性的规定。这两种情况都是黑格尔所批评的。下面一段：

　　这样，按照一种表面的类比而被表述出来的，就不是内在生命及其定在的自我运动；而是关于直观、在此也就是关于感性认知的这样一种单纯规定性，而对公式的这种外在的空洞的应用，则被称之为**构造**。①

　　"这样"，也就是对刚才两种情况进行总结，一种是把感性的东西限制住了，没有把它提升到明确的概念，另一种是把纯粹的概念下降为感性的东西。这就是形式主义的作风，形式主义的做法。他说，"按照一种表面的类比而被表述出来的，就不是内在生命及其定在的自我运动"，这

---

① 黑格尔此处联想到的是谢林及其学生，他们都是从哲学构造的原则出发的。在耶拿讲座中黑格尔曾把谢林自己的哲学贡献和他的学生们的形式主义作了区分（见罗森克朗茨：《黑格尔传》，第 181—185 页）。——丛书版编者

种形式主义所借用的不是明确的概念分析,而是一种含糊的类比法,通过这种类比所表述出来的并不是内在生命及其自我运动,没有表述一个事情自己运动,在每一个瞬间,它是怎么变化来的,你只是从后果上来加以描述,但是它这个具体的过程你没有了解。它表述的只是"关于直观、在此也是关于感性认知的这样一种单纯的规定性","直观",你直观到了,那么你就按照类比做一个单纯的规定,那么这个直观规定背后到底在发生什么事情,你说不出来,只是暗示一下有东西了。那种复杂的过程你不管,它只是一个单纯的规定。这种直观规定在这种情况下其实也就是一种感性认知,只是一个感性表象。你看到的东西很生动,但是它是如何生动起来的,你不去追究,只凭一种表面的类比而表述出来,膨胀和收缩、正和反、酸和碱、电和磁,都是靠一种类比而纳入到同一个"两极化"公式之中。这种类比就是归类,比如这个收缩跟主观性归于一类,膨胀是跟客观性归于一类的,为什么归于一类,你说不出道理,你凭感觉。它没有一种严格的逻辑必然性,它只是好像、类似,这样做从表面的效果来看,大致不错。"而对公式的这种外在的空洞的应用,则被称之为构造。"构造 Konstruktion,这个词也是康德应用的,康德把它应用在数学上,就是数学它不是概念思维,纯粹数学的规则是通过直观构造出来的。数学里面的先天综合判断就是数学的那些原理、公理,数学里面最简单的公式,比如说两点之间直线最短,为什么最短? 这不是推理推出来的,你要去看,要去做,两点之间你画一条直线,你直接看出它最短,任何不直的线都比它长些,这就把它构造出来了。所以康德认为数学的方式不是推理,而是构造。那么同样,形式主义公式的这种外在的空洞的应用,则被称之为构造。它还是类似于数学的方式,虽然康德已经从哲学中排斥了数学方法,在《纯粹理性批判》的方法论部分,把数学的方法跟哲学的方法区别开来了,但是还可以看出数学方法在他的哲学方法中的影响。在范畴的运用中,凡是偏向于直观方面的,他就称之为"数学的",凡是偏向于动态的则称之为"力学的"。而且他把这套模式扩展到别的方面,比如按照认识里面范畴的划分来划分美的契机、崇高的契机,来对自由概念分类等等。但为什么是这种划分,为什么在美的类型里面也是这种结构,这个没有什么可说的,所以它是一种空洞的外在的应用,一种表面的类比。康德这种方式带了一个不好的榜样,后来费希特、谢林也照此办理,他们采用了数学直观的这样一种构造方法而不自觉。为什么同一个公式它既可以用在自然界,又可以用在人类社会,又可以用在人的意识里,为什么这个正反合、两极化到处可以运用? 这没有什么道理可讲,它是一种类比,当你形成习惯之后,你就可以把这套公式到处去套。

——这种形式主义是跟任何形式主义的情况一样的。

这个中间插这样一句,就是要把这种形式主义跟其他的形式主义加以比较。举例说明,下面举了一个医学的例子。他说,

如果一个人在一刻钟之内不能被教会这种理论,即有衰弱病、亢进病和间接衰弱病,以及这些病各有治疗的药方,如果他不能在如此短的时间内从只知墨守成规的人变成一个理论上的医生,正如这样一种课程不久前还足以使人做到的那样,① 那么这个人该是多么愚蠢呢?

这里举了一个例子,如果一个人不能在一刻钟之内被教会这种理论,即有衰弱病、亢进病和间接衰弱病,以及这些病各有治疗的药方,那他一定是个蠢货。这里德文版有一个注释。这个理论是什么理论呢? 所谓布朗主义。约翰·布朗在 1780 年出版了一本《医学原理》,他是英国的一位医生,他提出了一种医学理论,叫作可激性理论。可激性理论很简单,一切疾病可以分成三类,一类是刺激不足,就是无力、衰弱,另一种就是刺激过度,就是亢进病,还有一个就是间接衰弱病,就是前两个的合题,一正一反一合。这是一套理论体系,并且各有相应的疗法,

---

① 在这里,正如在前面对强和弱等等概念的运用进行论争一样,黑格尔针对的是当时讨论得很多的 J.Brown 的激发理论,在其中对疾病作了这样的划分。——丛书版编者

比如说亢进，你就放血嘛，衰弱了你就给他吃点好吃的，反正都有相应
的办法。这套东西在 19 世纪中期就被完全推翻了。另有医生证明他
这一套东西完全是无稽之谈。但它很简单，很容易把握。所有的病，就
像我们中医讲的，要么是寒，要么是热，要么你有寒，要么你有热。中
医反正就是这两套，寒了就要驱寒，热了要退火，很简单，或者寒包热、
热包寒，也有合题。这个布朗的理论有点像中医的理论，当然没有中医
理论这么复杂，因为西方人受逻辑的训练比较多，它还是希望从逻辑上
对它进行归类，所有的疾病都可以归结为这两大类，一个是过分，一个
是不足，刺激性过度和刺激性不足，那么我们与此相应就有对症的办
法。这种理论如果我们在一刻钟之内还搞不清楚，那就是个大傻瓜了。
这个太容易了，要成为这样一种"理论上的医生"，只需要一刻钟。这
当然是一种讽刺的说法了。在黑格尔那个时代，1800 年代，正是布朗的
这个理论流行的时候，还没有被推翻，很多人信奉这个理论，因为它很
简单，一个傻瓜也能在一刻钟之类掌握它，在最短暂的时间内从只知墨
守成规的人变成一个理论上的医生。只知墨守成规的人就是没有理论，
前人怎么做的，他就怎么做。这种只知墨守成规的人，变成了具有很多
理论的医生，布朗的这套东西是有理论的，用我们今天的话说，它是符
合辩证法的，它有一套辩证理论，有一套哲学体系。在黑格尔时代人们
已经普遍对它加以怀疑了，但是还有很多人相信它。几十年间人们争
论这个理论，黑格尔死于 1831 年，这个理论直到 1850 年后，最后才被
推翻。但是在黑格尔时代，还是有不少人相信，黑格尔显然是属于怀疑
这一派的，所以他这里带有一种讽刺。这显然是一种形式主义，把所有
的疾病，不管它具体的成因，也不管它具体的性质、本质、过程，反正就
是把所有的病划为这两大类。与这种形式主义相类似的就是下面讲的
形式主义：

　　如果自然哲学的形式主义教导人们说，知性是电，或动物是氮气，或
动物等于南方或北方等，或它代表了南方或北方，就像这里所表达的这

样赤裸裸地，哪怕还有更多的名词被搜集起来，①

　　先看这半句。前面讲了布朗的理论，也讲了自然哲学的形式主义，这两种形式主义实际上是性质相同的。他说，"如果自然哲学的形式主义教导人们说，知性是电，或动物是氮气，或它等于南方或北方等，或它代表了南方或北方"。这个地方实际上是没有点名地批评了谢林。谢林的自然哲学就是这样的，知性是电，知性跟电有什么关系？没有什么关系。反正知性是正题，电也是正题，它们都可以安排在正反合的同一个位置。动物是氮气，动物跟氮气也没有关系，他反正是按照这样一种模式。动物和南方或北方，如何"相同"？其实没有内在的联系，但是它可以按照一种形式主义去套用，把这一套东西当作是同一系列的，等于南方和北方或代表南方和北方。不管是哪一种，其实都是很荒谬的。无论是像我们这里所表达的赤裸裸的这样说，或是还加上更多的名词搭配在一起。当然，黑格尔在这里恐怕有点把谢林弱智化了，谢林还不至于这样弱智，这里带有嘲笑的意味。难怪谢林后来和他翻脸了。你说知性就相当于电了，动物相当于氮气，南方的植物相当于北方了，完全不相干、不搭界的东西。中国哲学里也有很多类似说法，《易经》里面就有这个，东南西北都有它的代表，青龙白虎等等。为了不像这里所表达的那么赤裸裸的，不至于闹笑话，谢林还搜集了许多别的名词，但是所有这些解释都是一些名词搭配，实质上都是一样的。接下来看，

　　那么对于这样一种把相隔遥远的表面现象捏合起来的力，以及对于静止的感性的东西通过这种捆绑而承受到的强制——这强制给予感性的
[34] 东西以一个概念的假象（Schein），却不给它主要的东西，即表述概念自

----

① 黑格尔在这里批判地分析了斯特芬斯（Steffens）和谢林的理论。斯特芬斯区分了自然的不同系列。植物恰好符合硅系列和碳元素，动物则符合钙系列和氮元素。谢林则在其《我的哲学体系陈述》中接过了斯特芬斯的这一思想。黑格尔在针对谢林的"知性是电"这一命题论战时可能读的是谢林《先验唯心论体系》中的说法："我们也许可以说，感觉在智性中就是电在其本性中所是的东西。"——丛书版编者

身或这感性表象的含义——那么对于这种力和强制,一个没有经验的人就会惊羡不已,就会在其中崇拜一种深刻的天才,并会为这样一些规定的开朗澄澈而感到轻松愉快,因为这些规定以直观的东西取代了抽象概念并使之更加赏心悦目,而且,它会由于预感到在心灵上与这种精彩的举动具有亲和关系而为自己庆幸。

就是说,这样一种力,把相隔遥远的表面现象捏合在一起。它有一种强制,强行把毫不相干的东西捏成一个系列。两个破折号中间我们暂时放在一边,接下来,"那么对于这种力和强制,一个没有经验的人就会惊羡不已,就会在其中崇拜一种深刻的天才,并会为这样一些规定的开朗澄澈而感到轻松愉快,因为这些规定以直观的东西取代了抽象概念并使之更加赏心悦目。"能够把那么遥远的东西捏合在一起,这要有多大的力量,辩证法的力量真是强大,能够把天上地下相隔遥远的东西用一个公式概括起来,一般的人会认为这是很高的智慧了。一个没有经验的人就会惊羡不已,就会在其中崇拜一种深刻的天才。谢林在当时就被认为天才,他的自然哲学打动了歌德,歌德就是惊羡于谢林的天才,所以把他推荐为耶拿大学的教授。谢林15岁上大学。23岁就由于歌德极力推荐而当上了教授,远在黑格尔之前。黑格尔年龄比他大,但是当教授比他晚得多,所以黑格尔心理不平衡。当然不平衡也没有办法,谢林确实是个天才,他能把天上地下这么遥远的东西强行捏合在一起,黑格尔这个话里面带有酸不溜秋的味道。一个没有经验的人就会惊羡不已,就会在其中崇拜一种深刻的天才,并会为这样一些规定的开朗澄澈而感到轻松愉快,因为这些规定以直观的东西取代了抽象概念并使之更加赏心悦目。整个天上地下都变得很简单很明白,清澈开朗,上帝就是这样创造自然界的,用一个公式就可以全部概括起来。这是对那些没有经验的人最有诱惑力的,也最具有启发作用的。我们当初学辩证法就是这样,读艾思奇的《大众哲学》,天上地下所有东西都是对立统一,对立统一可以概括所有的东西。他也举了很多例子,你看,化学的例子,酸和碱,物理学的例子，电和磁，还有否定和肯定、国民党和共产党的例子，什么东西他都能概括。我们当时就觉得这太神奇了。"为这样一些规定的开朗澄澈而感到轻松愉快"，把握起来很轻松，它没有什么深奥的东西。一说大家都明白，只要说明对立统一的原则，所有东西就贯通起来了。对立统一的原则还不好把握吗？"因为这些规定以直观的东西取代了抽象概念并使之更加赏心悦目"。所以它是"大众哲学"，老百姓也可以学。"文化大革命"的时候，宣讲"十三个哲学观点"，把它抄下来贴在大队部，对立统一什么的，让老百姓去背，让公社社员去读。这是非常通俗的。当然谢林没有这么通俗，谢林还是很深奥的，但是在黑格尔看来，就是够通俗的了。有那么丰富的知识，又能把那么丰富的知识全部统一起来，这个是了不得的。那么我们再来看破折号里面的从句。"这强制给予感性的东西以一个概念的假象（Schein），却不给它主要的东西，即表述概念自身或这感性表象的含义"。给予感性的东西以一个概念的假象，感性的东西它本身不是概念，但是我们把它变成了一个概念的假象，"却不给它主要的东西，即表述概念自身或这感性表象的含义"。在黑格尔看来，主要的东西并没有给出来，什么是主要的东西？你要把概念自身表述出来，你要把这感性表象的含义表述出来，你不能老是举一些例子，正和反、冷和热、南和北、酸和碱，但没有把真正的含义揭示出来。所谓真正的含义，就是说，实际上它是概念自身的运动所表现出来的一些感性的现象、感性表象。这些感性表象它有什么意义？它背后实际上是范畴，是概念在起作用，是概念的生命表现，整个世界是有生命力的，是生气勃勃的。不是说有一大套东西，你把它归类就完了，它是自己形成起来的。你看起来好像没有生命，自然界好像是机械的，原子分子、水火土气、万物、各种各样的物质现象、化学力学物理学光学，好像就是些零零星星的现象，但是每一个感性表象底下，它都有生命力。它都是由这种生命力在一步步地推动着我们这个自然界，从低级到高级，最后一直发展出人类，发展出有意识的精神。你要把这一层揭示出来，把这种必然性揭示出来，而不是仅仅限于一种罗列，或简单地划分层次，那是不够的。要把它变成历史，变成一种生命的自我完成的过程、生长的过程、发展的过程。当然在自然界中，这种发展过程还只是隐含的、潜在的。但实际上我们之所以能把它看成是发展的过程，是因为它背后有一个动力机制在起作用，是上帝在创造世界的时候，把它安排成了这样，它背后有一套范畴的有机运作，一种生命力的成长过程。你要把这一套揭示出来，那就对了，那就是黑格尔的自然哲学。而在谢林的自然哲学那里还没有达到这一层，他还没有把它当作一个历史过程。固然他把它当作一个对立统一的多层次的过程，当然也是发展，但怎么发展的，他诉诸非理性，上帝创造的东西最后要回到上帝自身。但是黑格尔诉诸概念，诉诸概念内在的生命力的层层推进。所以他对一般人所给予谢林的这种赞赏是不以为然的，他认为这是一些没有经验的人，他们就会对此惊羡不已，崇拜天才，因为他们只看到这些东西更多赏心悦目，概念是抽象的，他们无法把握，只有对直观的东西他们才感到轻松。"并且，它会由于预感到在精神上与这种精彩的举动具有亲和关系而为自己庆幸"。在谢林的这一套体系中，人们会有一种预感，预感当然不是清楚地认识，也不是概念的把握，只是感觉、猜到，预感到自己在精神上与这种精彩的举动具有亲和的关系。精彩的举动就是谢林这种形式主义的安排。于是读者就预感到在精神上与之神交了，从而为自己庆幸。谢林的这种举动当然是与人的精神有关联的，黑格尔并没有完全否认谢林的这种做法。但是这种关联只是在预感之中，没有清楚地意识到，只是一种感觉。自然界的这些两极性的现象，对立统一的现象本身是跟人的精神是有关的，跟我自己的精神是有关的，什么关系我现在不知道，但是我已经有一种预感，于是为自己感到庆幸。就是说，我现在终于能够把握到自然界的万事万物。自然界本身最后是要回归到精神的。通过人的精神回到绝对精神，谢林的起点也是绝对精神，也是上帝。上帝创造自然界，然后上帝的第一个产品就是自然界、自然哲学，然后从自然哲学里面发展出精神哲学。这是谢林的一个体系。

这个体系的框架在黑格尔那里基本上是接受了，所以在某些方面人们认为他是模仿谢林，这也没有错。但是黑格尔对谢林做了重要的改造，最根本的改造就在这里，他把一种预感变成了一种概念的逻辑。

这样一种智慧的花哨，由于它容易实行，马上就被学会了；当它已是众所周知了的时候还去重复它，那就像是重复已被看穿了的把戏一样让人受不了。

"智慧的花哨"，这就带有贬义了，就是花里胡哨的，搞得人眼花缭乱的，很吸引人。这种伎俩由于它容易实行，马上就被学会了。前面举的例子就是布朗的医学原理，很容易，一切疾病无非就是分为两种，一种是亢进，一种衰弱，这个很容易，你马上就能成为一个理论上的医生，但却不是一个临床操作者。但是，"当它已是众所周知了的时候还去重复它，那就像是重复已被看穿了的把戏一样让人受不了"。这种东西很容易学会，学会了以后，众所周知了，你还去重复，那就让人受不了了，那就像是重复已被人看穿了的把戏一样。所以它现在已过时了。谢林这一套东西看起来很容易，突然一下子就让人学会了，学会以后就觉得没什么意思。因为它本身是没有生命力的，它就是那一套很简单的公式，你把握后自己可以往一切东西上套。

要掌握这种单调的形式主义的工具，并不比掌握这样一种绘画调色板更困难，在这种调色板上，只有比如红绿两种颜色，要画历史画，就在画面上涂红色，要画风景画就涂绿色。

这还是在调侃形式主义了。"要掌握这种单调的形式主义的工具"，Instrument，贺、王译本译成"乐器"，也行，因为"单调"gleichtönig 指单纯一个音调。单纯一个音调的乐器，也可以。但是这里我们还是翻译成单调的工具。因为他后面讲到绘画。"并不比掌握这样一种绘画调色板更困难"，掌握这种绘画的调色板，是这样的，比如说，只有红绿两种颜色，要画历史画，就涂红色，要画风景画就涂绿色，这很简单。形式主义的做法就像这种画家的简单化的做法一样，反正就涂两种颜色。

<u>——一切东西无论是天上的、地面上的以及地底下的，[①] 一律被刷上这种颜料，这是令人惬意的，至于这种惬意更大些，还是对这种万应灵丹之卓越产生的想象更大些，这倒是难以决定的；这两者是彼此互相支持的。</u>

就是说，一切东西无论是天上地下以及地底下的，一律被刷上这种颜料，不是红的就是绿的，不是正的就是反的，正反合，或者把红的绿的调和在一起，那就是合题。这是令人惬意的，这很简单。不管什么东西你用两种颜料就可以把握，那岂不是简单。"至于这种惬意更大些，还是对这种万应灵丹之卓越产生的想象更大些，这倒是难以决定的"，难以决定的是什么呢？是这种惬意更大些，还是这种想象更大些。这种惬意，就是说出于你自己的爱好，人都有一种冲动，想用最少的原理把握最多的东西，一旦他能用最少的原理把握更多的东西，他就感到高兴。但是你要做到这一点，必须要有很大的想象力。你完成这样的事情，我们就可以夸奖你具有很大的想象力。那么你获得的这种惬意和你造成的巨大的想象力，到底哪个更大些。这倒是难以决定的。这里也有调侃的口气。对这种万应灵丹之卓越产生了想象力，这是一种万应灵丹，以不变应万变，它是卓越的、超凡脱俗的。需要有一种很大的想象力，才能想象出这种万应灵丹，放之四海而皆准。实际上是说，这种愉快是你自己想象出来的，而越愉快就越激发想象，这两者是彼此互相支持的。而在黑格尔看来，形式主义的惊人的想象，和它所带来的极大的愉快，都是没有意义的。这两方面他都是瞧不起的。

<u>这种方法，给所有天上的和地下的东西，给所有自然的和精神的形态都粘贴上普遍图型的几个规定，以这种方式对所有的东西加以排列，</u>　{38}
<u>那么这种方法所产生出来的，就至多不过是一篇关于宇宙组织的明白报</u>

---

① 　暗引《圣经·腓立比书》2,11："叫一切在天上的、地上的和地底下的，因耶稣的名无不屈膝"，又《圣经·启示录》5,3："在天上、地上、地底下，没有能展开、能观看那书卷的。"——丛书版编者

421

道，即是说，不过是一张图表而已，①

黑格尔的一句话也够长的，不亚于康德。当然可能还是要比康德的要短些。康德的长句子几乎没办法懂。先讲上半句。"这种方法，给所有天上的和地下的东西，给所有自然的和精神的形态都粘贴上普遍图型的几个规定，以这种方式对所有的东西加以排列"。这是这种形式主义的方法，给所有的万物，包括自然和精神的形态贴标签。注意这里不仅仅是自然哲学了，包括精神形态，包括伦理道德，包括社会、国家和法等等。所有这些东西都可以粘贴上普遍图型的几个规定，正反合是个普遍的图型，那么它的几个规定，正题反题合题，把它贴上去就可以了。"以这种方式对所有的东西加以排列"，按照这种方式加以排列，一个正反合和另外一个正反合按照不同的等级把它排列起来，一路排上去，从自然界一直排到人类社会、人的精神生活，排到艺术、哲学，一直排上去。"那么这种方法所产生出来的，就至多不过是一篇关于宇宙组织的明白报道"，"明白报道"这里有一个注释。注释里面讲这是故意嘲笑费希特的，费希特有一篇文章名为"关于最新哲学的真正本质向更广大读者的明白报道"。这个很典型，一般来讲，最新哲学的真正本质，你把它展开就可以了，他以一个报幕人的身份向读者明白报道，非常通俗，读者很容易懂。还有一个副标题："费希特强迫读者理解的一个尝试"，真是苦口婆心啊！黑格尔在这里是带有讽刺意味的。就是说，像这种方法产生出来的至多不过是关于宇宙组织的明白报道。他没有说他错，但仅仅是一篇明白报道。宇宙组织，宇宙的结构，也可译作宇宙的有机体。宇宙是有机体，这个在谢林那里还是承认的。谢林是当时德国浪漫派的理论代表，他的自然哲学是把宇宙看作有机的，但是这个有机体，怎么有机的，他并没有说明，他也只是一篇明白报道。这个有机体是怎么自组织起来，它

---

① 这是影射费希特一篇文章的标题："关于最新哲学的真正本质对更广大读者的明白报道：费希特强迫读者理解的一个尝试"，柏林 1801 年。——丛书版编者

是靠什么东西来组织、来发展自身,这一点他没有深入进去。他只是表面上的明白报道。所以在有机论、目的论上,康德、费希特、谢林一脉相承,他们都停留在一种形式主义,这是黑格尔最不满意的地方。可以说德国古典哲学发展到黑格尔,一个很大的推进就在这里,就是说黑格尔不再是仅仅停留在形式主义,而是赋予这种形式以一种内在的生命。虽然在黑格尔那里他的形式是最完善的,比如说在黑格尔那里才有一部《逻辑学》,他把所有的东西都归于逻辑学。黑格尔的形式主义是真正的形式主义,他把握到了真正的形式,但是在他之前形式是抽象的,被他称之为形式主义。黑格尔的形式不能简单地说是形式主义了。虽然《逻辑学》是形式主义,我们今天看起来觉得黑格尔也是形式主义的,但是他的《逻辑学》跟以往的逻辑不一样,他的辩证逻辑是一种内容的逻辑,他是一种真正内容的形式主义。他的推进就在于把表面的外在的形式展示为形式自身一个有机的过程,一个内在合目的性过程。所以黑格尔的形式已经具有了具体内容的含义。那么他对于前面形式主义的批评就可以在这里分出层次来了。就是说,那些形式主义至多不过是关于宇宙有机体的明白报道而已。他们也看到了宇宙是一个机体,但是他们只是停留在明白报道上面,没有把有机体的有机秘密把它揭示出来。即是说,不过是一张图表而已。下面半句:

而这图表类似于一具贴着一些小标签的骨架,或类似于一家摆着一大批钉有标牌的密封罐子的香料店,这图表就像骨架和香料店一样清楚明白,也像在那里骨架被剔除了血肉而在这里那些罐子里藏着的恰好也是无生命的事情那样,抛弃或掩藏了事情的活生生的本质。

这种形式主义不过是一张图表而已,什么样的图表呢?类似于一具遍贴着小标签的骨架,一个人体骨架,你给它这里贴一个标签,那里贴一个标签,说明它这里是做什么用的,那里是做什么用的。"或类似于一家摆着一大批钉有标牌的密封罐子的香料店",我们中国人的例子就是,像毛泽东讲的,甲乙丙丁,开中药铺,在西方就是开香料店。甲乙丙丁没有什么联系，就是一大堆东西在那里，然后就给每个罐子上吊一个小标牌，说明是干什么用的，杂七杂八地摆在那里，就像开香料店那样。当然谢林绝对不是开香料店，也不是单纯的骨架。在黑格尔这里是为了嘲笑他。就是说，好像一个骨架，这个骨架是没有血肉的、没有生命力的。如果是有血肉、有生命力的，它就应该活动起来，它就应该是自己运动的，就应该走起路来，就应该表达自己的生命力，有自己的日常生活。但是你把它定在那里，你把它归类，你把它形式化，那就像一个骨架，虽然你每个地方都贴上标签，谢林也搞得很细的，每个地方都搞得很细，贴了标签，但这骨架没办法动起来，因为它被剔除了血肉。它被剔除了血肉就类似于一家摆着一大批钉有标牌的密封罐子的香料店，每个罐子跟另一个罐子之间都是不搭界的，都是分得清清楚楚的。一个概念跟另外一个概念究竟是怎么过渡来的？是密封的，不能过渡。那么黑格尔的辩证逻辑，它的高明之处就在这个地方，就是这个罐子不可能是密封的，一个概念本身自己就要过渡到另一个概念，它自身就要打破自己的界限。一个概念当你去理解它时，——概念当然是要去理解的，它并不是一个符号，——一旦你去理解的时候，它就动起来了，它有生命，它就会自行变成相反的概念，于是就发展出相反的概念。有这样一种概念的逻辑必然性，那就不是密封的罐子了，那就是通透的，所有的概念都处于一个通透的体系之中。你可以整体把握，在整体把握的时候，你可以看得见它的概念是怎么过渡来的。而不是说被封在罐子里面看不见了，——那里面不知道是什么，你只能通过标签知道是什么，还不一定，说不定那个标签是假的，所以你没法猜出它里面是什么东西。这的确是谢林的一个毛病。虽然很清楚明白，但"也像在那里骨架被剔除了血肉而在这里那些罐子里藏着的恰好也是无生命的事情那样，抛弃或掩藏了事情的活生生的本质"，他们的毛病就在这里，事情的生命本质被抛弃掉或被掩盖了。

　　——至于这种作风，由于它也以图型的这些区别为羞耻，而把它们当作属于反思的东西沉没于绝对的空虚性中，从而同时就把自己完成为

一幅单色的绝对图画，以便纯粹的同一性（Identität）、无形式的白色得以　[35]
恢复，那么这在上面都已经说明过了。

　　这句话就是说，对谢林的作风的批评上面已经说明过了。"至于这
种作风，由于它也以图型的这些区别为羞耻，而把它们当作属于反思的
东西沉没于绝对的空虚性中"，就是这种做法以图型的区别为羞耻，图型
当然也有区别，正反合都是有区别的，每一个层次也是有区别的，而在谢
林看来，如果还有区别就说明还未达到绝对，这就是绝对的耻辱，所以要
把它们当作属于反思的东西沉没于绝对的空虚中。在谢林看来真正的真
理是无区别的绝对同一性，谢林哲学的起点就是无区别的同一性，这是
黑格尔经常批评的。前面讲到就像黑夜观牛一切皆黑，那在谢林看来才
是绝对真理。绝对的东西是没有区别的，在绝对的光明里面就像在绝对
的黑暗中一样，什么也看不见，这是黑格尔对谢林的批评。谢林以区别
为羞耻，即算有区别也只是暂时的，它是需要拯救的。那么我们对区别
进行反思，把区别归属于反思，通过反思我们就会发现，其实没有区别，
区别已沉没于绝对的空虚性中。因为我们反思到其实它是无区别的绝对
同一，上帝、绝对精神都是无区别的同一性，所有的区别都是表面的区别，
如果你执着于这些表面的区别，那是可羞的，那是层次不高的。高层次
的就要对区别进行反思，把它归于绝对的空虚，把它沉没于绝对的空虚，
所有的区别本质上是没有区别的，它的本质是绝对空虚。"从而同时把
自己构成一幅单色的绝对图画，以便纯粹的同一性、无形式的白色得以
恢复"，同一性，Identität，首先是个逻辑用语，有点不同于一般的 Gleich-
heit，前一个是拉丁文来的，后一个是德文词，基本上是同义词，但后者含
义更广也更通俗。前面批评谢林的时候，我们讲到过，他就是把一切都
归为一种单一的无形式的白色，这是经过最大的正反合，就是上帝——
自然哲学——通过先验唯心论回到上帝，合题就是恢复了白色，无形式
的白色、无差异的同一性。本来是起点，那么通过我们的反思，通过把这
些差异都当作隶属于反思之下的东西，最后沉没于绝对的空虚之中，最

后归结于绝对的空虚，回到起点。"从而同时把自己构成一幅单色的绝对图画"，所有这些都是绝对的精神的种种表象，种种体现，它的本质就是纯粹的东西，通过反思我们可以意识到这一点。当我们意识到所有有差别的东西底下实际上是无差别的东西，那么我们就在整个反思过程中回到了上帝。最大的正反合就是一个反思的过程，就是从正题通过反题，然后反思返回到正题，就是返回到无形式的白色。他在这里没有点谢林的名字，因为他跟谢林是好朋友，但写完这本书之后，就不是好朋友了。他还给谢林写信寄书，他说，希望我这个话不至于使我们造成误会。但谢林不理他，谢林很聪明，一看就知道黑格尔在骂他，就知道他们已不是一条路上的了。

图型及其无生命的规定的那种同色性，和这种绝对的同一性，以及从一个到另一个的过渡，彼此都是同样僵死的知性，是同样外在的认识。

谢林经常用到图型，这是从康德的图型法接过来加以发展的，包括三段式、正反合这样的方式，两极性、两极相通的模式等等。这种图型是无生命的规定，虽然带来了一系列的规定，但是底下的生命没有揭示出来，它停留在一种形式主义上，所以它是一种同色性，同样一种颜色即白色。绝对的同一性，明显就是谢林最高的概念。他的出发点和归结点。谢林哲学被命名为同一哲学，从绝对同一性出发。那么黑格尔讲，这种绝对同一性，以及从一个到另一个的过渡，——绝对同一性也可以过渡，比如说它过渡为差异、过渡为自然哲学、过渡为精神哲学、过渡为人的自我意识、理论理性和实践理性等等，——从一个过渡到另一个，怎么过渡？黑格尔认为这个过渡里面没有逻辑，仅凭一种理智直观、知性的直观来过渡，这种外在的过渡是僵死的。而在黑格尔这里，它的过渡凭借的是一种逻辑，是推论出来的，既然是推出来的，就有一种力在其中起作用，这种力是内在的，不是外在的强加的，不是一种强制，不是把两个不相干的东西把它联结起来。不是的，它是自行推出的。那么在谢林这里，它都是知性，没有上升到理性。过渡双方都是外在的认识，跟康德一样，没有上升到理性。这是对形式主义的一种批判,但下面这一段除了继续批判外,对它又有一些肯定。

　　然而这卓越的东西不仅仅是逃脱不了它的命运,注定了要被这样地夺去生命、夺去精神,并眼看着自己的皮被这样剥下,被看出是披着一张毫无生命的空有其表的认知的皮;而且还可以看出,就在这种命运本身之内,这卓越的东西也在对这些心情,如果不说是对精神,施加着强制,并看出其中有形式的普遍性和规定性的养成过程,那卓越的东西的完成就在于此,且唯有这一过程,才使这种普遍性有可能被运用到表面上来。

　　这一段就是一句话,这一句话分成两部分。上面一部分还是批判,就是"然而这卓越的东西不仅仅是逃脱不了它的命运,注定了要被这样地夺去生命、夺去精神,并眼看着自己的皮被这样剥下,被看出是披着一张毫无生命的空有其表的认知的皮"。就是说卓越的东西,超越一切之上的东西,也就是谢林的绝对,不仅仅是逃脱不了它的命运,注定要被夺去生命夺去精神。这样一种卓越的东西,这样一种超凡入圣的东西,好像是高高在上的东西,但却是一种空洞的形式主义,一种单纯的无形式的白色或无差异的同一性,它是注定要被这样地夺去生命夺去精神的,它眼看着自己的皮被这样剥下,被看出是披着一张毫无生命的空有其表的认知的皮。黑格尔对谢林的批评很厉害,说他是空有其表的毫无生命的,并且在黑格尔这里要被剥去认知的皮,剥谢林的皮。这是很厉害的说法。但不仅仅如此,这卓越的东西不仅逃脱不了它的被否定的命运,而且还可以看出,"就在这种命运本身之内,这卓越的东西也在对这些心情,如果不说是对精神,施加着强制,并看出其中有形式的普遍性和规定性的养成过程,那卓越的东西的完成就在于此"。这是下半段的意思,就是说前面是否定的,但下半句恰好又是肯定的。就是说,谢林的这种观点虽然注定了它的被剥皮的命运,但这卓越的东西也在对这些"心情"(Gemüter)施加着强制,如果不说是对精神的话。为什么说不是对精神,而是对心情呢？如果是对精神施加着强制，那就上升到黑格尔的水平了。黑格尔说，在这样一种形式主义中，有一种强制力，你别看它是形式主义，但它是一种强制力，这种强制力现在还没有对精神施加力量，而是对于心情施加着强制。就是说在谢林的这种体系里面，你可以看出一种心情，虽然不是精神，虽然没有意识到，没有自觉到，但它是一种理性本能，是一种潜意识，是一种心情，这种心情被施加了一种强制。一种什么强制呢？"其中有形式的普遍性和规定性的养成过程"。形式主义当然有形式，但是你在运用这种形式时候，你从一个形式到另一个形式，从一个层次到另一个层次，从低级到高级，不断地提升这样一个过程，可以看出来有形式的普遍性和规定性的养成过程。养成过程，Ausbildung，可以看作是一种训练，就像前面提到费希特那篇文章的副标题："费希特强迫读者理解的一个尝试"。大众的确需要强迫训练，在这种形式中，虽然是外在的运用，是当作一种工具人为的运用，但是也可以看出，之所以有这种运用，说明这种形式对于众多的心情有一种强制。虽然人们没有自觉到自己为什么要这样运用，但是从心情上也感到不这样运用不行，不这样运用就感觉到不完满、不完善，只有通过这样运用才能满足你的心情。那么这样一种心情从哪里来的？在黑格尔看来，应该是精神自我的一种强制力。黑格尔就提高到了这样一个层次，在谢林那里是日用而不知，而在黑格尔这里已经达到了自我意识。它就是把这种不自觉的强制力变成了一种逻辑的强制力，一种概念的必然性。也就是我们可以看出，就在这种命运本身之内，就有形式的普遍性和规定性的养成过程、训练过程，它不是外来的框架，而是绝对本身的完成。所以"那卓越的东西的完成就在于此"，或者说只有在这样一个过程中，那个卓越的东西，那个绝对上帝才能完成，才能实现出来。并不是那个绝对的东西把这样一个既定的框架运用于每个放在你面前的事物身上，而是这个绝对的东西它本身在养成着这样一些普遍性和规定性的形式。整个都是一个养成过程、教养过程。"且唯有这一过程，才使这种普遍性有可能被运用到表面上来"，才使谢林他们有可能抓这些表面的现象大做文章。实际上这样一个过程在谢林那里还是不自觉的，他没有意识到这是一个养成过程，他是外在地运用这个普遍性，或者说只是将这个普遍性进行表面的运用。他没有想到你之所以能够把这个普遍性运用到表面上来，是因为它本身背后有一个普遍性的养成过程。普遍性只有在这种自身的养成过程中才能运用到表面上来。所以这个背后的养成过程是更重要的，应该把它揭示出来，而谢林恰好没有做到。他是把这种普遍性当作一个固定的图型，外在地去运用于任何一个具体的现象、表面的事物，而把底下内在的过程忽略了。黑格尔一方面对谢林形式主义的做法展开批判，但另一方面又肯定他的这种做法不是完全可以抛弃的，恰好应该就从这种做法中提取它背后在进行的那个过程本身，把他的这种运用看作是这个过程本身的一种后果、一种效果，把握谢林思想的内在本质，而这是谢林自己没有自觉到的。黑格尔原来是向谢林请教的，原来跟谢林是一派的，跟谢林一起办过哲学评论杂志。但是后来黑格尔发现自己跟谢林还是不一样，甚至他认为自己超越了谢林，自己把握了谢林那一套图型背后的本质，背后的生命过程。所以他的使命就在于把谢林已展示出来的那个体系底下的隐秘的过程公开揭示出来。这就是为什么在下半句中他对谢林进行了肯定。就是说不仅仅是有一种悲惨的命运，而且我们还可以看出在这种命运的本身之内，有一个养成的过程，唯有通过这一过程，才使得谢林能够把普遍性的东西运用于表面。虽然他是运用于表面，但我们可以循着这条线索，追索出背后的本质过程，这就是谢林的贡献了。虽然他是不自觉地贡献出来的，但是他还是不能被轻易否定的。虽然你可以说它是覆灭的命运，但是就在这种命运本身之内，这卓越的东西也在对心情施加着强制；这强制从何而来，你如果能够把它揭示出来，那就提升到一个很高层次了，那就是黑格尔自己的层次了。黑格尔一方面否定他，但是另一方面又肯定他，这就表明这种否定其实已经表现出在谢林的思想深处的一种自否定，不是外在的否定。不是说，黑格尔与谢林完全站在不同的立场，我不同意你的观点，我有我的观点，不是这样的。他就是从谢林的观点中发现了新的东西。这是黑格尔的高明之处。这一点也体现在下面这一段中。

> 科学只有通过概念自己的生命才可以自行组织起来；在科学中，那种出自图型而被从外面贴到定在上去的规定性，乃是充实了的内容的自己运动的灵魂。

"自行组织起来"，我们前面已经提到了当代的目的论，当代的有机体的学说，在"自组织"理论的方面做了很多文章。"科学只有通过概念自己的生命"，科学是有自己的概念的，它的生命、它的有机的自组织都是来自这种概念的本性。"在科学中，那种出自图型而被从外面贴到定在上去的规定性，乃是充实了的内容的自己运动的灵魂"，这句话很巧妙，如果机械的理解，我们是无法理解的。前面讲的谢林、费希特包括康德，都是把图型从外面贴到定在上去，在康德那里就是把图型加之于经验的材料之上，使得范畴能够运用于经验的材料，图型起这样一个中介作用。费希特和谢林也是这样，发现了一个三段式的图型，然后把它加在所有的定在、所有的经验的存在物之上。但在黑格尔看来，这种规定性"乃是充实了的内容的自己运动的灵魂"，就是说，在科学中，出自图型的那种外在的规定性，其实是充实了的内容自己运动的灵魂。这种图型以及它的规定性黑格尔都没有否定，但是对它们做了一种科学的理解。从科学的眼光来理解，从康德到谢林的那种外在规定性就被理解为充实了的内容自己运动的灵魂。充实了的内容就是具体的定在，这些定在是些充实了的内容，它们自己在运动。自己怎么运动？就是凭借自己的灵魂在推动，所以这种图型及其规定性是运动的灵魂，而不是外在的固定性。当然他这里讲是"在科学中"，就是说，并不是那种规定性已经是自己运动的灵魂了，它们在外在的规定性里还不是；但是在科学里面，那种东西就成为了自己运动的灵魂了。所以我们讲这句话很吊诡了，这句话好像在说,那种呆板的东西、那种僵死的东西乃是自己运动的灵魂,好像很矛盾。但他的意思其实是说,那种外在的规定性在科学中,其实就是自己运动的灵魂。这样理解才能理解得通。也就是黑格尔进行了一番改造的理解。"在科学中",把它变成了科学。那么我们就要来这样理解,就不再是从外面贴上去的规定性了,而是自己运动的灵魂,不是形式主义,而是内容自身在运动,内容自身自己在推动自己。那么那种推动自己运动的灵魂就把那种规定性变成了自我规定、自我推动的力。

存在者的运动,一方面是使它自己成为他者,因而成为它的内在内容;而另一方面它又把这个展开过程或它的这个定在收回于自身,即是说,自己使自己成为一个**环节**并简化成规定性。

"存在者"即定在,"Seinde"和"Dasein"在这里可以看作是同一个东西,正如在海德格尔那里也是一个东西一样。而它的运动,"一方面是使它自己成为他者",使它变成另外一个东西,它要运动,运动就是使它自己成为一个他物,成为一个"Anders","因而成为它的内在内容"。成为他者,因而成为它的内在内容,好像说不通。成为他者怎么又成为它的内在内容呢?在黑格尔看来恰好是这样。你如果不成为他者,那就是空洞的,只有把自己变成他者,你才有内容,这个他者才能成为你的内在的内容,你把自己外化,你就有内容了。这当然还是从费希特来的,费希特的自我设定自我,那还是空洞的;自我设定非我,那才有了内容,从这个非我这里,它才能再次看到自我,回复到自我。所以这个运动一方面是这样一个过程,把自己外化,使自己成为他者,从而使自己具有内容。而另一方面,"它又把这个展开过程或它的这个定在收回于自身",一方面是使自己外化,另一方面是把外化的东西收回来,收回于自身,这个他者无非就是自己的他者,也就是肯定这个他者是自己的内容,不是什么跟自己毫不相干的另外的东西。虽然是他者,但是由于这个他者是自己外化出去的,所以它能把自己这个外化的东西收回来。这是存在者的运动的两个方面,是同一个过程,同一个过程有两个方面,赫拉克利特讲,上升的路和下降的路是同一条路。一条路是把自己外化，一条路是把这个外化的东西重新收回来。"即是说，自己使自己成为一个**环节**并简化成规定性"。收回自身是什么意思呢？就是把它自己变成一个环节，并简化为规定性。当它把自己收回到自己的时候，它就回到了一种简单性、一种单纯性，就是说，虽然我经历了一个丰富的外化过程，饱经风霜，但是我还是我，我没有成为别人，单凭我自己就可以解释我自己。一个奴才就做不到，他就必须通过他的主人才能解释他自己，主人又有主人，那就很复杂了。一个人能自己立起来的话，他就成为了一种单纯性，就简化为一个唯一的规定性，我就是我。费希特的出发点是非常简单的，费希特的绝对自我也是回到了简单性。虽然他这个简单性里面已经包含复杂，包含整个外化的过程，包括整个把自我变成非我的过程，但是他最后回到了一种简单性，简化成了一个规定性、简化成单纯的自我。单纯的自我就是一种规定性，就是一种进行自我规定的能力。人无非就是一种自我规定的能力，这就是非常简化了、非常单纯的。不要讲那么多，归根结底，人就是一种自我规定的能力，就是一种规定性，人首先就是把自己变成了一个环节来加以规定。

在前一种运动中，**否定性**就是对**定在**的区别和建立；而在后一种返回自身中，否定性是**被规定的单纯性**的形成。

同一个运动，有两个方面，那么在这句话里面它分为两种运动，在前一种运动中，就是存在者外化自身，外化自身当然就要否定自身、自我否定，而这样一来，就对这个定在作出了区别，并由此使定在建立起来。所以说，"在前一种运动中，否定性使得定在有了区别并建立起来"。外化自身当然就要否定自身了，否定性才使得定在有了区别，你如果不否定，定在是抽象的，它连区别都没有。你如何能跟其他的定在区别开来？只有在你把自己加以否定，把自己外化出来，把自己表现出来，把一种内在的自己变成了一种外在的他者，当你这样表现出来的时候，你才跟其他的定在区别开来了，你的定在也才建立起来了。所以否定性使得定在有了区别,首先跟自己有了区别,其次跟别的东西相区别,并由此把自己建立起来了。"我就是我"好像没有区别,但其实已经有了区别,前一个"我"跟后一个"我"已经有了区别。A＝A好像没有区别,其实前一个A和后一个A已经有了区别。前一个是规定的A,后一个是被规定的A,前一个是规定的我,后一个是被规定的我。"我等于我",当我能够说出来的时候,我已经跟我不同了。我已经能够说"我",这跟那个不能说出"我"的我已经大不一样了。这个我已经有了自我意识,已经能够把我自己的我当作我的一个对象来加以规定。那么"加以规定"这个里头就已经有了区别了,就是这个规定的我和被规定的我是不一样的。只有这个不一样,这个我才真正被建立起来,这个在黑格尔《逻辑学》的本质论里面说得很多,建立的反思,规定的反思,最初是建立,怎么建立? 你如果不否定就建立不起来,一个定在只有通过自我否定才能把它自己建立起来,才能够被确定为一个定在。因为它已经有了自我否定,已经开始了一个过程,它才能够被建立起来。建立起来的是一个过程,不是一个没有体积的点,那是空洞的、抽象的,随时可以抹掉。但是如果你自我否定、自我规定,能够有一个自我否定的过程,那你就抹不掉了,人家就必须要承认你了。"而在后一种返回自身中,否定性是**被规定的单纯性**的形成"。后一个过程是返回自身,那么通过返回自身,否定性是被规定的单纯性的形成。被规定的单纯性,前面一句讲的是"简化成规定性",简化也译作单纯化。就是说我等于我,本来是最单纯的,但是,还没有得到规定;而通过我对我自己的外化,把自己作为对象进行规定之后,再把它收回自身,返回到这种绝对的自我,这才形成了一种被规定的单纯性。比如说费希特的自我设定自我,然后自我设定非我,然后自我通过设定非我又回到绝对自我,那么最后回到的这个绝对自我,就是一个简化了的规定性,或被规定的单纯性,但它已经把非我的规定包含在内了。这个单纯性就是被规定了的单纯性,而前面那个自我设定自我虽然也单纯,但还没有规定,通过设定非我它才得到规定,这个被规定了的单纯性也是通过自我否定才得以形成的。用黑格尔的话说这就是否定之否定。这两个阶段都有否定性在起作用，第一个否定性把自己外化出去，把自己当作对象，第二个否定性，把这个对象又收回到自我自身，成为被规定了的单纯性，从未被规定的单纯性成为了被规定的单纯性——具有复杂内容的单纯性。所以任何定在它其实就有自己运动、自己的否定之否定的内在过程在支撑着它。

就是以这种方式，内容显示出它的规定性不是从另外的东西那里接收过来并且钉上去的，而是内容自己给予自己的，它自行将自己安排为环节，安排到整体中的一个位置上。

这是进一步的说明，通过上面讲的那个过程的两个方面，一方面是自己外化，另一方面把自己收回到自身之中，"就是以这种方式，内容显示出它的规定性不是从另外的东西那里接收过来并且钉上去的"，我们可以联想一下前面讲的香料罐子，一大批钉有标牌的密封罐子，"钉"上去的，他都是用的这个词。作为标牌，我把它制作好了，然后把它钉在罐子上去。但内容的规定性不是这样外加上去的，"而是内容自己给予自己的"。这样的规定性是内容自己给予自己的，自己给自己加以规定。"它自行将自己安排为环节"，什么叫"将自己安排为环节"？实际上就是它自己发展自己，然后把原来的自己作为后来这个发展了的自己的一个环节。它后来发展出一个什么东西，那么前面的那个东西就是后面那个东西的一个环节，而这个环节是这同一个东西自己把自己安排成环节的。它必将发展出后来的那个整体，那么在那个整体中，它自己就成为那个整体中的一个环节。概念的运动一般来说就是这样的。一个概念自行发展，自行推演，发展出一个更高的概念，那个更高的概念跟原来的概念是什么关系呢？是整体和整体中的环节的关系。后面的是整体，而原来那个概念成为了后来发展的那个整体概念中的一个环节。当然不仅仅是一个，还有很多环节，都是由同一个概念发展出来的，是它的各个阶段。一个概念在发展自身的各个阶段中，就构成了它后来发展出的那个概念中的各个环节。一个概念有不同的层次,不同的阶段,但每个阶段其实都是后面那个整体中的一个有机环节。你不要把它作为抽象形式,作为谢林的"Potenz"来操作,它是一个有机的发展关系,所以"它自行将自己安排为环节,安排到整体中的一个位置上"。整体就是它自己发展出来的,不是另外一个整体;它通过一系列的发展最后形成了一个体系,但是它是自行将自己安排到这个体系的某一个环节,安排到整体中的某个位置上。例如,哲学史的发展就是这样,每个哲学家的发展都是整个哲学史体系中的一个环节,但每个哲学家都自认为自己是整体,在当时确实是那样,因为后面的哲学家还没有出来。每个哲学家都代表他那个时代。他就是整体,他把前面那些哲学家都当作自己的环节,前面的哲学家都有片面性,唯独他自己没有片面性。他认为自己是真理,但随着思想的发展,他又被别的哲学家所取代,他又成为了一个环节。当然黑格尔认为他就是终极,所有哲学家在他那里都成了环节,他是最后的整体。但是后来别人把黑格尔也当作一个环节了。有比他更高的整体,但一般说来,黑格尔是最后一个整体,最后一个形而上学家,像他这样完备的整体到他就止步了,以后再没有人尝试把他变成一个环节。马克思好像还有一点把黑格尔当作自己的环节的意思,但马克思没有建立体系,他"扬弃了哲学",所以他也不自诩为最后的整体。在黑格尔之后,没有人能够自诩为一个绝对的整体,黑格尔是最后一个。但他这种思维方式被后人接受了。就是说,概念的发展它总是一步步的,一个阶段一个阶段的趋向于整体,并且当它趋向更高层次的时候,它就变成了一个环节,这叫作扬弃。它没有被完全否定,但它不再是最高的哲学概念了,而是更高的哲学概念底下一个环节。当然它也是不可缺少的,也是必然的。但是它不具有最高的地位。所以它自行将自己安排为环节,安排到整体中的一个位置上。每个哲学家在哲学史上都有一个位置。

图表式的知性,把内容的必然性和概念都保留着,即把构成具体的东西、现实性和它所安排的事情的活生生运动的那种东西保留着,或者不如说，知性不是把这种东西保留着，而是不知道这种东西；因为如果它有此明见，它该把这种明见显示出来了。

"图表式的知性，"也就是他上面批判的形式主义，"把内容的必然性和概念都保留着"，这是对前面批评的形式主义的肯定。就是说，尽管它们是形式主义的，但是它们里面保留着内容的必然性和概念，"即把构成具体的东西、现实性和它所安排的事情的活生生运动的那种东西保留着"，就是说你可以从它里面看出来，它保留着一些有价值的东西，它并不是完全可以抛弃的，你不能把小孩子和脏水一起泼掉。但下面，"或者不如说，知性不是把这种东西保留着，而是不知道这样东西"，从客观上说，知性把这些东西保留着，但是从知性本身来说，从这张图表来说，知性不是把这种东西保留着，而是它根本不知道这种东西。这个是从知性本身主观上来说的，它客观上当然保留了一些有价值的东西，我们不能完全把它抛弃；但是它并不自觉，从它自己的观点来看，它根本不知道自己保留了那些东西，它没有那种明见。"因为如果它有此明见，它该把这种明见显示出来了"，但是它没有，这说明它主观上并没有意识到这一点。是我们后人从客观上，从它里面挖出了这些东西。根据你的这个行为本身，我们可以看出，里头有这些东西在起作用。

[36]　　　它甚至连这种明见的需要都不知道；否则它就会放弃它的图型化，或至少就会不再把自己当作一种内容目录了；它给出的仅仅是内容目录，内容本身它却并不提供。

"它甚至连这种明见的需要都不知道，"甚至没有感到有这种需要，要明见它的这种做法的后面有什么样的具体内容，它没有这种需要。因为图式化的知性，它就是形式主义，不需要在它的形式底下去挖掘什么内容，甚至不知道有这个需要。如果它意识到的话，它自己就会放弃它的那种形式主义、那种图型化。或者至少它就不再会把这种图型当作内容的目录。内容就是内容，但是在形式主义那里，它没有这个内容，它只有内容的目录。内容的目录就是一种图表了，就是一种完全形式化的东西。

"它给出的仅仅是内容目录,内容本身它却并不提供"。它给出了一个内容的目录,没有提供内容本身。虽然没有提供内容本身,但毕竟提供了一个内容的目录,我们可以沿着这个内容的目录,去挖掘它底下实际上、客观上可能有的内容。所以在这方面他们还是有所贡献的。但是他们的毛病就在于他们不自知,他们不知道他们的贡献。他们以为有了这个内容的目录就够了。而不提供它的内容。

　　——这种规定性,即使像磁性这种规定性,如果它是一种本身具体 {39} 的或现实的规定性,那么它毕竟已被降低为一种僵死的规定性了,因为它只变成了另外一种定在的宾词,而没有被认为是这种定在的内在生命,或者没有被当作如同这一规定性在这种定在中拥有自己本来的和固有的自我产生和陈述那样来认识。这个主要之点,形式的知性留给了别人去补充。

　　"这种规定性,即使像磁性这种规定性,如果它是一种本身具体的或现实的规定性",电和磁这些都是自然哲学里面考察的属性、规定性。比如说磁铁有磁性,这样一种规定性,如果它是一种本身具体的现实的规定性,就是说磁性这样的规定性,在黑格尔看来,它本身是具体的现实的规定性。但是,即使像这样一种规定性,"那么它毕竟已被降低为一种僵死的规定性了",它在谢林那里被降低为一种僵死的东西。"因为它只变成了另外一种定在的宾词",另外一种定在,比如说铁、比如说物质,物质有磁性,那么磁性就是一个形容词,就是一个宾词,用来形容铁,说这个铁是有磁性的,但却"没有被认为是这种定在的"、这个铁的"内在生命"。这就是黑格尔跟谢林的区别。黑格尔就把这个磁性不仅仅看作是磁铁的一种外在规定性或属性,而是看作磁铁本身的内在生命,磁铁就是因为有磁性所以才存在,而且它还会变成别的东西。"或者没有被当作如同这一规定性在这种定在中拥有自己本来的和固有的自我产生和陈述那样来认识",也就是没有被当作那样来认识,就像这一规定性在定在中拥有自己本来的和固有的自我产生和陈述那样。没有这样来看磁性,即磁性在磁铁中，它本来就拥有一种自我产生和陈述。陈述 Darstellung 前面已经讲了，在黑格尔这里也被术语化了。陈述就是要把它的过程，把它的经历详详细细地展示出来。自我产生和自我产生的陈述，这个应该是磁性这种规定性本身固有的，在定在中、在磁铁中拥有的自己本来的固有的自我产生。就是说，磁性是什么东西？磁性就是磁铁自我的一种固有运动，你要把它的自我运动陈述出来。但是这个规定性没有被当作这样的东西，没有被认为是定在的生命，没有人把磁性当作是磁铁的内在生命。当然这是黑格尔的一种说法，一般的自然科学家不会认同的。什么磁性是磁铁内在的生命，这怎么理解？这没办法理解，他们认为这是哲学家一种多余的胡言乱语。什么电是"物质的愤怒"这一类说法，恩格斯曾经嘲笑过的，这也是自然科学家不能接受的。谢林也不能接受，谢林在讨论磁铁的时候，他是作为自然科学家，以这样一种眼光来谈论这个问题的，所以当他把它当作哲学来看的时候，他是形式主义的，他没有从这个里面看出磁性本身就是定在的内在生命、自我产生、自我陈述的过程。"这个主要之点，形式的知性留给了别人去补充"。这个主要之点就是像被认为是定在的内在的生命，被作为自己本来的和固有的自我产生和陈述那样，来认识事物的属性。这是主要之点，这是形式主义底下本来应该具有的内容。但是这样一个主要之点，形式的知性不提供，它不提供内容本身，只提供内容的目录，所以就只好留给别人去补充了，也就是留给黑格尔来做了。

　　——形式的知性并不深入于事情的内在内容，而永远综观着整体，高居于它所谈论的个别定在之上，也就是说，它根本不看个别定在。

　　形式的知性，它只把握形式，不管内容，它把内容抽掉了，所以它们自鸣得意，它们是综观整体的，它要把握的是整体。不管它的内容是什么，反正它是要符合这个图型的，抓住这个图型，就抓住了全体。形式的知性就是这样的，它认为这就是它的任务，永远站立在它所谈论的个别定在之上，就是说，它根本不看个别定在。它把个别定在纳入到形式之下，但是一旦纳入进来，就被归结为这个形式了，个别定在本身就不再在它的眼界之内。

但科学的认识所要求的毋宁是把自己完全交付给对象的生命，或者这样说也一样，毋宁是去面对和表述对象的内部必然性。

这里形式的知性和科学的认识，它们的要求是不同的。形式的知性只要求综观整体，而科学的认识所要求是把自己完全交付给对象的生命，或者说，是去面对和表述对象的内部必然性。你要完全把自己交付给对象的生命，你就必须顾及到内容，你就必须要考虑每一个具体的定在。形式的知性完全把具体的定在抽掉了，而科学的认识要求具体，要求把自己完全交付给有生命的具体的对象。你不要一开始先定一个形式，然后把这个形式往所有的东西上套。你要投身于对象的生命本身，投身于具体的定在之中，从每个具体的定在本身去发展出全体来。全体不是先定的，是每个定在一步步发展出来的。所以它必须去面对和表明对象的内部必然性。Inner 我翻译成内部，immanent 翻译成内在，我这里作了一点区分。

科学的认识当这样深入它的对象，它就忘记了对整体的综观，而对整体的综观只是认知走出内容而在自己本身中的反思而已。

"科学的认识"当它投入它的对象、深入它的对象，它就忘记了对整体的综观。科学的认识肯定是这样，当你抓住每个定在的时候，你当然不可能同时又综观，对整体的综观暂时摆在一边，现在综观还没有出现，你先抓住个别、具体，深入它的对象。"而对整体的综观只是认知走出内容而在自己本身中的反思而已"。当想到整体综观的时候，只不过是认知走出了内容而在自身中的反思。就是说，整体的综观在科学认识中还不是客观的。这个时候，当你要从整体上综观的时候，你已经走出了内容即具体的定在，那么这个综观是主观的。你在面对整个世界整个宇宙的时候，这个"整体"只是在你主观的反思中。而你面对的还是一个个具体的个别对象，包括自然哲学，研究这个对象那个对象，每个对象，你深入到它里面去考察,这个时候你不要把整体的综观放进来。整体的综观你可以想到,但它只是一种主观的反思。你会想到,所有这些东西都是宇宙整体的表现方式。但怎么表现,还没有出现,还有待考察,你还在一个个考察那些定在的东西。所以这个时候对整体的综观只是知识走出内容,你退出来,退到自己内心,你自己跟客观世界是对立的,我是我,对象是对象,世界是世界。那么这时我对这个世界有一个整体的综观,但这个整体综观还不是对象本身已经形成起来的,还只是你反思中的综观,在你主观中的东西。

但是科学的认识则沉入于质料之中,并在质料的运动中继续前进,这样来返回到自身,只是并非在这一充实或内容把自己收回到自身中、把自己简化为规定性、把自己降低为某个定在的一个方面并转化为自己的更高的真理之前。

这个"但是"就是对前面做一种转折了。前面讲到,科学把自己投身于定在的时候,它并不去考虑整体的综观。当它考虑到整体综观的时候,只是一种主观反思,它已经退出内容了,所以这种主观反思无助于科学本身的发展。所以科学的认识首先要把这种整体的东西、大而化之的东西暂时放在一边,要深入到具体的细节里面去。但是,科学的认识并不是不要返回自身,它是通过"沉入于质料之中,并在质料的运动中继续前进,这样来返回自身"。科学的认识虽然暂时把整体的综观放在一边。但是最终还是要回到自身,完成整体的综观的。就是沉入于物质本身里面,在物质的运动中继续前进,深入到物质的运动,并且最后通过这种运动才回到自身。回到自身那当然也就形成一种更高的综观了。通过沉入物质回到综观,那就不是一种单纯的主观反思,那就是客观事物本身的一种整体综观了。然而这样做有一个前提,在这一前提没有提供出来之前是不能这样做的。所以他说,这样返回自身可以,"只是并非在这一充实或内容把自己收回到自身中、把自己简化为规定性、把自己降低为某个定在的一个方面并转化为自己的更高的真理之前"。这就是跟前面那种知性的整体综观相区别的地方。科学的认识最后也要回到自身,形成一个整体的综观,但是这种整体综观,跟前面知性的反思综观是不一样的。知性的反思所形成的综观是抽象的,在客观事物的综观还没有形成时,你主观上当然可以对它首先形成一个整体的综观,但这个综观还没有在现实的对象中实现出来。而科学认识的综观是最后才形成的,当我们沉入物质之中,并在物质的运动中继续前进的时候,这实际上就是把这种综观实现出来的过程。所以它是一个后发的环节,并不是从主观中预先提出来的。当这一充实或内容还没有把自己收回到自身中、把自己简化为规定性、下降为某个环节并转化为更高的真理之前,是谈不上这种综观的。而当这个过程完成之后,当然就返回到了自身。科学的认识返回到自身,是作为一个认识的主体沉入于物质之中,在物质的运动中继续前进,这样来返回到自身,就是转了一大圈,最后才回到原点。这个时候就有一个综观、有一个整体形成了。当你回到自身的时候,你就形成了一个整体。你在物质之中转了一圈,这个时候你对整个过程有了一个综观,这样一个充实、这样一个内容,它不再是空洞的,它是丰富的。所以,在你把自身内容收回到自身之前,你还不能回到自身,你还必须沉入于定在、物质及其运动,你必须要具体的研究那些物质的运动,不要大而化之。研究过了之后,你把它全部掌握住了以后,这个时候你才能回到自身。所以他讲,一个是内容要把自己简化为规定性,内容先是很丰富的、很复杂的,但是在运动中,它把自己简化为规定性,就是说,这么复杂的内容,它最后变成一种很单纯的规定性,即一种内在的动力,一种倾向性。另一个是内容把自己降低为某个定在的一个方面、一个环节。一个内容当它把自己简化为规定性,它就过渡为一个更高的定在,而它自己就降低为这个更高的定在的一个环节,只是一个方面的规定性,而那个更高的定在就是它的真理。当所有这些都完成了以后,你就可以对整体进行综观了,但决不是在此之前。黑格尔经常有这样一个表述,某某是某某的真理,如说本质是存在的真理,概念又是本质的真理。它意思是什么呢？就是说，本质才是真正的存在，而概念才是真正的本质。那么内容转化为自己更高的真理，就是说内容把它更高的真理揭示出来了，后面它所规定出来的那个定在就是它的真理，或者说，内容所规定出来的这个定在才是真正的内容。是内容的真理，也就是真正的内容，越来越真，前面的东西都变成真理的一个个环节，后面的真理当然也不能孤立的存在，它是以前面整个丰富的过程作为前提、作为内容的。但那些内容都成为了它的各个方面、各个环节。这就是回到自身、回到整体。

通过这个过程，单纯的综观自身的整体本身，才从本来好像已丢失了整体反思的那个财富中浮现出来。

最后一句话是点题。综观自身的整体本身，这个时候是单纯的。这样一个整体本身。通过这样一个过程，通过投入于每一个具体定在的环节，不断地发展自己，不断地推出更高的真理这样一个过程本身，那么这样一个单纯的综观自身的整体，"才从本来好像已丢失了整体反思的那个财富中浮现出来"。就是说，前面我们已把这个整体的反思放在一边。我们投身于具体的定在，好像我们把整体的反思丢下了，但是通过我们积累自己的财富，发展自己的财富，这个综观自身的整体本身又从中浮现出来了。当然这不再是抽象的反思、主观的反思整体了，而是具体的，是从财富中、从丰富的内容中重新浮现出来的这样一个整体的反思。这个反思在这个时候跟前面的反思已经有了不同层次的含义。黑格尔的反思也有低层次和高层次的，低层次的一般讲知性的反思，形式的知性，它是一种外在的反思。而黑格尔自己也用反思这个词，但他这个反思是更高层次的，是一种内在的反思。经过了各个定在的具体的运动过程以后，再回到这个整体，这个时候的反思就是客观的。那就不再是主观的知性的抽象反思，而是科学所面对的对象本身的一个自我反思，或者说是上帝的一种自我反思，上帝的自我意识，上帝回到了他自身。我们可以看到黑格尔对前面形式主义的批判固然非常严厉、非常辛辣，但是他仍然是从那里来的，并没有完全推翻过去的东西，而是把它提高到一个更高的层次。形式主义的每一个概念、每一个范畴,他其实都接受了,你找不出一个概念他没有接受的,包括知性的反思、抽象的整体、综观这些东西,他都把它接受下来,但都赋予了它更深层次的含义。我们读黑格尔的时候要注意这个。

*　　　　　*　　　　　*

我们前一次讲到的是,黑格尔对于他的科学方法做了一些解释,这些解释基本上是一边批判、一边显露出他自己的方法。这个批判上次特别强调的就是,对那种图型式的、图式化的方法提出批评,认为那是一种片面的方法。当然黑格尔也没有完全把那种方法全盘否定,而是认为那种方法只不过是通过一种自我意识的反思,抓住了事物的本质。但是没有把这本质当作生命展示出来,而是把它当作一种图表,好像只要抓住这个公式就能解决一切问题。这种方式应该说从康德开始到费希特、谢林都是如此,基本上都没有超出、没有突破这种框架。那么黑格尔自己的方法论,是建立在对康德以来的这种图式化的方法加以提升这个基础之上的,他没有完全抛弃这种方法,他力图把这种方法提升到一种他自己的辩证的理解,也就是说把实体理解为主体。我们今天要读的这一段和后面好几段,都是正式地展开黑格尔自己的科学方法的结构。所以下面的比较前面的就更加带有一种晦涩性。前面的你可以通过举一些例子:哲学史上他针对的是谁,针对着哪一种观点来切入他自己的观点,那么下面他就是直接来表达自己的观点。当然还随时要联系到以往的各种片面性,各种片面观点,但主要是展开自己的结构。我们来看看第36页的下面这一段。

一般来说,由于像上面说过的那样,实体在其本身就是主体,所以一切内容都是它在自身中对自己的反思。

一般来说,就是从一个比较高的层次来展开黑格尔自己的思想。前面是针对某一个错误的观点或者以往的某个观点来加以讨论,那么现在我们上升到一般的这个层次上面来进行一番讨论，也就是黑格尔自己的一般方法论。"一般来说，由于像上面说过的那样，实体在其本身就是主体"。这个前面已经讲了，重要的就是要把实体理解为主体，这个命题是他的《精神现象学》的核心命题，他这里又提到了。前面已经说过了，实体本身就是主体，"所以一切内容都是它在自身中对自己的反思"。实体既然是主体，既然你要把实体理解为主体，所以一切内容，也就是一切实体的内容，或者实体的一切内容，都是它在自身中对自己的反思。实体要变成主体得怎么做？就必须要对实体自身的内容加以反思，要有一种自觉性，要有一种自我意识。实体的内容要在自身中对自己进行反思。前面已经讲到反思了，其实前面讲的那些图式化等等各种各样的方法论，都已经是一种反思的方法论，已经要反思到自身。在康德那里就要反思到自身：康德的自我意识就是通过反思而获得的。康德通过先验自我意识来把握科学知识，这个基点，这个本源的综合统一就是通过反思而获得的。我们在经验的科学知识中，我们通过伽利略，通过牛顿，我们发现一般的科学家所运用的方式都是反思，但是他们不自觉。那么康德通过反思，从这些科学命题里面提取出它里面的范畴，一切科学命题里面都包含有范畴，而范畴就是自我意识的统觉的一种功能。这是通过反思而获得的，我们通过反思获得了自我意识。那么这一点在黑格尔这里就更加突出了：实体就是主体，所以一切内容都是自我反思。康德是通过反思得出来科学知识何以可能，那么这种反思本身何以可能呢？康德没有提到。而黑格尔在这里说，是因为实体本身就是主体，所以一切内容都是它在自身中对自己的反思。并不是说你从外部加以解剖，通过先验分析论，像康德在《纯粹理性批判》里面做的那样，人为地从外部对一切科学知识进行先验的分析，然后从里面发现了它的内在的结构，这是一种外在反思。但是这种反思何以可能，你为什么能够进行反思，进行分析，仅仅因为你是天才？不是。是因为实体自身就是主体，这个是你得以反思的前提。实体本身是主体，所以你才能够反思，一切内容都是它在自

身中的反思。下面，

　　一个定在的持存或它的实体，就是那种自我等同性；因为它与自身的不同一性将会是它的瓦解。

　　"一个定在的持存或它的实体"，讲到实体首先要涉及定在这个概念，实体首先表现为定在，所谓实体就是个别存在。亚里士多德讲什么是实体，什么是作为存在的存在，那就是个别实体、个别的东西，比如说苏格拉底，这世界上唯有一个，独一无二的。那就是定在了，那就是 Dasein。Dasein 就是个别的存在。一切定在的持存，什么叫持存？Bestehen，就是一直持续地在那里，我们把它翻译成持存，持续存在。实体的意思就是持存啊。什么是实体？实体就是，它的性质、它的偶性可以变来变去，但是它本身是不变的，那就叫实体。近代物理学有物质不灭，能量守恒，现代物理学有质能守恒，质量和能量可以互换，但是它们的总和是守恒的。这个是持存，持存就是守恒。你把一块木头烧掉了，你把它的烟和灰烬等等收集起来，它的重量不变，它的质量不变，它还是那么多，就说明它是实体。近代物理学讲到这个质量守恒，这就表现了一种实体观。一个定在的持存"或"它的实体，表明一个定在的持存就是它的实体。那么它是什么呢？就是那种自我等同性，Sichselbstgleichheit，自己与自身同一。开始是一块木头，后来变成了烟和灰，但是它还是同一个它，还是同一个东西。它自身等同。"因为它与自身的不同一性将会是它的瓦解"。如果它与自身不同一，那它岂不就瓦解了。但是这个同一和不同一要看从什么角度来看。从偶性来看它已经不同一了，但是从实体来看它还是同一个东西。如果连实体都不同了，那就会是它的瓦解。下面，

　　但自我等同性是纯粹的抽象；而纯粹的抽象则是**思维**。

　　思维打了着重号，这句话非常关键。自我等同性，我们讲实体是自我等同性，而那些偶性、那些属性都是变来变去的；但是在变来变去里面你怎么能够确定它有一个自我等同性呢？你看不见摸不着。你所能看得见摸得着的都是偶性，都是现象，就像康德所讲的，我们所看到的都是现

象，那个事情本身是自在之物，我们看不到，我们就无法认识。但是这个自在之物无法认识，我们却可以思维它。我们想，所有这些现象后面肯定有一个自在之物，那个东西是不变的，所以从这个角度来看，这种纯粹的抽象就是思维。你把所有的属性都抽掉了，那不是纯粹的抽象吗？所有的属性、变来变去的东西，你都把它撇开了，你要把握那个持存性、那个实体，那个实体岂不是纯粹的抽象？那么这个纯粹的抽象只有通过思维才能把握。康德讲，不可认识，但是可以思维，其实就是这个意思。但是黑格尔认为，没有什么不可知的自在之物，就是实体，实体就是可以思维的。是不是不可知，他认为是可知的，但是，它是一种纯思维的知。不一定只有经验的知识才是知识，纯思维是更高的知识。这个里头有康德的影子，但是又跟康德完全不一样了。那么这句话就是说，实体是纯粹的抽象，而纯粹的抽象只能够是思维。这是黑格尔的思路。下面加以解释。

[37]　　当我说**质**的时候，我说的是单纯的规定性；凭借着质，一个定在与另一个定在区别开来，或者说它才是一个定在；定在自为地是自身，或者说，它通过这种单纯性而凭借自身持存着。

　　"当我说**质**的时候"，质 Qualität 也打了着重号，"我说的是单纯的规定性"。单纯的规定性就是说这个个别实体，这个定在，我们说它有它的质。当我说它有它的质的时候是什么意思呢？就是说它有它自身的单纯的规定性，它跟别的东西不同，是规定了的。这个单纯的规定性完全只能够通过思维来把握，它不是指感觉所把握到的性质，而只是说，这个东西跟另外一个东西有质的不同，它是最抽象的规定性。我们在黑格尔《小逻辑》的存在论中读到：定在"是具有一种**规定性**的存在，而这种规定性，作为直接的或存在着的规定性就是**质**。"又说："某物之所以是某物，乃由于其质，如失掉其质，便会停止其为某物。"① 一个定在和另外一个定在的区别就在于质，正因为这种区别它才是"定"在。能够使它成为定在

---

① 　[德]黑格尔：《小逻辑》，贺麟译，商务印书馆 1980 年版，第 202 页。

的,能够使它成为个别存在的,就是它的那些与众不同的地方,就是它的不同的规定性。这都是从亚里士多德那里来的,如果把亚里士多德《形而上学》、特别是关于实体的那一部分好好读一下的话,可以看到黑格尔这里到处都有他的影子。亚里士多德就是这样说的,一个个别实体,它的特殊性,它的个别性,它的形式,使得它跟其他的个别实体能够区别开来。亚里士多德的"形式"是非常独特的一个概念,就是每个事物都有它的形式,它的形式首先是个别的,是使每个事物区别于其他事物的东西,是独特的"这一个"。比如说苏格拉底的雕像,你雕的是苏格拉底而不是任何其他的人,这就是苏格拉底雕像的形式,它使得这个雕像成为了这一个苏格拉底的雕像。那么这个个别形式就是质。每一个定在,它都有一个单纯的规定性,这个单纯规定性就是它的个别形式,也就是它的质。正因为如此,"定在自为地是自身,或者说,它通过这种单纯性而凭借自身持存着"。定在自为地是自身,定在是为它自己而存在的,它是自为的存在,它自己有自己的质,有自己的单纯的质,有自己的区别于他物的个别形式。它通过这种单纯性而凭借自身持存着,也是自为存在着的意思。在《小逻辑》§96 对"自为存在"的规定是:"自为存在,作为自身联系就是**直接性**,作为否定的东西的自身联系就是自为存在着的东西,也就是一。一就是自身无别之物,因而也就是**排斥别物之物**。"① 这里有三个词很关键,一个是直接性,一个是一,一个是排斥别物,都打了着重号。这是自为存在的三个环节,直接性、单一性和排他性。或者说,定在通过这三个环节而表明它是自为的,表明它作为实体而显露出了主体性。定在之所以成为实体,就是通过这种单纯性,这种单纯的规定性是个别实体的规定性。为什么叫单纯的,就是说它是个别的实体,你再不能说什么了。我们说什么是苏格拉底? 苏格拉底是不可分析的了,苏格拉底到底了,苏格拉底是终端了。所以苏格拉底的这种形式,这种单纯的形象,就

_____

① [德] 黑格尔:《小逻辑》,贺麟译,商务印书馆 1980 年版,第 211 页。

是个别实体的一种单纯性，它仅仅凭借自身而持存着，不借助于任何其他的概念，它是排他的。苏格拉底是这个定在的一种质的规定性，它是单纯的，它里面没有什么别的东西组合起来，你不能说苏格拉底是由哪几部分组成的，那没法说的，它就是一个单纯的规定性。正是由于这种单纯性，这个定在是自为的存在，它靠自己而持存着。下面，

但是这样一来，定在从本质上说就是**思想**了。

这样一来，定在从本质上说就是思想，因为这种单纯性，它就是单凭思想而抽象出来的东西。个别实体的那种单纯的规定性，那种质，它本身只能够是思想物，你对它没办法进行分析的，它是亚里士多德说的"第一实体"，一切科学研究你最后落实到它身上，就到底了。所以这个东西，它本质上是一种思想物。下面，

——在这里，存在即是思维就得到理解了；在这里也提出了一种通常与关于思维与存在的同一性（Identiät）的那种无概念的惯常说法相分歧的明见。

根据上面的这种解释，我们已经理解到存在就是思维到底是什么意思了。这是黑格尔所理解的存在即思维，或者我们所谓思维和存在的同一性。思维和存在是如何同一的，就是这样同一的，就是因为存在在具体的场合之下就是个别存在，就是定在，而定在就是实体，实体又只能够通过思维来设想。实体只能够思维，它是感觉不到的，你要感觉到一个实体那是不可能的，它必须通过思维。实体的单纯性，这种个别的质的规定，就是通过思维来把握的。它本身就是思维的东西，实体的这样一种单纯的规定性就是思维的东西。所以存在即是思维。一切存在都有它的实体，一切实体都有它的单纯的规定性，而单纯的规定性只能通过思维来把握，所以存在就是思维。你要真正把握一个存在，你就必须把握它的实体。你要把握它的实体，你就必须把握它的那种单纯性，它的那种单纯的形式，它的那种质的规定性，那么所有这些都是思维的功劳。既然都是思维的功劳，那它本身就是思维。这是黑格尔的一个论证。只

能思维的东西，它本身就是思维。你只能通过思维把握它，那它本身就是思维，它没有别的。它是单纯性，它里面没有物质，没有质料，它就是一种抽象的形式，纯粹的抽象，前面讲了，这种自身同一性就是纯粹的抽象，那么这种纯粹的抽象当然就是思维了，就是思维的规定了。"在这里也提出了一种通常与关于思维与存在的同一性的那种无概念的惯常说法相分歧的明见"，在这里也提出了一种明见，这种明见通常与关于思维与存在的同一性的那种无概念的惯常说法相分歧，比如说费希特、谢林，他们都提出了这种命题，谢林的同一哲学就是思维和存在的同一，主体和客体的同一，绝对同一。绝对同一而没有差异。但是在黑格尔这里，他所提出的这种明见，关于思维和存在的同一性的那种明见，与惯常的那种无概念的说法是不一样的，是分道扬镳的。所谓无概念的就是说，它是一种断言，一个表象，它里面没有概念。为什么没有概念？因为它没有差别。没有差别就没有概念。谢林的那种无差别的同一性就是无概念的。你要有概念就必须要动起来，要活动起来，而只有差别才提供了活动的余地。那么僵死的同一性，是无概念的说法。思维和存在的同一性，近代以来，从笛卡尔以来，很多人都致力于这个命题。近代以认识论为中心的哲学，它就是以这个命题作为它的核心命题，思维和存在怎么才能够达到同一性。那么那种无概念的惯常说法，就是你不能通过概念去把握，你必须通过直观来把握，这跟黑格尔的观点是大不一样的，通常都会发生分歧。当然也不是绝对的，就是说，在某些情况之下，黑格尔这种说法也可以吸收以往的说法里面的某些东西，某些成分，但是通常来说是相分歧的。存在即是思维，黑格尔的解释跟以往的解释都不一样，究竟怎么不一样，下面要具体来谈了。

——而正是由于定在的持存就是这种自我等同性或纯粹的抽象，所以，定在就是它对它自身的抽象，或者说定在本身就是它与它自身的不同一性，就是它的瓦解，——就是它固有的内向性和收回到自身，——就是它的形成。

　　这一句话说明了黑格尔这种思维和存在的同一性跟以往的理解如何不同。他说，"而正是由于定在的持存就是这种自我等同性或纯粹的抽象，所以，定在就是它对它自身的抽象"。我们前面已经讲了，定在的持存就是定在的实体，什么是定在的实体，就是这种自我等同性或纯粹的抽象。就是从头到尾这个定在跟自己是一样的，物质不灭，能量守恒，它始终是它。但是这样一种自我等同性，它是一种纯粹抽象，它只能用思维来把握。所以，定在就是它对它自身的抽象，这种纯粹的抽象不是由于我们把它抽空了，它才是抽象的，而是定在自己对自己的抽象。定在自己在那里持存就是定在对自身的抽象，它不顾它那些变化多端的偶性而坚持下来，这就是定在本身对它自身的抽象。它本身的本质就是抽象的，或者说它的本质就是进行抽象。定在、个别存在，它的本质就是进行抽象。"或者说定在本身就是它与它自身的不同一性，就是它的瓦解"。这句话很要命了，前面说定在就是它的自我等同性或纯粹的抽象，所以定在就是它对它自身的抽象，而这里说，"或者说定在本身就是它与自身的不同一性，就是它的瓦解"。前面说是它的自我等同性，这种等同性是定在自己给自己抽象出来的，这里却说，定在本身就是它与它自身的不同一性，就是它的瓦解。定在本身跟它自己又不同一了，甚至它把它自己瓦解掉了。瓦解掉了还怎么持存呢？这恰好走向了自身的反面。因为定在我们刚才讲了，它已经是终端了，它是不可再分析的。但是它自己把自己抽象出来，岂不是把自己瓦解掉了吗？岂不是把自己又区分开了吗？岂不是它自己和自己不相同了吗？定在、个别存在、个别实体，它追溯自己的本质，追溯它自己何以存在，它发现，它就是因为它跟它自身保持一致，所以它才持存，所以它才是实体。那么当它这样做的时候呢，它发现这种纯粹的抽象是它自己在进行的，所以它又跟它自己有了区别。是它把它自己抽象出来的，它本来是一个完整的整体，本来是个别实体，个别实体是完整的，我们讲，个别实体不可分析，它只能作主词，而不能作其他主词的宾词，它本来是不能分析的。但是现在它自己把自己分析出来了，它的实体就是它的纯粹抽象。它自己把自己的那些偶性、属性那些东西都抽掉了，才得出它自身的实体；真正的实体就是它的纯粹抽象，就是亚里士多德讲的那个超越于质料之上的形式。可见它跟它自己已经不相同了，它把它自己瓦解掉了，分解为质料和形式了。这是一个很吊诡的事情，或者说这恰好是黑格尔辩证法的妙处。通过它自身的持存性，对这种持存性加以分析，它发现这种个别实体，这种定在自身的持存性恰好使得它走向瓦解。持存性本来是不可能瓦解的，但是它自己把自己瓦解掉了。这个我们联系到亚里士多德的实体学说，非常详尽。亚里士多德的实体学说，他提出了个别实体是第一实体，本来应该完了，个别实体是第一实体，第一实体是不能分析的了，那就不要分析了，你就把它放在那里，个别实体是绝对的。所以有的人说亚里士多德有经验论的成分，也没错。但是亚里士多德似乎有点不甘心，画蛇添足。本来已经画出一个很漂亮的蛇了，他又添上一足。添上一个什么足呢，就是个别实体是何以成为个别实体的，他要追究个别实体的成因。于是他又把个别实体分开：凡是构成个别实体的，它有两个层次，一个是质料，一个是形式。那么究竟是质料还是形式才是真正的个别实体，才是使得个别实体成为个别实体的那个东西？亚里士多德经过一系列的分析，认为质料不可能，个别实体里面使它成型的就是形式。也就是说定在，使它成为定在的，就是它的那种纯粹抽象。但是跟亚里士多德有一点不同的就是，黑格尔认为这样一种分析不是我们的一种外在的操作，外在的处理，而是这个个别实体自身把自己分析开，自身把自己提升到了一种纯粹抽象，把自身变成了一种跟自身不同的东西。纯粹抽象跟个别实体当然是不同的，个别实体是很具体的，纯粹的抽象是很抽象的，个别实体可以感觉到，但是纯粹的抽象只能思维，当然是不同的东西了。而这个不同的东西就是个别实体自身跟自身的不同，而不是我们把它区别成不同。这个是黑格尔比亚里士多德更高明的地方。亚里士多德是不自觉地展示了个别实体它的内在的辩证法，它的这种自我否定。个别的实体一定要把自己否定掉，跟自己不同，把自己瓦解，这样，才能够深入到它自己的本质，才能深入到它自己的实体。所以他说，这种瓦解"就是它固有的内向性和收回到自身，就是它的形成"。固有的内向性，就是说个别的实体定在，它固有一种内向性，它要向内延伸。它本来是终端，本来没有什么再可以分析的了，个别实体摆在你面前，你还怎么分析，你感受就得了。但是亚里士多德喜欢分析。讲完了以后他又加了一个问题：个别实体是怎么成为个别实体的呢？它的原因何在呢？个别实体的本质何在呢？那么我们就要追溯它里面有质料因也有形式因。既然只有形式才能成为个别实体的真正原因，那形式就是真正的个别实体，形式就是个别实体的本质。所以从亚里士多德以来，西方哲学里面，形式和本质这两个概念几乎是等同的。我们要探讨一个事物的本质，我们就要探讨它的形式，这个形式就是内向的东西。一个定在有它固有的内向性，它要向自己内部去追溯它何以可能的那个根源，那个原因，并把它在这一过程中所有表现出来的东西都收回到它内心里，都归结到它内心最初的那个根源。所以黑格尔也很赞成康德的这样一种做法，就是说回溯，反思，追溯一个事物之所以可能的原因。你看他在《逻辑学》中从一个概念一步一步推出其他所有的那些范畴，你不要以为他是在向外追寻，他是向最初那个概念的内部深入。从最初的存在，纯存在开始，后面所有的那些范畴都是对这个纯存在的一种深入，越来越深入，到最后深入到绝对理念。你最后就发现了，原来这个存在最终是由这个绝对理念生发出来的，绝对理念才是它最内在的生长点。就像剥一个洋葱头一样的，最开始都是最外表的，但是你一层一层地剥下去，你就会发现，它是何以可能的。所以这就叫内向性和收回到自身。这就是它的形成。形成这个概念，Werden，非常重要，黑格尔非常重视这个概念，海德格尔也非常重视，海德格尔有篇文章专门谈黑格尔的形成。那么我们跟前面联系起来看：定在本身就是与它自身的不相同性，就是它的瓦解，也就是它的内向性和回到自身，就是它的形成。这个瓦解不是说完全没有了，而是向它自身内部去追溯，一步一步地追溯,把所有的东西收回到自身,这就是它的形成过程。也就是说,定在本身不是固定在那里的。我们通常讲实体就是不变的东西,固定在那里的东西,第一实体也是这样,我们讲物质不灭也是这样,那个东西就是变中之不变。但黑格尔这里讲,它不是不变的,它是自我瓦解,自我形成的过程,这个就把那种单纯物理学的解释超越了。黑格尔的解释不是一种机械的物理学的解释,而是一种生物学的解释,有机体的解释。所以这个定在与它自身不相同,它要与它自身不相同,它要瓦解自身,它要改变它自身。改变自身就是瓦解它的这种持存性,它不是持存在那里不变的东西,而是不断在变化的东西,也就是不断在形成的东西。所以定在本身就是它与它自身的不相同性,就是它的瓦解,就是它的内向性,也就是它的形成,这是一连串来的,只要你转过了这个弯,下面就是顺流直下了。最根本的就是说,这种自身同一性就是它的自身不同一性。定在由于它自身同一性,它才称之为定在;但是定在本身就是它与它自身的不同一性。它要跟自己不同,它就是要否定它自身,变成另外一个定在。只有它变成另外一个定在,它才回到它自身,它才是它原来的定在,这叫收回到它自身。只有它变成一个跟自己不同的东西,它才能够保持它跟自身的同一性。这个里头一般人会觉得他在胡说八道,逻辑上好像是自相矛盾的。他就是故意要这样说的,让你去悟,它需要一种内在的体验,需要你用生命的体验去体会。我们做黑格尔的研究经常遇到这种情况,首先你要从概念上,语词上搞清它的关系,然后当你遇到这样一种看起来很吊诡的情况的时候,你就要去悟,这个没有人能帮助你。所以为什么有的人始终读不懂黑格尔,王路写过一篇文章《读不懂的黑格尔》、《读不懂的海德格尔》,如果执着于这些语词、概念、术语本身,它的定义,它的精确性、精密性,它的可操作性,停留在这种机械的自然科学的水平,那怎么行。黑格尔的这种哲学,它已经超出了那种机械的自然科学,不能单纯从那个层次来理解。那个层次也少不了,但是你不能限于那个层次。下面,

——由于存在者的这一本性,一旦存在者对这一本性有了认知,则

这种认知就不是那种把内容当作一种外来物来操作的活动，不是从内容那里走出来而回到自身的反思；

我们看这半句。由于存在者 Seiende 的这一本性，这个存在者我们可以把它理解为定在 Dasein，在海德格尔那里就是这样理解的，它不是存在本身，但是它是一个存在者，我们可以通过这个存在者去领会它里面的存在，它如何存在。这是海德格尔的一种观点，但这个观点在黑格尔那里已经有了，黑格尔也是这样理解的，存在者就是 Dasein。由于存在者的这一本性，这一本性是指上面讲的这样一种本性，就是它自己就要跟自己不同，它自己要把自己瓦解，要返回它内部，并且它是一个动态过程，它不是僵死地摆在那里，它就是它的形成。这就是它的本性。所以由于存在者的这一本性，"一旦存在者对这种本性有了认知，则这种认知就不是那种把内容当成一种外来物来操作的活动，不是从内容那里走出来而回到自身的反思"。存在者有这样一个本性，就是自己否定自己，自己形成自己；那么一旦存在者对于这种本性有了认知，这等于是一种反思，对思维的思维。一旦存在者对于它自己的这种本性有了认知，有了反思，知道了它自己那种本性，那么它就不是把内容当作一种外来物来操作的活动。这种认知和我们通常理解的知识不太一样。通常理解的知识首先是主客二分，我站在客体的对面来分析这个内容，把内容当作一种外来物来操作，来操纵。一般讲的知识都是这样的，主观和客观相符合，那么客观在那里，主观在这边，主观把客观的东西加以处理，加以操作。你通过经验还是通过逻辑，还是通过分析，还是通过综合，这就是知识。这种知识活动就是一种操作活动，站在客体的对面，站在客体之外，把这种内容当作一种外来物来操作。那么我们这里所讲的认知不是这样的操作，而是定在自己对自己的分裂活动，是对这种形成过程的一种认知。所以他讲，一旦存在者对这一本性有了认知，那么这种认知就不再是把内容当作一种外来物来操作，不是从内容那里走出来而回到主观自身的反思。后面这是康德的思路，即从内容那里跳出来而回到我自身，反思到我在把握对象的时候有一种什么样的先天形式框架，看出这些内容是由于我为自然界立法才建立起来的。康德的知识还是一种外在的操作，先验分析论，摆在你面前有一大堆科学知识，那么我对它进行一番分析，分析到它先天之所以可能的条件，把这个条件本身构成一个体系，这就叫反思了。但是黑格尔这种知识并不是这样一种反思，不是站在对象外面对它加以处理的活动。那么它是什么活动呢，这里暂时还没说。

科学不是那样的一种观念论，这种观念论以一种提供保证的或确信其自身的独断论来代替那种作出断言的独断论；[①]

我们看这半句。科学不是那样一种观念论，Idealismus，也译作唯心主义。这种观念论、这种唯心主义，"以一种**提供保证的**或**确信其自身的独断论**来代替那种作出断言的独断论"。这是康德的"先验的观念论"的观点。康德反对独断论，是因为那些独断论对任何东西都独断地作出断言，就是说不经过经验的证实，凭借自己的逻辑就去断言上帝是怎么样的，灵魂是怎么样的，世界整体是怎么样的等等。它混淆了自在之物和现象的界限，把自在之物当作现象来加以规范，把现象又当作自在之物来加以认识，这是康德所反对的，称之为独断论。你怎么能够凭你的思维就断言自在之物具有哪些性质和属性呢？这在黑格尔这里称之为作出断言的独断论。那么康德用什么东西来取代这种作出断言的独断论呢？以一种提供保证的或确信其自身的独断论来取代它。"提供保证的独断论"是什么呢？就是说要确定认识之所以可能的先天条件，那些条件保证了我能够断言一切事物都是有原因的，一切事物都是实体，等等。这也是一种断言，但是这种断言有了它的保证。有了什么保证呢？有了我们主体中认识的先天结构作为保证。是我们人在为自然界立法，人对所有的知识的客观必然性提供了保证，由人的主体建立起了一种客观必然

[①]　德文丛书版编者注释说，这里可能是指费希特的哲学，但没有提供根据，似不确。用康德哲学来理解这段话似更加合适。——中译者

性。那么这种客观必然性的保证何在呢？不是凭我的断言，而是凭我的主体的保证。这就叫作"先验的观念论"或"先验唯心主义"。这个主体的保证当然还只是一种保证，还不是事实，所以它不是一种作出断言的独断论，而是仅仅作出保证的独断论。① 康德的独断比那种唯理论的独断论，也包括经验论的独断论，相比之下，它要不那么独断，不是直接作出断言，而仅仅是作出保证。用什么来保证？用我们的先天的结构，这个先天的结构是我发现的，通过分析，在所有的知识里面，发现它里面都有一种主体的先天结构，那就是时空形式、十二个范畴，最终是先验自我意识的统觉。这一套东西任何人无法否认，使得事物的客观性有了保证。至于"确信其自身的独断论"，那就是康德的实践理性了，实践理性是建立在信仰之上的。在实践中有一种确信自身的独断论，这个康德也不否认，② 但是这种独断论不是用在认识上面，而是用于实践。他认为定言命令、道德律是一种理性的事实，我们对这个事实只要接受就够了。纯粹理性有没有实践能力？有。为什么有？这是个事实，已经有了。每个有理性者都有凭借他的理性来实践的这种能力，这是一个事实，这个不用追溯了。从这个事实出发，康德建立了他的道德形而上学体系，建立了他的实践理性批判。《实践理性批判》就是从这个事实出发，这个事实我们不讨论了，我们基于这个事实来讨论别的东西。这就是信仰，康德讲，我要悬置知识，为信仰留下位置。所以在康德那里有两个，一个是理论理性，一个是实践理性，这两者都有它的某种意义上的独断论。他用这种独断论代替了以往的那些作出断言的独断论。这里讲的是康德。但是，黑格尔讲的科学，它也是一种唯心主义，这种唯心主义跟前面讲的那两

---

② 　康德把自己的这种独断称之为"从可靠的先天原则严格地证明的"一种"独断的处理"，参看《纯粹理性批判》BXXXV。

① 　康德明确说，在把模态范畴从认识领域悬拟地引入实践领域后，"德性原则才能通过道德律被**独断地**表达出来。"参看《实践理性批判》，邓晓芒译，杨祖陶校，人民出版社 2003 年版，第 91 页。

种独断论都不一样。那么他的这种唯心主义是什么呢？下面就讲了。

　　——毋宁是，由于这种认知眼看着内容返回其固有的内向性，所以 {40}
它的活动不如说既是沉入于内容，因为认知的活动就是内容的内在的
自我，同时又返回于自身，因为这种认知活动是在他在中的纯粹自我等
同性；

　　就是说，黑格尔的唯心主义既不是康德的唯心主义，也不是理性派
独断论的唯心主义，那么它是什么呢？他说，而毋宁是，"由于这种认知
眼看着内容返回其固有的内向性，所以它的活动不如说既是沉入于内容，
因为认知的活动就是内容的内在的自我"。就是说，这种认知明明知道、
明明眼看着认知的内容反思到了它的内向性，而不是表面上的感性表象，
它有更深的层面；所以它的活动一方面投身于内容，而不像康德的自我
意识那样站在岸上发号施令，加之于经验的内容上，因为这是内容的内
在自我自己固有的认知活动，而不是外在强加给内容的；另一方面它在
投身于内容的同时，又是在返回于自身，因为这种认知活动正是在投身
于内容这个他在中时，它就是在自身中，就是纯粹的自我等同性。我们
前面讲了，定在有它固有的内向性，它就是要向内深入的，这个向内伸展
不惜否定自身，不惜瓦解自身；那么这种认知，当它意识到这一点的时
候，它是眼睁睁地看着定在返回其固有的内向性，它不加阻止。定在否
定自身了，是不是它就要出来干涉呢？它不干涉，让它向内深入。"所以
它的活动不如说"，不如说后面有两个层次了，一方面"既是沉入于内容，
因为认知的活动就是内容的内在自我"，也就是说这种认知的活动大胆
地沉入到内容里面，因为认知的活动就是内容的自在的自我，它沉入内
容其实就是沉入自己啊！所以另一方面，"同时又返回于自身，因为这种
认知活动是在他在中的纯粹自我等同性"。一方面眼睁睁地看着它跟自
己不同，但是另一方面，同时又返回自身，在这种跟自己不同中又回到它
自身，因为这种活动是在他在中的纯粹自身相同性，是在跟自己不同的
他在中又在自身中。他在，Anderssein，就是另外的存在。定在和他在是

457

相对应的两个范畴，一个是定在、此在，一个是他在。但是它们又是同一个东西，是定在把自己变成了他在，并且在他在中跟自身又构成了纯粹的自我等同性，就像费希特说的，在非我中回到自我。我们从前面看这句话的主干：由于这种认知眼看着内容返回其固有的内向性，所以，它的活动不如说既沉入于内容，同时又返回于自身。这是它的主干。既沉入于内容，因为什么沉入于内容？是因为知识活动就是内容的自在自身，它必须投身于内容，沉没到内容里面去。认识的活动不是站在内容之外指手画脚，而是沉入到内容里面去，让内容自身来说话，内容自身说的话就是它说的话，因为这种认知是定在的自我认知，不是对另外一个东西的认知，所以它必须沉入于内容，要没有偏见地去沉入到内容里面。这是一个方面。另一方面，同时又返回于自身。你沉入到内容，使你的认知活动沉入到内容里面去，它很可能就变成别的东西了，这个内容它自身变成一种自我否定的东西，定在就变成不是它自己了，它跟它自己不相同了，跟它自己有不同一性；但是为什么同时又返回于自身了呢？因为这种活动是在他在中的纯粹自我等同性。当这个认知沉入内容，把自己变成不是自己，变成了他在，你跟着内容去跑，那你怎么回到自身呢？但是这种自我意识恰好就是能够返回到自身，并且只有在他在中它才真正能够返回到自身。一个人不动起来，不活动起来，不做出一些事情来，怎么认识自我？只有通过他做出来的事情，只有通过他的他在，他才能评价自己的定在。所以这种投身于内容的认知活动就是在他在中的纯粹自身相同性，在他在中，他才是纯粹地跟自己相同。因为定在的这个自己，恰好就是这样一种形成过程，就是这样一种把自己当作一个事业来完成的过程。一个人就是他所做的事业，一个艺术家就是他的作品，他跟他的作品就是相同的，他没有别的东西，如果你把他的作品去掉，那他就什么也不是了，他就不是他自身了。所以定在和他在有一种纯粹的自我等同性。这一句又是分号，还没完。下面，

　　这样，认知活动就是这样一种诡计：它自己好像并不活动，却眼看着

规定性及其具体生命恰恰在其自以为是在进行自我保持和追求特殊兴趣的时候，如何适得其反，成了一种瓦解其自身的行为，一种使自己变为整体之环节的行为。

这个是对前面的一种概括，这个概括是非常简练的。"这样，认知的活动就是这样一种诡计"，知识的活动就是前面讲的，一旦存在者对自己的本性有了认知，是指的这样一种认知。那么这种认知活动就是这样一种诡计，List，我们也翻译成狡计，黑格尔经常用这个词，经常指理性的狡计。认知活动就表现为这样一种狡计，什么狡计呢？"它自己好像并不活动"。知识的活动，我们前面也讲了，它并不干涉，并不干预，而是投身于内容，眼睁睁地让内容去自行发展。它不是站在内容上面指手画脚，而是跟着内容走，好像它并没有活动，好像它并不作出一种积极主动的干预活动，"却眼看着规定性及其具体生命"，眼看着，这里又是"眼看着"，就是旁观了，好像它只是旁观，只是客观地让它去活动，眼看着规定性及其具体生命，"恰恰在其自以为是在进行自我保持和追求特殊兴趣的时候，如何适得其反"。这些规定性及其具体生命肯定是要自我保持的，它是实体，实体就是要自我保持。很多很多的偶性，如同过眼烟云，来了又去了，但是万变不离其宗，那就是自我保持。同时追求特殊兴趣，实体在它的内容中就是追求特殊的兴趣，每一个实体跟别的实体都不一样，每一个定在跟别的定在都不一样，它有它的质。前面讲质，质就是一种规定性，它就是这个定在的特殊的兴趣。它要自我保持，根据什么来自我保持？它有它特殊的质，它要保持着这样一个特殊的质，追求这样一个特殊的兴趣。每一个实体、每一个定在都有它特殊的关注点，它就是依照这个特殊的关注点而持存下来、保持下来的。但是正当它自以为是在进行自我保持和追求特殊兴趣的时候，我们眼看着它如何适得其反，走向了自己的反面，"成了一种瓦解其自身的行为"。正当它自以为在保持自身的时候，它恰好瓦解了它自身；或者反过来说，你只有通过瓦解自身，你才能够保持自身。你在保持自身的时候恰好就瓦解了自身，成了一种瓦解其自身的行为，你要拼命地保持自身，这种行为本身就是在瓦解自身；但是如果你不瓦解自身，你就持续不下去，你不自我否定，你不改变你自身，你不与时俱进，怎能持续下去呢？你就搞不下去了，你就没了。你要保持自身，你就必须要瓦解你原来的那些规定性，瓦解你原来的那些兴趣。而这样一种自身行为，也就是"一种使自己变成整体之环节的行为"。瓦解自身并不是说把自己完全取消了，不要了，也不是的，而是把自己变成了整体之环节，有更大的整体。你在瓦解自身的时候，你就是把自己变成了一个更大整体中间的一个环节，一个阶段，一个过渡。这个自我否定并不是说完全把自己毁掉，并不是这个意思，并不是说自己没有了，而是说自己否定自己，使自己成为了一个更大的整体中的一个环节，一个中间物。鲁迅的自我批判，他认为自己是一个"中间物"，我把自己批判了，但是我成了一个过渡，成了一个阶梯，整个社会可以踏过我的身体，可以往前走得更远。所以我的这种自我否定、自我批判并不是说把自己就抛弃了，恰好不能抛弃，没有这种自我批判还不行，你要走到更高的环节，你就必须要经过这个自我批判、自我瓦解的过程。所以这样一个自我批判、自我瓦解的过程是有意义的，是肯定的东西，它不是一种完全消极的东西。但是表面看来很消极，好像是这种认知活动的一种诡计，好像是理性的狡计，它自己好像并不活动，它站在旁边，它不去干涉，它让这个定在自己去否定自己，而恰好在这个具体的生命自以为是在自我保持的时候，它适得其反，成为了一种瓦解自身的行为。而这种瓦解自身实际上是把自身变成了一个更大整体的一个环节，变成了一个历史发展过程中的阶段。如何理解实体本身就是主体？就是要这样来理解，就是实体本身它会自我否定，而这种自我否定只有思想才能把握，所以存在就是思维，思维和存在的同一性就是存在本身生长出它的自我意识，这个定在本身有它的自我意识，它在行动过程中，它在否定自身的过程中，它又意识到它自身的这种否定，那么这就是一种认知的活动。这种认知的活动类似于一种理性的狡计，它投身于内容本身的这种辩证过程,在这种过程中自我否定,并由此而成全自己,达到自我肯定。当然这个只是从实体的一个方面,即从认知主体方面来看的。

好,我们再接着下面一段讲啊。这一段就是把前面的和下面的,把它连起来了。他说,

如果说上面是从实体的自我意识这一方面指出了**知性**的含义,那么这里所说的,则是从存在着的实体的规定这一方面来阐明知性的含义。

上面一段是从实体的自我意识这一方面指出了知性的含义,知性Verstand 打了着重号。为什么知性要打着重号?这是为下面的论述作铺垫的,也就是后面提到了比知性更高的层次是理性或者合理性,这一段的结尾就出现了"合理性"Vernünftigkeit 一词,也打了着重号,就是和这里的知性相对应的。就是说上面这一段呢,对于知性的含义,它是从实体的自我意识这一方面来分析的。实体有两个方面,一个是主体这一方面的自我意识,一个是客体的那一方面实体本身的规定,那么当你把这两方面分开来看的时候,这就是在一个知性的水平上面来谈问题,还没有上升到理性的层次,我们知道知性和理性在康德和黑格尔那里都是不一样的,理性的层次要更高。那么如果上面是从实体的自我意识这一方面指出了知性的意义,这里所说的则是从存在着的实体的规定这一方面来阐明知性的意义。也就是说,实体它有两个方面,一个是自我意识的方面,另外一个是存在着的实体的规定,也就是客体的这一方面。这两方面,如果你把它们分来开,单独来看的话,那么它们都是停留在知性的层面,都是阐明知性的含义的。上面一段,我们刚才讲到了,实体作为主体来说它体现为一种自我意识,自己否定自己,自己瓦解自己,自己形成自己,并且对自己的这种本性有了认知,而这种认知又眼看着内容返回于它固有的内向性,所以它一方面深入内容,另一方面,它又返回于自身。这就是自我意识的结构了。所以从实体的自我意识这一方面,上面这一段已经指出了知性的含义。那么这里马上要说的,则是从存在着的实体

的规定这一方面来阐明知性的含义。这一句话是承前启后。下面就是如何来阐明这个实体的规定了。他说，

　　——定在是质，是自我等同的规定性或规定了的单纯性、规定了的思想；这就是定在的知性。

　　定在是质，前面已经讲了，"当我说**质**的时候，我说的是单纯的规定性；凭借着质，一个定在与另一个定在区别开来，或者说它才是一个定在"，这是前一段开头说的一句话。这里讲，这个定在、这个质"是自我等同的规定性或规定了的单纯性、规定了的思想"，这个前面其实也已经提到了。定在是自我等同的规定性或规定了的单纯性，自我等同，一个实体前后相同，持存，前面那个就是现在这个，昨天那棵树就是今天这棵树，是同一棵树。这棵树就是这棵树，再没有什么可多说的了，你说它是植物，你说它有叶子，你说它是绿的，这些东西都不是对这个定在的单纯的规定性。单纯的规定性就是说这就是这棵树，或者说这是苏格拉底，张三李四，这都是一些单纯的规定性。单纯的规定性再没有什么可说的了，你只能给它命名，或者你只能说它是"这一个"，这就是单纯的规定性。那么这种单纯的规定性，就是"规定了的思想"，这种规定是规定了什么？并不是规定了一个物质的东西，而是一个思想，这个单纯的命名是你给它命名的，是在你的思想里面所出来的一个表象，你的思想才能够作出这种单纯的规定性，它是不可分析的。而你从这个角度来看的话，"这就是定在的知性"，也就是从知性的角度来看的这个定在。前面讲的那个知性是自我意识的知性，定在的自我意识的知性，这里讲的是定在本身的单纯规定性，质的规定性，就是我们用一个单纯的规定性来规定定在，那它就是质。这样一种质，这样一种单纯的质，它就是一个规定了的思想，这就是定在的知性，即和前面不同的另外一方面的知性。下面，

　　因此，定在就是**努斯**（νους），**阿那克萨哥拉**当初最先认识到了它的本质。

　　这个希腊字，在丛书版中写作罗马字母的 Nus，有人翻译成"心灵"、

"灵魂"，我把它音译为"努斯"，音译更好一些，因为这个词在很多地方都音译，学哲学的人都已经知道了，音译更加体现出它希腊文的那种含义，那种味道。翻译成心灵的话，还有很多别的词都可以翻译成心灵，而这个地方是特指的努斯："阿那克萨哥拉当初最先认识到了它的本质"。他这里提到阿那克萨哥拉，努斯和阿那克萨哥拉都打了着重号。可见黑格尔的思想受阿那克萨哥拉的影响是很大的，虽然他提到阿那克萨哥拉的次数并不是很多，但都很关键，他骨子里头受阿那克萨哥拉很深的影响。从阿那克萨哥拉以来的整个古希腊哲学的努斯传统，在黑格尔这里可以说是集大成。那么阿那克萨哥拉当年最先认识到它的本质，他对于努斯是怎么样规定的呢？在西方哲学史上，阿那克萨哥拉是第一个提出来，努斯是推动万物的。阿那克萨哥拉跟苏格拉底、跟德谟克利特都是同时代人，但是他提出来一个独特的观点，他认为整个宇宙都是由"种子"所构成的，万物的本原在于种子。什么叫种子？就是说有各种各样的事物，每一种事物都有它的种子，比如说金子有金子的种子，铁有铁的种子，骨头有骨头的种子，血液有血液的种子，等等。而且每一件事物都包含着所有的种子，只不过其中有一种种子占优势，所以它就成了那个事物。所以阿那克萨哥拉心目中的宇宙中任何一个事物都是复杂的，都包含一切种子，最初它们都混在一起，一片混沌，后来才分化出万物来。但是阿那克萨哥拉有一个问题，这个问题也是当时德谟克利特他们遇到的问题，就是世界是这样的，但是它是怎么形成起来的呢？是谁来推动它们、安排它们的呢？德谟克利特也遇到这个问题，万物都在运动中，原子的运动都是在传递由别的地方传来的运动，那么最初那个推动从哪里来？德谟克利特没办法解决。阿那克萨哥拉也遇到这个问题，所有种子混在一起，是什么力量把它们分开的呢？我们现在看到的这个世界并不是一片混沌，而是有各种各样的事物，那么是什么东西把这些种子区分开来的、形成万物的？那么阿那克萨哥拉就提出来，是由努斯把它们区分开来的，努斯是在这个世界之外，是一种纯粹的能动性，纯粹的心灵。

心灵它不是物质，它也不需要通过物质来起作用，它就是凭借心灵自己就可以起作用。努斯就是这样一种推动宇宙万物的心灵。但是这个心灵跟物质不相混，它在整个宇宙之外起作用，是它的第一推动才使得宇宙旋转起来，在旋转过程中慢慢地就分化出来万物，有点类似于康德后来讲的星云说。在旋转运动中，慢慢地，有的东西就互相结合起来了，同类相聚，重的东西就在中间，轻的东西就抛在外围，于是逐渐逐渐形成了万物。但是第一推动是由努斯造成的。这个努斯在整个世界之外。那么在世界之内有没有努斯呢？也有，比如说人。人的心灵也是一种努斯，那可以说是一种小的努斯，它是对大的努斯的一种模仿。总而言之不论大小，努斯都是一种能动性，一种推动的力量。这是阿那克萨哥拉的宇宙观，它的自然哲学，就是把努斯当作一种纯粹的推动力。努斯这个概念，后人也把它翻译成"理性"，理解成理性灵魂，是取它超越于整个宇宙一切感性事物之上的含义。我们知道有两个希腊词都可以翻译成理性，一个是逻各斯，一个是努斯，但是它们含义不一样，逻各斯是语言、说话，努斯是灵魂、能动性。语言、说话表现的理性是一种规范的理性，而努斯表现的理性是一种超越的理性，超越宇宙万物，超越一切感性的东西之上。这样一种努斯，我们也可以把它称作理性，但它的意思是说，超越一切感性的东西、一切具体的东西之上的一种普遍性的力量。因此作为灵魂，它比其他那些感性的灵魂、动物性灵魂等等都要高。这个努斯和这个逻各斯又是不可分割的，努斯按照什么样的规范来安排万物？这个规范就是逻各斯。在阿那克萨哥拉那里就是这样说的，努斯按照逻各斯来安排万物。所以这两者都是理性，我们可以说它们是理性的不可分割的两个要素，一个是努斯，一个是逻各斯，这两者谁也离不开谁，但是它们共同造成了西方的理性精神，并且在黑格尔这个最大的理性主义者那里都起了关键性的作用。那么在这里，黑格尔强调，因此定在就是努斯，阿纳克萨哥拉当年最先认识到了它的本质。努斯的本质是什么？一个是超越，它在宇宙之外来推动万物，不是超越吗？再一个，它凭什么来推动，就凭

逻各斯，凭借逻各斯来推动万物，这也属于它的本质。前一句讲的"自我
等同的规定性或规定了的单纯性、规定了的思想"，就体现了努斯凭借逻
各斯而形成规定性这种本质。黑格尔的思想都有非常深远的哲学史的渊
源，大家要注意这一点。下面还要继续再展开。他说，

　　在阿那克萨哥拉以后的人们，就更加确定地把定在的本性理解为 [38]
ειδος **或** ιδεα**，即规定了的普遍性、种。**

　　英语里面读 idea，德语里面的写法是 Eidos 和 Idee。这两个词都是
希腊文，这个 ιδεα 是阴性，εἰδος 是中性，都是一个词变化来的，在柏拉
图那里，我们都把它们翻译成理念。所以他讲，在阿那克萨哥拉以后的
人们，那就是讲到柏拉图他们了，柏拉图、亚里士多德这些人，他们"更
加确定地把定在的本性理解为 εἰδος 和 ιδεα"，也就是理解为理念。定
在的本性就是理念。理念就是"**规定了的普遍性、种**"。这个种 Art 特别
是柏拉图的用法，柏拉图就说理念是种，柏拉图有所谓的"通种论"，所
谓通种就是普遍的种，种本身就有普遍性。亚里士多德讲第一实体和第
二实体，第一实体是个别性，第二实体就是种，就是普遍的形式，普遍的
形式就是种。但是亚里士多德后来，人们说他动摇了，从个别实体动摇
到种去了。种和类本来是第二实体，但是讲到后来好像都变成第一实体
了，这个个别实体不提了。这个我专门有一篇文章分析，他为什么会动摇。
其实不是动摇，是概念的本性迫使他不得不提出相反的命题。本来是坚
持个别实体，后来为了寻求个别实体何以成为个别实体，他最后追溯到
形式，即 εἰδος，而形式就已经有了种的概念，个别形式本身已经有了种
的概念，有了普遍性的概念。从个别性进到了普遍性，这是概念的辩证
法迫使他不得不如此。不是说他自己前后不一致，造成了失误，不是这样，
这恰好反映出概念的辩证法。那么这一段，黑格尔讲的是阿那克萨哥拉
以后的人们，从柏拉图到亚里士多德，都有这个背景，把定在的本性理解
为理念，即规定了的普遍性或种。下面，

　　看起来，种这个术语对于表达现时流行的美、神圣、永恒这些理念

似乎有点太通俗太不够味。但实际上理念所表达的不多不少恰恰就
是种。

这两句话，黑格尔也是批评了当时流行的观点，按照通常的观念，种
这个术语对于表达当时流行的美、神圣、永恒这样一些理念，似乎有点太
通俗、太不够味了，仅仅从普遍性这个含义来理解，把其中的那么多神圣
和丰富的含义都抛弃了。人们现在觉得把柏拉图的这个词理解为仅仅
是种太低级了，应该有一些更高级的说法。但黑格尔认为，实际上理念
所表示的不多不少，恰恰就是种，就是普遍性、共相的意思。在黑格尔那
里，他是主张恢复古希腊的这样一些用法，就是所谓的理念，不要把它看
得太神秘，其实就是种，其实就是概念，就是具有概括性、具有普遍性的
一种概念。你不要你为太通俗太不够味，好像现在流行美、神圣、永恒这
样一些东西，当时的德国浪漫派就喜欢讲这些东西，不可言说的东西，意
在言外，言不尽意的一套东西。黑格尔就不信这些东西，黑格尔认为，你
再怎么讲得玄而又玄，你最后总要把它讲清楚，你最后还要讲概念，还要
讲逻辑。你能够用概念把它概括起来，那我就承认你。你要概括不起来，
讲得玄而又玄，那你还是成不了科学。科学就是要讲概念，科学就是要
讲种、类、属等等这样一个系统的划分。所以人们以为这太通俗，太不够
味，那些非理性主义者们往往强调那些不可言说的东西，但是黑格尔是
个理性主义者，他强调一切东西都能讲得清清楚楚，能够用概念来把握。
所以他说，"但实际上理念所表示的不多不少，恰恰就是种"。理念在柏
拉图那里有时候也有一种不可言说的意思，最高的理念，善的理念，那是
不可言说的，那必须通过一种理性的迷狂，最后才能看到。你积累了大
量知识以后，最后要通过一种心醉神迷的状态，进入到一种理性的迷狂。
那么后来的浪漫主义者就利用这个东西，把理念说得神乎其神。但是黑
格尔认为，它无非就是概念，无非就是种。下面，

可是我们现在经常看到，一个确定地标示着某个概念的术语被弃置，
而宁可取另外一个术语，哪怕这个术语仅仅由于是属于一种外来语，而

把概念弄得云山雾罩，因而听起来更让人神驰也罢。[①]

　　这也是针对着浪漫派，包括谢林在内的一些浪漫主义者的。在他们那里经常看到，一个确切地标示着某个概念的术语被弃置不用，而宁可取另外一个术语，哪怕仅仅由于它属于一种外来语，而把概念弄得云山雾罩，也在所不惜。比如说，理念 Eidos 就属于外来语，人们一般不喜欢用 Art，Art 就是种，不喜欢用这个德文词。这个词是一个形式逻辑的概念，种和属，亚里士多德讲种加属差，就是定义，本质定义就是种加属差。这样一个东西太通俗了，太不够味了。所以一般人把它抛弃不用。像谢林，对于形式逻辑可以说几乎是不屑一顾，虽然他自己还停留在形式逻辑的知性的层面，但他对于逻辑的这些术语不屑一顾，他要探讨的是那些神秘的东西，那些不可言说的东西。他们宁可取另外一个术语，比如说理念，在谢林那里，在叔本华那里，他们都喜欢用理念这个词。哪怕仅仅由于它属于一种外来语，而把概念弄得云山雾罩、令人神驰。我们前面讲到过，在康德和黑格尔那里，认为凡是外来语，它都带有抽象性，比如说拉丁语和希腊语，当他用这个词的时候就带有一点抽象性。而用德语的时候，由于它是本土语言，那就比较具体。所以哪怕是同义词，比如用种、Art 这个德文词来表示 Idee 这个希腊词，尽管是同义词，但它的语感就不一样。外来词的语感一般就更抽象，所以就更加模糊，更加难以捉摸，好像有点神秘。当你要表达比较抽象的含义的时候，你就用拉丁语或者希腊语，而用德语就比较具体，因为你有语境。但是人们宁可取另外一个术语，哪怕用外来语，而把概念弄得含含糊糊，好像很神秘，因而听起来更让人神驰。这有点像我们今天学界的风气，喜欢用一些谁也不懂、甚至自己都不懂的新名词、外来语，满篇夹杂着外文，满口的洋泾浜，明明可以表达得很通俗的也要故弄玄虚，黑格尔是瞧不起这种风气

---

①　黑格尔这里影射的可能是 C.A.Eschenmayer、J.Görres、F.Schlegel 和 J.J.Wagner 等人。——丛书版编者

的。所以种这个概念，黑格尔是非常重视的，因为黑格尔看重逻辑，种、属、类这些东西，都是属于逻辑概念，你要分得清清楚楚，要定位定得准，那你就要用到这个概念。一切概念归根到底都是种的划分，种就是普遍性。下面，

——正是因为定在被规定为种，它就是单纯的思想；而**努斯**，即单纯性，就是实体。

正因为定在被规定为种，它就是单纯的思想。为什么定在一成为种就是单纯的思想呢？因为种是普遍性，它只能是思想。在亚里士多德那里，这个第一实体本来是个别实体，个别实体还可以理解成感性的东西；但是由于使得个别实体成为个别实体的恰好是它的形式，也就是它的种，个别实体就变成抽象的东西了。本来种是第二实体，亚里士多德一开始讲，种和类那些东西都属于第二实体，因为它们不是终端，它们不是说只能够做主词而不能做谓词的，种和类都可以做谓词。我们说苏格拉底是人，人就是一个种，它是一个宾词；但人也可以成为主词，如人是有理性的动物。所以人既可以是实体又可以是属性，既可以做主词也可以做宾词；不像苏格拉底，只能做主词而不能做别的主词的宾词。正是由于这一点，亚里士多德一开始把种规定为是第二实体。第二实体有一个系列，不光是人，还有动物，还有生物，还有物体，等等。但是到后来，亚里士多德反而把这种普遍的种当作是根本的实体，或者说当作是本质的实体。最开始的实体是第一实体，是个别实体，但是后来，根本性的实体就是种，最高的种就是上帝。所以黑格尔这里讲，正因为定在被规定为种，因为被看作是普遍性，它就是单纯思想了，而超越一切个别性之上的单纯的努斯就是真正的实体。所以这个定在、这个实体，开始是第一实体，个别实体，但是后来被规定为种，这是有它的必然性的。它必须要规定为种。那么它就是一种单纯的思想物。这个问题在西方哲学史上长期争论，就是种到底是一个现实存在的东西呢，还是一个单纯的思想物，或者是概念，或者只是一个语词？唯名论和实在论的争论也就是纠缠这个

问题。你说这个种,这个共相,究竟是客观实在的东西呢,还是仅仅是我们主观上提出来的一种思想、一个语词,我们借用这样一个语词来把握很多很多事物,是不是仅仅是这样一种作用呢? 中世纪的阿伯拉尔提出"概念论",就把这两者调和起来了。概念论认为种既是反映了客观事物中的共相,但它又是我们提出的把握共相的一个概念。那么黑格尔这里更加受阿伯拉尔的概念论的影响,就是说你把主体和客体看作是同一的,那么它就没有区别了,它就既是我们主体用来把握对象的一种概念,同时它又是对象本身的一种共相,一种普遍性。种肯定是客观的,但是它也是我们的主观给它建立起来的。所以他这里讲,正是因为定在被规定为种,它就是一种单纯的思想。只有单纯的思想才能够把握种,把握共相。而单纯的思想是什么呢? 就是努斯。阿那克萨哥拉讲的努斯就是单纯的思想物,它在整个宇宙的物质世界之外,不掺杂任何物质的东西,是一种单纯的思想,作为灵魂,它也是理性灵魂、思想灵魂。所以努斯,即单纯性,就是实体。努斯这样一种单纯性就是精神,就是不受物质阻碍的能动性。那么这种单纯性,这种努斯,它就是实体。真正的定在,真正的实体,就是这种单纯性。下面,

实体,由于它的单纯性或自我等同性之故,就显得是固定的和保持不变的。

"实体,由于它的单纯性和自我等同性",它的前后一贯,它的持存,都是它的单纯性。因为它没有那些复杂的东西来干扰它,它就能够保持自我等同。而因此之故,它就显得是固定的和保持不变的。实体,或者定在,它看来是固定的,是保持不变的,这是从实体的另外一个方面来看的。前面是从实体的自我意识这一方面来看。这一段一开始就讲到,上面是从实体的自我意识这方面来指出知性的意义,那么现在,是从存在着的实体的规定这一方面来阐明知性的意义。存在着的实体的规定,就是单纯性,自我等同性,我们从这方面来阐明的知性,也就是从知性的眼光来看,那么它是固定不变的。如果把这两方面,一个是自我意识的方

面，一个是实体的自身规定方面，如果结合起来，那就达到理性的高度了。但现在还是分裂的，自我意识方面它体现为一种自我否定性，那么实体的自身规定方面呢，它体现为一种固定性，在这两方面都是知性的眼光，都是片面的，都是把实体的某一个方面孤立起来加以考察。所以上面这两段，前面一段是讲的它的自我意识的方面，后面这一段讲的它的实体自身的规定性这一方面，两种眼光都是知性的。但这一段最后部分还是讲到双方的辩证关系了，也就是向理性过渡了。他说，

但是，这种自我等同性同样也是否定性；因此那种固定的定在就过渡到它的瓦解。

这一句话已经把它的上述两个方面结合起来看了。"但是，这种自我等同性同样也是否定性"。前面讲定在的自我意识时，其实已经涉及这方面了，就是说，这种自身同一性其实也是自身的不同一性，自我等同性同时也就是它的自我不等同性，也就是自我否定性。由于这样，"那种固定的定在就过渡到它的瓦解"。前面讲自我意识的时候，也讲到了这一点，讲了实体过渡到它的瓦解。实体是固定的定在，但是，它不能够完全不动，哪怕它要持存下来，它也必须要走向它的瓦解。只有通过它的瓦解，它才能够继续存在下去。只有通过它的自我否定，它才能存在下去，这句话就是把两方面结合起来谈了。前面那一段，讲实体的自我意识的这一方面，但是他也不光是讲这一方面，他也已经综合起来，从两者的结合来看问题了。像上面一段的最后部分，也已经讲到了，这种规定性自以为自我保持，但是就在它自以为自我保持和追求特殊兴趣的时候，恰好适得其反，成为一种瓦解其自身的行动。这实际上已经把两种立场把它结合起来看了，只不过前面这样说还只是一种外在的分析，而这里已经是一种内在的进程；前面是受到理性的狡计的捉弄，而这里是一种有意的安排，是两种眼光的自觉的结合。现在已经看出来，那好像是固定的不变的东西，它同时也是否定性，同时也必然向它的瓦解过渡。所以下面就把这两个层次加以区分：

　　<u>规定性之所以初看起来是这样,只是因为规定性与**他者**相联系,而且它的运动似乎是由一种外部强制力给它造成的</u>;

　　规定性之所以初看起来是这样,初看起来是怎么样呢? 就是固定的存在过渡到它的瓦解。在最初显示出这种过渡的场合,看起来并不是由于定在本身内部的力量导致的,而"只是因为规定性与**他者**相联系,而且它的运动似乎是由一种外部强制力给它造成的",这个"他者"打了着重号。也就是这种运动显得只是外力的推动,而不是定在本身的自己运动。定在的规定性是被外来的一个他者所摧毁的,甚至是由于某种狡计使它陷入进去的。所以你在考察的时候只是停留于一种静止的眼光,凡是运动都是被迫的,这实际上还是一种知性的眼光。知性已经看到了两个相互冲突的方面,但是它没有办法把双方内在地结合起来,而是归之于外部偶然的强制力。而这种"初看起来"的情况现在就被打破了,如下面说的,

　　<u>但是这运动在自己身上就拥有它的他在,并且这运动就是自己运动,这一点正是在那种思维本身的**单纯性**里就已经包含着了</u>;

　　"但是这运动在自己身上就拥有它的他在",这个"但是"的意思,可以理解为"其实",也就是现在我们看出来了,这个他者、这个他在并不是外来的,而是在这个运动本身中所拥有的。当你在最初对它进行规定的时候,你把它当作他者,但是你没有意识到这样一个运动并不是外来的推动,并不是受到外来的作用而造成的。它是自己运动,所以这样一个运动在自己身上就拥有它的他者、它的他在。这里把他者 Anderes 换成了他在 Anderssein,意思还是一个,但前者缺少一个 Sein,说明它还没有明确意识到自己就在运动本身中,而是外来的偶然作用,后者则意识到这个他者已经是自己的存在了,已经不是偶然加在自己身上的他者了。一个运动在自己身上拥有自己的他在,它就是要自己变成其他的东西,定在就是要把自己变成他在才有运动。如果不成为他在,它怎么运动起来呢? 它就是要变得跟它原来不同。所以,这运动在自己身上就拥有它

的他在，这运动就是自己运动。所以尽管它变成了他在，它还是它自己，在运动中它还是它自身，整个运动就是它自己的运动，我们要把它当作定在本身的自我运动来加以规定。这就比前面的知性的理解要高一个层次了，它不再是一种外来的规定，它是定在本身自己的自我规定。而"这一点正是在那种思维本身的**单纯性**里就已经包含着了"。思维本身的单纯性，就是努斯，就是心灵，就是实体。它已经包含着这一点，包含着哪一点呢？包含着它的自身运动。努斯就是一种自身运动。柏拉图给努斯的定义就是：努斯就是那自动的东西，这是柏拉图的原话。努斯就是自己运动的东西。所以这一点恰恰在那个思维本身的单纯性里就包含着了。思维本身的单纯性就是努斯，它已经纯化出来了，它已经从一切复杂的东西，一切万物，整个宇宙，已经摆脱出来了。它自身也不是由这个那个复合起来组成起来的，可以供知性来分析的，相反，它成了一个单纯性，这个单纯性是什么呢？就是自动性，就是自己运动，这就是它作为一种动力的单纯性。下面，

因为这种单纯性就是自己使自己运动并将自己加以区别的那个思想，就是固有的内向性，就是纯粹的**概念**。

这个说得更明确了。什么是单纯性？"这种单纯性就是自己使自己运动并将自己加以区别的那个思想，就是固有的内向性，就是纯粹的**概念**"。概念这个时候出来了，还打了着重号。这种单纯性就是自己使自己运动并将自己加以区别，自己使自己运动和自我区别这个是一回事情。自己使自己运动，怎么运动？首先就是自己把自己区别开来，这种区别就是第一个运动。自己运动的意思就是自己把自己区别开来，自己跟自己不同，自己不愿意成为自己，自己希望能够像米兰·昆德拉说的"生活在别处"，能够成为他者。自己希望自己能够成为它还不是的那样一个东西，或萨特所说的"是其所不是，不是其所是"。它已经是的东西，它不要；它还不是的东西，它要去是。那就是跟自己不同，自己把自己区别开来。自己运动就是这样一个东西。这样一种自我运动，就是思想，就

是努斯,就是理性,——就是这种理性的超越,或超越的理性。超越物质之上的那种思想,就是固有的内向性。固有的内向性我们前面已经解释了,就是它本身固有的这种运动实际上是向内运动,不是向外运动,不是去占领别的东西,占有别的东西,而是向自己内部挖掘。真正的运动都来自于向自己内部的挖掘,这就叫自己运动。或者叫作差异的内在发生。我们上次讲到德里达的延异,就是差异的内在发生,不是说被别的东西所推动,也不是要占领别的东西,它就是把自己的潜能发挥出来,那么它就是纯粹的概念。这样一种纯粹的思想那就是纯粹的概念。纯粹的概念也就是纯粹的种。而达到纯粹概念的层次,也就从知性上升到理性的层次了。

　　而这样一来,**合乎知性**就是一种形成过程,而作为这种形成过程,它就是**合乎理性**了。

　　合乎知性,Verständigkeit,和合乎理性,Vernünftigkeit,这两个词,结构是一样的,它们一个来自于知性 Verstand,一个来自于理性 Vernunft。这个 vernünftig 也翻译成合理性,而这个 verständig 我们可以理解为合乎知性的,但它的本意是(相互)可以理解的,或者可以沟通的,可以达成共识的,有这么个意思。"而这样一来,合乎知性就是一种形成过程,而作为这种形成过程,它就是合乎理性了"。为什么要这样来区分? 我们前面讲了,当你把这两个方面,实体的这两个方面,一个自我意识方面,一个实体的自身规定方面,把这两方面割裂开来分别考察的时候,这就是处在知性的水平上;而当你能够把两者综合起来看的时候,这就已经处在理性的水平上了。所以这个地方,当把前面两个方面结合起来、统一起来加以考察的时候,就可以说,合乎知性就是一种形成过程,形成什么? 形成理性啊! 所以这样一种形成过程就是合乎理性的,或者说那种合乎知性的形成过程本身就是合乎理性的,它就提升到理性的层面了。但你要把双方分割来看,它就只是知性的。自我意识是自我意识,实体是实体,这两方面,你要单独来看,那就是康德式的自在之物。但是你如

473

果通过一个形成过程把两方面打通了，那就上升到了理性的阶段。知性和理性不是对立的，知性在运动中就是向着理性形成的过程。所以前面从知性方面，分别阐明了知性的两方面的意义，当你把双方分别来看的时候，它们仅仅在知性的水平上；但现在已经提升到了理性的水平上了，因为你把这两方面结合起来了。看下一段。

　　从根本上说，**逻辑必然性**就在于存在的东西在其存在中即是它的概念这一本性里；只有逻辑的必然性才是合理的东西，才是有机整体的节奏；它是内容的**认知**，正如内容是概念和本质一样，——或者说只有它才是**思辨的东西**。

　　从根本上说，überhaupt，也就是追根究底地说，因为前面已经讲到了合理性，已经上升到理性的层次了，而且提出了概念，说这种单纯性就是纯粹的概念，这种努斯就是纯粹的概念；那么进到概念，进到理性，这就到达了根本性的层面了。所以他讲，从根本上说，逻辑的必然性在什么地方呢？"就在于存在的东西在其存在中即是它的概念这一本性"，什么本性？存在的东西在其存在中就是它的概念。存在的东西要存在，那么，它在其存在中就是它的概念了，在它的存在中就变成自己的概念了。我们知道黑格尔的《逻辑学》中，存在论和概念论中间还隔了一个本质论。那么我们也可以说，存在的本质就是概念。存在论、本质论和概念论，其实说的是一句话：存在的本质就是概念。所以他这里讲，存在的东西在其存在中即是它的概念，也就是说存在的东西在它存在起来的时候、在它发挥其本质的时候，就是它的概念，存在的东西的本质就是它的概念。或者反过来说，存在是靠它的概念而存在起来的，概念就是存在的本质。而这种在《逻辑学》中表现为三段式进展的关系，就是存在的东西的本性（Natur）。所以他讲，"逻辑的必然性"就在这个本性里面，什么本性？就是存在的东西要去存在，这是它的本质或本性，所以说存在的东西的本质就是它的概念，存在的东西的本性就是它的概念——这是一个意思。所以，存在的东西真正说来就是概念。只有概念才是存在，才是真正存在的东西。我们所看到的万事万物，物质世界，按照黑格尔的说法，里面都有概念，只有概念才是真正存在的东西，所有这些东西都是因为概念而存在的，它背后都有概念，它骨子里都是概念。既然这样，那么逻辑的必然性就在这里头了，就在概念里头了，因为一切存在东西的本质都是概念，它要存在，那就必然体现为概念，这是它的本性。"只有逻辑的必然性才是合理的东西，才是有机整体的节奏；它是内容的**认知**，正如内容是概念和本质一样，——或者说只有它才是**思辨的东西**"。只有逻辑的必然性才是合理的东西，既然讲到逻辑它就有必然性，它就不是偶然碰上的，它是纯粹的，它是按照自己的规范一步步推出来的。当然形式逻辑也是逻辑，也有必然性，但形式逻辑并不是彻底必然的，至少它的推理的大前提是偶然设定的，所以形式逻辑的必然性已经被包容在一个更大、更彻底的必然性即辩证逻辑的必然性里面了，知性已经被包容在理性里面了。这个地方用的合理的东西，Vernünftige，就是前面讲的 Vernünftigkeit，合乎理性。只有逻辑的必然性才是合乎理性的东西，"才是有机整体的节奏"。在西方哲学史上，是黑格尔第一次用有机体来比喻逻辑。有机整体它有节奏，它有生长发展的几个必然的阶段，它不是乱来的，它是按部就班，它有它的节奏。在逻辑中这个节奏就是逻辑发展的各个阶段。我们讲黑格尔的三段式，为什么老是正反合，就像跳圆舞曲一样的，快三步慢三步，它都是按照圆舞曲的这个节奏来运行的。整个节奏都是有机整体的，你不能从中断掉，圆舞曲的音乐一停大家都知道，还没完，怎么停下来了？可是，你怎么知道后面没完呢？哪怕是你从来没听过的舞曲你都知道它没完，因为它有节奏嘛，它的节奏没完。所以，这个节奏它是一个有机体，这个有机体，我们一下就看出来它缺了什么，它缺了胳膊少了腿，我们一眼就可以看出来。就是说它的各部分都是完整的，都是有机关联的，它不是说给你随便拆一段下来，拆一段下来那就不成片段了，那就没有节奏了。而逻辑的必然性，合乎理性的东西，在黑格尔的理解中，它就是有机体的节奏。这跟形式逻辑是大不一样的。形式逻辑它可以没有节奏，它可以不是有机体，它可以用来分析机械的东西，但是对于有机的东西，有生命的东西，那就必须用辩证的逻辑。对于有生命的东西，对于自由的东西，对于精神的活动，对于思想的进展，那就必须要用黑格尔的逻辑，那就是辩证逻辑。所以逻辑的必然性是"内容的认知，正如内容是概念和本质一样"。它是内容的认知，认知还打了着重号，就是说，黑格尔的逻辑是内容逻辑，它不是那种单纯形式的逻辑，它是内容本身的认知；既然如此，那么它同时也就是认识论。这个跟康德有一脉相承的地方，康德的先验逻辑也是内容的认知，是逻辑和认识论的统一，它跟形式逻辑不一样。形式逻辑不管认知，不管真理性，形式逻辑只管正确性，只要你操作得对，不出错，而不管你操作出来的观念和对象是否符合。先验逻辑则要管你的观念是否能够建立起一个对象，如何建立起一个对象。所以康德的先验逻辑已经是一种内容的逻辑，认识论。而黑格尔进一步发展了这个内容的逻辑，它是跟内容相关的，逻辑的必然性就是内容的必然性，也是认知的真理性。"正如内容是概念和本质一样"，逻辑的必然性跟内容相关，是因为内容是概念，也是本质。内容本身就是概念，我们前面讲，存在的东西的本质就是概念，所以我们的逻辑才成其为内容的认知，在内容里面它就是概念，它本质上就是概念，所以我可以用逻辑来把握它，我用逻辑来把握它就是关于内容本身的认知。你用感性、用经验来把握，那都不行，那都是表面的，你只有用逻辑才能把握内容的本质。"或者说只有它才是思辨的东西"。思辨的东西也打了着重号。这个思辨的东西我们前面解释过，什么叫思辨的东西。思辨的东西，首先它是概念，思辨，我们一般说，从概念到概念，就是思辨的东西。但是思辨的东西，从概念到概念，不光是主观的，它也可以是客观的。康德讲人为自然界立法，就是思辨的东西可以为客观的东西立法。而在黑格尔这里，他就不光是立法了，他是外化，外化出客观的东西。所以我们前面讲到，这个思辨 Spekulation，spekulativ，这个词在黑格尔那里意思是预测。它原来的意思有投机的意思,商业投机、预测。我预测我这样一个股票是否能够获利,那么我这个预测是面向客观的东西的,这个股票并不是我上市的,但是我能够预测它是否能够获利,投机,我能够凭借我自己的概念分析、思辨,能够取得效果,我掌握了内容的概念、内容的本质以后,我可以获取内容,正因为它才是思辨的东西。所以思辨这个概念在黑格尔这里具有了一种能动性的意思。能动地把握客观事物,把握客体这样一种意思。下面讲,

——具体形态通过自我运动而使自己成为单纯的规定性;它借此把 {41}
自己提高到逻辑的形式,并存在于自己的本质性之中;它的具体定在只是这个运动,并且直接就是逻辑的定在。

具体形态,定在有千差万别的具体形态,各种各样,形形色色具体的形态,但是它们"通过自我运动而使自己成为单纯的规定性"。具体的形态当然不是单纯的,是具体的,是丰富的,是五花八门的,但是,通过自我运动,它把那些丰富多彩的那些具体的规定都扬弃了,一个一个抛到后面去了,从而使自己成为了单纯的规定性,就是说,它仅仅就是这个运动本身。定在尽管有丰富多彩的具体形态,但是就其本质而言,它就是一种运动,它无非就是一种运动而已。所以它在自我运动中使自己成为了单纯的规定性。这个单纯的规定性层次就更高了,比那个具体的形态层次要高。从更高的层次上看它是单纯的,它不是五花八门的。"它借此把自己提高到逻辑的形式",既然如此,它就被提高到逻辑的形式了,这个逻辑不是形式逻辑,而是辩证逻辑,而是运动的逻辑,是运动的节奏。既然是单纯的规定性,你就可以用逻辑来规定了。只有在具体的东西被扬弃而变成单纯的东西以后,你才能够用逻辑来清晰地规定它。这时,它就"存在于自己的本质性之中"。具体的形态,它的本质性是什么? 它的本质性就是逻辑。你看起来五花八门、五彩缤纷的具体形态,但是它的本质性就在它的逻辑性中。它通过它的运动把自己提高到逻辑性,提升到逻辑性,那它就是生活在自己的本质性中了,它就在自己的本质性

中运动了。所以，"它的具体定在仅仅就是这个运动，并且直接就是逻辑的定在"。它的具体定在不是别的，就只是这个运动，这是就定在的本质而言的，它本质上无非就是这个运动。并且直接就是逻辑的定在，就是逻辑的直接体现。每一件事物、每一个定在都是运动的一个阶段，底下实际上都有逻辑在起作用。下面，

[39]　　　　因此，不必给具体的内容外加上一个形式主义；具体内容本身就是向形式主义的过渡，但形式主义不再是那种外在的形式主义了，因为形式就是具体内容本身自生自长的形成过程。

　　这个是对形式主义的一种重新的理解了。他说，"不必给具体的内容外加上一个形式主义；具体内容本身就是向形式主义的过渡"。形式主义我们通常认为是抽象的、是僵化的、是空洞的，等等。黑格尔反对形式主义，在很多地方也是这样理解的。但他在这里提出，真正的形式主义不是外在的，不是给丰富的内容外面套上一个单纯的形式框架，不是这样的；而是"具体内容本身就是向形式主义过渡"。具体内容本身就是要把自己那种多样性，那种具体的丰富多彩性，把它扬弃，而从自身抽象出一个单纯的形式，比如说运动，它就是一个运动的单纯性。运动就是它的最单纯的规定，别的不看，你就看它怎么运动的。所以具体内容本身就是向形式主义过渡，它本身具有它自身的形式，不是外加的形式。它本身要表现出一种节奏，要形成一种形式，要形成一种逻辑形式，只有当它形成那种逻辑形式的时候，它才回到了它自己的本质。所以形式主义也是本质主义，形式就是本质，进到了形式才算进到了本质。你如果还停留在一些感性的表象、具体的内容上面，那你就还没有把握到本质，你只有把握到一种普遍的种，普遍的概念，你才把握到了本质。但是这种把握是内容本身提升起来的，是内容本身的运动所展示出来的这样一种形式主义。所以这种形式主义不再是那种外在的形式主义，"因为形式就是具体内容本身自生自长的形成过程"。自生自长的，einheimische，也可以翻译成本土的、本地的、土生土长的，它不是从外

面来的,它就是在具体的内容里面长出来的形成过程。这样来理解的形式就变成一种能动的形式了,它就不是那种空洞的形式框架。亚里士多德的形式,最开始他也曾经理解为一种形式框架,是将质料装到里面去的容器;但是随着辩证的进展,通过形式和质料的辩证关系,到达了最高形式,它就已经没有质料了,无质料的形式那就是上帝。那么上帝作为无质料的形式是不是一个空筐子呢? 不是的。上帝作为无质料的形式是单纯的能动性,它是把所有的东西实现出来的一种能动性,是全能这样一种能动性。那么这样一种形式,它就是一个形成过程,在亚里士多德那里称之为实现,形式就被理解为从潜能到实现的形成过程。所以亚里士多德就有两种不同的形式概念,也从中生长出两种不同的形式主义。那么黑格尔的这个逻辑,在这种形成过程的意义上,它又是一种绝对形式的逻辑。我们刚才讲,它是内容逻辑,但是黑格尔自己没有用内容的逻辑这个说法,但是他说过逻辑在他那里是一种"绝对形式的逻辑"。下面一段,

科学方法一方面与内容不分离,另一方面由它自己来规定自己的节奏,它的这种本性,就像已经提到过的那样,在思辨哲学里才获得自己真正的陈述。

科学方法一方面与内容不分离,科学方法当然是形式了,但形式与内容不分离,它是方法论和认识论的统一,这是和形式逻辑方法不同的;另一方面,由它自己来规定自己的节奏。科学方法这种形式它有它的节奏,有它的逻辑必然性,有它的逻辑规范。这些规范,这些必然性都形成一种节奏,一种有机整体里面的节奏性。但是,它是由科学方法自己来规定自己的节奏,不是由外来的某种力量加给它的。这是科学方法的本性,它的节奏是自我运动的节奏,是从它的内容里面自己自生自长出它的形式来。而"它的这种本性,就像已经提到过的那样,在思辨哲学里才获得自己真正的陈述"。这个思辨哲学,我们可以理解为就是黑格尔的

逻辑学，科学方法的本性在他的逻辑学里面才获得自己真正的陈述。真正要把这种本性陈述出来，那只有通过逻辑学，所以逻辑学就是科学方法的陈述。这一点在前面早已经提到过了，例如在"概念的认识"这个小标题后面的第二段开头就讲了，他在那里说："关于这一运动或这一科学的**方法**，看来也许有必要预先作更多的说明。但是这个方法的概念已经包含在所讲过的东西里了，而真正对这个方法的陈述则是属于逻辑学的事情，或不如说，就是逻辑学自身。"在《逻辑学》的"概念论"最后部分，即绝对理念中，黑格尔又提到了这一点。什么叫绝对理念，绝对理念就是方法。所以科学方法在思辨哲学里才获得它真正的陈述。逻辑学一路讲来，在讲的过程中已经渗透了方法，已经体现了方法，但是直到最后绝对理念里面，才把它单独提出来说，这就是方法，绝对理念就是方法。这一句话把所有《逻辑学》的前面的阶段都概括在内，存在论、本质论和概念论都包括在内，都是方法。这是在思辨哲学，即《逻辑学》中才获得真正的陈述的。他说，

——这里所说的，固然也表达了这一概念，但顶多只能算是一种预期的保证。

至于这里所说的，也就是《精神现象学》这个序言里面所说的，或者说，就是《精神现象学》里面所说的。这个序言也可以说概括了整个《精神现象学》的宗旨。那么在这里所说的，也就是在《精神现象学》里面所说的，固然也表达了这一概念，也就是前面所讲这样一个科学方法的概念。但顶多只能算一种预期的保证，还没展开，还没有陈述，它只是一种预告。前面也讲过，在一本哲学著作的序言里，所提出的概念或目的还只是一个开端，一种对后面的提示，一种保证。至于这个保证能否兑现，如何兑现，那还得走着瞧，我先把这个概念大致的特征给你描述一下，我将要讲的将是这样一种方法。所以他这里只是一种预先的许诺，还没有像《逻辑学》那样按部就班地把这个方法一层一层地陈述出来。下面讲，

<u>科学方法的真理性并不在这种片段讲述的引言里，因此，即使有相反的保证说事情并不是如此，而毋宁是如此如此，即使那些习惯性的表象被当作毋庸置疑和众所周知的真理而回想起来并讲述出来，哪怕是从内心的神异直观的宝贝里奉献和保证有新鲜的东西，科学方法的真理性也同样是难以驳倒的。</u>

科学方法的真理性，并不在这种片段讲述的引言里，《精神现象学》它只是科学体系的第一部分，本身是导言性质、引言性质的。而它的这个"序言"更加是引言的引言，这个序言的标题是"论科学知识"，更加是引言的引言。所以科学方法的真理性，并不在这种片段讲述的引言里，这个引言还是片段的讲述，还没有把里面的逻辑关系原原本本地全部展示出来，只是把它总体的特点进行了一种片段的归纳和讲述。科学方法的真理性并不在这里，你要真的了解科学方法的真理性，你就要去读《逻辑学》，在这里还只是一个许诺。我保证我将来要搞的这个思辨哲学，也就是《逻辑学》，会把科学方法给你们展示出来的，但是目前还没有。"因此，即使有相反的保证说事情并不是如此，而毋宁是如此如此"，科学方法的真理性也是难以驳倒的。这里有两个"即使"，先看第一个。就是说，即使有人在这里要和我抬杠，说出另外一番道理，也不足以驳倒我，因为我这里还没有说完，甚至还没有说出来，而只是一个提要，一个引言。另外还有一个："即使那些习惯性的表象被当作毋庸置疑和众所周知的真理而回想起来并讲述出来，哪怕是从内心的神异直观的宝贝里奉献和保证有新鲜的东西"，这其实前面已经批驳过了，就是两种倾向，一种是诉之于常识和熟知的东西，另一种是诉之于直接知识、内心直观，这两种倾向都不足以反驳黑格尔要建立的科学方法的真理性。当然，现在《精神现象学》里面还只是提出一种保证，说将来提出的这个逻辑方法、科学方法应该是这样的。你也可以不相信，在这个时候，真理还没有展示出来，只是提出了一个保证。但是不排除在这个时候，有人可能提出相反的保证，他们也保证他们是科学方法。但是，即算有人提出了别的保证或许诺，

科学方法的真理性也还是难以驳倒的。那别的许诺是什么许诺呢？一个是习惯的表象，一个是神异的直观。前者是守旧派，后者是激进派、新派。有些人把那些习惯的表象当作是天经地义的，另外一些人从这个神秘直观里面搬出一些新的东西，但这个时候，科学方法的真理性同样是不可动摇的。当然这本身也是一种许诺了，虽然我现在还没说，但是你们跟着我来，不会错的。下面，

　　——这样一种接纳的态度，乃是认知在以往遇到不熟悉的东西时所惯常采取的第一反应，为的是挽救自由和自己的明见，并在外来权威面前（因为现在初次被接纳的东西是以这种权威形态出现的）挽救自己的权威，——也是为了消除表面和面子上的不光彩，因为据说学习了某种东西就算是一种羞耻；

　　"这样一种接纳的态度"，怎么样一种接纳的态度？就是说，我先作出一种保证，你们跟着我来，你们接受我的许诺，但是，你要知道我这种许诺仅仅是一种许诺，它还不是科学真理本身的真正的陈述。科学真理真正的陈述要等到思辨哲学里面，等到《逻辑学》里面才能把它展示出来。那么现在，你们先接受我的这样一种许诺，但是，要留有余地。你不要以为这就是真理的真正的陈述了，这还只是科学体系的第一部分。所以这样一种接纳的态度是首先要保持的，它是以往认知在遇到不熟悉的情况时所惯常采取的第一反应。以前也有过这种情况，当认知碰到一个不熟悉的东西的时候，惯常采取的就是姑妄信之、姑妄听之，你先暂时接受我这个东西。第一反应是这样，你接受，但是，是姑妄听之，历来都是这样的。"为的是挽救自由和自己的明见，并在外来权威面前（因为现在初次被接纳的东西是以这种权威形态出现的）挽救自己的权威"，这种姑妄听之的态度是为了什么呢？为的是挽救自由，和挽救自己的明见。我不会盲目跟着你走，但也不是拒绝一切、故步自封，而是随时都用自己的明见检验你的保证，在外来权威面前挽救自己的权威。初次被接纳的东西总是以权威形态出现的，我现在在这里讲的东西，既然你接纳下来，就

是当作权威的东西；但是呢，在外来的权威面前，你仍然要保持自己的权威，你要相信自己。我不要求你完全相信我啊，我只要求你跟着我来，当然有一种权威的语气，要求你跟着我走，但是我并不要求你完全相信我，完全服从我的权威。你还是要保持你自己的权威，要留有余地。我希望你留有余地，你在跟着我来的时候，你要有你的自由，要有你自己的明见，要有你自己的权威。接下来，"——也是为了消除表面和面子上的不光彩，因为据说学习了某种东西就算是一种羞耻"。表面和面子上的不光彩，Schein und Art，我译作表面的、面子上的，实际上是一种虚荣心，据说向人家学习就有损于自己的面子。但黑格尔强调的就是，不要有这种虚荣心，应该谦虚地学习新的东西。当然也不要盲从，要有自己的主心骨。这是两个方面都要顾到的。一开始我们就讲到，黑格尔的《精神现象学》里面，每一个命题你都不能当真，你如果当真，你到了下一个命题，你就会傻眼了：为什么他自己把自己又推翻了？那是怪你自己，因为你一开始就把它当作绝对真理，你就把它认了。你要留有余地的。你要听他说，听他说了你还要听他下一步怎么说，一直要把它听完，你回过头来，你才发现，你走过了多长的一段路。这段路是值得的。但在开始的时候，你不要抱着那种完全投入的态度。这是黑格尔自己告诫他的读者们，说你们不要过分相信我，而要相信自己的理性的自由，但我说的你们还是要姑妄听之，不要偷懒。下面一句，

这就正如在对某种不熟悉的东西欢呼喝彩加以采纳时，这样一种反应所经受的是另一个领域里曾经是极端革命派的言论和行动。①

就是说，前面讲的那种态度啊，他打了个比方，这就正如在对某种不熟悉的东西欢呼喝彩加以采纳时，这样一种反应，这种反应就是第一反应了，在遇到不熟悉的东西时，惯常采取的第一个反应，科学通常是这样

---

① 黑格尔这里指法国革命期间各政治俱乐部之间的争论。卡米尔·德穆兰在1793年抨击埃贝尔派是"极端革命派"（ultrarévolutionaires）。——丛书版编者

的。那么这样一种反应经受了在另外一个领域里曾经是极端革命派（ultrarevolutionäre）的言论和行动。他这句话说得非常地晦涩。实际上就是说，我们欢迎和采纳新思想、新观点时，也要经受以前在法国大革命时的那些极端革命派的言论和革命行动那样的考验。当时法国革命的各派中最激进的是埃贝尔的"长裤汉"派，要求建立一个反基督教的社会主义政府，后遭到罗伯斯庇尔的镇压。在哲学领域里面，我们要采纳一种新的东西，一种新鲜的思想，我们欢呼、喝彩、加以采纳，这样一种反应，这样一种接受的态度，也要经受与法国革命中的那种曾经是极端革命派的言论和行动，不要有任何限制。只有经过严酷的摔打，无所不用其极，才能最终使自己接受的观点立得起来。马克思曾经说过，德国古典哲学是"法国革命的德国理论"，这不是没有根据的。黑格尔在这里就公开表示了这样的意思，虽然说得拐弯抹角，但还是读得出来的。对于这样一种科学真理的态度，黑格尔有非常明确的自觉，有非常明确的自我意识，就是，我这种态度就是法国大革命的精神，就是启蒙运动的精神。当然他这里没说，当时法国大革命已经过去，拿破仑已经打到耶拿了，他刚刚完成《精神现象学》的时候，拿破仑已经占领了耶拿，他是逃出来的。但他仍然坚定地相信，在曾经是轰轰烈烈的另外一个领域里面，那种极端革命派的言论和行动是逃不过去的。他相信《精神现象学》在思想上的爆破作用，正如在政治领域里面法国大革命的言论和行动一样强大。所以恩格斯讲，黑格尔的思维方式尽管是那么地抽象和唯心，但是他的思维方式却是紧紧地和世界历史的发展平行的。黑格尔有巨大的历史感，而且这种历史感促使他自我反思：我在干什么？我在干一件跟世界历史的发展紧紧地平行、跟现在全世界发生的大事相呼应的惊天动地的事情！《精神现象学》就是要把法国革命所显示出来的时代精神内在的逻辑关系，把它理清楚，来传授给国人以及全世界所有的人，让所有的人都能够掌握这个启蒙运动的真精神，并且跨越这个真的精神，超越启蒙运动，达到更高的思维层次。这是黑格尔在他的抽象得不得了的、晦涩难懂的这些思辨和话语中，他的一种非常切实的现实感，从字里行间有时候突然冒出来，你不知道它是从哪里来的。但是你要了解，黑格尔心里面是有个东西在那里的，它跟当时的历史、跟现实是紧紧结合着的。这是他的一个特点。

*　　　　　*　　　　　*

我们今天来开始讲导言的第四部分。

[四、哲学研究中的要求]

前面讲的是哲学的认识。哲学认识从它的对象，从它的内容，前面已经有了一个大体的交待，就是概念的认识，通过概念的方式来把握对象，这就是哲学的认识。哲学的认识，它的内容，就是所谓的理念，上次已经讲到理念，还有努斯，这样一些概念，都是从古希腊哲学那里沿用来的。他也做了一些解释，并且最后他提到逻辑的必然性。上一次我们讲到最后这两段，里面讲的这个逻辑的必然性，不是形式逻辑，而是黑格尔自己所理解的逻辑，有一种必然性的东西，思辨的东西。作为一种思辨的东西的逻辑必然性，这就是科学、科学方法。科学方法的特点就是方法和内容不分，再就是，内容是自己规定自己的节奏，这上面已经讲到了这个哲学认识。哲学认识是这样一种认识，它跟以往的那种理解，数学、经验的科学，还有那种哲学里面的那些直接的知识，它都是不太一样的。那么这个第四部分，就是哲学研究中的要求。这个就更加跳出来了，就是做一种方法的规定。前面其实已经讲到哲学的方法，但是还是从旁边来说的。那么第四部分讲到哲学研究中的要求，就是单纯地来考察这个方法了。黑格尔的思维方式，它有一个好像是比较普遍的特点，就是说，最开始他是从内容入手，但是讲到最后，他要上升到方法，比如像《逻辑学》，《逻辑学》最后那个绝对理念，其实就是方法。绝对理念就是整个逻辑学体系的一种方法，它是抽出来的，或者说提升上来的。康德也是这样，三大批判最后都是方法论。那么在《精神现象学》的这个导言里面，它也是这样。最后一部分，哲学研究中的要求，主要是对于它的方法来加以规定，从形式上加以规定。当然形式和内容是分不开的，但是到最后，它形式上要显露出它的特色来，这就是所谓"哲学研究中的要求"，即我们在做哲学研究的时候，我们要遵守一些什么样的规范。当然这个标题是编者给他加上的，他自己并没有这样一个标题，但是他实际上的确是这样。从上一次我们已经在最后部分讲到了这个逻辑的必然性，已经讲到了科学的方法，那么这个科学的方法究竟是怎么样的？在这一部分就来具体地展开。这也是跟传统的那种逻辑方法相比较来展开的。前面是直接地讲到科学方法应该是怎么样的，逻辑的必然性应该是怎么样的，但是还没有跟以往所理解的这样一种推理的方法，这样一种逻辑的方法相比较而言，来突出黑格尔的方法，它的特点。我们来看今天这一部分的第一个小标题，

［1.思辨的思维］

这也是编者所加上去的。思辨的思维，也就是说黑格尔做哲学研究，他的方法是一种思辨的方法，他采取的是一种思辨的思维。这个思辨的概念，我们上次已经给大家简单介绍了，那么，下面我们从它的这个运用中，我们再去体会这个概念究竟是个什么样的意思。

因此，在科学研究里，关键就是要承担起概念的努力。

在科学研究里，关键取决于要承担起概念的努力，要在概念方面努力，就是努力达到概念，努力要争取到概念。当然这个"概念"，Begriff这个词，在黑格尔那里它有特殊的含义，我们前面已经提到，就是它不是我们通常讲的抽象概念，或者是一个概念框架，不是这样一种理解。而是一种能动的把握，一种抓取，一种统摄，是这样一个意思。那么科学研究里面，科学研究打了着重号，也就是在真正的哲学研究里面，就是要追

求概念,最重要的就是要追求概念,要达到概念。下面讲,

　　这种努力要求注意概念本身,注意单纯的规定,例如**自在存在、自为存在、自我等同性**等等的规定;因为这些规定都是这样的一些纯粹自身运动,我们也许可以称之为灵魂,如果不是它们的概念比灵魂表示某种更高的东西的话。

　　这个地方做了解释了。就是说,什么叫概念的努力? 这种努力要求我们要注意概念本身,注意它的单纯的规定。概念本身就是单纯的规定,所谓思辨的思维,思辨的思维我们前面讲,一般来说就是从概念到概念,不掺杂任何感性的东西。但是这个概念在黑格尔那里有它特殊的含义,它并不是不管内容,纯粹是从概念上作形式推理,循环往复,它不是这样。从概念到概念,在黑格尔这里,实际上是要不断地去抓取内容。但是这种抓取内容,从概念本身来说,它是一种单纯的规定,它已经把那些经验的内容剔除掉了,已经洗掉了,它变得非常单纯了,它就是一种纯粹的把握,纯粹的抓取。下面举了几个概念,例如自在存在、自为存在、自身相同性等等规定。这都是一些单纯的规定,你从里面看不到任何经验的成分,它就是概念本身的一种单纯规定。当然你不能把它们理解为一种框架,这是一种能动的活动,包括自在存在、自为存在、自身相同性这样一些规定,它都具有能动性、主动性的。"因为这些规定都是这样的一些纯粹自身运动,我们也许可以称之为灵魂,如果不是它们的概念比灵魂表示某种更高的东西的话",这句话就是我们刚才讲的这个意思。这里"也许……如果不是……"都是用的虚拟式,也就是说,假如概念不是比灵魂表示某种更高的东西的话,那我们也许就能够把这些概念称之为灵魂了。言下之意,概念还是要比灵魂更高一层,但就纯粹自身运动这一点而言,它们的确相同。因为灵魂就像概念一样,没有任何质料的东西拖累着它,它是纯净的,它就是一种纯粹的能动性。灵魂 Seelen,复数,带有一种心理学的意味。在后来的《哲学百科全书》中,它就是放在"主观精神"的第一阶段"人类学"底下来讲的,分为"自然的灵魂"、"感性的灵魂"和

"现实的灵魂"，然后才进入到"精神现象学"。可见灵魂是比精神现象学低一个层次的，和逻辑学的概念更是不在一个水平上。但是为了好理解起见，不妨把这些概念规定理解为灵魂，这其实也是古人如柏拉图的传统，他的理念就是世界灵魂。下面讲，

[40] > 这种努力通过概念打断了沿着表象延伸的习惯，这无论对于这种习惯来说，还是对于那种在非现实的思想里绕来绕去的形式思维来说，都同样是件讨厌的事情。

这种努力，也就是前面讲的那种概念的努力，它是一种纯粹自身运动，那么它打断了沿着表象延伸的习惯。沿着表象延伸，表象是一种非常被动的东西，Vorstellung，就是摆在面前的，Vor- 就是面前嘛，Stellung就是摆在那里，这是一个心理学的术语，在康德那里用得很多。表象无所不包，什么东西你都可以称之为表象，只要它摆在你面前了，从它既成、现有的这样一个角度来说，你都可以把它说成是表象。所以它是非常空洞的一个术语，它不指具体内容，只是说它已经在你面前，已经摆在你面前。什么都可以是表象，一个概念是表象，一种感觉也是表象，一种情绪也是表象，只要它在心里留下了痕迹，它就是表象。那么，有一种思维习惯就是沿着表象而延伸，沿着表象，就是跟着表象走。我们讲跟着感觉走，心里有什么，我就说什么，随着去，随之而去，也不作深思，也不加思考，也不作反思，反正舒舒服服顺着走就是了。那么这种概念的努力，打断了这种习惯。概念的努力它是一种纯粹的自身运动，它必须要发挥自己的能动性，它不能说完全被动地，有什么表象你就跟什么表象，你跟着去就是了，延伸就是了。不是这样的。所以它打断了这样一种舒舒服服、不动脑子的习惯。那么这无论对于这种习惯来说，还是对于那种在非现实的思想里绕来绕去的形式思维来说，都同样是件讨厌的事情。这有两个方面，一个是对于这种习惯来说，这种沿着表象进行延伸，这是一种懒惰的习惯，就像休谟讲的习惯性的联想。我们在休谟的哲学那里可以看到一个很关键的词，一个术语，就是习惯。休谟的名言：习惯是人生的伟

大指南。什么都是习惯,比如什么是因果性? 因果性没什么客观必然性,它只不过是我们主观思维中的一种习惯性的联想,我们把两个概念连在一起,连得多了我们成习惯了,就说它有因果性。所以这个主要是针对经验派的,概念思维把这种完全被动的习惯中断了,你不能够完完全全地放任,听之任之,有什么就说什么,你必须调动起自己的主动性去思考,去自己运动,自身运动。这是一方面。就是对经验派的这样一种习惯来说,概念思维是很讨厌的,直到今天我们还看到,经验主义哲学是非常讨厌这种思辨的,认为太费力气而且没有必要。这是一方面。另一方面,对于那种在非现实的思想里绕来绕去的形式思维来说,也同样是件讨厌的事情。这个讲到形式思维,就是在非现实的思想里绕来绕去,来回推论。绕来绕去,räsonieren,又译作形式推理,我们前面已经接触到这个词。这个词有一种推理的意思,但是它这个推理是完全要嘴皮子的推理,所以我们把它叫作绕来绕去,形式推理,来回推理,在非现实的思想里面,不接触现实,不考虑对象,只图嘴巴子快活。我们说这个人嘴巴很能说,就是什么他都能推,死的说成活的,还振振有词。所以这一方面也就是针对的唯理论派,单凭形式逻辑吃遍天下。这里头针对两派,一派是经验论,另外一派是唯理论。那么对这两派来说,概念的努力都是件讨厌的事情,你要做概念的思维,要进行概念的努力,要追求概念,那是很累人的,它中断了这种沿着表象滑行的习惯,也阻止了那种脱离现实的形式推理。下面讲,

那种习惯可以称之为一种质料性的思维,一种偶然的意识,它一味沉浸在材料里,因而要从质料里将它自身干净利落地超拔出来而同时还能独立存在是很吃力的。

这句话是针对着前面一种习惯来说的,也就是经验派,休谟这些人。他说,那种习惯可以称之为一种质料性的思维。经验派当然在黑格尔看来,它是完全陷在一种质料性里面,感觉、知觉,这都是一些质料的东西,都没有概念。这种质料性的思维可以用来概括经验派的习惯。"一种偶

然的意识",经验派的当然是一种偶然的意识,"它一味沉浸在材料里,因而要从质料里将它自身干净利落地超拔出来而同时还能独立存在是很吃力的"。经验派,你要他能够摆脱这些质料,并且使这种思维能够独立起来,能够立得起来,那是很吃力的。正因为吃力,他们肯定讨厌概念思维。人们今天还在讲,休谟你要他意识到他的思维的主体性是很难很难的,这是一滩稀泥,你是糊不上壁的。这是一个方面。

{42}　　反之,另一方面,形式推理则是摆脱内容的自由和凌驾于内容之上的虚浮;要这种虚浮作出那种努力,即要它放弃这种自由,不要成为任意调动内容的原则,而要使这种自由沉入内容之中,让内容沿着它自己的本性,即沿着它自己的自我本身而自己运动,并考察这种运动,这是一种苛求。

　　另一方面则相反。前一方面就是讲的经验派了,另一方面讲的是理性派。他左右开弓,分别来批判他们。他说,另一方面,形式推理则是摆脱内容的自由和凌驾于内容之上的虚浮。摆脱内容的自由,好像它很自由了,但是这个自由是摆脱了内容的,也就是说,它是没有内容的,它是脱离内容的自由。和凌驾于内容之上的虚浮。虚浮,Eitelkeit,也译虚荣,虚骄,它完全是浮在面上的,不屑于去讨论那些内容。理性派就是这样的,不屑于去讨论经验的东西,包括概念本身的意义、内涵,他只要有形式,只要有形式逻辑就够了,就可以构成知识了。它好像也很自由,我不受任何束缚,你拿一个内容方面的证据给我,不足以驳倒我,我通过逻辑推出来的东西那就是绝对真理,不管它是什么内容。"要这种虚浮作出那种努力,即要它放弃这种自由,不要成为任意调动内容的原则,而要使这种自由沉入内容之中,让内容沿着它自己的本性,即沿着它自己的自我本身而自己运动,并考察这种运动,这是一种苛求"。也就是你不要指望这种虚浮作出那种努力,你要求它去作出一种概念的努力,那就是一种苛求了,那是不实际的。什么努力呢? 即放弃这种虚假的自由,不要成为任意调动内容的原则。你要它放弃这种自由,因为这种自由没有用,

490

它完全脱离内容啊,这种脱离内容的自由要它干嘛。你要它追求概念,概念就是要把握内容;但它却超然于内容之上,还把自己当作任意调动内容的原则,以为有了这种形式逻辑就可以把内容掰来掰去,任意武断地裁判内容。你要它不要这样,而要做什么呢? 而要使这种自由沉入于内容,让内容沿着它自己的本性,即沿着它自己的自我而自己运动。这就是追求概念的努力。黑格尔当然不是说不要自由,而是说,你那种自由是空的,你应该把这种自由沉入到内容里面去,要有丰富的内容,这才是真正的自由。让内容按照它自己的本性,即沿着它自己的自我而自己运动。这种自由不是摆脱内容而自由,而是内容本身的自由,内容本身要沿着它自己的本性,沿着它自己的自身而自由运动。内容就是自由的,不是说你摆脱了内容才是自由的。你有自由,但是你那种自由要沉入到内容里面去,要把它变成内容本身的自由活动、自己运动。此外还要"考察这种运动"。让内容自己运动,那么,你是不是就无所作为了呢? 也不是。你在这种自己运动中,同时又考察这种运动。伴随这种内容自身的自己运动,同时又考察它,这就是概念思维了。把自己的自由沉入到内容里面,但是并不是放弃自由,而是在内容里面去考察内容,在内容的自己运动里面去考察这种运动,这就是概念的思维。但是所有这些要求对于形式的推理来说,都是一种苛求,他们是做不到的。下面,

在概念的内在节奏中放弃自己的突发奇想,不以任意武断和别处得来的智慧对之横加干涉,像这样的节制,本身就是对概念的注意的一个本质环节。

概念的思维,概念的努力,是一种什么样的努力,这里应该点出了。在概念的内在节奏中放弃自己的突发奇想,内在节奏,这个节奏我们前面已经提到了,逻辑的必然性就是这种节奏。概念有它内在的节奏,内在的这种三段式也好,三步舞曲也好,它都是有一种节奏的,那么你要顺着它去。概念的内在节奏就是内容本身自身运动的节奏,自身运动的分寸,就像赫拉克利特讲的,世界是一场大火,按照一定的分寸燃烧,按照

一定的分寸熄灭，这种分寸就是世界的节奏，就是内容本身的节奏。在这里，你要放弃自己的突发奇想。你自己突发奇想，你想一个什么东西，你就不顾概念本身的节奏了，你就凌驾于内容之上了，那个不行。你要考虑概念的内容，概念本身跟内容是紧密结合在一起的，所以它是有一种内在节奏的，你不能凭自己的突发奇想，就把它推向另外的方向，或者中断概念的节奏。他说，"不以任意武断和别处得来的智慧对之横加干扰"，对这种内在的节奏横加干扰。任意武断就是你想怎么样就怎么样，你不想干了你就马上把它中断了，那不行，它节奏还没完。别处得来的智慧，如神秘的启示、灵感、直接知识等等，这样一些智慧都不知其来源，它们都可能干扰概念的内在节奏。这些方面必须要有节制，这种节制当然不是外来的节制，而是根据概念的内容本身的节奏而节制你的思维，规范你的思维，不要胡思乱想。你的思维应该有概念性，要有章法，这是一种节制。"像这样的节制，本身就是对概念的注意的一个本质环节"。对概念的注意，也可以说是对概念的努力，努力争取概念，关注着概念，盯着概念，那么，它的一个本质的环节，就是在概念的内在节奏中保持克制，放弃这种突发奇想，不以任意武断和别处得来的智慧横加干涉。这就是所谓概念的努力，它的这个本质环节就在这里。所以上面这一段是针对两方面，一方面是经验派的习惯，另一方面是理性派这种形式思维，形式推理，这两方面他都进行了批评。批评什么？批评它们做哲学研究的方法。哲学研究不是这样做的。经验派这种方法肯定不行，这种习惯，按照这种习惯，哪里叫作做哲学呢？那么理性派凭借这种在非现实的思想里面来回作形式推理，也不行，太空洞了。唯一的做哲学的方法就是进行概念思维。这是他的第一段。哲学研究中的要求应该要进行一种概念的努力，要追求概念，追求概念的思维。

在形式推理的做法上，有两个方面是更加值得注意的，按照这两个方面，概念性的思维是与那种做法对立的。

下面这一段更加把火力集中在对于形式推理的批判上面，因为当时做哲学的人，太多地迷信这种形式推理，尽管经过康德的批判哲学，人们还是迷信这种形式推理，不触及内容，包括费希特、谢林他们都有这个毛病。所以黑格尔这里要把火力集中在这一方面，来进行一番彻底的清理。至于经验派，他不屑一顾了，点到为止就够了，经验派实际上在他看来还根本不成为哲学，那只是一种经验的知识积累，没有上升到哲学体系的这样一个高度，所以他的火力主要是集中在理性派，形式思维。他说，在形式推理的做法上，有两个方面是更加值得注意的。更值得注意的，就是说他更加着重于形式思维，在这两个方面中，我们可以理解为它跟经验派的这种习惯相比，它是更值得注意的。经验派的那种习惯不值得注意，三言两语就可以打发掉了。那么形式推理倒更值得注意。值得注意的有哪些方面？有两个方面更加值得注意的。在这两个方面中，概念思维与形式推理是对立的。在形式推理的两个方面中，都表现出概念思维和形式思维、形式推理的互相对立。哪两个方面呢？破折号下面就是分别地来分析它的这两个方面，以及在每一个方面里面所展示出来的，概念思维和形式推理的对立。下面首先讲，

——一方面，形式推理否定地对待所统握到的内容，懂得驳斥和取消这种内容。

上面讲的是两个方面，先来讲一方面。就一方面说，形式推理否定地对待所把握的内容，懂得驳斥和取消这种内容。也就是说，我们先来考察形式推理的否定方面。形式推理的肯定的方面将在下面一段来讨论，但是这一段他主要是讲否定的这方面。从否定的方面来看形式推理，那么形式推理懂得驳斥和取消这种内容。形式推理，按照形式逻辑来说，只有两个方面，要么是，要么否。那么我们先看否的这方面。形式推理它知道怎么否定一个东西，一个东西只要它在逻辑上自相矛盾，就可以把它否定，一否定那就取消了。它在推理中经常就是否定某些东西，不是这个，不是那个。即：

> 明见到内容不是这样的,这样一种明见只不过是**否定**而已,这否定就把话说绝了,它并不能超越自己而达到一种新内容,相反,它为了重新获得一个内容,必须从**别的**不管什么地方取来某种东西。

我们来看这一句。"明见到内容不是这样的,这样一种明见只不过是**否定**而已",形式思维往往就是作出这种判断,这个东西不是这样的,这朵花不是红的,这个东西不是植物,等等。这样一些判断,它是一种明见,但是,仅仅只是否定。仅仅否定是不是能够得出知识呢? 一般来说,我们是不满足的。我们说,你讲了半天,你只是讲这个东西不是什么,那么它到底是什么,你还没讲。你光讲它不是什么,不是这个不是那个,你讲一大通也没用。看出内容不是这样的,这种**明见**仅仅只是否定,这否定就把话说绝了。说绝了,也就是说到了极限,说断了,说完了。原文是说到 Letzte,说到最后一句了。"它并不能超越自己而达到一种新的内容"。这种否定,形式逻辑的否定,那是没有二话可说的,它否定了就否定了,是就是,否就否,其余一切全是鬼话。你不要模棱两可,我否定了就否定了,你不能翻过来,因为它逻辑上不成立,逻辑上自相矛盾。你不能说,这朵花是红的,又不是红的。所以它下一个断语下得很绝的,很绝对,不可能那就是不可能,没二话可说。但是它不能超越自己而达到一种新的内容,"相反,它为了重新获得一个内容,必须从**别的**不管什么地方取来某种东西"。这种绝对的否定,它不能达到新的内容。它要获得新的内容,那要怎么办? 那就必须从别的什么地方取来一个内容。我另外再做一个判断,那是另外一个内容了,那不是它的内容。它就到这里为止了,它再没有什么新的内容,是一种空洞的否定。另外某种东西,那你当然还可以另外再找一个东西来判断,你也可以把它否定,那是一个新的内容,但是那不是这个东西的新的内容,它是另外的,偶然找来的。下面,

> 这种推理,乃是反思到空洞的自我,是这自我的认知的虚浮。

这是一句评语了,他说这种推理,乃是反思到空洞的自我,是这个空洞自我的认知的虚浮。就是你否定这个,否定那个,唯一不否定的是你

的自我,是做出否定的这个主体;但是这个自我,既然你把一切内容都否定了,它岂不是空空如也了。所以你的反思就是返回到了这个空洞的自我,你做这种推理,实际上是你在坚持你的空洞自我,你唯一地,就是执着于你的自我。这种推理实际上是一种反思,你遇到一个东西,你都要把它否定,那么你这个进行否定的自我,是被你执着的,但是它是空的。它把所有的东西都否定了,它自己不是什么都没有了吗?所以它又是"这自我的认知的虚浮"。就像笛卡尔说,我思故我在,我知道我在,为什么我知道我在呢?因为我否定一切,我怀疑一切。笛卡尔通过否定一切而得出了唯独只有我是不被否定的,这种自我的认知是不被否定的。那么笛卡尔这种反思,是一种对空洞自我的反思。你把所有的我的内容都否定了以后,来确定一个自我的存在,那么这个自我是一个空洞的自我,是自我认知的虚浮。下面讲,

但这种虚浮不仅表明这种内容是虚浮的,而且也表明这种明见本身是虚浮的,因为这种明见是看不见自身中的肯定东西的一种否定的东西。

这是一个进一步的评语,就是说,这种虚浮不仅表明了这种内容的虚浮,而且也表明了这种明见本身也是虚浮的。你不仅把一切内容都否定了,你这种明见难道不也是空虚的吗?我们刚才讲了,人们绝对不会满足于这种明见的,你知道这个东西不是什么,不是这个不是那个,难道就能够满足人们的要求吗?你有明见,你知道它不是什么,但这种明见本身也是空虚的。你并没有提供出任何肯定的知识,你只是否定而已,所以这种明见本身也是虚浮的。"因为这种明见是看不见自身中肯定东西的一种否定的东西"。这种明见是一种否定的东西,这种否定的东西看不见在其自身中具有肯定的东西,就是它在否定的东西里面没有看出任何肯定。它完全彻头彻尾地都是一种否定的东西。所以这种明见,尽管我们把它叫作明见,但是它是看不见自身肯定的东西的一种否定的东西。黑格尔也很重视否定的东西,但是黑格尔的这种重视,恰好是包含着肯定的东西在内的,黑格尔否定的辩证法,它是包含着肯定在内的,而

不像这样的形式思维，完全没有肯定东西的这种纯粹的否定。下面，

　　这种反思既然不去获取它自己的否定性本身作为内容，它就根本不在事情之内，而总是超然于其上；它因此就想象，以为做空洞的断言总比一种富有内容的明见要走得更远。

　　"这种反思既然不去获取它自己的否定性本身作为内容"，它不把自己的否定性本身当作自己的内容，也就是不把这个否定性通过反思反过来看一看，你这种否定本身，它就是一种内容啊，它就是一种运动。你否定这个否定那个，为什么你能够否定这个否定那个？因为你是活的，因为你是自己运动，所以你才能否定这个否定那个。那么同时，应该把这种自我运动把它肯定下来，这个东西就是肯定的东西。但它没有这样去做，所以"它就根本不在事情之内"。我们讲事情本身，实体，内容，这是一切哲学都要追求的对象。但是这样一种反思，这种推理的思维，根本不在事情之内，它只在事情的表面上滑来滑去，它没有深入内容里面去，"而总是超然于其上"。这就是它的虚浮之处了。"它因此就想象，以为做空洞的断言总比一种富有内容的明见要走得更远"。它自以为走得很远，看不起富有内容的明见，认为那还停留在一个很低的层次，而我现在已经是能够作出空洞的断言了，已经飘飘然了，超然于内容之上、超然于事情本身之上了。这是他对形式推理的第一个方面的批评，第一个方面，就是从否定的方面看，形式推理、单纯形式逻辑的推理完全脱离内容。那么下面，讲到与概念的思维相对照而言，概念的思维又是怎么样的。我们讲到，两个方面，在每一个方面概念的思维和形式的思维都是对立的，那么下面就与此相对照，讲概念的思维是怎么样的。他说，

　　与此相反，在概念性的思维里，如前面所指出的那样，否定是属于内容本身的，无论作为内容的**内在**运动和规定，或作为这种运动和规定的**全体**，否定也就是**肯定**。

　　前面是讲的形式推理的否定是这样的，那么在概念的思维里面，概念思维的否定是怎么样的呢？"如前面所指出的那样"，我们在上一堂

课里已经谈到很多了,就是概念的思维,它的这个否定,实际上是带有肯定的。如前面所指出的那样,"否定是属于内容本身的",否定不是说你去否定,不是你外在地去批它,去驳斥它,去否定它,而是内容本身的自我否定,内容本身自己在否定自己。内容在运动,所以它就要否定它以前的东西,以前的状况。要进入到新的状况,这就是否定。否定其实就是运动,所以它是属于内容本身的。"无论作为内容的**内在**运动和规定,或是作为这种运动和规定的**全体**,否定也就是肯定"。否定就是肯定,有两种情况,一是作为内容的内在运动和规定,否定就是肯定,这里"内在"打了着重号。就是说,内容的内在运动、内在的规定本身就是否定性的,但同时又是肯定性的。作为内容本身的一种运动,它的自我否定也就是自我规定了,它自己否定自己,也就是自己规定自己。否定了自己过去的那种状态,也就是规定了自己现在的状态和未来的状态,这就是运动,这整个过程都是内在的,是属于运动本身内部的。另一种情况是,作为这种运动和规定的全体,"全体"打了着重号。从全体来看也是这样。你否定,否定了一大串,形成了一个否定之否定的链条,一个运动的连续性,那么最后,你从全体来看,这个否定其实构成了一个总体的肯定。最初在否定别的东西,后来在否定另外的东西,但是这些不同的否定表现出运动和发展,而运动和发展里面起作用的就是这种否定的精神,就是这种否定的动力,就是这种自我否定的原动力在推动的。所以从全体来看,否定也就是肯定。斯宾诺莎曾讲,一切规定都是否定,或者说一切肯定都是否定,但是斯宾诺莎没有展开它的意思。黑格尔特别发挥了这方面的意思。为什么说一切肯定都是否定? 一切肯定都是由否定所导致的,都是在运动中形成的。下面,

作为结果来统握,肯定乃是来自于这种运动的东西,是**规定了的**否 [41] 定,所以同样也是一种肯定的内容。

作为结果来统握,这里主要是解释这个全体了,全体就是结果,最后结果就是全体。作为结果来把握,肯定乃是来自于这种运动,肯定是来

自于运动的东西。就是说,内容的内在运动和规定,作为结果,作为全体,它的否定是来自于这种内容的内在运动和规定。前面两个打了着重号,一个是内在,一个是全体,那么这个全体,是来自于这种内在的运动和规定的。作为结果来把握,肯定乃是来自于这种运动的东西,它是运动的结果,它是规定了的否定。所以它"同样也是一种肯定的内容"。同样,是说和前面作为内在运动的肯定相比,这种作为结果的肯定同样也是肯定的内容。在运动中就有规定了,不规定怎么运动? 怎么能够动起来,怎么能够把这种运动实现出来呢? 实现出来就要有规定。这就是作为运动的肯定。同样,这种否定不是毫无结果的,不是一句话说完了的,像形式思维那样,形式推理那样,一句话说完了,说绝了,什么也没有了。但在这里不是,这种否定是有规定的,这种否定本身有结果,所以同样也是一种肯定的内容。这是第一个方面即否定方面的两种情况。形式推理的否定方面应该如何理解,跟这个概念的思维对照而言,我们可以看出来,形式推理这种否定,它是片面的,它是有待于推进的。下面一段,

但就这样一种思维有一个内容这点而言,不论它以表象为内容,还是以思想为内容,或以两者的混合物为内容,那么它就有另外一个方面,使得对这种内容难于作概念把握。

前面讲到形式思维的否定的方面,一旦否定了内容,那它自身就没有内容了,它自身就是一个虚浮的表象,一个空洞的表象,一个空洞的自我。那么反过来,就这种思维有一个内容而言,也就是不否定这个内容,它有个内容,换句话说,就它的肯定的方面来看,某某是什么,形式思维除了说不是什么以外,它也说是什么,说肯定的内容。就这方面而言,不论它以表象为内容,还是以思想为内容,或以两者的混合物为内容。以表象为内容,比如说经验派,以思想为内容,比如说理性派,或者,以这两者的混合物为内容,经验派里面有理性的成分,理性派里面也有经验的成分。当时经验派和理性派两派相互之间都互相渗透,它们的立场是

不一样的,但是它们相互之间的方法又是互相渗透的。像洛克,你很难说他是经验派还是理性派,他既有经验派的内容又有理性派的内容。推理的思维,就它有一个内容而言,不论它以表象为内容,还是以思想为内容还是以两者的混合物为内容;"那么它就有另外一个方面,使得对这种内容难于作概念把握"。不管有什么样的内容,在肯定的这一方面也有很难对它的内容进行概念把握的情况,因为它是形式的推理。他说,

这个方面的值得注意的本性是与理念本身的上述本质密切关联着的,或者不如说,它表达着理念,说明理念是如何显现为作思维地统握的那种运动的。

这个方面的值得注意的本性,这个跟前面要对照起来看,上一段的前面一句话,"在形式推理的做法上,有两个方面是更加值得注意的"。那么这一句话就是说,"这个方面值得注意的本性是与理念本身的上述本质密切关联着的"。就是说形式推理的这第二个方面,它有什么值得注意的本性呢?它的值得注意的本性是与理念本身的上述本质密切关联着的。"理念 (Idee) 本身的上述本质",我们翻到第 38 页,第 1 行。前面讲了,在阿那克萨哥拉以后,人们就更加确切地把实在的本性理解为理念,Eidos 或者 Idea,即"规定了的普遍性或种"。规定了的普遍性,这就是理念的本性。那么形式推理的思维这方面的值得注意的本性是与理念本身的上述本质,也就是规定了的普遍性密切关联着的。形式的思维要进行一种肯定的推理,前面讲了否定的推理,现在要讲肯定的推理,那么,它跟理念的本质是密切关联着的。理念的本质就是要对普遍性加以规定,就是种,种、类、属这样一些划分,那就是规定了的普遍性。在一定的普遍性范围之内来规定这个理念,种的理念,比如说概念有大有小,动物的概念,哺乳动物的概念,灵长类的概念,人的概念,这都有一些等级,有一种不同范围的普遍性,但是,已经被规定好了。形式逻辑就是干这个的,就是所谓正位、正位论,亚里士多德的《正位论》就是要把这些种、类、属,把它们的界限规定好,划定清楚,不要把它们的层次搞错了。那么这

方面值得注意的本性是与这样一种本质密切关联着的，"或者不如说，它表达着理念，说明理念是如何显现为作思维地统握的那种运动的"，就是说，这种肯定的推理的思维，其实已经表达了运动。从这个对于种和属和类的定位已经看出来，它其实是一种理念的运动，是一种概念的运动，其实已经有一种概念的运动在里面了。但是，这种肯定的思维还没有意识到这一点。所以他揭示说，不如说，或者宁可说，它表达着理念，"说明理念是如何显现为作思维地把握的那种运动的"，这个是要在概念思维的眼睛里面才能够看出来的。作为推理的思维来说它还看不出来。破折号下面，

——这就是说，正如在形式推理的思维中我们刚才谈到过的这种否定做法里，这种思维自身就是内容所返回的那个自我一样，那么反过来，在它的肯定的认识里，自我乃是一个表象出来的**主体**，内容作为偶性和宾词而与这个主体（主词）相联系。

这就是解释前面的了，为什么说这个方面的注意的本性是与理念本身的上述本质密切关联着的，怎么理解呢？"这就是说，正如在形式推理的思维中我们刚才谈到过的这种否定做法里，这种思维自身就是内容所返回的那个自我一样"，在形式推理思维的否定做法里面，我正在推理，我正在否定，这个自我，就是内容要返回的那个自我。我在否定内容，否定内容干什么呢？无非就是要返回到自身来。这个我怀疑一切，否定了一切，这就从一切里面返回到了"我在"，我否定了一切，无非就是要得出我思故我在，这是笛卡尔已经提出的一个思路。这是否定的做法，它的实质就是这样的。那么反过来，正如这种做法一样，在形式推理思维的肯定的认识里，"自我乃是一个表象出来的主体，内容作为偶性和宾词而与这个主体（主词）相联系"。在思维的肯定的做法里面，就反过来了。一方面形式推理的思维有否定的做法，那么另一方面，也有它肯定的做法。在否定的做法里面，它返回到了主体，自我，把内容都否定了；那么反过来，在肯定的认识里，这个自我就是一个表象出来的主体，这是

相反的。怎么相反？在否定的做法里面，否定的对象最后返回了主体，而在肯定的做法里面，主体一开始就是表象为一个主体的，它不需要通过否定来确立它的主体，而是一开始就是被表象出来的。这个主体不是通过否定而确立起来的，而是通过一开始就表象出来了，而且"内容作为偶性和宾词而与这个主体（主词）相联系"。我先表象出一个主体，然后把偶性和宾词与这个主体相联系，把它联系到这个主体上面来，一切偶性和宾词都是这个主体的一种属性。这个主体 Subjekt 在德文里面、在西文里面都同时意味着主词。主体就是主词，所以我们在翻译的时候非常难处理，你到底是翻译成主体还是翻译成主词。在这里就是两者兼有，它既有主词的意思，也有主体的意思。我比较倾向于，在这种模棱两可的情况下，最好还是打个括弧，把另一个译名加进去。总而言之这是两个方面，一个是否定的方面，形式推理是通过否定内容而从内容返回到思维自身，另一个是肯定的方面，它把自身首先就当作一个表象出来的主体，然后把内容作为偶性和宾词与这个主体或者主词相联系。前面的思路是笛卡尔的思路，后面这个思路是亚里士多德的思路。亚里士多德当年讲到实体范畴的时候就是这样来考虑问题的，主体是最核心的范畴，其他范畴都是围绕实体而设置的，都是实体的偶性和宾词。亚里士多德当年就是形式的推理。当然他还是很朴素的，他的主体和这个主词还没有分化。那么到现代的这个形式的思维呢，就是抓住这个主词和宾词的关系，把它直接就当作是主体和偶性、实体和偶性的关系。所以偶性和宾词被等同起来，主体和主词也被等同起来，这就导致了后来的人很容易从逻辑上的主词直接推出客观上的实体。形式上的推理就是借助这样一种从亚里士多德以来的传统，来达到这样一种混淆，这个在康德那里已经做了很深刻的批判。康德就指出来，你不能通过逻辑上的言之成理来推出有一个上帝存在，上帝存不存在那是实体性的问题，那是要诉之于经验的，你不能单凭逻辑上的不矛盾，就推出来有一个上帝存在，如果不存在，就会自相矛盾。但是呢，康德固然已经区分出来，但是后来的人仍然沿着这个思维惯性走,一直到黑格尔,他彻底把这个案翻过来了。他通过什么方式,他把形式逻辑本身改造了,开始从辩证的逻辑来改造形式逻辑,来提升形式逻辑,这才把问题加以解决。那么这种改造,就是把这种形式的思维提升为概念的思维。我们看他在这个地方就在做这个工作,对形式思维的批判,就是在对形式逻辑的那种传统思维方式加以改造,加以提升。再看下面。

这个主体(主词)构成基础,以供内容和它相结合并让运动在它上面往复进行。

这个是从亚里士多德以来的传统的规定,即主体构成基础。亚里士多德就是这样讲的,十个范畴,第一个范畴就是实体,其他的范畴都是依附在这个实体身上的,实体是基础,实体就是主词,主词就是一个基础。所以这个主体是充当基础的,以供内容和它相结合并让运动在它上面往复进行。形式的推理始终执着于这样一种区分,首先要有基础,然后,在这个基础上面,我们再把其他的内容把它建立起来。我们讲到一个主体,所谓主体就是一个基础,就是一个只能作主词而不能作宾词来使用的,所有的宾词都能用在它身上,但是它本身是基础,它是不动的,它不能作宾词用在别的东西身上。下面就又加以对比了。概念思维和形式推理在每一方面,黑格尔都进行了一番对比。他说,

在概念性的思维里,情况则不同。由于概念是对象自己的自我,而这个自我又体现为**对象的形成过程**,所以对象的自我不是一个静止的、不动的、负荷着偶性的主体,而是自己运动着并且将它自己的规定收回于自身的概念。

这个是所谓概念的思维与形式推理的不同之处。在概念思维里,情况就不是这样,不是说你先确定了一个不动的主体作为基础,然后把那些内容,把那些偶性,把那些宾词,一个个加上去,不是那样的。相反,"由于概念是对象自己的自我",概念不是说你在这里有一个概念,然后用这个概念去把握那个对象,那个对象是来自于别的地方,比如说来自于经

验，在康德那里就是来自于经验，在费希特那里就是来自于非我，来自于不是我的东西。黑格尔认为，概念是对象自己的自我，概念就是对象的本质，我所有的概念，其实是对象的本质，并不是说我外在地把这个概念加到这个对象上去，去构成那个对象，不是的；而是说，对象本身实际上就是概念。"而这个自我又体现为对象的形成过程"，对象就是概念，那么这个概念体现为什么呢？体现为对象的形成过程。概念是运动的，概念不是一个概念框架，像康德的这个范畴表就是一套框架，我把它框到对象上面去，使它们成型，这是外在的。但在概念思维里不是这样，它是概念自身体现为对象的形成运动，概念本身就是一个运动，它体现为对象的形成运动，概念在一个运动的过程中形成为对象。他说，"所以对象的自我不是一个静止的、不动的、负荷着偶性的主体，而是自己运动着的并且将它自己的规定收回于其自身的概念"。所以对象的自我，它不是一个静止的、不动的、负荷着偶性的东西。不是说那个实体静止地在那里，它不动地承载着偶性，所有那些偶性一个个加在它上面，偶性可以换，可以换来换去，那个实体本身它不换，通常是这样理解，但是这一点被黑格尔所打破了。他说，对象的自我不是一个静止的、不动的、承担着偶性的主体，而是自己运动着的并且将它自己的规定收回于自身的概念。对象是什么？对象是概念，是什么概念？是自己运动的概念。它一边运动，沿途把它的运动所造成的那些规定收回于自身，使它自己越来越丰富，使这个概念越来越具体，是这样一个概念。这就是对象的自身，也就是对象的自我。对象自身是由这个运动而形成起来的，并且这个运动不是从一处到另外一处往复进行，而是一种生长。只有生长运动才能把自己曾经经过的那些规定全部纳入到自身，一个也不丢掉，一个也不丧失，所有曾经规定过的都保留在它自身中，所以能将它自己的规定收回于自身。所以它最后达到的并不是一个终点，而是整个过程，是整个过程的完成，是一个整体。它是这样一个概念，这是黑格尔的解释，所谓的实体，所谓的哲学的对象就是概念，而这个概念就是一个运动的过程。下面，

{43}　　在这个运动里，那种静止的主体自身崩溃了；它进入到各种区别和内容，毋宁说构成着规定性，亦即构成着有区别的内容以及这种内容的运动，而不再与运动相对峙。

　　这是进一步解释这个概念思维的运动。在这个运动里，"那种静止的主体自身崩溃了"，像这个形式的思维所设想、所表象出来的那个静止的主体，那种预先设定的主体，在这个时候就崩溃了。你原来想得那样固定的、确定的那样一种主体，那种永远是主体、永远是主词而不能作宾词的那样一个主体，现在解了。"它进入到各种区别和内容"，它自身解体为各种区别和内容，你那个固定的主体，它其实自身也是整体中的一个环节，它投身于各种区别和内容，各种区别和内容都是它造成的，它本身已经变身为那些区别和内容了，它已经不是停留在原地的那个固定的主体，已经成为了别的东西了。"毋宁说构成着规定性"，它本身不再是一个被规定的实体，而是本身成为了对那些区别和内容的规定性。即是说，它"构成着有区别的内容以及这种内容的运动，而不再与运动相对峙"。也就是说，这种主体深入到内容的各种区别和内容，构成了有区别的内容以及这种内容的运动。这种主体崩溃了，解体了，但是并没有完全消失，它自身变形为其他的东西，变形为各种区别，各种内容，主词变成了宾词。在这种变形中，它呈现出一种运动，呈现为内容本身的运动，不是预先有一个主体，静止地承受着各种各样的规定，而是这个主体自身化为各种规定，变成了各种规定，构成着各种规定。这就是对于形式的思维的一种解构。但这种解构，不是完全消极的，不是绝对的否定，而是扬弃。形式的思维，它有它的作用，但是这个作用，你不能把它固定化，你必须把它消融于辩证的运动过程之中，那么它就会发挥它真正的作用。下面讲，

　　因此，形式推理在静止的主体那里所拥有的坚固基地动摇了，而只有这个运动本身，成了它的对象。

　　形式推理在静止的主体那里所拥有的坚固基地，因此就被动摇了，

在静止的主体那里，本来拥有一种坚固的基地，形式推理就是靠这个，它总是首先建立一个坚固的基地，然后，再把其他那些东西附加给它，挂在它身上。那么现在这个坚固的基地动摇了，只有运动本身成了它的对象。这个时候，它面对这样一个运动的对象就没办法把握了，它就必须提升它自己了。它的对象已经变了，原来是一个坚固的基地，现在这个基地已经动摇了，已经解体，已经成为一种运动，现在它面对的是这个运动本身，成了它的对象。所以它无形之中中了计，中了黑格尔经常讲的理性的狡计。就是说，不错，你去坚持，你去坚持你的那个坚固的基地，但是你慢慢会发现，这个坚固的基地在你的脚下就开始发生动摇，把你抛回运动的洪流之中，看你怎么办。这个是形式推理所面临的一种困境。下面讲，

主体充实着自己的内容，它不再超然于内容之上，也不能再有别的宾词或别的偶性了。

在这种情况下主体充实了自己的内容。主体原来是空虚的，是一种抽象的表象思维所建立起来的，首先表象出一个主体，还是空洞的。尽管它肯定内容，但是这个内容在它之外，它作为一种外在的肯定，它本身还没有被规定，它本身还是一个抽象的主体。在这个时候，当它的主体的根基动摇了以后，主体才开始充实自己的内容了。主体运动起来了，它不再是一个坚固的静止不变的基础了，它是一直在运动，那么它就充实着自己的内容，它现在通过一种变化、运动、自我否定，而具有了主体本身的内容。所以它不再超然于内容之上。它原来是超然于内容之上的，不管是肯定也好否定也好，反正我就在这里，我对你加以否定，我对你加以肯定，都是我作出的一种判断，但是我不被你判断，我居高临下。但是现在，它不再超然于内容之上，也不再有别的宾词或别的偶性。当它超然于内容之上的时候，这个宾词和偶性从哪来的，它不管，反正你有什么样的东西，我就对你加以判断，我喜欢的我就肯定，我不喜欢的我就否定，那一切都要随偶然的情况而定。但这个时候，主体充实着内容，主体的

内容就是它的运动本身，那么它就不再有别的宾词或别的偶性了，它所有的内容都是它自己发展出来的，都是由它自己必然决定的。它不再有偶然性，不是碰到什么我就作出什么判断，而是自己发展出自己的宾词和自己的偶性。不再有别的宾词和偶性了。他说，

反之，这样一来，分散的内容就在这个自我之下结合起来，它 [①] 不是可以脱离主体而分属于许多东西的那种共相。

就是前面讲的，主体充实了自己的内容，不再超然于内容之上，也不能再有别的宾词或别的偶性。"反之"，——不是有别的宾词或别的偶性，而是反过来，分散的内容就在这个自我之下结合起来了。原来是分散的内容，偶然的那些内容，散漫的，我碰到什么就说什么，但是现在，原来分散的内容就在这个自我之下结合起来，或者说就是这个自我本身所发展出来、通过自己的运动而展示出来的。所有这些内容都是这样，再没有外来的，都是在它主体自身之内的东西，集结起来了。"它不是可以脱离主体而分属于许多东西的那种共相"，就是这个内容是专属于这个自我的，而不是可以脱离这个自我主体而由其他主体来分有的一些共相。那些宾词原来都是一些共相，可以为这个那个主体所拥有，但现在不行了。它们都是由同一个自我产生出来的，带有这个主体的个性。下面，

因此，实际上，内容不再是主体的宾词，它就是实体，就是所谈的东西的本质和概念。

内容原来被当作是主体的宾词，有一个主体确立起来了，然后它的内容是什么呢？我把这个宾词那个宾词一个个地给它加上去。苏格拉底，这个主体已经确立起来了，然后我再形容他，他是白的，他是有智慧的，他是胖的，他是怎么怎么的，我可以这样用一些宾词来描述他，这就使他有了内容，这个内容就是主体的宾词。但是现在，内容不再是主体的宾词，

---

① 袖珍版编者注明这个"它"在一、二版中均为 es，指自我；但后来的版本包括考订版都改成了 er，指内容。

内容就是实体,就是主体本身。不是说你把一些宾词加上去,而是说这些宾词本身就是实体,它自身在动起来了,它自己在运动,要加上去也不是你加上去的,是它自己加上去的,它自己变成的。苏格拉底使自己成为了白的,成为了有智慧的,这个白的和有智慧的本身成了实体的一种运动,它就是所谈的东西的本质和概念,不再是外在的一种偶然的宾词了。就是一旦你把这个基础动摇了以后,情况就起了很大的变化。下面讲,

表象性的思维,由于它的本性就是沿着偶性或宾词来延伸的,并且有权超然于它们之上,因为它们不过是偶性或宾词而已,所以当命题中具有宾词形式的东西即是实体自身的时候,表象性思维的延伸就受到了阻碍。

表象性的思维,表象性的思维我们刚才讲了,一个是经验,经验派,跟着感觉走,感觉就是表象;一个是形式推理的思维,也是属于表象性思维的,也是不管内容的,按照形式逻辑的主词宾词这样一些表象来进行推演。那么这里主要讲的是形式思维的这样一种表象性思维。由于它的本性就是沿着偶性或宾词来延伸的,就是顺着偶性或宾词进行,主词它反正在那里是不动的,所以主词没什么可说的,主要是有什么宾词偶然碰上了,你要把它加上去。苏格拉底,你要说苏格拉底本身是什么东西,没什么可说的。它是一个已经到底了的终端,你再不能说它本身了。那么在这之后你把这个偶性或宾词加上去,所以它只是沿着偶性或宾词来进行这种思维。并且有权超越于这种偶性和宾词之上,"因为它们不过是偶性或宾词而已"。表象性思维在运用这些偶性或宾词的时候,它本身是超然于偶性和宾词之上的,它是不动的,它只是做一个主体的基础,不变的根基,它是不变的。而那些偶性和宾词不过是偶性和宾词,它们可以变来变去。传统的理性派在运用逻辑思维的时候就是这样。他讲,"所以当命题中具有宾词形式的东西即是实体自身的时候,表象性思维的延伸就受到了阻碍"。也就是说,命题中具有宾词形式的东西,在一个命题里面当作宾词的东西,当它就是实体自身的时候,宾词成为了实体的时

候,表象性思维就没办法了。本来亚里士多德认为实体是不能作宾词的,只能作主词不能作宾词;那么在这个时候,这个宾词本身成为了实体,那表象性思维的延伸就受到阻碍了。原来那种习惯,那种思维方式就被打破了。你本来就是沿着偶性和宾词,你超然于它们之上,来调动它们,来配置它们,来把它们加到这个那个主词上面;但是,现在这些宾词本身成了实体,颠倒过来了,宾词本身具有了实体性,它就是实体,它成了主体,这个时候,你的表象性思维就受到了阻碍。下面,

[42] 　　它要这样表象自己就遭到了反击。当它从主体出发,仿佛主体始终可以作为基础时,由于宾词毋宁说才是实体,它就发现主体已经转化为宾词,因而已经被扬弃了;

　　你把主词和宾词严格区分开来,主词是基础,宾词,是它的属性,是它的偶性;那么现在颠倒过来了,遭到了反击。现在宾词是实体,而主词,只不过是给宾词的一种命名,或者说主词反而成为了宾词,是用来描述这个宾词的,宾词反而自身成了实体。这在形式逻辑上是说不通的,我们说黑格尔违背形式逻辑,其实说得还不够,他是把形式逻辑完全颠覆了。当然不是他故意造成的,而是形式逻辑的表象使它自己遭到了反击。"当它",也就是当这样一种表象思维,"从主体出发,仿佛主体始终可以作为基础时,由于宾词毋宁说才是实体,它就发现主体已经转化为宾词,因而已经被扬弃了";这就是遭到反击了。就是说这种表象思维还是按照老习惯,从主体出发,从主词出发,再去考察这个宾词是怎么样的。在柏拉图的《美诺篇》中,苏格拉底跟美诺在对话的时候就讲到了,你首先要搞清楚什么是美德,你才能搞清楚美德是怎么样的。苏格拉底问美诺什么是美德,美诺就举了一大堆例子,说男人的美德是什么样的,女人的美德是什么样的,等等。苏格拉底就说,你这样不行,你必须要告诉我什么是美德本身,你才能说这个美德是怎么样的。首先要把这个主词确立起来,然后你才能把各种属性加上去。从苏格拉底以来的传统思维方式应该是这样,首先从主词,从始终可以作为基础的主词出发。但是现在,

怪了，宾词成为了实体。这个时候，表象思维就发现，主体已经转化为宾词，因而已经被扬弃了，主体不再是主体，它已经转化为宾词，或者说主体的本质就在宾词里面，它本身什么也不是。下面，

　　而且，由于那好像是宾词的东西已经变成了完整的和独立的聚合体，思维就不能再自由地四处游荡，而是被这种重力所阻滞住了。

　　好像是宾词的东西，原来被当作是宾词的东西，既然已经变成了完整的和独立的团块，原来是一个属性，它可以变来变去的，好像是漂浮的，好像是没有根的，但是这个时候已经变成了完整的和独立的聚合体，聚合体，Masse，就是一团东西，一个独立的凝聚体，一个总体或主体。但是和原来那种作为逻辑主词的主体不同，它现在有了自己的内容。原来好像是宾词，现在变成了一个独立的凝聚体，那么思维就不能再自由地四处游荡，思维就不能在这个宾词那个宾词之间，无数的宾词之间自由地挑选，从这里荡到那里，从那里荡到这里。你就被这种重力所阻滞住了。它本身有了重量，宾词本身有了重量，因为它是一个聚合体，它本身是一个东西了，它本身就是实体了。下面，

　　——**在通常情况下，是首先把主体作为对象性的固定的自我确立为基础；从这里出发才继续走向那种趋于各种各样的规定或宾词的必然运动；**

　　这是通常的情况，即首先把主体作为对象性的固定的自身确立为基础，亚里士多德、苏格拉底他们都是这样做的，首先确立一个主体的基础，而且是对象性的。你要谈的是什么？是美，那么我首先考虑美本身"是什么"，然后再考虑它是"怎么样"的。"是什么"就是基础，就是实体，"怎么样"就是各种各样的规定和宾词。从这里出发才开始进行那种向着各种各样的规定或宾词展开的必然运动。这里的必然的运动，是指这个运动一成不变地从主词出发而不断加上宾词，从实体出发而加上不同的属性，这个模式是决定好了的，必然的，不能颠倒的。我可以偶然地把各种各样的宾词加到一个主词身上，但这种附加的方式总是必然的。这是从

亚里士多德传统形式逻辑那里继承来的做法，也是通常情况下人们一般的做法，就是首先要确立一个主体，它是一个对象性的，固定的基础，然后从这里出发，把各种各样的规定和宾词加上去。下面

现在，代替那种主体而出现的，是进行认知的我本身，是各种宾词的联结活动，是保持着各种宾词的主体。

那么现在，现在就是在这里，在形式的推理已经崩溃了以后、它的那个基础已经解体了以后的这个现在，这个地方，代替那种主体、代替那种固定不变的主体而出现的，是进行认知的我本身。原来是一个固定的主体，固定不变的主体，现在是进行认知的我本身，是各种宾词的联结活动。联结活动，他这里用的是一个名词化的动词。各种宾词的联结活动，宾词自己在那里联结，在那里进行一种活动。"是保持着各种宾词的主体"，把各种宾词都保持在自身之内的主体，这个主体是在宾词本身的联结中显示出来的，它不是一个外来的主体，而是宾词本身的联结活动所形成起来的一个主体。这种变化在康德那里已经初现端倪了，他的先验自我意识本身就是进行认知的我本身，是各种范畴的联结活动，也是自身持有十二范畴的主体。当然他还留有形式思维的尾巴，自我意识的活动还不是范畴自身的活动，而是自我意识加在范畴身上的统觉活动。于是这种活动就会遇到如何把这些范畴加在自我意识本身之上的问题。所以下面就说，

但由于前一个主体深入于各种规定本身里去，作为它们的灵魂，所以后一个主体，即进行认知的主体，虽然想了结与第一个主体的关系，并超越它而返回于自身，却仍然在宾词里碰到了它，

这句话比较难以理解了，前一个主体后一个主体，前一个主体，是指形式思维作为出发点，作为基础的那个主体，但是，在这个时候，前一个主体深入到各种规定本身里面去了，在各个宾词里面都有主体的影子，这时就形成了后一个主体。康德的先验自我意识深入到范畴里面，每个范畴都代表它而起一种综合统一作用；费希特推演范畴的时候，他的每

一个范畴里面都是自我,都有自我的影子,作为它们的灵魂。这当然已经超出传统形式思维的理解了,但还留有不彻底的痕迹,就是还没有使这种运动变成各种规定的自我认知的活动,也就是还没有使这些宾词本身变成主体。康德和费希特的自我始终还是固定的基础,一种"手枪发射式的"活动。于是就遇到这个问题,即这个不变的自我主体如何面对已经投身于宾词中的那个主体的认知活动,这种活动必将使它崩溃瓦解,而失去主体的地位成为宾词。而后一个主体,即已经化为各种宾词的联结活动了的进行认知的我,那个自身保持着各种宾词的主体,则不可避免地会在各种宾词里碰到第一个主体,并对它形成一种解构作用。这就是康德所遇到的情况,即先验自我在运用诸范畴于对象时,必然会导致将这些范畴用于这个自我对象身上,先验自我本身也可以成为自己的对象;而由于康德的不彻底性,他不可能让先验自我在这种运用中瓦解为经验对象,于是就说这种运用所得出的只是一个经验自我,但不等于先验自我,以此来保持先验自我那高高在上的先验地位。所以后一个主体,即进行认识的主体,也就是各种宾词相互联结所形成的那种客观的主体,"虽然想要了结与第一个主体的关系",即认为自己就是第一个主体发展来的,第一个主体已经归结为自己了,从而想要"超越它而返回于自身",超越于这个主观的、作为基础的主体,而返回于客观的主体;"却仍然在宾词里碰到了它"。这种纯粹运动仍然在宾词里面碰到它,碰到谁?碰到第一个主体,那个顽固不化的先验自我。这运动仍有夹生之处,仍然消化不良。如何摆脱这种困境?必须从根本上改变思路。所以下面讲,

　　第二个主体不能在宾词的运动里作为进行形式推理的行动者,以推定这个那个宾词是否应该附加于第一个主体,它毋宁还必须与内容的自身打交道,它不应该单独地存在,而应该与内容自身共在。

　　"第二个主体不能在宾词的运动里作为进行形式推理的行动者,以推定这个那个宾词是否应该附加于第一个主体",这个是以往形式推理的通常做法,我们不能把它带到现在这个场合中来。当第一个主体已经

投身于内容的各种规定中并使自己成为了第二个主体时，它还想采取第一个主体那样的做法，想为第一个主体附加上一些宾词而使它再次成为一个固定的基础，这就是不识时务了。它必须认清自己的使命，"它毋宁还必须与内容的自身打交道，它不应该单独地存在，而应该与内容自身共在"。它现在已经不是什么空洞的基础，也不应该再把任何东西当作一个空洞的基础，它现在是各种宾词的联结活动，是保持宾词于自身的主体，或者说，它就是宾词自身的主体性。它不再是主观的主体，而是提升到了客观的主体，所以它不应该单独地存在，而应该与内容自身共在，只有在内容中它才有自己的生命力。它不再能够单独存在于内容之外，在内容之外它什么也不是，只有在跟内容打交道的时候它才是主体，它就是内容本身的主体。所以在黑格尔这里，他这种主体已经不是主观的自我，已经不是外在的自我，它就是这些内容本身的一个联结过程。这种能动性已经不是外在的了，主体已经不是单独存在的了，它是与内容自身共在的，或者说，它就在内容本身里面体现出来。

好，我们现在再开始，看能不能完成今天的任务。这个后面讲的是比较抽象的，比较难的，大家可能在课堂上听一下，回去以后还要自己琢磨，如果能够把自己的思想提高到这样一个抽象思辨的层次上面来，那是一个非常大的收获。刚才讲到形式的推理，形式推理的两个方面，一个方面是从否定的方面看，形式推理和辩证思维、和概念思维是不一样的，是相反的；那么从肯定的方面来看也是这样，概念的思维是在形式的推理这个基础已经崩溃了以后，它出来救场，只有概念的思维能够拯救形式的思维，否则的话，形式思维就完全崩溃了。这是黑格尔对于概念的思维的一种强调。概念的思维是整个科学研究所要承担起来的一个主要的任务，那么通过对形式的思维的这样一种对比，我们现在开始接近到概念的思维了。下面，就是对这种概念思维在方法上进行更精确的，更加形式化的规定，从一种更加逻辑的层面上来把握概念思维这种特点。

这就是下面一段：

以上所说的，可以形式化地表达为：一般判断或命题的本性在自身中包含着主词和宾词的区别，这种本性受到思辨命题的破坏，而思辨命题所形成的同一性命题，包含着对上述主词与宾词关系的反击。

这一句话比较关键了。"以上所说的，可以形式化地表达为"，形式化地，formell，公式化地，或者是正式地，我们把它翻译成形式化地。上面所表达的这样一些内容，我们把它定型下来，用一种形式化的说法来表达出来，可以这样来表达。他说，"一般判断或命题的本性在自身中包含着主词和宾词的区别，这种本性受到思辨命题的破坏，而思辨命题所形成的同一性命题，包含着对上述主词与宾词关系的反击"。这是在概括前面一段的思路，前面一段的思路是什么？一般判断或命题的本性，也就是在形式推理那里，在推理的思维那里，在唯理论以及像费希特、康德他们这些人那里，一般都是这样，包含着主词和宾词的区别。像康德说，一切知识都可以归结为判断，判断就是一个主词、一个宾词，用"是"把它们联接起来。主词和宾词是不能混淆的，这就是一般的判断命题的本性。当然这个从亚里士多德以来就是这样的了。但是这种本性现在受到了思辨命题的破坏。思辨命题也就是概念思维，它已经破坏了这样一种主词和宾词的区别。主词本来是实体，所谓实体就是只能作主词而不能作宾词来用的，所以主词本身是实体；但是现在宾词成了实体。宾词怎么能是实体呢？按照亚里士多德的说法，宾词是不能作实体的，除非是第二实体，比如说共相、种类，它既可以作主体、主词，也可以作宾词。这是第二实体。但是第一实体，那是不能作宾词的，第一实体只能作主词不能作宾词。但是思辨的命题呢？把这种关系打破了，怎么打破的呢？他说，"思辨命题所形成的同一性命题，包含着对上述主词与宾词关系的反击"。同一性命题、同一性，Identität，这个地方用的是形容词形式，identisch，同一性命题。同一性命题在这个地方有它特殊的含义。就是由思辨命题所形成的同一性命题，这个同一性跟形式逻辑的同一性是大不一样的。形式逻辑里面讲同一性命题，A＝A，那就是主词和宾词等同，都是 A；但是在黑格尔这里，A＝B 也可以被理解为一种同一性命题，是不同中的同。从思辨命题的意义上来说，它形成了这种同一性命题，包含着对上述主词与宾词关系的反击。什么叫反击？Gegenstoß，gegen 就是反，Stoß 就是碰到了，就是打击，就是撞击，从反面撞击了，从反面碰到了。那么主词和宾词的关系本来是 A＝A，虽然两边等同，但是关系不可颠倒，一个规定者一个被规定者，有固定区别的；但是现在反过来了，A＝B，不同中有同，这种同就体现在两边可以颠倒，宾词是真正的主词，主词反而不是主词，主词只是一个名称，只是对宾词这个实体的命名。所以他这个同一性命题，对形式逻辑的那种规定形成了一种反击。这个例子下面他要举的，我们等下再来举例说明。下面，

——一般命题的形式与破坏着这种形式的概念统一性之间的这种冲突，颇类似于节拍与重音之间在节奏中发生的冲突。

前面讲过，思辨的思维把逻辑的必然性当成有机的节奏，你不能用突发奇想的东西来打乱它的节奏，这与这里讲的情况十分类似。一般命题的形式，也就是形式推理所遵从的形式逻辑的形式，与概念的统一性之间有冲突，因为概念的统一性破坏着这种命题形式，就是说，主词和宾词之间的这种形式在概念思维那里遭到了破坏，前面说是遭到了反击。那么这种冲突"颇类似于节拍与重音之间在节奏中发生的冲突"。节拍与重音之间在节奏中的冲突，在这里引进了一个诗学的概念，当然也可以说是音乐的概念，更多地说应该还是诗学的概念，因为他并不讲旋律，他讲的是重音。重音主要是西方的诗歌理论里面讲的，西方的这个诗律，它讲重音，特别是日耳曼语系，英语、德语里面讲重音。比如说英诗的格律，它分成这样四种格律，一个是五音步抑扬格，一个是二音步扬抑格，一个是四音步扬抑抑格，一个是四音步抑抑扬格。一抑一扬，我们讲抑扬顿挫，扬就是重音，抑就是轻音，就是非重音。重音和轻音之间形成了这种格律，当然还有音步，五音步、二音步、四音步，音步就是一个音节，

就是音节的一个步调，走一步嘛，走一步，抑扬格，一抑一扬，或者是扬抑抑格，四音步扬抑抑，嘭嚓嚓，嚓嚓嘭，嘭就是这个重音。这种英诗的格律呢，称之为重读音节格律。音步的划分，音步跟音节还不一样，一般音步，一个音步有两个音节，或者三个音节，形成一步，那么音节，就是一个音，一个词里面比如说有两个音节，少量词有三个音节，德语词可能更多，德语词比较长。那么格律里面，有重读音节格律，还有非重读音节的格律。在古希腊罗马的诗律里面，多半是非重读音节的格律，他们不太强调重音，也不太强调押韵。近代的英语诗和德语诗，日耳曼语系的这些诗里面，比较强调重读和押韵。所以黑格尔这里引的，具体的我们不细讲了，细讲那是一门学问了。他这个里头涉及的就是，一个是节拍，一个是重音，一个是节奏。节拍跟节奏还不一样，节奏是要有呼应的，节拍它就是一个节拍，节拍形成了节奏，而在节奏里面，又有重音。三个这样的术语，它们之间也有冲突。所谓"类似于节拍与重音之间在节奏中的那种冲突"，就是说，节拍与重音之间，不是每个节拍都有重音，重音是特定地打在某些节拍之上，它是不能够乱来的，否则的话你就违背了格律了。我们中国人也讲平仄，平平仄仄这些。中国人没有重音，中国人说话要强调重音的时候只能在语气上强调，但是在格律上面强调不出来，只有平仄的这种关系。平仄有点类似于重音轻音的关系，但是不完全一样。但是在英诗里面，在德语诗里面有重音的区别，重音和非重音的区别。那么，节拍和重音之间是不一致的，而在节奏里面可以把这种不一致加以调和。就是说，不是每个节拍都有重音，但是通过一种节奏，通过一种呼应，它可以在每个音步里面都安排一个重音，或者一个重音、一个轻音，或者一个重音、两个轻音，它可以这样来安排。所以在节奏里面，可以调节节拍与重音之间的这种不一致。那么这个命题的形式与破坏这种形式的概念的同一性之间的这种冲突，类似于我们在诗的格律所看到的那样一种冲突。诗的格律也是这种冲突，在这种不一致中又要表现出一种和谐。下面再解释。他说，

515

<u>节奏是从节拍和重音的滑移的中心和两者的结合中产生出来的。</u>

节奏是怎么产生出来的？是从节拍和重音的滑移的中心和两者的结合，也就是节拍和重音的结合中产生的。节拍和重音的滑移的中心，什么叫滑移的中心？就是在节拍中，有的节拍有重音，有的节拍没有重音，那么这个有重音和没有重音是滑移的，是移动的。不是说在一个音步里面你老是第一个音节是重音，第二个音节不是重音，不一定，到了下一个音步的时候可能就反过来了，它的这个中心是不断地移动的，一个音步一个音步，这个中心在移动中表现出来。一个主旋律，一个主要的重音，那么它在移动中表现出这样一种节奏。两者的结合，重音和节拍相互之间的结合，才表现出节奏，双方各自都离不开任何一方。你光有节拍，那太单调了，如果没有重音的话，那太单调了。那么你把重音一会放在这个音节上，一会放在那个音节上，就形成了呼应，形成了节奏。所以节奏是从节拍和重音的滑移的中心，即两者的结合中产生出来的。那么，下面就是进行类比了。

{44}　　<u>所以在哲学命题里主词与宾词的同一性也不应该消灭命题形式所表达的那种主词与宾词的区别，相反地，主词与宾词的统一应该产生出一种和谐。</u>

在哲学命题里主词与宾词的同一性，主词和宾词是同一的；但完全同一那就成了仅仅是节拍了，那就没有重音了。在形式逻辑里面是有重音的，比如说主词，主词就是重音，按照重读格律习惯来说，那就是扬抑格，二音步扬抑格，主词是重音，宾词是用来形容主词的，描述主词的。但在哲学命题中主词与宾词的同一性里面，宾词成为了重音，宾词是重头。在一个判断里面，我们把重点放在宾词上面，那么意思就大不一样。我们在汉语里面也有这种体会，同一句话，你把重音放在哪一个词上面，它的意思是很不一样的，它的意思就变过来了，甚至有相反的意思了。汉语里面有很多这样的例子。比如说"张三是**工人（重音）**"，意思是说他不是农民、不是干部等等；说"**张**三**（重音）**是工人"，则意味着李四或

516

别人不是工人。那么在哲学命题里面，"主词与宾词的同一性也不应该消灭命题形式所表达的那种主词与宾词的区别"。尽管有这种同一性，这种同一性只考虑节拍不考虑重音，或者说即算考虑重音也不固定考虑一个什么样的重音，这个重音你可以放在这个词上也可以放在那个词上，都一样；但是，也不应该消灭命题形式所表达的那种主词与宾词的区别，还是要有区别。尽管你可以把重音放在这个词上那个词上，但是放在这个词上跟放在那个词上是不一样的，这显示出重音的区别，你把重音放在哪个词上面，它是有区别的，不是说完全一样的。"相反地，主词与宾词的统一应该产生出一种和谐"，正像赫拉克利特所说的："相互排斥的东西结合在一起，不同的音调造成最美的和谐"。主词和宾词的同一，产生出有重音词和没有重音词相互之间的一种和谐，有重音词可以失去它的重音，没有重音的词也可以获得它的重音，相互之间有一种呼应，有一种和谐，有一种思维本身的节奏。我们再看下面，

　　<u>命题的形式，乃是确定意义的显现，或者说是区分命题内涵的重音；但是当宾词表达着实体，而主词自身又落入共相之中，这就是**统一**，在其中那个重音沉寂下来了。</u>

　　这就是具体地对照哪个是重音了。他说，"命题的形式，乃是确定意义的显现，或者可以说是区分命题内涵的重音"，命题的形式就是区分命题内涵的重音，因为它确定意义的显现，你要确定一个意义，一个内涵，你必须要采取命题的形式，A 就是 B，那么 A 是主词，B 是宾词，就表达出它的重音了，主词就是重音，这是以主词为主的这样一个命题的形式。那么在这个命题里面，我们把这种形式可以看作是强调重音的，它强调主词的重音。他说，"但是当宾词表达着实体，而主词自身又落入共相之中，这就是统一"，统一打了着重号，"在其中那个重音沉寂下来了"。重音就沉寂下来了，就是说，如果宾词表达着实体，那么应该说，这个重音就从主词滑移到宾词上面来了，命题就是以宾词为中心，而不再是以主词为中心了。而主词自身落入共相之中，主词自身，我们刚才说，它成了

一个命名，只是一个普遍的名称，它的具体的内容在宾词里面，它的具体的实体是在宾词里面，主词只是泛泛而谈、一般而言的一个抽象的概念，落入到共相之中，这就是统一，只是起一种统一作用。本来的重音是在主词上面，但是如果宾词表达着实体，主词变成了共相，那么这就是一种统一，主词和宾词的统一。哲学命题里面，当你在说出一个判断的时候，比如说 A 是 B 的时候，你先不要把重音突出来，不要说 A（重音）是 B，或者说 A 是 B（重音），你先把重音先把它撇开，你不要强调重音；但是你心里要想到，这个是会有区别的。同一句话，当你怎么样说的时候，它的意思是不太一样的。但是这种不太一样，它是统一的，同一句话，你可以这样来表达也可以那样来表达，那个重音沉寂下来了。这都是抽象地讲，形式化地表达为这样一种关系。那么下面就举例子了，下面的例子大家注意。前面的抽象的东西一般人很难一下子把握，那不要紧，我们看看下面的例子。下一段，

[43]　　　为了用例子阐明以上所说的，那么在**上帝就是存在**这个命题里，宾词就是**这个**存在；它具有主词溶化于其中的那种实体性的含义。

"为了用例子阐明以上所说的"，前面讲得很抽象，尽管也打了比方，打了诗律的比方，但是，还是很抽象。我们可以举个具体的例子来看看。上帝就是存在，Gott ist Sein，都打了着重号，上帝就是存在。他说在这个命题里，"宾词就是这个存在；它具有主词溶化于其中的那种实体性的含义"，也就是宾词具有实体性的含义。"这个"打了着重号，表明这个存在不是一般共相的概念，而是特指上帝的"这个存在"，它才是主词，重音在它上面，原来的主词已经溶化于其中了。为什么要举这个例子？这个例子是非常有代表性的，它跟一般的例子是不一样的。我们讲，玫瑰花是红的，我们以为"上帝是存在"跟"玫瑰花是红的"是同一类型的例子，其实不是。"玫瑰花是红的"不是一个哲学命题，而是一个日常经验命题，在日常经验中它是不能颠倒的，不能倒过来说"红的就是玫瑰花"。那么

上帝是存在这个命题就不一样了。这是一个哲学命题,"上帝是存在"不是说上帝只是"一种"存在,而是说上帝就是存在本身,所以也可以倒过来说"存在的就是上帝"。他说在这个命题里,宾词就是**这个**存在,"这个"打了着重号,它的重音在这个存在上面,真正的"这一个"不是上帝,而是存在。所以我们读的时候要强调重音,不是"**上帝(重音)**是存在",而是"上帝是**存在(重音)**"。这个存在比上帝的概念更重要,为什么更重要呢?"它具有主词溶化于其中的那种实体性的含义"。上帝只是一个名称,上帝只是一个普遍性,一个共相,而存在才是它的实体性的含义。或者说,上帝真正说来就是存在。存在是最具有实体性意义的,所以存在必须要打重音。一般的命题,上帝存在,都把重音打在主词上面:"**上帝(重音)**是存在",经院哲学家就是这样的,以为有个上帝在那里,上帝是基础,然后我把这些宾词加给他,上帝是存在,上帝肯定要存在啊,如果不存在,跟上帝的概念就会发生矛盾了,所以我必须把存在加给他。好像是上帝在先,然后我才能把存在加给他。经院哲学家就是这么干的,把"上帝是存在"跟"玫瑰花是红的"看作是同一类型主宾关系的命题。但是黑格尔在这里指出来,不是这样。存在才具有实体性的含义,而上帝只是一个共相。你不能把上帝直接当作实体。上帝当然是实体,但是之所以是实体,是因为它是存在,所以它才成为实体,所以上帝才是附属的,存在是更重要的,存在本身就是实体。下面讲,

在这里,存在不应该是宾词,而应该是本质;这样一来,上帝就显得不再是它凭借命题里的位置所是的东西,即是说,它不再是固定的主词了。

"存在不应该是宾词,而应该是本质"。它现在是宾词,但是它不应该是宾词,宾词这个概念太一般化了,太轻浮了,太轻飘了,存在怎么能够是宾词。康德就已经讲过,存在不能够是实在的宾词,存在只能作系词用。从形式逻辑的角度看,存在只能作系词用。康德已经批驳了经院哲学的那种说法,包括上帝存在的本体论证明那种说法,已经达到这一

点，但是，还不够。存在不应该是宾词，但是也不仅仅是系词，在黑格尔这里看，存在应该是本质。存在不应该是宾词，而应该是本质，存在就是本质，它不是什么宾词。宾词是偶性，偶性怎么是本质呢，偶性是可有可无的，但是本质是不能够去掉的。我们说上帝是存在，并不是说把存在当作一个宾词加给上帝，而是说，上帝的本质就是存在，或者说，上帝其实就是存在，上帝真正说来就是存在。他说，"这样一来，上帝就显得不再是它凭借命题里的位置所是的东西，即是说，它不再是固定的主词了"。上帝显得不再是它凭借命题里的位置所是的东西，凭借命题中的位置是什么位置，主词的位置。主词的位置就好像给了上帝以某种权力，按照形式逻辑，它在那个位置上，它就是主词，那么它就是实体。上帝本身就是实体，而存在，仅仅是这个实体的宾词，本来应该是这样。但是现在已经不是这样了，上帝就显得不再是它凭借命题里的位置所是的东西了，即是说，它不再是固定的主词了。它不再是固守着那个位置了，它不再是那个只能作主词不能作宾词的实体了。上帝反倒不是实体，而宾词成了它的实体，上帝的实体就是存在，上帝的本质就是存在，而上帝本身离开了存在什么也不是，它只是为存在命名。所以并不因为它在命题里面占据一个主词的位置，它就是实体，不是这样。它失去了这样一个位置，失去了这样一个含义。下面讲，

——思维不再继续不断地从主词过渡到宾词，毋宁说它由于主词的丧失而感到受了阻抑，并因为它惦记着主词而感到被抛给了主词的思想；

思维不再继续不断地从主词过渡到宾词，就是哲学的思维不能理解为一个主宾判断到另一个主宾判断不断地延伸下去，一往无前，这是形式逻辑的那种线性思维的特点。哲学思维里面当然有判断，但是你不能简单地理解为主词为主、宾词为副这样一个判断，主词和宾词的这样一个判断是非常不适合于哲学的表达的。这一点，至今我们很多人都还没有明白，特别是英美，英语世界的那些哲学家们，始终理解不了这一点，也接受不了这一点，他们始终是从形式逻辑的主词和宾词的判断来看待

黑格尔的逻辑学和黑格尔的辩证法,所以他们始终进不去。比如说罗素批判黑格尔辩证法,他的一个最有力、最得到人们认可的论据,就是说,任何判断都是主词和宾词的联结,主词和宾词之间你要用一个"是"把它们联结起来,只有两种类型。一种就是等同,主词就是宾词,那就是等同,A = A,2 = 2,4 = 4,4 + 3 = 7,这就是"等于"、"是"的含义,这个就是那个。单身汉就是未结婚的男子,这就是完全相等的,甚至是同义反复,这是"是"的一种含义。另外一种含义呢,就是一种关系,这个跟那个有关系,树叶是绿的,这个树叶当然不等于绿的,但是树叶是绿的,那么这种关系,主要是一种属性,这个树叶具有绿的属性。所以这个"是"字有两种用法,一种是等同的用法,一种是关系的用法,后者例如实体和属性的用法,除此以外没有了。他说,但是黑格尔这个"是"的用法,非常含糊。一会儿把它当作关系,一会儿又把它当作等同。罗素除了这两种用法以外再想不出第三种用法了。但是黑格尔恰好提出了第三种用法,这个是分析哲学所无法理解的。这个第三种用法,就是"是起来",即理解为一个动词,而不是系词。上帝是存在,意味着上帝存在起来,这种用法,它既不是等同,但是又不是属性,又不是宾词。黑格尔特别强调,不能用主词和宾词的关系来理解他的任何一个命题,比如说存在是本质,你不能说存在等于本质,不能这样说的,存在如果等于本质,他还有什么必要从存在论过渡到本质论呢?换个说法不就得了?但是你也不能说,本质是存在的一种属性,你如果要那样说的话,他会反过来说,存在倒是本质的一种属性,存在是本质,本质才是真正的存在,他是这个意思。用黑格尔的说法就是,本质是存在的真理,或者说本质是真正的存在。如果你要说,它是同一性命题,Identität,如果它具有同一性的话,那么这个同一性也是运动的同一性,它不是静止的同一性,两个东西放在那里,它们相等,或者一种数学的同一性。那不是的。数学里面 2 = 2,2 + 2 = 4,那是完全相等的,但是在哲学里面的相等它是运动的。它是相等中又有不相等,在不相等里面又有相等。所以他这个应该是关于存在的第三种用法，后来海德格尔他们发挥的无非就是这个意思，存在就是存在起来，是起来。海德格尔非常反感分析哲学的这种搞法，它把真正的事情本身放过去了，都是一种形式的推理，都是外在的推理，推来推去，同义反复。所以在黑格尔这里，我们看到，就是思维不再一直不断地从主词过渡到宾词，"毋宁说它由于主词的丧失而感到受了阻抑"。主词的丧失，主词丧失了它的地位，丧失了它的主词的地位，这使思维在判断中感到受了阻抑。上帝是什么？上帝是存在，意思是说，只有把上帝理解为存在，上帝才是上帝，存在不是上帝的宾词，存在是上帝的本质，那么这个上帝就受到了抑制，受到了限制。上帝不是你可以随便乱说的，它有它的本质。他说，"并因为它惦记着主词而感到被抛给了主词的思想"。惦记，vermißt，有失掉了但是还没有忘记的意思，它丧失了主词，它又惦记着主词，还是惦记着它的那个主词的地位，要成为实体。但要成为实体，现在不能凭你在命题中的位置，而必须进入到主词的思想里面，所以它感到自己被抛给了主词的思想。你惦记着主词，现在把你抛回到思想的运动中。为什么能够被抛回到主体的思想呢？是因为它的思想现在滑移到它的宾词里面去了，这个宾词已经不是它的属性了，而是它的实体，它的真正的实体在宾词里面。主词还具有主体的形式，但是它只是一个思想，而它的实实在在的实体是在它的宾词里面。下面，

或者说，由于宾词本身被表述为一个主体，表述为**这个**存在，表述为穷尽主体之本性的**本质**，思维就直接地发现主体也在宾词里；

这是更进一步解释，前面一句话太抽象了。这句话讲，"由于宾词本身被表述为一个主体，表述为**这个**存在"，宾词本身被表述为主体，也就是表述为"这一个"存在。因为作为主体的主体就是个别实体，就是这一个，而现在宾词就是这一个，它就是主体了。宾词不再是泛泛而谈的共相，而是作为这一个实体而独立自主了。"表述为穷尽主体之本性的**本质**"，我们注意本质打了着重号，这里头隐含着黑格尔《逻辑学》里面的范畴。宾词表述为存在，表述为穷尽了主体之本性的本质，主体之本性都被集

中在它的宾词里,都被吸收到了它的宾词里来了,全部都在宾词里面,毫无遗漏。那么这样一个宾词,这样一个存在就是本质。存在就是本质,这个本质吸尽了主体的本性。由于这样,他讲,"思维就直接地发现主体也在宾词里"。思维,这地方就是概念思维了,概念思维现在就发现了,主词直接就在宾词里,上帝直接就在存在里,并不是说另外有一个存在加给主词,加给上帝,不是的,上帝的本质就在宾词里面,上帝的本质就在存在里,全都被存在所吸走了。这个上帝,你还要赖在那个位置上,那就是一个空壳,你如果不想进入到本质,不想进入到存在里面,那你就是一个固定的名称,你还没有变成主体的本质。下面,

　　现在,主词在宾词中走进自身后,并没有获得形式推理的那个空着的位置,它仍然更深地进入到内容,或者至少现成地有这种更深入到内容的要求。

　　"现在",也就是在概念思维的情况下,"主词在宾词中走进自身后,并没有获得形式推理的那个空着的位置",在宾词里面,主词已经走进了自身,它把自己的本质都寄托在宾词中了,只有在宾词里面才看到自己的本质,这是上面已经说了的;但是它并没有因此而获得形式推理的那个空着的位置,这个位置也是它自己原先所占据着的主词的位置,但因为它不再能凭这个位置而当然地成为实体,它就已经把重音滑移到宾词上去,离开了原来那个形式推理的位置。所以说当主词在宾词中走进自身并看到自身的本质后,原先那个主词的位置就架空了,而主词现在并没有在宾词中重新获得那个形式推理的空着的位置,"它仍然更深地进入到内容"。比如"上帝是存在"的命题,这个时候上帝并没有留在它的主词位置上坚持它自身,而是进入到了存在里面,并且更深地进入到存在的内容。存在的内容是什么? 那就必须进一步地去深挖,比如说存在的内容是本质,本质的内容是什么? 本质的内容是概念,就这样一步步地深入。存在论、本质论概念论里面还有很多细节,上帝既然是存在,那么它就沉入到存在的所有那些细节,就进去了,就进到黑格尔的逻辑学

里面去了。所以黑格尔写出那么大一部《逻辑学》，其实都是讲的上帝，上帝是什么，上帝是它的这个，那个，是所有这些范畴。"或者至少现成地有这种更深入到内容的要求"。深入到内容是一个很漫长的过程，我们在一个命题中还做不到完全深入，但至少我们有这个要求，我们手头现成在手的至少有这个要求，这就成为了我们深入到内容的开端，成了我们进入内容中去的要求或决心。然后我们再一个一个来，按照逻辑的必然性不断地深入去探讨。下面，

——同样，如果说：**现实**就是**共相**，那么现实作为主词，也就在它的宾词里消失了。

这个地方另外举一个例子。前面举的就是"上帝就是存在"这样一个例子，再举一个例子。"同样，如果说：现实就是共相"，这个共相也可以翻译成普遍的东西。现实就是普遍的东西，"那么现实作为主词，也就在它的宾词里消失了"。现实就是共相，这也是一个哲学命题，这跟"玫瑰花是红的"也不一样的。那么这个哲学命题，现实作为主词，它在它的宾词里面也消失了。也就是说，既然现实就是共相，那么我们考察共相就行了，因为普遍的东西才是真正的现实，才是本质的现实，那我们就要来考察普遍的东西了。那么现实就消失在普遍的东西中，消失于共相中了。下面，

共相不应该只具有宾词的含义，以至这命题所说出来的是"现实是普遍的"，相反，共相应该表达着现实的本质。

"共相不应该只具有宾词的含义"，好像现实是主词，普遍是用来形容现实的一个宾词，一个形容词，不应该是这样。如果是这种含义，就会导致命题所表述的是"现实是普遍的"。我们注意这两个命题是不一样的，一个是"现实是共相"das Wirkliche ist das Allgemeine，一个是"现实是普遍的"das Wirkliche ist allgemein。前一句中共相就是普遍的东西，是一个名词；后一句中普遍的不是名词，而是一个不能独立存在的形容词。所以"现实是普遍的"就是罗素所讲的那种属性或关系命题，现实跟

普遍的发生了关系,普遍的可以用来形容现实,所以现实是普遍的。黑格尔的哲学命题不是这样的。他讲的是,现实就是普遍的东西。现实不仅仅是普遍的,普遍不是现实的一个单纯的修饰语,一个形容词,而是现实的本质,你要找现实,你就要到普遍的东西里面去找。所以他讲,"相反,共相应该表达着现实的本质"。或者说,现实的本质就"是"共相。这个"是"的意思是这样的,即共相就是现实所"是起来"的东西,共相才是"是出来"的现实。我们把存在,把这个"是"当作动词用:现实存在出了共相,或现实存在为共相。如果现实不存在为共相,那现实就是空的,那就还没有现实,还不"是"现实。这种关系你说它是等同的,它又是等同的,但是这种等同不是数学的等同,不是静止在那里,像 2 + 2 = 4 的等同,而是"是起来"的一种形成,一种运动的等同。所谓现实就是自身形成共相,所以共相应该表达着现实的本质。最后一句,

——因此,思维又同样地丧失了它在主体中曾经拥有的那个坚固的对象性基地,正如它在宾词中被抛回于主体,并且在宾词中它不是返回到自身,而是返回到内容的主体之中一样。

思维丧失了它的那个坚固的对象性的基地,这个基地是它在主体中曾经拥有过的,也就是形式思维在主体中拥有过的。因为这里的思维已经不是形式思维,而是概念思维了。"又同样地",同什么一样的呢? 同下面一样。我们先看上面这个同样的。思维丧失了它在主体中曾经具有的那个坚固的对象性的基地,形式的思维曾经拥有过那个基地,因为它把主体看作就是一个基础,一个变中之不变的实体。概念的思维当然提高一个层次了,但是它是从形式的思维里面提高上来的,所以这里讲,思维丧失了它在主体中曾经具有的那个坚固的对象性的基地。概念的思维把这个基地动摇了,把它摧毁了,使它崩溃了。在主词中是这样。那么同样的,"正如它在宾词中",——前面是讲在主词中发生的改变,那么在宾词中发生了什么改变呢? 同样发生了改变,即思维"在宾词中被抛回于主体"。在宾词里面它又被抛回到主体,宾词才是主体,共相才是真

正的现实，现在共相才是真正的主词、真正的主体。在宾词中思维被抛回于主体，例如，共相才是真正的现实，存在才是上帝的本质，这都是在宾词中被抛回到主体的。"并且在宾词中它不是返回到自身，而是返回到内容的主体之中"，在宾词中，思维不是像形式思维那样，我就跳出来了，我就脱身出来了，我回到自身，跟内容不相干，我把内容撇开。在宾词里面，思维不是跳回到自身，我自身对宾词加以否定，或者加以肯定，然后我还是我，不是这样的。思维在这个时候，它不是一个仅仅回到了自身而离开了内容的那样的主体，像笛卡尔的我思故我在、像康德的先验自我那样的主体，而是回到内容的主体中了。内容本身它成为一个主体，所以思维不是回到那个抽象的主体，那个高高在上的主体，而是回到了内容本身的主体。当然主词在宾词里面还有作用，内容本身，由于它是作为宾词，它还惦记着它的主体。所以，它在内容中，在宾词中，还是要体现出一种主体性，还是要体现出上帝到底是怎么样的，还是要体现出现实到底是怎么样的。上帝就是存在，但是这个存在，是用来体现上帝的。现实就是共相，但这个共相是用来体现现实的。但是这个上帝和这个现实，它都不再是一个高高在上的思维的主体，而是内容本身的主体，它返回到了内容的主体之中。就是说在内容里面有一种主体性，思维回到这种主体性，于是一方面在主词里面，它丧失了那个坚固的对象性基地，另一方面，在宾词里面，它又回到了、重新获得了它的主体性，但是这个时候已经是内容本身的主体性，而不是离开这个内容的主体性了。所以这两句话是并列的，一个是讲它在主体中丧失了它的坚固的基地，另一个是在宾词中，它又回到了一种主体性，但已经是一种内容的主体性了。

＊　　　　　＊　　　　　＊

我们还有最后两次课了，大概这学期就可以把序言讲完。我们上次讲到了"哲学研究中的要求"，这是第四个部分；并且，特别突出出来，黑格尔讲的思辨的思维，跟这个形式推理相互之间的这种关系。思辨的思维跟形式推理是完全不同的。我们通常讲的辩证法超出以往的那种形而上学、那种形式逻辑的思维方式,那么黑格尔在这里,特别对这种辩证思维的思维方式做了一个非常具有特色的区别。特色在什么地方呢?就是说我们一般的人老是在这个形式逻辑的框框里面跳不出来,一讲到这个判断、推理,讲到命题,我们马上想到宾词和主词、主词和宾词的关系,从古代亚里士多德以来一直是这样思考过来的。西方哲学史的巨大的传统一直就是在主词和宾词这两个问题上面转来转去,它们的关系是不能颠倒的,你不能把主词和宾词互相颠倒。主词就是主体,也就是亚里士多德所提出的实体,宾词就是实体的属性。所以这个实体和主体的关系问题,从形式逻辑上来看,它就是一个主词和宾词的关系问题,自古以来就是如此。但是黑格尔在这里要把它颠倒过来,要通过思辨的命题、思辨的思维把它颠倒过来。这个颠倒过来有什么好处呢?就是说思辨的思维在黑格尔以前,或者黑格尔同时代,像谢林这些人,还有像康德,已经提到,已经看出了思辨的思维跟一般的形式逻辑的不同的地方,不能够用一个固定的主词和宾词来表达一切。特别是你要深入到本质性的问题,要表达事物的本质的时候,你就不能单纯只停留在主词跟宾词的固定关系上。因为涉及本质问题的时候,它就是一个辩证的过程,或者是在运动和发展过程中、在生长过程中的这样一个本质,那么你单纯用一个主词和宾词的命题来表达就远远不够。所以黑格尔经常强调,你们不能够用以往的这种习惯性的思维方式——形式推理、主词和宾词构成一个命题,不能用这种方式来理解黑格尔的那些命题。黑格尔那些命题都是有生命的,有内在的东西,都是从内容出发的。所以主词和宾词是可以颠倒的、可以反击的,宾词恰好才是主词,主词变成了一个宾词,主词变成了用来表示宾词的一个东西。这跟亚里士多德的说法完全相反。亚里士多德的说法就是,实体就是只能作主词而不能作宾词、不能描述别的东西只能被别的东西描述的东西,那就是实体。但是黑格尔认为,真正的实体,恰好就是在运动过程中把宾词颠倒为主词,把主词颠倒为用来描述宾词的一个宾词、一个名称。他举了像"上帝就是存在"或者说"现实就是普遍"这样一些哲学命题来加以分析。那么黑格尔在这方面所做的改造，对黑格尔来说是非常具有特色的。就是说，要讲辩证法的话，那么从康德、费希特、谢林，他们都已经有辩证思维了，已经有思辨思维了；但是没有哪个像黑格尔这样成功地把这种辩证思维变成了一种辩证逻辑。康德当然做了一种初步的尝试，他的先验逻辑接近于辩证逻辑，但是他实际上没有完成；只有黑格尔才用逻辑把他的这种辩证思维清晰地表达了出来，陈述了出来——我们前面讲黑格尔比较重视陈述 Darstellung 这个词。能够把它清晰地陈述出来，那就要靠逻辑，但这种逻辑已经不是形式逻辑了，它是一种辩证性的、内容型的、表达内容的逻辑。形式逻辑是不管内容的，但是辩证逻辑就是内容本身，就是内容的本质，它要表达出内容的本质，要表达出运动的形式。所以黑格尔假如和谢林他们相比，他们也达到了辩证思维的高度，但是谢林他们没有搞出一套辩证逻辑出来。他也是思辨的思维，黑格尔和谢林早年在一起办《哲学评论》杂志，他们两个合办的，谢林鼓吹所谓"思辨的物理学"，就是用辩证的眼光来看待物理学，看待自然哲学。谢林搞出了一个自然哲学，但是他没有搞出逻辑。而黑格尔不满足于仅仅停留在自然哲学，仅仅用辩证法来解释万物，而是要追究一种形式化的表达；那就是改造逻辑，把它变成辩证逻辑。这是黑格尔的特点，黑格尔的价值所在也就在这里。很多人很反感，就是说黑格尔用一套好像是必然命运、宿命一样的逻辑，把他的体系封闭起来了，好像什么东西都是必然的了。但是你如果真正要了解他的这个逻辑跟形式逻辑的不同之处，你就会发现，他的逻辑不是把人封闭起来的，而恰好是为人的自由行动提供理论根据的。那么这就带来一个很大的问题，就是说，这种思辨的思维、这种辩证的思维，一般人很难理解，你要给他提出个命题，人们马上就想到了亚里士多德，想到了形式逻辑，很难深入到黑格尔所看出的那种辩证逻辑的层次。所以我们下面要讲到的就是一般人对这种思维的理解所产生的一些误会、所产生的一些困难。这个"哲学研究中的要求"已经把要求提出来了,那么下面这几段都是谈我们如何来理解这些要求,不走偏,准确地把握这个辩证思维或思辨思维真实的含义、它的精髓。

我们来看这个 43 页这一段。他说:

有这样的抱怨,说即使个体中现成地就有理解哲学著作的一切其他教养条件,仍然感到哲学著作不好懂,这种抱怨绝大部分是基于上述的那种很不习惯的阻抑。

这里提出来人们一般对哲学著作的抱怨,所遇到的困难、所遇到的阻碍。"即使在个体中现成地就有理解哲学著作的一切其他教养条件,"什么是"教养条件"?这个前面一直在谈这个,从启蒙运动开始,近代以来欧洲各民族纷纷地对自己进行教化的阶段,从中世纪走出来——当然中世纪也是另外一种教养,不经过中世纪也进入不到近代思想,但是近代思想就是在反抗中世纪、批判中世纪的过程中,形成了一种近代的教养。这种教养可以说是真正意义上的有教养。中世纪基督教对于其他的民族来说,它历来自认为是有教养的,其他的都是迷信,像偶像崇拜、活人祭、陪葬、殉葬,这样非常落后的一些风俗习惯。那么基督徒是非常有教养的,他们认为他们心中有个上帝,上帝不是偶像,上帝是精神。这个已经是一种教养了。但是近代以来把中世纪的这种教养大大地往前推进了一步,或者超越了一步。因此一谈到教养,一般人都把它看作近代以来的教养,特别是自从启蒙运动以来的。"启蒙"就是让人走出迷信,这是一种新的教养。那么在我们每个人中已经"现成地就有理解哲学著作的一切其他教养条件",比如说自然科学、信仰、伦理道德、文学艺术等等。这些教养都具备了,这样一些教养都比较容易获得。但"仍然感到哲学著作不好懂"——哲学著作所需要的教养,要更加难一些。他说"这样的抱怨绝大部分是基于上述的那种很不习惯的阻抑",这个阻抑前面已经提到过了。什么叫阻抑?就是说,思辨的思维对于通常的形式推理来说,它形成了一种阻碍,它打断了通常已经习惯了的沿着表象延伸的那样一种思维的道路。一般人拿到一个命题，马上就要去追究它的前因后果，然后就一直推下去，按照表象的思维一直推下去。从亚里士多德以来都是这样的，例如四因说，追溯原因、原因的原因，一直追溯到最高的原因，那就是上帝。万物都有原因，我们要追溯它的原因。康德的二律背反里就面就讲了因果性的问题，就是这样一种习惯的思维方式。但是这样一种思维方式被辩证的思维方式中断了，习惯的思维方式总是把一个主词看作是一个基础——一切宾词的基础、一切宾词的根据，所有的宾词都是外在地粘贴上去的偶性。你把那些属性贴到实体上去，但是这些实体本身是不变的。那么进入到辩证思维的时候，这种思维方式就崩溃了。前面讲到，这样一种主体陷入了崩溃，解体了，瓦解了；它本身变成了一个过程，它变成了不是它自己的东西。你要说它是基础，结果它本身变成了宾词，它的基础在它原先的宾词里面。本来是用来形容它的那些宾词，反而成为了它的本质和基础。这种辩证思维使过去那样一种传统的习惯的思维方式遇到了很大阻碍。所以为什么读哲学著作很难懂，这里讲的哲学著作，主要是康德以来的思辨哲学著作。我们在读西方哲学史的时候也有这个感触，就是说，自从康德以来，哲学就变得很难懂。在康德以前还可以懂，你读笛卡尔的读培根的，都不难。很多人问我，说你给我介绍一下，我要想哲学入门要读哪些书？我首先给他们介绍，你看一看笛卡尔的《第一哲学沉思录》、《方法谈》，你看一看培根的《新工具》。这是入门之处，这是任何一个人只要他有心就可以看得懂的。但是一个普遍的抱怨就是说，怎么一到了康德就看不懂了呢？康德是一个台阶。确实，在西方哲学史上，从康德开始哲学就变成了大学教授的特权。以往的那些哲学家，不一定是大学教授，都是业余哲学家，像笛卡尔、培根，包括洛克、莱布尼茨，这些人都是业余的，他不是专门教哲学的。斯宾诺莎人家请他去教哲学，海德堡大学请他去当教授，他不去。他说我要去教的话，我有些话我就不能说了。但是唯独康德，他一开始就想在大学里面当教授，追求了大半辈子，终于得到了一个教职，然后就在大学里面当教授。这是一种专业训练，有一点类似于经院哲学，但是比经院哲学的层次更高、更难。经院哲学只是繁琐而已，并没有什么不得了的深度，你读托马斯的书，你就会发现他细得不得了，繁琐得要命，但是没有什么很高深的东西，也就是很简单的、普通人都能理解的一些东西。但是康德确实有很多是你不经过系统的训练就没办法掌握的。所以哲学从康德开始，它需要一种必要的教养；跟其他的所有的教养都不一样。所以这样一种抱怨"大部分是基于上述的那样一种很不习惯的阻抑"，就是说从康德开始，他开始探讨逻辑的内容。康德为什么对形式逻辑不满而要提出先验逻辑？先验逻辑是什么？先验逻辑跟形式逻辑相比有什么区别？这个康德其实已经讲得很多了，但是一般人就是懂不了，他总是习惯于用形式逻辑的眼光去对待先验逻辑的那些命题。"一切发生的事情都是有原因的"，这个地方，并不是说原因只是一切发生的事情的一个偶然的属性，原因是它的本质啊！一切发生的事情，它的原因就是这些发生的事情的本质，它不是一个随便可有可无的属性，它是必然要作为一切发生的事物的本质的。这个跟以往的形式逻辑的命题是大不一样的，这是康德首开其端。那么你在面临康德这样的哲学家的时候，你就必须要转换思维，你不转换思维，你的那种传统习惯的教养会害了你，你没教养还好一点，你没有受过形式逻辑的训练还好一点。比如中国人就觉得自己很容易理解黑格尔，容易理解辩证法，因为中国人没有形成那种形式逻辑思维的习惯，他觉得很正常。而且中国古代，像老子、《易经》，他们都有一些类似的说法，觉得很正常，他们没有经过形式逻辑的训练。但是西方人的思维方式，凡是有点教养的，他就会觉得很难懂。这个是黑格尔指出来，为什么人们会感到困难。当然还有别的方面的原因，包括术语、问题本身的深度，等等，但这是一个很大的原因，就是说人们不习惯这样一种思维方式。下面讲，

　　我们从以上所说的看到了人们经常对哲学著作提出完全确定的指责的理由，即有很多著作是必须经过反复阅读然后才能获得理解的，——

这样的一种指责，应该说含有某种过分的和极端的东西，仿佛只要它是有理由的，就再也容不得任何反驳了。

"从以上所说的"，前面一直在说这个问题，旁观者清，我们看出人们经常对哲学著作提出完全确定的指责的理由，就是有很多哲学著作必须经过反复阅读然后才能理解。看起来这好像不算一种理由，一本哲学著作当然要反复阅读了；但是在当时这是一种指责，就是说，你看笛卡尔的书一看就懂，培根的书、蒙田的书、卢梭的书，都那么好懂，跟散文似的，拿在手里，放在床头，睡觉之前看一段，然后明天再看一段，不知不觉就看完了。而康德的《纯粹理性批判》，你放在床头，你放一两年，都看不了几页，要反复的阅读你才能够理解。这是对它的一种指责，当然是有理由的，一种"完全确定的指责的理由"，就是"有很多哲学著作必须经过反复阅读然后才能获得理解"。但是"这样的一种指责，应该说含有某种过分的和极端的东西，仿佛只要它是有理由的，就再也容不得任何反驳了"。黑格尔的态度就是说，这样一种指责含有某种过分的和极端的东西，也不看看这个理由到底是什么理由。这个理由其实站不住脚的。"经过反复阅读"是什么理由呢？不算什么理由。你用这个理由来指责哲学著作，实际上说明你不耐烦反复阅读，所以你根本就没有读懂。你要求所有的哲学著作拿在手里一看就懂，那怎么可能？它是一种教养。哲学的书如果一看就懂，那就不是教养了，那就是心灵鸡汤了。但那是哲学吗？那不是哲学了。哲学书就是要反复地看，每一个句子都要反复地看。你一个句子看过去了你还要看过来，要翻过来覆过去地看。当然这里的反复阅读，除了有一遍遍地阅读的意思外，还有别的意思。看下面，

上文已经阐明了什么是真实的情况。哲学命题，由于它是命题，它就令人想起对通常的主宾词关系和对认知的习惯态度的意见。

真实的情况就是那些人没有反复地阅读。因为哲学命题，由于它是命题，自然"就令人想起对通常的主宾词关系和对认知的习惯态度的意见"，这就造成了前面讲的那种阻抑。哲学当然也有命题，当然也要作

判断，"存在就是无"，"存在就是本质"，"本质就是概念"，这都是命题。由于它是命题，它就令人想起这样一些意见，是关于通常的主宾词关系和对认知的习惯态度的。通常的主宾词关系是，"存在是本质"，那么存在是主词，本质是宾词，本质就是存在身上的一个属性；它的主词还是存在，存在是一个基础，然后把本质加上去，加到存在上面去。这种理解是免不了的。你有一个命题在那里，有一个主词和一个宾词在那里，人家就会这样想。这是对认知的一种习惯态度，它们都只是一种意见。"意见"，Meinung。自从古希腊以来，就把意见和真理区别开来了。在柏拉图以前，巴门尼德就有这种区分，意见和真理是不一样的。意见是说说而已，说给老百姓听的，真理是高深的，真理才是真正的知识。所以人们经常会想起这样一些意见，其实这些意见并不见得就是真理。下面讲，

　　对命题的这种态度和意见，被该命题的哲学内容摧毁了；这意见经验到，情况已经与它原来所以为的大不相同了；而对它的意见的这种纠正，也迫使认知返回到那个命题上来，现在就以另一种方式来把握它。 [44]

　　这就是"反复阅读"的更深一层的意思了，即命题的"哲学内容"迫使我们回过头来采取"另一种方式"对命题进行重读、重释，或者往回读。所以对命题的主宾词关系的那种习惯态度，那种意见，被该命题的哲学内容摧毁了。这个命题最初令人想起主宾词关系和通常的那些做法，但是那些做法和那些意见毁在了该命题的哲学内容上。为什么有阻碍，为什么受到了阻抑？就是因为通常习惯的那种思维的惯性在这里碰了壁，遭到了反击，被命题的哲学内容颠覆了。命题的哲学内容一旦展开就会把这个命题的主宾词关系颠倒过来，倒转过来，摧毁了以往的那种关系，"这意见经验到，情况已经与它原来所以为的大不相同了"。"所以为的"，meint，就是 Meinung 的动词形式，这两个词在汉语里面看不出联系来。这个"意见"跟这个"以为"是同一个词，又译作"意谓"。那见解经验到，情况已经与它原来所意谓的大不相同了。"而对它的意见的这种纠正，

也迫使认知返回到那个命题上来，现在就以另一种方式来把握它"，就是说，既然那样一种意见现在已经验到情况和它原来所以为的大不相同了，那么对它就要作出纠正了；这种纠正迫使知识回到那个命题上来，回头再来看看这个命题，并且以和刚才不同方式来把握这个命题，重新把握它。原来是很表面的，习惯了的那种意见想得很简单，主词就是一个基础，宾词就是加在主词之上的，用来描述主词的，古人就是这样说的。但是如果是一个哲学命题的话，那么命题的哲学内容一旦展开，就会把这种意见加以摧毁，迫使它对自己加以纠正，迫使认知再次回到那个命题上。我们现在以不同的方式来把握这个命题。同一个命题有两次把握，第一次，你从形式逻辑上你当然可以按照通常的意见，黑格尔并没有完全否定。你从形式推理来理解一个命题的主词宾词的关系，从表层上来说这是一个必经的阶段。但是，你一旦深入到这个命题的哲学内容——当然这里讲的都是哲学命题，不是一般的命题，不是说"树叶是绿的"，"绿的"当然不是树叶的本质，它也可以是黄的——，比如哲学命题"一切事情都是有原因的"，那是不一样的。这个哲学命题它有两次把握，第一次你可以把原因看作是一切事情的一个属性、一个表述，一切事物都是有原因的；但是第二次，你要回过头来问：原因是什么？原因是任何一个事物的本质，原因才是那个真正的事物。那个事物是什么？如果没有原因，那个事物什么也不是，正因为有了原因所以才是那个事物。所以原因才是那个事物。这个时候原因成为了主词，成为了主体，而那个事物，只不过是对这个原因的一个命名，是用来给这个原因命名的一个词而已，它不是实体，原因才是实体。所以第二次我们回到这个命题，就是以一种完全不同的方式、颠倒的方式来把握这个命题，这个时候你就进入到哲学的层次了。辩证法当然是在哲学的层次上讲的，只是在涉及事物的本质的时候，我们可以运用辩证法，一般的时候你不要滥用，滥用就成了诡辩。一般地我们讲话还是要讲究形式逻辑，不要自相矛盾，不要以自相矛盾为自豪，好像你看我多么会诡辩。在表层上面来滥用辩证法，那就成了诡辩。辩证法是涉及事物的深层次、涉及本质的时候,是在涉及哲学命题的时候,才发挥作用。你要深入到事物的本质你就会发现,事物是辩证的。你要从表面上看,如果你不涉及事物的本质,在日常生活中,我们有形式逻辑就够了。但是一旦你要探讨事物的本质,那你就要对同一个命题有两次把握,这个时候我们要回到那个命题上面,以不同的方式来把握这个命题。一般人对哲学命题、对哲学著作的抱怨,它的根源就在于人们不习惯。人们还停留在原来的那个习惯中、形式逻辑的那个习惯中,所以感到困难。下面一段,

　　当有关一个主词所说的,一会儿意指主词的概念,一会儿却又只意 {45}
指它的宾词或偶性时,对思辨和形式推理这两种方式的混淆就造成了一
种本应加以避免的困难。

　　这里总结了上述困难的原因。一个命题里面有一个主词,主词所说出来的是什么呢?如果"一会儿意指主词的概念,一会儿却又只意指它的宾词或偶性",那就乱套了。但实际上往往就是这样,主词所说出来的,可以是主词本身的概念,但也可以是宾词、偶性。当我们说"存在就是本质"时,可以理解为存在的概念就是用本质来解释、来描述的,本质被包含在存在的概念中,这是一般形式逻辑的理解;但也可以理解为:存在真正说来无非就是本质,存在不过是本质的一个名称而已,它本身没有什么内容,离开本质它什么也不是,这就是思辨的理解了。当我们转换这两种角度,转换这两种把握命题的方式的时候,我们一会儿这样一会儿那样,因而将思辨和形式推理这两种方式予以混淆,那就会造成一种"本应加以避免的困难"。我们刚才讲了,对一个命题我们有两次把握,开始那一次是比较表面的。然后,如果是深入到这个命题的本质,我们就要进行第二次把握,第二次把握是完全不同的方式,也就是一种颠倒的方式。那么这两种方式是不能够混淆的,要混淆了的话就会造成困难;你要分得很清楚,你开始是在哪个层次上面来理解这样一个命题,你如果

是在表层上理解,那你就要意识到这只是表层的理解,你不要搞混了,那个时候你就要严格地遵守形式逻辑的不矛盾律。同一个命题,你在第一次理解的时候要严格遵守形式逻辑的不矛盾律。在这方面黑格尔是做得很好的,黑格尔的命题没有矛盾。黑格尔的《逻辑学》虽然到处都讲矛盾,但是他所有的命题本身是不矛盾的。如果他的命题本身也自相矛盾,那就是一派胡言了。但是他不是。在形式逻辑上他是遵守得很严格的,康德也是这样。但是黑格尔跟康德还有一点不同,就是康德还没有摆脱这种形式思维,而黑格尔对同一个命题他有双重的理解。但双重理解并不在一个层面上,如果在一个层面上,那就是自相矛盾了。但是不在同一层面上的理解,就不构成矛盾。所以他是分得很清楚的,他反对我们不加区分地把这两种方式混淆起来,一个是思辨的方式,一个是形式推理,形式推理也就是完全按照形式逻辑,从字句上、字面上进行推理,即räsonieren。我们前面翻译成"绕来绕去",其实它就是一种表面的推理,你看它绕来绕去,它就是不断线,严格合乎逻辑。这两种思维方式不能够混淆。形式推理当然也不完全是耍嘴巴子,它还是有用的,有它的用处,在表层上面,在日常生活中它是有它的用处的,但是你不能把这种方式跟思辨的方式相混淆,否则的话就会造成困难;而这种困难本来是应该加以避免的。下面也是讲这个意思,他说,

——这两种方式一个干扰一个,而唯有那种哲学阐述方式才做得到有可塑性,它严格地排除了一个命题各部分之间的那种通常的关系方式。

这两种方式是相互干扰的,你如果把它们混淆在一起的话,它们是格格不入的,没有办法统一。因为表层的那种形式推理就是讲究形式逻辑的不矛盾律,而深层次的辩证法,它就是依靠概念的自相矛盾,这个概念的自相矛盾不是谁加给它的,是概念自身所体现出来的。一个概念,如果你要对它进行深入到本质的、触及到本质的分析,你就会发现,它会自相矛盾,它会自我否定,它会变成一个相反的概念,这是概念的本性。当然这里主要是指的哲学概念;哲学概念就有这样一种本性,一旦你对

它进行深入的分析，那么它就走向反面，就像柏拉图的《巴门尼德篇》里面分析那些概念的时候，就是这样子的：一个概念摆在你面前，你不对它作判断则已，你一旦对它作判断，想要把它的意思说出来，表明出来，你就会发现，你自相矛盾了。这个自相矛盾不是你想要或者不想要，而是概念本身它的自相矛盾；一旦展开它的内容，它就否定自身，变成相反的概念。这个是黑格尔所发现的概念的辩证法、概念的秘密。那么这两种思维方式是相互干扰的，你又要承认矛盾，但是你在形式推理的时候，你又不能容忍矛盾，它们岂不是互相干扰吗？怎么才能够使它们不互相干扰呢？他说，"唯有那种哲学阐述方式才做得到有可塑性，它严格地排除了一个命题各部分之间的那种通常的关系方式"。那种哲学的阐述方式是什么方式呢？这个我们在上一次课最后一段、也就是现在读的往上数到第三段读到这句话："所以即使在哲学命题里主词与宾词的自同性也不应该消灭命题形式所表达的那种区别，而应该有两者的统一性作为和谐而产生出来。"应该有一种和谐，这就是哲学的阐述方式。就是说，主词和宾词，它应该有区别，但这个区别又不应该是绝对的，应该有一种和谐、一种统一，在区别中有一种统一。主词和宾词当然不是一回事儿，但是它们在运动中会达成一种和谐，就像一首乐曲一样。赫拉克利特讲过，"互相排斥的东西结合在一起，不同的音调造成最美的和谐。"这个和谐就是这种哲学的表达方式，它会具有一种可塑性——可塑性就是说它容得下那些剧烈的冲突。主词和宾词在形式推理的层面上，它是坚持不能有冲突，不能有自相矛盾的地方，但是在思辨的这个层面上，它有剧烈的冲突，它会发生反击，它会自我否定。那么怎么样才能够容纳这种自我否定、这种剧烈的冲突？必须要有可塑性。哲学的表述方式必须要有伸缩性，必须容得下这种自相矛盾，并且能够使它有一种和谐的关系。而这种哲学的阐述方式"严格地排除了一个命题各部分之间的那种通常的关系方式"，也就是排除了那种死板的、僵化的、不容有任何回顾、不容有任何反击、不能容下任何矛盾的通常的关联方式。这种关联方式通过这种哲学的阐述方式就被严格地排除掉了。我们在这里看到，有两个东西的统一，一个是思辨的形式，一个是形式推理的形式。虽然这两方面互相干扰，传统的思维方式跟黑格尔所发现的思辨的思维方式互相干扰；但是，有一个更大的统一体，能够把这种思辨的思维方式跟传统的形式推理的方式和谐地统一起来。那么这种哲学的表述方式，就是辩证法。我们在这里要注意哲学的"阐述"方式，思辨的方式是一种思维的方式，但它没有考虑到"阐述"。思辨，相当于所谓消极的辩证法，它只关注矛盾，而忽视了矛盾的统一性，因此有一个表达的问题。我们在头脑里面可以从概念到概念的思辨，但是怎么把它表达出来、阐述出来，这个很重要。前面不断地讲到陈述、Darstellung，最困难的是陈述出来。熟知很容易，理解稍微难一点，但是最难的就是陈述。你能够把它用一种哲学的方式阐述出来、陈述出来，在这种陈述里面有其伸缩性，能够把那些相互冲突、相互矛盾的东西都和谐地结合在一起，这个才是最难的。这一段讲的是两个相冲突的东西怎么样通过一种哲学的阐述方式调合起来。下面一段就是说这种调和了。他说，

事实上，即使非思辨的思维也有它的权利，这种权利虽然有效，却没有在思辨命题的方式中得到考察。

这是黑格尔很重要的一个特色，就是说，他批判非思辨的思维，但是他并不是完全拒绝、抛弃非思辨的思维，他是扬弃。非思辨的思维也有它的权利，你不要把它看得好像一钱不值，好像黑格尔已经把形式逻辑完全抛弃了。很多人指责黑格尔，就是说他完全不讲形式逻辑，好像黑格尔对于这种非思辨的思维采取一种完全拒绝的态度。其实你太小看黑格尔了，黑格尔对于非思辨的思维是非常认可的，他只是认为这种思维还不够，但是如果你没有这种思维，那是不行的。这种知性的思维方式、这种形式逻辑的思维方式、这种形式的推理，你没有它还不行；你要进入到辩证思维、思辨的思维，你还必须从非思辨的思维入手。你连形式逻

辑都还没有搞清楚，你谈何辩证思维、谈何辩证逻辑？我们很多谈辩证逻辑的，就是连形式逻辑都没有掌握，就来大谈辩证逻辑，矛盾百出，不以为耻反以为荣，认为自己很高深，发生形式逻辑的矛盾的时候，他就洋洋得意。这个是不对的。黑格尔是非常讲究形式逻辑的，你只要说他哪一句话违背了形式逻辑，那么经过他一解释，就完全不违背形式逻辑了，是你自己理解有误。他的命题都是有前提的，你要从他这个前提去理解这句话，你就发现他顺理成章，他一点也不违背逻辑规律。你断章取义，你从中间截取一段，用形式逻辑对它来加以裁断，那你当然就会发现到处都是矛盾，但是你要把它当成一个总体来看，这些矛盾都化解了。形式逻辑也要讲条件，他在这个条件之下讲的这一句话，那就不是自相矛盾的，而是能够言之成理的。所以他很重视形式逻辑，认为非思辨的思维也有它的权利。他说"这种权利虽然有效，却没有在思辨命题的方式中得到考察"。形式推理的思维它有效，它的有效性何在？它不是像一般形式逻辑学家所认为的，单纯是一种思维的形式技巧、思维的形式工具，而是在于它的内容，它的有效性在于它的命题本身的内容，是它的内容使得它有效。但是它的内容同时也会使得它这种有效性受到限制，因为活生生的内容虽然使形式有效，但它本身和形式不在一个层面上，它有自己更广阔的活动领域。形式逻辑虽然很有效，但是形式逻辑的有效性从来都没有在思辨的方式中得到考察，一直都没有。自从亚里士多德以后，亚里士多德本人还有一点点，柏拉图也有一点，但是自那以后，形式推理就再没有"在思辨的命题方式中得到考察"。什么叫在思辨命题的方式中得到考察？就是黑格尔在《逻辑学》里面所作的。——黑格尔《逻辑学》的"概念论"，里面一开始就讲"主观概念"，什么是主观概念？就是讲形式逻辑，就讲形式逻辑的那些概念、判断、推理的划分。他那个划分跟传统形式逻辑的划分有一致之处：概念的普遍、特殊、个别、判断的分类，推理的三段论，一个一个地用思辨的方式来考察它们真正的内涵。这个就是黑格尔作出的榜样，但是在此之前没有人这样作，没有人用辩证逻辑的眼光来对形式逻辑的那些规律加以考察。黑格尔是第一个这样作的，后来也没有了，就是黑格尔作过这件事情，他考虑了它们的具体的内容——是什么东西使它们有效？它有效，是不是因为我们思维的结构就是这样的，上帝造成我们就是这样一个大脑，我们就只好这样思维？不是的。黑格尔认为，还是因为事物的本性是如此，所以形式逻辑才有效。那么事物的本性如何使得形式逻辑有效？黑格尔在《逻辑学》里面作了深入的阐述。有时候我们觉得他有些命题很怪，比如说他经常讲"一切事物都是一个推理"、"一切事物都是一个判断"。我们会觉得，把两件毫不相干的东西扯都到一起，能扯得上吗？他就是这样把形式逻辑从一种逻辑的思维方式、思维技巧，归结到本体论和认识论，归结到世界的构成方式。世界就是这样构成的，所以我们才这样判断，才这样推理。这就叫在思辨命题的方式中来考察形式推理、非思辨的思维。非思辨的思维有它的有效性，但是还没有得到过思辨的考察，那么黑格尔要做的就是这个。他没有否定非思辨的思维，但是认为要在思辨的命题中对它加以深化，追根溯源，追溯到它的本质。辩证逻辑和形式逻辑的这个关系，我写过好几篇文章都是谈这个的。辩证逻辑是形式逻辑的根；你要追根、你要寻根，你不能寻到人的大脑结构，心理结构、生理结构，而只能够寻到世界就是这样构造起来的。维特根斯坦也讲过：语言的结构就是世界的结构，也涉及这样一些问题。我为什么这样说话？就因为世界是这样构造的，我们才这样说话。下面讲，

扬弃命题的形式这件事，决不能仅仅以直接的方式来做，即不能仅仅凭借命题的内容。相反，必须把这个对立的运动说出来；这个运动必须不仅仅是那个内部的阻抑，而是必须把概念向自身的这种返回陈述出来。

这句话有一点转折了。"扬弃命题的形式这件事，决不能仅仅以**直接的**方式来做"，命题的形式是要加以扬弃的，那么如何扬弃？决不能仅仅以直接的方式予以扬弃。"直接的"打了着重号。扬弃肯定是要扬弃，

命题的形式、这种非思辨的思维的形式、这种形式推理的形式，我们要扬弃它，但我们不能以直接的方式来做。什么叫直接的方式来扬弃呢？即"不能仅仅凭借命题的内容"。命题的形式当然跟内容是有冲突的，思辨的思维和形式推理的思维它是有冲突的，它表现为形式和内容的冲突，但是你不能以直接的方式仅仅通过命题的内容来扬弃它的形式。就是说，你抓住它的内容，你把它形式抛弃掉，那我们就不要形式了；既然形式不反映本质，那我就不要形式，我们就直接地切入到内容、切入到本质多好呢？但是黑格尔认为这样做不行。下面讲，"相反，必须把这个对立的运动说出来；这个运动必须不仅仅是那个内部的阻抑，而是必须把概念向自身的这种返回**陈述**出来"。"陈述"打了着重号。关键词，前面的"直接的"打了着重号，这个地方是"陈述"打了着重号，相互对照的。那么我们不能仅仅以直接的方式予以扬弃；"不能仅仅"，就是说单凭直接的方式，单凭对内容的直观，是不行的，或者是不够的。那么要怎么扬弃呢？他说，"必须把这个对立的运动说出来"，这个对立的运动就是反向运动，本来命题是从主词到宾词的直向运动，现在回过头来，从宾词到主词来了一个反击。"必须被说出来"，这个"说出来"很重要。前面讲了"哲学的阐述"！我们提醒大家注意了，前面谈到过的那种"哲学阐述的方式"才会具有伸缩性，才能够"严格地排除一个命题各部分之间的那种通常的关系方式"。那么这里就讲到了，必须要说出来。"这个运动必须不仅仅是那个内部的阻抑，而是必须把概念向自身的这种返回**陈述**出来"。一个是说出来，一个是陈述出来，都是同样的意思：阐述出来、哲学的阐述。这几个词都是一脉相承的，就是说，说出来和陈述出来，这都已经是一种形式了，当然它是有内容的形式。你不能够仅仅停留在"直接的方式"、对内容的直观上。不仅仅是我内在地受到了阻抑、受到了反击，那个是很被动的，用直接知识逃避形式逻辑的矛盾是无济于事的。当命题的形式被颠覆时，必须积极应对。如何应对？"必须把概念向自身的这种返回**陈述**出来"。你要把它陈述出来，而不能仅仅停留在内容上，不能仅仅停留在你的内心的感受上面。思辨所看到的东西必须要说出来，思辨是一种投机，Spekulation，我们前面讲到，它是一种预测，但是这种预测还没有说出来，还没有陈述出来，把它变成一种有形式的东西。你所思考到的这种内容使你不满足它原来的那个形式，那么你就该给它一个新的形式。你不能不要形式，你认为形式逻辑不能表述你那个意思，那么你给它一个辩证逻辑，你不能不要逻辑。辩证逻辑就是陈述，就是逻各斯，逻各斯本来的意思就是表述，就是说话、展示。你要把它说出来，你不能停留在内心、可意会而不可言传、意在言外，那是不够的。你要把你那个意思说出来，不管怎么样，采取什么方式，哪怕采取跟以前大不一样的方式，你也得把它说出来。这就是黑格尔为什么能够建立起辩证逻辑，它的这个关键就在这里。他想要把他所意会到、感悟到的那种思辨的内容，用一种逻辑的形式把它表述出来，陈述出来，把它变成一个反思的体系。谢林就没有这样做，所以谢林就没有辩证逻辑；谢林有辩证法的思想，但是他还没有辩证逻辑，他没有把这个逻辑本身陈述出来，反而诉诸直观——理智直观和艺术直观，诉诸神秘的东西。到晚年甚至诉诸神话，诉诸不可言说的东西。黑格尔认为这个是走偏了。作为一个哲学家，必须要把它陈述出来，把你的那种思辨的思维陈述出来，把它变成一个体系，变成一套逻辑；虽然这跟传统的形式逻辑完全不一样，但它还是一个逻辑体系。下面讲，

　　这个解决了通常应该由证明去解决的问题的运动，就是命题本身的辩证运动。

　　这个"运动"，就是上面一句讲的必须被说出来的"对立的运动"，它不是那种"内在的阻抑"，而是"必须被陈述出来"的运动，这个运动解决了上面的问题，即遭到颠覆、遭到反击的问题，这个问题通常是应该由形式逻辑的证明去解决的。当然单凭证明是解决不了问题的，必须投身于运动中。这样一种概念返回自身的运动、这样一种解决了通常应该由证明来解决的问题的运动，"就是命题本身的辩证运动"。就是说，这样一

个运动是命题本身所形成、所导致的,而不是我加上去的,不是说我发明了一种新的思维技巧、辩证逻辑技巧,按照它来操作。很多人把辩证逻辑理解为一种新的思维工具、一种新的思维技巧,提出所谓"辩证逻辑的形式化",想把辩证逻辑形式化,变成另外一种跟形式逻辑相并列但是比形式逻辑似乎在某些时候更管用的逻辑。那么一旦建立起来,我们就可以把它输入电脑,输入程序,在遇到辩证问题的时候,我们就可以通过电脑把数据输进去,然后就直接得出结果。这就不需要我们动脑子了。现在形式逻辑、数理逻辑已经做到这一步了,我们可以通过计算机解决问题,不需要你开动脑筋在纸上算来算去的。像陈景润当年的哥德巴赫猜想,写了成吨的纸,电脑里面几分钟就解决。电脑算起来多快。于是有人说,辩证思维是不是也能这样呢? 很多人有这种想法,搞了几十年,现在好像也没有什么结果。因为辩证逻辑本质上不是这种形式思维,它有形式,但这个形式是不能够形式化的,它是内容本身的形式,它是"命题自身的辩证运动"。你不能把这种运动剥离命题自身,成为一套罩在任何一个命题身上的外在形式。那是不可能的。它必须要通过命题自身来完成。下面讲,

唯有这个运动才是现实的思辨的东西,只有对这个运动的表述才是思辨的陈述。

我们这里要注意,"唯有这个运动才是**现实的**思辨的东西","现实的"打了着重号。就是说,这个运动跟思辨的东西还不完全一样,这个运动肯定是要表达思辨的东西,但是它跟思辨的东西不同的地方就在于,思辨的东西它是内在的,它还没有表达出来,那么我们必须要通过这样一种运动、这样一种命题自身的运动,也就是通过一种辩证逻辑的陈述,把这个思辨的东西表达出来,使它成为现实的思辨。思辨的东西在它没有表达出来之前,它还是非现实的,它在非现实的领域里面飞来飞去。前面已经讲到,这种思辨的东西它得出的概念是非现实的。为什么是非现实的呢? 因为它还没有体现出它的自身运动、自己运动。它是一些死的

概念、拟想出来的、主观的一些概念，思辨的东西最开始是一种主观概念；但是一旦你把它陈述出来，变成一种具有本身形式的东西，那么它就成为一种现实的思辨的东西了。他说"只有对这个运动的表述才是思辨的陈述"。思辨的陈述就是对这个运动的表述。思辨就是要把握运动，但是把握运动以后你怎么能够说出来呢？你可意会而不可言传吗？我们经常讲，运动是不可理解的，你要理解的话，那是违背形式逻辑的，哪怕最简单的运动。恩格斯讲，最简单的机械运动也已经是矛盾，就是某物在同一瞬间在某处同时又不在某处。这是什么话呢？这在形式逻辑上绝对不可能的，是违背形式逻辑的。但是每个人都知道这个意思是对的，就像芝诺证明运动不可能，但是人人都知道运动是可能的而且是现实的。恩格斯这句话不是在形式逻辑层面上来说的，它是在辩证逻辑的层面上来说的。在辩证逻辑的层面上，他说出来了，你就能够从他说出来的这句话里面把握它的意思。黑格尔也说，这就是这个概念本身的运动，只有这个运动才是现实的思辨的东西，只有对这个运动的表述才是思辨的陈述。它必须说出来，而且它已经说出来了，你不能说既然它是运动，那么我就不要去说它，反正你说了也说不中它——运动就在于它不能抓住，你一抓住它就静止了，它就不是运动了。那么我们就不要去说它。孔子讲，"天何言哉；四时行焉，百物生焉，天何言哉？"天就是春夏秋冬，四时行焉，百物生焉；它不说话，它不去表示，这就是运动了，这就是生长了，它不说话。一说就不是的了，你要想用语言去规定它，那就不是的了。但是辩证法就是要说不可说的东西。只不过有个前提，就是对不可说的东西你要有体会。你要把体会跟说、跟语言结合起来，用黑格尔的话来说就是，把思辨和陈述、表述结合起来。思辨的陈述跟一般形式逻辑的陈述是不一样的。形式逻辑的陈述是可以不动脑子的。或者它动脑子它也是动的不费脑子的那一部分。比如说计算。计算当然要用脑子，我们人只能运用脑子计算，但是它是最不费脑子的一部分，你可以把它输入电脑，让它代替你。但是感悟是电脑不可代替的，思辨是电脑不可代替的。

这种陈述就是思辨的陈述,它跟形式逻辑的陈述是不一样的。下面讲,

作为命题,思辨的东西仅只是**内部的**阻抑,仅只是本质向自身中的一种**并非定在着**的返回。

思辨的东西作为一个命题来说,它只是内部的阻抑。内部的阻抑是什么意思呢?就是内心感到受到了阻碍,遇到了反击,遇到了矛盾,撞了墙,碰了壁。按照原来的那种思维方式、形式逻辑的命题方式推不出来了,或者推出相反的东西来了,推出鬼来了,推出完全预料不到的东西。我们被捉弄了,被什么捉弄了? 被理性的狡计,理性把我们大家捉弄了。那么我怎么办呢? 我就只能够在内心感到有这么回事儿,只是内心的阻抑,内心的一种痛苦,说不出来。他说,"仅只是本质向自身中的一种**并非定在着**的返回"。本质向自身中的返回,但却是一种"**并非定在着**"的返回。并非定在着的,就是说它还没有现实性,它还没有实实在在的定在;也就是一种主观的返回,它还没有表现为一种客观的定在,还没有看得见摸得着抓得住的东西,它只是一种内心的感悟,这种感悟还没有凝聚在某一种形式上面,还没有被表达为、被陈述为一种形式。如果陈述为一种形式,那就有了定在了:这个命题在那里,你去查就是了,你去看就是了,你去读它就是了;但现在还没有,它还是一种内在的、内心的感悟。思辨的东西作为命题,仅只是内部的阻抑,仅只是本质向自身中的一种并非定在着的返回。当然这是"作为命题"而言的,作为命题就是说,它还是在形式逻辑的框框中,还没有创造出自己的辩证形式,它用这一套旧框框感到难受,感到受阻抑。但它本身并不是命题,不是形式逻辑的那套主词和宾词的固定关系,在这样的命题上,思辨的东西只是一种没有说出来的东西。思辨的东西只是内在地感到了一种阻抑;感到这种内在的阻抑,你就向自身返回了,你就返回到自己内心了,只可意会而不可言传。这种内心的返回,在找到自己的陈述以前,它没有它的定在。下面讲,

因此,我们看到我们时常被哲学的阐述引导到这种**内心的**直观,并

因而不再去陈述命题的这个辩证运动,而这种陈述是我们当初所要求的。

"因此",也就是说,思辨的东西作为命题只是一种内部的阻抑,它没有它自身的定在,因此我们时常被哲学的阐述引导到这种内心的直观。当然哲学是要阐述,要说出来;但哲学阐述在命题的形式下,它不是一种思辨的陈述,而是让命题形式引导我们去进行这种内心的直观。你这种思辨的东西在命题中已经是内在的阻抑,已经感到了那种堵塞了,你就应该让它畅所欲言,要陈述出来。但是在哲学阐述的时候,往往不是做这个工作,不是把这种思辨的东西陈述出来:这个命题有怎么样的一种自身的运动、自我否定的辩证运动,你能把它陈述出来吗? 但是一般的来说,哲学的阐述它往往不是这样,而是很容易就把人们引导到内心的直观。既然命题形式被摧毁了,我就排斥任何形式,只限于指引自己去返回内心直观。当然思辨的东西,它是内心直观、内心体验、只可意会不可言传,但是一般的哲学阐述就引导人们去意识到它的这种不可说,但是却不引导人们去说不可说。你看,"我们发现我们时常被哲学的阐述引导到这种**内心的**直观,并因而不再去陈述这个命题的辩证运动,而这种陈述是我们当初所要求的"。思辨的东西使我们内心遭到了反击,而这种反击在形式逻辑的命题形式下是不可能表达出来的,因为它是更深一个层次;那么哲学的阐述因此就引导我们说,既然它不能用形式逻辑表述,那我们不要表述了,我们就靠内心的体验、直观,就可以直达本心,明心见性。那还说什么呢,那就不要说了。有点像禅宗的那个意思——不立文字。禅宗讲不立文字,你不要相信这个文字,文字都是假的,我们就直达本心就够了。从形式逻辑的眼光来看的确是这样,辩证运动不能说,一说就错,每句话都是错的,那我们就不要说了。当然他们还在说,哲学家还在说。像谢林就还在说,谢林最后就是讲内心的理智直观、艺术直观;就是靠艺术直观来解决问题。那么就不再去陈述了,不再去顺理成章地从逻辑的意义上、从辩证逻辑的意义上来陈述这个辩证运动了。把不可说这一点说出来,就是最后一言了。但是这个辩证运动是如何进行的呢？他们就放弃了这样一个工作，放弃了把这个辩证运动陈述出来。其实这个辩证运动还是可以说的，只是需要转换一下立场，或者需要增加一个维度：把不可说的东西和说出来的东西，把它变成一个东西。那就是辩证的思维。这是黑格尔所主张的，所以他讲，"而这种陈述，是我们当初所要求的"。"我们"就是旁观者了，我们之所以读《精神现象学》，不就是要看它是怎么陈述的吗？你现在不陈述了，那还有什么看头呢？那就每个人回去顿悟得了。所以这样一种哲学的阐述引导人们去进行一种内心直观，实际上是放弃了陈述这个辩证运动的使命。再看下面，

  ——**命题**据说要表达**什么**是真实的东西，但真实的东西本质上就是主体；作为主体，真实的东西只是辩证的运动，只是这个产生自身的、推导出自身并返回自身的进程。

  "命题"打了着重号，"什么"也打了着重号。也就是说，命题按照它的形式逻辑的使命，据说所表达的是真实的东西的"什么"；"但真实的东西本质上就是主体；作为主体，真实的东西只是辩证的运动，只是这个产生自身的、推导出自身并返回自身的进程"，也就是说，命题并不适合于表达真实的东西的主体和运动。因为真实的东西不单单是一个"什么"的问题，而更根本的是一个"怎样"的问题，不单单是一个实体的问题，而且更是一个主体的问题。所以他说，"但真实的东西本质上就是主体"。真实的东西就是主体，但命题却不去表达主体。当然在形式逻辑里面，命题里面也有主词 Subjekt，主词和主体本来就是一个词，但形式逻辑并没有把主词当作主体来理解。如果要当作主体来理解，那么"真实的东西只是辩证的运动，只是这个产生自身的、推导出自身并返回自身的进程"。主体的真正的含义在于它是主观能动的东西，就是能够自己生成自己、推导出自己并返回自己的东西，而这是主词所不能包含的意思。作为一个主词来说，从形式逻辑上来看，它只是命题的基础，从亚里士多德来看，它也是其他一切属性的基础。但是在黑格尔这里，真实的东西在这个意义上就不仅仅是一个基础了，它就是主体；作为主体，它是辩证

的运动。它不是一个静止的、固定的基础，而是一个过程，是这个产生自身、推导出自身并返回自身的进程。这里有三个层次：一个是产生自身——它自己就是有生命力的，自我产生的；一个是推导出自身——它不但有生命力，而且这个生命力还要延续，成为一个系列，把自身的内在的东西一步一步地推导出来；并且最后要返回自身，就是说这个推导不是推到别的地方去了，哪怕是推到别的地方，也是推回到了自己，是更深地进入到了自身。看起来好像推出了别的东西，但其实还是更深地把自己推出来了。所以它是返回自身的进程，是深入到自身、进入到自身这样一个进程；这个进程就是主体了。什么是主体？就是这样一个产生自身、推导出自身并返回自身的进程。这就是主体，这就是辩证的运动。下面，

——在通常的认识里，构成这个被表述出来的内向性方面的是证明。但在辩证法与证明分开了以后，哲学证明这一概念实际上就已经丧失了。①

在通常的认识里所依靠的是形式逻辑，所以每当遇到要认识事物内部的方面时，既然不能通过直观和感性来把握，那就只有通过证明了。"在通常的认识里，构成着这个被表述出来的内向性方面的是证明"。内向

---

① 在黑格尔看来，两个对辩证法和证明相分离的最重要的捍卫者就是亚里士多德和康德。亚里士多德把辩证法理解为正位论，它是从那种仅仅似真性的命题出发的，因而是与严格的演证有区别的。参看《正位篇》A,1。对康德来说，《纯粹理性批判》中的辩证论只是一种"幻相的逻辑"。——丛书版编者

　　[按：该注释有误。亚里士多德不是把辩证法理解为正位论，而是在《正位篇》（亦译作《论题篇》）中第一卷第一章开宗明义就区分了"证明的推理"和"辩证的推理"，（参看亚里士多德：《工具论》（下），余纪元等译，中国人民大学出版社2003年版，第351页），但《正位篇》并不是专门谈辩证法的，它只是为包括辩证推理在内的一系列词项派定正当的位置。至于康德的辩证论，并不是由于它是"幻相的逻辑"而与证明的方法相区分，而是由于它属于先验逻辑而不同于数学和形式逻辑的证明。康德在"先验方法论"部分指出，证明的方法在知性方面只能运用于经验，在理性的方面则完全是幻相；所以在两种情况下都不是哲学的证明方法。参看A786=B814。——作者]

性，Innerlichkeit，内心的方向；"被表述出来的内向性"，如何把内向性表述出来、说出来？以往都是通过证明，按照形式逻辑的推理规则，根据现有资料构成一个证明链条，步步深入地去推断。但这种方法是一种外部操作，前面已经被从哲学的方法中排除了。它只适合于通常的认识。在通常的认识里面是通过证明来挖掘内向性的。一个命题内部方面有些什么内容，你要通过证明，你要提供证据。你要通过别的一些判断、一些推理来给它提供证据，来证明它里面包含有这样一些含义。而这样的证明当然是可以被表述出来的，它在形式逻辑上是可以说得清清楚楚的。"但在辩证法与证明分开了以后，哲学证明这一概念实际上就已经丧失了"。"辩证法"跟"证明"要分开。当然黑格尔并没有完全否认证明，康德也没有否认；康德在《纯粹理性批判》的"方法论"里面讲到过"证明的方法"，说证明的方法通常是数学所采用的，在哲学里面不宜。哲学里面当然也有证明，但是哲学的根本不是建立在证明之上的，而是别的东西，它有"先验的阐明"，有"先验的演绎"，有"形而上学的演绎"等等，有这些方式。但不是通过数学证明的方式，不管你是通过一般的证明还是通过归谬法、反证法的证明都不行。对于哲学来说，这些证明的方式都太低层次了。这一点康德早就已经指出来了。那么黑格尔在这里再一次指出来："在辩证法与证明分开了以后"，——辩证法是一套陈述的方法，它跟证明的方法是完全不同的——那么在分开以后，"哲学的证明"这样一个概念事实上就丧失了；哲学里面就不宜于采取证明的方式。哲学证明那是张冠李戴。你可以说有数学证明，但是你不能说有哲学证明。偶尔黑格尔自己也提到过，哲学里面的证明，但他那个意思已经跟传统的这个理解大不一样了。我前不久接到一篇博士论文，标题就是《黑格尔哲学中的证明》。他把黑格尔所有的这个推理、所有的判断、所有这些东西都把它归结为黑格尔的证明。这论文写得不是很好，当然我也没有完全否认它，给它的分不高。就是说，这完全是把黑格尔形式化的一种不成功的尝试：你想用一般的形式逻辑的证明的方式来理解黑格尔的那些命题的推演，那是不够的；或者说那是不对路的。黑格尔明确地把辩证法和证明划分开来，区分开来。证明更多地是一种数学的方法，数学可以证明；但是辩证法里面它所要求的不是证明，是陈述，或者用后来胡塞尔的话说，是描述。它可以描述这个过程，在描述中它有章法，有节奏，这就是一种陈述的、一种描述的逻辑。胡塞尔不是也有《逻辑研究》吗？它是一种描述的逻辑、一种陈述的逻辑，它在描述和陈述里面，它有它的章法，有它的推理方式，这个跟传统的证明方式是完全不一样的。所以黑格尔认为，哲学证明这样的概念事实上已经丧失了。所以我们在黑格尔体系里面，基本上很少发现他采取证明的方式来说明他的一个命题；它是推演、它是分析、它是揭示一个概念它的真正的含义是什么，那你就要去体会。但也不是光是体会，体会了以后你要能把它说出来，用一种确定的形式把它说出来，这就是黑格尔所要求的。

好，我们再继续往下，今天还任重道远。下面这一段：

关于这一点，可以加以提醒的是：辩证运动同样也会以命题为其组[45] 成部分或元素；因此，上面所指出的那种困难似乎就会不断返回并成为事情本身的一种困难了。

前面讲了，辩证法跟证明分开了，也就是辩证法跟通常理解的命题是不一样的，通常理解的命题把思辨的东西仅仅看作是一种内部的阻抑、一种内在的只可意会不可言传的东西，而思辨的东西本身一旦陈述出来，它跟原来的命题和证明就是两码事，是两条路。但是，关于这一点，他这里又加了一个提醒，黑格尔又反过头来又说，"辩证运动同样也会以命题为其组成部分或元素"。元素是不可或缺的组成部分，康德讲"先验要素论"，要素论就是元素论，意思是基本的组成部分。也就是说，命题虽然跟辩证的运动不在一个层次上面，但是命题也是构成辩证运动的一个必要成分，或者说，命题的形式也是不可跨越的阶段，你要首先从这个阶段跨进去。你从别的地方是跨不进去的，你要从直接的感悟、从信仰、从直

550

觉、从情感，那是跨不进去的，必须要从命题的形式你才能跨进去。注意这里用的是虚拟式，就是说辩证运动现在还没有发动起来，而一旦发动起来，它就会是这样，这里是预先提醒。但这样一来，"上面所指出的那种困难似乎就会不断返回并成为事情本身的一种困难了"。这里仍然是虚拟式。"上面指出的那种困难"，也就是说，思辨的东西和非思辨的东西相互之间的互相干扰、经常造成误解这样一种困难，会不断地返回来，因为它总是以命题为其组成部分或元素。辩证的运动不能够摆脱命题，它总是会有命题，总是会有"是什么"的问题。"主词是宾词"，这样一个命题总是要摆在那里；而一旦摆在那里，它必然会引起误解，必然造成困难。一旦误解，你就要花大力气，你才能够深入到它的里面消除误解，才能把思辨的陈述进一步作出来。一个命题你要把它里面的思辨的含义把它陈述出来，那是很难很难的，一般人习惯了命题的方式，是很难作出来的。所以这个困难是要不断地克服的，不是一劳永逸的；你解决了一个问题，下面的一个仍然会有同样的困难。所以这个困难要不断地回来，并成为事情本身的一种困难。事情本身就是难的。事情本身，我们前面多次提到，黑格尔的事情本身就是事情的实体、事情的内容、事情的本质。那么在这个事情本身里面，它就有一种固有的困难，不是那么轻轻松松的。你以为在学校里面学了形式逻辑，你就可以解决一切问题？没那么简单。面对每一个问题你都要具体地对待，具体去解决，都会面临同样的困难。你不能习惯性地把握这个命题，你要深入，要打破你的习惯，你要感到阻抑，你要感到不愉快。然后你才能够深入一点，深入一步，把握它内在的东西，把它陈述出来。最难的是把它陈述出来，你理解了以后还不够，你要能把你理解的陈述出来，它才成为现实的。不然的话还是意见，还是虚无缥缈的。黑格尔非常重视语言，重视陈述，认为说不出来的东西就等于没有。你要有，你就可以说出来，你必须说出来。这个是一种非常强的要求，今天我们已经没人提这种强的要求了。就是说，黑格尔不相信有什么真正有价值的东西是说不出来的，凡是说不出来的，都是没有价值的，凡是有价值的，你就能说出来。所以后来克罗齐说，语言学跟哲学是一回事情，所谓表现说，美就是成功的表现，凡是美都是能够表现出来的，凡是表现不出来的就不是美。你不能说我心里有很多美的东西，我只是说不出来，就像一个画家，说我有很多美丽的画，可惜画不出来，那个人家不承认；你说不出来就是没有。你不要暗示，你要表现，要说。克罗齐是一个新黑格尔主义者，他说的也是黑格尔的要求，就是一定要说出来。那么这就会形成一个困难，就会永远不断地制造麻烦。你要勇于面对这些困难，面对这些麻烦，你要习以为常，你要把这些困难看作事情本身的困难，那就会激发你的生命力；你不要偷懒，你不要看到困难就往后缩，你要迎着困难上。下面讲，

——这种情况与通常在证明里所发生的那种情况相类似：证明所使用的根据本身又需要一个根据，如此递进，以至于无穷。

这个是非常常见的，哲学家们经常遇到这样一些问题，就是无穷后退的问题，你要找一个根据，那么根据又要有根据。在康德那里，先验理念的设立就是为了解决无穷后退的问题。斯宾诺莎批评笛卡尔的"我思"，也是指出它会导致"我知道我知道我知道"的无穷后退，他的解决办法是诉诸理智直观。总之，要么设定终点，要么设定起点，都是要打断证明的无穷链条。这个问题是形式逻辑的证明本身带来的，因为形式逻辑在推理中，它的这个大前提是假定的，那么你要把形式逻辑贯彻到底你就必须要无穷后退，就像康德说的，理性的逻辑运用必然会导致无穷后退。最后退到什么地方呢？我们看不到终点，只好假设退到一个理念，退到无限远处的一个无条件者，它再不能退了。设定形式逻辑的推理就是要推出一个无条件的条件；但是这个无条件的条件只是一个理想，只是一个理念，不是一个事实，也不是一种知识。那么上面讲的这种辩证运动的情况，跟形式逻辑证明的无穷后退的情况有些类似。但我们要注意，辩证运动虽然不断地要遇到困难，它就像通常在证明中的这个无穷后退一样，有一点类似，但是它们还是有本质的区别。你不断面临困难

又要去解决困难,这有一点像我们通常讲的"走着瞧"——我们边走边看,我现在解决不了,说你看到后面你就会明白了;但是看到后面,又有后面的问题,所以始终不明白。这个辩证的运动,有一点类似这种情况,就是无穷后退的情况。所以他下面讲,

　　但是这种寻求根据和提供条件的形式,是属于与辩证运动不同的那种证明的,因而是属于外在的认识的。

　　辩证运动跟这种无穷后退还是不一样的。康德讲的那种无穷后退,只说明康德还停留在外在的认识。当然他已经意识到有内在的东西了,但是他把这个内在的东西,把它放到另外的一个领域、自在之物的实践的领域。而在理论的领域里面,康德还是一种外在的认识。康德的那种辩证法、那种辩证论,在他那里是一个贬义词,就是说,你一旦遇到了辩证运动,那就是遇到了无穷后退,那就会陷入到二律背反。所以为了避免二律背反的混淆,我们必须要划清物自体和现象之间的界线。因此在黑格尔看来,康德的那种思维方式还是属于一种外在的认识、一种知性的形式推理。所以他讲,"这种寻求根据和提供条件的形式,是属于与辩证运动不同的那种证明的,因而是属于外在的认识的"。前面讲,哲学已经丧失了它的证明,在哲学领域没有证明。那么你要提供根据的根据,它还是属于一种证明,它跟辩证的运动是完全不同的。下面,

　　至于辩证的运动本身,那么它的元素是纯粹概念;它因此具有一种在其自身就已经彻头彻尾地是主体的内容。

　　前面讲到那种无穷后退跟这个辩证运动完全不同,辩证运动怎么不同? 他说,这种辩证运动"它的元素是纯粹概念;它因此具有一种在其自身就已经彻头彻尾地是主体的内容"。前面是一种形式的推理,这里是一种辩证的运动。辩证运动的元素是纯粹概念;纯粹概念它是自身具有内容的,它"具有一种在其自身就已经彻头彻尾地是主体的内容"。概念和主词、宾词和命名都是不一样的,概念是有内涵的、有内容的。有什么内容呢? 就是"彻头彻尾地是主体"。就是说,不是要由你去寻求根据后

面的根据，而是这个辩证的运动自身，它就是彻头彻尾的主体，它自己展开自己的内容，它自我生长。它的困难在这里，它不是永远面临着要寻求另外一个根据这样一种困难，而是说它自己要生长起来很难很难，要花力气；你要跟上辩证运动的步伐，你也得要花力气，因为它的内容本身是一种彻头彻尾的主体。不是由你去加给它一个根据，不是的。它自己会发展出自身，它自己永远都是这个发展的根据，这个发展永远无止境。它也是不断地后退，回溯自身，但这个后退，它是自行后退；不是说你为一个三段论的大前提找另一个三段论作为它的根据，这是形式逻辑的搞法。辩证运动是自己不断地向内追溯它的根据。它遇到的困难是这样的。下面讲，

因此，并没有发生这样一种会体现为基础性的主体的内容，仿佛可以将主体的含义作为一个宾词而归之于这内容似的；命题直接地就只是一种空洞的形式。

"因此"，也就是因为辩证运动的这种主体性的缘故，"并没有发生这样一种会体现为基础性的主体的内容"。也就是在辩证运动那里，根本就没有这样一种内容，它体现为一种基础性的、奠基性的主体，因为前面讲了，辩证运动本身具有"彻头彻尾地是主体的内容"，所以它的内容不会体现为基础性的一个主体、一个主词，不是为其他东西奠基，而是自己运动。所以接着就说，"仿佛可以将主体的含义作为一个宾词而归之于这内容似的"，就是说，奠基性的那种主体，它的内容或含义会被看作一个附属的宾词，这个内容好像是一个宾词，而它的基础，就是主词，好像是这样一种内容。好像宾词是属于主词的内容，它可以变来变去，而主词是不变的基础。比如说"上帝"是怎么样的，那么我就给他加上一些宾词：上帝是全知的、是全能的、是全在的、是慈爱的，是怎么怎么样的，那就是上帝的内容。上帝是一个不动的主词，宾词就是加在它上面的内容。但是在辩证运动里面，根本就不会发生这样一种内容，不会有这样一种内容，好像只是作为宾词才有自己的意义，好像它自身没有主体性，它自

身不能作主词, 它只是用来描述、用来述说那个主词似的。所以下面讲, "命题直接地就只是一种空洞的形式"。在辩证运动里也讲命题, 但这命题不是像形式逻辑通常所理解的那样有一个固定的主词, 然后把宾词的内容加在上面; 相反, 这个命题的内容已经换上了辩证运动的那种"彻头彻尾是主体的内容", 这是从命题的字面上看不出来的。就命题的字面上直接看来, 它就只是一种空洞的形式。命题的形式就是主词和宾词, 它只要主词和宾词不自相矛盾, 就够了, 至于它的内容是什么? 不考虑的, 所以它只是空洞的形式。下面一句:

——除去感性地直观到或表象出来的自身之外, 这个自身首先是名称, 即表示着纯粹的主体、表示着空洞无概念的"一"的那种名称。 {46}

这个主体或者主词, 如果去掉它的内容, 如果"除去感性地直观到或表象出来的自身之外", 它的这个"自身"Selbst 就只剩下一个名称, 当然它"首先"是名称, 它是使那些感性内容得以可能的一个形式条件。在亚里士多德那里, 只能作主词而不能作其他主词的宾词的, 那就是主体自身, 那就是实体。所以在亚里士多德那里个别实体是第一实体, 比如说苏格拉底, 世界上只有一个, 有名有姓。这样的个别实体当然就是感性的东西, 就是"这一个"。但是如果把其中的感性直观的质料去掉, 那它就剩下一个专名, 苏格拉底这个名称, 它就是一个形式, 也就是这里说的, "表示着纯粹的主体、表示着空洞无概念的'一'的那种名称"。这样一个主体、这样一个主词, 除去里面感性直观到的自身以外, 它自身首先是名词。所以亚里士多德认为, 个别实体的本质就是其中的形式, 它代表纯粹的主体, 一个再也说不出其他内容来的空洞无概念的"一", 也就是一个专名。亚里士多德讲第一实体就是个别实体, 那就是"一"。它没有什么可说的了, 第一实体再不能说了, 你只能去看。第一实体是谁, 是苏格拉底还是柏拉图? 那你要去看, 你要去认识。你说多了没用, 因为苏格拉底它不是一个概念, 它只是一个名称; 一个名称有什么可说的呢? 他爹妈给他命名叫苏格拉底, 他爹妈也可以不给他取这个名, 也可以取另外一个名。一旦命了名，那就是他的名称，这个命名没有什么概念，它是"纯粹的主体、表示着空洞无概念的'一'"。它虽然无概念，但是它是一，世界上只有一个苏格拉底，独一无二。这里就是讲，通常的形式逻辑里面主词它就是名称，终极主词、主词自身就是专名。实体就是主词自身，当然也可以通过感性的直观和表象来加以把握，但那是只可意会不可言传的，能够说出来的就只是一个名称。这个名称是空洞的、无概念的，表示着"一"。下面，

　　基于这个理由，回避例如**上帝**这个名称可能是有好处的，因为这个词并不同时直接就是概念，而其实是名称，是基础性的主体的永久休息地；与此相反，例如存在或一、个别性、主体等等，则本身也就直接预示着概念了。

　　前面已经讲了，形式逻辑的那个主词其实就是名称。当然这是从黑格尔的观点才看出来的，他实际上是对形式逻辑做了一种批判。形式逻辑的那个主词就是一个名称而已，它是空洞的。你这样来理解实体，那个实体只是一个命名，它没有内容。你可以从感觉方面，从直观的方面来看它，但是不可能通过概念给它下定义。苏格拉底的"定义"是什么？在概念上它是空无一物，它只是一个"一"。"基于这个理由，回避例如**上帝**这个名称可能是有好处的"，他这里是带有一点讽刺意味了。就是哲学家们老是喜欢给上帝下定义，以为这是一个基础性的主体，可以为其他一切宾词提供根据。但是黑格尔通过对形式逻辑的这种思维方式的揭露，他建议最好是回避上帝这个名称。提上帝没什么好处，"因为这个词并不同时直接就是概念，而其实是名称，是基础性的主体的永久休息地"。它不是概念，因此也不是真正的主体，它只是基础性主体的一个永久休息地。它作为一切的基础，其实本身空空如也，没有任何动作，也不能从中生出任何东西来，只是找到了一个永久的休息地、空地。康德已经提出来，理性的逻辑运用就这样的，推理一直推到最后，从有条件者推到它的条件，从条件推到条件的条件，这样无穷地推下去，最后总要推到一个

无条件的条件, 即理念, 那个时候, 理性就可以休息了, 否则的话理性永远也不得休息。所以上帝这样一个理念, 只是理性为了最后设想自己能够得到某种安慰的一个休息地。这是一种虚假的东西。你通过形式逻辑来安慰, 安慰得了吗? 所以它其实只是一个名称, 是奠基性的主体的永久的休息地。在那个时候你就可以休息了, 但你什么也得不到。所以最好不提它, 提也没用。"与此相反, 例如存在或一、个别性、主体等等, 则本身也就直接预示着概念了"。上帝这个名称和下面这些词, 如存在或一、个别性、主体等等, 是大不一样的。上帝这个词没事最好不要用它, 你用它你只是一种自我欺骗, 想得到一个休息地, 其实你所有的只是一个空洞的名称; 那么与此相反, 存在或一等等, 这些词倒是可以用的, 而且可以拼命地去探讨去追索。因为它们"本身也就直接预示着概念了"。它们本身虽然还不一定是概念, 也可能被当作直观表象, 像雅可比他们所做的那样, 但它们毕竟预示着概念, 只要你较真去思维它们, 它们就会展示为概念。上帝还不是概念, 它只是一个名称, 而其他的这些, 是概念。因为其他的这些概念是有含义的, 是可以思考和追究的, 不像上帝是空的, 没有含义。其实存在和一的概念从柏拉图开始就在讨论它们的含义, 寻求它们的定义; 从亚里士多德开始就在讨论个别和一般, 主体和实体等等的定义。这样一些词它们本身就直接预示着概念, 真正的哲学就是由它们建立起来的。下面,

　　——对于前一种主体即使说出了一些思辨的真理, 这些真理的内容毕竟还是缺乏内在概念的, 因为这内容只是作为静止着的主体而现成在手的, 而由于这种情况, 这些真理也就很容易获得那种只不过是令人神驰的形式。

　　"对于前一种主体", 前一种主体就是指上帝了。上帝这样一种作为基础性主体的永久休息地的名称, 人们也把它当作一种主体或主词, 其实它只是主体的永久的休息地, 再不用追溯它了。那么对于这种主体"即使说出了一些思辨着的真理", ——对上帝我们也可以说出一些思

辨的真理，比如说"上帝就是存在"，前面黑格尔举了这个例子，它也能够说出一些思辨的真理，——但"这些真理的内容毕竟还是缺乏内在概念的"。它缺乏内在的概念，因为上帝本身不是概念，它要靠别的概念赋予它概念。它不像存在，"存在是本质"，这两个都是概念，具有概念的能动性，能够自我深入。而上帝是由别人赋予它概念。所以这些真理的内容毕竟还是缺乏内在概念的，因为这种内容"只是作为静止着的主体而现成在手的"。你对于上帝，你赋予它一种思辨的内容，这些内容在上帝那里只是作为现成在手的东西静止着，它是不会自己来发起一场运动的。我们讲上帝存在，完了。上帝是存在着，上帝就是存在，完了。但是你不能根据这样一个概念本身它的内在矛盾去推出什么，因为上帝是空洞的，它不能跟存在两个之间形成一个什么张力，形成一种内在的动力。所以它是静止的、现成的。"而由于这种情况，这些真理也就很容易获得那种只不过是令人神驰的形式"。"令人神驰"，我们又一次遇到这个词，Erbaulichkeit。我们前面已经讲了，这个概念也可以译成"使人虔诚"、"令人着迷"，它在黑格尔这里带有贬义，暗示那种宗教狂热。"上帝就是存在"这样一些命题当然是真理，这个黑格尔并不否认，他自己也说过这样的话，就是"上帝就是存在"、"上帝是本质"、"上帝是概念"，这都是思辨的真理。但是，你把这种真理当作这种静止的主体，当作现成在手的东西来理解，那就很容易获得那种只不过是令人神驰的形式，也就是神秘主义的形式。你要是不推演概念，你不把这些概念的辩证的运动陈述出来，而是让这些概念一个一个地、相互之间没有联系地摆在那里，那么它们就仅仅是促使人陷入到一种心醉神迷。你就沉浸在里头，一步也迈不开，因为它是现成的真理，它是一种深奥莫测的东西，思辨的真理就变成一种非理性的东西了。你如果不把辩证的运动陈述出来的话，那就会陷入到非理性。下面讲，

——因此，从这一方面看，在习惯中把思辨的宾词按照命题的形式而不是作为概念和本质来把握所造成的阻碍，也将可能因哲学宣讲本身

的缘故而增大和减小。

　　他说"因此，从这一方面看"，也就是说，如果你把一个命题的内容仅仅当作一种静止的、现成的主体来理解的话，那就会陷入到非理性，陷入到非理性那就更加不可理解了，那阻碍就更大了。他说"因此，从这一方面看，在习惯中"，我们通常习惯于这样做，怎么做？"把思辨的宾词按照命题的形式而不是作为概念和本质来把握"。思辨的宾词，像上帝是存在的，存在是上帝的宾词；现实是普遍的，普遍是现实的宾词。把这样一种宾词按照命题的形式来理解，按照命题中主词和宾词的关系来理解，而不是理解为概念和本质，这是我们的习惯了，我们通常都习惯于这样理解。那么它就会造成阻碍，因为这种关系把握不了这些思辨的宾词本身的思辨本性，这种理解就不免遭到思辨内容的反击。而这种阻碍"也将可能因哲学宣讲本身的缘故而增大和减小"。因为哲学宣讲 Vortrag，只要它讲出来，它本身就可能有两种情况：一种情况就是，你还是那种形式的推理，那么它就会增大这种阻碍、这种困难；另一情况，在哲学宣讲中、在哲学表述中呢，运用思辨的方式、辩证运动的陈述，这就是积极的方面，这是好的方面，它会减小这种阻碍。当然他这里主要强调的是增大这种阻碍，所以它这里"因哲学宣讲本身的缘故"，"缘故"的原文是 Schuld，本意是"罪过"、"责任"、"归咎于……"；但是这里不仅是要追究增大阻碍的过错、责任，而且要发现减小阻碍的原因，所以我这个地方把它译成中性的"缘故"。不一定是过错，如果减少了阻碍那就有功了。当然黑格尔在这里主要还是强调过失的一方面，就是说哲学的表述不要太形式化，否则只会增大理解的阻力。附带说，只要善于从辩证运动的方面来加以理解，并且加以陈述，那就会减小这种阻碍。所以他下面接着讲：

　　这种陈述，当忠实于它对思辨的东西的本性的明见时，必须保持辩证的形式，并不得带进来任何只要没被概念地理解和不是概念的东西。

　　"这种陈述"，也就是哲学的陈述。这是从正面讲了，哲学的宣讲本身它可以增加或者减小这种困难，刚才讲的是这种阻碍因按照命题的形式而增大，而这里讲如果是哲学的陈述，阻碍就会减小。那么哲学的陈述是"忠实于它对思辨的东西的本性的明见"的，只有忠实于这种明见才能称之为陈述，也就是不按命题本身的形式，而按自己思辨的理解和明见，把它不走样地陈述出来。而这就"必须保持辩证的形式，并不得带进来任何只要没被概念地理解和不是概念的东西"。我们在陈述的时候就要注意要减小这种阻碍。你要是在陈述的时候不注意保持这种辩证的形式、这种概念思维的把握方式的话，那你就会增大这种阻碍。你用非理性的方式来表述的话，那你就切断了理解思辨真理的可能性了，那就更加受阻了。所以他这里强调要"忠实于它对思辨的东西的本性的明见"，你已经明见到了思辨的东西的本性了，但是你还没有把它陈述出来，那么你的陈述必须要忠实于这种明见，你就必须保持辩证的形式，不能掺杂进任何没被概念地理解和不是概念的东西。前面一句讲，阻碍是由于"在习惯中把思辨的宾词按照命题的形式而不是作为概念和本质来把握"而造成的，你没有把思辨的宾词理解为概念和本质，而是按照命题的形式来把握，那就会造成阻碍。但是如果你的哲学在宣讲时忠实于对思辨东西的本性的明见，保持辩证的形式，那就会减小阻碍。所以关键在于严格控制只引进那些被概念地理解和本身就是概念的东西。当然困难总是会有的，没有那么轻轻松松的事情，辩证的表述本身就是很困难的，阻碍只有大小的问题，而不是有无的问题。但是如果你掌握了这种辩证的陈述，那就会减小这种阻碍和困难。这句和前两句是一个对比。困难不可避免，但是可以增大或者减小，前面讲增大的原因，这句讲如何尽量减小这种困难，那就必须要从命题的形式进到辩证的形式，从命题的讲述进入到哲学的陈述，进入到辩证的陈述，也就是说要跳出只按命题的形式而不是理解为概念和本质的那种表述方式。再看下面一段。

[2. 天才的灵感与健康的常识]

跟黑格尔自己的辩证的形式相比较而言的，还有另外两种非辩证的形式：一种是天才的灵感，一种是健全知性。"健全的知性"也就是健全理智、健康常识。人们认为用不着那么思辨，用不着那些辩证的形式，有些人诉诸天才、灵感，有些人诉诸健全知性。下面我们来看看，它们跟黑格尔的辩证的形式、这种哲学陈述方式的关系。他说，

　　与形式推理的这种态度同样，对于哲学研究来说，不作形式推理而想象自己真理在握，这种做法也是阻碍性的，对于这些真理，占有者以为不需要回头再议，而是把它们当作根据，相信能够表述它们，而且还能凭借它们来进行矫正和宣判。 [46]

　　前面已经讲了形式推理的阻碍性，但是对于哲学研究来说，不进行形式推理而想象自己真理在握，这同样是阻碍性的。前面一直在批判形式推理，批判那种命题的形式。命题的形式也就是形式推理的形式、形式逻辑的形式——按照命题，不是按照概念、不是按照本质来把握，这种思维方式对于哲学内容的理解造成了很大的障碍。那么现在话头一转：干脆不要形式推理，形式推理既然有这么多的毛病，是不是就可以不要它呢？他认为也不行。形式推理造成了很大的障碍，这个没错，但是不用形式推理而只凭想象，"想象自己真理在握"，这同样是一种错误，同样会造成一种障碍。他说："对于这些真理，占有者以为不需要回头再议，而是把它们当作根据，相信能够表述它们，而且还能凭借它们来进行矫正和宣判"。这些抛弃形式推理、自以为凭想象就真理在握的人，这些真理的占有者，以为对于他们所占有的真理"不需要回头再议"。就是说，他们掌握了这些真理，这些真理是不是需要反思，是不是需要回过头来再对它们加以考察？这些人认为不需要，而是把它们当作直接根据，当作不容置疑的出发点，或者说当作信仰。他们相信自己"能够表述它们"，也就是凭自己的信仰把它们说出来，这个很容易嘛；"而且还能凭借它们来进行矫正和宣判"，就是说我用这个标准来矫正一切，来宣判一切。但是这个标准本身是天经地义的，不需要回头再议的，不需要再加以反思、

加以考验的。他们从不追问它何以可能，或者追溯它的条件何在，而是直接就把它们当作了根据。这个里头带有一种盲目信仰的意思。下面

从这一方面来看，重新使哲学思维成为一件严肃的工作，乃是特别必要的。

从这方面来看，我们要重新把哲学思维看作一件严肃的工作，目前特别必要。那么，他在这里有所指。就是说，不进行形式推理，而想象自己真理在握，以为自己根本不需要回头再议这些真理，这指谁呢？我们刚才讲了谢林，还有德国浪漫派，特别是施莱尔马赫。施莱尔马赫也是非理性的，他的"圣经解释学"最后归结到一种心理学的解释，就是情感、直觉。我的依赖感，这是一种情感，是一种直觉，这些东西是解释《圣经》文本的最终根据。体会古人，耶稣和使徒他们当时是什么样的心情，我可以凭自己的情感去体会，体会到了那就是真的。施莱尔马赫是从心理学的角度来切入的。那么在黑格尔看来这也是一种障碍；所以从这方面来说，"重新使哲学思维成为一件严肃的工作，乃是特别必要的"。所谓"严肃的工作"，主要说的就是逻辑。逻辑是排斥一切情感和感受的，一些花花绿绿的东西都不能在逻辑里面占据地位的，它是很严肃、很严格的。下面是进行证明。他说，

在所有的科学、艺术、熟巧和手艺方面，人们都确信，要想掌握它们，需要对之加以学习和锻炼的多方努力。相反，在哲学方面，现在却似乎流行着一种偏见，以为每个人虽然都有眼睛和手指，却并不因此而一旦有了皮革和工具就能制造出皮鞋来，但每个人都直接会做哲学思维，并懂得对哲学作出评判，因为他在自己天生的理性里就具有这方面的尺度，——仿佛他不是在自己的脚上同样也有鞋的尺度似的。

这句话不难理解。所有的科学艺术都要通过学习和练习才能掌握，而"相反在哲学方面，现在却似乎流行着一种偏见，以为每个人虽然都有眼睛和手指，却并不因此而一旦有了皮革和工具就能制造出皮鞋来，但每个人都直接会做哲学思维，并对哲学作出评判，因为他在自己天生的

理性里就具有这方面的尺度"。这里是一种很奇怪的现象,就是说在其他的领域里面,人们都认为需要加以进行学习和锻炼,要努力,要花力气,要克服困难,你才能掌握;而在哲学方面,流行这种偏见,以为不用学习就"直接会做哲学思维"。你要造一双皮鞋出来,你还得经过长期的训练和学习,你不是只要有手有眼睛、给了你材料和工具就能造出皮鞋来的。但是唯独在哲学方面,却以为"每个人都直接会做哲学思维,并对哲学作出评判,因为他在自己天生的理性里,就具有这方面的尺度"。每个人都认为做皮鞋不是那么容易的,但是哲学好像很容易,每个人都可以成为哲学家,因为他在他的理性里面,就已经有了哲学评判的尺度。那我就不需要学习了,人是理性的动物,我天生就有理性,那我凭我的理性就可以成为哲学家,我就可以评判哲学了。这是很奇怪的一种偏见:在其他的手艺方面都要学习,唯独哲学不需要学习,凭灵感,凭直觉,凭天生的理性一下子就可以掌握,有那么容易吗? "——仿佛它不是在自己的脚上同样也有鞋的标准似的"。破折号后面这句话呢,实际上是对前面那个例子的反驳,就是说,既然因为自己天生有理性,就有了评价哲学的尺度,那么同理,你天生有一双脚,你就有了脚的尺度,你就应该能造出皮鞋啊,为什么又说不能呢? 如果不因为你有一双脚就能造出皮鞋来,那么同样,也不因为有理性你就能天生地做哲学和评价哲学。这就把这种流行偏见的自相矛盾性揭示出来了。下面,

——对哲学的占有似乎恰恰是在缺少知识、缺乏研究的情况下树立起来的,而在知识和研究开始的地方似乎就是哲学终止的地方。

这同样是对前面的那种倾向的批判,即对反智主义的批判,似乎凭借直觉,凭借信仰,凭借情感,我就能够建立起哲学来,有了知识反而不能了。我缺乏知识,缺少研究,缺乏准备,就因为我天生有理性,我就可以搞哲学,凭我的理性的直观我就可以作哲学,这个其实是不成立的。"而在知识和研究开始的地方似乎就是哲学终止的地方",只要开始研究什么,哲学就终结了。也就是说,这些哲学家主张,抓住你的第一印象,抓

住你的直觉，抓住你对哲学最初的概念，那就是最伟大的哲学了；至于你还要学习，学习哲学史，学习科学，学习各种各样的事情，那个哲学已经死了，那已经不是搞哲学了。下面讲，

哲学经常被看作是一种形式化的空无内容的认知，这是非常缺乏明见的，没有看出在任何一门知识和科学里，即使按内容来说是真理的东西，也只有当它由哲学产生出来的时候，才配得上"真理"这个名称；而其他的科学只要它们愿意，也尽可以不要哲学而只凭形式推理来做研究，但如果没有哲学，它们在其自身就不可能拥有生命、精神和真理。

"哲学时常被看作是一种形式化的空无内容的认知"。哲学是形式化的，没有什么内容，是最抽象的，——这是通常的人们的看法。但是这是缺乏明见的，人们"没有看出在任何一门知识和科学里，即使按内容来说是真理的东西，也只有当它由哲学产生出来的时候，才配得上'真理'这个名称"。在任何一门知识里面或者科学里面，即使是真理——从内容上来说是真理，但是如果没有哲学，它也不配称为真理，因为它还不具有真理的形式。真正能够称为真理的，你必须要把来龙去脉、它的条件搞清楚，你要彻底，它的基础你要给它奠基。康德不是讲"道德形而上学奠基"吗？你要把它的基础清理好，那你就要追溯到哲学。一切知识一切科学，它们的基础就是哲学。如果去掉了哲学它们不配称之为真理，你要称之为幻想也是完全可以的，例如休谟就做到了这一点。休谟反对用一切哲学的东西强加给自然科学，强加给心理学，强加给道德科学。那么在大陆理性派看起来，休谟的那样一些知识尽管也有一些真理的东西，从内容上来说，经验派都有一些真理的东西，但是，它不是用哲学把握了的，而是从下而上积累起来的，还不具有真理的形式，所以还不能称之为真理。直到有一天你能够为它在哲学上找到根据，从上而下地整体把握了，那时才能称为真理，那它才能牢固啊。不然的话，你始终应付不了休谟的攻击，是真理也会被摧毁。休谟的攻击是很厉害的，哪怕是科

学的真理他也可以把它摧毁，认为那不过是一种习惯、一种联想，牛顿的物理学定理都不过是一系列的联想而已。所以任何一门科学知识都必须要有哲学。恩格斯也讲过嘛，自然科学，不管它愿意还是不愿意，它都是有哲学作根据的，区分只是在于好的哲学还是坏的哲学。"而其他的科学只要它们愿意，也尽可以不要哲学而只凭形式推理来作研究，但如果没有哲学，它们在其自身就不可能拥有生命、精神和真理"。这跟前面一句在强调哲学的必要性上是同样的意思，但矛头针对着另一方面，即形式推理方面：其他的科学，数学、物理学等等，只要它们愿意，也尽可以不要哲学而只凭形式推理作研究。比如说莱布尼茨以为，我们有一天可以靠形式逻辑来解决一切问题；形式逻辑把它数学化以后，我们可以把它用于计算哲学问题，数理逻辑是一种形式推理，可以用来解决一切问题，包括哲学问题。这一句更多地是针对理性派的观点，即形式推理的观点；前面的一句呢，更多地是针对经验派的倾向，即"按其内容来说是真理的东西"，比如说牛顿的物理学，只有当它们由哲学产生出来的时候才配得上真理。但不论是经验科学还是形式推理，如果没有哲学，"它们在其自身就不可能拥有生命、精神和真理"。这三个概念被黑格尔看成一个系列的。生命，哲学要有它的生命，科学要有它的生命；要有它的生命，就必须要有它的精神；精神是真正的生命，是作为生命的生命。生命我们知道，一般的生命是有生有死的，动物的生命、人的生命都是有生有死的，但是精神是作为生命的生命，精神是不死的，真理是永恒的。单靠形式推理来进行研究，也不能达到真理，因为它没有生命。当然这一段的主要批评对象还不是形式推理，而是天生的理性直观和本能，那种反智主义和非理性的倾向。这里已经转向了那些不进行形式推理的真理观，即针对那种以为每个人凭自己的理性本能就可以掌握真理的偏见，最后插入一句讲形式推理只是临时的插曲，说明非理性和形式推理一样都不能拥有真理。那么下面一段呢就更加明确点出他所针对的对象是撇开了形式推理的非理性思维和日常思维。

{47} 就真正的哲学而言，我们看到，既没有在别的认知上、也没有在真正哲学思维上努力追求过并获得了教养的那种神的直接启示和健全的人类知性，认为它们自己简直就完全等于或至少可以很好地代替那条漫长的教养之路，以及精神借以达到认知的那个既丰富又深刻的运动，这就如同菊苣^①自夸可以代替咖啡一样。

这句的主干意思是：在真正的哲学看来，神的启示和健全知性自以为可以代替教养和精神的运动，这是用菊苣冒充咖啡。"就真正的哲学而言，我们看到，既没有在别的认知上，也没有在真正哲学思维上去努力追求和获得教养的那种神的直接启示和健全人类知性"，就是对真正的哲学来说，神的直接启示和健全人类知性都有这样一种特点，就是"既没有在别的认知上，也没有在真正哲学思维上去努力追求和获得教养"。神的启示和健全知性，健全知性我们刚才也已经讲了，在小标题里面也点出来了，还有一个是神的启示。神的启示包括灵感，神的启示——神来之笔——那就是灵感了。但是所有这些，它们都"既没有在别的认知上"，比如说自然科学的知识上、数学等等知识上，受到教养。健全知性、健全理智它只是追求健全就够了，日常够用就行了，不去追求那些高深的知识，包括高深的数学知识、高深的自然科学知识，这都属于"别的认知"。"也没有在真正哲学思维上去努力追求和获得教养"。在哲学思维上面去努力追求、获得教育，这也是超出健全知性的原则的。健全知性对哲学不去努力追求，它本身就是一种日常的哲学、一种"大众哲学"。"获得教养"，别的知识、如自然科学知识、数学知识，还包括社会伦理历史法律等等，以及真正哲学思维，它们都是一些教养，这个在黑格尔身上体现得非常明显。黑格尔非常勤奋，他学习了各种各样的知识，在当时他是站在知识的至高点上，居于最前列，当时的几乎所有的知识他都知道，而且研究很深。当时一流的数学家、一流的科学家的理论，他都很熟悉。当

---

① 菊苣（Zichorie），多年生草本植物，常被用作咖啡的代用品。

然他主要是当作一种教养,至于在这些方面有什么开拓没有? 他基本上没有什么开拓,他在数学知识上没有什么开拓,他只是知道。自然哲学方面,他有一点点开拓,但是都是错的。他跟歌德联手反对牛顿的光学,牛顿认为白色是由七色光组成的,但是歌德和黑格尔都认为不是,白色是另外一种颜色的光,是第八种颜色,另外还有七种颜色。当然最后证明他是错的。所以他在这方面,你要说他有什么创建,那个没有。但是他都了解,人家的证明他都能够了解,而且都能从哲学的高度对它加以分析,加以评价,这个也很了不起。所以对于在这些别的知识方面不去努力追求以获得教养的哲学家们,他是看不起的。至于"在真正哲学思维上"如何获得教养? 那就必须要对哲学史有所了解。在哲学史上面,黑格尔的教养是超出常人的,既超出当时的人,也超出后来绝大多数哲学家。黑格尔的《哲学史讲演录》,四大本,我们不能忽视,那就是他的哲学思维的教养。对以往的哲学家讲了些什么、怎么讲的,他都烂熟于心,这就是教养。但是神的直接启示和健全的人类知性都没有这种教养。而这些知识,"认为它们自己简直就完全等于或至少可以很好地代替那条漫长的教养之路,以及精神借以达到认知的那个既丰富又深刻的运动,这就如同菊苣自夸可以代替咖啡一样"。菊苣是一种多年生的草本植物,经常被用作咖啡的代用品,有时候把它的根晒干磨成粉,掺在咖啡里面,它有一点类似于咖啡的那个味道。你没有咖啡的时候,也用它代替咖啡,有这样一种作用。但是它实际上不是咖啡。所以黑格尔是用这样一个比喻来嘲笑这样一些哲学家诉诸神的直接启示,比如施莱尔马赫,还有谢林和谢林的启示。谢林的启示在早年还不是很明显,到晚年转向神话学以后特别明显,恩格斯当时专门写了一篇文章叫做《谢林和启示》。施莱尔马赫就不必说了,施莱尔马赫本身就是一个神学家。再就是普通的健全人类知性、常识。所有这些都自认为自己的直接知识就"完全等于或至少可以很好的代替"那种艰苦的教养之路,以及精神达到绝对认知的运动,——所以也用不着黑格尔的《精神现象学》了。下面,

　　可以看到，不能坚持自己对一个抽象命题的思维，更不能坚持对几个命题的相互关联的思维，这样一种无知无识的状态和既无约束又无趣味的粗野作风，却有时担保自己是思维的自由和宽容，有时又担保自己是天才的闪现，这是令人不快的。

　　可以看到什么呢？看到一种无知无识的状态以及粗野的作风，它们"不能坚持自己对一个抽象命题的思维，更不能坚持对几个命题的相互关联的思维"。这是一种粗野的作风，是一种无知的状态。黑格尔的辩证思维不是这样的，它是从命题的思考开始做起，从脚下开始。你要飞你必须先得学会走，你要从命题开始，从逻辑思维开始；你要把形式逻辑搞得非常精。思维一个抽象的命题，思维几个命题的相互关联，这是基本训练，你要能够搞得清楚，你要能够推理。你要是连形式逻辑的基本训练都没有受过，那么对于一个抽象的命题你就无法思维，对好几个命题之间的相互关系更加无法搞清，你就无法开步。那种无知状态和既无约束又无趣味的粗野作风，一个是无知，你没有能力把握，另外一个，你没办法把握你又不受约束，你又不知道自己的有限性，漫无边际，空洞无趣，言之无物，大而化之。这种情况我们今天也经常看到，经常有这种大而化之的高论。你看他一篇文章，都是一些大概念，天马行空，一些貌似非常深刻的术语、一些大词儿甩来甩去，但是没有看到他自己的体会，没有趣味，空洞无物。这种粗野的作风，"却有时担保说是思维的自由和宽容"。我不受束缚啊，你拿那些命题来束缚我，我不买账，我不吃这一套，我的思想是自由的，我可以随便怎么天马行空都可以。"和宽容"，不要那么揪这些细节嘛，要宽容一点嘛，希望人家对他宽容一点，同时标榜自己不拘小节，也宽容别人。当时的健全理智派就是这样，自己的思维很不严密，同时对他人要求也不严密，明明自己缺乏思维能力，连两个命题都连不起来，却标榜自己是思维的宽容。"有时又担保说是天才的闪现"，这是另一派，推崇天才和灵感。两派的共同之处都是不需要用思维，至少不需要严格的思维。"这是很令人不快的"，看到这样一些情况, 你连一个抽象的命题和几个命题之间的关系都思考不清楚, 却还在那里标榜什么思维的自由和宽容, 和不需要思想的天才, 这是很煞风景的。下面讲,

　　哲学里现在这种天才作风, 大家都知道, 一度在诗里也曾经流行过; [47]

　　"哲学里的这种天才作风……在诗里面也曾经流行过"。"在诗里面", 黑格尔在这里讲的也就是在当时流行的浪漫派, 特别是耶拿浪漫派、德国浪漫派, 以费希特为核心, 后来是把谢林当作他们的理论支柱, 还有施莱尔马赫, 下面这个德文编者注里面还提到有另外一些人, 他们都在这个德国浪漫派里面起了很大的作用。但是这些浪漫派的主要代表是些诗人, "一度在诗里面也曾经流行过"。

　　但假如说, 这种天才的创造活动有某种意义的话, 那么它生产出来的也不会是诗, 而是淡而无味的散文, 或者如果说不仅仅是散文的话, 那也是一些疯话。

　　这里主要还是讲哲学里面的天才作风, 在诗里面也流行过, 但是不去管它。在哲学里面, 这种天才的创造活动, 如果说它还具有某种意义的话, "那么它生产出来的也不会是诗"。在哲学里面, 你讲诗干什么呢? 在诗里面你可以讲天才, 在哲学里面你不要搞这一套天才作风。"它生产出来的也不会是诗, 而是淡而无味的散文"。你又不去写诗, 你在哲学里面鼓吹这样一种天才的精神, 但在你的这些文章里面看不出你有什么天才, 只不过是一些散文。在黑格尔看来, 哲学都是用散文写作的, 没有哪个真正的哲学家是用诗写作的; 用诗写作是成不了哲学家的, 你必须要用散文。从亚里士多德开始, 他认为柏拉图带点诗意都不行, 都被亚里士多德所批评, 说那只是一些诗的语言、诗的比喻, 你不是哲学。所以黑格尔是继承亚里士多德的这种哲学观的, 就是说你的产生的结果其实也不会是诗, 而是淡而无味的散文; "或者如果说不仅仅是散文的话, 那也是一些疯话"。那是胡言乱语、热昏的胡话。我们读康德的书可以看到, 他几乎很少使用惊叹号, 康德一旦使用惊叹号的时候, 我们就很高兴

了，就引为名言；凡是康德有惊叹号的地方，都成了名言。但实际上康德是不赞成用惊叹号的，他是非常理性非常冷静的。黑格尔也是。我们在黑格尔的书里面几乎看不到惊叹号。康德还偶尔有一点，黑格尔没有。包括黑格尔讲美学，他都不打惊叹号。他不搞那一套，他是散文。但是那些哲学家，鼓吹天才作风的哲学家，其实他们也是散文；如果说不仅仅是散文的话，那就会是一些疯话。这个里头讽刺的对象我们可以把德国浪漫派的那些理论大师，从费希特、谢林到施莱格尔兄弟、施莱尔马赫，都把它可以概括进来。德文丛书版下面的注中考证出他指的是 Görres、Wagner、Kayßler 这些人，他们都属于当时浪漫派的人物。当然，如果黑格尔能活到尼采的时代，恐怕就会另有一说了。他说，

同样地，现在有一种自然的哲学思维，在概念上放松自己，而由于缺乏概念，就以一种直观的和诗意的思维而自豪，它贩卖的是一套由思想搅乱了的想象力所作出的任意拼凑，——即一些既不是鱼又不是肉，既不是诗又不是哲学的构想。①

现在他的矛头已经非常明显了，针对的是他当时的这些浪漫派哲学家。"同样地，现在有一种自然的哲学思维"，也就是自然的思维。谢林

---

① 黑格尔的这些影射性的话可以参照其《耶拿笔记本》和《哲学史讲演录》而得到更明确的理解。在《耶拿笔记本》中（《全集》第 5 卷）他称 J.Görres 和 J.J.Wagner 为哲学的天才时代的代表："正如有诗的天才时代一样，目前似乎出现了一个哲学的天才时代 […] 如 Görres、Wagner 等一些人。"被黑格尔看作思维的自由和宽容以及天才闪光的哲学家的可能是指 Kayßler。在哲学的天才时代和狂飚突进时代之间所作的比较，也可看《全集》第 15 卷第 681 页以下。黑格尔最后这个影射显然是指 F. 施莱格尔的先验的诗，"这种诗摇摆于概念和规定的普遍性和形态的无所谓之间，既不是肉，也不是鱼，既不是诗，也不是哲学。"参看《哲学史讲演录》，载《全集》第 15 卷，第 643 页。——丛书版编者

[按：此处恐有误。查黑格尔《哲学史讲演录》中译本第四卷，贺麟、王太庆译，商务印书馆 1978 年版，第 337 页（加括号的边码为 643 页），在标明"施莱尔马赫"的标题下有与上述相同的话："这种诗是摇摆于概念的普遍性和现实形态 [或形象] 的规定性和无差别性之间的，它既不是鱼，也不是肉，既不是诗，也不是哲学。"所以这段话看来并不是指施莱格尔，而应该是指施莱尔马赫。——作者]

的自然哲学当然是标榜自然了，但这里主要指一种哲学思维方式，就是"在概念上放松自己"。"放松自己"德文为 sich zugut für halten，意为"原谅自己"或"善待自己"。因为概念太严格就不自然了——你搞出一套逻辑来，那就不自然了，那就是违反哲学的本性的，哲学应该是自然的。所以他们对于概念要求不严格，"而由于缺乏概念，就以一种直观的和诗意的思维而自豪"。谢林讲的艺术直观是超越了概念的，已经进入到非理性了，已经对上帝有一种直观了，用概念把握上帝已经把握不上去了，所以我们最后要依赖于理智直观和艺术直观。这有一点像柏拉图的"理性的迷狂"。柏拉图也是，理性到最后上不去了，就是借助于迷狂、一种出神状态。在黑格尔看来，这是因为他们概念上不去，或者由于他们的概念还不是真正的概念，只是一种形式的思维，他们没有把概念内在的那种生命的内容挖掘出来。如果说有一种直观的话，那也是在概念里面的一种直观，而不是超越于概念的直观。直观黑格尔也经常讲，如我们前面讲到他的"概念的直观的单纯性"，它是在概念里面本身包含的一种直观，而不是由于缺乏概念而以直观的和诗意的思维自豪。"它贩卖的是一套由思想搅乱了的想象力所作出的任意拼凑"，在这些哲学家那里，他们把思想看作是毫无关联的，因而思想不是帮助想象力，而只是搅乱想象力；而搅乱了以后就成了一套想象力的任意拼凑。拼凑什么呢？主要是拼凑诗和哲学。所以他在破折号后面讲："即一些既不是鱼又不是肉，既不是诗又不是哲学的构想"。既不是鱼又不是肉，这是德国成语，意为"不伦不类"，既不是诗又不是哲学，带有一种嘲讽的意思。这里德文丛书版有一个注释，说这里讽刺的是施莱格尔，并要读者参考黑格尔的《哲学史讲演录》，《黑格尔全集》第 15 卷第 643 页。我查了一下《哲学史讲演录》的中译本第四卷，贺麟、王太庆译的，第 337 页的边码 643 页刚好有这段话，但却是放在"施莱尔马赫"的标题下讲的，所以我怀疑德文编者搞错了，但又不敢相信，因为丛书版的注释是从权威的考订版来的。当然施莱格尔肯定也有类似的观点，他们是一伙的。总之，你讲诗就是诗，

571

讲哲学就是哲学，两个领域是不能混淆的。当年亚里士多德批评柏拉图，说他的哲学只是一些"诗意的比喻"。黑格尔是沿着亚里士多德的传统下来的，他是一个彻底的理性主义者。当然我们说他也有非理性的部分，但是这个非理性是被严格地控制在理性概念这个范围之内的。他是分得很清楚的，你谈诗就谈诗——黑格尔也谈诗，也谈美学，也谈诗学——，你进行诗歌创作就进行诗歌创作，你不要把它混起来，你在进行哲学思考的时候，你不要以为你在进行诗歌创作。这个界限是非常分明的。所以黑格尔他即算在他谈诗歌、在他谈美学的时候，他也是在谈哲学，他没有像其他人，像施莱尔马赫、施莱格尔那些人那样分不清楚。当然谢林也没有说他的艺术哲学就是艺术，就是诗，他也没有这样说。施莱尔马赫倒是比较更加地感性一点——诉诸人的情感，诉诸人的启示，因为他是个神学家，他还要布道。所以施莱尔马赫可能在这个地方被针对的可能性更加强一点。一般认为这句话就是针对着施莱尔马赫的，"既不是鱼又不是肉，既不是诗又不是哲学"；但是也稍带着也抨击了谢林和整个德国浪漫派，他们的理论就是这样一套东西，所谓的"诗化哲学"。这是在现代和后现代以来比较流行的，诗化哲学是从尼采和海德格尔以来比较流行的。其实黑格尔自己也有这方面的成分。有人指出，在黑格尔那么理性的体系里面，也可以隐隐约约地看出他其实也很有浪漫派的情结。伽达默尔专门写过《黑格尔和浪漫派》的文章。就是说，黑格尔其实骨子也是一个浪漫主义者，否则的话他构建不出这么大的一个体系啊！他要构建这么大个体系，他必须要有诗情，要有激情；理性和激情在他那里是处于一种不即不离的关系。他不能完全抛开激情，实际上他也没有否认激情。但对于当时的这种做法——把诗引入到哲学里面来，黑格尔是极为不满的。我们要找一个绝对的理性主义者、彻底的理性主义者，我们就要找到黑格尔，因为他有一个逻辑体系；当然这个逻辑体系里面包含有诗，包含有诗意，但它毕竟是一个逻辑体系。他把诗意的东西变成了一个逻辑，你可以循着这个逻辑的线索去发现人的生命，发现人的激情，发现人的精神，发现上帝的足迹。这个是黑格尔的一大贡献。其他人都没有搞出来，也不屑于去搞；像谢林，他根本就不屑于做这样一种东西，他认为更高的东西是神秘的东西，神秘的东西怎么能够用逻辑讲出来呢？但是黑格尔就有这样的天才，他能够把神秘的东西、把上帝都变成一个逻辑的体系，这个是需要很高的创造力的，需要一种诗意才能够创造出来的。当然创造出来也有它的弊病，就是它很容易被人们抛弃，一旦创造出来以后，就被人抛弃。所以我们更看重的不是他最后创造出来的这个东西，而是他这种创造的激情。他虽然不是上帝，但是他努力追求了，他追求自己成为上帝，这个就很了不起，在过程中间他有很多的收获，最后这个体系我们可以不管他。好，今天总算完成了任务。

＊　　　　　＊　　　　　＊

这是本学期的最后一次课了。我们上一次读到黑格尔的这样一个观点，上一次的最后一段，曾经讲到过，在真正的哲学方面，有两种偏向，一种就是神的直接启示，导致有些哲学家认为自己是天才，有一种诗化的作风，天才的作风，就是当时的德国浪漫派，他们流行过的、正在流行的天才的创作，那么这些哲学家，也认为这种诗化的东西、艺术的东西比哲学更高，这是神的启示这一方面；另一个方面就是健全人类知性。一个是神的启示，那是高而又高的，神秘的，另一方面呢，日常的就是健全人类知性，我们通常也称之为"常识"，健全常识，健全人类理智。这两种哲学都是自认为属于自然的哲学，不需要教养。上面最后这一段，开始只谈了前面这一方面，关于神的启示、天才这一方面，进行了批判，实际上他暗指的就是像施莱尔马赫、谢林这样一些浪漫派的哲学家；那么下面是后一部分，就是健全人类知性。我们今天来读的这一段，就是开始对这一方面进行批评。这段话的第一句话，

与此相反，这种自然的哲学思维，在流驶于健全人类知性的平静河床上时，却向人们奉献出一套平凡真理的修辞学。

573

与此相反，就是与上面讲的相反，上面讲的那种诗化哲学，非常神秘、非常高超的，玄而又玄的，那是非常不普通、不健全的，或者是有点神经质的这样一种哲学。那样一种哲学前面已经批评过了，他们弄出来的东西其实并不是什么诗的东西，而是散文或者狂言呓语。"这种自然的哲学思维，在流驶于健全人类知性的平静河床上时"。自然的哲学思维，上面一段也有这样一句话，"同样地，现在有一种自然的哲学思维，对概念不屑一顾，而由于缺乏概念，就自认为是一种直观的和诗意的思维"，自然的哲学思维在前面已经讲了，就是这两种倾向，一种是神的启示，一种是健全人类知性，它们都属于自然的哲学思维。什么是自然哲学思维，就是未经推敲的，教养还不够，就是自然而然，就是凭自己内心所想。凭自己内心想当然，自然而然冒出来的就有两种倾向，一种就是着眼于内在的体验，神秘不可言说的体验，诗意的体验，另一种就是"流驶于健全人类知性的平静河床上"。健全人类知性就没有什么高峰突起了，没有什么超越现实的东西，非常平淡的，当时健全理性的这样一种风气在英、法、德都非常盛行。就是你讲的一些玄而又玄的东西谁也不懂，我们最好还是抓住一些现实的东西，就事论事，我们不要发神经，不要发疯，脑子要健全，知识只要够用就行了，不要去强求那些追求不到的东西。落在坚实的大地上，按照普通人的思维方式去理解，这样就够了。这种哲学思维在平静的河床上缓慢流逝，没有惊涛骇浪，但还是在往前。这样一种思维，他说："却向人们奉献出一套平凡真理的修辞学"。平凡真理，我们刚才讲了，所谓健全人类知性，就是健全常识，健全常识是很平凡的，它没有什么捉摸不透的东西，没有什么很深奥的东西。但是它很健全，它是常识，是平凡的真理。那么"平凡真理的修辞学"，所谓修辞学就是把平凡的真理加以包装，本来是很平凡的真理，但是把它吹得不得了，好像掌握了健全思维就是真正的哲学了，其他的都不屑一顾。用修辞学加以包装，虽然真理非常平凡，但是词句方面、表达方面搞得非常华丽，真理的价值却非常平凡，没有什么不得了的东西。这样一套平凡的真理向人们"奉献出来",按照原文的意思,就是表演出来,把平凡的真理鼓吹起来当做一场表演,奉献在人们面前。这是第二个倾向,就是健全人类知性,有时又称之为普通人类知性,普通人类知性就带有一点点贬义了,普通又可翻译成庸俗、平庸,这两个概念交叉着用,但用的时候有不同的语境。所以我们还是区分开来,译成两个不同的词,一个是健全人类知性,一个是普通人类知性。普通人类知性往往在批评它的时候用,健全人类知性是在借它们的语言时客观描述地用。下面讲,

如果有人指责它说,这套修辞学毫无意义,那么它就会对此作出保证说,意义和丰富性现存于它的本心中、且在别人本心中也一定现存着,因为它以为一提到本心的天真和良心的纯洁等等,就已经说出了既不能反驳也不能再要求什么的终极之物了。

"如果有人指责它说,这套修辞学毫无意义",那肯定了,你把这样一套平凡真理如此加以修辞学包装那有什么意义呢? 你不如就老老实实把平凡真理说出来就够了,不必加上这一套修辞学。"那么它就会对此作出保证说,意义和丰富性现存于它的本心中",意义和现实性已经有了,只是在他心里说不出来;虽然说不出来但是现存着,已经在手了。vorhanden 就是现成在手的意思,已经在我心里面,意义和丰富性都在里面,虽然没有表达出来,那么修辞学就是尽量想要表达出来,想要暗示出来,你没有猜到那就是你的不幸了。但这一套意义和丰富性已经在我本心里面了。"且在别人本心中也一定现存着",不光在我心里现存有了,而且在你心里也现存有了。你要问我的话,我就说,这一套真理其实你心里也有。人同此心、心同此理,每个人都有这一套意义和丰富性。这里的"本心",用的是 Herz,本意是心脏,也就是最实在的、说到底了的心。"因为它以为一提到本心的天真和良心的纯洁等等,就已经说出了既不能反驳也不能再要求什么的终极之物了"。他的理由就是这样,你怎么能猜到我心里现成有什么东西呢? 他有一个理由,就是"本心的天真",只要你把你的杂念去掉,把你那些教养、文明、文化给你造成的固定观念

去掉，回到本心的天真，回到赤子之心，回到"最初一念之本心"（王阳明），"本心的天真和良心的纯洁"，你拍拍胸膛想一想每个人心里固有的东西，都会发现的。当然，你如果说，我拍着胸膛还是没有发现，他会说那你还没有拍胸膛，你还没有真正放开你的心胸，回到你的本心，你的本心被遮蔽了。这种观点就是比较武断的了，他们认为"一提到本心的天真和良心的纯洁等等，就已经说出了既不能反驳也不能再要求什么的终极之物了"，终极之物就是这样一种本心的天真、良心。黑格尔在后面经常提到的一个概念就是"优美灵魂"，道德良心，康德比较强调这个东西，每个人心里都有一个绝对命令，它时时刻刻在发布命令，只要你不遮蔽它，它就会在你心里现存着发光。那么在这个地方也是，就是说，这样一种良心被看作是能支撑一切的最终的东西。它本身既不能反驳也不能再要求什么。你不能反驳它了，你没有什么东西可以反驳它了，你用来反驳它的东西都在它之下，它是终极之物。说到底一个人从他最根本的本性出发来做的事情，那就是没有什么可指责的，再也不能要求什么的，就是人的良心、本心。这是针对着像施莱尔马赫、谢林这样一些人，还有一些非理性主义者、浪漫主义者，浪漫主义者比较强调这个东西。但是中国人对这一套也比较熟悉，中国人一般来说，就是诉诸赤子之心，问问你的良心，这就到底。如果再要问下去的话，就不是讲道理的事情，那就是骂人的事情了，"你良心被狗吃了？"回到赤子之心、最初一念之本心，这是中国哲学的一个基本立足点，不管是儒家、道家、佛家，基本都是这样，认为这个是再没有什么可说的了。"人同此心心同此理"，每个人其实都有。任何人原则上都可以成为圣人，之所以没有成为，是因为你把它遮蔽了，只要你把它揭示出来，就会发现每个人心里都有。这是一种思维方式。这种思维方式在西方近代以来，非理性主义者、直觉主义者那里也有类似的结构，当然它们的基础还是不一样的。但是我们可以借此来更容易地把握理解。下面：

但是，人们本来所关心的是不要让最好的东西留存于内心，而要把它从这种矿井里运送到地面上来。

黑格尔也没有完全否认这种说法。问题是什么呢？人们本来所关心的，我们在谈哲学、科学知识的时候本来所关心的是什么呢，就是不要让你最好的东西留存于你的内心里面，永远沉睡在你的内心里面，不让别人知道，而是"把它从这种矿井里运送到地面上来"，就像挖矿一样，你要证明你有，必须将它挖出来证明你有。你如果又没有挖出来或者又挖不出来，你说你有，那是一句空话。本来哲学、科学知识就是干这个的，所谓科学知识就是要表达出来，要说出来，你说也说不出来，搞一套修辞学花言巧语，那个没有人相信的，你有什么干脆就说出来就行了。你说不出来又说自己有，那个是没有人相信的，也不是我们搞哲学、科学知识研究的人所应该做的事情。科学知识本来就是要把知识表达出来。从西方理性主义的传统来说，这是非常重要的逻各斯精神。逻各斯就是表述，就是说，你要说出来。你如果说不出来，你心里到底有没有就要存疑，一个存疑的东西就没有价值。真正的价值就在于把它表述出来，放到光天化日之下，所有人都可以来看，不是你个人的内心体验，而是能让它成为一种公共财产，能发表，能影响大众，能达到共识，这是西方理性哲学的基本要求。下面讲：

至于那样一种终极真理，本来早就可以不必花费力气去表述了，因为它们早就可以在例如教义问答中，在民间谚语等等中找到了。

刚才讲了，黑格尔并没有否认那样一种真理可能是存在的，你内心的那种东西可能是存在的。但是你要表述终极真理的话，哲学家在这方面没什么可做的。他能做的就是用清楚的逻辑语言把你内心的东西运送出来，展示在光天化日之下，这就是科学知识所要干的事情。至于你还是坚持说你内心还有神秘的东西，那不是科学能够表达的，也用不着科学去表达，它"本来早就可以不必花费力气去表述了，因为它们早就可以在例如教义问答中，在民间谚语等等中找到了"。教义问答那是宗教信仰的问题，你说你有神的启示在内心，但是你说不出来，那就诉之于信仰了，信则有，不信则无；民间谚语也不是很明确的，不是哲学语言，打比方、讲故事等等，通过这样一种方式暗示你内心所体会到的东西，那个东西是各有各的体会的。一个是教义问答，那是诉之于信仰，再一个民间谚语，它用的很广，但是在不同的场合之下有不同的体会，那是不一定、不确定的。但是每个人在用的时候都可以说它表达出了我内心不可言说的东西。所谓"那样一种终极真理"，这种东西可以诉之于信仰或者诉之于体验，这些东西黑格尔也没有完全否认，但他显然对这些东西不以为然，有种调侃的意味，认为没有达到真正的科学层次和哲学层次，所以他下面又讲：

——要在这些真理的不确定和不确切的情况下去把捉它们是不困难的，甚至对这些真理的意识，经常指出它里面本身含有恰恰相反的真理，也是很容易的。

这样一种终极的真理，刚才讲了，在教义问答和民间谚语里面可以找到对它们的表述，它们的表述不需要哲学家去表述，终极的东西、永恒的东西其实在民间已经有表述了，但是这些表述是不确定、不确切的。他说"要在这些真理的不确定和不确切的情况下去把捉它们是不困难的"，也就是说，你如果不要求确切性和精确性的话，那很容易，民间谚语，一个没有知识文化的老百姓也可以记住很多谚语。你到农村乡下去跟老百姓聊天，会发现他有很多民间谚语。他甚至在这方面比你知道得还多些，可以告诉你很多民间谚语，但都是采取不确定和不确切的方式来表达终极的真理。人生的慨叹，对世界、人生的看法，他有时也表达得很有意思。哲学家也有必要深入民众去了解底层怎么看这个世界、怎么看待人生。但他毕竟是一种不确定和不确切的表达方式，你用这种表达方式去把握终极真理是不困难的，如果困难的话老百姓就做不了了，就没办法了。为什么那么多老百姓都能把握呢？就是因为这样把握是很容易的，记住了，然后在现实生活中时时刻刻都会有体会，诉之于你日常生活就足够了。所以，这样把握终极真理是不困难的，"甚至对这些真理的意识，经常指出它里面本身含有恰恰相反的真理，也是很容易的"。这就更进一步了，一个是把握这种真理不困难，每个老百姓都能把握；另外一个，是对这些真理的意识指出它里面有恰恰相反的真理，我们讲的所谓"朴素的辩证法"，谚语往往是片面的，而且它里面常包含有相反的、自己否定自己的东西，那么你在它的真理的意识里面呢，经常有机会指出它里面有恰恰相反的真理。这样说的对，那样说也对。当老百姓了解这样那样的谚语多了以后，他就会陷入到一种"公说公有理，婆说婆有理"，怎么都对，怎么都有道。那么你要给他指出恰恰有一种相反的真理就包含在这种真理的意识里面，也很容易。所以老百姓经常说，道理是说不清楚的。你要把一个道理完全说清楚，那是不可能的。但是也不是没有道理，在日常生活中，很多道理很有用，在某些时候就可以用到某些道理了，但它不排除有另外一些道理。这是很容易的，那么这就非常吊诡了，经常会使人陷入到一种混乱中去。所以他下面讲，

　　由于这种意识力图摆脱它所引起的混乱，它将陷入新的混乱之中，并且很可能一口咬定情况肯定是**如此这般**的，别的说法都是**诡辩**，

　　就是讲这样一种真理的意识，力图摆脱它所引起的混乱，你随时可以给它指出相反的真理，那不就陷入到混乱、陷入到自相矛盾，它就必须要摆脱这种自相矛盾；但是正由于它要摆脱这种混乱，"它将陷入新的混乱之中"，它摆脱不出来，越理越乱。我们经常初次接触到哲学问题时就发现有这个问题，你想要想清楚，你不想则已，你越想越混乱越想不清楚。不光一般大众是这样，很多哲学家也这样，像奥古斯丁也讲过，什么是时间？这个问题你不问，我还清楚，我们每天都生活在时间之中；你一问，我反而不清楚了。越想越想不清楚，陷入新的混乱之中，"并且很可能一口咬定情况肯定是如此这般的，别的说法都是诡辩"，我咬定一根筋，认定一个死理，抓住不放手。有的人没有办法了，往往采取这种赌气的态度，我就是认定这个理，其他的都是诡辩。确实也是这样。古代的诡辩派就是利用这种方式把人们的思想搞混乱。所以，经常我们看到有些人说，我就是这个认识水平，但我知道我认识的这一点是没错的，我就咬定

这一点,别的说法都是诡辩。下面讲:

——诡辩乃是普通人类知性反对有教养的理性的一个惯用语,正如对哲学的无知,一劳永逸地认定了哲学就是一个字——梦呓那样。

"普通人类知性",这一段都是讲普通人类知性了,自然的哲学在健全人类知性的平静河床上流驶,那么普通人类知性的一个惯用语,经常用来反对有教养的理性的一个惯用语就是诡辩这个词。你说的东西好像是很有教养,你看了很多书,你读到了古代苏格拉底、柏拉图、亚里士多德、智者派他们翻来覆去的辩论、思辨,你巧言令色、油嘴滑舌,什么都能对付过去。普通人类知性没有这一套,它就是日常的,它在日常生活中够用的那些朴素的真理、平凡的真理,它把它抓住了。那么你要破坏我这一套东西,把我搞得无所适从,又没有什么结果,那我唯一的对付方法就是说你们都是诡辩,拒之于门外。你要打破我们既定的、已经掌握了的人类知性,想把我引入到一种混乱里去,那我只有一种办法,就是把你们斥之为诡辩。尽管你们有很深的教养、受过训练,你们有理性,但我有健全知性,我就可以用诡辩这个惯用语对付你们了。"正如对哲学的无知,一劳永逸地认定了哲学就是一个字——梦呓那样。"认为哲学就是一个字,说梦话就可以概括哲学,我不需要谈那么多哲学,哲学是做梦。这个就是一劳永逸的,用一个字眼就可以解决一切问题了,实际上是对哲学的无知,但恰好可以用来对付一切哲学。每当遇到哲学时,他会说那是吃饱了撑的。我们中国民间经常可以看到这种态度,凡是你谈到哲学,他不懂,所以就说哲学是吃饱了撑的。它不能带来经济效益,不能增加 GDP,所以就是吃饱了撑的,甚至是作梦,发神经。很多人对哲学就是这种态度。当一个高中生突然看起哲学书的时候,家人就怀疑他是不是有些神经病了。这是健全(普通)人类知性反对有教养的理性的一个惯用语,那就是诡辩。下面讲:

——由于普通人类知性是诉之于感情,诉之于心里面的预感,它就把持不同意见的人打发掉了;

"由于普通人类知性是诉之于感情",它是基于良心、内心天真这样一些东西;"诉之于心里面的预感",预兆就是启示了,是一种神秘的、不可言说的东西。这是它的根基。普通人类知性讲不出什么道理,但它咬定一点,我内心确实有这样一种感受,而且我相信每个人都有这种感受,每个人都有良心,良心就是每个人的情感。人同此心,一种普遍的共同感,这是每个人都有的。所以,"它就把持不同意见的人打发掉了"。你说你没有,我就可以很轻易地把你打发掉,我可以说你有神经病,甚至说你不是人。我立足于自己的情感。你要用不同的意见来否定我,那是否定不了的。我心里的真理已经现成在手,我有我的情感、预感,那么持不同意见的人对于我来说没有丝毫影响。他不能改变我,我可以将他打发掉。打发掉也可翻译成对付过去,对付掉你。下面讲:

它必须对那种在自己内心里找不到或感受不到同样感情的人宣布,它对这种人再也没有什么可说的了;

[48]

就是说,你如果感受不到我所感受到的那种情感,那我就可以宣布,我对你没什么可说的。道不同不相为谋,你既然连这种东西都不知道,那我还跟你谈什么呢?那就没有谈的基础了。你连人都不是,对牛弹琴,那有什么意义呢!它这个东西是非常武断的。健全人类知性,其实并不是很健全。普通人类知性基于自己的情感、预感,非常个人化、私人化的东西,别人也动摇不了它,而它可以对付一切。凡是你要跟他沟通,你就要有这个前提。我们讲"同情的理解",如果没有同情,哪来的理解呢?你首先要同情,也就是跟我要有同样的情感,否则我就不跟你说。所以这是一个前提,而这个前提却又摆不出来、说不出来。它是情感性的东西,凡是变成文字说出来的东西都可能有假,而那种说不出来的东西又无法确定,一旦无法确定,它就可以随便乱说了。无法确定,没有的东西他也可以随便乱说,有的东西他也可以觉得自己没有。他可以自欺,因为反正说不出来,说了假的人家也不知道,只有我自己知道,甚至于我自己也不知道,那就是非常神秘的东西了。你不能用确定的语言把它表述出来,那就随便怎么说了。黑格尔为什么不相信这些东西?你觉得是安身立命的、最神圣了不得的东西，但你说不出来，黑格尔认为那就是不可相信的东西。因为你定不下来。如果你跟他不同此心，那就没什么好说的了。你如果立足于内心无法言说的灵明，那人与人就不能沟通了。人与人之间隔着臭皮囊，怎么能隔着肉体把握灵明呢？下面接着讲：

　　——换句话说，普通人类知性是在践踏人性的根基。

　　这话就说得很重啦。普通人类知性如果立足于这样一点灵明，这样一种内心的情感预感，而跟不同意见的人没什么可说的，没有对话基础，那就是在践踏人性的根基。为什么这样说？他说：

{48}　　因为，人性的本性正在于追求和别人意见的一致，而且，人性只生存于各种意识所实现出来的共同性之中。

　　为什么是践踏人性的根基？人性的根基是什么？和别人的意见达成一致，这是人性的根基。你那种立足于情感而不跟别人对话的做法就破坏了这种根基。不追求和别人意见的一致，那就是唯我独尊、唯我独革、唯我独左。我心里所想到的就是最神圣的，和别人没什么可沟通的，你如果不跟我意见相同，你就不是人，就是"禽兽也"，我就可以践踏侮辱你，甚至滥杀无辜都可以。这就是人性的根基被破坏了，人性的根基就是要在不同的人之间能达到沟通，在不同情感的人、不同信仰的人、不同宗教的人之间也能达到沟通，这是人性的根基。我们讲，为什么说恐怖分子践踏人性的根基呢？恐怖分子就是抓住自己内心那一点信仰，认为别人如果不跟他一样信仰，那就不是人，那就要完全消灭。所以宗教冲突往往很难调和的，其根源就在于人们的这样一种普通人类知性。每个人认为自己抓住的那一点就是绝对正确、终极的东西，而且跟别人的不同意见的内心无法沟通，这就导致人类四分五裂。所以黑格尔在普通人类知性这样一种看似温和的东西里看出践踏人性的东西来。为什么话说的这么重，就是他找到了最初的根源。你可以批评恐怖分子，但如果你找不出他们思维方式、思维模式上的根源，你还是解决不了问题。为什么会有"文明的冲突"？21世纪文明的冲突从哪来的？我们如果要追踪溯源的话，恐怕还要追溯到思维方式，在这里就是普通人类知性把人性的本性抛弃了，不去追求和别人意见一致。我们今天讲对话，讲谈判，达成共识，之所以什么东西都可以坐下来谈，就是要突破普通人类知性这种狭隘。执着于内心的情感是解决不了问题的，那永远可以打下去。以色列和巴勒斯坦永远可以打下去，每个人的内心都是真诚的，双方为自己的真诚而战。都是好人，好人杀好人。很难说以色列人、哈马斯组织都是坏人，或者说人性根本就很难简单地用好跟坏来加以规定。恐怖分子非常义正辞严，他们都是很有信仰的，他们认为这个世界都是堕落没有信仰的，最好都炸死。"9·11"事件就是，死的人越多他们越高兴，但他们并非出于一种蓄意作恶，他们也是出于一种"正义"——为真主献身。从非常平和的理论可以看出非常残酷的东西，所以我们不要因为恐怖分子个个都是赤子之心，就认为他们都是好人。但我们也不要因为他们造成这么大伤害，就说他们单纯是坏人。不能简单地用好坏来评判这些人。很多人陷入到这样一种陷阱里面，就支持恐怖分子，觉得"9·11"劫机分子都是好人，都是弱势，觉得他们是反抗，是正义。这样看问题就陷入到一种局限性。要从思维模式上来一个彻底的反思，我们才能找到当今世界动荡不安的思想上的根源。下面他讲："而且，人性只生存于各种意识所实现出来的共同性之中"，这一句话非常关键。就是说，人性就是共同性。马克思也讲过，人的本质在其现实性上是一切社会关系的总和。这句话解释的人不计其数，但在其中也可以看出，其实人性就是生存于各种意识所实现出来的共同性中，也就是社会性了。人性就是社会性。什么是社会性？社会性就是相互之间、不同人之间可以交流、交往，可以达成一致。你不要固执于自己的那一点，排斥所有其他的；各种意识所实现出来的共同性才能体现人性，人性只生存在社会性中。Existenz可以翻译成生存，也可翻译成实存，就是现实的存在，也就是马克思讲的"在其现实性上"。其实这里已经有这个意思，人性在其现实性上就是各种意识所实现出来的共同性，就是各种社会关系的总和。人是社会的，人心中每一种意识都是社会的，如果不是社会的那就是动物性的、非人的。如果你不想把它变成共同的，那就是践踏人性的东西。下面讲：

<u>违背人性的东西或动物性的东西，就在于停留在情感之中，并只能通过情感来倾诉。</u>

"违背人性的东西或动物性的东西"，为什么违背了人性而变成了动物性的东西，就在于停留在情感之中。人们停留在情感，就导致了违背人性，堕落到了动物性。"并且只通过情感来倾诉"，互相之间可以交流，但是只通过情感而没有理性。只通过情感，当然也可以倾诉，当然也可以同情，也可以人同此心心同此理，相互之间互诉衷肠、互诉情感，以情感为基础，超出情感就没有基础了。我们中国人通常都是这样的，"己所不欲勿施于人"，它是建立在情感之上的，而不是建立在理性之上。西方人也有类似的说法，基督教里面有，甚至康德哲学也有，但是是建立在理性之上。这句话如果建立在情感之上，那很可能是违背人性的。在一定范围内可能看不出来，比如说我们都是中国人，我们都有中国人的情感，我们就有基础；但如果遇到洋人、外国人，他们跟我们没有共同的情感，那就"非我族类其心必异"，那就不是人了，而是"鬼子"。我们讲勿施于人，但没有讲勿施于鬼。要么是"主子"，要么是"鬼子"。动物性的东西都从这里产生出来，都在于仅仅停留在情感之中，那你就没有超出动物。仅仅停留在情感之中，把情感当作一切的出发点，停留在自己内心的优美灵魂、情感体验、良心、"仁"上面，互相之间也可以倾诉、互相抱团。但如果超出情感，不是建立在情感之上，我们就没有同情心。"9·11"的死难者开始以为都是外国人，后来发现也有中国人，所以才有一点同情心。如果没有中国人，那就没有同情心，死得越多越好。因为他们非我族类。所以中国人是最不善于谈判的民族，每次谈判要么吃大亏，要么谈崩。同情的理解，有一个前提就是大家有同情才有理解，你没有同情就没有理解。当然同情的理解这个说法，是现代哲学解释学比较强调的，这个命题并没有错。但这个同情并不是要跟他有同样的立场。你要理解

儒学就必须要成为儒学信徒,你要理解基督教你就必须成为基督徒,这种同情的理解就太狭隘了,即完全建立在情感之上,只有同情没有理解。所谓同情的理解,就是我跟他没有共同的情感,但是要设想有那种情感,这是通过理性来设想的,通过情感是设想不了的。所以同情的理解实际上是一种理性的原则,但我们往往把它理解为一个纯粹感性的原则。我们要学中国哲学,我们就要匍匐在地,认为圣贤是高不可攀的,然后才能学中国哲学。你要进国学班,首先问你相不相信、崇不崇拜孔夫子? 你首先要宣誓崇拜孔夫子,才能进国学班。当然未必实际这样做,但有这个意思在里面。你先要信,然后你才能真正入门。这个也不能说它完全没有道。你真正信了他,你确实也更容易把握一些深层次的东西,但也有一个弊病,就是你出不来。如果你出不来,你把握得再深也只是片面的,因为你不能从客观的角度看。所以这只是片面的道理。黑格尔也没有完全否认这种道理,我们看下一段:

如果有人想知道一条通往科学的康庄大道,① 那么可以指出的比较简便的捷径莫过于这样一条道路了:信赖健全人类知性,此外也是为了与时俱进和跟上哲学的步伐,而阅读关于哲学著作的评论,乃至于阅读哲学著作里的序言和最初的章节;

"如果有人想知道一条通往科学的康庄大道",他整个序言就是讲科学知识嘛——论科学知识。最后我们来总结一下,如果有人想找到一条通往科学知识的康庄大道,——当然我们知道在科学上是没有康庄大道的,马克思在《资本论》的题辞里讲,在科学上没有平坦的大道的,只有不畏劳苦沿着陡峭山路攀登的人,才有希望达到光辉的顶点。但是如果有人想知道一条通往科学的康庄大道,黑格尔指出,"比较简便的捷径莫过于这样一条道路",当然其实是没有捷径的,但黑格尔比较宽容,就是

---

① 黑格尔在此暗引由普罗克洛流传下来的欧几里德的话:"因此在几何学上没有康庄大道可走。"——丛书版编者

说你说的那条捷径我也可以姑妄言之吧。"信赖健全人类知性"，相信你的常识，我们注意这里用的是"健全人类知性"，前面践踏人性的根基用的是"普通人类知性"，稍微有些区别，所以如果都翻译成"常识"就丢掉这种区别了。这里说信赖健全人类知性，对健全人类知性并没有完全否认。"此外也是为了与时俱进和跟上哲学的步伐，而阅读关于哲学著作的评论，乃至于阅读哲学著作里的序言和最初的章节"，这是最简便的。初学者往往这样，你要想知道一条通往科学的康庄大道，入口的地方、比较容易走的路最初是这样。首先你要相信你的健全人类知性，你内心里面有什么，不要矫揉造作，不要歪门邪道，不要卖弄小聪明，怎么想的就怎么说，虽然说出来可能是错误的但是也不要紧。此外也是为了与时俱进和跟得上哲学的步伐。一个是时代，一个是哲学的发展，你都要考虑到。你要进入到科学嘛，你要根据你当时的时代以及科学的进步，你要跟得上。而为此阅读关于哲学著作的评论，乃至于阅读哲学著作里的序言和最初的章节。当然我们今天讲，许多评论都是不可信的，但是你还得看，得大致了解各种各样的观点。因为你是入门者，如果直接读大部头的原著又太慢，捷径就是看评论。黑格尔的《逻辑学》那么大部头，一下看不过来，我就看评论，看人家怎么来分析概括这本书。通过分析和概括这本书，我大致了解了《逻辑学》讲什么。这个是捷径。有些初学者找不到这个捷径，直接拿很大部头的书来啃，啃不进去就抄、背诵，那不行，那不是捷径。当然那样精神可嘉，但太慢而且不得法。你要有一点准备，比如先读通史，中国哲学史或西方哲学史，哲学史就是一些评论、评点，好的哲学史可以初步让你接触到哲学，尽管你还没有读过原著，但通过读哲学史你已经大致了解他们了。因为评论，经过作者的研究，把里面最精髓的部分提取出来。你抓住之后再去读原著，就会有了线索，就会很轻松了，所以这是捷径。再就是哲学书的序言和最初的章节，还有一个捷径是看哲学书的序言，序言基本概括了它是怎样一本书；从最初的章节看它怎样入手。所以黑格尔并没有完全否定健全人类知性，他认为对初学者来说不失为一条捷径、一条康庄大道。下面他讲：

> 因为哲学著作的序言和开头所提供的是关系到一切方面的普遍原理，而对哲学著作的评论则除了历史性的资料之外，还提供对该著作的评判，而评判既是一种评判，它就甚至是超越于被评判的东西以外的。

通常来说，序言就是提纲挈领的东西，相当于内容提要，而且是本书的原则。本书所根据的原则，在序言里你要把它摆出来。通常哲学著作是按照这样一种法则来写。当然也不尽然，有些诗化哲学就以一首诗作为它的序言，或者是散文。但一般来说，正规的哲学著作在序言里要把本书的基本原理摆出来。为什么叫序言呢？人家看了你的序言以后，心里就有底了，就能够按照你的思路进入到你的著作。它提供的是关系到一切方面的普遍原理，它是一个关键。你抓住这个普遍原理也就抓住了关键，也就对其他方面有了入手之处。"而对哲学著作的评论则除了历史性的资料之外，还提供对该著作的评判，而评判既是一种评判，它就甚至是超越于被评判的东西以外的。"为什么要看哲学著作的评论，要对哲学著作进行评判，你要首先掌握它的背景资料、历史资料；再一个，你要能够对一本书的要点进行评判，你首先要有用来评判这些要点的立场、观点、方法，或者是你的背景资料。这些东西都是超出原著之外的，你站在外面评判。否则的话，就谈不上评判了，那就是读书笔记。我们经常看到一些课程论文，论什么什么，但看来看去没有"论"，无非是把别人的观点罗列起来，我经常就把它打回去。你的观点在哪里？你的哲学眼光在哪里？有时候你不用把外在的观点加进来，你只要对它的内容加以调整加以安排就可以体现你的观点。所以哲学评论既然是一种评判，它就是超越于被评判的东西以外的。后面这一点是普通人类知性通往科学的康庄大道所必须具有的，如果没有超越于被评判的东西以外的东西，那还不是通往科学的康庄大道。还不能通往科学，因为你在这里已经封闭住了，你进去了出不来。所以，对一个哲学体系要进得去也要出得来，这才是真正的评判。下面讲：

这是一条普通的道路，适合于穿着家常便服走过；然而，对于永恒、神圣、无限，高尚的情感则穿着祭师的僧袍阔步而来，——这样一条道路毋宁说本身就已经是核心中的直接存在，是产生深刻创意和高尚的思想闪光的天才之路。

后面讲的另外一条道路。前面讲"这是一条普通的道路，适合于穿着家常便服走过"，之后有一个分号。这讲的是普通人类知性，这样一条康庄大道是一条普通的、大众的道路，初学者可以"穿着家常便服"，不需要经过专门的训练，不需要到课堂上正襟危坐，穿上礼服，你在家躺在躺椅上就可以学哲学。分号后是"然而"，"对于永恒、神圣、无限、高尚的情感则穿着祭师的僧袍阔步而来"。另外有一种高尚的情感，与前面健全知性相对应，健全知性是穿着家常便服走过，而高尚的情感则穿着祭师的僧袍阔步而来。祭师是特权阶层，这条路只有穿着他们的僧袍才能走，高尚的情感是要这样来走这条路。"这样一条道路毋宁说本身就已经是核心中的直接存在，是产生深刻创意和高尚的思想闪光的那种天才之路"。前面的那种道路在外围，你看看评论、序言和最初章节，还没有进入到核心；但后一条道路，本身就已经是核心中的直接存在了。它是最核心的东西，一本书就是要探讨这个东西。它不是通往别的地方，而是这条道路本身就在核心中，是产生深刻创意和高尚的思想闪光的那种天才之路。比如说谢林，谢林崇尚那种艺术天才、艺术直观，他的确有深刻创意和高尚的思想闪光，这个黑格尔也没有否认。他虽然有很多批评，对于健全知性、神秘启示和天才，都有批评，但是并没有完全否认。他认为确实有两条道路，一条是普通人的，另外一条是天才的；天才的可以直达本心，明心见性，直指人心。佛教讲慧根，也是讲天才。慧能就是，他没有文化，也不识字，但他一下子就抓住了本心，所以就成为了六祖；神秀反而得不到承认。慧能确实是天才，他也没读过书，为什么一下子就能够口出一偈，讲出那么深刻的道理，这个没办法解释，只能归之于天才。他一下子讲到了终极的东西。在西方也是，有一类人能产生深刻的创见和灵感，在这一点上黑格尔并不带有贬义，他还是承认，但下面他做了批判。他说：

　　不过，创意虽深刻，还没有揭示出本质的源泉，同样灵光闪耀也还不是整个苍穹。①

　　"创意虽深刻"，他承认它深刻。为什么黑格尔早先跟谢林关系那么好，甚至称谢林为老师。谢林比他还年轻，是少年大学生，15岁就上大学，23岁当教授。那时候黑格尔还是一名家庭教师，工作还没有，在当"北漂"，在"蜗居"。所以最开始他对谢林是非常尊重的，但后来他有了自己的东西就对谢林有了评判了。但尽管评判，他还是承认谢林很深刻、很有灵感。"创见虽深刻，还没有揭示出本质的源泉"，虽然一下子抓住了本质，但本质的源泉并没有揭示、表达出来。艺术直观这些东西是不可言说的，没有表达出来，你只能暗示有那么个东西，但是什么个东西你得说出来啊。"同样灵光闪耀也还不是整个苍穹。"你最初一点灵明闪现出来，前面把谢林比作"手枪发射"，突然一下子发射出来。但是那只是一点，还不是整个苍穹，不是整个天地，不是真正的上帝，只是你的一点灵感。而你要把整个苍穹展示出来，那就需要逻辑。谢林恰好缺乏逻辑。谢林有很多灵感，很多很好的思想，但他缺乏逻辑，看不起逻辑。不单是谢林，他那一大帮德国浪漫主义的盟友都有这个特点。但是黑格尔创立了《逻辑学》，这是很了不起的。以一部《逻辑学》作为自己主要著作的哲学家，历史上恐怕只有黑格尔。现代哲学才有胡塞尔的《逻辑研究》和维特根施坦的《逻辑哲学论》，但意思已经大不一样了。他是把所有的东西按照逻辑的顺序，非常清晰有条理地讲了出来。当然你要读懂它非常难，但他毕竟讲了出来，这是他的一个创见。所以下面就归结到他自己了。前面讲了两条路，一条是普通的路，一条是天才的路。真正的科学之路应该是这两者的结合，或者说是扬弃。那是一条什么路呢？后面讲：

---

① 黑格尔这两句是指J.Görres和J.J.Wagner，他在《耶拿笔记本》中批评他们时有不少类似的表述。——丛书版编者

真正的思想和科学的明见，只有在概念的劳动中才能获得。

"概念的劳动"，他把概念看作一种劳动，这是黑格尔的深刻之处。马克思非常赞赏这一点，说他把一切归之于劳动；当然，他同时又批评黑格尔，说这只是一种精神性的劳动，没有看到现实的劳动。尽管如此，他把一切归之于概念的劳动，这还是了不起的。概念是一种艰苦的劳动，需要花力气的，你不要指望轻轻松松地就行了，健全人类知性什么也不努力，以为就凭自己内心固有的那些东西就能解决一切问题。你也不要只凭自己的灵感天才，恃才傲物，那些东西都是片面的。只有一种，也就是概念的劳动，才能获得真正的思想和科学的明见。要花力气，动脑子。仅凭才气当然也能提出深刻的见解，但终归不是正路，会走偏的。除了才气，还要有劳动，还要勤奋。黑格尔是非常勤奋的，而且非常朴实，他自认为也没什么天才，我们看黑格尔的《美学》，他对天才虽然也提了，但讲得很少。他认为美的创造也好，艺术也好，天才固然有一定的作用，但不是主要的；这跟康德有些类似，康德也不太重视天才，康德黑格尔都是理性主义者，只有费希特、谢林、浪漫派比较重视天才。黑格尔强调的是"概念的劳动"。但我们注意他的概念不是我们日常所讲的概念，不是健全人类知性所讲的抽象概念，概念的本身就是一个劳动的过程，因为在黑格尔那里概念是有生命的，是本身就能运动、能自己发展的具体概念。它能使自己越来越具体，这样一个概念就是一个劳动过程。就人类思想来说，你要把握一个概念要费尽心思，从概念本身去发展、推演它。你要穷根究底到底概念的内涵是什么，然后从内涵里发挥出生命的能动性，这就是概念的劳动。只有这样才能获得真正的思想和深刻的明见。

只有概念才能产生出认知的普遍性，而这种认知的普遍性，一方面，既不是普通人类知性的那种通常的不确定性和贫乏性，而是经过教养了的和完成了的知识，另一方面，又不是因天才的懒惰和自负而趋于败坏了的理性天赋的那种不平凡的普遍性，而是已经成长为理性的本土形式的真理，——这种真理能够成为一切自我意识到的理性的财产。

"只有概念才能产生出认知的普遍性"，这种认知的普遍性跟我们一般理解的普遍性不太一样，我们都知道概念能够产生普遍性。所谓"概念"在汉语里有概括的意思，当然就有普遍性了，它不是一些具体的东西，是所有的具体东西都能纳入其中加以概括的那样一种观念。这里讲的这种认知的普遍性，"一方面，既不是普通人类知性的那种通常的不确定性和贫乏性，而是经过教养了的和完成了的知识"，就是对这种认知的普遍性，黑格尔做了特殊的解释。普通人类知性、常识也讲概念，你给他提出一个概念，他就可以用概念的普遍性来把握一切。他能够举一反三，统归于一，以一御多，我们通常讲"透过现象抓住本质"，抓住本质就抓住了概念、抓住了一切，就可以来把握一切具体情况了。这是通常普通人类知性也讲的普遍性，知性就是讲概念，尽管是普通的，但毕竟是知性，而不是感性，所以也具有一种普遍性。但这种普遍性是不确定的和贫乏的。为什么说是"不确定的"，意思是说它会变的，尽管是同一个概念，但其实是不确定的，不要以为它放之四海而皆准，它放在这个地方或那个地方，意思就变了。所以同一个概念在不同场合下有不同的意思。它是不确定的。因为它被看作一个僵死的概念、一个框框，去套在每一个具体的场合。那么在套在每一个具体场合的时候，这个框框本身就已经起了变化。当你把它当做僵死的东西来把握的时候，它就恰好不是僵死的东西，它会起变化。这也是一种辩证法。它在每一种具体场合之下，意思就变了，不确定。中文里"概念"的"概"就是一个木字偏旁，就是一个框框，你真正要确定这个框框框进了什么东西，你就会发现它是不确定的。健全人类知性，它的概念是不确定的。贫乏性也是很重要的一个观点，普通知性的概念是很贫乏的、空洞的、抽象的，黑格尔要求的概念是有丰富内容的具体概念。这个丰富的内容不是从外面塞进去的，而是概念自己发展出来的。而普通人类知性具有的概念是贫乏的、抽象的。所以他讲不应该是这样，"而是经过教养了的和完成了的知识"。普通人类知性还没有经过教养，没有经过教养的老百姓都可以拥有常识，但他没有经过训练，经过反复。我的导师陈修斋先生曾讲过，一个哲学观点要能立得起来，必须要反复摔打，倒下去又站起来，又被打倒又站起来，几次摔打，久经磨难才立得起来。而一般的普通人类知性没有经过摔打，没有经过考验，它不知道有些什么东西会对它不利。所以它是未经教养的。但是由概念产生出来的知识普遍性是经过教养的和完成了的知识，经过发展，经过从抽象到具体的历程才能够完成。这是一个方面，是对普通人类知性的一种批判。下面是对天才的批评，"另一方面，又不是因天才的懒惰和自负而趋于败坏了的理性天赋的那种不平凡的普遍性"。概念的普遍性一方面不是普通人类知性的那种不确定的和贫乏的普遍性，另一方面，又不是因天才的懒惰和自负而趋于败坏了的理性天赋的那种不平凡的普遍性。每个人都有理性天赋，但是由于天才的懒惰自负而趋于败坏。谢林的理性天赋在黑格尔看来就是败坏了的，一方面他很懒惰，依赖自己的天才，谢林当然很有才气，但由此带来懒惰并且自负，那么就把理性败坏了。由于这种败坏了的理性，所以他有不平凡的普遍性。"不平凡的"带有讽刺的意味，就是说他也有普遍性，但这种普遍性是超越于一切人之上，只有他一个人能把握到宇宙精神。宇宙精神具有普遍性，但只有他一个人凭借天才能把握到，一般人凭借理性休想。概念的普遍性又不是这样一种天才的普遍性，好像是不同凡响的鹤立鸡群，所有的人都不在话下，也不屑于让人家理解，反正我把握到了。他说，"而是已经成长为理性的本土形式的真理"，概念的普遍性是理性的本土形式，这个本土的和外来的相对，一个是外来的，一个是土生土长的，理性本身的，不是诸如灵感、上帝的启示加给我的，而是理性固有的、自生的形式。比如说形式逻辑，已经发现了这一套形式，在黑格尔这里被提升到辩证逻辑，理性的本土形式就是逻辑，已经成长为理性的本土形式的真理。概念的普遍性是以逻辑的形式表现出来的一种真理。后面讲，"这种真理能够成为一切自我意识到的理性的财产"，概念的普遍性这种真理能够成为一切自我意识到的理性的财产，理性达到了自我意识，这是

592

黑格尔非常强调的。理性达到了自我意识,它才能把这样一种概念的普遍性当做自己的财产来把握,这是他所提出的一条道路。如何通往科学?一方面有一条普通的道路,康庄大道,最简便的捷径,这就是健全人类知性;另一条,就是核心中的直接存在,那就是天才,天才也可以通往科学。但双方都有它固有的缺陷,只有把双方的缺陷扬弃掉,达到一种概念的思维,通过概念的劳动才能获得深刻的思想和科学的明见,才真正是通往科学的道路。它不是捷径,因为要付出劳动,付出汗水,花力气,动脑筋,不要凭天才,不要耍小聪明,但也不要甘于平庸,要努力去攀登。要进得去出得来,这个是黑格尔指出的一条道路。最后一部分:

[3.结语,作者与读者的关系]

也就是科学如果按照黑格尔所规定的这样一条道路走的话,如何能让人理解?最后这两段主要谈这个问题。怎么样让人理解,就是作者和读者的关系。这个作者主要是指黑格尔自己,但他没有以唯一的作者自居,而是说一般来说,一本科学著作的作者如何让别人理解。他说:

由于我把科学赖以实存的东西建立在概念的自身运动中,所以如果认为当代有关真理本性和形态的那些表象在上述方面以及其他一些外在方面和这里谈的很有出入,甚至完全相反,这种看法似乎就很难保证一个想在这样的规定中来陈述科学体系的尝试被乐意采纳。

[49]

"由于我把科学赖以实存的东西建立在概念的自身运动中",这个前面已经讲了,概念的自身运动,概念的普遍性是科学赖以实存的,"所以如果认为当代有关真理本性和形态的那些表象在上述方面以及其他一些外在方面和这里谈的很有出入,甚至完全相反",也就是说,如果你们认为刚才我所评判的那些方面,关于真理的本性和形态各种各样的表象,你们跟我的看法有出入,甚至完全相反;那么这种看法"似乎就很难保证一个想在这样的规定中来陈述科学体系的尝试被乐意采纳"。就是说如果你们以为刚才我所讲到的东西不是我所讲的那样，你们的看法与我的观点完全格格不入，甚至完全相反的话，那似乎就很难保证你们会采纳我的观点了，我这样一种想在概念的运动中陈述科学体系的尝试就不会受到欢迎了。这样，作者和读者就没法沟通，你写出东西来想让别人同意，但你把别人都否定了，好像只有你是对的，那当然不会有人欢迎了。顶多会觉得你无非又是一个独断论者、自以为是的人。但这里他用的是虚拟的口气，"如果……似乎就……"所以这句话的意思是说，我前面已经批判了那么多，但不要以为我的观点就跟他们完全格格不入，我既然想把我的科学的陈述放在概念的运动中实现出来，那么我就不会完全否认他人的观点。如果认为我的观点跟他人完全不同或相反，就很难保证我想在这样的规定中来陈述科学体系的尝试会受到欢迎，实际上不是这样的。我恰好是想在概念的运动这样的规定中来陈述科学体系，既然我把它看成一种概念的运动，我显然不会把前人的东西都当做错误的加以抛弃，而是会加以扬弃，我对它们的批评并非完全拒绝它们，不是完全否认他们的功劳。他们都会在我的体系中占有一席之地，这就还是会有沟通的余地的。下面讲：

但我同时可以考虑一下，如果说，例如有的时候，柏拉图哲学里不同凡响的东西被置于他那些科学上毫无价值的神话中，也有一些时期，哪怕被称之为狂热的年代，亚里士多德的哲学也由于它思辨的深刻而受到重视，而柏拉图的《巴门尼德篇》——这一可说是古代**辩证法**的最伟大的作品——则被认为是对**神圣生活的**真实揭露和**积极表达，**

"但我同时可以考虑一下"，就是说，如果人们那么看我的观点的话，似乎我的观点就不会受到欢迎了；但我们可以考虑一下如下的问题，也就是说，如果我们考虑到如下的问题，我的观点就不一定不受欢迎。前面是他设想人们会误解他，以为他把前人都批倒以后，他的那种想法就很难被人们认可了。现在反过来想一下，如果看看哲学史上的事实，"如果说，例如有的时候，柏拉图哲学里不同凡响的东西被置于他那些科学上毫无价值的神话中"，他举出柏拉图的例子，认为那些神话本身在科学上是毫无价值的，但尽管是以神话的方式说出来的，也不能否认他的那些东西还是不同凡响的、优秀的。就像诗化哲学，黑格尔批评它既不是鱼也不是肉，但也不能否认诗化哲学里也有优秀的东西，也有它合理的部分。黑格尔这里是要通过柏拉图的神话来类比于当代的诗化哲学，尽管是毫无科学价值的，但它里面有优秀的东西。"也有一些时期，哪怕被称之为狂热的年代，亚里士多德的哲学也由于它思辨的深刻而受到重视"，另外也有一些时期，哪怕被称之为狂热的年代，那些时期也充满着很多非理性的、狂热的东西，但是，比如说亚里士多德的哲学就由于它思辨的深刻而受到了人们的重视。就是说，神话遮蔽不了柏拉图哲学的不同凡响，狂热的年代也挡不住亚里士多德的深刻的思辨脱颖而出。并且也正是在这样的狂热年代中，"柏拉图的《巴门尼德篇》——这一可说是古代**辩证法**的最伟大的作品——则被认为是对**神圣生活**的真实揭露和**积极表达**"。《巴门尼德篇》是柏拉图的名篇，也可以说是柏拉图作品中最具思辨气息的一篇，完全是在分析一些概念：一和多，动和静，存在和非存在等等，讨论当时哲学认为最高的概念，以巴门尼德和青年苏格拉底对话的方式展开了一些极为深刻的命题，所以被黑格尔称赞为"古代辩证法的最伟大的作品"。应该说，《巴门尼德篇》对黑格尔影响是非常大的，黑格尔的《逻辑学》的很多思想就是从《巴门尼德篇》里来的。比如概念自己运动的思想，也就是一个概念，当你真正想搞清楚它含有什么意思的时候，你就会发现这个概念走向了它的反面。当然，如果你泛泛而谈不求甚解，那一个概念就是一个概念；但如果你想真正理解一个概念，你会发现这个概念恰好是它相反的概念。这是《巴门尼德篇》里展示出来的概念的辩证法。为什么说是古代辩证法的最伟大的作品？就是因为这一点。《巴门尼德篇》里启示出来的辩证法的真理极大地启发了黑格尔。我们看黑格尔的"存在"、"有"、"无"这样的分析，都是从那里发展出来的。《巴门尼德篇》那样的思辨，跟毫无价值的神话完全不同，这一作品"被认为是对神圣生活的真实揭露和积极表达"，这在当时就是这样。当时处于这样狂热的年代,很多人包括柏拉图本人都陷入到一种狂热。柏拉图讲理性的最高境界就是理性的迷狂,这种迷狂使人窥见了神的世界、理念的世界,但那个时候已经不能用逻辑推理和概念来把握。柏拉图把人的灵魂比作一只鸟儿,拼命地越飞越高,飞到最高的时候就看见了理念世界。那个时候飞不上去就掉下来了,力量够不到。因为人不是神。它不能真的飞到理念世界,而只能远远遥望一番,然后就掉下来了。理性的翅膀最后是够不上去的,达不到彼岸,必须借助于迷狂的状态。柏拉图有这种说法,但他也写出了《巴门尼德篇》这种古代辩证法的最伟大的作品。这说明你还不能完全否认他,他以这种方式表达的是思辨的真理。这里把柏拉图和亚里士多德举出来就是这个意思,不要以为古人都沉迷于那种头脑不清醒的状态,借此就把他们的思想深处所作出的推进抹杀了。由此黑格尔也看到了从他同时代人的思想中抽引出有价值的思想并提升到真正科学的认识的可能性,通过这番考虑,他建立起了自己的哲学终将得到人们理解的信心。下面,

甚至不管**迷狂**所产生出来的东西如何晦暗,这种被误解了的迷狂本身实际上应该说不是别的,正是**纯粹概念**;①

---

① 黑格尔关于柏拉图和亚里士多德的话在此指的是当时人们对新柏拉图主义中的柏拉图和亚里士多德哲学的接受,以及在那时的哲学史描述中对新柏拉图主义者的批判性评论。1)在这句话开头他想到的似乎是施莱格尔的柏拉图阐释,施莱格尔把柏拉图推崇为一个诗人,认为柏拉图把一切风格的希腊散文结合起来,但他最具有自己特色的还是酒神颂歌的风格,这种风格体现了神话式散文的和颂歌式散文的一种混合。他甚至要求在"进步的整全的诗"的意义上将哲学和诗统一起来,因为这种统一的任务被规定为:"将诗的一切分开的种类重新结合起来,并使诗和哲学及修辞学建立接触"。2)新柏拉图主义的富有特色的狂热,参看D.提德曼《思辨哲学的精神》,他一方面高度评价普罗丁在人类理性上的贡献,另方面又批评他"附着在这个系统上的狂热"。关于提德曼对新柏拉图主义的批判黑格尔在其早期文章《怀疑主义对哲学的关系》中已提到过了。3)黑格尔首先想到的可能是新柏拉图主义者借以表达他们对亚里士多德哲学的敬重的那种亚里士多德作品解释,参看黑格尔在《哲学史讲演录》中的描述。4)黑格尔在他的阐释中想到的显然是普罗克洛对柏拉图《巴门尼德篇》的赞扬,但他不可能联系普罗克洛的解释,因为这种解释当时还不为人所知。——丛书版编者

　　这句话说的比较明确。Ekstase这个词是希腊词,我们可以翻译成"迷狂"。在海德格尔那里被翻译成"绽出"。它的原意是"出神",也译作"狂喜",实际上就是柏拉图的迷狂。他讲"甚至不管迷狂所产生出来的东西如何晦暗",迷狂是非常晦暗的,理性的光辉已经达不到了,它已经一片迷狂不知所之了。"不管迷狂所产生出来的东西如何晦暗,这种被误解了的迷狂本身实际上应该说不是别的,正是纯粹概念",它就是纯粹概念,但是披上了一件非理性的迷狂的外衣。以神话的非科学的形式,其实里面包含了最优秀的东西。但神话的迷狂被人所误解了,以为那真的是非理性,其实要表达的正是纯粹概念。这就是对柏拉图的一种彻底理性主义的解读。很多人可能并不同意黑格尔的这种解读。西方的理性主义和非理性主义都和柏拉图有很大关系。从柏拉图可以发展出西方理性主义的传统,我们说柏拉图是西方理性主义的始祖,我们讲的先验主义和唯心主义都是从柏拉图那里来的,有人甚至把整个西方哲学史归结为柏拉图路线和德谟克利特路线,康德在《纯粹理性批判》中的方法论部分也是这样归纳的,一个是柏拉图,一个是伊壁鸠鲁。但柏拉图不仅是西方理性主义的始祖,同时也是非理性主义的一个源泉,当然未必是始祖,在柏拉图以前也有,但柏拉图也是最大的非理性主义者。他以一种诗化的方式来说话,最后归结为一种理性的迷狂。这里面给人很大的遐想余地,后来基督教的非理性主义、蒙昧主义都是借用新柏拉图主义的东西。可以利用柏拉图主义的迷狂来解释基督教的逻辑上不能自洽的东西,还有奇迹。所以怀特海说两千年来的西方哲学史都是柏拉图的注脚。但是在黑格尔眼里,那些非理性主义其实就是理性主义,就是纯粹概念。从这个角度来解释,他认为自己最内在地把握到了柏拉图哲学中最优秀的东西,而那些非理性的东西都是毫无科学价值的。当然,这要追溯到黑格尔本人是一个科学主义者和理性主义者。虽然他的"科学"跟我们平常讲的科学还不太一样,主要指哲学。所以,这些纯粹概念被误解为一种迷狂,虽然柏拉图自己说是迷狂,但里面包含的其实就是纯粹概念。这几句话就是说，我同时可以考虑到这一点，连古代柏拉图的那些神话表达里面都包含一些非常有价值的东西，我的哲学就是从那里来的；而且当时的人对亚里士多德深刻的思辨也没有简单地放在一边，而是高度重视，在那个表面上狂热的年代里面产生了亚里士多德深刻的思辨。所以历来一些看起来毫无价值的东西其实里面包含着导向科学的优秀东西，它自身会为自己开辟道路。下面：

{49}

——还有，当代哲学里，卓越的东西把自己的价值建立在科学性里，并且不管别人的看法如何不同，实际上它仅仅凭借科学性才使自己得到承认。①

前面是讲了古代，这里"还有"，这是接着前面"但我同时可以考虑一下"这句话的。也就是除了考虑到古代的柏拉图和亚里士多德，我们应当有信心；还有"当代哲学里，卓越的东西把自己的价值建立在科学性里"。那么多哲学在前面都讲了，黑格尔一一加以批判，认为它们不够科学；但是它们哲学里卓越的东西还是有价值的，它们的价值还是在科学性里。每个哲学家，直觉知识也好，诗化哲学也好，普通人类知性也好，所有这些的价值都在科学性里。"并且不管别人的看法如何不同，实际上它仅仅凭借科学性才使自己得到承认"，不管别人看法如何不同，例如谢林的追随者认为他的哲学中最有价值的是其中非理性的成分，但它之所以能得到别人的承认，还是因为它还包含有一定的科学性，包含有不同凡响的东西。所以，这两句话都是对这一段开始谈到的看法加以反驳，人们以为黑格尔的观点跟他人的观点是格格不入、甚至完全相反的，黑格尔的计划似乎也就很难实现了，也很难被人们认可，但如果考虑一下，古代柏拉图、亚里士多德的哲学中也有它有价值的东西，当代哲学里也有它不同凡响的东西，这些我都没有否认，并不是跟我完全背道而驰。

---

① 黑格尔在此可能是指康德、费希特和谢林为一种科学的哲学奠基的尝试。——丛书版编者

我只是想从他们的哲学里面把那些有科学价值的东西拯救出来，把非科学的东西清除掉，也就是把这些哲学扬弃掉。所以只有科学性才是评价这些哲学和我自己的哲学的唯一标准，以此为标准，我的哲学是必定会得到普遍承认的。下面，

借此，我也就可以希望，我想把科学归还给概念、并在科学特有的元素中陈述科学的这一尝试，或许会懂得通过事情的内部真理而替自己找到入口。

"借此"，借上面的那些考虑，一个是对古代哲学的考虑，一个是对当代哲学的考虑。只要我通过这样一些考虑，借此，我也就可以希望，"我想把科学归还给概念、并在科学特有的元素中陈述科学的这一尝试"，——我想作出的这一尝试，即把科学归还给概念，也可以理解成把科学还原成概念，科学归根结底是属于概念的，要阐明这一点；要在概念这一科学特有的元素来中陈述科学，——我的这一尝试"或许会懂得通过事情的内部真理而替自己找到入口"。事情就是事情本身，事情本身并不是我可以随意支配的，它是客观的。我的这一尝试从哪里进入呢？不是外在的强行闯入，而是通过事情本身的发展运动。概念是科学真理的要素，其实就是事情的内部真理，它会自己找到自己的入口、切入点。可以通过这种方式来陈述科学。你不要在事情本身之外，另找一个东西作为立足点，比如天才、灵感、健全知性这些真理的外部规定，现在要着眼于事情本身、概念本身。如何让概念的含义自行展示出来，这就是我们陈述科学的入手之处，就是让事情的内部真理替自己找到出口。由此他就建立起了对自己哲学道路的充分的信心，他说：

我们必须相信，真实的东西具有在自己的时代到来时破块而出的本性，而且它只在自己的时代已到来时才会出现，所以它的出现决不会为时过早，也决不会遇到尚未成熟的读者；

这里我们把 durchdringen（穿透）翻译成"破块而出"，萧萐父先生最喜欢讲"破块启蒙"，像幼苗冲破大地破土而出。"而且它只在自己的时

代已到来时才会出现，所以它的出现决不会为时过早，也决不会遇到尚未成熟的读者"。我们必须相信这一点，真实的东西就是应运而生的，它成熟了自己会涌现出来，不需要你去拔苗助长从外面加进什么东西，它自己在运动，用不着人为地去促进它。真实的东西的本性就是一个运动的本性，运动有它的时机，当时机未到，它就潜伏着；时机一到，它就破块而出。它会自己发展出自己的本性，而且只在时代已到来时才会出现。黑格尔非常具有时代感，在黑格尔的时代，他认为真理的时机已经成熟，他的哲学就是时代精神的反映，是时代精神的表达。它只在时代已到来时才会出现，所以它的出现决不会为时过早。很多人说，你的观点会不会为时过早？我们今天也有很多这样的说法，一个观点提出来太激进了太偏激了，是不是为时过早。但人们没有想到，之所以在这个时代能提出这样一种偏激的观点，说明时代已经到了。不是偏激，而是应运而生，现在就需要这种具有突破性的观点提出来。这不是哪一个人提出来的，而是整个时代在呼唤。决不会为时过早，也决不会遇到尚未成熟的读者。时代已经到来了，你既然提出来，就会遇到成熟的读者。有人说，中国人搞民主尚未成熟，搞一百年尚未成熟，还要一百年，这是一种托词，其实中国人早就成熟了。因为民主已经提出来了，老百姓都知道民主是怎样一回事情，就是搞不搞的问题，而不是成不成熟的问题。黑格尔的时代也是这样，是不是我提出这个观点还不成熟啊？黑格尔是恰好碰上了机会，他有一种时代的自我意识，恰逢其时，而且是符合时代发展方向的。他认为我们必须确信这一点。下面：

我们也必须确信，个体需要这种影响，以便使尚属他独自一人的事情在这上面经受检验，并且把最初只属于特殊性的那种确信经验为某种普遍的东西。

另一方面，我们还必须要有一种信心。"个体需要这种影响，以便使尚属他独自一人的事情在这上面经受检验"，个体需要什么影响呢？需要得到那些成熟的读者的理解。这是紧接着上面的话来的，个体是泛指，指的是那些作家、哲学家,哲学家也需要成熟的读者。不是说他一个人在那里自说自话,他就代表了时代精神。你是否代表了时代精神,要看你有没有遇到成熟的读者。如果你有符合时代精神的观点、思想提出来,它不会遇不到成熟的读者;但反过来说,他的观点是否符合时代精神,也取决于成熟的读者。如果没有成熟的读者,他的观点得不到检验,成熟的读者是检验观点是否符合时代精神的试金石。一个人的观点是不是独自想出来不切实际的东西,就看你表达出的思想是否能够得到别人的理解,是不是有成熟的读者和你共鸣。如果有,你就可以自信代表了时代精神,你的时机已经成熟。下面:"并且把最初只属于特殊性的那种确信经验为某种普遍的东西"。在读者身上,可以把最初只属于特殊性的,你个人的气质,你自己的思考,你的经历感悟等特殊的东西,经验成某种普遍的东西,特殊的东西就具有了普遍性。因为有那么多人跟你共鸣,你产生了那么大的影响,你在读者身上看到了思想的效应。在现实的经验中,在人与人的交往中,你能够影响大众,影响那些成熟的读者。这是作者与读者的关系。下面:

但就在这里,我们时常要把读者和以读者的代表和代言人自居的那些人区别开来。他们和那些人在许多问题的考虑上态度都不相同,甚至相反。

讲到"成熟的读者",这里就有一些区别了。有的人自命为读者的代言人,他们说的话是不可信的。你要把两者区别开来,不要因为有人反对你,说你违背了大众的习惯,你就认为你的时机还没到来,你要看一看到底哪些人是真正的读者,这个要区分出来。"他们和这些人在许多问题的考虑上态度都不相同,甚至相反",一方面是读者,一方面是以读者的代表自居的那些人,他们是两码事。

如果说,读者当遇到一本哲学著作不合自己的心意时,毋宁总是好心地归咎于自己,那么相反,那些人则由于确信自己的裁判权,而把一切过错都推给作者。

真正的读者当遇到一本哲学著作不合自己的心意时，总是好心地归咎于自己。比如说我读不懂它，不合自己的心意，原因是不是我有问题，我没水平，哲学家想的东西肯定要比我深刻，我作为读者尽量要从它里面把握思想。如果读不懂，我绝对不会对它横加指责，说你怎么没让我读懂啊？有一些看来好像是怪论，恐怕还是由于自己没有理解。认真的读者出于好意去读一本书，通常都是采取这种态度。那么相反，"那些人则由于确信自己的裁判权，而把一切过错都推给作者"，这些代表和代言人，他们都自认为是评论家，于是他们就更加武断地把一切过错、一切他不同意的地方，都归咎于作者，对作者横加指责。这是两种不同的态度。下面讲：

哲学作品在那些读者中所产生的效果，比起这些死人在埋葬他们的死人时所做的要更平静一些。①

哲学作品对那些真正读者所产生的的效果，是一种长期而非一天两天的效果。新的东西提出来，刚开始肯定是不合大众心意的。但是，不要着急，潜移默化。"比起这些死人在埋葬他们的死人时所做的要更平静一些"。死人埋葬死人，见于《马太福音》第八章第 22 节，就是说耶稣基督叫人跟着他走，有一个人说，我家里父亲还没有下葬，先去把父亲埋了，再跟着你走。耶稣基督说，让死人去埋葬死人吧，你还是跟着我来。已经死了的人和那些埋葬他们的人，也是活死人，实际上那都是死人，你跟着我来才有生路。《马太福音》里面本来是这个意思。用在这个地方，也就是说，哲学作品对读者产生的效果就像耶稣基督对追随者，你只有跟着耶稣基督才有活路，你只有跟着哲学作品才有生路。你才能获胜，你如果不跟随，那就是死人。死人之间一个埋葬一个，就是那些自认为是读者代言人的评论家。其实他们自己也是死人。这个地方，哲学家也站在了耶稣基督的位置上，也可以说，黑格尔把自己看作了耶稣基督。

---

① 见《马太福音》8,22："耶稣说：'任凭死人埋葬他们的死人；你跟从我吧！'"并参看《路加福音》9,60："任凭死人埋葬他们的死人，你只管去传扬上帝国的道。"——丛书版编者

评论家之间互相攻击,互相置对方于死地,你让他们去争去,你跟着我来。你看我到底说了些什么,你现在不理解不要紧,慢慢的来,所以这种效果要平静得多,和缓得多。你今天掐这个,明天掐那个,都是急功近利地打倒对方,树立自己的权威。那个是一时一事的,而哲学作品对读者的影响是平静缓慢的、潜移默化的,要在日常生活中不断地体会、琢磨,才逐渐了解有什么意义。下面说:

如果说,现在一般的普遍明见更有教养一些,对于自己的好奇心更 [50]有警惕性一些,对它的判断也下得更快一些,以至于抬你出去的人们的脚已经站在门口了,① 那么,我们必须经常把那种比较缓慢的效果与这里区别开来,

"现在"就是黑格尔的这个时代,近代的这些人跟以前相比,应该说是更有教养了。经历了那么多哲学流派,经历过摔打,现在一般的普遍明见更有教养了,对于自己的好奇心更有警惕性。有教养了,就不会仅凭自己的好奇心就自认为是正确的,更有一种警惕性,不要轻易标新立异。它的判断也下得更快了,更容易作判断了,特别是那些评论家们,表现得比较突出。一部哲学书出来,马上就有人写评论。康德的《纯粹理性批判》出版后隔了一两年才有评论出来,这已经是非常缓慢的了;黑格尔的作品出来后,马上也会有人写评论。所以"它的判断也下得更快了,以至于抬你出去的人们的脚已经到了门口"。这句话就非常煞风景了,这也是《圣经》上的话,《使徒行传》第 5 章第 9 节,彼得组织教会,很多人跟着他走,彼得有个前提,你们要跟着我来,就要把自己的田地、房产都卖掉。所有的钱都要入会,基督教初创的时候没有资金,对信徒有这个要求,那是一种"原始共产主义"。于是有一对夫妇把自己的田给卖了,卖了之后自己留下一部分。彼得就问这位男的,你卖的钱都在这里吗?

---

① 见《使徒行传》5,9:"埋葬你丈夫之人的脚已到门口,他们也要把你抬出去。"——丛书版编者

男的回答，都在这里了。结果这男的说完之后马上倒地而死，七窍流血。彼得就叫人把他抬出去，然后又把他的妻子叫来问同样的问题，妻子也回答说，都在这里了。彼得就说，抬你的人也已经在门口了。然后这位妻子也倒地而死。这是《圣经》上的一个故事，就是说，说谎、欺骗主，那是不得好死的。这个地方引用这句话也就是现世报的意思，你下判断比较快，一下打倒这个，打倒那个，结果自己也被打倒了。你没有诚意，实际上是在那里撒谎。你如果没有对科学真理的真诚，那么抬你的人的脚已经到了门口。当然这是一个比喻。就是说这些评论家们对科学知识没有诚心，不像一般的读者如果读不进去就怪罪自己。对于你不懂的东西不要妄加指责，至少要存而不论，以后慢慢消化。"那么，我们必须经常把那种比较缓慢的效果与这里区别开来"，比较缓慢的效果就是对广大读者的那种潜移默化的效果，不像评论家那样一下子就想置人于死地。黑格尔说过，哲学史上没有一个哲学家是曾经被打倒了的，都在，你以为你把他打倒了，其实没有。他们都留下来了，构成了哲学历程的一个发展阶段。被取消、被否认了的是这些哲学体系的那种自以为是的绝对性。但哲学并没有被取消，因为它是一个过程。这就是一种缓慢的效果，在历史中会慢慢地积累起来。

这种比较缓慢的效果，对动人心弦的许诺所逼出来的那种关注以及对那种蔑视性的指责，都起纠偏作用，并且只在一些时间中，使一部分作者拥有一批同时代的人，而另外一部分作者则在这段时间以后再也没有后继者了。

这种缓慢的效果有种纠偏的作用。纠什么偏呢？一种是动人心弦的许诺所逼出来的那种关注，许诺信誓旦旦，很能打动人，而且形成了热点，大家都认为他是天才，受到了神的启示。但是这是逼出来的关注，是炒作，人们不得不重视他，因为他自我标榜，说他代表着上帝的声音，代表着灵感，代表着至高无上的天才。"以及对那种蔑视性的指责"，指责一个人，蔑视他，把他完全说得一文不值。这两种相反的倾向都有失偏颇。那么这种缓慢的效果就起到一种纠偏的作用,既不会盲目地由于人们动人心弦的许诺,就陷入到对他的崇拜,又不会蔑视一个人就把他看作一钱不值。没有一个哲学是被打倒了的,但可以说,也没有一个哲学是原封不动的、摆在那里的永恒真理。柏拉图、亚里士多德的哲学都不是永恒的真理,当然黑格尔的也不是,他们都要发展。"并且只在一些时间中,使一部分作者拥有一批同时代的人,而另外一部分作者则在这段时间以后再也找不到后继者了"。这种缓慢的效果只在一段时间中,使一部分作者拥有一批同时代的人,有一些同时代的人是追随他的,用今天的话来说,拥有一批粉丝。我们都是同一个时代的人,能够理解。另外一部分作者就后继无人了,这一部分肯定是留不下来的,他的哲学没有立起来。之所以说历史上没有一种哲学是被取消了的,是指那些立起来了的哲学,没有立起来的哲学当然就被取消了,留不下来。凡是哲学史上留下来的哲学,都不会被取消,它是一个阶段。你能不能形成一个阶段,就看你的哲学是不是符合时代精神,是不是有时代的新意。时代精神是从传统中走过来的;所以,如果要想有新意的话,就要在传统的基础上,按照当代的要求,往前再跨一步。如果你的知识重复过去的话,或者知识脱离现实标新立异,那就都留不下来。现在的"国学热"很多都是在重复过去,那是留不下来的,这些东西很多都是垃圾,过几年就没人提了。标新立异也是垃圾,完全脱离现实,脑子里面虚构一个体系,现在出书很容易,花钱就可以,书出来你以为不得了,但没人提你,因为你的东西脱离现实。真正能留下来的,是根据时代的需要,往前垮了一步,建立了自己扎实的哲学。这个东西呢,在一段时间中拥有一批同时代人,当然再过一段时间它也会过时,但不是后继无人,而是已经进入了哲学史。这是在一段缓慢的效果中才能看出来的,赶时髦是决定不了的。我们看最后一段:

此外,由于在一个精神的普遍性已经大大加强、个别性相应地已变得如此无关紧要的时代里,普遍性也在坚持着并要求着自己的整个范围

605

和由教养获得的财富，因而，精神的全部劳作中，落在个体活动上的那一
部分只能是微不足道的，

这整个是一个从句，"由于……"。由于在这样一个时代里，也就是
"精神的普遍性已经大大加强、个别性相应地已变得如此无关紧要"的时
代里，实际上是指黑格尔的这个时代。黑格尔的时代是三十年战争后，
德意志正在崛起。三十年战争把德意志搞得四分五裂，在康德的时代还
是这样。拿破仑入侵以后，经过费希特的呼吁，德意志有了民族意识。"学
者的使命"、"人的使命"、"对德意志民族的演讲"，这都是费希特讲演的
标题，我们应该献身于什么，都是这样一些鼓动。"普遍性也在坚持着并
要求着自己的整个范围和由教养获得的财富"，普遍性不再是以前理解
的那种抽象的普遍性，财富主要是精神财富。德意志民族历史里面有丰
富的内容，有普世价值。教养主要指哲学的教养，从康德开始，德意志哲
学"凯旋行进"，在马克思、恩格斯的书里面有这种提法。几十年的时间
里面，出现了这么多哲学家，个个都是了不起的伟大哲学家，这是奇迹。
他们的教养是无可比拟的。当然他们也接受了英国和法国的教养，普遍
性应该把这些东西都包含在内，普遍性绝不是狭隘的，应该有包容性。"因
而，精神的全部劳作中，落在个体活动上的那一部分只能是微不足道的"。
我们从精神的全部劳作来看，概念的劳动、运作、发展，从整个过程来看，
落在个体活动上的那一部分只能是微不足道的。每个人都为这样一个整
体贡献了一份自己的力量，但没有哪一个能纵览全局。这里面也包括黑
格尔的自谦。在《精神现象学》中，黑格尔也把自己看作时代精神的一个
阶段，他的努力对整个绝对精神的进程来说也是微不足道的。他也只是
一个个体的活动。他说：

所以，个体就必须如科学的本性所已经造成的那样，更加忘我，从而
成为他能够成为的人，做出他能够做出的事，

这半句是接着上面的"由于……"来的。由于个体的活动是微不足
道的，所以个体就要谦虚一点。要忘记自己，把自己看作绝对精神发展

过程中的一个阶段，这是科学的本性已经造成的。你不要以为黑格尔精神就是黑格尔个人的，不是的，它是绝对精神，你要把黑格尔忘掉。科学的本性已经造成了什么呢？造成了概念的运动。个人能够成为什么人，做什么事，这取决于绝对精神的发展需要，取决于时代的需要。哲学是时代精神的产儿，黑格尔也自认为是时代精神的产物，他在这个时候出现是有原因的，不是由于他的天才，而是时代在呼唤这样一种思想。所以他能够成为时代精神发展的一个阶段。你不能成为上帝，但可以成为上帝在地上行进过程中的一步。个人是微不足道的，但他能够响应时代精神的号召，做他能做的事情，来促进绝对精神的步伐。

　　但是，正如个体自己可以不对自己抱有奢望，不为自己多做要求一样，人们同样对于个体也不必要求过多。

　　最后一句话是非常谦虚的。"正如个体自己可以不对自己抱有奢望"，这个个体是泛指，不一定是黑格尔个人。一般来说，个体可以不对自己抱有奢望。但实际上也表明了黑格尔自己的态度，就是说，我对自己不抱有奢望，也不为自己要求过多，所以，你们对我也不要要求过多。你们也要把我看作是只是绝对精神发展过程中的一个阶段，或者是时代精神在某一个阶段上的反映。你把我看作这样，我就知足了。这是很谦虚的，但也是很骄傲的。看起来很谦虚，其实很骄傲，他是把自己提升到绝对精神的高度来看了。但他对自身有一种很清醒的意识，对自己定位，把自己定位在一个很高而又不至于太骄傲的位置。《精神现象学》的序言，我们今天就讲到这里。

　　总体来说，一学期来，我们读完了整个序言——论科学知识，我带领大家走过了四个阶段。最后讲到，对黑格尔将要展示的哲学体系本身，应该抱有一种什么样的态度。落实到这个上面。你要把他的哲学体系的第一部分看做是顺应时代要求所迈出的步伐，这是他的一种自我定位。本学期的课到此结束了，谢谢各位不厌其烦的耐心倾听！

德汉术语索引

(所标页码均为德文《黑格尔全集》考订版第9卷页码，即本书边码中大括号里的数字；凡有两种译法的词均以"/"号隔开，并以此分段隔开页码；原文中出现太多的词不标页码，只将字体加粗)

A

Abbreviatur 缩影 26

Abgrund 深渊 17

Absolute 绝对 12, 16—25, 27, 30, 34, 36, 38

Abstrahieren,Abstraktion 抽象 17, 19, 20, 28—30, 34, 37, 39, 47

Ahnung 预感 15, 36, 37, 47

Akzent 重音 43, 44

Akzidens 偶性 42, 43, 45

Akzidentelle 偶然的，偶然性 11, 14, 27, 29, 31, 35, 41

Allgemein,Allgemeinheit 普遍，普遍的，普遍性

Allgeneine 共相 12, 18, 19, 21, 22, 28, 30, 37, 43, 44

Allmählichkeit 渐变性 14

Analogie 类比 37

Analysieren 分析 27

Anaxagoras 阿那克萨哥拉 40

Anderes 他者 19, 23, 29, 30, 38, 40

Anderssein 他在 18, 22, 29, 31, 40, 46

Anerkennen 承认 16, 23, 49

Anfang 开端 10, 11, 15, 17, 19—22, 29

Anschauung 直观 12, 18, 19, 31, 33, 36, 37, 41, 45, 47

an sich 自在 8—20, 22, 23, 26, 35, 42

Arbeit 劳动 48

Aristoteles 亚里士多德 20, 48

Art 种 40

Äther 以太 22, 23

auffassen 统握 10—12, 17, 18, 27, 42

Aufheben 扬弃 20, 22, 26—29, 31, 43—45

Ausbildung 养成 15, 16, 38

äußern 外化 23

Außersichsein 自外存在 22

B

bacchantische Taumel 豪饮 35

Bau 建构 35

bedeuten 暗示 36

Bedeutung 含义 19—21, 31, 32, 36, 37, 40, 44, 45

begeisten 激活 28

Begeisterung 豪情 13, 14, 24, 36

Begriff 概念

begrifflos 无概念的 9, 14, 33, 34, 35, 39, 46

bekannt 熟知 16, 17, 26, 27, 36

Beschaffenheit 性状 21, 30

Besondere 特殊 9, 15, 24, 26, 28, 30, 32, 35, 40, 49

Beste 最好的东西 47

Bestehen 持存 15, 39

Bestimmtheit 规定性 14, 22, 24, 25, 28, 29, 37—40, 43

beurteilen 评判 11, 46, 48

Bewegend 推动者 29

Beweis 证明 18, 31—35, 45

Bewußtsein 意识

Bildung 教养, 教化 11, 12, 15, 16, 20, 24, 25, 28, 35, 44, 46—49

Boden 基地 22, 43, 44

Böse 恶 30

C

Charakter 性格 26

D

Darstellung 陈述 9, 11, 12, 18, 20—22, 24, 25, 29, 32, 35, 39, 41, 45, 46, 48

Dasein 定在 9—17, 20, 22, 24—35, 37—41, 45

Denken 思维 18, 22, 26—29, 31, 39—47

Dialektik, dialektisch 辩证法, 辩证的 45, 46, 48

Diesseitige 此岸 13

Dimension 维度 33

Ding 物, 事物 23, 33, 34

Dogmatismus 独断论 31, 39

durchdringen 破块而出 49

duchsichtig 透明的 22, 35

E

Eigentum 所有物 26

einbilden 想象 37, 42, 46, 47

einfach, Einfachheit 单纯, 单纯性 13, 15, 18—20, 22, 24, 26, 29, 30, 35, 37—39, 40, 41

Einfallen 突发奇想 17, 42,

einfarbig 色彩单一的 17

Einheit 单一性 / 统一性 18, 34/11, 18, 31, 43, 44

Eins 一 17, 21, 34, 35, 46

Einsicht 明见 13, 18, 25, 32, 33, 35, 38, 39, 41, 42, 46, 48, 49

Einzeln 个别 13—16, 25, 31, 35, 39, 46, 49

Eitelkeit 虚浮 41, 42

Element 元素 9, 12, 15, 17, 22, 23, 38

Endlichkeit 有限性 12, 14

Energie 活力 27

Entfremdung 异化 18, 29

Erfahrung 经验 11, 13, 29, 30, 34, 36, 37, 44, 49

erinnern 回忆 24, 26, 35

Erkennen 认识 9, 10, 16—19, 22, 25, 26, 29—36, 38—40, 42, 45

Erkenntnis 知识 18, 19, 36, 48

Erbauung 神驰 13, 18, 40, 46

Erscheinung 现象 12, 30, 35, 37

Evidenz 自明性 33

Existenz 实存 11, 12, 22, 48

Extase 迷狂 13, 48

F

falsch 虚假 10, 27, 30, 31, 32, 34

Folgern 推断 29

Form 形式 10—12, 15—21, 23, 25—28, 30, 36, 38, 39, 41, 43—46, 48

Formalismus 形式主义 17, 36, 37, 41

Formell 公式 17, 34, 34, 37

Freiheit, freie 自由, 自由的 20, 27, 35, 36, 41, 43, 46

fühlen 感受 12

für sich 自为 11, 19, 20, 22, 23, 26, 39, 41

G

Ganze 整体 / 全体 10, 15, 25, 28, 30, 32, 35, 38—40/15, 19, 32, 42

Gedanke 思想 / 观念 11—13, 17, 26—29, 36, 39—42, 44, 47, 48/29, 30, 32, 35, 36

Gefühl 感情 / 情感 13, 47/48

Gegenstand 对象 9, 10, 22, 23, 29, 30, 32, 39, 42—44

Gegenstoß 反击 43,

Gegenwart 当下 12, 13

geltend 有效准的 13

Geist 精神

Genialität 天才 37, 47, 48

Gepränge 讲究排场 36

Geschichte 历史 25, 31

Gestalt 形态 11, 12, 14—17, 23—26, 29, 30, 35—37, 40, 41, 48

gesund 健全的 46—48

Gewissen 良心 47

Gewißheit 确定性 12, 23, 28, 48

Glauben 信仰 12

Gleichheit 同一性 17, 18, 20, 30, 31, 33, 34

Gott 上帝 14, 18, 20, 27, 44, 46

göttlich 神圣的 12—14, 16, 40, 48

Größe 数量 33—35

Grund 根据 11, 16, 21—23, 31, 45, 46

Grundsatz 原理 11, 19, 21, 36, 48

H

Harmonie 和谐 44

Hemmen 阻抑 44, 45

Herz 本心 47

historisch 历史的 9, 31, 36, 37, 48

Horos 确切 14

I

Ich 我 16, 19, 28—30, 43

Ideal 理想 30

Idealismus 观念论 39

Idee（ειδος, ιδεα）理念 16—18, 40, 42

Identität 同一性 38, 39, 43

Individuum 个体 11, 24—26, 28, 44, 49

Inkommensurabilität 不可通约性 34

Inneres 内在的东西 15, 23, 24, 28

Innerlichkeit 内向性 39, 40, 45

Instinkt 本能 36

intellektuelle 理智的 18

J

jenseitig 彼岸 13, 23

K

Kant 康德 36

Kenntnis 知识 9, 11, 24, 25, 31, 32, 36, 46

konkret 具体的 11, 24, 25, 27, 28, 33, 36, 38—41

Konstruktion 构造 37

Kraft 力 14, 16, 20, 27, 37

Kreis 圆圈 18, 27, 28, 36

Kritik 批判 34, 36

L

Leben 生活 / 生命 11, 12, 23, 27, 34—37, 48/10, 18, 34—40, 46

lebendig 有生命的 18

Leere 空虚 17, 29, 33, 34, 38

Liebe 爱 11—13, 18, 20

List 诡计 40

Logik 逻辑学 30, 35, 40, 41

M

Manier 作风 35, 36, 38, 47

Maß 尺度 14, 46

Masse 团块 43

Material 材料 16, 17

Materie 质料 39, 41

Meinung 意见 10, 31, 35, 44, 47, 48

Metaphisik 形而上学 37

Methode 方法 9, 35—38, 41

Moment 环 节 10, 11, 12, 15, 19, 24, 25, 27—32, 34—36, 38, 40, 42

moralisch 道德的 20, 21

N

Natur 本性 / 自然 9—11, 17—19, 28, 31—33,

36, 39—44, 46—49/20, 23, 25, 27, 28,
  37, 47

Negation, negativ 否定 18, 21, 26, 27, 29—
  31, 34, 35, 42

Negative 否定者 18, 27, 28, 30

Negativität 否定性 18—20, 30, 32, 34, 38,
  40, 42

Nichts 虚无 27

Notwendigkeit 必然性 11—14, 25, 28, 29,
  31—33, 35, 36, 38—40, 43

Nous（νους）努斯 40

O

Objekt 客体 27, 31, 36

Offenbarung 启示 46

Organisation, sich organisieren 组织，自
  组织 30, 36, 38

organisch 有机的 10, 28, 40

P

Phänomenologie 现象学 24, 30

philosophieren 哲学思考 29

plastisch 伸缩性 45

Plato 柏拉图 48

Poesie 诗 47

Positiv 肯定的 21, 27, 34, 35, 42, 47

Prädikat 宾词 20, 21, 36, 39, 42—46

Prinzip 原则 14, 19, 21, 22, 23, 33—35, 41

Prosa 散文 47

Q

Qualität, qualitativ 质，质的 14, 33, 39, 40

R

räsonnieren Räsonnement 绕来绕去 / 推
  理，形式推理 36, 41/29, 41—47

Raum 空间 33—35

Reflexion 反思 12, 14, 18—22, 25, 38, 39,
  42

Reichtum 财富 13, 39, 49

Religion 宗教 12, 13, 22

revolutionär 革命的 35, 41

Rhythmus 节奏 40—43

S

Sache 事情 9—13, 16, 24, 26, 27, 32, 33,
  35, 36, 38, 39, 41, 42, 45, 49

Satz 命题 20, 31—35, 43—47

Schein 假象 9, 19, 34, 37

Schema 图型 36—38

Schemen 幻影 36

Schließen 推论 29, 35

Schön 美 13, 27, 40,

Seele 灵魂 29, 38, 41, 43

Seiende 存在者 38, 39

Sein 存在

Selbst 自我 18, 19, 20, 22, 26—31, 37,
  39—43

Selbstbewußtsein 自我意识 12, 14, 18, 19,

23—26, 28, 31, 40, 48

Selbststädigkeit 自主性 23

setzen 建立 12, 18, 20, 21, 23, 28, 32, 34, 38, 48

Sichselbstgleichheit 自我等同性 19, 39—41

Sinn 感官 13

Sinn 意义 15, 20, 21, 24, 44, 47

Sinnlich 感性的 13, 23, 28, 35, 36

Sophisterei 诡辩 47

spekulativ 思辨的 18, 30, 40, 41, 43, 45, 46, 48

Sprung 飞跃 14

Staat 体制 35

Stoff 材料 32, 33—35, 41

Subjekt 主体 / 主词 17—21, 27, 29—32, 36, 39, 42—46/42—45

substantiell 实体性的 11, 12, 14, 18, 22, 30, 44

Substanz 实体 12—14, 18, 19, 22, 24—30, 32, 36, 39, 40, 43, 44

synthetisch 综合的 34

System 体系 9—12, 18, 21, 22, 30, 35, 48

T

Tabelle 图表 36, 38

Tätigkeit 活动性 26, 27, 29

Theoreme 原理 31—33, 35

Tod/tot 死亡 / 僵死的 27/33, 35, 38, 39

Triplizität 三段式 36

Tun 行为 10, 11, 20, 21, 26, 29, 32, 34, 40

U

übersehen 综观 39

Überzeugung 信念 / 确信 12, 36/9, 46, 49

Unendliche 无限 31, 34, 36, 48

Ungleichheit 不同一性 29, 31, 33, 39

Unmittelbarkeit 直接性 11, 12, 15, 18, 19, 20, 23, 26, 28—30

Unruhe 不安息 20, 34

Unterschied 区别 10, 13, 15, 17, 18, 28—30, 33—35, 38—40, 43, 44, 49

ursprünglich 原始的 18, 26, 27

V

Verkehrte 颠倒 23

Vermittelung 中介 19, 22, 28, 30

Vernunft 理性 19, 20, 46—48

Vernünftigkeit 合（乎）理性 16, 40

Verschiedenheit 差异 / 差别 10, 19/10, 11, 17, 20, 30

Versicherung 保证 12, 39, 41, 47, 48

Versöhnung 和解 12, 20

Verstand 知性 14—16, 27, 37—40, 47, 48

verständig 可理解的 15, 16

vorhanden 现成的，现成在手的 10, 17, 24, 25, 31, 36, 44, 46

Vorschrift 规范 33

Vorstellung 表象 9, 11, 12, 14, 17, 20, 22, 26—28, 30, 35, 37, 41—43, 45, 48

Vorterffliche 卓越的东西 35, 37, 38, 48

W

Wahre 真实的东西，真实 9, 10, 12, 17—19, 20, 22, 29—31, 33—36, 44, 45, 48, 49

Wahrheit 真理 9—12, 14, 16, 18, 19, 23, 27—31, 33—36, 39, 41, 46—49

Weisheit 智慧 14, 37, 42

Weltlichkeit 世界性 29

Werden 形成 / 生成 18, 11, 14, 15, 18—20, 22, 24, 25, 28, 30—32, 38—43/19, 22, 35

Wert 价值 17, 31, 48

Wesen 本质 9, 10, 12—16, 19, 21, 22, 27—30, 32—36, 38—48

Wesenheit 本质性 22, 28, 30, 32, 35, 41

Wir 我们 11, 12, 14, 15, 17, 22, 25—27, 32, 35, 36, 40—42, 44—46, 49

Widerspruch 矛盾 10, 12, 19

wirklich/Wirklichkeit 现实的 / 现实性 10, 11, 15, 17—23, 26—29, 33—35, 38, 39, 41, 44, 45

Willkür 任意 14, 31, 35, 36, 41, 42, 47

Wissen 认知

Wissenschaft 科学 9, 11—18, 21—24, 28—31, 34—39, 41—42, 47—49

Z

Zeit 时间 11, 13, 25, 34, 37, 49

Zufälligkeit 偶然性 11, 14, 27, 29, 31, 35, 41

Zweck 目的 9—12, 18, 21, 23, 33

Zweckmäßigkeit 合目的性 20, 33

汉德词汇对照表

（按照汉语拼音字母顺序排列；凡有两个译名的分别在两处重现并带上另一译名。）

A

阿那克萨哥拉 Anaxagoras
爱 Liebe
暗示 bedeuten

B

柏拉图 Plato
保证 Versicherung
本能 Instinkt
本心 Herz
本性 / 自然 Natur
本质 Wesen
本质性 Wesenheit
彼岸 jenseitig
必然性 Notwendigkeit
辩证法，辩证的 Dialektik dialektisch

表象 Vorstellung
宾词 Prädikat
不安息 Unruhe
不可通约性 Inkommensurabilität
不同一性 Ungleichheit

C

财富 Reichtum
材料 Stoff
材料 Material
差异，差别 Verschiedenheit
陈述 Darstellung
承认 Anerkennen
持存 Bestehen
尺度 Maß，Maßstab
抽象 Abstrahieren,Abstraktion
此岸 Diesseitige

615

存在 Sein

存在者 Seiende

D

单纯，单纯性 einfach，Einfachheit

单一性 / 统一性 Einheit

当下 Gegenwart

道德的 moralisch

颠倒 Verkehrte

定在 Dasein

明见 Einsicht

独断论 Dogmatismus

对象 Gegenstand

E

恶 Böse

偶然性 Zufälligkeit

偶然的，偶然性 Akzidentelle

偶性 Akzidens

F

反击 Gegenstoβ

反思 Reflexion

方法 Methode

飞跃 Sprung

分析 Analysieren

否定 Negation，negativ

否定性 Negativität

否定者 Negative

G

概念 Begriff

感官 Sinn

感受 fühlen

感情 / 情感 Gefühl

感性的 sinnlich

革命的 revolutionär

个别 Einzeln

个体 Individuum

根据 Grund

公式 Formell

共相 Allgeneine

构造 Konstruktion

观念 / 思想 Gedanke

观念论 Idealismus

规定性 Bestimmtheit

规范 Vorschrift

诡辩 Sophisterei

诡计 List

H

含义 Bedeutung

豪情 Begeisterung

豪饮 bacchantische Taumel

和解 Versöhnung

和谐 Harmonie

合（乎）理性 Vernünftigkeit

合目的性 Zweckmäβigkeit

环节 Moment

幻影 Schemen

回忆 erinnern

活动性 Tätigkeit

活力 Energie

J

基地 Boden

激活 begeisten

价值 Wert

假象 Schein

建立 setzen

建构 Bau

健全的 gesund

渐变性 Allmählichkeit

僵死的 tot

讲究排场 Gepränge

教养，教化 Bildung

节奏 Rhythmus

精神 Geist

经验 Erfahrung

具体的 konkret

绝对 Absolute

K

开端 Anfang

康德 Kant

科学 Wissenschaft

可理解的 verständig

客体 Objekt

肯定的 Positiv

空间 Raum

空虚 Leere

L

劳动 Arbeit

类比 Analogie

理念 Idee（ειδος, ιδεα）

理想 Ideal

理性 Vernunft

理智的 intellektuelle

力 Kraft

历史 Geschichte

历史的 historisch

良心 Gewissen

灵魂 Seele

逻辑学 Logik

M

矛盾 Widerspruch

美 Schön

迷狂 Extase

命题 Satz

目的 Zweck

N

内向性 Innerlichkeit

内在的东西 Inneres

努斯 Nous（νους）

P

批判 Kritik

评判 beurteilen

普遍，普遍的，普遍性 Allgemein,
  Allgemeinheit

破块而出 durchdringen

启示 Offenbarung

情感 / 感情 Gefühl

Q

区别 Unterschied

确定性 Gewiβheit

确切 Horos

全体 / 整体 Ganze

R

绕来绕去 / 推理，形式推理 räsonnieren
  Räsonnement

认识 Erkennen

任意 Willkür

认知 Wissen

S

三段式 Triplizität

上帝 Gott

色彩单一的 einfarbig

伸缩性 plastisch

深渊 Abgrund

神驰 Erbauung

神圣的 göttlich

生成 / 形成 Werden

生活 Leben

生命 Leben

诗 Poesie

时间 / 时代 Zeit

实存 Existenz

实体 Substanz

实体性的 substantiell

明见 Einsicht

世界性 Weltlichkeit

事情 Sache

熟知 bekannt

数量 Gröβe

散文 Prosa

思辨的 spekulativ

思想 / 观念 Gedanke

思维 Denken

死亡 Tod

所有物 Eigentum

缩影 Abbreviatur

T

他在 Anderssein

他者 Anderes

特殊 Besondere

体系 System

体制 Staat

天才 Genialität

统握 auffassen

同一性 Gleichheit

同一性 Identität

统一性 / 单一性 Einheit

透明的 duchsichtig

图表 Tabelle

图型 Schema

突发奇想 Einfallen

团块 Masse

推断 Folgern

推动者 Bewegend

推理，形式推理 / 绕来绕去 räsonnieren

    Räsonnement

推论 Schließen

W

外化 äußern

维度 Dimension

我 Ich

我们 Wir

无概念的 begrifflos

无限 Unendliche

物，事物 Ding

X

现成的，现成在手的 vorhanden

现实的 / 现实性 wirklich/Wirklichkeit

现象 Erscheinung

现象学 Phänomenologie

想象 einbilden

信念 / 确信 Überzeugung

信仰 Glauben

形成 / 生成 Werden

形而上学 Metaphisik

形式 Form

形式主义 Formalismus

形式推理 / 推理 / 绕来绕去 räsonnieren

    Räsonnement

形态 Gestalt

行为 Tun

性格 Charakter

性状 Beschaffenheit

虚浮 Eitelkeit

虚假 falsch

虚无 Nichts

Y

亚里士多德 Aristoteles

养成 Ausbildung

扬弃 Aufheben

一 Eins

以太 Äther

意见 Meinung

意识 Bewußtsein

意义 Sinn

异化 Entfremdung

有机的 organisch

有生命的 lebendig

有限性 Endlichkeit

有效准的 geltend

预感 Ahnung

元素 Element

原理 Grundsatz

原理 Theoreme

原始的 ursprünglich

原则 Prinzip

圆圈 Kreis

Z

哲学思考 philosophieren

真实的东西，真实 Wahre

真理 Wahrheit

整体 / 全体 Ganze

证明 Beweis

知识 Kenntnis

知识 Erkenntnis

知性 Verstand

智慧 Weisheit

质，质的 Qualität，qualitativ

质料 Materie

直观 Anschauung

直接性 Unmittelbarkeit

中介 Vermittelung

种 Art

重音 Akzent

主体 / 主词 Subjekt

组织 Organisation，organisieren

卓越的东西 Vortreffliche

自明性 Evidenz

自然 / 本性 Natur

自外存在 Außersichsein

自为 für sich

自我 Selbst

自我等同性 Sichselbstgleichheit

自我意识 Selbstbewußtsein

自由，自由的 Freiheit，freie

自在 an sich

自主性 Selbststädigkeit

自组织 sich organisieren

综观 übersehen

综合的 synthetisch

宗教 Religion

阻抑 Hemmen

最好的东西 Beste

作风 Manier

后　记

　　本书是计划中的十卷本《黑格尔〈精神现象学〉句读》的第一卷。作为一门课程，对黑格尔《精神现象学》的逐句讲解已经进行了七个学期，估计还有两个学期就可以讲完。按照国家社科基金本项重大项目的规划，该句读应该在2017年完成。就目前的进度来说，讲完没有问题，困难的是把讲课的数百万字录音整理成文字。幸好现在有一群热心学问的博士生以及博士后朋友大力相助，他们连续跟随我的课堂讲授听课之余，还将最麻烦的部分即把声音转化为文字的工作全部承担起来，使我得以把所有的精力都放在对整理后的文字进行再加工、再处理上，这是必须首先致以衷心的感谢的！本卷是第一个学期共16次课的内容，主要是由周雪峰君整理的，她独力完成了前面12次，然后由彭超、刘一、鲍华杰三位同学整理了其余的4次。谢谢他们的辛勤劳动！

　　本卷由于是开张第一篇，许多问题还在试探中。我最初的打算，是用贺麟、王玖兴两位哲学界、翻译界老前辈所译的《精神现象学》上、下卷（商务印书馆1979年版）作为教材，简单地进行一番逐句解读。因为根据我以往的零星接触，我认为这个译本应该是比较可信的，所以在开始讲解时基本上是按照该译本的行文，尽可能不作大的改动。但在讲解的过程中我逐渐发现，一般地阅读用贺、王译本是没有什么大问题的，但要较起真来逐句解释，还真是不能满足要求。所以在读了十多页以后，我开始有心对全书进行一次重译，并萌生了顺便再出一个新译本的念头。

所发现的问题,一个是贺、王译本中尚未建立起一种严格的"术语意识",译名比较随意,一词多译的现象比较多;再一个是存在诸多理解尚未到位的地方。当然,这两个问题都是这样一本以深奥晦涩著称的哲学著作的初译本所不可避免的,丝毫也不能抹杀该译本对于中国人理解这部旷世名著所立下的开拓性功劳。就比如今天我之所以用这个译本作教材,而不是直接用德文本或英译本,也正是由于该译本把德语思维转换为汉语思维所作的巨大贡献。伽达默尔曾说过,一个民族的哲学思维只能是用母语。我历来也认为,中国人要真正理解西方哲学的精髓,必须从好的译本入手。所谓好的译本,是指译者是认真的、不草率的,同时是够格的。在这个意义上,贺、王译本是当得起好的译本这一称号的,是他们那一代人治西方哲学的一个优秀典范。但学术的进展就在于,没有最好,只有更好,我们这些后继者的职责就是在前人的基础上更上层楼,每一代人作出自己这一代人尽可能多的推进。这次整理成书,我借助于后来获得的德文全集考订版和哲学丛书版,对讲解时的初次译文又进行了逐句推敲、校订甚至重译,对句子的意思也作了更加细致的揣摩,与此同时,也对我讲课时的表达在多处进行了较大的修改,力求更加贴近原文的思想脉络和原意。当然,我深知言多必失,在这么大一项工程中出现一些错误或不妥之处在所难免。我只能说,我已尽了自己最大的努力,并希望听到各位方家的批评。

在加工修订中,我也充分利用了德文哲学丛书版、也就是考订版后面的大量注释,它们提供了理解黑格尔当时的学术背景的可贵的信息资料。但我转引德文编者的注释时也是有选择的,多数我都作了化繁就简的处理,并去掉了大量对于中国读者目前并无很大必要的间接性的资料罗列和文献引证;其中个别地方德文编者有明显错误之处,我也在引证时作了说明和订正。另外,我还不厌其烦,花了好几天的时间,为黑格尔的原文(本卷只涉及序言)做了一个德汉词汇术语索引和一个汉德词汇对照表,以便读者作更加细致的对照和推敲。至今为止,凡是我所译过的书我都做了术语索引,我认为这是国内翻译界必须十分重视的一件事,不论是对于翻译质量的提高,还是为了便利读者进行进一步研究,术语索引都具有不可替代的和相当重要的辅助作用。

本卷虽然只讲完了《精神现象学》的序言,但字数已超过了50万字。一想到后面还有九卷等着我去整理加工,就不免有"任重道远"之慨。看来得抓紧了,时不我待。好在身体还行。

最后,我必须再次感谢人民出版社的大力支持,以及责任编辑张伟珍女士多年来为我的各种书稿所付出的大量心血。

邓晓芒

2013 年 7 月 28 日

于武汉酷暑中